DA MONARQUIA À REPÚBLICA:
MOMENTOS DECISIVOS

FUNDAÇÃO EDITORA DA UNESP

Presidente do Conselho Curador
Mário Sérgio Vasconcelos

Diretor-Presidente
Jézio Hernani Bomfim Gutierre

Superintendente Administrativo e Financeiro
William de Souza Agostinho

Conselho Editorial Acadêmico
Danilo Rothberg
Luis Fernando Ayerbe
Marcelo Takeshi Yamashita
Maria Cristina Pereira Lima
Milton Terumitsu Sogabe
Newton La Scala Júnior
Pedro Angelo Pagni
Renata Junqueira de Souza
Sandra Aparecida Ferreira
Valéria dos Santos Guimarães

Editores-Adjuntos
Anderson Nobara
Leandro Rodrigues

EMÍLIA VIOTTI DA COSTA

DA MONARQUIA À REPÚBLICA: MOMENTOS DECISIVOS

9ª edição

editora unesp

© 1998 Editora UNESP

Direitos de publicação reservados à:
Fundação Editora da UNESP (FEU)

Praça da Sé, 108
01001-900 – São Paulo – SP
Tel.: (0xx11) 3242-7171
Fax: (0xx11) 3242-7172
www.editoraunesp.com.br
www.livrariaunesp.com.br
atendimento.editora@unesp.br

CIP – Brasil. Catalogação na fonte
Sindicato Nacional dos Editores de Livros, RJ

C871d
9.ed.
Costa, Emília Viotti da
  Da Monarquia à República: momentos decisivos/Emília Viotti da Costa. – 9.ed. – São Paulo: Editora UNESP, 2010.
  524p.

  Inclui bibliografia
  ISBN 978-85-393-0032-7

  1. Elites (Ciências sociais) – Brasil – História – Século XIX. 2. Brasil – Política e governo – 1822-1889. 3. Brasil – Condições sociais. 4. Brasil – Condições econômicas. I. Título.

10-2016.   CDD: 981.04
                                        CDU: 94(81)

Editora afiliada:

Asociación de Editoriales Universitarias
de América Latina y el Caribe

Associação Brasileira de
Editoras Universitárias

Para minha mãe
*e meu pai (*in memoriam*).*

Para Florestan Fernandes,
sem cujo estímulo
este livro jamais seria publicado.

SUMÁRIO

9 Nota a esta edição

11 Introdução

21 Capítulo 1
Introdução ao estudo da emancipação
política do Brasil

63 Capítulo 2
José Bonifácio: mito e história

133 Capítulo 3
Liberalismo: teoria e prática

171 Capítulo 4
Política de terras no Brasil e nos Estados Unidos

197 Capítulo 5
Colônias de parceria na lavoura de café: primeiras
experiências

235 Capítulo 6
Urbanização no Brasil no século XIX

273 Capítulo 7
O escravo na grande lavoura

345 Capítulo 8
Da escravidão ao trabalho livre

367 Capítulo 9
O mito da democracia racial no Brasil

387 Capítulo 10
Sobre as origens da República

449 Capítulo 11
A proclamação da República

493 Capítulo 12
Patriarcalismo e patronagem:
mitos sobre a mulher no século XIX

NOTA A ESTA EDIÇÃO

A despeito do intenso processo de industrialização, da maciça penetração de capitais estrangeiros, da crescente presença de corporações multinacionais, do explosivo crescimento urbano, da melhoria dos índices de alfabetização e das várias tentativas de desenvolver e "modernizar" o país, feitas por sucessivos governos civis e militares, as palavras amargas de um notável crítico literário e analista social, Silvio Romero, pronunciadas há mais de um século, lamentando a dependência econômica em relação aos capitais estrangeiros e a incapacidade da República de incorporar os benefícios do progresso à grande maioria da população e de criar uma sociedade realmente democrática, soam ainda hoje verdadeiras. Ainda vivemos prisioneiros de um sistema ilusório que nos reduz a uma terra dividida por profundos contrastes, de um lado uma real miséria, de outro, uma falsa e enganadora prosperidade. Apesar dos avanços reais que se têm feito nos últimos anos no sentido de melhorar a distribuição de renda, continuamos a defrontar com elites indiferentes à – ou coniventes com – a privatização de bens públicos, à destruição do sistema estatal de educação e saúde, ao aumento da violência urbana, ao desemprego endêmico, à pobreza do povo e à corrupção generalizada. Ainda lutamos por uma sociedade mais democrática e mais livre.

Ao focalizar alguns momentos decisivos da história do Brasil no século XIX, procurei em *Da Monarquia à República* contribuir para uma melhor compreensão dos problemas que o passado nos legou. Nas edições anteriores faltou, no entanto, examinar uma questão que decidi incluir nesta nova edição: o papel do patriarcalismo na formação das elites brasileiras. Com o passar do tempo essa questão tornou-se cada vez mais significativa à medida que as condições de vida começaram a mudar num ritmo cada vez mais acelerado, sem, entretanto, destruir muito das expectativas tradicionalmente associadas às mulheres. A ampliação das oportunidades de educação das mulheres e sua participação crescente na força de trabalho, alterando a estrutura familiar, aumentando o número de divórcios, transformando as relações entre homens e mulheres, pais e filhos, sem entretanto mudar fundamentalmente as noções a respeito do papel das mulheres como mães e esposas, gerando conflitos novos, levaram-me a refletir sobre a persistência do patriarcalismo na sociedade brasileira e da mitologia que ele gerou. Meu interesse coincidiu com a explosão da historiografia sobre mulheres no Brasil a partir dos anos 1980. Aos poucos a imagem da mulher-criança, prisioneira nas teias do patriarcalismo, característica do retrato tradicional foi cedendo lugar a um quadro mais diversificado e complexo sugerindo várias questões. Por que historiadores ignoraram por tanto tempo a variedade de experiências das mulheres? Por que o retrato tradicional perdurou por tanto tempo? Por que só agora sua autenticidade vem sendo questionada? A reflexão sobre estes e outros temas relacionados com as imagens de mulheres no século XIX nos ajudará a compreender melhor o papel que a ideologia patriarcal teve e sob certos aspectos ainda tem na reprodução das elites brasileiras.

Emília Viotti da Costa
São Paulo, 4 fevereiro de 2007

INTRODUÇÃO

As elites brasileiras que tomaram o poder em 1822 compunham-se de fazendeiros, comerciantes e membros de sua clientela, ligados à economia de importação e exportação e interessados na manutenção das estruturas tradicionais de produção cujas bases eram o sistema de trabalho escravo e a grande propriedade. Após a Independência, reafirmaram a tradição agrária da economia brasileira; opuseram-se às débeis tentativas de alguns grupos interessados em promover o desenvolvimento da indústria nacional e resistiram às pressões inglesas visando abolir o tráfico de escravos. Formados na ideologia da Ilustração, expurgaram o pensamento liberal das suas feições mais radicais, talhando para uso próprio uma ideologia essencialmente conservadora e antidemocrática. A presença do herdeiro da Casa de Bragança no Brasil ofereceu-lhes a oportunidade de alcançar a Independência sem recorrer à mobilização das massas. Organizaram um sistema político fortemente centralizado que colocava os municípios na dependência dos governos provinciais e as províncias na dependência do governo central. Continuando a tradição colonial, subordinaram a Igreja ao Estado e mantiveram o catolicismo como religião oficial, se bem que, numa concessão ao pensamento ilustrado, tenham autorizado o culto privado de outras religiões. Adotaram um sistema de eleições indiretas baseado no voto qualificado (censitário), excluindo a maior parte da população do processo eleitoral. Disputaram avidamente títulos de nobreza e monopolizaram posições na Câmara, no Senado, no Conselho de Estado e nos Ministérios (Capítulos 1 e 2). A adoção do princípio da vitaliciedade para o Senado e o Conselho de Estado assegurou continuidade às elites políticas que se perpetuaram no poder graças ao sistema de clientela e patronagem vindo a constituir uma verdadeira oligarquia.

Em 1822, as elites optaram por um regime monárquico, mas, uma vez conquistada a Independência, competiram com o imperador pelo controle da nação, cuja liderança assumiram em 1831, quando levaram D. Pedro I a abdicar. Nos anos que se seguiram, os grupos no poder sofreram a oposição de liberais radicais que se insurgiram em vários pontos do país. Ressentiam-se uns da excessiva centralização e pleiteavam um regime federativo; outros propunham a abolição gradual da escravidão, demandavam a nacionalização do comércio, chegando a sugerir a expropriação dos latifúndios improdutivos. Pertencentes a essa categoria eram os que se sublevaram no Rio de Janeiro em 1831. Podem eles ser considerados a versão brasileira dos *sans-culottes*. Eram artesãos e pequenos comerciantes cuja sobrevivência se tornara difícil por causa da crescente concorrência estrangeira. Contavam com o apoio de médicos, advogados, jornalistas e outros profissionais urbanos, bem como da massa de negros e mulatos livres que se acumulavam nos principais portos e que não se identificavam com o ponto de vista das elites. A oligarquia brasileira, no entanto, desde seus primeiros tempos, revelou pequena tolerância para com a oposição. Os grupos no poder consideravam o Ato Adicional (1834), que garantiu maior autonomia aos governos provinciais, a última concessão aos anseios dos grupos radicais. A partir de então, as elites se tornaram mais conservadoras e trataram, na expressão de um de seus representantes, de "parar o carro revolucionário". Com esse intuito, o governo da regência criou a Guarda Nacional, colocando à disposição das "classes proprietárias" uma força policial que seria usada na manutenção do poder local. O Exército, por sua vez, foi incumbido de reprimir os movimentos dissidentes em escala nacional. Dessa forma, nos meados do século, a oligarquia consolidara seu po-der. Uma nova geração de políticos assu-

DA MONARQUIA À REPÚBLICA 13

mira o controle da nação, governando sob a tutela protetora do jovem imperador cuja maioridade fora antecipada. Os dissidentes dos primeiros tempos desapareceram da cena política, engolfados pelo processo de modernização ou cooptados pelo sistema. A carreira de Torres Homem, na juventude ativo elemento da oposição, autor do "Libelo do Povo", mais tarde barão, senador, conselheiro e várias vezes ministro, reproduz na escala pessoal um movimento mais amplo, característico das elites da época. Análogas foram as carreiras de Antonio Carlos de Andrada e Silva, Bernardo de Vasconcelos, Feijó e muitos outros que passaram de uma posição nitidamente liberal para uma posição relativamente conservadora. Esse movimento encontra paralelismo na evolução do pensamento liberal desse período. Os liberais, que durante o Primeiro Império tinham feito do liberalismo uma arma de oposição ao imperador e um instrumento de demolição das instituições coloniais obsoletas, tornaram-se conservadores quando tomaram o poder e tiveram de enfrentar as exigências dos setores mais radicais (Capítulo 3). A constituição de um ministério de conciliação nos meados do século, expressando uma união temporária entre liberais e conservadores, representou a superação das desinteligências iniciais e consolidou a hegemonia de uma elite basicamente conservadora. Nos anos que se seguiram, liberais e conservadores se revezariam no poder, mas, a despeito das diferenças programáticas que os separavam e não obstante o jogo político que os dividia em grupos antagônicos, mantiveram concordância de pontos de vista a respeito de questões fundamentais tais como a manutenção da economia agrária e da escravidão.

O *bourgeois gentilhomme*, típico da elite brasileira, empresário e aristocrata, ávido de lucros e de títulos de nobreza, assumiu uma posição ambígua em relação à ética burguesa e ao capitalismo. A ética capitalista, com seu culto da liberdade individual, sua valorização da poupança e do trabalho, seu apreço pelo *self-made man,* não fazia muito sentido numa sociedade em que o trabalho era feito por escravos, as relações humanas se definiam em termos de troca de favores e a mobilidade social dependia da patronagem da elite (Capítulo 8).

O sistema de clientela e patronagem, cujas origens remontam ao período colonial, impediu a racionalização da administração. A burocracia do Império foi cabide de empregos, os burocratas sujeitos aos caprichos da política e ao revezamento dos partidos no poder. As lutas políticas se definiram em termos de lutas de família e suas clientelas. A ética de favores prevalecia sobre a ética competitiva e o bem público confundia-se com os bens pessoais. Dentro desse quadro de relações, o sistema capitalista encontrava obstáculos para seu desenvolvimento. De outro modo, seu dinamismo limitado, característico do capitalismo periférico, não era suficiente para desarticular as bases de sustentação da patronagem (Capítulo 6). O sistema de clientela que sobreviveria ao Império mascarava as tensões de classe e os antagonismos raciais. As novas classes médias urbanas que se constituíram no decorrer do Segundo Reinado nos principais núcleos urbanos seriam atreladas às oligarquias de cuja patronagem dependiam – o que impôs limites à sua crítica. Exemplo do processo de cooptação dos indivíduos mais talentosos, pertencentes à pequena burguesia e às classes populares, é a ascensão do bacharel. Ligado às elites por laços de família, amizade ou clientela, tornou-se frequentemente porta-voz dos grupos dominantes. A expansão do mercado interno, no entanto, permitiu-lhe almejar uma relativa independência em relação às lealdades tradicionais que o aprisionavam. Arvorou-se então em patrono do "povo". Aceitou com entusiasmo ideias novas, apoiou movimentos políticos dissidentes e se fez emissário do progresso – mas de um progresso que pretendia fosse filtrado pela tradição. De maneira geral, no entanto, o bacharel, ao contrário do que se tem afirmado, não se opôs ao patriarca, apenas conciliou. Quando ousou se opor, sua atuação foi freada por falta de bases sociais que pudessem tornar efetivas suas reivindicações mais radicais, até que estas se perderam numa retórica vazia. Quando muito, colocou-se a serviço dos setores mais progressistas das oligarquias, participando dos movimentos reformistas característicos do período 1870-1889, tais como a reforma eleitoral, a Abolição e a República. Tal adesão se dá exatamente no momento em que setores novos das elites agrário-mercantil-exportadoras se lançam num projeto de modernização relativa do país e disputam o poder às elites tradicionais (Capítulo 6).

DA MONARQUIA À REPÚBLICA

A exemplo dos bacharéis, os novos grupos urbanos – até mesmo os setores "industriais" em formação que aparecem no fim do Império – não chegaram a desenvolver uma política independente. Dessa forma, os grupos que se poderiam ter definido como oposição foram, de uma maneira ou de outra, integrados no sistema, assimilando o estilo de vida e as aspirações das classes dominantes.

Análogo fenômeno de cooptação ocorreu em relação aos poucos mulatos e pretos que, graças a seus talentos, conseguiram tornar-se famosos advogados, escritores, jornalistas, engenheiros ou políticos de renome mediante o sistema de patronagem. Segura de suas posições, controlando a mobilidade social e imbuída de uma concepção hierárquica do mundo, que ratificava as desigualdades sociais e postulava obrigações recíprocas, a elite brasileira não precisou recorrer a formas explícitas de discriminação racial (Capítulo 9). Mulatos e negros foram, na sua maioria, "naturalmente" segregados por um sistema socioeconômico de dinamismo moderado e de limitadas possibilidades. Os que foram incorporados à elite, pela via do sistema de clientela, adquiriram automaticamente o *status* de branco, identificando-se – não obstante a ambiguidade de sua situação – com a comunidade dos brancos. Tal foi a sorte de homens como o novelista Machado de Assis, o poeta Cruz e Souza e o engenheiro André Rebouças.

Através do sistema de clientela e patronagem as elites brasileiras consolidaram sua hegemonia sobre os demais grupos sociais – o que contribuiu em parte para a estabilidade relativa do sistema político. Ainda mais importante para a manutenção dessa estabilidade foi a contínua expansão da economia de exportação, favorecida pelo crescimento do mercado internacional no decorrer do século XIX, e a crescente demanda de produtos tropicais. O desenvolvimento econômico, no entanto, teve efeitos contraditórios. Ao mesmo tempo que conferiu relativa estabilidade ao regime, assegurando a sobrevivência da economia agrária e exportadora, estimulou a urbanização e o desenvolvimento do mercado interno, gerando cisões entre setores da elite. Os debates na Câmara e no Senado a propósito da Lei de Terras (Capítulo 4) e da política de mão de obra (Capítulos 4 e 5) revelam, já nos meados do século, os primeiros sintomas dessa cisão que se agravaria a partir de 1870.

A expansão do mercado internacional e a revolução no sistema de transportes abriram novas possibilidades para a agricultura brasileira no século XIX. O desenvolvimento da cultura cafeeira em Minas, Rio e São Paulo tornou urgente a solução de dois problemas interdependentes: o da mão de obra e o da propriedade da terra. Os fazendeiros das áreas novas, preocupados com a iminência da abolição do tráfico de escravos e esperando encontrar na imigração a solução para o problema da força de trabalho, propuseram uma legislação com o objetivo de impedir o acesso fácil à terra e de forçar os imigrantes ao trabalho nas fazendas. Os setores mais tradicionais, apoiados por alguns intelectuais europeizados que se identificavam com o pensamento ilustrado, defendiam uma política colonizadora baseada na distribuição de pequenos lotes aos imigrantes, aos quais encaravam não como substitutos dos escravos, mas como agentes civilizados. A Lei de Terras de 1850 reforçaria, no entanto, o poder dos latifundiários em detrimento do pequeno proprietário. As tentativas iniciais de substituir os escravos pelos imigrantes falharam. Os fazendeiros de café continuaram a abastecer-se de escravos, comprando-os em áreas do país em que a economia estava decadente. A partir de 1850, porém, a criação de novos tipos de investimentos (estradas de ferro, bancos, manufaturas, melhoramentos urbanos) tornou cada vez menos produtiva a imobilização do capital em escravos. As transformações no processo de beneficiamento de café, fabrico de açúcar, produção do charque e a melhoria dos meios de transporte permitiram uma relativa racionalização do processo de produção, tornando o trabalho livre mais viável e aparentemente mais lucrativo em certas áreas. O aumento da pressão abolicionista nos centros urbanos, a promulgação de leis emancipacionistas no Parlamento e, finalmente, a agitação dos escravos, que passaram a contar com o apoio de parte da população, acabaram por desarticular a economia escravista. Diante do que lhes parecia um processo inevitável, os fazendeiros das áreas mais progressistas voltaram-se para os imigrantes (Capítulo 8). Promovida por brancos e por mulatos e pretos que tinham sido assimilados pelas elites, a abolição liberou os brancos do peso da escravidão e abandonou os ex-escravos à sua própria sorte. Os maiores beneficiários foram, uma vez mais, as elites e a sua clientela.

O progresso econômico da segunda metade do século XIX acarretou profundo desequilíbrio entre poder econômico e poder político. Concebido em 1822, o sistema político parecia pouco satisfatório aos setores novos, na década de 1880. As novas elites urbanas não se sentiam suficientemente representadas e os fazendeiros das áreas cafeeiras mais novas, que produziam boa parte da riqueza do país, sentiam-se peados pelas estruturas políticas do Império. O Partido Republicano recrutou adeptos nesses grupos sociais insatisfeitos. Republicanos e abolicionistas adotaram um estilo político novo. Pela primeira vez, a política saía dos limites estreitos dos conchavos familiares para a praça pública. Os políticos falavam às populações urbanas. Os poetas e escritores voltaram a falar do povo, redescobrindo-o, como fonte de inspiração. Apesar dessas tentativas de mobilização popular, a República se faria como a Independência se fizera – sem a colaboração das massas. O novo regime resultaria de um golpe militar. Nos meios republicanos, a estratégia conspiratória prevaleceu sobre a estratégia revolucionária. O Exército apareceu aos olhos das novas elites como o instrumento ideal para derrubar a Monarquia e instituir um novo regime que as colocasse no poder. Desde a Guerra do Paraguai, setores do Exército se indispuseram com o sistema monárquico. Convencidos de que os políticos civis eram corruptos, entenderam que cabia aos militares uma missão regeneradora, de salvação nacional. Nada mais natural, pois, do que a aliança entre esses setores militares e os republicanos, aliança que culminou na derrubada da Monarquia (Capítulos 10 e 11).

Este breve sumário dos capítulos que se seguem permite concluir que, a despeito das transformações ocorridas entre 1822 e 1889, as estruturas socioeconômicas da sociedade brasileira não se alteraram profundamente, nesse período, de modo a provocar conflitos sociais mais amplos. O sistema de clientela e patronagem que permeava toda a sociedade minimizou as tensões de raça e de classe. O resultado desse processo de desenvolvimento foi a perpetuação de valores tradicionais elitistas, antidemocráticos e autoritários, bem como a sobrevivência de estruturas de mando que implicam a marginalização de amplos setores da população.

Em 1893, quando a República brasileira dava os seus primeiros passos, Silvio Romero denunciava o novo regime como incapaz de fundar no Brasil "uma república democrática livre". Comentando o comportamento das elites políticas brasileiras de seu tempo, dizia:

> E depois este sistemático desdém pelo povo, declarado incompetente para fazer a escolha de seus representantes políticos e acoimado de vícios no manejo desse direito ... é nada menos do que a pretensão desairosa e extravagante de dividir ainda e sempre a maioria válida de uma nação em dois grupos – de um lado os privilegiados, os possuidores sem monopólio das luzes e da dignidade moral, e de outro lado, os ineptos e viciados, os incapazes de qualquer ação política acertada! Àqueles, o governo, a direção, o mando, aos outros a eterna tutela, a minoridade, a incompetência perpétua. É o regime do privilégio na sua mais recente edição, porém sempre o privilégio, queremos dizer o abuso e a compressão.

e mais adiante prosseguia:

> Este banqueirismo governativo não passa de uma aristocracia do dinheiro, de um patricialismo do capital, a mais viciada e bastarda de todas as aristocracias.[1]

Alguns anos mais tarde, em 1910, na mesma linguagem candente, Silvio Romero comentava:

> Ignorância, pauperismo, miséria, opressão reinam por toda parte ... Temos sido apenas o joguete do capital estrangeiro, sôfrego por emprego a bons juros e de certas corporações ou indivíduos postos por eles a seu serviço.

Criticando o processo de ilusionismo posto em prática pelas elites de então, ele continuava implacável em sua denúncia:

> Este sistema de iludir e consolar é consciente ou inconscientemente mantido pelos poderosos desfrutadores da política e do

---

1 *Parlamentarismo e presidencialismo na República brasileira*. Rio de Janeiro, 1893, p.56.

trabalho do povo brasileiro. Não lhes convém que a nação abra os olhos porque no dia em que ela tiver a vista clara de sua deplorável situação ... ruirá por terra a infamante politicagem bloquista que nos avilta.[2]

O fato de que essas palavras – e outras hoje impublicáveis –, enunciadas nos primórdios da República, possam ser endossadas por um radical de nossos dias revela que, apesar das profundas transformações que a sociedade brasileira atravessou no século XX, alguns problemas fundamentais não foram resolvidos. E a luta de Silvio Romero em prol de uma visão mais objetiva da realidade brasileira permanece atual e oportuna.

Reunimos neste volume ensaios escritos em diferentes momentos, sobre temas vários relativos à história do Brasil. Nasceram eles de uma preocupação que lhes dá unidade: a de entender a fraqueza das instituições democráticas e da ideologia liberal, assim como a marginalização política, econômica e cultural de amplos setores da população brasileira, problemas básicos do Brasil contemporâneo. Na abordagem dos temas procuramos evitar as explicações mecanicistas, que, por apresentarem os homens como meras vítimas de forças históricas incontroláveis, acabam por isentá-los de qualquer responsabilidade. Assumindo que dentro das determinações gerais do processo histórico há sempre uma relativa margem de liberdade, examinamos o comportamento das elites brasileiras em alguns momentos decisivos da nossa história.

---

2 *Provocações e debates*. Porto: Livraria Chardon, 1910, p.109 e 395.

CAPÍTULO 1

INTRODUÇÃO AO ESTUDO DA EMANCIPAÇÃO POLÍTICA DO BRASIL[1]

Crise do sistema colonial

O fato de as colônias inglesas, espanholas e portuguesas conquistarem sua independência depois de mais de três séculos de dominação colonial em movimentos sucessivos, a partir da segunda metade do século XVIII e durante a primeira metade do século XIX, sugere a existência de determinações gerais que transcendem os quadros nacionais. A questão que se impõe é por que se tornou impossível manter o tradicional sistema de relações entre metrópole e colônia. Que circunstâncias teriam levado à crise do sistema colonial tradicional? A resposta a essa questão pressupõe a compreensão da dinâmica do sistema colonial.

A descoberta e a exploração das colônias europeias na América relacionam-se, de um lado, com a formação do Estado Moderno, centralizado e absoluto, e, de outro, com o desenvolvimento de uma poderosa classe de mercadores e armadores que se associaram à Coroa nos empreendimentos marítimos e colo-

---

1 Edição revista e abreviada do artigo "Introdução ao estudo da emancipação política", *Brasil em Perspectiva (São Paulo)*, p.73-140, 1968.

nizadores. A empresa colonial refletiu essa aliança. A Coroa estava interessada na expansão dos seus domínios e no usufruto das rendas coloniais. Não contava, no entanto, com os recursos materiais e humanos para lançar-se a essa obra sozinha. Por isso, recorreu aos mercadores e aos banqueiros que, dessa forma, se associaram à colonização. Estes, por sua vez, necessitavam do apoio da Coroa para assegurar o controle dos mercados, condição essencial de acumulação do capital. A expressão teórica e prática dessa aliança entre a burguesia comercial e o Estado foi a política mercantilista.

O caráter restrito do mercado – tanto internacional quanto colonial – nos primeiros séculos depois da descoberta e os riscos do comércio transatlântico tornavam imperativa a criação de um regime de monopólios e privilégios que limitasse a concorrência e assegurasse os lucros tanto dos mercadores quanto da Coroa.

Em consequência, os domínios de além-mar foram impedidos de comerciar livremente, obrigando-se a exportar seus produtos através da metrópole, de onde importavam as manufaturas cuja fabricação era proibida nas colônias. O sistema colonial assim montado atendia originalmente a interesses metropolitanos, mas encontrava apoio nas colônias entre os grupos ligados à economia de exportação e importação.

O sistema colonial montado segundo a lógica do capitalismo comercial e em razão dos interesses do Estado absolutista entrou em crise quando a expansão dos mercados, o desenvolvimento crescente do capital industrial e a crise do Estado absolutista tornaram inoperantes os mecanismos restritivos de comércio e de produção. Os monopólios e privilégios que haviam caracterizado o sistema colonial tradicional apareceriam então como obstáculos aos grupos interessados na produção em grande escala e na generalização e intensificação das relações comerciais. O extraordinário aumento da produção proporcionado pela mecanização era pouco compatível com a persistência de mercados fechados e de áreas enclausuradas pelos monopólios e privilégios. O sistema colonial tradicional passou a ser criticado. A teoria econômica foi reformulada e os postulados mercantilistas substituídos pelas teses do livre-cambismo, mais adequadas ao novo estágio de desenvolvimento econômico e aos interesses dos novos grupos associados ao processo de industrialização. A transição é evidente nas regiões em que a revolução industrial se processou precocemente. Na Inglaterra, Adam Smith, em 1776,[2] criticava a política mercantil, condenava os monopólios, os tratados de comércio e o trabalho servil: bases do sistema colonial tradicional. Preconizava a adoção de um regime de livre-concorrência e afirmava a superioridade do trabalho livre sobre o escravo. Da mesma forma, Jean Baptiste Say, num tratado de economia publicado em 1803,[3] denunciava o caráter espoliativo do sistema colonial tradicional, frisando que as colônias, ao invés de trazerem benefícios para as metrópoles, eram onerosas. Obrigavam a despesas de manutenção de exército, burocracia civil e judiciária, construção de edifícios públicos e militares. De outro modo, em virtude do Pacto Colonial, a metrópole ficava obrigada a comprar produtos inferiores e mais caros provenientes das colônias, em vez de recorrer livremente a outros centros produtores.

Outros autores, como Raynal, focalizando o problema da perspectiva das colônias, mostravam os inconvenientes que resultavam do Pacto Colonial para os povos da América. Uns e outros contribuíam para a desmoralização teórica do sistema colonial tradicional. Proscrito pela prática e pela teoria, o sistema que vigorava por três séculos estava prestes a ruir. Dois fatores retardariam o processo: os múltiplos interesses ligados à sua existência e a diferença de ritmo das transformações econômicas e sociais que ocorriam nas várias regiões da Europa e da América envolvidas no sistema colonial. Assim é, por exemplo, que, enquanto na Inglaterra a Revolução Industrial preparava o caminho para uma nova teoria da colonização baseada na livre-concorrência (o que se tornara mais fácil a partir da Independência dos Estados Unidos), em Portugal, onde a Revolução Industrial não chegara a produzir seus frutos, procurava-se reforçar o sistema tradicional. As novas ideias sobre política colonial só tardiamente encontrariam acolhida em

---

2 Adam Smith, *An inquiry into the nature and causes of the wealth of nations.* New York: The Modern Library, 1927. livro IV, cap.7, seções 2 e 3.

3 Jean Baptiste Say, *Tratato d'economia politica e simplice esposizione del modo con cui si formano si distribuiscono e si consumono le richezze.*

Portugal, e assim mesmo com numerosas reservas. Ainda em 1824, num parecer sobre as possibilidades de anular os efeitos da Independência do Brasil, o ministro português Thomaz de Villanova Portugal argumentava contra os que acreditavam ser melhor um bom tratado comercial do que uma colônia, dizendo que "a soberania em pouco que seja vale mais do que a Aliança" ainda que muita.

A crise do sistema colonial coincidiu com a crise das formas absolutistas de governo. A crítica das instituições políticas e religiosas, as novas doutrinas sobre o contrato social, a crença na existência de direitos naturais do homem, as novas teses sobre as vantagens das formas representativas de governo, as ideias sobre a soberania da nação e a supremacia das leis, os princípios da igualdade de todos perante a lei, a valorização da liberdade em todas as suas manifestações – característicos do novo ideário burguês – faziam parte de um amplo movimento que contestava as formas tradicionais de poder e de organização social. O novo instrumental crítico elaborado na Europa na fase que culminou na Revolução Francesa iria fornecer os argumentos teóricos de que necessitavam as populações coloniais para justificar sua rebeldia.

Os fundamentos do sistema colonial tradicional estavam portanto abalados por vários tipos de pressão. No âmbito internacional, as bases da aliança burguesia comercial-Coroa, que havia dado origem ao sistema colonial tradicional, estavam minadas: de um lado, pela emergência de novos grupos burgueses relacionados com o advento do capitalismo industrial e, de outro, pela perda da funcionalidade do Estado absolutista e pelo desenvolvimento de um instrumental crítico que procurava destruir suas bases teóricas. No âmbito das colônias, o aumento da população, o incremento da produção, a ampliação do mercado interno tinham tornado cada vez mais penosas as restrições impostas pela metrópole, tanto mais que cresciam as possibilidades de participação no mercado internacional.

É verdade que desde o período inicial o regime de monopólios dera origem a atritos. No plano internacional, numerosos foram os conflitos entre os detentores de monopólios e os impedidos de participar no comércio. A ocupação de parte do território brasileiro por povos estrangeiros, em diferentes ocasiões, o

DA MONARQUIA À REPÚBLICA 25

ataque de piratas e corsários, as várias formas de contrabando praticadas em grau crescente ao longo das costas brasileiras foram, uns e outros, expressão dessa luta contra os monopólios e privilégios. Por outro lado, desde os primeiros tempos os monopólios e os privilégios concedidos a alguns tinham sido alvos de críticas na colônia.[4] Não eram raros os conflitos entre produtores e comerciantes, entre comerciantes e burocratas ou entre os vários mercadores que disputavam entre si o usufruto dos monopólios e privilégios. Esses conflitos expressaram-se no Brasil em levantes até hoje mal estudados, como o dos Mascates, em Pernambuco,[5] dos Beckman, no Maranhão,[6] e as sedições ocorridas na região das Minas Gerais na primeira metade do século XVIII.[7] Durante muito tempo, no entanto, os conflitos internos foram sentidos como conflitos de interesses entre os súditos de um mesmo reino. A Coroa aparecia sempre como a mediadora entre as partes. No decorrer do século XVIII esses conflitos ganharam nova dimensão. O Pacto Colonial passou a ser visto pelos colonos não mais como um contrato entre irmãos, mas como um contrato unilateral entre metrópole e colônia, no qual

---

4 Myriam Ellis, *O monopólio do sal no Estado do Brasil, 1631-1801.* São Paulo, 1955; Idem, *As feitorias baleeiras meridionais do Brasil colonial.* São Paulo, 1968. Tese (Livre-Docência apresentada à Cadeira de História da Civilização Brasileira).

5 Charles Boxer, *The Golden Age of Brazil, 1695-1750.* Berkeley: University of California Press, 1969, p.112, 125. B. Fernandes Gama, *Memórias históricas da província de Pernambuco.* Recife (1844-1848), 4v., v.IV, p.54, 330. Manuel dos Santos, Narração histórica das calamidades de Pernambuco desde o ano de 1707 até o de 1715. *Revista do Instituto Histórico e Geográfico Brasileiro,* v.LIII, p.1, 307. F. A. Pereira da Costa, *Anais Pernambucanos.* Recife, 1951-1954, 7v., v.V, p.85, 178. Mário Melo, *A Guerra dos Mascates como afirmação nacionalista.* Rocha Pita, *História da América portuguesa,* Livro IX.

6 Sérgio Buarque de Holanda (Ed.) *História geral da civilização brasileira.* A expansão colonial II. São Paulo: Difusão Europeia do Livro, 1960, p.383, 386. Bernardo Pereira de Berredo, *Anais Históricos do Estado do Maranhão...* 2.ed. Maranhão, 1840.

7 A. E. Taunay, *História geral das bandeiras paulistas,* v.IX, p.487, 518. Manuel Cardozo, The Guerra dos Emboabas, Civil War in Minas Gerais 1708-1709, *Hispanic American Historical Review,* v.XXII, p.470, 492, agosto 1942; José Soares de Melo, *Emboabas, Chronicas de uma revolução nativista,* Documentos Inéditos, cit. por Boxer, *The Golden Age of Brazil.*

26 EMÍLIA VIOTTI DA COSTA

a primeira era a beneficiária: um contrato que por isso mesmo precisava ser desfeito.

No caso brasileiro o enriquecimento e o aumento da população depois da descoberta do ouro nas Gerais estimulou, no século XVIII, o desenvolvimento do mercado interno.[8] A expansão relativa do mercado interno coincidiu com a expansão do mercado internacional, contribuindo para tornar cada vez mais odiosas as restrições comerciais impostas pela metrópole, generalizando-se na colônia um ambiente hostil ao sistema colonial e receptivo à pregação revolucionária.

Rompera-se, no âmbito do sistema, a comunhão de interesses entre o produtor colonial, o comerciante e a Coroa, garantida pelos monopólios e privilégios.

As contradições e a inviabilidade do sistema não foram, entretanto, percebidas de imediato pelos agentes do processo. A Coroa deu-se conta dos descaminhos do ouro, das sonegações fiscais, dos prejuízos que o contrabando acarretava para os cofres reais, da queda da arrecadação dos impostos, do frequente desrespeito aos dispositivos legais. Os colonos, por sua vez, rebelaram-se contra o funcionamento de algumas instituições e contra determinadas medidas da Coroa que pareciam lesivas aos seus interesses, como, por exemplo, as restrições à livre circulação entre as províncias, o limite imposto à importação de escravos, o aumento das taxas, a lentidão da justiça, a venalidade, a corrupção e os desmandos dos oficiais da Coroa, as discriminações contra os naturais da colônia. Os colonos que em princípio se consideravam portugueses do Brasil, acreditando que a única diferença entre os habitantes do Império português era de localização geográfica, perceberam, cada vez mais claramente, a incompatibilidade existente entre os seus interesses e os interesses metropolitanos. A luta, que inicialmente se apresentava como uma luta entre vassalos de um mesmo reino ou entre os vassalos e os funcionários reais, mudou de sentido, convertendo-se em luta de colonos contra o governo metropolitano. Aos olhos dos colonos os interesses da Coroa

---

8   Mafalda Zemella, *O abastecimento das capitanias das Minas Gerais no século XVIII*. São Paulo: Faculdade de Filosofia, Ciências e Letras da Universidade de São Paulo, 1951.

identificaram-se com os da metrópole e, por isso, o anticolonialismo era também, para eles, crítica ao poder indiscriminado dos reis, afirmação do princípio de soberania dos povos, do direito dos povos se desenvolverem livremente, segundo seu arbítrio.

Foi por essa razão que as populações coloniais se mostraram receptivas a ideologias revolucionárias que se difundiam na Europa no século XVIII. A despeito da censura, os livros de Rousseau, Montesquieu, Raynal e mesmo de alguns autores mais radicais, como Mably, chegavam à colônia e inflamavam os espíritos.[9] Mais importante do que a sedução dos livros, na divulgação do pensamento revolucionário, foi o impacto da Revolução Americana e da Revolução Francesa. Os dois movimentos tiveram um efeito revolucionário contagiante na América. Os que se ressentiam do domínio colonial viram no exemplo das duas revoluções o caminho para sua emancipação.[10]

---

9 Traslado do Auto de Sequestro feito nos bens que se acharam na Casa do cônego Luís Vieira da Silva, *Autos da Devassa da Inconfidência Mineira*. Rio de Janeiro: Biblioteca Nacional, 1936, publicação do Ministério da Educação, v.1, p.279. E. Bradford Burns, The enlightenment in two colonial brazilian libraries, *Journal of the History of Ideas*, n.25, p.430, 438, 1964. Eduardo Frieiro, *O diabo na livraria do cônego*. Belo Horizonte, 1957. Silvio Gabriel Diniz, Biblioteca setecentista nas Minas Gerais, *Revista do IHMG*, v.6, p. 33, 334, 1959. Bradford Burns, The intellectuals as agents of change and the Independence of Brazil, 1724-1822, In: A. R. Russell--Wood (Ed.) *From Colony to Nation*. Essays on the Independence of Brazil. Baltimore: The Johns Hopkins University Press, p.211, 246. Carlos Guilherme Mota, *Ideia de revolução no Brasil no final do século XVIII*. Contribuição ao estudo das formas de pensamento da colônia. São Paulo, 1967. Tese (Mestrado) – Universidade de São Paulo. Sobre a influência da Revolução Americana: *Autos da Devassa da Inconfidência*, p.142, 43, 108, 11, 137, 159. Sobre a influência da Revolução Francesa, ver ainda *Autos da Devassa do Levantamento e Sedição Intentados na Baía em 1778*. Bahia, 1959, v. XXXV, bem como *Anais da Biblioteca Nacional do Rio de Janeiro*, A inconfidência da Bahia em 1798. Rio de Janeiro, 1922-1923, v.XLV, p.3, 421. *Devassa ordenada pelo vice-rei de Rezende*, 1794, *Anais da Biblioteca Nacional do Rio de Janeiro*, III. Rio de Janeiro: Imprensa Nacional, 1941, v.LXI, 1939, p.243, 251, 308, 309, 284, 285, 280.

10 *Autos da Devassa da Inconfidência Mineira*, v.1, p.108, 111, 137, 142, 161, 170.

As críticas feitas na Europa pelo pensamento ilustrado ao absolutismo assumiram no Brasil o sentido de críticas ao sistema colonial. No Brasil, Ilustração foi, antes de mais nada, anticolonialismo. Criticar a realeza, o poder absoluto dos reis, significava lutar pela emancipação dos laços coloniais. Nas duas últimas décadas do século XVIII, as tensões entre colonos e metrópole se concretizaram em alguns movimentos conspiratórios os quais evidenciam a influência das revoluções Francesa e Americana e das ideias ilustradas. Nos autos dos processos de Devassa as ideias revolucionárias eram definidas como "os abomináveis princípios franceses".

Entre o material apreendido aos inconfidentes de 1789, principalmente na biblioteca de um dos mais cultos, o cônego Luís Vieira, encontram-se exemplares de autores franceses: Montesquieu, d'Alembert, Turgot, Raynal, Mably e outros. Tiradentes, um dos cabeças do movimento, foi acusado de ter tentado traduzir uma edição francesa da Coleção das Leis Constitutivas dos Estados Americanos e outros livros. Os inconfidentes foram acusados de se referirem várias vezes ao exemplo das colônias americanas que tinham conquistado sua liberdade. Várias pessoas, ao que se dizia nos autos, estavam inclinadas a seguir o "partido francês". Os indiciados, na Devassa mandada realizar pelo conde de Rezende na cidade do Rio de Janeiro em 1792, acusados de crime de lesa-majestade por tramarem um levante para estabelecer um governo democrático livre e independente, também pareciam influenciados pelos "abomináveis princípios franceses".[11] Alguns anos mais tarde, em 1798, um dos personagens envolvidos na conjura baiana era acusado de ter concitado a que "todos se fizessem franceses" para viverem em "igualdade e abundância".[12] "Fazer-se francês" significava na época aceitar os princípios revolucionários que a França exportava para o mundo.

---

11 *Anais da Biblioteca Nacional do Rio de Janeiro*, v.LXI, p.284-5, 302-9, 1939.
12 *Anais do Arquivo Público da Bahia, Autos da Devassa do Levantamento e Sedição Intentados na Baía em 1798*, v.XXV, depoimento de Manuel Faustino.

A Devassa ordenada pelo vice-rei, conde de Rezende (1794), resume alguns desses pecaminosos conceitos divulgados não só em casos particulares, mas também em lugares públicos por alguns indivíduos que, com discursos "escandalosos e sacrílegos", investiam contra a religião e a autoridade, o poder divino dos reis, "conversavam coisas de França". Afirmavam que não havia milagres, que os reis não eram necessários, que não deveria haver mais testas coroadas, que os reis receberam o poder dos homens e não de Deus, que os homens eram livres e podiam todo tempo reclamar a sua liberdade, que as leis pelas quais se governava a nação francesa na época eram justas e que o mesmo que se praticava na França se devia praticar no continente. Alguns chegavam mesmo a desejar que os franceses conquistassem a cidade do Rio de Janeiro, outros afirmavam que a Sagrada Escritura, assim como dera poder aos reis para castigar os vassalos, dera aos vassalos poder para castigar os reis. Na opinião dos responsáveis pela Devassa, os revolucionários tentavam com seus conceitos e palavras seduzir o povo rústico e ignorante, procurando apartá-lo do amor e da fidelidade aos seus legítimos e *naturais* soberanos. A Devassa fora feita para evitar, como se diz no texto, que uma faísca ocultamente lavrando pudesse rebentar num grande incêndio.

Nem as prisões, nem os exílios, nem os enforcamentos foram capazes de deter a marcha do processo. Em vão a censura intentava impedir a divulgação das ideias nocivas à ordem vigente. Em vão a polícia punia com rigor as tentativas de insurreição. Burlando a fiscalização, alguns livros penetravam no país. Mas era menos por intermédio dos livros e mais pelos contatos pessoais que as novas ideias se difundiam. Os estudantes que viajavam para o exterior, completando seus estudos em Portugal ou na França, voltavam imbuídos das novas ideias e se tornavam seus principais propagandistas. Em conversas em casas particulares ou nas esquinas, nas academias literárias e científicas ou nas sociedades secretas, analisavam, às vezes superficialmente, os efeitos da Revolução Francesa e comentavam suas leituras, diante de um público curioso que se incumbia de passar adiante, de forma vaga e imprecisa, o que ouvia. Apesar do caráter implacável da repressão, os "abomináveis princípios franceses" reapareciam a cada passo como argumentos justificadores de novas sublevações. Em 1817, numa insurreição que estourou em

Pernambuco, os rebeldes ainda buscavam inspiração nas constituições francesas de 1791, 1793, 1795. Um dos líderes do movimento, Cruz Cabugá, tinha pendurado nas paredes de sua casa retratos dos principais líderes da Revolução Francesa e da Independência Americana. Em lugar do tratamento habitual de Vossa Mercê, os revolucionários pernambucanos passaram a usar Vós; e em lugar da expressão Senhor, adotaram em sua correspondência a expressão Patriota, numa evidente imitação dos revolucionários franceses.[13]

Em 1817 a Revolução Francesa era já um fato histórico passado. Depois da Restauração, o desejo de alguns governos de anular os efeitos da Revolução tinha dado origem a uma tendência contrarrevolucionária que se expressa tanto no Congresso de Viena e nos que se lhe sucederam quanto na Santa Aliança. A lembrança das violências cometidas durante a fase revolucionária alijava muitos espíritos das tendências revolucionárias, favorecendo as posições reformistas e conservadoras. Toda uma geração, no entanto, fora educada nos princípios revolucionários que os homens da Ilustração se tinham incumbido de divulgar e a Revolução Francesa de pôr em prática. Estes permaneceriam fiéis àqueles princípios. Constituíam, no entanto, uma elite reduzida, se bem que ativa. A grande maioria da população permaneceria alheia às especulações teóricas, embora pudesse, eventualmente, ser mobilizada em nome dos "princípios franceses", ou em nome da Pátria e da Liberdade, palavras que passaram a ter um efeito mágico junto às multidões. A elite educada nos princípios da Ilustração, embora pouco numerosa, teria um papel importante a desempenhar por ocasião da Independência e, mais tarde, quando se tratou de organizar a nação. A abertura dos portos em 1808 e a entrada de estrangeiros em número crescente a partir dessa

---

13 L. F. Tollenare, *Notas dominicais tomadas durante uma residência em Portugal e no Brasil nos anos de 1816, 1817, 1818,* parte relativa a Pernambuco traduzida do manuscrito (inédito) francês por Alfredo de Carvalho, prefácio de M. de Oliveira Lima. Recife, 1905. Ver ainda, sobre a Revolução de 1817, Francisco Muniz Tavares, *A Revolução de Pernambuco em 1817.* Terceira edição comemorativa do primeiro centenário, revista e anotada por Oliveira Lima. Recife: Imprensa Industrial, 1917; Carlos Guilherme Mota, *Nordeste, 1817, estruturas e argumentos.* São Paulo: Perspectiva, 1972.

data, intensificando os contatos entre Europa e Brasil, facilitaram mais ainda a divulgação de ideias revolucionárias.

As sociedades secretas do gênero da Maçonaria que começaram a se multiplicar no Brasil nos fins do século XVIII teriam, por sua vez, importante papel na divulgação dessas teorias. A Conjura Baiana dos fins do século XVIII coincide com a fundação na cidade da Barra, em 1797, da loja maçônica "Os Cavaleiros da Luz". Em Pernambuco, fundou-se inicialmente o Areópago, de onde saíram duas Academias: "Paraíso e Suassuna". Alguns dos indiciados em processos e implicados nos movimentos revolucionários da época, principalmente na Revolução de 1817, pertenceram aos seus quadros. Também no Rio de Janeiro as sociedades secretas se multiplicaram. Conta-se que D. João VI, mandando averiguar a situação das sociedades secretas, foi informado de que grande número de personagens importantes ligados ao governo estava envolvido nessas sociedades. Depois da rebelião de 1817, D. João resolveu suspender suas atividades mandando, em 30 de março de 1818, fechar todas as lojas. Elas, no entanto, logo se reorganizaram e, em 1821, estavam de novo em pleno funcionamento. Elementos os mais representativos da sociedade faziam parte dos seus quadros: professores, funcionários, comerciantes, fazendeiros e numerosos padres. Ao contrário do que se verificava na Europa, onde a Maçonaria assumira posição nitidamente anticlerical, no Brasil eram íntimas as ligações entre o clero e a Maçonaria.[14]

Às vésperas da Independência a Maçonaria estava pronta para participar de forma eficiente no movimento, imprimindo-lhe suas diretrizes.

Limites do liberalismo no Brasil

Embora seja evidente a influência das ideias liberais europeias nos movimentos ocorridos no país desde os fins do século

---

14 Carlos Rizzini, *O livro, o jornal e a typografia no Brasil*. São Paulo: Kosmos, 1945. Mario Behring, *Anais da Biblioteca Nacional do Rio de Janeiro*, v.XLII-XLV. Célia de Barros, A ação das sociedades secretas. In: Sérgio Buarque de Holanda (Org.) *O Brasil monárquico. O processo da emancipação*. História geral da Civilização Brasileira, II, v.L, p.191 ss.

XVIII, não se deve superestimar sua importância. Analisando-se os movimentos de 1789 (Inconfidência Mineira), 1798 (Conjura Baiana), 1817 (Revolução Pernambucana) percebe-se logo sua pobreza ideológica.[15] Apenas uma pequena elite de revolucionários inspirava-se nas obras dos autores europeus que liam, frequentemente, mais com entusiasmo do que com espírito crítico. A maioria da população inculta e atrasada não chegava a tomar conhecimento das novas doutrinas.

Se havia barreiras de ordem material à difusão das ideias ilustradas (analfabetismo, marginalização do povo da vida política, deficiência dos meios de comunicação), o maior entrave advinha, no entanto, da própria essência dessas ideias, incompatíveis, sob muitos aspectos, com a realidade brasileira.[16] Na Europa, o liberalismo era uma ideologia burguesa voltada contra as Instituições do Antigo Regime, os excessos do poder real, os privilégios da nobreza, os entraves do feudalismo ao desenvolvimento da economia. No Brasil, as ideias liberais teriam um significado mais restrito, não se apoiariam nas mesmas bases sociais, nem teriam exatamente a mesma função. Os princípios liberais não se forjaram, no Brasil, na luta da burguesia contra os privilégios da aristocracia e da realeza. Foram importados da Europa. Não existia no Brasil da época uma burguesia dinâmica e ativa que pudesse servir de suporte a essas ideias. Os adeptos das ideias liberais pertenciam às categorias rurais e sua clientela. As camadas senhoriais empenhadas em conquistar e garantir a liberdade de comércio e a autonomia administrativa e judiciária não estavam, no entanto, dispostas a renunciar ao latifúndio ou à propriedade escrava. A escravidão constituiria o limite do liberalismo no Brasil. Em todos os movimentos revolucionários levantou-se o problema da escravidão. Apesar das eventuais divergências de pontos de vista entre os participantes, acabou prevalecendo sempre a opinião dos que eram contrários à emancipação dos escravos. A ideia de revolução esbarrava sempre no receio de uma revolta de escravos. O comportamento dos revolucionários, com exceção de poucos, era frequentemente elitista, racista e escravocrata.

---

15 Carlos Guilherme Mota, *Ideia de revolução no Brasil no final do século XVIII*. São Paulo, 1967.
16 Veja-se cap.3, sobre liberalismo.

Já por ocasião da Inconfidência discutira-se a possibilidade de um levante de escravos, fato a se temer num país em que o número de homens pretos, livres e escravos superava em muito o dos brancos.[17] Mais tarde, na Conjura Baiana, apesar do grande número de negros e mulatos forros e de alguns escravos associados ao movimento, Cipriano Barata, um dos cabeças da conspiração, escrevia em uma carta a um amigo que tomasse cuidado com essa "canalha" de negros e mulatos. Os revolucionários de 1817 apressaram-se em lançar uma proclamação, garantindo o direito de propriedade dos senhores sobre os escravos: "Patriotas", rezava a proclamação, "vossas propriedades, ainda as mais opugnantes ao ideal de justiça, serão sagradas. O Governo porá meios de diminuir o mal, não o fará cessar pela força".[18] O horror às multidões e o receio de um levante de negros levariam essas elites a repelir as formas mais democráticas de governo e a temer qualquer mobilização de massa, encarando com simpatia a ideia de conquistar a Independência com a ajuda do príncipe regente.

Dentro dessas condições soariam falsos e vazios os manifestos em favor das fórmulas representativas de governo, os discursos afirmando a soberania do povo, pregando a igualdade e a liberdade como direitos inalienáveis e imprescritíveis do homem, quando, na realidade, se pretendia manter escravizada boa parte da população e alienada da vida política outra parte.

Outra peculiaridade do liberalismo brasileiro nessa fase é sua conciliação com a Igreja e com a religião. A presença de numerosos padres nos movimentos revolucionários já foi anteriormente notada. No processo da revolução de 1817 – que foi chamada Revolução de Padres[19] – foram numerosos os sacerdotes acusa-

---

17 Augusto de Lima Jr., *Pequena História da Inconfidência de Minas Gerais*, 3.ed. Belo Horizonte, 1968.

18 Muniz Tavares, *História da Revolução de Pernambuco*. Ver também Carlos Guilherme Mota, *Nordeste, 1817*, p.154.

19 Sobre a participação dos padres na Revolução de 1817, ver Maria Graham, *Journal of a voyage to Brazil and residence there during the years 1821-1823*. London, 1924 (tradução para o português, São Paulo, 1956, p.121). John Armitage, *The History of Brazil*. London, 1836, 2v. (tradução para o português sob o título *História do Brasil*, Rio de Janeiro, 1943, p.25). Ver ainda a coleção *Documentos Históricos*, publicação da Biblioteca Nacional, v.CVI, p.150, 154, 187, 190, 206, 216, 219 – referências a padres envolvidos na Revolução.

dos de usarem o púlpito para propagarem as ideias de Pátria e Liberdade; de frequentar lojas maçônicas; de aliciar os jovens em suas aulas; de colaborar ativamente com os grupos revolucionários; havendo mesmo alguns qualificados de "guerrilheiros", capitães de guerrilha, como o famoso frei Joaquim do Amor Divino (mais conhecido por Frei Caneca), revolucionário de 1817, posteriormente envolvido na Confederação do Equador (1824).

O fato de que, pelo Direito de Padroado que usufruía a Coroa portuguesa, os padres ficavam submetidos diretamente ao poder real explica em parte a hostilidade dos setores do clero em relação à Monarquia e sua adesão aos movimentos revolucionários, bem como sua participação nos quadros da Maçonaria. Ilustrativos dessa adesão dos setores do clero às ideias revolucionárias são os cartazes que se afixavam nas esquinas por ocasião da Revolução de 1817, em que se liam: "Viva a Pátria", "Viva Nossa Senhora", "Viva a Santa Religião Católica", "Morram os aristocráticos".

Natureza e limites do nacionalismo

Assim como o liberalismo, o nacionalismo, frequentemente associado na Europa aos movimentos liberais, não teria condições de assumir seu significado pleno num país cuja economia baseava-se essencialmente na exportação, onde o mercado interno era extremamente limitado, as vias de comunicação escassas e, por isso mesmo, difíceis os contatos entre as várias regiões. Ainda às vésperas da Independência eram mais fortes os laços das várias províncias com a Europa do que entre si. Faltavam as condições que na Europa levavam a uma maior integração nacional. Eis por que todos os movimentos revolucionários anteriores à Independência sempre tiveram caráter local, irradiando-se, quando muito, às regiões mais próximas, jamais assumindo um caráter mais amplo. Por ocasião da Inconfidência Mineira falava-se vagamente na possibilidade de Minas e de São Paulo aderirem ao movimento. A Conjura do Rio de Janeiro e, mais tarde, a Conjura Baiana não ultrapassaram os limites dos respectivos centros urbanos. Apenas a Revolução Pernambucana de 1817 conseguiu aglutinar maior número de províncias estenden-

DA MONARQUIA À REPÚBLICA   35

do-se ao Ceará, ao Rio Grande do Norte e à Paraíba. Alguns anos mais tarde, em 1821, os deputados brasileiros às Cortes portuguesas fizeram questão de se apresentar como representantes das várias províncias.[20] Explicam-se assim os receios de um dos principais líderes da Independência, José Bonifácio, de que, à semelhança do que sucedera em outras regiões da América, a colônia portuguesa viesse a se fragmentar em várias províncias. De fato, todos os planos recolonizadores apresentados em Portugal depois da proclamação da Independência tinham como ponto de partida a ideia de que era possível explorar a falta de unidade das várias áreas.[21] A unidade territorial seria, no entanto, mantida depois da Independência, menos em virtude de um forte ideal nacionalista e mais pela necessidade de manter o território íntegro, a fim de assegurar a sobrevivência e a consolidação da Independência.

O nacionalismo brasileiro manifestava-se sobretudo sob a forma de um antiportuguesismo generalizado. Apesar de elementos de origem portuguesa participarem dos movimentos revolucionários, a maioria dos que aderiram a esses movimentos era de origem brasileira. Não raro as hostilidades contra Portugal tomaram o aspecto de uma luta racial entre os "mestiços" e os "branquinhos do reino". Como dizia um dos inconfidentes de 1789: "estes branquinhos do Reino que nos querem tomar nossa terra cedo os haveremos de botar fora".[22] Numa Memória Histórica que relata os acontecimentos de 1817, o autor, observando o comportamento dos vários grupos sociais, afirmava: "esta canalha que se compõe geralmente de mulatos, negros etc. entusiasmada da palavra liberdade que se espalhou no tempo da revolução não se mostra verdadeiramente realista ... é um ramo indisposto contra o trono", necessitando de assídua vigilância. Quando em Portugal se divulgou a notícia da proclamação da Independência, a opinião de alguns observadores chegados ao trono era de

---

20 Sérgio Buarque de Holanda, A herança colonial, sua desagregação. In: _____. (Org.) *O Brasil monárquico*. O processo de emancipação. História geral da civilização brasileira, p.16.
21 Ver, por exemplo, parecer de Thomaz Antonio de Villanova Portugal publicado nos *Documentos para a História da Independência*. Lisboa; Rio de Janeiro, Biblioteca Nacional do Rio de Janeiro, 1923, v.I, p.108, 113.
22 *Autos da Devassa da Inconfidência* v.107, p.181.

36 EMÍLIA VIOTTI DA COSTA

que se tratava de uma revolta de negros e mulatos livres e escravos. Em 1823, por ocasião de motins ocorridos em Pernambuco, ouviram-se pelas ruas trovas assim:

> Marinheiros e caiados
> Todos devem se acabar
> Porque só pardos e pretos
> O país hão de habitar.[23]

Aos olhos da população nativa mestiça, a Independência significava sobretudo a possibilidade de eliminar as restrições que afastavam as pessoas de cor das posições superiores, dos cargos administrativos, do acesso à Universidade de Coimbra e ao clero superior. Abolir as diferenças de cor branca, preta e parda, oferecer iguais oportunidades a todos sem nenhuma restrição era o principal ideal das massas mestiças que viam nos movimentos revolucionários a oportunidade de viverem em "igualdade e abundância". Para estas, a Independência configurava-se como uma luta contra os brancos e seus privilégios.

Bases sociais da revolução

Sob o rótulo das ideias liberais ocultavam-se aspirações distintas, como distintos eram os grupos sociais que se associaram aos movimentos em prol da Independência.

Embora as conspirações que antecederam a Independência tivessem envolvido principalmente representantes das camadas superiores da sociedade, elementos das populações urbanas mais desprivilegiadas aderiram com entusiasmo aos movimentos.[24]

---

23 José Honório Rodrigues, *Conciliação e reforma no Brasil.* Um desafio histórico cultural. Rio de Janeiro: Civilização Brasileira, 1965, p.38

24 Ver *Anais da Biblioteca Nacional do Rio de Janeiro:* v.LXI, p.243, 251. Ao lado de bacharéis em Direito, médicos, professores, aparecem um sapateiro, um marceneiro, um entalhador, um ourives. A lista dos elementos populares é maior na conspiração de 1798. Consultar *Autos da Devassa* nos *Anais do Arquivo Público da Bahia,* v.XXXV e XXXVI, Imprensa Oficial da Bahia, 1959 e 1961, respectivamente. Sobre aspirações populares na Revolução de 1817, ver Carlos Guilherme Mota, *Nordeste, 1817.* São Paulo: Perspectiva, 1972. Sobre participação da oligarquia rural na revolução de 1817; DH, CIII, p.91, DH, CVII, 8, 14, DH, CIX, 193.

DA MONARQUIA À REPÚBLICA

Entre os inconfidentes, a maioria era composta de proprietários e altos funcionários. Havia, no entanto, entre eles, figuras de origem mais modesta como o alferes Tiradentes e alguns escravos e mulatos livres, ocupando funções de carreiros ou artesãos. Na Conjura Baiana o elemento popular envolvido foi mais numeroso do que nas prévias conspirações. Havia, na realidade, dois núcleos revolucionários distintos tanto na sua composição quanto nos seus propósitos. O primeiro, constituído por elementos instruídos e de recursos, provavelmente ligados à loja maçônica "Os Cavaleiros da Luz", à qual se filiavam figuras importantes da sociedade, instruídos em Rousseau e Voltaire e interessados em estabelecer uma República. O segundo grupo incluía escravos e pretos e pardos livres, recrutados entre as camadas mais humildes da população: alfaiates, sapateiros, pedreiros, cabeleireiros, soldados, gravadores, carapinas, ambulantes. Viam na revolução uma promessa de melhorar suas condições de vida, pelo estabelecimento de uma política de igualdade.[25]

Os revolucionários de 1817 pertenciam às melhores famílias da terra. No processo instaurado contra eles, alegaram em sua defesa que não podiam ter participado da conspiração, pois desfrutavam a melhor situação econômica e social sendo "membros da primeira e maior nobreza de Pernambuco, educados na disciplina das diferentes classes e ordens da sociedade".[26] Embora seja exagero concluir, como o fez Antônio Luiz de Brito Aragão de Vasconcelos, encarregado da defesa dos réus de 1817, que os representantes das categorias mais elevadas tinham sido obriga-

---

25 Indagado sobre os propósitos da conspiração de 1798 na Bahia, o réu Manoel Faustino dos Santos Lira, homem pardo, forro, de ofício alfaiate, de idade de dezessete anos, filho de pai pardo livre e de mãe escrava, respondeu que era para "reduzir o continente do Brasil a um governo de igualdade entrando nele brancos, pardos e pretos, sem distinção de cores, somente de capacidade para mandar e governar" (*Autos da Bahia*, v.XXXV). Na denúncia que Joaquim José da Veiga faz de Fuão, homem pardo, com tenda de alfaiate, o dito Fuão é acusado de ter tentado aliciar o depoente com promessas de que todos viveriam em igualdade e abundância, ficariam ricos, tirados da miséria em que se achavam etc. (*Anais da Biblioteca Nacional do Rio de Janeiro*, v.XLV, 1922-1923).

26 *Documentos Históricos*. Biblioteca Nacional, Rio de Janeiro, v.CIII, p.91, DH, CVII, 8, 14. Carlos Guilherme Mota, *Nordeste, 1817*, p.201.

dos a ceder à força irresistível da plebe, não há dúvida de que ele tinha razão quando afirmava que o povo aderira facilmente à revolução sem que fosse necessário nenhum ato para persuadi-lo. O entusiasmo pela "maldita liberdade", como rezavam os documentos da época que denunciavam a mobilização revolucionária, espalhara-se entre as populações urbanas, compostas na sua maioria de pardos e pretos, empolgados pelas ideias de liberdade e igualdade que se propalavam simultaneamente.

O comportamento dessas massas urbanas era visto com maior desgosto e apreensão por indivíduos das camadas superiores da sociedade que não se tinham deixado empolgar pelas ideias revolucionárias. Um deles, em Pernambuco, em 1817, descreve suas apreensões em carta a um amigo nos seguintes termos: "Os cabras mulatos e criolos andavam tão atrevidos que diziam éramos todos iguais e não haviam de casar senão com brancas das melhores" (sic). Enquanto isso, queixava-se ele, "os boticários, cirurgiões, sangradores, não fizeram mais conta de mim ... até os barbeiros não me quiseram mais fazer a barba, respondiam que estavam ocupados no serviço da Pátria, via-me obrigado a fazer a mim mesmo a barba", o que lhe parecia absolutamente insuportável, tão insuportável quanto a familiaridade com que cabras, de chapéu à cabeça, sem o menor sinal de deferência, pediam-lhe ou ofereciam-lhe tabaco.[27]

As várias faces da revolução

Para o povo composto de negros e mestiços a revolução da Independência configurava-se como uma luta contra os brancos e seus privilégios. Para os despossuídos, a revolução implicava a eliminação das barreiras de cor, na realização da igualdade econômica e social, na subversão da ordem. Para os representantes das categorias superiores da sociedade, fazendeiros ou comerciantes, a condição necessária da revolução, no entanto, era a manutenção da ordem e a garantia de seus privilégios. Dessa forma, o movimento que aglutinava elementos pertencentes a

---

27 Ibidem, CII, p.12.

diferentes estratos da sociedade representava aspirações até mesmo contraditórias. As fórmulas abstratas constantes dos programas dos revolucionários ocultavam os diferentes sentidos que cada grupo lhes atribuía. Depois da Independência, as fórmulas amplas e universalizantes do liberalismo retórico foram definidas nos seus termos concretos, ficando evidentes os seus limites. A partir de então, ficaria claro para quem e por quem tinha sido o país feito independente. Para as elites que tiveram a iniciativa e o controle do movimento, liberalismo significava apenas liquidação dos laços coloniais. Não pretendiam reformar a estrutura de produção nem a estrutura da sociedade. Por isso a escravidão seria mantida, assim como a economia de exportação. Por isso o movimento de independência seria menos antimonárquico do que anticolonial, menos nacionalista do que antimetropolitano. Por isso também a ideia de separação completa de Portugal só se configurou claramente quando se revelou impossível manter a dualidade das coroas e, ao mesmo tempo, preservar a liberdade de comércio.

Balanço dos movimentos revolucionários do século XVIII. Transferência da Corte

Ao findar o século XVIII, o balanço dos movimentos revolucionários revelava que as conspirações ocorridas sucessivamente em Minas (1789), Rio de Janeiro (1792), Bahia (1798) tinham sido sufocadas na origem, sem ultrapassarem o nível das tramas e conciliábulos, tendo sido os rebeldes punidos severamente. A maioria da população permanecia ignorante do que se tramara, participando das conspirações apenas alguns grupos representativos da elite colonial, elementos de sua clientela e alguns grupos pertencentes às camadas urbanas descontentes com a administração portuguesa e seduzidos pelas ideias revolucionárias que a França exportara e às quais a Independência Norte-Americana conferira prestígio.

A despeito do crescente descontentamento de certos grupos, nada fazia crer que o domínio português no Brasil se extinguiria em menos de uma geração. Um fato viria precipitar o processo: a invasão francesa na Península Ibérica e a consequente transferência da Corte portuguesa para o Brasil.

A abertura dos portos a todas as nações em 1808, a localização da sede do governo no Rio de Janeiro, a elevação, em 1815, do Brasil à categoria de Reino Unido e as medidas objetivando dotar a colônia de uma série de instituições adequadas à sua nova função de sede de governo prejudicaram profundamente os interesses metropolitanos. Entre aquelas medidas, talvez as mais nefastas aos portugueses tenham sido a extinção do monopólio comercial e a abertura dos portos.

Até a transferência da Corte para o Brasil, o comércio internacional português realizava-se na sua maior parte com o Brasil. Portugal, além de consumidor, era o entreposto da distribuição de todo o comércio exterior da colônia. Não obstante o crescente contrabando, Portugal mantinha ainda, até aquela data, situação privilegiada, em virtude do sistema de monopólios vigente. Ganhavam os navios portugueses com os fretes marítimos, as alfândegas com as importações dos produtos coloniais e a exportação das manufaturas estrangeiras para a colônia; ganhavam os comissários portugueses com o armazenamento e a revenda dos produtos. As rendas das alfândegas constituíam as rubricas principais das receitas. De outro modo, a renda dos capitais lusitanos investidos no comércio colonial oferecia ampla base de tributação. Todo esse esquema de lucro desmoronara com a abertura dos portos e os Tratados de Comércio com a Inglaterra, concedendo-lhe uma tarifa preferencial, mais favorável do que a outorgada a Portugal.[28]

De pouco valeram aos portugueses as medidas tomadas por D. João VI a fim de garantir-lhes privilégios e contrabalançar os efeitos da abertura dos portos às demais nações. Em vão tentou o príncipe limitar as vantagens concedidas aos ingleses, favorecendo os produtos transportados por barcos portugueses, oferecendo vantagens para a importação de vinhos, azeites e outros artigos

---

28 Roberto Simonsen, *História Econômica do Brasil*, 1500-1800. São Paulo: Ed. Nacional, p.389-90.

DA MONARQUIA À REPÚBLICA   41

fabricados em Portugal ou nas colônias portuguesas.[29] A concorrência dos países mais desenvolvidos prejudicava os portugueses, que viam com saudosismo e desespero extinguir-se o tempo dos privilégios e dos monopólios. Sem resolver satisfatoriamente a questão para eles, as medidas tomadas por D. João VI a fim de privilegiá-los provocavam o descontentamento não só de estrangeiros interessados no comércio no Brasil, como dos próprios brasileiros. Pressionado por vários interesses contraditórios, D. João não conseguia satisfazer a nenhum grupo e sua política agravava os ressentimentos de todos.

Os portugueses metropolitanos eram, aparentemente, os mais descontentes. Em Portugal, a crise afetava, além dos setores mercantis, toda a produção incapaz de enfrentar a concorrência inglesa não só no setor das manufaturas, como também no da produção agrária, cujos métodos rudimentares empregados colocavam os cereais produzidos em Portugal em condições de inferioridade em relação aos estrangeiros. A crise que afetava a economia portuguesa era, pois, essencialmente de caráter internacional, relacionada com a Revolução Industrial em curso na Inglaterra. Para os portugueses, no entanto, todos os males pareciam advir da permanência da Corte no Brasil e da autonomia concedida à colônia.[30] Esperavam eles que a volta de D. João VI a Portugal acarretasse a anulação das regalias concedidas ao Brasil e o restabelecimento do Pacto Colonial rompido. Não contavam eles com a oposição da colônia e da Inglaterra, ela própria beneficiária da nova situação criada pela transferência da Corte para o Brasil.

---

29 Uma lei de outubro de 1808 isentou têxteis manufaturados em Portugal de taxas aduaneiras. Decreto de maio de 1810 isentou mercadorias da China desde que pertencessem a súditos portugueses. Decreto de 21 de janeiro de 1813 foi mais longe, isentando todas as mercadorias portuguesas de qualquer taxa. Decreto de 18 de novembro de 1811 proibia qualquer navio que não fosse pilotado por português, de propriedade de português ou brasileiro, tripulação 3/4 de portugueses, de descarregar produtos da Ásia. Decreto de 15 de novembro de 1814 proibia navegação costeira a estrangeiros.

30 José Antonio de Miranda, *Memória constitucional e política sobre o estado presente de Portugal e do Brasil, dirigido a El Rey Senhor D. João VI e oferecido a Sua Alteza o Príncipe Real do Reino Unido de Portugal, Brasil e Algarves, Regente do Brasil*. Rio de Janeiro, 1821.

O ponto de vista português e brasileiro

Multiplicaram-se em Portugal e no Brasil os panfletos procurando prover a conveniência do restabelecimento do Pacto Colonial.[31] Frisavam que a abertura dos portos estava levando à destruição do artesanato e do comércio local, da navegação nacional e provocando o empobrecimento das populações locais em benefício dos estrangeiros, principalmente dos ingleses. Um panfleto publicado em 1822 em Lisboa, intitulado "Reflexões sobre a necessidade de promover a União dos Estados de que consta o Reino Unido de Portugal, Brasil e Algarve nas quatro partes do Mundo", observa que a importação de manufaturas estrangeiras provocava desequilíbrios na balança em prejuízo da economia luso-brasileira, acarretando a evasão de riquezas.[32] Francisco Sierra y Mariscal, nas "Ideias gerais sobre a Revolução do Brasil e suas consequências",[33] datadas de Lisboa, 10 de novembro de 1823, insistia no caráter lesivo do tratado de 1810 com a Inglaterra e no caráter espoliativo do comércio inglês. Afirmava que se devia temer mais a um escritório inglês do que a todas as peças de artilharia britânica. Referindo-se ao tratado de 1810, dizia que, em virtude deste, haviam entrado no Brasil: o sapato feito, os móveis, o fato, colchões e até caixões ornamentados para enterrar meninos.

Ao lado desses panfletos, outros foram publicados no Brasil defendendo um ponto de vista oposto. Mostravam as desvantagens do Pacto Colonial para o Brasil e acentuavam as vantagens do comércio livre que emancipava o país dos limites impostos pela metrópole.[34]

---

31 Exame analítico crítico da solução da questão: o rei e a família real de Bragança devem, nas circunstâncias presentes, voltar a Portugal ou ficar no Brasil? In: *Documentos para a história da independência*. Lisboa: Oficinas Gráficas da Biblioteca Nacional, 1923, v.1, p.208 e ss.

32 José Vicente Gomes de Moura, *Reflexões sobre a necessidade de promover a união dos estados de que consta o reino unido de Portugal, Brasil e Algarve nas quatro partes do mundo*. Lisboa, 1822.

33 Francisco Sierra y Mariscal, Ideias gerais sobre a revolução do Brasil e suas consequências. *Anais da Biblioteca Nacional do Rio de Janeiro*, 43-5, p.31 e 81, 1921.

34 *Memórias sobre as principais causas por que deve o Brasil reassumir os seus direitos e reunir as suas províncias*, oferecida ao príncipe real por R. J. G. Rio de Janeiro, 1822.

DA MONARQUIA À REPÚBLICA

Assim, enquanto em Portugal acumulavam-se os descontentamentos, no Brasil, as contradições da política de D. João VI, anulando monopólios e privilégios antigos, favorecendo a liberalização da economia ao mesmo tempo em que criava outros privilégios na tentativa de garantir os interesses dos súditos portugueses, não provocavam menores ressentimentos. Tollenare, que percorria o Brasil entre 1816 e 1818, observava quanto era difícil ser ao mesmo tempo rei de Portugal e do Brasil e agir paternalmente para com dois povos que tinham interesses opostos. "Um", dizia ele, "não pode viver sem o monopólio, o progresso do outro exige sua supressão."[35]

O impulso dado à economia a partir da abertura dos portos tornara mais aparente o caráter obsoleto das instituições coloniais remanescentes que entravavam a livre expansão da economia. Aos olhos da população brasileira o monopólio dos cargos administrativos pelos portugueses parecia cada vez mais odioso. Tudo isso multiplicava os pontos de atrito e aumentava os motivos de insatisfação de um e de outro lados.

A literatura da época, a despeito da censura, aparecia cheia de denúncias contra as instituições arcaicas. *O Correio Brasiliense*, por exemplo, publicado em Londres por Hipólito da Costa, dizia, em 1817, ser impossível um país como o Brasil, crescendo todos os dias em gente e em civilização a ponto de constituir uma grande nação, continuar a sofrer a perpetuação de um sistema de governo militar e de instituições coloniais que se tinham estabelecido quando suas povoações eram meros presídios ou plantações. Não era muito diferente a opinião dos viajantes que percorreram o país na época. Escandalizavam-se com os absurdos entraves à circulação e ao comércio e com a ineficiência da burocracia.[36]

As restrições à livre circulação criadas pelas barreiras ao tráfico interprovincial, a exploração das populações, favorecida pelos numerosos estancos ainda remanescentes, a preponderân-

---

35 Tollenare, *Notas dominicais...* Recife, 1905.
36 J. Friedrich von Weech, *Reise über England and Portugal nach Brasilien und den vereinigten Staten das La Plata Stromes wahrend 1323 bis 1827.* Munique, 1835, citado por Manuel de Oliveira Lima, *O movimento da Independência.* São Paulo: Melhoramentos, 1922, p.36.

cia dos funcionários portugueses, os privilégios que estes gozavam na sociedade, os excessos do Fisco, a venalidade e a morosidade da justiça e da burocracia em geral, tudo isso estimulava descontentamentos e conflitos.

Revolução do Porto

O ano de 1820 traria profunda mudança no panorama político. Em janeiro, eclodia na Espanha a Revolução Liberal. Alertado por seus conselheiros, D. João VI apressou-se em decretar várias medidas reforçando as anteriores e procurando beneficiar o comércio português, na tentativa de evitar que a revolução se propagasse em Portugal. As medidas não foram suficientes para deter o processo revolucionário. Em 24 de agosto de 1820, a cidade do Porto se sublevava. Constituíram-se as Cortes exigindo a promulgação de uma Constituição nos moldes da Constituição espanhola. Reclamava-se, ainda, a volta de D. João VI a Portugal.

Os acontecimentos repercutiram no Brasil, onde as adesões à revolução constitucionalista do Porto se multiplicaram. Portugueses e brasileiros, comerciantes e fazendeiros, funcionários da Coroa e militares aderiram à revolução pelos mais diversos e contraditórios motivos. Inicialmente, no entanto, as contradições não eram aparentes. Comerciantes e militares portugueses identificados com os interesses metropolitanos apoiavam a revolução na esperança de restabelecer o Pacto Colonial. Fazendeiros, comerciantes nacionais ou estrangeiros, funcionários da Coroa radicados no Brasil, cujos interesses os levavam a se identificar com a causa do Brasil, viam na revolução uma conquista liberal que poria por terra o absolutismo, os monopólios e os privilégios que ainda sobreviviam. Acreditavam que a instituição de um governo constitucional lhes daria a oportunidade de representar nas Cortes os interesses da colônia, consolidando as regalias conquistadas em 1808 e ampliadas em 1815 com a elevação do Brasil à categoria de Reino.

A contradição entre o interesse dos grupos metropolitanos e coloniais permanecia subjacente mas não tardaria muito a se manifestar. Realizada em nome dos princípios liberais, insurgindo-se contra o absolutismo real, manifestando-se em favor da forma constitucional de governo, a revolução assumiria, no entanto, em Portugal, um sentido antiliberal, na medida em que um de seus principais objetivos era destruir as concessões liberais feitas por D. João VI ao Brasil.

Nos meses que se seguiram à Revolução do Porto constituíram-se nas várias províncias brasileiras Juntas Governativas Provisórias. No Rio de Janeiro, em 20 de fevereiro de 1821, diante da ambiguidade de D. João VI e de sua relutância em atender às solicitações das Cortes portuguesas, houve um pronunciamento militar acompanhado de manifestações de rua, culminando no compromisso assumido por D. João VI de aceitar e fazer cumprir a Constituição que as Cortes viessem a votar. Compelido a jurar uma Constituição inexistente, D. João VI apressou-se em baixar um decreto pelo qual as Câmaras de todo o país ficavam obrigadas a proceder a igual juramento. Na mesma ocasião, deram-se instruções para a eleição dos deputados brasileiros que deveriam integrar as Cortes de Lisboa.[37]

D. João VI decidiu-se, enfim, muito a contragosto, a voltar a Portugal, onde sabia esperá-lo uma Assembleia hostil e reivindicadora. Partiu em 25 de abril, deixando como regente seu filho Pedro.

Enquanto esses acontecimentos se sucediam no Rio de Janeiro e nas capitais das províncias, a população rural, composta na sua maioria de escravos e de agregados das fazendas, permanecia alheia ao que se passava. Um viajante francês que percorria São Paulo nessa época, Saint-Hilaire, estranhava que a constituição do governo geral pela Junta Governativa em São Paulo não provocasse nenhuma reação de entusiasmo. A única coisa que os paulistas pareciam compreender era que o restabelecimento do sistema colonial lhes causaria dano, porque, se os portugueses fossem os únicos compradores de seu açúcar e café, não mais venderiam as mercadorias tão caro quanto o faziam desde que tinham podido comerciar livremente.[38] As ideias

---

37 Sobre os incidentes em 1821-1822, ver Carlos G. Mota (Org.) *1822 Dimensões*. São Paulo: Perspectiva, 1972.

38 Auguste de Saint-Hilaire, *Segunda viagem a São Paulo e quadro histórico da Província de São Paulo*. São Paulo, 1953, p.100.

liberais ou republicanas não pareciam comover as populações interioranas, em geral fiéis ao rei, a quem consideravam ainda o árbitro supremo de suas existências e das de seus filhos. Isolada pelas dificuldades de comunicação e meios de transporte, a maioria da população parecia mal informada e indiferente aos acontecimentos. Na sua opinião, as agitações eram promovidas por estrangeiros e as revoluções nas províncias, obra de algumas famílias ricas e poderosas. Ao viajante francês parecia que a maioria dos brasileiros não tinha opinião formada sobre a dinâmica da administração. Não divergiam entre si por motivos ideológicos, mas por rivalidades entre cidades, ódios de famílias, simpatias ou antipatias individuais ou "quejandos motivos mesquinhos quanto estes". Ao arguto observador não escapava a razão profunda da indiferença das camadas inferiores da sociedade. A massa popular, dizia ele, a tudo ficava indiferente, parecendo perguntar como o burro da fábula: "não terei a vida toda de carregar a alabarda?".[39]

No interior do país, o que parecia valer era a atitude do chefe local e não as ideias políticas, em geral pouco conhecidas ou mal assimiladas. A ignorância das populações do interior é retratada num fato ocorrido no Ceará, por ocasião do juramento das bases da Constituição portuguesa proclamada em 14 de abril de 1821. Chegada a notícia ao sertão, a palavra constituição provocou as mais variadas e contraditórias interpretações – isso numa região que participara, em 1817, da revolução realizada em nome das ideias liberais e constitucionalistas. Diziam uns ser a constituição uma inovação da forma de governo em prejuízo do rei, portanto uma impiedade, um atentado contra a religião, segundo as afinidades que estabeleciam entre Deus e o rei. Outros consideravam a Constituição um atentado à liberdade dos pobres, aos quais se pretendia escravizar. Outros, finalmente, a tomavam por uma entidade palpável a que atribuíam uma perversidade de horripilar. As populações rurais, imersas na ignorância, seguiam os potentados locais de cuja clientela faziam parte. No Crato, a Constituição não seria jurada porque o líder político local, capitão-mor José Pereira Filgueiras, não o permi-

---

39 Ibidem, p.103 e 106.

DA MONARQUIA À REPÚBLICA   47

tiu, enquanto no Jardim, vila próxima, onde o vigário Antônio
Manuel era favorável à Constituição, esta foi jurada sem a menor hesitação.[40]

Conflito entre portugueses e brasileiros

O conflito de pontos de vista entre os liberais portugueses
e os brasileiros não tardou a emergir. A série de medidas tomadas pelas Cortes tornou patente a nova orientação assumida
em relação ao Brasil, revelando as intenções de restringir a
autonomia administrativa da colônia, limitar a liberdade de
comércio, restabelecer monopólios e privilégios que os portugueses haviam usufruído anteriormente à transferência da Corte
portuguesa para o Brasil. Antes que os representantes brasileiros tivessem tido tempo de chegar a Lisboa, já as Cortes deci-
diam transferir para Portugal o Desembargo do Paço, a Mesa
de Consciência e Ordens, o Conselho da Fazenda, a Junta de
Comércio, a Casa de Suplicação e outras repartições instala-
das no país por D. João VI. Decretos de setembro e outubro
determinavam a volta do príncipe regente para Portugal, no-
meando para cada província, na qualidade de delegado do poder executivo, um governador de armas, independentemente
das juntas governativas que se tinham criado. Ao mesmo tempo destacavam-se novos contingentes de tropas com destino
ao Rio de Janeiro e a Pernambuco.

As decisões tomadas pelas Cortes repercutiram no Brasil
como uma declaração de guerra, provocando tumultos e manifestações de desagrado. Ficava patente que os deputados brasileiros, em número inferior ao dos representantes portugueses (75,
dos quais apenas 50 compareceram, num total de 205), nada
poderiam fazer em Lisboa em defesa dos interesses brasileiros.
No Brasil crescia o número dos adeptos da Independência. Proclamações apareciam pregadas nas paredes, panfletos eram dei-

---

40 João Brígido, *Apontamentos para a história do Cariri*, p.80, 81, citado por
    Maria Isaura Pereira de Queiroz, *O mandonismo local na vida política
    brasileira*. Da colônia à Primeira República. São Paulo: Estudos de Socio-
    logia e História, 1957, p.216.

xados no umbral das casas protestando contra a política das Cortes e concitando a população e o príncipe a resistirem.[41]

Os propósitos recolonizadores das Cortes tinham agravado a tensão entre colônia e metrópole, pondo em risco a solução de compromisso almejada pela maioria dos que compunham a classe dominante do Brasil. Estes encaravam inicialmente com simpatia a instituição de uma monarquia dual, desde que fosse resguardada a autonomia do Brasil. Essa era a opinião, por exemplo, de José Bonifácio, figura de proa no movimento de Independência,[42] o qual encarava com suspeição as situações revolucionárias que envolviam mobilização das massas. Mas não era ele o único a se declarar inimigo da democracia e a confessar sua aversão pelas massas em geral. A aversão às formas populares de governo, a desconfiança em relação à massa ignara que compunha a maioria da população, o receio da revolta de escravos que a situação revolucionária poderia propiciar levariam esses homens a contemporizar, enquanto puderam, com a monarquia portuguesa. Finalmente, romperam com esta quando perceberam a inviabilidade dessa união. O príncipe regente lhes apareceu então como o instrumento ideal para a conquista e consolidação da autonomia desejada, sem que para isso fosse preciso mobilizar a população.

O "Fico" e a Proclamação da Independência

Em 9 de janeiro de 1822, o príncipe, aceitando a solicitação do Senado da Câmara do Rio de Janeiro, decidiu-se a desobedecer às ordens de Lisboa e a permanecer no Brasil. Não se tratava ainda de uma ruptura, pois o gesto de desobediência foi saudado com gritos de Viva as Cortes, Viva a Religião, Viva a Constituição, Viva El Rei Constitucional, Viva o Príncipe Constitucional, Viva a União de Portugal com o Brasil. Tentava-se ainda manter aberta a possibilidade de se constituir uma monarquia dual com sede simultânea em Portugal e no Brasil, visando manter

---

41 *Documentos para a História da Independência*. Rio de Janeiro, 1923, v.1, p.361.

42 Veja-se cap.2, sobre José Bonifácio.

o Brasil como Reino Unido a Portugal. Ao mesmo tempo, procurava-se preservar a autonomia administrativa e comercial alcançada. Convergiram para o príncipe aspirações as mais contraditórias. Para os portugueses, ele representava a possibilidade de manter o Brasil unido a Portugal. Acreditavam eles que só a permanência do príncipe no Brasil poderia evitar um movimento separatista. Os brasileiros que almejavam a preservação das regalias obtidas e pretendiam a criação de uma monarquia dual consideravam também essencial a permanência do príncipe. O mesmo pensavam os que almejavam a Independência definitiva e total, mas temiam as agitações do povo. Para estes, o príncipe representava a possibilidade de realizar a Independência sem alteração da ordem.

A tensão entre colônia e metrópole agravou-se depois do "Fico". O príncipe procurou apoio entre os homens de prestígio do país e de reconhecida fidelidade à Monarquia.

A ideia de monarquia dual

Durante algum tempo, ainda se alimentou a esperança de manter unidas as duas Coroas. Em 23 de maio de 1822, pouco menos de quatro meses antes da Independência formal, o Senado da Câmara do Rio de Janeiro redigia uma solicitação para que fosse convocada uma Assembleia Geral das Províncias do Brasil, com o objetivo, entre outros, de deliberar sobre as justas condições com que o Brasil devia permanecer unido a Portugal. Monarquia dual, com dois congressos, regente e tribunais brasileiros foi a sugestão apresentada em 17 de junho de 1822 às Cortes portuguesas pela Comissão encarregada dos artigos adicionais à Constituição para o Brasil. Ainda às vésperas da Independência era essa a intenção dos conselheiros do príncipe, como revelam as Atas do Conselho.[43] Numa reunião havida em 3 de junho de 1822, uma representação dirigida ao príncipe solicitando a con-

---

43 Atas do Conselho de Estado, 1822-1823, Arquivo Nacional do Rio de Janeiro, Caixa 295.

vocação da Assembleia Geral dos Representantes das Províncias afirmava: "o Brasil quer Independência, mas firmada a união, bem entendida, com Portugal, quer enfim apresentar duas famílias regidas pelas suas leis particulares, presas pelos seus interesses, obedientes ao mesmo chefe".

A intenção de manter unidos o Reino do Brasil e o de Portugal, respeitada a autonomia administrativa, cara a alguns brasileiros e portugueses, não encontraria, no entanto, possibilidades de se concretizar. O reconhecimento da autonomia da colônia significaria a perpetuação do regime de livre-comércio instituído em caráter provisório em 1808 e que as Cortes tinham como principal alvo abolir.

A reação em Portugal à atitude de rebeldia do príncipe agravaria as tensões e levaria à radicalização do processo. José Bonifácio, que fora chamado para assessorar o príncipe, era apontado em Portugal como traidor. Uma publicação da época, datada de 1822 e publicada na Bahia sob o título de *Reforço patriótico ao Censor Lusitano na interessante tarefa que se propôs de combater os periódicos*,[44] acusava José Bonifácio e sua família de traição. Ficava assim cada vez mais difícil qualquer conciliação.

Três partidos disputavam a liderança dos acontecimentos. Um partido predominantemente português, composto na maioria por comerciantes ansiosos por restabelecer antigos privilégios, concentrados na sua maioria no Rio de Janeiro e nas cidades portuárias do Norte e Nordeste do país. A estes se juntavam militares e alguns funcionários da Coroa. Estavam decididos a defender a política das Cortes "à custa de suas vidas e fazendas". O segundo partido compunha-se de brasileiros e portugueses recrutados entre as categorias dominantes, os mais poderosos em posses e empregos de representação: altos funcionários, fazendeiros, comerciantes ligados ao comércio inglês ou francês que almejavam a autonomia e encaravam com simpatia a fórmula da monarquia dual, sonhando com uma constituição em que figurassem como *lords*. Estes, diante da impossibilidade de manter unidas as duas Coroas e ao mesmo tempo preservar a autonomia

---

44 *Reforço patriótico ao Censor Lusitano na interessante tarefa que se propôs de combater os periódicos*. Bahia, 1822.

DA MONARQUIA À REPÚBLICA

e as regalias já alcançadas, acabariam por aceitar a ideia de ruptura com Portugal, apoiando e estimulando as tendências separatistas do príncipe. Finalmente, o Partido Republicano, igualmente interessado na Independência, composto na sua maioria de elementos de tendências mais radicais e democratas, ligados a atividades urbanas: farmacêuticos, jornalistas, ourives, médicos, professores, pequenos comerciantes e padres. Um número importante destes, liderados por Gonçalves Ledo e Januário da Cunha Barbosa, reunira-se na loja maçônica "Grande Oriente". Sonhavam com um regime republicano semelhante ao adotado nos demais países da América. Era um partido de longa tradição revolucionária cujas origens remontavam aos movimentos insurrecionais do período colonial, quando só era possível pensar na autonomia em termos republicanos. A partir do momento em que surgiu a oportunidade de realizar a Independência sob a direção do príncipe, esse partido viu-se enfraquecido. Não foram raros os que, como Antônio Carlos, irmão de José Bonifácio de Andrada e Silva e ex-revolucionário de 1817, sentiram-se completamente à vontade para, em 1822, adotar a solução monárquica que oferecia a garantia de uma revolução de cima para baixo, dispensando mobilização popular. No jornal de Januário da Cunha Barbosa e Gonçalves Ledo, elementos tidos como republicanos, liberais e democratas, escrevia-se poucos dias após o "Fico": "o Brasil adotando o príncipe adotou o partido mais seguro, vai gozar dos bens da liberdade sem as comoções da Democracia e sem as violências da Arbitrariedade".

A liderança do príncipe permitiu a aglutinação dos grupos os mais diversos. A despeito de conflitos de ordem pessoal que frequentemente se manifestavam em hostilização recíproca – como no caso de Ledo, perseguido por José Bonifácio e preso por sua ordem –, as divergências entre esses grupos não eram suficientemente fortes a ponto de impedir a união em torno do príncipe.

Poucas semanas após o dramático incidente do "Fico", convoca-se um Conselho de Procuradores Gerais das Províncias com o fito de analisar as decisões das Cortes e julgar a sua aplicabilidade ao Brasil, promovendo dentro dos limites impostos pelo Poder Executivo as reformas e melhoramentos necessários à prosperidade e ao desenvolvimento do território brasileiro, como se diria no texto da convocação. Logo após, um decreto proibia o desembarque de tropas provenientes de Portugal. A seguir, diante da agitação dos batalhões sediados no Rio de Janeiro, que encaravam com maus olhos o ato de rebeldia do príncipe, este determinou sua saída para Portugal. Em maio de 1822, baixou-se ordem para que não se desse execução a nenhum decreto das Cortes portuguesas sem a autorização prévia do príncipe. No mesmo mês, este recebeu do Senado da Câmara do Rio de Janeiro o título de Defensor Perpétuo do Brasil.[45]

Enquanto a adesão do Rio de Janeiro à causa do príncipe parecia inquestionável, as resistências apareciam em outros pontos do país, principalmente nas províncias do Norte, onde era grande a concentração de comerciantes portugueses ligados ao comércio de exportação e importação, e numeroso o efetivo das tropas portuguesas lá sediadas. Essas regiões hesitavam em aderir ao movimento ocorrido no Rio de Janeiro, preferindo conservar-se subordinadas às Cortes. José Bonifácio, braço direito do príncipe, consciente das resistências, procuraria por todas as maneiras ganhar o apoio dessas províncias enviando para aquelas regiões emissários especiais com a incumbência de aliciar entre as categorias dominantes o apoio necessário.

No Rio de Janeiro trabalhava-se pela convocação de uma Constituinte que permitisse a reunião de representantes das várias regiões do país com o objetivo, segundo se dizia, de verificar a viabilidade da aplicação ao Brasil da Constituição em elaboração pelas Cortes, estabelecer as emendas necessárias, assim como deliberar sobre as justas condições em que o Brasil deveria permanecer unido a Portugal. Numa representação ao príncipe feita pelo Senado da Câmara do Rio de Janeiro em 23 de maio de 1822, aproveitava-se para denunciar as intenções recolonizadoras das Cortes protestando-se contra o "devastador projeto de se tornar a fazer Lisboa o empório exclusivo do comércio do Brasil ... com ruína certa da nossa agricultura, oposição ao levantamento de nossas fábricas e violenta infração da propriedade dos nossos lavradores que um direito inviolável tem de vender os gêneros de sua colheita a quem lhes oferecer melhor mercado".[46] Esse

---

45 Coleção de Leis e Decisões.
46 *Documentos para o estudo da História da Independência*, p.378, 381, 383 ss.

era o ponto crucial, o foco de divergências irreconciliáveis entre a colônia e a metrópole.

Com o passar dos dias, a tensão crescia e as medidas tomadas pelo governo do Rio de Janeiro agravavam a situação, tornando o processo cada vez mais irreversível e a secção iminente.

Para enfrentar as tropas do general Madeira sediadas na Bahia que se recusavam a obedecer às ordens do príncipe, José Bonifácio contratara os serviços do general francês Pedro Labatut, que servira na guerra peninsular, alistara-se depois nos exércitos revolucionários da América, colaborando na campanha da Colômbia com Bolívar, com quem acabara por se desentender. Partira depois para as Antilhas, a seguir para a Guiana Francesa e, finalmente, localizara-se no Rio de Janeiro. No Brasil, chefiaria o chamado exército pacificador, assumindo o posto de brigadeiro.

D. Pedro decretou em junho de 1822 a convocação de uma Assembleia Constituinte. Não era ainda uma proclamação formal de Independência, pois o texto da convocação ressalvava a união com "a grande família portuguesa", na realidade difícil de ser mantida depois de todos os atos de desrespeito às ordens das Cortes. Ao que parece, José Bonifácio não mostrara grande entusiasmo pela convocação da Constituinte. Não confiava na capacidade deliberativa de uma assembleia democraticamente eleita. Aspirava a um governo de "sábios e honrados" e não acreditava que o voto não qualificado desse bons resultados. Não faltou, na época, quem espalhasse tê-lo ouvido dizer: "Hei de enforcar estes constitucionais na Praça da Constituição". Verdadeiros ou não, os boatos contribuíram para ampliar a distância entre o ministro e o grupo mais radical, liderado por Ledo. Este tentara sem sucesso, na qualidade de conselheiro, fazer adotar um sistema de eleição direta que, no seu entender, era a única forma realmente democrática de eleição. Prevalecera, no entanto, a proposta de José Bonifácio em favor de um sistema de eleição indireta, mais de acordo com a opinião da maioria.

Não eram poucos os que pensavam como Caetano Pinto de Miranda Montenegro, quando afirmava que as eleições diretas só serviam aos países de população homogênea em que estavam difundidas as luzes e virtudes sociais. Os brasileiros, segundo ele, não estavam preparados para a eleição direta.

A decisão de 19 de junho de 1822 estabelecendo as condições de recrutamento do eleitorado revelava a intenção classista que a inspirava.[47] Concedia direito de voto a todo cidadão casado ou solteiro, de vinte anos, que não fosse filho-família. Ficavam excluídos os que recebessem salários ou soldadas com exceção dos caixeiros de casas de comércio, os criados da Casa Real (que não fossem de galão branco), os administradores das fazendas rurais e fábricas. Impedidos de votar ficavam também os religiosos regulares, os estrangeiros não naturalizados e os criminosos. Não obstante as discriminações, essas disposições eram nitidamente mais democráticas do que as que foram institucionalizadas mais tarde, depois de consumada a Independência, quando se adotou um critério para seleção de votantes, eleitores e elegíveis baseado na renda crescente. Esses dispositivos excluíram a maioria do povo do sistema político, reservando a uma minoria o acesso ao poder.

A convocação da Constituinte era praticamente uma declaração de Independência. Logo após a convocação, José Bonifácio tomou várias medidas visando garantir a autonomia. Em 21 de junho, impôs como condição para a admissão a cargo público o juramento prévio à causa da União e Independência do Brasil. Em 5 de agosto, os governos provinciais recebiam a recomendação de não darem posse a empregados despachados de Portugal. Aproximadamente na mesma época o príncipe determinava que as tropas portuguesas que tentassem desembarcar no país deveriam ser consideradas inimigas.

Em 1º de agosto, o príncipe dirigia à nação um manifesto cuja autoria tem sido atribuída a Gonçalves Ledo. Em 6 de agosto, novo manifesto – este, segundo consta, redigido por José Bonifácio – era endereçado às nações amigas. Ambos valem por manifestos de Independência. Em ambos, no entanto, expressava-se ainda o desejo de salvar a unidade do Império. No primeiro afirmava-se que a Constituinte reconheceria como rei ao Sr. D. João VI. O segundo proclamava a Independência política do Brasil "salvo a devida e decorosa união com Portugal".[48]

---

47 Coleção de Leis e Decisões.

48 Pedro Octávio Carneiro da Cunha, A fundação de um Império liberal, *História geral da civilização II*. Oliveira Lima, *O movimento da Independência, 1821-1822*. São Paulo: Melhoramentos, 1922.

Convencido da necessidade do apoio das potências europeias, José Bonifácio desenvolveu intensa atividade junto aos representantes dos governos estrangeiros procurando captar suas simpatias. Nomeou representantes brasileiros junto aos governos de Londres, Paris, Washington e Buenos Aires. O clima da Europa não era dos mais favoráveis aos movimentos revolucionários. Desde o Congresso de Viena, as grandes potências reunidas na Santa Aliança tinham se comprometido a repelir todas as revoluções que eclodissem na Europa e na América. José Bonifácio, no entanto, esperava contar com a neutralidade da Áustria, líder da Santa Aliança. Para isso, confiava na intervenção da princesa Leopoldina, filha do imperador da Áustria e esposa do príncipe D. Pedro, que manifestara sua simpatia pelo movimento de Independência. Confiando na atuação da princesa, não deixava José Bonifácio de fazer seu jogo junto ao embaixador austríaco procurando conquistar-lhe as simpatias, tranquilizando-o sobre o futuro da monarquia no Brasil. Ao mesmo tempo, assustava-o acenando com a possibilidade de formação de uma liga dos países americanos. Não se tratava de mero jogo diplomático. José Bonifácio realmente dava grande importância à aliança com países latino-americanos. Numa instrução a Antônio Manuel Correia da Câmara, cônsul brasileiro em Buenos Aires, recomendava que fizesse sentir as vantagens incalculáveis que poderiam resultar da formação de uma Confederação ou da promulgação de um tratado defensivo que permitisse à Argentina e ao Brasil, aliados a outros países da América espanhola, se oporem aos meneios da política europeia. Com intenção semelhante, enviou uma carta a Rivadávia conclamando todos os governos da América a se unirem contra as pretensões da Europa. Não menos corajosa era a linguagem que usava com o enviado inglês ao qual assegurou que o Brasil desejava viver em paz com todas as nações estrangeiras, mas jamais consentiria que estas interferissem nos negócios internos do país.

As notícias desencontradas que chegavam a Portugal sobre os acontecimentos do Brasil levariam as Cortes a tomar medidas extremas. Nos últimos dias de agosto de 1822, chegaram ao Brasil notícias das últimas decisões das Cortes, reduzindo o príncipe a um delegado temporário das Cortes, com secretários de Estado nomeados em Lisboa, circunscrevendo sua autoridade às províncias em que ela se exercia de fato, anulando a convocação do Conselho de Procuradores e mandando processar quantos houvessem procedido contra a política das Cortes.

Sob a presidência da princesa Leopoldina, o Conselho de Estado, reunido durante a ausência de D. Pedro, que se achava em viagem por São Paulo, tomou conhecimento das ordens chegadas de Portugal, anunciando o propósito de enviar tropas ao Brasil e contendo afirmações consideradas ofensivas ao príncipe. José Bonifácio escreveu ao príncipe: "o dardo está lançado e de Portugal não temos a esperar senão a escravidão e horrores. Venha V. A. quanto antes e decida-se porque irresoluções e medida d'água morna à vista desse contrário que não nos poupa, para nada servem e um momento perdido é uma desgraça".[49]

Já havia algum tempo vinha o ministro percebendo que a fórmula de uma monarquia dual, carinhosamente acalentada, era impossível. Convencera-se, afinal, da sua inviabilidade e não era dado a hesitações. Diante das disposições agressivas das Cortes nada mais havia a fazer senão proclamar o rompimento definitivo com Portugal. Para D. Pedro havia apenas duas alternativas: ou obedecer às Cortes e voltar degradado a Portugal ou romper definitivamente com elas proclamando a Independência. O príncipe preferiu esta solução. Tomando conhecimento das novas, proclamou oficialmente em 7 de setembro, em São Paulo, a Independência do Brasil.

Uma vez proclamada a Independência, em vão procuraria o governo português retomar as negociações a fim de restabelecer a situação anterior. De pouco valeram as consultas feitas pelo governo português, em várias Cortes europeias, visando angariar apoio e simpatias para sua causa. A posição do governo inglês foi decisiva quanto a forçar Portugal a aceitar o fato como consumado. Desde as primeiras entrevistas do conde de Vila Real, emissário português, com Canning, ministro inglês, este deixou claro que o governo britânico encarava com pouca simpatia qualquer tentativa de intervenção coletiva das potências continentais da Europa nas colônias americanas. Qualquer medida nesse sentido bastaria para induzir sua majestade britânica a reconhecer

---

49 Arquivo Nacional do Rio de Janeiro, Caixa 295.

DA MONARQUIA À REPÚBLICA   57

imediatamente a independência das colônias. A atitude decidida da Inglaterra inibiria qualquer tentativa da parte de Portugal de usar o esquema montado pela Santa Aliança para recuperar sua colônia.[50]

A elite no poder

Realizada a Independência, a diferença entre grupos radicais e conservadores tornou-se mais evidente. José Bonifácio, no "Apostolado", sociedade secreta que reunia figuras de projeção e relevo da sociedade, procurava pôr em prática o princípio que orientava o juramento que os unia: "Procurar a integridade, independência e felicidade do Brasil como Império Constitucional, opondo-se tanto ao despotismo que o altera quanto à anarquia que o dissolve".[51]

Na loja "Grande Oriente", o grupo de Ledo, Januário da Cunha Barbosa e Alves Branco assumia o controle da situação, fazendo D. Pedro grão-mestre. Pouco tempo depois, no entanto, a loja era temporariamente fechada. O governo da nação ficava nas mãos de um grupo de elite: fazendeiros, comerciantes, pessoas que ocupavam altos postos na administração e no governo, muitos dos quais foram mais tarde titulados por serviços prestados por ocasião da Independência. Entre eles destacavam-se: Manuel Jacinto Nogueira da Gama, depois marquês de Baependi; este fora lente da Real Academia de Marinha de Lisboa (1791-1801), inspetor das nitreiras e fábricas de pólvora em Minas, marechal de campo e conselheiro de Estado; deputado à Constituinte em 1823, senador por Minas Gerais em 1826, presidente do Senado e ministro da Fazenda; Estevão de Rezende, barão (1825), conde (1826) e marquês de Valença (1845); nascera em Minas em 1777, filho do coronel Severino Ribeiro, natural de Lisboa, de família nobre, e de Josefa Faria do Resende, de abastada família mineira; casou-se com a filha de um rico fidalgo português radi-

---

50 Biblioteca Nacional do Rio de Janeiro, *Documentos históricos para o estudo da Independência*. Lisboa; Rio de Janeiro, 1923, v.1, p.85, 89.
51 Veja-se cap.2, sobre José Bonifácio.

cado em São Paulo, o brigadeiro Luiz Antônio Souza Queiroz; formado em Direito pela Universidade de Coimbra, seguiu a magistratura, tendo sido juiz de fora em Portugal; localizou-se na Corte em 1810 exercendo em São Paulo o cargo de juiz de fora, procurador de Defuntos e Ausentes; em 1816 foi nomeado fiscal dos diamantes em Serro Frio, Minas Gerais, ocupou lugar de desembargador da Relação da Bahia, desembargador da Casa de Suplicação em 1818, desembargador do Paço em 1824; foi eleito em 1823 deputado à Constituinte por Minas Gerais; foi deputado e ministro do Império, senador por Minas Gerais e presidente do Senado, além de conselheiro honorário, desde 1827. Outra figura importante era Joaquim José Pereira de Faro, português, negociante, membro da Junta Administrativa da Caixa de Amortização, coronel reformado, fidalgo, cavaleiro da Casa Imperial, cavaleiro da Ordem de Cristo, barão do Rio Bonito por decreto de 6 de outubro de 1841; seu filho, segundo barão do Rio Branco, foi negociante, fazendeiro, proprietário de alta categoria; o neto foi fazendeiro importante e sua filha, baronesa de São Clemente.

Outro membro do "Apostolado" representante das classes abastadas era Belarmino Ricardo de Siqueira, feito barão de São Gonçalo em 1849; fazendeiro e capitalista, foi deputado provincial pela província do Rio de Janeiro, comandante superior da Guarda Nacional de Niterói e presidente do Banco Rural Hipotecário.

Mais importante ainda foi a atuação de José Egídio Alvares de Almeida, mais tarde barão e marquês de Santo Amaro; natural da Bahia (1767), era filho de um fidalgo cavaleiro da Casa Real e capitão-mor da Ordenança da Bahia; foi secretário do gabinete de D. João VI, que o nomeou em 1818 conselheiro do Erário Régio e do Conselho da Fazenda; em 1823, ingressou na Assembleia Constituinte como deputado pela província do Rio de Janeiro; foi embaixador em Londres e Paris e Conselheiro; além dessas funções, exerceu também a de senador, tendo ocupado a presidência do Senado.

Outro ilustre membro do "Apostolado" foi Maciel da Costa, posteriormente feito visconde com grandeza e marquês de Queluz; natural de Mariana, Minas Gerais, nascido em 1763, filho do coronel Domingos Alves de Oliveira Maciel; formado em

Coimbra, foi desembargador do Paço no Rio de Janeiro e, de 1809 a 1810, ocupou o cargo de governador da Guiana Francesa; acompanhou D. João VI a Portugal, voltando ao Brasil, onde foi eleito deputado à Assembleia Constituinte por Minas Gerais em 1823; ocupou duas vezes o lugar de ministro; foi senador pela província da Paraíba; integrou o Conselho de Estado; foi membro da Assembleia Constituinte e ocupou o cargo de presidente da província da Bahia; casou-se na família Werneck, fazendeiros importantes radicados em Vassouras, região cafeicultora da província do Rio de Janeiro.

Mas o político mais em evidência nessa fase foi Joaquim Carneiro de Campos, marquês de Caravelas; natural da Bahia (1768), filho de um negociante baiano, formou-se em Teologia e Direito pela Universidade de Coimbra; foi preceptor dos filhos do conde de Linhares, ministro de D. João VI; veio para o Brasil em 1807 sendo nomeado oficial-maior do secretário dos Negócios do Reino; em 1818, integrou o Conselho de D. João VI; depois da Independência foi eleito deputado à Assembleia Constituinte e indicado para ministro de Estado em várias ocasiões; integrou o Conselho de Estado; ocupou mais tarde o cargo de regente do Império, depois da abdicação de D. Pedro.

Somem-se a estes Clemente Ferreira França, visconde com grandeza e marquês de Nazareth, e os futuros barões de S. João Marcos, São Gonçalo, Itapocara, Jacutinga, Pindamonhangaba, visconde de Macaé, conde do Rio Pardo e os marqueses de Taubaté, Cantagalo, Quixeramobim e Jacarepaguá.[52]

Eram, na sua maioria, homens de mais de cinquenta anos. Uns poucos eram portugueses de origem. A maioria realizara seus estudos na metrópole. Ligavam-se frequentemente por laços de família. Muitos tinham ocupado posições na qualidade de funcionários da Coroa, e depois da Independência ocuparam vários postos de importância política e administrativa. Constituíram uma verdadeira oligarquia fazendo parte do Conselho de Estado, Senado, Câmara dos Deputados, exercendo funções de presidentes de província e de ministros de Estado. Cônscios da distância que os separava da grande maioria da população, empenhavam-se

---

52 Barão de Vasconcelos e barão Smith de Vasconcelos, *Arquivo Nobiliárquico.* Lausanne, 1968.

em manter a ordem e em limitar as tendências democratizantes. Estavam também, na sua maioria, interessados na permanência da estrutura tradicional de produção baseada na grande propriedade, na escravidão, na exportação de produtos tropicais. Endossariam sem hesitação a *Carta aos Senhores Eleitores da Província de Minas Gerais*, na qual o autor (Bernardo de Vasconcelos), criticando os que pretendiam estimular o desenvolvimento da indústria no Brasil, afirmava que a economia brasileira deveria permanecer essencialmente agrária, sendo impossível competir com as indústrias estrangeiras.

Com a Independência, haviam atingido o objetivo fundamental a que se propunham: libertar o país das restrições impostas pelo Estatuto Colonial, assegurar a liberdade de comércio e garantir a autonomia administrativa. A organização do país independente refletiria os anseios desses grupos sociais que assumiram o poder no Primeiro Império. Ficaram excluídas do poder as camadas populares, uma vez que escravos e índios foram excluídos do conceito de cidadão, tendo-se adotado ainda um sistema de eleição indireta, recrutando-se os votantes segundo critérios censitários.

A concentração do poder nas mãos dessa minoria que disputaria ao imperador o privilégio de dirigir a nação, levando-o à abdicação em 1831, explica a sobrevivência das estruturas tradicionais de produção e das formas de controle político caracterizadas pela manipulação do poder local pelos grandes proprietários e a marginalização e apatia da maioria da população.

Que o novo estado de coisas não traria grandes vantagens para a imensa massa da população brasileira bem o percebera Saint-Hilaire depois de ter percorrido várias regiões do Brasil na época da Independência. Em abril de 1822, referindo-se aos acontecimentos políticos que se sucederam após a volta de D. João VI a Portugal e a criação das Juntas Governativas, portanto pouco antes da proclamação formal da Independência, observava: "O povo nada ganhou absolutamente com a mudança operada". Comparando o que estava acontecendo no Brasil com o que se passara na França, por ocasião da Revolução Francesa, comentava: "A maioria dos franceses lucrou com a Revolução que suprimiu privilégios e direitos auferidos por uma casta favorecida. Aqui lei alguma consagrava a desigualdade [o que evidentemen-

DA MONARQUIA À REPÚBLICA   61

te é um exagero de Saint-Hilaire], todos os abusos eram o resultado do interesse e dos caprichos dos homens poderosos e dos funcionários. Mas são estes homens que, no Brasil, foram os cabeças da Revolução. Não cuidavam senão em diminuir o poder do rei, aumentando o próprio, não pensando de modo algum nas classes inferiores".[53]

Entre o arcabouço jurídico liberal importado da Europa, sobre o qual se ergueu o Estado independente, e a prática social haveria uma enorme distância, facilmente observada pelos viajantes estrangeiros que percorriam o Brasil na época. Estes espantavam-se diante da falta de correspondência entre a legislação e a realidade que a desrespeitava a cada passo. A Constituição afirmava a igualdade de todos perante a lei, bem como garantia a liberdade individual. A maioria da população, no entanto, permanecia escravizada, não se definindo em termos jurídicos como cidadãos. A Constituição garantia o direito de propriedade, mas 19/20 da população rural que não se enquadrava na categoria de escravos eram compostos de "moradores" vivendo em terras alheias, sem nenhum direito a elas. A Constituição assegurava a liberdade de pensamento e expressão, mas não foram raros os que pagaram com a vida o uso desse direito, que, teoricamente, lhes era garantido pela Constituição. A lei garantia a segurança individual, mas por alguns poucos mil-réis podia-se mandar matar, impunemente, um desafeto. A independência da Justiça era, teoricamente, assegurada pela Constituição, mas tanto a justiça quanto a administração transformaram-se num instrumento dos grandes proprietários. Aboliram-se as torturas, mas nas senzalas continuava-se a usar os troncos, os anginhos, os açoites, as gargalheiras, e o senhor decidia da vida e da morte dos seus escravos. Reconhecia-se o direito de todos serem admitidos aos cargos públicos sem outra diferença que não fosse a de seus talentos e virtudes, mas o critério de amizade e compadrio, típico do sistema de clientela vigente, prevaleceria nas nomeações para os cargos burocráticos.

A elite de letrados, falando em nome das categorias socialmente dominantes, seria a porta-voz de uma ideologia liberal que mascarava as contradições do sistema.

---

53 Auguste de Saint-Hilaire, *Segunda viagem do Rio de Janeiro a Minas Gerais e a São Paulo* (1822). 2.ed. São Paulo: Brasiliana, 1938, p.180.

A emancipação política realizada pelas categorias dominantes interessadas em assegurar a preservação da ordem estabelecida, e cujo único objetivo era combater o Sistema Colonial no que ele representava de restrição à liberdade de comércio e de autonomia administrativa, não ultrapassaria os limites definidos por aqueles grupos. A ordem econômica tradicional seria preservada, a escravidão mantida. A nação independente continuaria na dependência de uma estrutura colonial de produção, passando do domínio português à tutela britânica.

A fachada liberal construída pela elite europeizada ocultava a miséria, a escravidão em que vivia a maioria dos habitantes do país. Conquistar a emancipação definitiva e real da nação, ampliar o significado dos princípios constitucionais foram tarefa relegada aos pósteros.

CAPÍTULO 2

JOSÉ BONIFÁCIO: MITO E HISTÓRIA[1]

Os estudos sobre a emancipação política do Brasil têm dado, em sua maioria, uma grande importância ao desempenho político de José Bonifácio. Ao lado de D. Pedro, ele aparece como o principal responsável pelos acontecimentos que culminaram na separação definitiva de Portugal. A ele atribui-se a consolidação da Independência e a manutenção da unidade nacional. Personagem histórico e herói nacional, homem e mito, aparece nos manuais didáticos como figura de destaque e é cultuado em festividades cívicas. Pequena repercussão tiveram as versões que procuraram escamotear-lhe o prestígio, ora considerando a Independência resultado da "vontade do povo", ora apontando-o como um entre muitos, ora procurando valorizar outros personagens igualmente envolvidos nos acontecimentos, tais como Gonçalves Ledo e Clemente Pereira.[2]

---

1 Este trabalho é o desenvolvimento de uma conferência pronunciada por ocasião do segundo centenário do nascimento de José Bonifácio, no Museu Paulista, em 1963. Publicado originalmente nos *Anais do Museu Paulista*, v.XXI, São Paulo, 1967.

2 Sobre a diversidade de perspectiva histórica através do tempo, ver: Adam Schaff, Pourquoi recrit-t-on l'histoire, *Diogène*, abril-junho, 1960.

Cerca de século e meio nos separa dos acontecimentos e uma vasta bibliografia surgiu em torno do assunto.[3] Na bibliografia andradina há desde panegíricos até panfletos escritos com o fito de desmoralizá-lo, composições laudatórias e libelos infamantes, discursos comemorativos, elogios históricos e sólidos estudos fartamente documentados.

Visando uns à análise do processo da Independência, visando outros ao estudo biográfico de José Bonifácio, os historiadores têm descrito os acontecimentos segundo versões nem sempre coincidentes, às vezes contraditórias. A imagem de José Bonifácio apresenta-se sob múltiplas faces. A versão andradina, no entanto, parece resistir a todos os impactos, prevalecendo na maioria das publicações o tom louvaminhas.[4]

O objetivo deste estudo não é reconstituir os acontecimentos nem procurar avaliar qual o papel de José Bonifácio no movimento da Independência, mas estudar algumas das imagens mais significativas traçadas através do tempo: fazer a história da história de José Bonifácio, visando à compreensão de como se estruturou a imagem do herói nacional.

Filho de uma das famílias mais representativas de Santos (a fortuna de seu pai era considerada a segunda da cidade), José Bonifácio, como muitos outros jovens de seu tempo, fez seus estudos em Coimbra, para onde partiu em 1783, permanecendo em Portugal até 1819. Voltando ao Brasil, seria, em menos de dois anos, ministro de D. Pedro e seu envolvimento nos sucessos políticos de 1822 fizeram-no passar à história com o titulo de "Patriarca da Independência". Remonta a esse período a formação da lenda andradina. Para que se possa compreender como se originaram as várias imagens sobre a participação de José Bonifácio no movimento da Independência é indispensável

---

3 Bibliografia de José Bonifácio. *Bol. Cam. Dep. Brasília*, n.1, p.170, 215, jan.-jun. 1963.

4 Sobre a historiografia andradina, ver José Honório Rodrigues, *Vida e história*, Rio de Janeiro: Civilização Brasileira, 1966, p.24-47; e, do mesmo autor, a Introdução das *Obras científicas, políticas e sociais de José Bonifácio de Andrada e Silva*. Coligidas e reproduzidas por Edgard de Cerqueira Falcão. São Paulo, 1965; e *Independência, revolução e contrarrevolução*. São Paulo, 1975, p.77. Sobre a historiografia da Independência, ver cap.1 deste livro.

reconstituir os principais acontecimentos em que se envolveu nessa época, identificando-se as facções em luta e o sentido do jogo político então travado.

Voltava ao Brasil depois de viver mais de trinta anos na Europa, a maior parte do tempo em Portugal, dedicando-se a atividades científicas e de ensino e à função administrativa.[5] Para tão bem-sucedida carreira, de muita valia terá sido a ajuda de altas personalidades ligadas ao governo e à administração: inicialmente o duque de Lafões, tio da rainha D. Maria I, fundador da Academia de Ciências de Lisboa, que lhe propiciou uma viagem de estudos pelos principais países da Europa, durante dez anos, e, a seguir, D. Rodrigo de Souza Coutinho, conde de Linhares, ministro de D. João VI, a cuja proteção deveu certamente a indicação para tão numerosas missões.

Chegava assim ao Brasil, em 1819, aos 56 anos de idade, com o prestígio de uma longa carreira de serviços prestados à Coroa, aos quais se acrescia a defesa do território português por ocasião dos ataques das tropas de Junot, quando organizou a milícia universitária de defesa,[6] prestígio reforçado pelo renome que lhe advinha das várias publicações feitas em periódicos científicos europeus sobre questões de sua especialidade: mineralogia.[7]

---

5 Professor da cadeira de Metalurgia da Universidade de Coimbra, intendente geral das Minas e Metais do Reino, membro do Tribunal de Minas e administrador das antigas minas de carvão de Buarcos e das fundições de ferro de Figueiró dos Vinhos e Avelar; diretor do Real Laboratório da Casa da Moeda, superintendente das Obras de Reflorestamento nos areiais das costas marítimas, desembargador da Relação e Casa do Porto, superintendente do Rio Mondego e Obras Públicas de Coimbra, diretor das obras de encanamento e serviços hidráulicos e provedor da Finta de Magalhães (Otávio Tarquinio de Souza, *José Bonifácio*. Rio de Janeiro: José Olympio, 1945, p.48. Col. Documentos Brasileiros).

6 Enquanto José Bonifácio organizava a milícia para defender Portugal, outro personagem que com ele disputa as "glórias do movimento da Independência" – Gonçalves Ledo – recusava-se a combater, alegando que não ia para o campo de batalha lutar pela liberdade dos déspotas "que ainda sugam as riquezas brasileiras" (Carlos Maul, *História da Independência*. 3.ed. Rio de Janeiro, 1925, p.176).

7 *Obras científicas, políticas e sociais de José Bonifácio de Andrada e Silva*. Coligidas e reproduzidas por Edgard de Cerqueira Falcão. São Paulo, 1965.

Era natural que, em 1821, desencadeada a revolução liberal, ao serem convocadas as Juntas Governativas por deliberação das Cortes de Lisboa, fosse José Bonifácio um dos indicados para integrá-la, ao lado de outras figuras de projeção na vida pública, como o antigo governador e capitão-geral João Carlos Augusto de Oyenhausen, Martim Francisco, irmão de José Bonifácio, e outros representantes das várias "classes", tal como se entendiam então: a eclesiástica, a militar, a comercial, a literária e pedagógica e a agrícola.

O movimento de 1821 no Porto visava à organização constitucional do país. A instalação das Juntas Governativas instituídas por deliberação das Cortes portuguesas não significava uma ruptura definitiva com o passado. Tanto é assim que, em São Paulo, nelas ingressou o antigo capitão-geral. A intenção aparente era introduzir em Portugal e no Brasil o regime constitucional. As pretensões recolonizadoras ainda não se tinham tornado claras e o movimento configurava-se como uma revolução liberal, contrária ao absolutismo e favorável à monarquia constitucional. Havia, inicialmente, inteira unanimidade entre as Cortes de Lisboa e as Juntas Governativas que se instalavam em todo o país. O próprio D. João VI, obrigado a voltar a Portugal, a instância das Cortes, parecia ter-se conformado com a direção constitucional do movimento.

Foi nessas condições que José Bonifácio apareceu pela primeira vez na cena política brasileira. Quando se indicaram os representantes brasileiros às Cortes de Lisboa, a Junta Governativa de São Paulo redigiu uma série de instruções para orientar os deputados paulistas. Subscritas por todos os membros e vogais do governo provisório de São Paulo, as *Lembranças e Apontamentos*[8] têm sido, entretanto, atribuídas a José Bonifácio, por coincidirem suas linhas gerais com seus pontos de vista. Nada havia no texto que revelasse a menor intenção de Independência. Tratava apenas de firmar os princípios liberais que inspiravam, aliás, os revolucionários do Porto, e de garantir as regalias obtidas pelo Brasil desde a vinda da Corte em 1808, entre as

---

8 Otávio Tarquínio de Souza, *José Bonifácio (1763-1838)*. Rio de Janeiro: José Olympio, 1945, p.12.

DA MONARQUIA À REPÚBLICA   67

quais a autonomia administrativa, no que evidentemente divergia dos objetivos dos revolucionários portugueses, desejosos de anular as medidas liberais que, permitindo ao estrangeiro o acesso direto às mercadorias brasileiras, prejudicaram os comerciantes e produtores portugueses. Sugeriam, as *Lembranças e Apontamentos*, a instalação de um governo geral executivo no reino do Brasil, a que se submeteriam as províncias; falavam na criação de colégios e de uma universidade, sugeriam a fundação de "uma cidade central no interior do Brasil" com o fito de desenvolver o povoamento, faziam recomendações sobre o desenvolvimento da mineração, apresentavam sugestões sobre o tratamento dos índios, e sobre a colonização; pleiteavam, enfim, a igualdade de direitos políticos e civis. Havia nas Instruções duas observações que certamente não seriam do agrado da maioria dos proprietários paulistas: a referência à necessidade de emancipar os escravos gradualmente, e a sugestão de uma política de terras que impedisse a concentração, em mãos de alguns, de imensas glebas não cultivadas, recomendando que todas as terras doadas por sesmarias que não se achassem cultivadas fossem reintegradas à massa dos bens nacionais.

O entendimento com as Cortes, aparentemente tão promissor, ainda por ocasião da redação das instruções do Governo Provisório aos deputados, logo se revelaria inexequível.[9] A política nitidamente recolonizadora movida pelas Cortes, representante dos interesses dos comerciantes e produtores portugueses prejudicados pela abertura dos portos e pela extinção dos monopólios e privilégios, provocou crescente tensão entre brasileiros e portugueses, pondo em risco o esquema conciliador com o qual sonhavam não apenas José Bonifácio, mas as classes dominantes em geral: proprietários de terras, traficantes de escravos, "capitalistas" e funcionários administrativos que aspiravam à monarquia dual.

Chegados a Portugal, os deputados brasileiros não tardaram em perceber que sua bancada – uma minoria – não poderia en-

---

9   Lembranças e Apontamentos do Governo Provisório de São Paulo para os Deputados da Província as Cortes Portuguesas para se conduzirem em relação aos negócios do Brasil. In: Edgard de Cerqueira Falcão, op. cit., v.II, p.95, 114.

EMÍLIA VIOTTI DA COSTA

frentar a maioria de deputados composta de portugueses que exibiam seu desprezo pelos "mulatos brasileiros" e não ocultavam o intuito de anular a autonomia do Brasil.

No Brasil, os grupos políticos movimentaram-se: do Rio, de Minas e de São Paulo partiram petições em nome do povo denunciando as intenções recolonizadoras das Cortes e implorando ao príncipe a sua proteção. De São Paulo viria uma longa petição cuja autoria tem sido atribuída a José Bonifácio. Pressionado pelas circunstâncias, D. Pedro, entre ser líder no Brasil ou figura secundária em Portugal, optaria pela sua permanência, desobedecendo às ordens das Cortes.

A atitude do príncipe acirrou os ânimos, levando as Cortes a tomarem medidas drásticas. Enquanto isso, no Brasil, diversos em seus motivos, idênticos em seu propósito fundamental, os vários setores de opinião inclinavam-se para a Independência. A favor da emancipação estavam os comerciantes estrangeiros beneficiados pelos tratados de comércio que a política das Cortes ameaçava revogar: deles, dizia um observador português estar provado na América "serem revolucionários por excelência e inimigos do governo", recomendando por isso que se despojassem todos os estrangeiros que não tivessem capital próprio ou indústria útil, particularmente sendo franceses ou ingleses. Na sua opinião, qualquer nação deveria temer mais um escritório inglês em seu país que todas as peças de artilharia.[10] Ao lado destes, os fazendeiros de algodão, açúcar, os cultivadores de tabaco e os comerciantes que desde a abertura dos portos se beneficiavam do comércio direto, e que aspiravam ao autogoverno, descontentes com as restrições remanescentes do sistema colonial: a venalidade e a precariedade da justiça real, as limitações à circulação e produção, a prioridade de que gozavam os portugueses etc. Em favor da Independência atuariam a irritação dos contribuintes contra as exações fiscais da metrópole, a dos intelectuais contra a censura real, os velhos ódios raciais entre a população mestiça e os "branquinhos do reino",[11] a animosida-

---

10 Francisco Sierra y Mariscal, Ideias gerais sobre a revolução do Brasil; suas consequências. *Anais da Biblioteca Nacional*, Rio de Janeiro, v.XLIII-XLIV, p.31 ss., 1931.

11 Ver cap.1 deste livro.

de contra os privilégios que reservavam, aos portugueses, os mais altos cargos na administração e no Exército, as aspirações das camadas escravas à emancipação, e a dos despossuídos – a grande maioria da população –, que sonhavam com uma sociedade onde não houvesse ricos e pobres e todos fossem iguais,[12] interesses dos funcionários portugueses vindos na comitiva de D. João VI, aqui instalados com negócios e família: motivos os mais diversos confundem-se na luta pela Independência, que a política das Cortes radicalizava.

A partir do "Fico", os sucessos precipitaram-se. O príncipe buscou apoio nos homens do país, principalmente entre aqueles de reconhecida fidelidade à Coroa, que lhe ofereciam a garantia de uma solução monarquista e o apoio de um prestígio sólido. José Bonifácio, pela sua posição na sociedade e pelos serviços prestados à Monarquia, pela sua experiência administrativa e conhecimentos, pareceu-lhe o mais indicado para assessorá-lo.

Em janeiro de 1822, convergem para o príncipe várias aspirações contraditórias: para os portugueses, ele representava ainda a possibilidade de manter o Brasil unido a Portugal, por via monárquica; para os brasileiros, que queriam a autonomia sem a separação definitiva, ele significava a possibilidade da monarquia dual; e para os que almejavam a independência total, mas temiam as agitações do povo, a possibilidade de realizar a Independência sem alteração da ordem, adotando-se a monarquia constitucional.

Os representantes da ala tida por radical – Ledo, Clemente Pereira, Januário da Cunha Barbosa – estiveram, num primeiro momento, identificados a José Bonifácio, na sua adesão ao príncipe. Clemente Pereira, na fala que dirigiu a D. Pedro, observaria que todos aceitavam e queriam no momento o governo de D. Pedro "como remédio único da salvação contra os partidos da Independência". Antídoto contra a Independência, patrono da liberdade sem as comoções da democracia, patrono da autonomia relativa, líder do movimento separatista, era ainda o príncipe ao convocar a Constituinte.

---

12 Sobre o assunto, ver ainda Carlos Guilherme Mota, *A ideia de revolução*. São Paulo, 1967. Dissertação (Mestrado) – Faculdade de Filosofia, Letras e Ciências Humanas, Universidade de São Paulo.

A identidade de pontos de vista entre José Bonifácio e os elementos mais radicais não perduraria muito. Chamado para o ministério de D. Pedro em 16 de janeiro, sete dias depois do "Fico", José Bonifácio logo se indispôs com os "liberais". Indispôs-se também com os elementos mais reacionários. As desinteligências se evidenciaram já por ocasião da convocação do Conselho de Procuradores. Constou a José Bonifácio que se pretendia desfechar um golpe reduzindo o príncipe a "simples presidente de uma Junta Provisional do Rio de Janeiro. Faziam parte da conjura negociantes e caixeiros portugueses, alguns desembargadores e oficiais do Estado Maior". José Bonifácio começou por desconfiar do general Oliveira Álvares, ministro da Guerra, e acabou determinando a prisão de vários portugueses.[13] A esta altura já não era possível alimentar ilusões quanto às intenções das Cortes. As esperanças dos que viam no príncipe a possibilidade de manter unidos Brasil e Portugal desfaziam-se. A tropa portuguesa sediada no Rio de Janeiro e comandada por Avilez foi obrigada a retirar-se para Portugal. Procurou-se mobilizar rapidamente os quadros políticos para a resistência. Pensou-se em convocar a Assembleia Constituinte. Não se falava ainda, claramente, em independência.[14] Para Ledo, um dos fins da convocação da Assembleia era deliberar em sessão pública sobre as justas condições em que o Brasil deveria permanecer unido a Portugal e no mesmo espírito conciliativo, ressalvando a "união com o reino português que o Brasil deseja conservar", expressavam-se o Senado da Câmara do Rio de Janeiro e o Conselho de Procuradores da Província afirmando, em 1822, que o Brasil queria a sua independência, mas "firmada sobre a união bem entendida com Portugal".[15]

Temeroso dos "excessos" partidários, José Bonifácio relutou em convocar a Constituinte, ambicionada pela maioria, mas cedeu, ainda que a contragosto, à pressão. No Conselho de Procuradores, Ledo e Bonifácio divergiram quanto ao modo de convocação das eleições. O primeiro pretendia a eleição direta, o segundo advogava a eleição indireta, ponto de vista que acabou prevalecendo no Conselho.

---

13 Otávio Tarquínio de Souza, op. cit., p.147, 148.
14 Ver cap.1 deste livro.
15 *Brasil, Leis*, 1822, p.125 ss.

A aparente unanimidade que mantivera coesos em torno do príncipe os vários grupos se romperia em breve. O comentário de que José Bonifácio era contra a convocação da Constituinte transporia os limites da camarilha governamental. Não faltaria quem espalhasse tê-lo ouvido dizer: "Hei de dar um pontapé nestes revolucionários", "Hei de enforcar estes constitucionais na Praça da Constituição". Verdadeiros ou não, os boatos o antagonizariam definitivamente com o grupo "radical". José Bonifácio buscaria apoio no "Apostolado", sociedade secreta que reunia figuras de relevo e projeção no país, tais como Manuel Jacinto Nogueira da Gama, mais tarde marquês de Baependi (ligado pelo casamento a uma das famílias mais ricas do período joanino, a de Braz Carneiro Leão, e a família de Maciel da Costa, igualmente ilustre), um dos primeiros a plantar café, fazendeiro importante e político de projeção; Estevão de Rezende, marquês de Valença, genro de um dos potentados paulistas, o brigadeiro Luiz Antônio Sousa Queiroz (ligado ao açúcar), do qual recebeu, por via da mulher, vultoso capital que aplicou em terras, tornando-se um dos maiores fazendeiros de seu tempo e personalidade de destaque no cenário político do Primeiro Reinado; Joaquim José Pereira de Faro, mais tarde barão do Rio Bonito, rico negociante, "capitalista" como se dizia então; Belarmino Ricardo de Siqueira, fazendeiro e capitalista; José Egídio Álvares de Almeida, marquês de Santo Amaro; Maciel da Costa, feito mais tarde marquês de Queluz; Joaquim Carneiro de Campos, posteriormente marquês de Caravelas, alta personalidade ligada à corte de D. João VI, preceptor dos filhos do conde de Linhares.[16]

Era o "Apostolado", no dizer de Frei Caneca, revolucionário de 1817 e de 1824, "um clube de aristocratas servis".

Desconfiando dos "anarquistas e demagogos", José Bonifácio procurou apoio nas classes conservadoras, junto aos grupos mais prestigiosos da sociedade, proprietários de terras, altos funcionários da Coroa, comerciantes, "capitalistas", traficantes de escravos.

A medida de convocação da Constituinte, não obstante fosse acompanhada de uma justificativa de D. Pedro, manifestando

---

16 Barão de Vasconcelos, *Arquivo Nobiliárquico*. Lausanne, Im. La Concorde, MLCCCLXVIII.

seus propósitos de manter a unidade "com todas as outras partes da grande família portuguesa", repercutiu como uma declaração de guerra em Portugal. Voltar atrás era impossível. A D. Pedro só restava uma possibilidade: a de proclamar a Independência do país. Diante dos acontecimentos, envolvidos nas críticas e nas acusações que em Portugal se faziam ao imperador, o ministro se convenceria da necessidade da ruptura.

Os Andradas passariam a ser considerados traidores em Portugal e no Brasil, pelos adeptos do partido português. Um avulso, publicado em 1822 sob o título *Reforço patriótico ao Censor Lusitano na interessante tarefa que se propôs de combater os periódicos*, critica violentamente o príncipe D. Pedro e seus infames conselheiros, "pérfidos e indignos sátrapas da família dos Bonifácios".[17]

Era tarde para qualquer recuo. José Bonifácio estava na crista do movimento da Independência. Com energia reprimiu o que lhe parecia "demagogia", agitação e abusos de liberdade, reforçando o policiamento, a espionagem, visando com igual rigor os "pés de chumbo" – portugueses suspeitos de sabotar a causa da autonomia nacional – e os elementos subversivos da ordem, isto é, todos aqueles que lhe pareciam "demagogos", democratas, que mais tarde, na Constituinte de 1823, tacharia de "mentecaptos revolucionários que andam como em mercados públicos apregoando a liberdade".[18]

Para maior fiscalização, José Bonifácio determinou que fosse aumentado o número de espias, oficiando ao intendente geral da Polícia e ajudante de tropas que vigiassem o movimento de pessoas suspeitas, perturbadoras da ordem e da segurança pública, recomendando a constituição de uma comissão para examinar material suspeito apreendido,[19] mandando averiguar os "escritos incendiários" aparecidos num periódico da capital: o *Diário do Rio de Janeiro*. Com o objetivo de coibir os que "promoviam a anarquia e a licença" submeteu, em 18 de junho, ao príncipe, um decreto restringindo a liberdade de imprensa criando foro espe-

---

17 *Reforço patriótico ao Censor Lusitano na interessante tarefa que se propôs de combater os periódicos*. Bahia: Imp. de Vieira Serra e Carvalho, 1822.
18 *Anais do Parlamento Brasileiro – Assembleia Constituinte de 1823*, p.26.
19 Mss. Arquivo Nacional, Cx. 309.

DA MONARQUIA À REPÚBLICA 73

cial para o julgamento dos crimes de imprensa e sugerindo que a marcha processualística obedecesse ao rito dos Conselhos Militares. Ressalva, não obstante, sua intenção de não ofender "a liberdade" "bem entendida" da imprensa, e de assegurar que os julgamentos se acomodassem "às formas mais liberais".[20]

Com essas medidas antagonizava-se cada vez mais com os setores radicais. Em abril de 1822, a notícia da convocação do Conselho de Procuradores provocou agitações no Rio de Janeiro e várias pessoas foram presas por ordem de José Bonifácio, na maioria portugueses e de condição modesta. Toda a cabala, ao que parece, era dirigida contra o ministério, particularmente contra José Bonifácio, odioso aos portugueses que lhe atribuíam a desobediência do príncipe às Cortes de Lisboa.[21] As agitações sucediam-se em várias partes do país. Em São Paulo, desde maio, uma insurreição de uma parcela das tropas, contando com o apoio do ex-capitão-geral Oyenhausen, indispunha Martim Francisco, irmão de José Bonifácio, com outros membros da Junta Governativa. José Bonifácio, graças ao apoio de D. Pedro, conseguiu neutralizar os revoltosos. Na Bahia, as tropas de Madeira recusavam obediência ao Rio de Janeiro e só se submeteram quando, contra elas, foi enviada uma força comandada pelo general Pedro Labatut, contratado pelo governo em 1822. No Maranhão e no Pará a luta prosseguia.

José Bonifácio mandava prender, aumentava a fiscalização, o policiamento, a repressão. O número de inimigos crescia: portugueses fiéis a Portugal, que nele viam um traidor da causa portuguesa, liberais que viam nele um absolutista. Até a proclamação da Independência, no entanto, o antagonismo entre José Bonifácio e os setores liberais permaneceu no segundo plano. Estavam todos associados numa obra comum: defender, das investidas das Cortes portuguesas, a autonomia conquistada em 1808.

Não seria possível conceber a independência sem recorrer ao apoio das nações europeias. Desde 1815 a Santa Aliança se

---

20 Otávio Tarquínio de Souza, op. cit., p.170.
21 J. de Avelar Figueira de Melo, Correspondência do Barão Wenzel de Mareschall, agente diplomático da Áustria no Brasil de 1821 a 1831. *RIHGB*. tomo 80, 59, Rio de Janeiro, 1917.

organizara contra os movimentos revolucionários da Europa e da América, e era de imaginar uma intervenção da Santa Aliança em caso de revolução. Os interesses da Inglaterra e da França no Brasil permitiam, no entanto, esperar complacência, quando não apoio formal desses países.[22] Da Áustria, líder da Santa Aliança, ligada ao Brasil pela presença da princesa Leopoldina, podia-se esperar neutralidade.

Em agosto de 1822, D. Pedro lançou dois manifestos, um dirigido ao Povo do Brasil, cuja redação é atribuída a Ledo, e outro às nações amigas, cuja autoria tem sido atribuída a José Bonifácio. Não obstante o manifesto às nações amigas ressalvasse "a decorosa união com Portugal", era virtualmente uma declaração de independência. Logo a seguir foram nomeados os representantes brasileiros junto aos governos de Londres, Paris, Washington, respectivamente: Felisberto Caldeira Brant Pontes, mais tarde marquês de Barbacena, amigo de José Bonifácio; Manuel Rodrigues Gameiro Pessoa e Luiz Moutinho, secretário e oficial de gabinete do ministro. Procurava-se assim granjear o apoio necessário à vitória da "causa brasileira".

Conceituado como político habilidoso pelos agentes estrangeiros no Brasil, José Bonifácio procurou conquistar-lhes a confiança e simpatia assegurando-lhes a proteção dos interesses comerciais de seus países. Ao mesmo tempo, no entanto, falava na realização de uma Confederação Americana que enfrentaria as nações europeias caso estas se decidissem a intervir na América contrariando os desejos de autonomia.

Ameaçadora era também a linguagem que usaria com o enviado inglês Chamberlain: "O Brasil quer viver em paz e amizade com todas as outras nações, há de tratar igualmente bem a todos os estrangeiros, mas jamais consentirá que eles interfiram nos negócios internos do país. Se houver uma nação que não queira sujeitar-se a esta condição sentiremos muito, mas nem por isso nos havemos de humilhar nem submeter à sua vontade".[23]

---

22 Biblioteca Nacional do Rio de Janeiro, *Documentos para a História da Independência*, tomo 1, Rio de Janeiro, 1923, p.86-146.

23 Ibidem, p.139.

Num ofício datado de 17 de maio de 1822, o agente diplomático austríaco no Brasil, que vinha acompanhando com particular interesse os acontecimentos políticos brasileiros, tanto mais que se sentia responsável pela princesa D. Leopoldina, austríaca como ele, informava que a tendência era cada vez mais americanista e comentava: "O sr. d'Andrada vai mesmo mais longe e eu o ouvi dizer na Corte, diante de vinte pessoas, todas estrangeiras, que era necessário a Grande Aliança ou Federação Americana, liberdade inteira de comércio e que se a Europa se recusasse se fechariam os portos e se adotaria o sistema da China e que se fossem atacados, suas fortalezas seriam as florestas e as montanhas...".[24]

Sonho audacioso para quem, apoiando-se nos grupos dominantes, os proprietários de terras e comerciantes estrangeiros, pretendia, num país de economia tipicamente colonial, cuja única riqueza provinha da exportação de produtos tropicais, fechar os portos à Europa, seu principal mercado. Não menos contraditório seria José Bonifácio ao pleitear, nessas condições, a emancipação dos escravos e o combate ao latifúndio improdutivo.

A política exterior de José Bonifácio provocaria descontentamento. Na *Malagueta* de 5 de julho de 1823, o jornalista May criticaria a orientação do governo. Parecia-lhe absurda a comparação do Brasil com a China. Em 1824 (10 e 26 de junho), novamente atacava a política exterior do ministro observando que os Estados Unidos e a Inglaterra tinham interesse em assegurar a independência do país, e que a França, visando solapar o comércio inglês no Brasil, não seria tampouco favorável à recolonização. Por isso a política de José Bonifácio, procurando captar as simpatias da França, do continente europeu e da Áustria, por exemplo, deixando num plano secundário a política de amizade em relação aos Estados Unidos para onde tardara em nomear um embaixador, parecia-lhe inoportuna. Como poderia José Bonifácio admitir em seu sistema elementos da Santa Aliança? (*Malagueta*, 26 de junho de 1824.) A "cândida conduta de Sua Majestade desde o princípio" em relação à Inglaterra contrastava com "os arreganhos e fancarias que se têm apresen-

---

24 Correspondência do Barão Wenzel de Mareschall, op. cit.

tado desde que João Antônio Telles foi para Viena", comentava May em tom de reprovação.[25]

José Bonifácio seria contrário aos tratados de comércio que favoreciam os estrangeiros, considerando-os lesivos aos interesses nacionais, e com isso certamente alijaria a simpatia dos estrangeiros, principalmente os ingleses que contavam assegurar a posição conquistada durante a permanência da Corte portuguesa no Brasil. Confessaria mais tarde ao ministro francês no Rio de Janeiro que todos os tratados de comércio e amizade concluídos com as potências europeias eram pura tolice e que nunca os deixaria ter feito se cá estivesse.[26]

Nos últimos dias de agosto chegaram notícias das recentes decisões das Cortes reduzindo o príncipe a um mero "delegado temporário do Soberano Congresso", de ação circunscrita às províncias onde exercia autoridade, "com secretários de Estados nomeados em Lisboa, que passava a ser a verdadeira sede do governo do Brasil". Ficava anulada a convocação do Conselho de Procuradores e as Cortes mandavam processar "quantos houvessem procedido contra a sua política", visando especialmente José Bonifácio, "tido como o maior responsável pelo que se passava".[27]

A resposta não se fez esperar. Em 7 de setembro, tomando conhecimento das últimas novas, D. Pedro proclamava oficialmente a Independência. Em 19 de setembro, as Cortes tomaram medidas mais violentas considerando ilegal a convocação da Assembleia Constituinte no Brasil, condenando a processo os ministros que a tivessem assinado, e ameaçando o príncipe de exclusão na sucessão do trono português caso não voltasse dentro de um mês a Portugal, transferindo as suas atribuições a uma Regência nomeada em Lisboa, e tachando de traidor todo comandante militar que voluntariamente obedecesse ao governo do Rio de Janeiro.[28]

---

25 A *Malagueta*, 1822, tomo 1, Zélio Valverde, Rio de Janeiro, 1945, Coleção fac-similar de jornais antigos (direção de Rubens Borba de Morais, prefácio de Hélio Vianna), 26 de junho de 1824, p.4.

26 Francisco de Assis Barbosa, Introdução. In: Edgard Cerqueira Falcão, op. cit., vol.III, p.23.

27 Otávio Tarquínio de Souza, op. cit., p.178.

28 João Armitage, op. cit., p.61 ss.

Proclamada a independência, as hostilidades entre José Bonifácio e os radicais vieram à tona. Na "Grande Oriente", na ausência de José Bonifácio (até então grão-mestre), D. Pedro foi feito grão-mestre. Alves Branco, no discurso de saudação a D. Pedro, atacava veladamente a José Bonifácio, aconselhando o imperador a afastar-se de "homens coléricos e furiosos", insinuando que suas ações se norteavam "menos por amor ao príncipe do que por prazer ao despotismo". O rompimento era iminente: pretendia o grupo de Ledo arrancar de D. Pedro, antes de sua aclamação como imperador, um compromisso prévio com a Constituição. A isso se opôs José Bonifácio. Em torno de D. Pedro travar-se-ia a luta entre as duas tendências. Por solicitação de Ledo, D. Pedro mandaria cessar a devassa contra os implicados na "bernarda" paulista e soltar os presos. José Bonifácio ameaçou renunciar. Apoiado pelo imperador, sentindo-se mais forte, investiu contra seus inimigos, fazendo saber a Ledo (segundo informa Mareschall) que seria reprimido se insistisse na sua política. Dois dias antes da aclamação, as divergências vieram a público. O grupo maçônico de José Clemente, Ledo e outros foram apupados e apedrejados por uma malta de agitadores populares, atribuindo-se a José Bonifácio a manifestação. Iniciava-se a repressão. Em 21 de outubro, José Bonifácio mandou suspender a publicação do *Correio do Rio de Janeiro*, onde eram publicados artigos contrários à monarquia constitucional. João Soares Lisboa, redator do jornal, recebeu ordem de deixar o país em oito dias. Era um ataque direto ao grupo de Ledo. João Soares Lisboa nascera em Portugal, mas residia no país há mais de vinte anos. Associara-se ao grupo de Ledo e Januário da Cunha Barbosa e ao seu lado batalhou pela convocação da Constituinte, depois de ter discordado da convocação do Conselho de Procuradores. Preso por ordem dos Andradas, passaria depois de solto a fazer-lhes acirrada oposição. Hostil às tendências aristocráticas, protestaria contra a outorga de títulos.

A ordem de saída dada a João Soares Lisboa foi a declaração de guerra entre José Bonifácio e os "radicais".[29] A "Grande Orien-

---

29 Alexandre José Barbosa Lima Sobrinho, A ação da imprensa em torno da Constituinte. *Anais do II Congresso de História Nacional*, Rio de Janeiro, 1934; Hélio Vianna, *Contribuição à história da imprensa brasileira*. Rio de Janeiro: Imprensa Nacional, 1945; Nelson Werneck Sodré, *História da Imprensa no Brasil*. Rio de Janeiro: Civilização Brasileira, 1966.

te" foi temporariamente fechada. Solicitado pelos vários grupos, D. Pedro hesitava. Voltaria atrás em suas medidas mandando reabrir a maçonaria e anulando a ordem de deportação de João Soares Lisboa. Quem se desgastava era o ministro que, em sinal de protesto, demitiu-se juntamente com seu irmão, em 27 de outubro de 1822.

Os choques entre os grupos políticos deram origem a um sem-número de panfletos pró e contra os ministros. Naqueles, eles eram apresentados como "os pais da pátria"; nesses, como inimigos do povo. À frente do movimento que pretendia reintegrar os Andradas no ministério estava Joaquim José da Rocha, rábula, dirigente do Clube da Resistência – que desempenhara importante papel por ocasião do "Fico". Era dotado de grande capacidade de mobilização da opinião pública, a ponto de D. Pedro, mais tarde, ao deportá-lo juntamente com José Bonifácio, dizer, não sem certo exagero, que bastariam os dois filhos de Rocha para amotinarem o Rio de Janeiro.[30] Por trás de tudo estava o "Apostolado".[31] Entre 29 e 30 de outubro foi feito intenso trabalho de propaganda. Manifestos, proclamações, volantes foram distribuídos pelas ruas da cidade. No teatro circularam proclamações a favor de José Bonifácio. Ao mesmo tempo acusavam-se os seus inimigos, em particular Joaquim Gonçalves Ledo, de serem contra a monarquia constitucional e de estarem espalhando acusações contra José Bonifácio, dando-lhe o título de déspota e inimigo da Constituição.[32] Em algumas províncias, surgiram representações com numerosas assinaturas em favor da reintegração dos Andradas ao ministério.

No Conselho de Estado, na sessão de 11 de novembro de 1822, Azeredo Coutinho, historiando os acontecimentos, acusava o partido "democrata", "inimigo" do trono, de tramar contra José Bonifácio, e de ser o principal responsável pelo afastamento dos ministros, então já reintegrados.[33] Vencidos os elementos "radicais", vitoriosos José Bonifácio e o "Apostolado", os depoimentos fixaram uma imagem apaixonada da luta que opunha o

---

30 Francisco de Assis Barbosa, op. cit., p.15.
31 Otávio Tarquínio de Souza, op. cit., p.200.
32 Mss. Arquivo Nacional, Cx.740.
33 Mss. Arquivo Nacional, Cx.309, doc. 18.11.1822.

grupo "liberal" de Ledo, Januário da Cunha Barbosa, Clemente Pereira e outros, tidos como "democratas" e antimonárquicos, a José Bonifácio. É bem verdade que aqueles, mais tarde, afastados os Andradas, acomodar-se-iam perfeitamente à ordem monárquica, mas a versão dos primeiros tempos, qualificando-os de liberais e democratas, prevaleceria.

Reintegrado no ministério, José Bonifácio reprimiu violentamente seus inimigos, que via como inimigos da causa brasileira, isto é, do governo monárquico constitucional, em que ao imperador se facultava o direito de aceitar ou não a constituição que os "povos" fizessem. Em nome da ordem, mandou pôr sob fiscalização e vigilância Francisco Xavier Ferreira, Joaquim Gonçalves Ledo, ex-procurador, João Soares Lisboa, ex-redator do *Correio do Rio de Janeiro*, brigadeiro Luiz Pereira de Nóbrega e Souza Coutinho que servira como ministro da Guerra, Clemente Pereira, ex-juiz de fora, o padre Januário da Cunha Barbosa e muitos outros, suspeitos aos olhos do ministro, entre os quais o padre Diogo Antônio Feijó, que, mais tarde, depois da abdicação de D. Pedro, contribuiria para destituir seu antigo perseguidor da qualidade de tutor dos filhos de D. Pedro.

Romperia, assim, pública e definitivamente, com os "radicais", não tardando a se incompatibilizar com outros setores da opinião, incluindo os próprios setores que o apoiavam: proprietários de terras e comerciantes estrangeiros.

Formado no convívio com os autores da Ilustração, leitor de Montesquieu, Voltaire, e conhecedor das obras de autores clássicos, incluindo na lista de suas leituras Tito Lívio e Virgílio, Herder, Fenelon, Buffon e St. Pierre, aderira sem o entusiasmo dos revolucionários aos princípios liberais que a burguesia francesa levantara como bandeira contra o Antigo Regime. De suas viagens pela Europa ficara-lhe uma triste impressão da Revolução, a que se somava uma aversão não menor ao absolutismo. Os episódios sangrentos da Revolução Francesa e os quadros revolucionários da América Latina serviam-lhe de argumento para justificar suas desconfianças em relação aos governos democráticos e ao povo. Sonhava com um governo apoiado nas camadas conservadoras, nem democrático nem absolutista, controlado por um dispositivo constitucional e parlamentar: uma monarquia constitucional representativa com exclusão do voto popular.

Abominava os "extremos" da República, não desejando tampouco um governo absolutista. Por isso se oporia, em 1823, ao imperador, como se opusera anteriormente às intenções "republicanas" de Ledo e de Januário da Cunha Barbosa. Considerava o absolutismo a pior das anarquias, manifestando sua repulsa ao uso da força, afirmando que o Exército devia obediência passiva, não devendo nunca se erguer contra a pátria e a Constituição. As tropas que dissolveram a Assembleia em 1823 eram, no seu entender, "criminosas de lesa-nação". Ao mesmo tempo que abominava as formas absolutistas de governo, louvava a liberdade: "A liberdade é um bem que não se deve perder senão com o sangue",[34] afirmando que "sem liberdade nas eleições e nos votos não há sistema representativo", "governar sem elas é querer desordens", "é correr riscos horríveis",[35] e acentuando que "todo projeto que ataca a opinião pública não pode ter consistência duradoura".[36] Mas às voltas com a aplicação dos princípios liberais do governo representativo aos quadros brasileiros, onde se mantinha a estrutura colonial de produção baseada no braço escravo, identificando-se com os grupos representativos da ordem existente, sentiria necessidade de especificar os limites precisos da soberania do povo e da liberdade que desejava instituir.

Partindo do pressuposto de que tudo é filho dos tempos e das luzes e de que os homens são entes sensíveis e filhos das circunstâncias, e não "entes de razão ou ideias platônicas", José Bonifácio consideraria que "a bondade de qualquer constituição é que esta seja a melhor que a nação possa e queira receber". Entendendo-se por nação a parcela "esclarecida" da sociedade limitada a um circuito restrito de proprietários. Numa de suas notas sobre o sistema eleitoral encontram-se os que vivem de "soldada" ao lado dos criminosos, loucos e mendigos ("os criminosos, loucos, os que vivem de soldada e mendigos não podem ser eleitores").[37]

---

34 *Antologia brasileira*, organizada por Afrânio Peixoto e Constâncio Alves, 1920, p.175.
35 Mss. Museu Paulista, doc.246.
36 Ibidem, doc.228.
37 Ideias de José Bonifácio sobre a Organização Política do Brasil, *RIHGB*, tomo Ll, p.81; Mss. IHGB, Cx.191, doc.4864.

José Bonifácio tomou a defesa das palavras do imperador, pronunciadas por ocasião da abertura da Assembleia Constituinte: "espero que a Constituição que façais mereça a minha Imperial aceitação", palavras que a ala radical considerou intromissão indébita do executivo no legislativo.[38] Na Assembleia Constituinte atacaria os que "se apegam aos princípios metafísicos" sem conhecimento da "natureza humana" e que, no seu entender, eram responsáveis pelos horrores cometidos na França "onde as constituições nem bem aprovadas eram logo rasgadas, e na Espanha e em Portugal, nadando em sangue"; defendendo a ideia de uma constituição que "nos dê aquela liberdade de que somos capazes, aquela liberdade que fez a felicidade do Estado e não a liberdade que dura momentos e que é sempre causa e fim de terríveis desordens". Na ocasião, não faltaria quem o refutasse argumentando que os males da França e da Espanha ou de Portugal não provinham das suas constituições, mas dos hábitos inveterados, prejuízos e apegos às instituições passadas. Não faltaria também quem o exprobasse por defender com a sua política os "fautores do despotismo" em vez de representar os interesses do povo que o elegera.[39]

O antagonismo com os setores mais radicais manifestar-se-ia outras vezes na Assembleia em ocasiões em que José Bonifácio não hesitou em sacrificar a liberdade à ordem, como, por exemplo, quando se opôs à anistia dos presos políticos defendida por Araújo Lima e Carneiro da Cunha, ou por ocasião da discussão da questão referente à liberdade de imprensa, quando protestou contra "os escritos desorganizadores" e subversivos da ordem estabelecida, contrários "à grande causa que abraçamos e juramos" declarando-se inimigo dos que pretendiam "perturbar a ordem". Também nessa ocasião houve quem denunciasse a falta de liberdade de imprensa, afirmando que apenas o partido ministerial (o de José Bonifácio) podia escrever o que bem entendesse, sem incômodos, enquanto os da oposição, reputados como anarquistas, desorganizadores e democratas, eram perseguidos.[40]

---

38 *Anais da Assembleia Constituinte*, tomo 1, p.16, 23, 25.
39 Ibidem, p.26.
40 Ibidem, sessão de 24 de maio de 1823, tomo 1, p.104 ss.

Ainda em nome da ordem, José Bonifácio perseguiu a "Sociedade Patriótica",[41] fundada em Pernambuco, mandando sair Cipriano José Barata, elemento tido na época como radical,[42] e enviando a Pernambuco Felipe Neri Ferreira, com a missão de manter a tranquilidade na província, realizar a reunião dos partidos em prol da Independência nacional, "repelir as sedições demagógicas", consolidar com firmeza a monarquia brasileira, e identificar as sociedades secretas regidas por "princípios carbonários".[43] Determinaria ainda às Juntas Governativas que procedessem a devassas sobre "anarquistas e demagogos", fazendo saber às autoridades subalternas que não deveriam admitir discussões às ordens legais recebidas do imperador.[44]

No diálogo dos liberais, assumira a perspectiva conservadora. Não se deve, entretanto, superestimar a divergência que o separa dos elementos tidos como liberais, nem muito menos ver, nestes últimos, democratas, os representantes do povo. Analisando o diálogo dos Constituintes pode-se perceber que o tom geral é substancialmente o mesmo no que diz respeito à ideia de uma possível revolução que alterasse profundamente a ordem social e econômica existente. Divergiam apenas a propósito da delimitação do poder executivo e da definição do alcance das medidas liberais, tais como a liberdade de imprensa, a anistia dos presos políticos, a liberdade de culto. A Constituinte, na sua obra frustrada pela dissolução decretada pelo imperador em novembro de 1823, sequer chegaria a tratar da questão dos escravos. O horror à "democracia" é evidente não apenas entre os mais conservadores, mas mesmo entre os mais radicais que tomavam parte na Constituinte falando em nome do povo. As palavras de Muniz Tavares, antigo revolucionário de 1817, pronunciadas na sessão de 21 de maio de 1823,[45] poderiam definir o pensamento da maioria, pensamento que era também o de José Bonifácio: "Causa-me horror só o ouvir falar em revolução" e, citando um "célebre político dos nossos tempos", afirmava: "odeio

---

41 Mss. Arquivo Nacional, Cx.309, doc.139.
42 Ibidem, doc.148.
43 Ibidem, Cx.753.
44 Ibidem.
45 *Anais da Assembleia Constituinte*, 1823, tomo 1, p.90.

DA MONARQUIA À REPÚBLICA   83

cordialmente as revoluções e odeio-as porque amo a liberdade e o fruto ordinário das revoluções é sempre uma devastadora anarquia ou um despotismo militar crudelíssimo".[46] "Nas reformas deve haver muita prudência ... Nada se deve fazer aos saltos, mas tudo por graus como obra da natureza", dizia José Bonifácio em uma de suas notas. Em outra, afirmava: "Nunca fui nem serei Realista puro, mas nem por isso me alistarei jamais debaixo das esfarrapadas bandeiras da suja e caótica democracia. A minha Constituição não é a sua, e serei sempre o que quiserem, contanto que não seja o que eles são: nem corcunda, nem descamisado".[47]

A desconfiança em relação ao povo era tão generalizada na Assembleia, que mesmo Henriques de Rezende, antigo revolucionário de 1817, acusado ainda em 1823 de republicanismo, fazia questão de declarar-se "inimigo da democracia".[48]

Para José Bonifácio, como para Antônio Carlos e Martim Francisco, a causa do Brasil era a causa da monarquia: "a única capaz de segurar o país" nas bordas do abismo das revoluções a que tendiam os "loucos inovadores". Andrada Machado veria no soberano "a razão social, coleção das razões individuais" e no povo "o corpo que obedece à razão".[49] A partir daí estabeleceria uma distinção entre o povo (os súditos) e a nação (o soberano e os súditos), pretendendo que em vez da expressão "soberania do povo", que lhe parecia dar margem a confusão e equívocos, se utilizasse a expressão "soberania da nação".

Ao povo se atribuía a disposição à turbulência e à ignorância. O povo, passando de repente da escravidão para a liberdade, dizia Carneiro de Campos na Assembleia, "não soubera tomar esta palavra no seu verdadeiro sentido"; "Falara-se que o 'povo era soberano' e se entendera que cada cidade ou vila podia exercer atribuições de soberania. Falara-se que chegara a época da nossa regeneração" e julgara-se que "isso queria dizer que tudo devia ir abaixo"; concluía afirmando que o povo "é sempre falto de luzes, vai na boa-fé que lhe pregam os mal intencionados que

---

46 Ibidem, p.90.
47 Venâncio Neiva, *Resumo biográfico de José Bonifácio de Andrada e Silva, o Patriarca da Independência do Brasil.* Rio de Janeiro: Pongetti, 1938, p.249.
48 *Anais da Assembleia Constituinte*, 1823, tomo 1, p.94.
49 Ibidem, p.27.

o desencaminha (sic) para seus fins particulares". Ficavam assim claramente marcados os limites do liberalismo. De pouco valeria o aparte de Cruz Gouveia – chamando atenção para o fato de que o povo, no qual não se tinha confiança, era aquele mesmo povo que fora soberano, tanto por ocasião dos movimentos da Praça do Comércio, quando se exigira de D. João VI o juramento da Constituição, quanto posteriormente, quando se escolhera D. Pedro como líder.[50] A maioria da Assembleia assumiria em relação ao princípio da soberania do povo a perspectiva restrita do ideólogo francês Benjamin Constant, separando soberania da nação, do poder, identificados em Rousseau, dando ao conceito de soberania da nação uma interpretação toda particular como o fez Andrada Machado. Para a maioria, os direitos naturais seriam segurança pessoal, liberdade individual, propriedade; a igualdade concebida como igualdade *de jure*, mas não de fato. Identificando a liberdade à ordem, a vontade geral do povo à da monarquia, a soberania do povo à soberania da nação, entendida às vezes como a reunião dos súditos e do soberano, no qual este é a cabeça e a nação o corpo que obedece, a maioria dos deputados optaria por uma solução monárquica constitucional, baseada na representação popular fundada em critério censitário, da qual ficaria excluída a maioria da população, composta de escravos, "moradores" e agregados de fazenda. Já nas instruções a que se refere o decreto para eleições em junho de 1822 ficara bem clara pelo artigo 8 a exclusão do direito de voto aos que recebiam salários ou soldadas por qualquer meio que fosse.[51] Era o ponto de vista de José Bonifácio. O *Tamoio*, jornal que servia de porta-voz dos Andradas, manifestava-se contrário ao sufrágio universal, considerando que a "bondade da representação nacional não será nunca a generalidade, mas sim a boa escolha".[52] A

---

50 Ibidem, p.120, 121.

51 "São excluídos do voto todos aqueles que receberam salários ou soldadas, por qualquer modo que seja. Não são compreendidos nesta regra unicamente os guarda-livros e primeiros caixeiros das casas de comércio, os criados da Casa Real que não forem de galão branco e os administradores de fazendas rurais e fábricas" (Edgard de Cerqueira Falcão, op. cit., v.II, p.256).

52 *Tamoio*, introdução de Caio Prado Jr., Rio de Janeiro, Zélio Valverde, 1944, p.118, 23 de outubro de 1823.

DA MONARQUIA À REPÚBLICA

tal ponto chegaria a restrição à qualificação de eleitores que um deputado chegou a ser eleito por Pernambuco, uma das províncias mais populosas, pelo voto de 169 pessoas,[53] o que fez supor que não seria muito superior o número de votantes em outras províncias.

Mantinha-se intacto o regime escravista. Tratava-se de organizar o país segundo as normas liberais divulgadas pela Revolução Francesa sem alterar, no entanto, a estrutura econômica e social, sem pôr em risco as relações de dominação tradicionalmente vigentes na sociedade. Não estava nas intenções destes "revolucionários" realizar as aspirações de outras camadas da população, pois o objetivo fundamental era emancipar o país do jugo colonial, isto é, da subordinação à metrópole e das restrições que prejudicavam o desenvolvimento do livre comércio e marginalizavam os elementos nacionais em favor dos portugueses. Esperava-se que o soberano governasse em nome do povo e em nome do soberano governassem as oligarquias.

O conflito entre esses poderes é o conflito fundamental do primeiro reinado, iniciando-se em 1823 com a dissolução da Constituinte: vitória do imperador, e terminando com a Abdicação: vitória das oligarquias, em 7 de abril de 1831.

José Bonifácio, que se antagonizara com os "radicais", perderia também rapidamente o apoio dos proprietários de terras e dos altos comerciantes. O desprezo pelos títulos de nobreza, o anticlericalismo e a atitude de livre-pensador, as ideias avançadas para o tempo e o país, relativas à mulher, e principalmente sua opinião favorável à emancipação dos escravos alijariam o apoio dos grupos conservadores. "Por que motivo as mulheres devem obedecer às leis feitas sem sua participação e consentimento?",[54] escrevia numa de suas notas, opinião que, se divulgada, teria certamente provocado escândalo na sociedade tipicamente patriarcal que era a do Brasil na época.

Em matéria de religião, defendia uma posição liberal, advogando liberdade de culto, colocando-se nessa questão ao lado de liberais, Vergueiro, Custódio Dias e outros, assumindo posição oposta à de Muniz Tavares, Silva Lisboa e Azeredo Coutinho,

---

53 *Anais da Assembleia Constituinte*, 1823, tomo 1, p.33.
54 Mss. Museu Paulista, doc.242.

para quem a liberdade de religião parecia um atentado à ordem católica existente no Brasil.[55] Sua irreverência em matéria religiosa sugere influência de Voltaire. Afirmava que a "religião que convida à vadiação e faz do celibato uma virtude é uma planta venenosa no Brasil", comentando que o catolicismo convém mais a um governo despótico do que a um constitucional.[56] Irônico, observava que os legisladores e os padres, querendo fazer do homem o que a natureza não queria que ele fosse, fizeram-no mau e atribuíram sua maldade ao pecado original, mas se ele fosse sempre o que a natureza o destinou seria sempre bom.[57] Convicto da bondade natural do homem, concluía: "Deixai-o sair do caos de instituições contraditórias que fazem de sua prudência, hipocrisia, da sua felicidade, obra do acaso e do crime, e vereis que o homem é mais bom que mau".

Ao lado dos liberais também estava na sua abominação aos títulos de nobreza. A ele, como a Feijó, líder liberal e seu inimigo político, repugnariam os títulos tão ansiosamente disputados por fazendeiros, negociantes, altos funcionários, membros da magistratura, a quem D. Pedro distribuía títulos a mãos cheias. Muitos dos seus companheiros no "Apostolado" seriam mais tarde titulados: Joaquim Carneiro de Campos receberia, em 1824, o título de marquês de Caravelas; Manuel Jacinto Nogueira da Gama seria visconde com grandeza, conde, em 1825, e, em 1826, marquês de Baependi; Estevão de Rezende, barão com grandeza em 1825, conde em 1826, e marquês de Valença em 1845; Miguel Calmon du Pin e Almeida, visconde com grandeza desde 1817, marquês de Abrantes em 1854; José Severiano Maciel da Costa, visconde em 1825 e marquês de Queluz em 1826; Felisberto Caldeira Brant, marquês de Barbacena, visconde com grandeza em 1825 e marquês em 1826. Dificilmente estes homens veriam com bons olhos quem escarnecia dos títulos, recusando-se a aceitá-los, referindo-se à nobreza com visível desprezo, reprovando-lhe a ignorância, os "sórdidos interesses" e o servilismo. Em janeiro de 1826, já no exílio, reprovando as recentes con-

---

55 *Anais da Assembleia Constituinte*, 1823, sessões de 7, 8, 9, 29 e 30 de outubro e 6 de novembro.

56 Ms. Museu Paulista, doc.242.

57 Ibidem, doc.346.

DA MONARQUIA À REPÚBLICA

cessões de títulos, escrevia: "Para o ano estarão guardados os títulos de Duques e Príncipes do Império que eu aconselharia que não se dessem sem concursos, para que os patifes pudessem mostrar autêntica e legalmente que os merecem, por serem os mais alcoviteiros, ladrões e bandalhos, não só do Grande Império dos Trópicos, mas do Universo inteiro; ao mesmo tempo, porém, conheço que seriam tantos os concorrentes e as provas tão volumosas que para se dar sentença seria preciso um século".[58] Com igual virulência combatia o luxo e o espírito mercantil: "o luxo custa mais do que vale, empobrece muitos para enriquecer a poucos, sacrifica mil vidas para dar poucos prazeres e os que mais se lhe entregam acabam no fastio e indiferença";[59] "Quando o espírito mercantil predomina, quando se avalia cada ação como cada mercancia, vendem-se os talentos e virtudes e todos são mercadores e ninguém é homem".[60]

Repugnava-lhe a solução republicana. Ao mesmo tempo, considerava que não havia condições para implantação de regime absolutista num país da América onde "as únicas classes existentes eram ricos e pobres" sendo a nobreza "enfatuada e passageira", estando o clero "satisfeito com o usufruto de seus benefícios" que ninguém lhe disputava.[61] Optava pelo sistema monárquico constitucional, não sem duvidar, às vezes, que ele viesse a funcionar eficientemente num país "dividido em províncias distantes, isoladas, com costumes e pretensões diversas, uma povoação heterogênea e dispersa". De onde sairia, "de um país por ora pobre e arruinado pela escravidão e a guerra, o ouro necessário para satisfazer o luxo de uma corte e de uma nobreza nova e sem cabedais?". Onde estavam "os palácios e ainda as estradas por onde rodem as carroças de casa Imperial?".[62] Na realidade, esse estudioso erudito, formado no convívio europeu, impregnado de ideias ilustradas, pertencendo à elite econômica e cultural do país, desconfiando da massa de mestiços, negros

---

58 Cartas Andradinas, José Bonifácio de Andrada e Silva, *Anais da Biblioteca Nacional do Rio de Janeiro*, 1814, p.32.
59 Mss. Museu Paulista, doc.246.
60 Ibidem, doc.246.
61 Ibidem, doc.228.
62 Mss. IHGB, doc.4864.

livres e escravos, sonhava com uma "aristocracia republicana", um governo dos "sábios" e "honrados".[63] Desconfiando dos "anarquistas", perseguindo os representantes das tendências ultraliberais, José Bonifácio desagradava aos conservadores pelo seu próprio liberalismo. A estes não pareceria segura a liderança de um homem que, entre suas anotações, incluía uma observação, provavelmente pensando em transformá-la em artigo constitucional, em que afirmava: "Todo cidadão que ousar propor o restabelecimento da escravidão e da nobreza será imediatamente deportado", e que redigia uma "Memória contra a Escravidão", com a intenção de apresentá-la à Assembleia Constituinte, propondo a cessação do tráfico, a emancipação gradual dos escravos, criticando o latifúndio.[64]

Formado na Europa, onde vivera até a meia-idade, parecia-lhe pouco compreensível a estrutura econômica do país, baseada na grande propriedade e no braço escravo. Desejava desenvolver o trabalho livre, a colonização e a imigração, a pequena propriedade, a mecanização da lavoura. Tinha diante dos olhos o modelo da economia europeia em vias de industrialização. Aborrecia-o o monopólio de terras por proprietários que as deixavam incultas, em prejuízo da nação, manifestando-se favorável ao confisco das que não se achassem cultivadas. Nas instruções do Governo Provisório de São Paulo aos deputados da província às Cortes portuguesas, incluíra um artigo sobre a política de terras, recomendando que todas as terras dadas em sesmarias que não se achassem cultivadas revertessem aos bens nacionais, deixando-se aos donos das terras somente meia légua quadrada, com a condição de começarem logo a cultivá-la, medida que, se aprovada, afetaria diretamente os especuladores de terras e os fazendeiros em geral, habituados a inverter seus capitais na compra de terras e escravos.

A política de terras preconizada por José Bonifácio não pretendia ser revolucionária: apoiava-se nos textos das Ordenações (Ordenação, livro 4º, título 43), recomendando obediência ao espírito das leis tradicionais cuja intenção fora impedir a concentração de terras nas mãos de pessoas sem cabedais, e inibir a especulação.

---

63 Mss. Museu Paulista, doc.233.
64 Edgard de Cerqueira Falcão, op. cit., v.II, p.99, 160.

Nessa questão não estava sozinho. Outros havia, embora em pequeno número, que, inspirados no modelo europeu, apontavam igualmente os inconvenientes do latifúndio e do trabalho escravo, preconizando, sem sucesso, o desenvolvimento da pequena propriedade. Em 1814, Francisco Solano Constâncio, no *Observador Lusitano ou Coleção Literária, Política e Comercial*, recomendava que se facilitassem as compras, as vendas e a repartição de terras sugerindo medidas indiretas que obrigassem os proprietários a cultivá-las.[65]

No entanto, se o confisco de bem das classes privilegiadas, nobreza e clero, levado a efeito pelos revolucionários franceses de 1789, atendeu na França aos interesses da classe revolucionária, a burguesia francesa, desejosa de proceder à redistribuição de terras, no Brasil tal medida pareceria inoportuna aos proprietários de terras, que constituíam a parcela mais importante da sociedade e que assumiram a liderança do movimento da Independência, ao lado de exportadores e traficantes de escravos cujos interesses estavam intimamente relacionados com os do latifúndio. A esses tampouco interessava, nesse momento, a política contra a escravidão e a favor da colonização que José Bonifácio preconizava já nas Instruções do Governo Provisório anteriormente referidas, em que exigia "cuidados da legislatura sobre melhorar a sorte dos escravos, favorecendo a sua emancipação gradual" e a "conversão de homens imorais e brutos em cidadãos ativos e virtuosos, vigiando sobre os senhores dos mesmos escravos para que estes os tratem como homens e cristãos e não como brutos animais", de acordo com os princípios expostos nas cartas régias de 23 de março de 1688 e 27 de fevereiro de 1798. Ressalvava que tudo isso se devia fazer "com tal circunspecção" que os miseráveis escravos não reclamassem esses direitos "com tumultos e insurreições que podem trazer cenas de sangue e de horrores".[66]

---

65 Francisco Solano Constâncio, *Observador Lusitano ou Coleção Literária Política e Comercial*, tomo 1, p.87, apud Maria Beatriz Marques Nizza, *Metodologia da história do pensamento*: um estudo concreto – o pensamento de Silvestre Pinheiro Ferreira, 1769. São Paulo, 1967, p.88-9. Tese (Doutoramento) – Faculdade de Filosofia, Letras e Ciências Humanas, Universidade de São Paulo.

66 Venâncio Neiva, op. cit., p.94-5.

Ideias que retomou, desenvolvendo-as mais amplamente na representação destinada à Assembleia Constituinte, que, aliás, nunca teve ocasião de apresentar, pois esta foi dissolvida antes que pudesse fazê-lo.[67] Nessa obra a linguagem é mais violenta. Retrucando aos que defendiam a escravidão, em nome do direito de propriedade, dizia: "Não vos iludais, Senhores, a propriedade foi sancionada para o bem de todos, e qual é o bem que tira o escravo de perder todos os seus direitos naturais e se tornar de pessoa em coisa?". Ao mesmo tempo acusava os proprietários de escravos: "Não é o direito de propriedade que querem defender, é o direito da força". Não ousaria, entretanto, propor a emancipação imediata. Acreditando que grandes males poderiam advir de uma medida precipitada, limitava-se a sugerir a cessação do tráfico, dentro de um prazo mais ou menos curto: quatro a cinco anos, preconizando ao mesmo tempo medidas de proteção ao escravo, de desenvolvimento da mecanização da lavoura e da colonização. Suas pretensões esbarrariam na resistência dos proprietários e traficantes de escravos que representavam a porção mais poderosa da sociedade. De pouco valeria o apoio de outros autores igualmente influenciados pelos argumentos da Ilustração e da escola liberal inglesa, como José Eloy Pessoa da Silva,[68] Maciel da Costa[69] e Domingos Alves Branco,[70] que condenavam igualmente a escravidão e o trabalho escravo, apontando seus inconvenientes e preconizando a cessação do tráfico.

Nas tramas para o afastamento de José Bonifácio do ministério, e nas conspirações que redundaram na proscrição do ex--ministro, teria papel saliente Carneiro Leão, um dos mais

---

67 José Bonifácio de Andrada e Silva, Representação à Assembleia Geral Constituinte e Legislativa do Império do Brasil sobre a escravatura. Paris, 1825. In: Edgard de Cerqueira Falcão, op. cit., v.II, p.123, 167.

68 José Eloy Pessoa da Silva, *Memória sobre a escravatura e projeto de colonização dos europeus e pretos da África no Império do Brasil.* Rio de Janeiro, 1826.

69 João Severiano Maciel da Costa, *Memória sobre a necessidade de abolir a introdução de escravos africanos no Brasil sobre o modo e condições com que esta abolição se deve fazer e sobre os meios de remediar a falta de braços que ela pode ocasionar.* Coimbra, 1821.

70 Domingos Alves Branco Moniz Barreto, *Memória sobre a abolição do comércio da escravatura.* Rio de Janeiro, 1837.

DA MONARQUIA À REPÚBLICA   91

influentes e poderosos homens do tempo,[71] provavelmente ligado ao tráfico de escravos.

A importância de fazendeiros e comerciantes de escravos nos quadros políticos, o desenvolvimento da cultura cafeeira nos arredores do Rio de Janeiro, a partir de 1820, e nas regiões do Vale do Paraíba aumentariam progressivamente o interesse pelo trabalho escravo, tornando quimérico o ideal de emancipação que tardou mais de meio século a se concretizar. Demitindo-se José Bonifácio em 16 de julho de 1823, já em 16 de setembro o governo brasileiro oficializava o tráfico, estipulando impostos que deveriam ser cobrados por africanos importados,[72] decisão referendada pelo ministro da Fazenda, Manuel Jacinto Nogueira da Gama, futuro marquês de Baependi, fazendeiro e proprietário de escravos, genro de Braz Carneiro Leão, uma das maiores fortunas do Rio de Janeiro, e da baronesa de São Salvador dos Campos dos Goitacazes, irmão de José Inácio Nogueira da Gama, fazendeiro também, e um dos maiores proprietários de terras no Vale do Rio do Peixe, onde chegou a reunir dezessete sesmarias, cerca de vinte mil hectares.[73] Ao mesmo tempo estabeleceram-se taxas para a apreensão de escravos fugidos.[74]

José Bonifácio perdera rapidamente suas bases políticas. Tiveram profunda repercussão as medidas tomadas contra os portugueses: decreto de 11 de dezembro de 1822, mandando sequestrar todas as mercadorias existentes nas alfândegas pertencentes a súditos de Portugal, bem como todas as mercadorias ou sua importância existentes em poder de negociantes do Império, todos os prédios rústicos e urbanos que estivessem em idênticas circunstâncias, assim como as embarcações ou parte delas que pertencessem a negociantes daquele reino, exceptuando-se do sequestro apenas as ações do Banco Nacional e as das Casas de Seguro e Fábrica de Ferro de Sorocaba. Do mesmo teor foram

---

71 Otávio Tarquínio de Souza, *Fatos e personagens em torno de um Regime*. Rio de Janeiro: José Olympio, 1957, p.66 (História dos Fundadores do Império do Brasil, v.IX).

72 *Leis do Brasil* – 16 de setembro, 1823.

73 A. E. Taunay, *Pequena história do café*, p.190. Barão de Vasconcelos, op. cit.

74 *Leis, Decisões do Brasil*, 1823.

os decretos de 30 de dezembro, dando regimento aos corsários contra as propriedades e pavilhão portugueses enquanto durasse a "guerra com Portugal", concedendo a nacionais e a estrangeiros a faculdade de armarem corsários que se empregassem contra as propriedades e pavilhão portugueses, reservando-se ao imperador a concessão de patentes de corso. Ainda na mesma data, um decreto mandava sujeitar os gêneros de indústria e manufatura portuguesas ao pagamento de 24% dos direitos de importação, tendo em vista a "cruenta e injusta guerra que Portugal fez ao Brasil, rompidos os laços de amizade". Uma tabela anexa equalizava os direitos pagos pelas mercadorias portuguesas: vinhos, licores, azeites, vinagres, favorecidos pela legislação anterior.[75]

Considerando o confisco de bens portugueses uma "grande sincada do Ministério", a *Malagueta*, jornal que fazia oposição a José Bonifácio, comentaria que a medida provocara a emigração de numerosas famílias e cabedais. Falava-se na saída de mais de 4.700 pessoas que "fugiram com medo e com dinheiro", as quais teria sido, na opinião do mesmo jornal, mais habilidoso fixar.[76]

A campanha que os portugueses moveram contra o ministro ganhara novos argumentos a partir de fevereiro de 1823, com a nova direção dos acontecimentos políticos em Portugal que culminaram no golpe dado pelo poder real às Cortes portuguesas. A "viradeira", como foi chamada, resultara em parte da aliança entre a Coroa, o clero e setores do comércio que consideravam as Cortes o único empecilho ao reatamento das relações entre Portugal e Brasil, à recolonização do país. Ao primeiro movimento contrarrevolucionário de fevereiro de 1823 em Vila Real seguiu-se o de maio de 1823, vitorioso. Não tardaria a chegar ao Brasil a notícia dos acontecimentos portugueses e não faltariam tentativas de restabelecer a união das duas Coroas. Com esse objetivo foi mandada ao Rio de Janeiro a missão Rio Maior. Os planos de Restauração se frustraram não apenas pela oposição dos brasileiros que consideravam a Independência um processo irreversível, como também pelo próprio jogo político internacional. À Ingla-

---

75 Ibidem.
76 *Malagueta*, 5 de junho de 1823, p.4.

DA MONARQUIA À REPÚBLICA 93

terra, a maior beneficiada com a Independência do país, não interessava a regressão à situação colonial.

Atacado pelos liberais por assumir a perspectiva conservadora e pelos conservadores por seus projetos de transformação da ordem social, José Bonifácio dependeria cada vez mais da benevolência do imperador cujo poder sempre procurara reforçar. Ficava à mercê do apoio dos áulicos e das intrigas palacianas que o incompatibilizavam cada vez mais com o imperador. Em 16 de julho de 1823 eram os Andradas afastados do ministério. Desde então até a dissolução da Constituinte em novembro de 1823, decorreriam três meses e, durante esse período, o *Tamoio*, jornal ligado aos Andradas, faria constante oposição ao governo, insinuando que a independência do país se via ameaçada tanto pelos "corcundas" e "pés de chumbo" como pelos "anarquistas". Esses, por sua vez, não poupavam críticas ao antigo ministro. A animosidade entre portugueses e brasileiros cresceria depois dos sucessos ocorridos em Portugal. Não faltaria entre os primeiros quem pretendesse restabelecer os antigos laços com Portugal. O *Tamoio* de 6 de novembro de 1823 reproduz uma proclamação em que fica clara a intenção. Aí se diz, entre outras coisas: "morrendo o comércio e o giro mercantil pelos desvarios de vis sectários, dos infames que só queriam a Independência do Brasil para cevar seu orgulho, satisfazer seu capricho, agora que tudo mudou de face, reviverá e tornará São Paulo a seu ápice de grandeza, quando unindo o laço que tão vergonhosamente foi rompido com nossos irmãos, façamos outra vez de dois hemisférios um, de dois interesses um, e não seguindo loucos projetos Bonifacianos, adotemos o antigo e proveitoso recurso de um só Reino, de um só interesse desta Província e do Brasil...". Terminava dando vivas a S. M. o Senhor D. João VI. Em vários pontos do país: Bahia, Maranhão, Pará, Montevidéu, ainda em 1823 era pouco clara a vitória da causa separatista que a nova conjuntura ameaçava. No número 24, o *Tamoio* transcrevia uma carta enviada a Antônio Carlos de Andrada e Silva pelo conde de Subserra, datada de Lisboa, 7 de agosto de 1823, concitando-o a remover os obstáculos que serviam de impedimento à harmonia da monarquia. A campanha do *Tamoio* indisporia mais ainda os Andradas com o imperador.

Vitorioso o movimento da Independência, os grupos que inicialmente se haviam colocado à sombra de D. Pedro trataram de delimitar as zonas de influência do legislativo e do executivo. Os setores mais liberais, contrários à orientação de José Bonifácio, que desejava reforçar o executivo, pretendiam ampliar a esfera do poder legislativo em detrimento do imperador. A questão colocada claramente deesde a abertura da Assembleia Constituinte, quando se discutiram os termos da Fala do Trono, se renovaria em outras ocasiões, por exemplo, quando da discussão da nomeação dos governos das províncias.[77] A Assembleia tentou instituir o princípio da responsabilidade ministerial, que lhe permitiria controlar o executivo, convocando os ministros a prestar esclarecimentos, ao que, frequentemente, estes se furtaram. Em outubro, alguns deputados teceram críticas ao imperador, reprovando-lhe a concessão de título de marquês do Maranhão a *lord* Cochrane, antes de a Assembleia legislar sobre a concessão de títulos de nobreza.[78]

A imprensa liberal, fazendo eco aos deputados, falava que não se deveria conceder ao imperador nem o direito de veto, nem a iniciativa de Leis, nem a direção das Forças Armadas.[79]

O conflito entre Legislativo e Executivo culminaria na dissolução da Constituinte. O choque entre portugueses e brasileiros seria o pretexto de que se serviria o imperador para justificar a medida.

São conhecidos os episódios que levaram à dissolução. No *Sentinela* foram publicados artigos por alguém que se intitulava Brasileiro Resoluto, e que desagradaram às tropas portuguesas. Dois oficiais portugueses resolveram castigar o autor dos artigos, que confundiram com o farmacêutico David Pamplona Corte Real, a quem aplicaram violenta surra. O fato repercutiu na Assembleia onde se teceram críticas ao governo. As tropas movimentaram-se solidárias ao imperador. Na Assembleia houve protestos contra a movimentação de tropas, em seguida decretou-se sessão permanente. Interpelou-se o governo. Criava-se, assim, o pretexto para a dissolução que se deu em 12 de novem-

---

77 *Anais da Assembleia Constituinte*, 1823, tomo VII, p.41 ss.
78 Ibidem, tomo VI, sessões de 29 de outubro e ss.
79 *Correio do Rio de Janeiro*, 1º de outubro de 1823.

bro de 1823. Entre os deputados presos achavam-se José Bonifácio, Antônio Carlos, Martim Francisco, um seu sobrinho, padre Belchior,[80] Montezuma, José Joaquim da Rocha e seus filhos. Poucos dias depois José Bonifácio seria deportado.

A devassa instaurada contra os Andradas, iniciada em novembro de 1823, prolongou-se até 1828 e só em julho de 1829 voltaria ele ao país.[81]

Na Câmara, reinstaurada desde 1826, os atritos entre os grupos dominantes e o imperador multiplicavam-se. A questão fundamental continuava a ser a da descriminação dos poderes que os representantes do legislativo procuravam decidir em seu favor. Os elementos liberais que pleiteavam uma intervenção maior no governo do país conseguiram arrancar do imperador medidas liberais, tais como a instituição dos juízes de paz eletivos (lei de 15 de outubro de 1827), a responsabilidade dos ministros, secretários de Estado e conselheiros de Estado (lei de 15 de outubro de 1827), a criação do Supremo Tribunal de Justiça (18 de setembro de 1828), a extinção dos Tribunais do Desembargo do Paço e da Consciência e Ordens (22 de setembro de 1828), o regimento das câmaras municipais das cidades e vilas do Império concedendo-lhes autonomia administrativa relativa, subordinando-as aos Conselhos Gerais da Província.

Com a abdicação, os liberais tomariam o poder. A lei de 29 de novembro de 1832 – o Código do Processo Criminal – e o Ato Adicional de 12 de agosto de 1834 seriam as últimas concessões liberais que os grupos dominantes no poder estavam dispostos a fazer. Diante das agitações que eclodiam por toda parte, envolvendo pretensões democráticas dos que esperavam prosseguir na obra revolucionária iniciada em 1831, os moderados procurariam "deter o carro revolucionário", na pitoresca expressão de Bernardo de Vasconcelos.[82] Até 1834, a luta dos moderados

---

80 Otávio Tarquínio de Souza, *José Bonifácio 1763-1838*. Rio de Janeiro: José Olympio, 1945, p.244-5.

81 José Bonifácio tornaria à política como deputado pela província da Bahia, na 2ª Legislatura, de 1830 a 1833.

82 Otávio Tarquínio de Souza, *Bernardo de Vasconcelos e seu tempo*. Rio de Janeiro: José Olympio, 1957, p.160 (História dos Fundadores do Império do Brasil, v.V).

se travaria, de um lado, contra as pretensões restauradoras e, de outro, contra as pretensões dos democratas, que expressavam suas aspirações através de jornais como a *Nova Luz Brasileira*, ou *Jurujuba dos Farroupilhas*, atacando "os aristocratas vendidos à Santa Aliança", propondo a desapropriação das terras em mãos de grandes proprietários, incentivando a luta de classes entre pobres e ricos, pleiteando a abolição do trabalho escravo, condenando os tratados de comércio realizados com os estrangeiros, desenvolvendo uma mística violentamente nacionalista.[83]

Na luta contra os restauradores, José Bonifácio seria um dos elementos mais visados. Disputavam-lhe o cargo de tutor dos filhos do imperador que aceitara, a pedido de D. Pedro, por ocasião da Abdicação. O título seria contestado pela Câmara, sob alegação de que o tutor não podia ser nomeado pelo imperador, competindo à Câmara a nomeação e a investidura. O ato de D. Pedro foi anulado, embora um novo ato, emanado do legislativo, mantivesse José Bonifácio no cargo de tutor, ficando assim resguardada a autoridade da Regência. José Bonifácio protestaria contra a deliberação da Câmara, mas acabaria acatando-a. As desinteligências se agravariam entre a Câmara, desejosa de assumir livremente a direção do país, e o tutor, cioso de suas funções, mas, incapacitado pela lei de 12 de agosto de 1831 de participar em atos políticos em nome de seus pupilos. Restava-lhe a função de deputado que exerceria na legislatura 1831-1832. Na Câmara, discutiu-se amplamente a destituição do tutor, aprovada finalmente por 45 votos contra 31. A medida foi rejeitada no Senado por um voto. Os discursos da oposição liderada por Evaristo da Veiga e Honório Hermeto fixavam uma imagem pouco simpática do antigo ministro. Os que fizeram sua defesa, Cairu, Caravelas, Barbacena, antigos companheiros do tempo da Independência, conhecidos por suas convicções conservadoras, não foram menos veementes. A precária vitória do tutor no Senado revelou sua falta de bases. A campanha contra ele não cessou, reavivando-se em 1833 quando os boatos de que se tramava a volta de D. Pedro tornaram-se insistentes. No *Aurora Fluminense*, interpretando o ponto de vista dos liberais moderados, Evaristo

---

83 *Nova Luz Brasileira*, Rio de Janeiro, Tip. Lessa Pereira & outros.

DA MONARQUIA À REPÚBLICA

da Veiga desencadearia campanha contra o tutor visando a afastá-
-lo do cargo. Em 14 de dezembro de 1833, por um decreto arbitrário da Regência, destituiu-se José Bonifácio do cargo de tutor,
contrariando as normas que exigiam que o ato emanasse da Assembleia Geral. Preso e processado como conspirador, o ministro
seria, em 1835, absolvido unanimemente pelos jurados, ovacio-
nado por uma população, segundo se dizia, de mais de duas mil
pessoas que acompanhavam o julgamento. Embora absolvido,
não seria reintegrado no cargo. A vida política de José Bonifácio
se encerrara. Recolhido em Paquetá, aí viveria seus últimos anos,
mudando-se, pouco antes de morrer, para Niterói, onde faleceu
em 6 de abril de 1838.

Os documentos deixaram dele imagens contraditórias, versões apaixonadas que se fixaram nos discursos do Parlamento,
nos jornais e panfletos, nas memórias e cartas dos testemunhos,
na sua própria correspondência e notas pessoais, versões mais ou
menos subjetivas e lendárias que perpetuaram a sua figura na
história.

José Bonifácio visto por si mesmo

A primeira imagem é a que nos fornece o próprio José
Bonifácio através de suas numerosas notas,[84] poesias[85] e correspondência, principalmente as do período do exílio em que comenta os sucessos da política brasileira. É uma imagem subjetiva
e personalista, informando pouco sobre os fatos e muito sobre os
sentimentos pessoais de José Bonifácio, seus problemas, suas leituras, experiências quotidianas, preocupações e interesses. Não
há entre essas notas nenhuma crônica dos acontecimentos que
culminaram na proclamação da Independência. Elas nos oferecem a imagem do homem tal como ele se vê, imagem idealizada
de si mesmo e da sua participação nos acontecimentos, revelando o conjunto de valores constitutivos de seu credo, sua adesão

---

84 Existentes no Arquivo do IHGB e no Museu Paulista.
85 *Poesias de Américo Elísio*. Rio de Janeiro: Instituto Nacional do Livro,
1946, XXVIII, p.131 (Obras de José Bonifácio de Andrada e Silva, v.1).

ao quadro de referência da poética pré-romântica e aos valores da Ilustração. Desprezo pelas riquezas, horror ao despotismo, orgulho de ser independente, incapaz de servilismo e bajulação, amor à liberdade e à natureza, fidelidade à pátria são temas frequentes em suas notas e poesias.

Em 1795, aos vinte anos, recriminava aos que "enchendo vão pomposos nomes, da adulação a boca" vangloriando-se de que sua musa orgulhosa "nunca aprendeu a invernizar horrores". Na mesma poesia, referia-se ao despotismo:

> Maldição sobre ti, monstro execrando,
> Que a humanidade aviltas!
> Possam em novos mares, novas terras,
> Por britânicas gentes povoadas,
> Quebrados os prestígios,
> Os filhos acoitar da liberdade!

Não eram entusiasmos passageiros da juventude. Ao longo da vida permaneceria fiel ao seu ideário. Passado os sessenta, já no exílio, em que foi posto por ordem de D. Pedro, fez publicar suas poesias, incorporando às mais recentes as dos seus verdes anos. Homem maduro, a caminho da velhice, não renegava as obras da juventude e na *Ode aos Baianos*, que o elegeram deputado, reafirmava, com o mesmo ardor dos primeiros tempos, o credo do adolescente:

> Altiva musa, ó tu que nunca incenso
> Queimaste em nobre altar ao despotismo;
> Nem insanos encômios proferiste
> De cruéis demagogos
>
> Ambição de poder, orgulho e fausto
> Que os servis amam tanto, nunca, ó musa
> Acenderam teu estro – a só virtude
> Sonhe inspirar louvores.

E mais adiante:

> Arbitrariedade fortuna! desprezível
> Mais que essas almas vis, que a ti se humilham
> Prosterne-se a seus pés, o Brasil Todo.
> Eu nem curvo o joelho.

DA MONARQUIA À REPÚBLICA

Repúdio ao luxo e à riqueza manifestou em outros trechos, expressando o descontentamento do burocrata intelectual, votando igual desprezo aos que corriam atrás da riqueza fácil que o desenvolvimento comercial propiciava, aos que disputavam o patrocínio do imperador, e aos que corriam empós de títulos de nobreza:

> Não – reduzir-me a pó, roubar-me tudo,
> Porém nunca aviltar-me, pode o fado,
> Quem a morte não teme, nada teme
> Eu nisto só confio
>
> Embora nos degraus do excelso trono
> Rasteje a lesma, para ver se abate
> A virtude que odeia – a mim me alenta
> Do que valho a certeza.

Anos mais tarde, beirando os setenta e já velho, reafirmava as convicções de adolescente. Em carta a Barbacena, datada de 1º de abril de 1830, refutando o que considerava calúnias publicadas a seu respeito no *Diário Fluminense*, que o acusara de tramar contra o imperador, dizia: "Nunca desejei mandos, como quer inculcar P. B., nem riquezas adquiridas por *fas* ou *nefas* nem jamais uma fita estreita ou larga, ou um *crachat* que muitas vezes entre nós abrilhanta tavernas e armazéns de negros novos, nem outras fantasmagorias tais e quejandas, jamais me ofuscaram a razão ou fizeram cócegas no coração".

No exílio alimentava a certeza do próprio valor: amara a pátria e a liberdade, abominara o despotismo, esse fora seu crime:

> Amei a liberdade, e a independência
> Da doce cara pátria, a quem o luso
> Oprimia sem dó, com riso e mofa
> Eis o meu crime todo...

Acreditava ter desempenhado um importante papel no movimento da Independência e ter sido alvo da mais terrível injustiça, vítima de conspirações e intrigas palacianas. Procurando explicar as razões de seu exílio dizia que depois da Independência a política ficara reduzida a uma almotaceria, pretendentes a lugares e empregos tinham-no assediado e, descontentes com a negativa, passaram à oposição. Errara em contar com os que julgara homens de bem. Achara-os "frios e reflexivos só para o egoísmo e segurança particular".[86] Haviam-no perseguido com "um ódio tão fidalgal [sic] que saltariam de gosto se pudessem inventar um oitavo pecado mortal",[87] para lhe lançar às costas. Fora ingênuo em não espiar o Paço para abafar as intrigas e saber as tramas "tenebrosas", faltara-lhe dinheiro para comprar os "Bercós e companhia", concluía que "sem dinheiro nada pode a política". Sua popularidade fora a causa de sua deportação como também sua franqueza, amor à verdade, a confiança no imperador e a inveja que despertara. Vendo a ascendência que os Andradas adquiriam na Assembleia, o povo os apelidara de "Pais da Pátria", à vista mesmo do imperador. Os áulicos e os corcundas reuniram-se aos diversos partidos "chumbistas" e "democratas" urdindo a "mentirosa representação das tropas" contra os Andradas, com o fito de excluí-los da Assembleia. Sucedera-se à convocação das tropas, a prisão e a deportação dos Andradas e alguns outros membros da Assembleia, odiados pelos "chumbistas" e maçons. Tudo isso lhe parecia uma ingratidão cometida contra os que haviam sido "beneméritos da pátria". Tudo fizera para salvá-la da anarquia, do despotismo e a paga que recebera fora o ostracismo: "Fui preso e deportado sem crime, sem sentença, assim a liberdade pessoal foi atrozmente injuriada".[88]

O conflito entre executivo e legislativo, as contradições de sua política escapavam à sua consciência. Apoiara-se nos meios conservadores cujos interesses, no entanto, ferira pleiteando o confisco de propriedades improdutivas, a emancipação dos escravos e criticando os títulos de nobreza. Identificara-se aos comerciantes portugueses nas críticas que estes faziam aos tratados de comércio com as nações estrangeiras, mas, ao mesmo tempo, perseguira os próprios comerciantes, determinando o confisco de suas propriedades; manifestara-se favorável à emancipação dos escravos, embora temesse uma revolta destes. Criticara a

---

86 Mss. Museu Paulista, Cx.233.
87 Venâncio Neiva, op. cit., p.248; e Mss. Museu Paulista. doc.237.
88 Mss. Museu Paulista, doc.239, 246, 288.

DA MONARQUIA À REPÚBLICA

corrupção e a venalidade das "elites" dirigentes, mas procurara restringir o voto popular entregando consequentemente o poder a essa mesma elite que desprezava. Desconfiava da Assembleia procurando reforçar o poder do imperador, cujo arbítrio, no entanto, condenava. Todas essas contradições passavam-lhe despercebidas.

Desterrado em Talence, França, confessava-se desiludido de um mundo corrompido e ingrato que o privara de todo trabalho e de qualquer esperança. Em carta de 14 de novembro de 1825,[89] a seus amigos em Paris, externava o desejo de ir acabar os "cansados dias de jaleco e bombachas de algodão nos meus outeirinhos". Atraído pela imagem bucólica que sua educação clássica lhe ensinara a apreciar, vivia desejando uma vida plácida e tranquila, que, na realidade, sua natureza inquieta repelia. No *Poeta Desterrado* desabafa:

> Para a moleza não nasceu o vate.
> Em ditosos dias chamejava
> sua alma ardente de heroísmo cheia
> quando uma pátria tinha...

Saudoso da "bestial pátria", que não obstante é "nossa pátria", ansioso por voltar ao país dos "tatambas", inconformado com a situação de exilado, descarregava sua raiva contra os "pés de chumbo" e o imperador. Num momento de exasperação escrevia: "pérfido P., quando me fazia amizades com a metade do rosto, com a outra se azedava da minha popularidade e no seu corrompido coração tramava calúnias que espalhava contra mim clandestinamente"; "com a máscara da franqueza iludia minha boa-fé e acolhia os meus mais secretos pensamentos que espalhava às escondidas, desnaturando-os e empeçonhentando-os. Quando obrava despropósitos, dizia que lhos tinha aconselhado e quando cedia às minhas representações dizia que se tinha arrependido de ter cedido à amizade que bazofiava ter por mim".[90]

---

89 *Cartas Andradinas.* Correspondência particular de José Bonifácio, M. Francisco e Antônio Carlos, dirigida a A. M. Vasconcellos de Drummond. *Anais da Biblioteca Nacional do Rio de Janeiro*, v.XIV, Rio de Janeiro, 1890, p.12.

90 Mss. Museu Paulista, doc.246.

Justificava sua demissão do ministério dizendo ser a única maneira de demonstrar sua desaprovação ao sistema que se ia introduzindo no Estado: "este é o único meio constitucional e legítimo de exprimir uma respeitosa desaprovação das novas medidas, é uma advertência sem tumulto que se faz a um governo que sai do verdadeiro caminho"; verdadeiro caminho que para José Bonifácio era, como vimos, governo de centro, nem absolutista nem democrático, governo monárquico controlado pelo dispositivo constitucional e pelo sistema representativo, com exclusão do voto popular.[91]

Considerava-se homem independente, amante da liberdade, incapaz de servilismos: "Tive sempre uma intolerância inflexível de caráter e um ódio puríssimo de toda tirania em abstrato"; "Gosto, às vezes, de contradizer, não por querer governar a opinião alheia, nem por gosto, mas pela abundância e vivacidade de minhas ideias e por este amor à liberdade que é inato em mim e pela aversão profunda contra tudo o que tem laivos de baixeza e servidão"; "Amo o indivíduo sem ter a ideia dos homens em geral", afirmava confessando-se "amigo da boa e pequena sociedade, indiferente à numerosa e inimigo da má". Livre no discurso por gosto, porém acanhado quase sempre no agir: "a etiqueta me aborrece, e quando seguro da minha consciência, pouco cuidadoso do que dirão os outros".[92]

O desejo de manter a independência de espírito, bem como o orgulho que seus textos revelam compunham uma personalidade pouco dúctil, o que provocou numerosos atritos. Tudo isso agravado pela sua preferência por ditos livres e maliciosos, que cultivava com visível prazer, provocando escândalo entre os cidadãos conspícuos que se serviram dessa faceta de sua personalidade para atacá-lo, quando tutor dos filhos de D. Pedro.[93] A D. João VI chamava de D. João, o Burro; a D. Pedro, de Pedro Malazarte, o Rapazinho, a Imperial Criança e a Grã-Prata. En-

---

91 Mss. Museu Paulista, doc.228.
92 Afrânio Peixoto, Constâncio Alves, (Ed.) *José Bonifácio (O Velho e o Moço)*. Paris: Aillaud e Bertrand, 1920, p.175 (Antologia Brasileira); e Mss. Museu Paulista ("Notas sobre o meu caráter" e "Reflexões sobre o meu caráter").
93 As cartas andradinas estão pontilhadas dessas expressões.

DA MONARQUIA À REPÚBLICA   103

tre suas notas, há uma em que diz que nada "me entedia mais do
que ver rostos hipócritas e conversações monótonas ou sempre
eruditas ou com um ar de importância", daí sua preferência pela
conversação livre e as expressões picantes com que temperava
suas cartas. Apesar de ser considerado expansivo e até alegre por
muitos que o conheceram, julgava-se de natural melancólico,
atribuindo à sua impetuosidade a fama de alegre. Manifestava-se
pouco contente com o seu temperamento, dizendo que se achava sempre "entre o constrangimento e o *spleen*".

Na sua juventude, no seu afã perfeccionista criticava o que
considerava suas deficiências: "quando devo ser precavido, ordinariamente o não sou, e quando não devo muitas vezes o sou".
Anotava no seu diário livros que devia ler para melhorar e exer-
citar a imaginação, incluindo no seu programa de trabalho: "fazer dissertações detalhadas de algumas ideias e opiniões", ler
Cícero, Tito Lívio, Gibbon, Voltaire, "com atenção e imitação",
acrescentando ainda Buffon, Herder, Fenelon, Saint Pierre e
outros autores menos conhecidos.[94]

No *Tamoio*, periódico que passou a circular quando do afastamento definitivo dos Andradas do ministério em 1823, cujo
editor, Menezes de Drummond, era amigo pessoal de José
Bonifácio, um missivista que se assinava Tapuia refere-se a uma
entrevista com José Bonifácio. Os comentários nela reproduzi-
dos coincidem plenamente com o que se depreende das notas
pessoais de José Bonifácio, permitindo afirmar que, se não foi
ele próprio, oculto sob o pseudônimo de Tapuia, quem a redigiu,
forneceu a alguém os dados.

Procurando explicar as razões da sua impopularidade, dizia
que provocara muitos inimigos pelo fato de ter sido o primeiro
brasileiro a chegar a ministro de Estado, o que irritara a muitos
europeus (no caso, portugueses) e muitos brasileiros. Tinha sido
o primeiro a trovejar contra a perfídia das Cortes portuguesas, o
primeiro a pregar a "Independência e liberdade do Brasil", mas
"uma liberdade justa e sensata, debaixo das formas tutelares da
Monarquia Constitucional", único sistema, dizia ele, "que poderia conservar unida e sólida esta peça majestosa e inteiriça de

---

94 Mss. Museu Paulista ("Diário de Observações e Notas sobre minhas lei-
    turas, conversações e passeios").

arquitetura social, desde o Prata ao Amazonas". Fora ele quem enfrentara os representantes do partido lusitano e os democratas republicanos que se aliavam no intuito de mandar de volta a Portugal o príncipe, e fora ele quem sufocara as tentativas reiteradas destes, nos meses que antecederam à Independência. Premido pela anarquia e solicitado pelo imperador, ver-se-ia obrigado a tentar medidas sérias e gerais contra uma conspiração que, segundo se dizia, estava a ramificar pelas províncias, executando medidas determinadas pelo poder judiciário para reprimi-la. Seu crime? Fora o ser brando em demasia. Os "pés de chumbo", "corcundas", "áulicos" e facciosos de todo o calibre aproveitaram-se dos extremados da Assembleia e assestaram suas baterias, não contra todo o ministério, mas contra os Andradas. Agressivamente comentava:

> Pela minha parte desprezo tão vis caluniadores, e apelo para os documentos irrefragáveis que se acham impressos na Gazeta e Diário do governo e em outras folhas do tempo, assim como nas secretarias do Estado e estou certo que virá um dia em que os brasileiros honrados hão de fazer-nos justiça, e estigmatizar com o ferrete da infâmia, todos esses traidores que pretenderão iludir de novo a mocidade inexperta e fogosa.

Concluía dizendo que pouco lhe bastava: "Uma amável e virtuosa companheira que tenho, um verdadeiro Amigo (animal bem raro em nossos dias) e alguns bons livros são as únicas necessidades da vida, que não posso ainda escusar. Acolher-me ao retiro dos campos e serras, que me viram nascer e folhear ali algumas páginas do grande livro da natureza que aprendi a decifrar com aturado e longo estudo, sempre foi uma das minhas mais doces e suspiradas esperanças, que praza ao Céu possa eu ver de qualquer modo, contanto que seja bem cedo realizada...".[95]

Esboçava-se a imagem que durante muito tempo retrataria José Bonifácio: líder da emancipação política do Brasil, amante da pátria e da liberdade, homem abnegado, desapegado das riquezas e das glórias, vítima das intrigas dos áulicos, corcundas,

---

95 *Tamoio*, n.5, terça-feira, 2 de setembro de 1823 (Coleção fac-símile de jornais antigos – prefácio de Caio Prado Jr., Rio de Janeiro, 1944).

DA MONARQUIA À REPÚBLICA   105

pés de chumbo e do ódio dos republicanos "democratas", abominando os despotismos, desejosos de conciliar a ordem com a liberdade, temendo tanto a arbitrariedade do poder real quanto os excessos do povo, adepto da monarquia constitucional, "único sistema que poderia conservar unida e solidária" a nação.

José Bonifácio visto pelos contemporâneos

A versão andradina

Uma versão muito próxima, uma imagem muito semelhante a essa circulava, no seu tempo, entre seus partidários e amigos, forjada pelas necessidades do momento político e reforçada pela amizade e partidarismo. Em meio às agitações, quando da demissão de José Bonifácio e Martim Francisco do ministério, poucos dias depois de proclamada a Independência, eram lançadas proclamações e representações em que José Bonifácio figurava como "Pai da Pátria" e "timoneiro da Independência". Distribuída por seus agentes e partidários, circulou uma representação, levada ao Senado da Câmara Municipal em "tumultuário concurso do povo", na qual se dizia que os Andradas eram a "única âncora (unidos ao Trono) do novo Império", concitando-se o imperador a reintegrá-los no ministério, pois não encontraria cidadãos mais dignos. Os procuradores gerais da província, à exceção de Ledo, dirigiram também ao imperador uma representação, referindo-se aos Andradas e dizendo que fora por ambos "lançada a primeira pedra do majestoso edifício da nossa gloriosa Independência...". "Consentiremos que vacile já o Trono Imperial, que há dezoito dias acabamos de levantar?", indagavam. Na mesma noite espalharam-se no teatro volantes contendo uma proclamação anônima em que os Andradas eram apelidados de "Franklins brasileiros" e se lhes dava o título de "Anjos Tutelares da Regeneração Política", acrescentando-se que ergueram no ombro o peso da Independência e concluindo que a independência política do país achava-se em perigo e o imperador, à borda do precipício, "pois o leme do estado saltava fora da mão do piloto". Ao mesmo tempo insinuava-se que a oposição aos Andradas era fruto da maquinação dos carbonários.[96] Um ofício da Câmara da cidade de São Paulo à do Rio de Janeiro, datado de 13 de novembro de 1822, rogava a reintegração dos Andradas no ministério "a despeito da infame facção carbonária" que procurava "com avidez uma brecha para destruir o grande e majestoso edifício do Império Brasiliense para cevar seus sórdidos intentos".[97]

As expressões "Anjos Tutelares da Regeneração Política", "Pais da Pátria", "Patriarca da Independência" começavam a fixar-se. Labatut, em carta a José Bonifácio em 1822, chamava-o de "Pai da Pátria" e de "Patriarca da Independência".

A propaganda de José Bonifácio e dos Andradas era feita principalmente pelo *Tamoio*, jornal publicado sob a responsabilidade de amigos pessoais dos Andradas, cujo primeiro número apareceu em 12 de agosto de 1823, menos de um mês após a queda definitiva dos Andradas (16 de julho de 1823), e que, como observou Caio Prado Jr., é um legítimo representante da sua política e do seu pensamento.[98]

Suas páginas dão-nos uma imagem de José Bonifácio que acabou por se fixar na historiografia, representando o que se poderia chamar de versão andradina do movimento da Independência: "limpeza de mãos, pureza de vida, desprezo de honras vãs", "bom filho, bom pai, bom marido, bom irmão, bom parente, bom amigo", eis o retrato de José Bonifácio na edição de 26 de agosto de 1823. Fora ele quem "erguera o abatido espírito nacional, restituindo a dignidade de um povo inteiro e tornara possível o aparecimento de uma marinha e de um exército". Respondendo à pergunta: Para que se precisa dos Andradas?,

---

96 José da Silva Lisboa, *História dos principais sucessos políticos do Império do Brasil*, 1830, v.IV, parte X, seção III, p.67 ss.

97 Uma representação popular com numerosas assinaturas solicitava a D. Pedro, em 30 de outubro de 1822, a reintegração de José Bonifácio e de outros ministros (Biblioteca Nacional do Rio de Janeiro, *Documentos para a História da Independência*, v.I. Lisboa: Of. Gráfica da Biblioteca Nacional; Rio de Janeiro, 1923, p.402 ss.).

98 *O Tamoio* (introdução de Caio Prado Jr.), op. cit. Ver ainda Caio Prado Jr., *A evolução política do Brasil e outros estudos*. São Paulo: Brasiliense, 1953, p.196.

DA MONARQUIA À REPÚBLICA

numa réplica às críticas feitas no *Correio do Rio de Janeiro* – jornal que lhes fazia oposição acirrada –, dizia um missivista do *Tamoio*: "Para não renascer a hidra do patronato, para não se esgotar o Tesouro, para não reviver o reinado impune dos ladrões, para que se consolide a Independência que eles criaram, para que se domestique a licença e a liberdade se abrace com a ordem, para que enfim não seja possível no Brasil nem a escravidão, nem a anarquia"; e mais adiante, em resposta aos que os chamavam ora de déspotas, ora de anarquistas, dizia que os Andradas "trilharam o caminho médio, odioso aos extremos, queriam a liberdade, mas a liberdade regulada e adstrita às formas da Monarquia representativa, queriam a monarquia, mas detestavam e se opunham ao poder absoluto"; concluindo que era natural os republicanos os tacharem de déspotas enquanto os que fomentavam esperanças de despotismo os acusavam de anarquisadores.

Em outro artigo, de 28 de outubro, um missivista protestando contra as acusações que o *Correio do Rio de Janeiro* fazia a José Bonifácio e seu irmão indagava indignado: como havia quem se atrevesse a "sarcasmar Brasileiros cuja fama de sábios a Europa civilizada" reconhecia e respeitava, Brasileiros a quem se devia a felicidade do Brasil, Brasileiros que haviam feito toda ou quase toda a Independência etc. Em outro artigo do mesmo número o autor refere-se a José Bonifácio como o Franklin Brasileiro, repetindo a conhecida adjucatória de que os Andradas, principalmente José Bonifácio, tinham sobrepairado aos partidos e às lutas intestinas, consolidado a obra da Independência, mantendo unidas as províncias que uma força desintegradora minava, vencendo os lusitanismos, tratando com os países estrangeiros, organizando exército, marinha e finanças. Concluía indagando se haveria quem negasse a estes honrados cidadãos a glória de terem sido os "libertadores da Pátria" e os "fundadores" deste "vasto e rico Império":

> Não, imortais Andradas, só inimigos nossos, só invejosos da nossa grandeza e prosperidade poderão negar-vos a devida homenagem do seu reconhecimento e louvores, mas os homens probos, os verdadeiros brasileiros, renderão sempre a vossos ínclitos feitos a merecida justiça, e a memória deles transmitirá de século a século o vosso nome enramado de viçosos louros. Quantas vezes a fria

campa onde repousarem as vossas cinzas não será visitada com respeito e veneração? Quantas vezes não irão lá os desvelados pais a apontar-vos por modelo a seus filhos, contar-lhes a vossa história, e a injusta recompensa que tiveram vossos trabalhos? Mas enfim não importa, acrescentarão eles: a sua alma generosa foi superior a todo o interesse, exceto o da glória, e esse nem os homens, nem o tempo lhe podem roubar.

Mantida acesa pelas paixões políticas fixava-se a versão andradina. Barbacena, nomeado representante do Brasil junto ao governo inglês para tratar do reconhecimento da Independência, louvara, numa carta a José Bonifácio, a obra que realizara para salvar o Brasil "do precipício a que fora arrojado pelas Cortes, pelos soldados e pelos caixeiros, filhos de Portugal", comparando-o a George Washington.

Momentaneamente reprimida por causa do desterro dos Andradas, a versão andradina não tardou em recobrar vigor. Nomeado tutor dos filhos de D. Pedro, José Bonifácio apareceria naturalmente como polarizador de todos os descontentamentos de toda a oposição ao governo regencial que se emprenhava em apresentá-lo como um baluarte, acentuando os méritos do "Patriarca da Independência". As discussões travadas na Câmara e no Senado, a propósito de sua destituição da tutoria, deram argumentos à versão andradina e à antiandradina. Preso e destituído da tutoria, sob acusação de tramar contra os interesses de seu tutelado, de insuflar a revolução e pretender a volta de D. Pedro, teve no conselheiro Cândido Landislau Japi-Assu seu defensor, que chamou a si a sua defesa qualificando-o de "Pai da Pátria" e "Patriarca da Independência".[99]

José da Silva Lisboa, que, ao escrever por solicitação de D. Pedro a *História dos principais sucessos políticos do Império do Brasil*, publicada em 1830 no Rio de Janeiro,[100] fora discreto quanto aos méritos de José Bonifácio, descrevendo a Independência como obra quase exclusiva de D. Pedro. Publicou, em 18 de março de 1835, no *Diário do Rio de Janeiro*, um artigo considerando José

---

99 Cândido Landislau Japi-Assu, *Defesa do Ilustríssimo e Excelentíssimo Sr. José Bonifácio de Andrada e Silva*.

100 José da Silva Lisboa, *História dos principais sucessos políticos do Império do Brasil*. Rio de Janeiro, 1830, 4 tomos.

Bonifácio o "Patriarca da Independência", "para quem a História imparcial, resguardará o título de Salvador do Brasil pelo conselho a D. Pedro I, o Salvador do Império Constitucional da América".

Uma das fontes mais utilizadas para reconstituir os acontecimentos da Independência são as Anotações de Menezes de Drummond à sua biografia publicada em 1836, na *Biographie universelle et portative des contemporains*.[101] Amigo pessoal dos Andradas, responsável pelo *Tamoio*, exilado após a Dissolução da Constituinte, voltando mais tarde ao Brasil, viveu longos anos para contar a história dos acontecimentos, realçando o papel de José Bonifácio na emancipação política do país e criticando os que, em sua opinião, procuravam por todos os meios se apoiar no imperador, buscando a realização de seus objetivos pessoais fazendo guerra a José Bonifácio; rival temido pela sua ascendência sobre o príncipe, procurando captar a simpatia do imperador pela lisonja, pregando a liberdade "desregada" do povo. Os homens que se reuniram para combater e substituir José Bonifácio na privança do príncipe e na opinião do público eram os mesmos que tinham tomado parte dos acontecimentos "desastrosos" da Praça do Comércio. Entre eles estaria Clemente Pereira. A influência de José Bonifácio sobre D. Pedro era tal que ele resistira a todas as sugestões dos adversários, sucumbindo apenas por efeito de uma "desgraçada paixão amorosa" que submeteu o coração do princípe (refere-se à hostilidade da marquesa de Santos em relação a José Bonifácio).

A versão antiandradina

Contemporaneamente aos episódios que projetaram a ação de José Bonifácio no plano político da Independência, os jornais que lhe faziam oposição, principalmente o *Correio do Rio de Janeiro*, o *Revérbero Constitucional* e o *Malagueta*,[102] os seus ad-

---

101 Anotações de Menezes de Drummond à sua biografia (publicada em 1836, in Biographie universelle et portative des contemporains, *Anais da Biblioteca Nacional do Rio de Janeiro*, ABN, XIII (3ª parte), p.1-149).

102 *Anais do II Congresso de História Nacional*, v.I, Rio de Janeiro, 1934, p.339-410.

versários políticos nos discursos na Câmara e nas proclamações anônimas veiculavam uma versão totalmente oposta à imagem favorável que os amigos dos Andradas se incumbiam de divulgar.

As proclamações denunciando o que se consideravam suas arbitrariedades multiplicaram-se a partir da proclamação da Independência, quando se rompera a união momentânea que permitira a conciliação dos vários grupos em torno do príncipe. "Queriam a Independência para cevar seu orgulho" e "satisfazer seu capricho", dizia uma dessas proclamações publicada em 1823, referindo-se aos Andradas (*Tamoio*, 6 de novembro de 1823). Na mesma época, o *Correio do Rio de Janeiro* acusava os Andradas de fratricidas, despóticos, anarquisadores, infames perversos e pouco patriotas. Dirigia este jornal João Soares Lisboa, português de nascimento, que na época da Independência, estando há mais de vinte anos no Brasil, aderira à causa da independência filiando--se à corrente de Ledo, Januário da Cunha Barbosa e Nóbrega, inimigos políticos de José Bonifácio. Ao lado de Ledo, trabalhou pela convocação da Constituinte opondo-se à convocação do Conselho de Procuradores, sugestão de José Bonifácio. Ligado aos elementos deportados pelos Andradas, solto por ocasião da sua queda do ministério, passou a criticar violentamente os ministros depostos. Chamava os três Tamoios de "Três Fúrias Infernais",[103] dando como caracteres gerais "soberba, exaltada inveja de todas as comodidades alheias, presunção de onisciência, ingratidão suma", e como caracteres particulares, do "tamoio palhaço" (provavelmente Martim Francisco), "mobilidade contínua e gestos de macaco, voz gutural, distração habitual", "charlatanaria desmedida, insaciável desejo de primar desconfiança dos homens probos, propensão para a canalha". Do "Tamoio Robespierre" (provavelmente Antônio Carlos), "voz intercadente, estrepitosa, perfídia de lobo, entranhas de tigre, desenvoltura de gestos e palavras, variedade contínua de opiniões". Do "Tamoio Marat" (provavelmente José Bonifácio), "Aspecto de fúria, cor verdoenga, olhos de víbora, política maquiavélica, espírito minucioso e mesquinho, ostentação de dialética". Respondendo ao *Tamoio* que exaltava José Bonifácio,

---

103 *Correio do Rio de Janeiro*, 24 de outubro e 3 de dezembro.

DA MONARQUIA À REPÚBLICA

ridicularizaria a sua sabedoria tentando mostrar "que não cabe ao 'trovão da pauliceia' ou 'Franklin às avessas'" o mérito da Independência; já o imperador a tramava, já Minas se pronunciava e o Nordeste resistia, antes que ele tivesse se manifestado. A convocação da Constituinte fora feita à sua revelia; o que se devia aos Andradas, na sua opinião, era terem plantado "o espírito aristocrático" "aumentando o Tesouro Público com o déficit de cinco milhões", "criando uma Corte nova com todo aparato e luxo de uma Corte velha ou, antes, asiática". Tendo trabalhado "pela ruína da Pátria", marcados com o "vil ferrete da traição", seriam os Andradas "o espanto da Humanidade e escárnio dos presentes e os objetos de maldição dos vindouros".[104]

Contra os Andradas também estava o redator da *Malagueta*, que os acusava de patrocinarem sua clientela e cometerem arbitrariedades. Luís Augusto May, redator da *Malagueta*, era ligado à Fábrica de Ferro Ipanema, cuja administração em mãos de Varnhagen, pai do futuro visconde de Porto Seguro, fora considerada incompetente por Martim Francisco e José Bonifácio. Embora português, assumira desde o início uma posição ostensivamente contrária à metrópole, provocando críticas em Portugal, onde se disse que seu pensamento representava apenas o ponto de vista de dois mil desempregados. Interrompida a publicação da *Malagueta* em julho de 1822, ela reapareceria em 5 de junho de 1823, fazendo sérias restrições aos Andradas.

Numa memória escrita em 1831, Francisco Gomes da Silva, o tão famoso Chalaça, adotaria uma atitude muito frequente entre os opositores de José Bonifácio: silencia seus feitos e, quando se refere indiretamente aos Andradas, chama-os genericamente de "caudilhos do Congresso", "agitadores e demagogos", "Marats da Assembleia".[105]

As maiores críticas foram feitas por ocasião dos debates em torno da cassação da tutoria. José Bonifácio, nessa época com setenta anos, era apontado como chefe do movimento restaurador. Acusava-se o antigo "Tamoio" de se ter convertido em

---

104 Ibidem, 6 de novembro de 1823.

105 Francisco Gomes da Silva, *Memórias oferecidas à Nação Brasileira pelo Conselheiro Francisco Gomes da Silva*. Londres: L. Thompson, 1831, v.XVI, p.156.

"Caramuru". A imprensa e a Câmara, divididas entre seus adeptos e seus inimigos como já haviam estado dez anos antes, fixavam duas versões sobre os Andradas. Em ambas, apaixonadas e polêmicas, os fatos aparecem deformados pelo impacto das paixões em luta, ataques pessoais e interpretações subjetivas. Nos depoimentos, todo o processo histórico reduz-se a homens em luta em prol de seus interesses imediatos. Razões mais profundas não são buscadas. À devoção e ao amor à Pátria que caracterizam a figura do Patriarca, da versão andradina, antepunham-se a imensa ambição, a arbitrariedade, a vaidade pessoal, da versão antiandradina. Num discurso proferido na Câmara dos Deputados em 21 de maio de 1832, Feijó, na qualidade de ministro da Justiça, dizia que os Andradas eram incompatíveis com a paz e a segurança interna, acusando em particular a José Bonifácio de hipocrisia, rancor, arbitrariedade. Os Andradas julgavam-se com direito aos altos empregos do Estado, não duvidando em arriscar tudo para saciar a ambição que os devorava. Tanto foram a "derrotação" e o despotismo praticados por eles no governo, que o imperador os demitira anunciando essa nova "aos povos" como se fosse o triunfo da razão e da liberdade. Tinham sido os Andradas os primeiros a iniciar o imperador na senda das arbitrariedades, sugerindo-lhe a possibilidade de vir a dissolver a Constituinte. Empolgado na oposição que fazia aos seus adversários políticos, Feijó não hesitava em afirmar que, embora tivesse sido melhor que o imperador não dissolvesse a Constituinte, limitando-se a expulsar os turbulentos, o ato de dissolução, embora violento, fora necessário, pois, apesar de alguns males que acarretara, o país gozara de paz e tranquilidade por dez ou doze anos. Tudo isso dizia o "liberal" Feijó, esquecendo-se de todas as agitações políticas que tinham convulsionado o país depois de expulsos os Andradas, que ele se empenhava em caracterizar como os grandes agitadores da ordem pública, omitindo a Confederação do Equador e todos os episódios que culminaram na Abdicação.

A versão que poderíamos chamar "a lenda negra de José Bonifácio" mantinha-se no nível das impressões subjetivas. Procurava realçar a participação de Clemente Ferreira, Ledo, Januário da Cunha Barbosa, em detrimento dos Andradas. No *Correio Oficial* de 23 de dezembro de 1833 publicou-se um artigo sob o título de "Refutação formal histórica sobre quem foi o ver-

DA MONARQUIA À REPÚBLICA   113

dadeiro autor da Independência", provavelmente escrito por Cândido de Araújo Viana, mais tarde visconde e marquês de Sapucaí, ministro da Fazenda da Regência.[106] O depoimento resume o ponto de vista dos antiandradistas. Ninguém poderia arrogar-se a glória de ter feito e nem mesmo de ter apressado a declaração de emancipação política do Brasil; este ato operara--se tão aceleradamente, e por tal unanimidade de votos de todos os brasileiros, que se poderia dizer que "os fatos encaminharam os homens". José Bonifácio obedecera às circunstâncias porque não lhe era possível desistir. A opinião pública desde 9 de janeiro e mesmo antes, até meados de setembro de 1822, fora dirigida por aqueles que ele perseguira em 30 de outubro, do que se deduzia que não aprovava a Independência que "eles tão eficazmente promoveram e conseguiram, apesar dos foros de quem hoje arroga o título de Patriarca". A José Bonifácio restava apenas o papel de secundário cooperador. Não tivera a iniciativa do "Fico", e se opusera à Convocação da Constituinte. Tampouco tivera ação sobre D. Pedro, por ocasião do "Sete de Setembro". Restava a José Bonifácio "o mérito de ter sido ministro do Império desse tempo e ter expedido diversas ordens em prol da Independência", mas daí não se deduzia que ele merecesse o título de Patriarca.[107]

Sócios fundadores do Instituto Histórico Geográfico Brasileiro, desde dezembro de 1838, Sapucaí, Januário da Cunha Barbosa, também inimigo de José Bonifácio, e o visconde de Porto Seguro, o mais prestigioso historiador do Segundo Império, divulgariam a versão antiandradina que encontraria acolhida mais tarde na obra de cronistas e historiadores apoiados no testemunho de inimigos políticos de José Bonifácio, muitos dos quais continuaram até meados do século a desempenhar importante papel na cena política. O tom polêmico e subjetivo dos primeiros tempos permaneceria por trás do aspecto de erudição que se pretendeu dar à história. Exemplo dessa tendência é a obra de Melo Morais: *A Independência e o Império do Brasil*.[108] Parcial e

---

106 Carlos Maul diz que a notícia data de 29 de dezembro de 1833 (Carlos Maul, *História da Independência*. Rio de Janeiro: Brasiliense, 1925, p.148).
107 Ibidem, p.146, 148.
108 Melo Morais, *A Independência e o Império do Brasil*. Rio de Janeiro, 1877.

apaixonado, embora se dissesse desejoso de restabelecer as verdades históricas "completamente falseadas pela ignorância dos fatos", prometendo, ao iniciar o livro, "A verdade histórica provada pelos documentos e pelos fatos", Melo Morais seguiria de perto o depoimento de Feijó e Sapucaí, assumindo posição nitidamente parcial em relação a José Bonifácio, selecionando e citando apenas os documentos que comprovavam seus pontos de vista. Segundo essa perspectiva, a Independência nasceu da vontade de todos os brasileiros (p.168). Os fatos que em geral foram citados como de responsabilidade de José Bonifácio, ou seja, a atitude da junta de São Paulo e sua relação com o "Fico", a convocação da Constituinte e o episódio de "Sete de Setembro", não contaram senão com a sua participação secundária. Cabe a outras personalidades o mérito dos acontecimentos. A iniciativa do movimento nacional que promoveu a "ficada" do príncipe regente cabe a José Mariano de Azeredo Coutinho e José Joaquim da Rocha. A José Bonifácio resta apenas a glória de um secundário cooperador, visto ter redigido a "perigosa" carta de 24 de dezembro que acendera o incêndio nas Cortes de Lisboa e que, na opinião de Melo Morais, poderia mesmo ter posto em risco a causa da independência. A convocação da Constituinte, partida de Ledo, contrariando os desejos de José Bonifácio. A opinião pública de 19 de janeiro até meados de setembro de 1822 fora dirigida por aqueles que José Bonifácio perseguira. Repetindo de perto a versão de Sapucaí, Melo Morais vai mais longe, afirmando que José Bonifácio não era a favor da independência porque não queria arriscar-se a perder uma pensão que recebia do governo português, só aderindo ao movimento quando D. Pedro ordenou que se lhe pagasse a metade. A José Bonifácio restava apenas o mérito de ter sido ministro do Império e de ter cumprido o seu dever expedindo diversas ordens em prol da independência. Sua demissão do ministério não se deveu ao facciosismo dos portugueses, como insinuaram os Andradas, mas ao descomunal orgulho e arbítrio que os caracterizava. A oposição que estes faziam aos portugueses e a ameaça de recolonização que diziam pairar sobre o Brasil eram sem fundamento. No poder, José Bonifácio rodeara-se da pior espécie de gente, a mais infame e baixa do tempo, servindo-se dela para instrumento de sua vingança. A todos que contrariavam seu orgulho e não lisonjeavam

DA MONARQUIA À REPÚBLICA   115

sua vaidade perseguia sem tréguas. Quando no poder, tachava a oposição de demagoga, anarquista, republicana e conspiradora; quando na oposição, acusava os governantes de déspotas e tiranos, maquinando contra eles. José Bonifácio exercera influência funesta sobre D. Pedro, a quem dirigia palavras pouco polidas e pouco edificantes. Perseguidor implacável de seus opositores, a quem submetia a devassas, prisões arbitrárias e processos por crimes imaginários, José Bonifácio cerceara a liberdade de imprensa; homem sem critério, dera ouvidos a todos que o cercavam, cometendo por isso inúmeros desatinos (p.136). Referindo-se a palavras proferidas por José Bonifácio por ocasião de sua destituição do cargo de tutor, Melo Morais pretende provar que José Bonifácio era contrário à independência. Transcreve trechos de suas cartas no exílio, eivadas de ironias, e tresandando irritação contra D. Pedro, com o intuito de demonstrar a infidelidade de José Bonifácio ao imperador e à Pátria.[109]

Nas crônicas desse gênero os acontecimentos são avaliados por um prisma moralizante, apaixonado e participante, tomando o cronista posição pró ou contra os personagens mais em relevo na cena política. É característica da crônica a visão personalista que atribui grande importância à ação individual no processo histórico, conceituando-a como ação livre ao sabor das inclinações pessoais, independentemente do meio, do momento e dos nexos entre indivíduos e classe.

A tradição romântico-nacionalista
e a historiografia erudita

Envolvidos pela preocupação nacionalista, forjada na luta pela emancipação política, os historiadores exaltaram a figura do Patriarca da Independência. Encarnava ele os anseios de "liberdade e nacionalidade" do "povo brasileiro", termos que circulam com frequência desde então. Mais do que o próprio D.

---

109 Sobre Melo Morais, ver: José Honório Rodrigues, *História e historiadores do Brasil*. São Paulo: Fulgor, 1965, p.91, 110.

Pedro, visto sempre como um português, José Bonifácio, este sim brasileiro, representaria a luta em prol da Independência. Esquecia-se toda a sua formação europeia, para ver nele apenas o brasileiro, que só este interessava aos que estavam empenhados em escrever uma história nacionalista. Homem "ilustre", conhecido mais pelos seus atos políticos do que pelo seu programa social e econômico, ou pela sua política internacional, José Bonifácio aparecia como herói aos olhos dos historiadores preocupados com as efemérides nacionais e os estudos biográficos que fornecessem modelos de virtudes e relatassem feitos gloriosos e patrióticos, de uma galeria de homens ilustres. Fixava-se assim uma tradição historiográfica que faz lembrar o estilo entusiástico e apaixonado dos historiadores românticos europeus, principalmente Michelet, no seu apego nacionalista, e Carlyle, para quem a História Universal era a História dos grandes homens. São dessa fase as biografias e os necrológicos, feitos pelos membros do Instituto Histórico Brasileiro.[110]

As exigências da historiografia erudita repercutiam no Brasil. Os historiadores postulando que a história fosse feita com base documental, o levantamento de fontes converteu-se na principal atividade do Instituto. No número um da revista, publicado em 1839, o secretário Januário da Cunha Barbosa formulava o programa de ação afirmando que "o circunspecto gênio do historiador ... despreza argumentos de partidos e conselhos de lisonja portando-se em seus juízos como o austero sacerdote da verdade".[111]

Prevaleceriam nos primeiros números da revista os estudos de História Política, os temas referentes a indígenas e os roteiros antigos. A história colonial absorvia as maiores atenções.

Data dessa época a obra de Varnhagen que se tornou clássica na literatura histórica – como expressão típica da historiografia erudita no Brasil. Consulta aos documentos e objetividade eram

---

110 Ver a obra de J. M. Pereira da Silva, *Os varões ilustres do Brasil durante os tempos coloniais*. Paris, 1868, 2v.; e *Esboço biográfico reproduzido da ed. dos Poemas de Américo Elísio*, por Laemmert, em 1861, reproduzido em José Bonifácio, *Obras Completas*, Imprensa Nacional, 1946.

111 *RIHGB*, tomo 1, p.13, 14, Rio de Janeiro, Imprensa Nacional, 1903, 3.ed., Discurso de Januário da Cunha Barbosa.

os seus ideais de historiador. A história não deve ser um mero poema nacionalista a entoar as glórias do passado. "Cada dia nos convencemos que a História é um ramo da crítica e não da eloquência", dizia Varnhagen, "perante o seu tribunal o historiador não é um advogado verboso e florido, mas antes um verdadeiro juiz, que, depois de averiguar bem os fatos, ouvindo as testemunhas, com o devido critério, deve sentenciar na conformidade das leis equitativas da sociedade e humana justiça". Mais adiante, reafirmava: "Como temos dito por vezes, a escola histórica a que pertencemos é estranha a essa demasiado sentimental, que pretendendo comover muito, chega a afastar-se da própria verdade".[112] Antecipando a possível decepção dos leitores, advertia: "o amor à verdade nos obrigará, mais de uma vez, a combater certas crenças ou ilusões a que já nos havíamos acostumado a respeitar".

Primeiro estabelecer o fato, depois julgá-lo, buscar na história a explicação dos problemas presentes: postulados da história científica e erudita que se generalizava na Europa, passados os arroubos do romantismo, eram as premissas a partir das quais Varnhagen escreveria a *História da Independência*[113] e "julgaria" José Bonifácio. A intenção de imparcialidade e objetividade encontrava seus próprios limites no seu método. Procurando ser mediador e juiz dos testemunhos contraditórios, faria uma análise subjetiva dos fatos, optando por uma das versões correntes no tempo. Sua história não se eleva acima do nível testemunhal, apoiando-se nas informações históricas de Cairu, nas notícias publicadas no *Revérbero*, na *Malagueta*, no *Espelho*, no *Regenerador* e nas informações colhidas pelo autor desde 1849, entre políticos que participaram dos acontecimentos da Independência: os marqueses de Paranaguá, Valença, Rezende, Monte Alegre, Sapucaí, e ainda Gonçalves Ledo, Januário da Cunha Barbosa, Rafael Tobias e outros. Utiliza ainda as correspondências oficiais dos agentes diplomáticos e consulares: espanhóis,

---

112 Francisco A. de Varnhagen, *História Geral do Brasil*, prefácio da 2.ed. transcrito na 3.ed., v.I, p.XII.

113 Francisco A. de Varnhagen, *Historia da Independência do Brasil*, até ao reconhecimento pela antiga metrópole... 38.ed. São Paulo: Melhoramentos, 1957 (ed. revista e anotada pelo prof. Hélio Vianna).

franceses, ingleses, austríacos, que a sua carreira diplomática permite consultar. Sua história é providencialista e monarquista, revelando o ponto de vista dos grupos que assumiram o poder com a Maioridade.

É o historiador oficial do Segundo Império. Não obstante seus propósitos de objetividade e sua inegável erudição, ao descrever a proclamação da Independência menciona o "gênio da glória" que inspira D. Pedro, e, ao analisar a reação no Brasil diante da atitude nitidamente recolonizadora assumida pelas Cortes portuguesas, anota que "todos os indivíduos mais respeitáveis tanto funcionários como escritores ou simples pensadores"[114] consideravam vantajosa a continuação da união a Portugal. Como pensavam os menos respeitáveis não nos informa Varnhagen, como também nada diz sobre a importância política dos grupos compostos pelos "não respeitáveis", na ocasião. Em relação a José Bonifácio, revela pouca simpatia, endossando a versão antiandradina. Seu pai, quando trabalhava na Fábrica de Ferro Ipanema, fora alvo das críticas dos Andradas, numa memória mineralógica que escreveram, acabando por se indispor com estes. O filho conservaria uma visão negativa de José Bonifácio, refazendo, embora num estilo mais sereno, a maior parte do caminho percorrido pelos seus detratores. Procurava apresentar José Bonifácio como vingativo, arbitrário, dando grande importância a estes aspectos psicológicos desfavoráveis para explicar fatos da maior importância histórica.

A historiografia erudita de Varnhagen não romperia com a tradição grandiloquente, e, apesar de filiar-se à versão antiandradina, não conseguiria esmaecer o prestígio do Patriarca. A versão andradina continuaria a vicejar alimentada pelo patriotismo nacionalista, pelo culto positivista dos heróis e, mais tarde, já no século XX, pelo regionalismo paulista. Numa apresentação de José Bonifácio, Afrânio Peixoto comentaria prazerosamente em 1922: "Não é de hoje que São Paulo governa o Brasil".

A lenda de José Bonifácio, embora submetida à crítica, resistiu. Os historiadores continuaram a apegar-se aos depoimentos

---

114 Ibidem, p.87.

DA MONARQUIA À REPÚBLICA   119

testemunhais oscilando entre a versão heroica e a versão antiandradina. A luta pela emancipação dos escravos traria José Bonifácio à baila várias vezes. Seu opúsculo sobre a escravatura teve inúmeras edições – a primeira é de 1825, no ano seguinte foi publicada uma edição em inglês, em 1833 aparecia nova edição em português, e uma outra em 1840. Em 1851 era editada no Ceará e, em 1884, nova edição era lançada no Rio de Janeiro.[115] Positivistas e abolicionistas veicularam a lenda andradina. Em 7 setembro de 1881, Miguel Lemos, chefe do centro positivista "Apostolado", saudou a José Bonifácio. Ao publicar *O positivismo e a escravidão moderna*, elogiava o opúsculo de José Bonifácio sobre a escravidão.[116] Num artigo publicado em 7 de agosto de 1883, no *Jornal do Comércio*, Miguel Lemos afirmava que no opúsculo sobre a escravidão encontravam-se os princípios "que mais tarde haviam de receber, com a fundação da sociologia por Augusto Comte, a sua demonstração científica, isto é, que a propriedade tem uma razão de ser social e só pode estender-se ao capital material da Humanidade composto de instrumentos e provisões, com exclusão dos agentes do trabalho".

O opúsculo de José Bonifácio seria citado pelo barão Homem de Melo no seu *Esboço biográfico de José Bonifácio*[117] e por Perdigão Malheiros em 1867. Em 1881, *O Abolicionista*, órgão da Sociedade Brasileira contra a Escravidão, publicava o projeto do "patriarca"; Ferreira de Menezes, na *Gazeta da Tarde*, faria elogios a José Bonifácio e, num artigo intitulado "José Bonifácio e os positivistas", criticaria a atitude escravocrata de alguns positivistas de Itu e de Jacareí, mostrando que já em 1825 José Bonifácio era abolicionista.

Os positivistas, aos quais agradava a aversão de José Bonifácio quanto aos princípios metafísicos e às revoluções, seus anseios de positividade, sua preferência pelas soluções moderadas e reformistas, estimulariam as festividades cívicas e o culto do herói

---

115 Bibliografia de José Bonifácio, *Boletim da Câmara dos Deputados*, janeiro-junho, 1963, p.170, 215.
116 Ivan Lins, Três abolicionistas esquecidos. *Jornal do Comércio*, 17 de junho de 1933.
117 Ibidem.

nacional,[118] sendo, em parte, responsáveis pela preservação da lenda andradina.

A figura do Patriarca, politicamente conservador, pouco amigo dos "excessos democráticos" e da liberdade sem medidas agradaria aos políticos e ideólogos que continuavam, durante o Segundo Império e Primeira República, a seguir o ideal de um poder executivo forte, procurando conciliar a ordem (vigente) com a liberdade. Explicitando esse ponto de vista, Tavares de Lyra, num artigo publicado na *Revista do Instituto Histórico Geográfico Brasileiro*,[119] por ocasião do primeiro centenário da Independência, confessa: "se o julgo o vulto primordial daquela jornada gloriosa, é porque em um meio de demolidores beneméritos, soube conciliar a ordem com a liberdade, preservando das agitações e das lutas que ensanguentaram as Repúblicas vizinhas, salvando com o Império a nossa integridade territorial". Para esses homens, para quem "os transbordamentos das democracias têm mais importância destrutiva do que os crimes de qualquer tirano",[120] José Bonifácio afigurava-se um homem providencial.

Valorizado pelos abolicionistas por seu programa emancipador, pelos progressistas por suas avançadas ideias econômicas e sociais, e pelos conservadores por suas ideias políticas conservadoras, José Bonifácio ganharia prestígio nos primeiros anos da República. A lenda heroica firmava-se. Ao mesmo tempo progrediam os estudos históricos sob o influxo das ciências sociais: Sociologia, Antropologia, Geografia Humana. Os historiadores não se contentariam em localizar novos documentos, procurariam descobrir as relações mais profundas, os nexos entre os fundamentos econômicos e as ideias.[121] Alargava-se a perspectiva do historiador e os personagens e episódios políticos tenderiam a ocupar um segundo plano. Não cessavam, no entanto, as polêmicas em torno de José Bonifácio. Versões andradina e antiandradina continuavam a atrair adeptos. Tristão de Alencar Araripe, adotando a perspectiva antiandradina, retomaria em 1894 a discussão num artigo publicado na *Revista do*

---

118 Venâncio Neiva, op. cit., p.270.
119 *RIHGB*, "1922. O ano do Centenário da Independência", p.242.
120 Ibidem, op. cit., p.435.
121 J. H. Rodrigues, *Teoria da História do Brasil*, v.1, p.174.

Instituto Histórico e Geográfico Brasileiro sob o título sugestivo de "Patriarcas da Independência".[122] Seguiram seus passos: Assis Cintra, numa historiografia "primária" e sensacionalista; Calógeras e João Ribeiro, em obras de caráter geral. Os estudos de Alberto Lamego, Tobias Monteiro e Heitor Lira (1926-1945) enquadram-se igualmente na versão antiandradina.[123]

Historiando pela primeira vez as contradições da historiografia andradina, Alberto de Souza[124] faria a apologia dos Andradas, refutando as críticas feitas a José Bonifácio, principalmente de dar a São Paulo a iniciativa dos momentos fundamentais da Independência.

A historiografia da Independência até os anos 30 limitou-se a retocar as versões tradicionais, conservando imagens idealizadas de José Bonifácio.

A humanização da imagem de José Bonifácio

A imagem negra e pessimista que os detratores de José Bonifácio se empenharam em traçar dificilmente se concilia com a personalidade que emerge nas suas qualidades e fraquezas, da abundante correspondência, notas e observações que deixou José Bonifácio, ou do relato despreocupado de vezo político que viajantes, como Maria Graham[125] ou Eschwege, deixaram sobre sua intimidade: a de um homem dotado de grande curiosidade intelectual, constantemente insatisfeito consigo próprio, temperamento impetuoso e violento, gaiato e mordaz, língua ferina e livre, chocando com sua volubilidade e irreverência os homens revestidos de uma pretensa seriedade – que em geral oculta um espírito acanhado e provinciano –, intransigente com os que não lhe mereciam confiança, extravasando sua irritação com facili-

---

122 Tristão de Alencar Araripe, Patriarcas da Independência, *RIHGB*, n.57, p.166-84, Rio de Janeiro, 1894.

123 J. H. Rodrigues, prefácio, *Obras científicas, políticas e sociais de José Bonifácio de Andrada e Silva*, op cit., v.II, p.5, 25.

124 Alberto de Souza – *Os Andradas*. Obra comemorativa do 1º Centenário da Independência do Brasil mandada executar pela Câmara de Santos. São Paulo: Tipografia Piratininga, 1922, 3.v.

125 Maria Graham, *Diário de uma viagem ao Brasil*. São Paulo: CEN, 1956.

dade, e com a mesma facilidade perdoando as faltas que pouco antes condenara. Ninguém melhor do que Otávio Tarquínio de Souza[126] retratou a figura humana de José Bonifácio, que, um século e meio depois, sentimos ainda palpitar de vida nas páginas amarelecidas pelo tempo, onde sua letra apressada registrou o que sentia e observava.

Em Tarquínio as qualidades de escritor sobrelevam as de historiador. A história é para ele "ciência e arte"; "o trabalho do historiador com a necessidade de provas em que se apoie a certeza do conhecimento histórico tem caráter científico, não há história sem fortes, sem pesquisas, sem documentos; mas a elaboração histórica participa sob vários aspectos da obra de arte, colocando-se muitas vezes o historiador numa atitude semelhante à do pintor que organiza os valores pictóricos segundo uma hierarquia subjetivamente inspirada". "Em nenhuma tarefa a história se aproxima mais da obra do artista do que na biografia", disso estava consciente Tarquínio.

A influência de novas tendências no campo da teoria da história e da metodologia é evidente na obra de Tarquínio. Segue a orientação de Dilthey, Windelband, Rickert e Xenopol. Para ele, natureza e cultura, natureza e história devem ser apreciadas segundo métodos distintos. A história é a história do homem, e os fatos históricos caracterizam-se por serem individuais, únicos, não se subordinando ao conceito de leis. Daí a autonomia dos fatos históricos e a necessidade de estudá-los com métodos próprios diferentes das ciências da natureza. Todo homem tem uma dimensão pessoal e uma dimensão histórica, as duas justapõem-se, confundem-se nos seus limites. Embora como homem, como ser social, seja necessariamente representante da sociedade em que vive, à qual está vinculado, existe sempre no seu âmago uma "zona de maior hermetismo". Essa intimidade, essa peculiaridade que fez de cada indivíduo o ser único é, na opinião de Tarquínio, fundamental para o biógrafo. Tão fundamental quanto visualizar o personagem no que tem de comum

---

126 Otávio Tarquínio de Souza, *José Bonifácio 1763-1838*. Rio de Janeiro: José Olympio, 1945 (2.ed. em 1957), p.15 e 16. Sobre Tarquínio, ver o artigo de J. H. Rodrigues, *História e historiadores do Brasil*. São Paulo: Fulgor, 1965, p.148, 158.

DA MONARQUIA À REPÚBLICA 123

com a sua época e seu meio. O homem age sobre o meio e está condicionado por este, só podendo ser conhecido pela história, na qual ele se realiza. Para Tarquínio, a tarefa do historiador é "recriar a vida que se extinguiu", "restaurar o tempo que passou".[127] Daí a sua preocupação, ao traçar a biografia de José Bonifácio, em estudar o homem na sua especificidade e na sua conexão com o mundo histórico, um homem que é, ao mesmo tempo, *ange et bête*, indivíduo e agente social. Para atingir seu objetivo, usa amplamente a documentação pessoal de José Bonifácio, adotando o método psicológico, procurando, mediante uma atitude compreensiva, colocar-se no papel do personagem.

Na análise que faz de José Bonifácio, realiza plenamente seu ideal de historiador. Não apresenta apenas o político. Penetra na sua intimidade. Chama atenção para o seu programa econômico e social, até então pouco valorizado pela historiografia tradicional.

Com sua penetração simpática, a imagem tradicional de José Bonifácio ganha profundidade e assume formas humanas. Não é mais a figura despótica do ministro de D. Pedro da versão antiandradina, nem a cavalheiresca figura sem jaça, nem fraquezas, da versão andradina. O José Bonifácio descrito por Tarquínio é um homem que vemos amar e odiar, conduzir-se criteriosamente e desmandar-se, irritado com as críticas dos inimigos, perseguindo-os às vezes, por confundir os interesses da pátria com seus planos de ação, e seus inimigos com os inimigos da pátria. José Bonifácio aparece humanizado em comparação com os retratos traçados por outros historiadores. Desse processo de humanização, no entanto, a versão andradina sai intacta: verdadeiro sábio, José Bonifácio levava a termo uma grande tarefa, a emancipação do Brasil sem prejuízo da sua unidade, a liberdade da terra, sem caudilhos ou tiranos, e militares. "Obra de construtor da nacionalidade", "Obra imensa de guia de um povo".

Tarquínio se esforçou por realizar uma penetração simpática que acabou criando uma imagem muito próxima daquela que

---

127 Otávio Tarquínio de Souza, op. cit., 2.ed., p.16.

124 EMÍLIA VIOTTI DA COSTA

ele próprio (José Bonifácio) fazia de si e dos acontecimentos. Para isso, muito contribuiu o convívio com as notas e fragmentos de observações deixadas por José Bonifácio e o método psicológico que utilizou.

Grande é a capacidade de comunicação de Tarquínio. Com ele vivemos juntos a juventude de José Bonifácio; com ele empenhamo-nos na luta pela consolidação da Independência, e nos exasperamos com a oposição feita a José Bonifácio; com ele envelhecemos sob o peso de doenças, injustiças e decepções na palidez e magreza do septuagenário, os cabelos inteiramente brancos, a lentidão no andar, todos os sinais, enfim, de uma irremediável velhice. Difícil é escapar ao fascínio da sua pena para julgar objetivamente o retrato que nos faz do homem e da sua época. Feita a análise, verificamos, no entanto, que, se o livro de Tarquínio esclarece sobre a personalidade de José Bonifácio, pouco informa sobre o processo histórico da Independência. Embora agradável e informativa nos detalhes, a leitura que nos propicia a *História dos fundadores do Império*, que pretende, por meio de abordagens biográficas, reconstituir o processo da Independência, revela os limites do método psicológico e biográfico na interpretação histórica. Conservador, Tarquínio identifica-se com os personagens, dando uma imagem fragmentária e subjetiva dos acontecimentos. A lenda andradina sai plenamente reabilitada; sua obra nos dá a imagem de José Bonifácio visto por si mesmo.

Uma revolução nos métodos tradicionais

Verdadeira revolução nas concepções historiográficas tradicionais operou a historiografia marxista, acarretando uma reavaliação do papel desempenhado por José Bonifácio. O primeiro a realizá-lo foi Caio Prado Jr. Sua concepção de história encontra-se resumida em poucas palavras no prefácio da *História econômica do Brasil* – A história não é uma enumeração de fatos numa sequência cronológica, é uma tentativa de interpretação. O verdadeiro objetivo da história é "penetrar os fatos, explicá-los e relacioná-los entre si, fazer-lhes a síntese. Numa palavra, elaborar cientificamente o assunto". O ponto de partida

DA MONARQUIA À REPÚBLICA 125

de qualquer interpretação é necessariamente uma posição filosófica, no caso a dialética materialista, a base única sobre a qual, na sua opinião, se deve erguer a ciência dos fatos sociais.[128] A partir dessa perspectiva, Caio Prado Jr. procurou escrever uma história que não fosse "a glorificação das classes dirigentes".[129] O resultado dessa tentativa foi uma revisão total da história do Brasil.

Num estudo sobre *O Tamoio*, a política dos Andradas e a Independência, reexamina sob o novo prisma metodológico o desempenho de José Bonifácio: "Figura marcante, de grande personalidade, mas que não se compreende sem uma análise atenta dos acontecimentos da época, de que ele é em grande parte um puro reflexo".[130] Criticando a visão tradicional da Independência, segundo a qual o processo da emancipação é definido de maneira simplista, numa oposição entre metrópole e colônia, e desprezando a luta social interna, observa que a Independência é resultante de "um conflito intenso e prolongado de classes e grupos sociais". Obtida a independência, as divergências momentaneamente paralisadas rompem-se de novo com redobrada violência. De um lado estavam as classes média e baixa da população (à exceção dos escravos cuja atitude era de passividade diante do movimento); eram estas as que sustentavam mais ativamente o movimento constitucionalista. De outro, os elementos tradicionalistas, os reacionários "subdivididos em tendências diversas, mas decididos a lutar contra a revolução". Nesse grupo misturavam-se elementos da nobreza portuguesa a outros que no Brasil tiveram seus interesses ligados à Corte; portugueses e brasileiros ligados a interesses mercantis, financeiros e burocráticos, que desconfiavam da revolução constitucionalista, pretendendo a manutenção da ordem, sem grandes alterações, temerosos dos efeitos de uma revolução democrática.

Organizados em partidos, ressuscitada a Maçonaria, os democratas lutariam pela imprensa principalmente através do

---

128 Caio Prado Jr., *História econômica do Brasil*. São Paulo: Brasiliense, 1946, p.7 (nova ed., 1976).

129 Caio Prado Jr., *Evolução política do Brasil*. São Paulo: Empresa Gráfica Rev. dos Tribunais, 1933, p.8.

130 *O Tamoio*, op. cit., Introdução, p.11.

Revérbero Constitucional Fluminense. Seus chefes principais seriam Gonçalves Ledo e Januário da Cunha Barbosa. No clube da Resistência reuniam-se os reacionários, Vasconcellos Drummond e França Miranda, futuros redatores do *Tamoio*, então incluídos entre seus membros.

José Bonifácio, cuja posição social apareceria aos olhos dos reacionários como uma garantia, seria chamado a desempenhar um importante papel. No governo, seria "um representante de sua classe e partido". A divergência entre democratas e conservadores, entre os quais se encontrava José Bonifácio, não tardaria em se manifestar, embora momentaneamente estivessem unidos em torno da ideia da Independência. Realizada a Independência, as agitações recomeçam com maior intensidade. José Bonifácio toma medidas que desagradam ao partido que o levara ao poder e no qual se apoiava. O núcleo central dos conservadores constituía-se de elementos que formavam a classe mais abastada e privilegiada e socialmente representativa, recrutada principalmente entre os lusos. A guerra da Independência se situaria no terreno de oposição aos privilégios econômicos e sociais dos nativos do reino europeu. A tarefa do ministro era contraditória: consolidar a Independência com aqueles mesmos que começavam a olhá-lo com desconfiança, na medida em que ameaçava seus privilégios. De outro modo, sua formação ideológica afastava-o dos democratas que naquele momento representavam os únicos partidários da Independência, pois se insurgiram contra o sistema social e econômico que sustentava e era sustentado por aqueles privilégios. Essa contradição derrubaria o ministério Andrada, isolado entre duas frentes que o esmagariam.

O mérito de José Bonifácio e dos Andradas foi o de ter contribuído para desmascarar as manobras excusas que os elementos mais reacionários realizavam em torno de D. Pedro visando a uma reaproximação com Portugal. Lamentavelmente sua aversão à democracia e ao liberalismo o impediu de ser mais coerente, ligando-se àqueles que lutavam contra os privilégios portugueses, empenhados em liquidar a herança colonial e cimentar a independência do Brasil sobre base democrática. Para Caio Prado Jr., a incompatibilidade de José Bonifácio com esses grupos é tanto mais de lastimar, quanto José Bonifácio era dos poucos que tinham uma intuição clara dos principais aspectos econômicos e sociais da democracia brasileira. Sua formação e sua idade teriam contribuído para que não pudesse compreender os aspectos políticos. No Império se perpetuariam traços do regime colonial e uma parcela da responsabilidade cabe a José Bonifácio.

José Bonifácio aparece no estudo de Caio Prado Jr. como um homem alçado ao poder, detendo a responsabilidade da orientação política num momento de profunda agitação social e política, quando vinham à tona as contradições econômicas e sociais existentes na sociedade e as divergências entre as aspirações dos vários grupos: uns voltados para o passado; outros visando à Independência para a consolidação dos privilégios obtidos, desejando fixar o *status quo*; outros, ainda, pretendendo levar a revolução às suas últimas consequências.

Embora lamente a falta de entrosamento entre José Bonifácio e os liberais, Caio Prado Jr. lembra que "as camadas populares não se encontravam politicamente maduras para fazer prevalecer suas reivindicações, nem as condições objetivas do Brasil eram, no momento, favoráveis para a sua libertação econômica e social". A revolução não iria além daquilo para que o Brasil estava preparado: a liberdade do jugo colonial e a emancipação política. "Reformas mais profundas teriam de aguardar épocas mais maduras." Tais afirmações levam-nos a indagar: se faltavam condições objetivas para realização de certas reformas que viessem a satisfazer as camadas populares, se as facções democráticas não conseguiram ir além de "aspirações confusas muito mais destrutivas que construtivas"[131] de caráter vago e abstrato sem se apoiarem numa sólida base econômica e social, usando de uma linguagem demagógica e não de programas definidos; e seus porta-vozes, incapazes de assumirem uma liderança verdadeira colocam-se, no dizer de Caio Prado Jr., "a reboque das classes abastadas que deles se servem na luta comum contra a ação recolonizadora"; se mais tarde, depois da Abolição, revelaram-se incapazes de levar avante a revolução desejada, teria José Bonifácio condições para ser mais bem-sucedido?

---

131 Caio Prado Jr., *Evolução política do Brasil e outros estudos*. São Paulo: Brasiliense, 1953, p.48, 56 e 57 (nova edição, 1976).

O mérito de Caio Prado Jr. é ter saído do nível subjetivo dos testemunhos procurando identificar no jogo das contradições objetivas o sentido do processo. José Bonifácio aparece como um representante, no governo, de sua classe e partido, a desempenhar importante papel no movimento da Independência, que é visto como um conflito intenso e prolongado de classes e grupos sociais. A análise das contradições e dos grupos passa para o primeiro plano. A ação pessoal dos líderes da Independência fica subordinada à análise do processo.

Na obra de Nelson Werneck Sodré, essas tendências são levadas às suas últimas consequências e, em *Formação histórica do Brasil*,[132] o movimento da Independência é caracterizado como um longo processo no qual os indivíduos desaparecem. O processo de emancipação é estudado num contexto amplo abrangendo as transformações decorrentes da Revolução Industrial, das ideologias europeias e dos movimentos similares que ocorrem em outras regiões da América. Contradições internas e externas; a estrutura interna e a conjuntura internacional são estudadas para a compreensão do movimento da Independência, considerado uma realização da "classe dominante", porta-voz dos interesses nacionais, a única capaz de levá-lo a cabo, na ocasião. A partir dessa perspectiva, os fatos tradicionalmente reputados significativos, as lutas pessoais, as efemérides passam ao segundo plano. Essa interpretação da emancipação política do Brasil resulta da concepção que Nelson Werneck Sodré tem da história: "A História é uma ciência social, seu objetivo é o conhecimento do processo de transformação da sociedade ao longo do tempo". Da sociedade, frisa ele, não dos indivíduos. Em completa oposição à opinião de Varnhagen e Tarquínio, afirma que o fato isolado, o caso único, o episódio irrepetível, considerados pelos historiadores tradicionais como o objeto do conhecimento histórico, não são suscetíveis de tratamento científico, não pertencem ao domínio da história. Empenhando-se na revisão da história do Brasil, Nelson Werneck Sodré visa menos ao estudo dos acontecimentos e dos personagens, do que à análise do processo visto como totalidade. Como se preocupa com o processo e não com os homens isolados, que na

---

132 Rio de Janeiro: Civilização Brasileira, 1976.

DA MONARQUIA À REPÚBLICA

sua perspectiva não têm grande importância na história, José Bonifácio é deixado nas sombras do passado.

Poder-se-ia alegar que tanto a obra de Caio Prado Jr. quanto a de Werneck Sodré não têm por objetivo estudar especificamente o processo da Independência,[133] sendo, portanto, natural que deem menor atenção à atuação e à personalidade de José Bonifácio. Basta, no entanto, um simples confronto entre essas obras e os manuais de história do Brasil, tradicionais, para verificar que as diferenças metodológicas entre esses novos tipos de abordagem e a historiografia tradicional explicam a menor ou maior atenção dada à ação dos personagens. Enquanto na historiografia romântica e erudita os acontecimentos e personagens ocupam o primeiro plano, sendo os fatos constituídos a partir das informações dos testemunhos e expostos numa ordem cronológica fornecida pelo testemunho, ponto de partida e de chegada da obra histórica, na nova concepção de história os depoimentos testemunhais e as visões subjetivas são apenas o ponto de partida para a identificação de uma estrutura objetiva, que não raro escapa à consciência dos agentes do processo.

Partindo do pressuposto de que a história é dada através dos conteúdos conscientes ou inconscientes dos agentes do processo, a historiografia tradicional foi levada a supervalorizar os documentos de natureza testemunhal, definindo seu método crítico em termos de crítica de procedência (externa) e credibilidade (interna) cujas exigências, uma vez satisfeitas, trariam a garantia da verdade histórica. Verificada a procedência e autenticidade do documento, analisando seu conteúdo, firmada a certeza do que o autor quis dizer, analisadas as condições em que o documento se produziu, verificada a exatidão e sinceridade dos informes, o historiador poderia confiar no testemunho. Para controle recorreria a outros depoimentos, procedendo sempre, em cada caso, da mesma forma.

A crítica histórica reduz-se assim a um enunciado sobre "sujeitos" e sobre como estes veem a realidade e a si mesmos.[134] A

---

133 Exceção feita à obra de Nelson Werneck Sodré, *As razões da Independência*. Rio de Janeiro: Civilização Brasileira, 1955.

134 As considerações aqui apresentadas nos foram sugeridas pela leitura do artigo de Theodor Adorno sobre a sociologia empírica, "Wesen und Wirklichkeit des Menschen", *Sociologia II*, 1962.

despeito do aparato erudito, o resultado é a crônica subjetiva que permanece no nível do depoimento testemunhal. Os fatos reputados importantes pelos testemunhos são os fatos reputados significativos pelo historiador. Quando os depoimentos são contraditórios, o historiador decide-se por uma versão ou outra, ou tenta dar razão a ambas, numa interpretação conciliatória.

O resultado é que os fatos históricos reduzem-se a fatos de opinião, deixando-se de lado toda a história que escapa à consciência dos agentes históricos ou se revela de forma contraditória à sua consciência, esquecendo-se que no ponto de vista do testemunho reflete-se a objetividade social sempre de forma parcial e desfigurada, podendo por isso os documentos ser autênticos, os testemunhos, sinceros, e o depoimento revelar uma falsa consciência dos mecanismos sociais que estão vivendo.

O método tradicional não permite ultrapassar o nível da subjetividade como fica demonstrado no estudo da historiografia sobre José Bonifácio.

Enquanto os historiadores permaneceram no nível dos testemunhos, foram envolvidos pelos mitos e paixões políticas do passado, optando entre as versões contrárias, preferindo uns endossar o ponto de vista de José Bonifácio e seus partidários; preferindo outros assumir as perspectivas de Gonçalves Ledo, Januário da Cunha Barbosa, Feijó; outros, ainda, tentando conciliar os pontos de vista contraditórios. Em qualquer dos casos, a análise histórica foi reduzida a uma descrição dos motivos e lutas pessoais dos personagens que atuaram na cena política como se a história pudesse ser explicada pelo arbítrio de meia dúzia de homens.

A busca da estrutura social, na direção da qual aponta a nova historiografia, permite superar a dificuldade. A partir da análise estrutural, os dados de opinião adquirem novo sentido, quando confrontados com a constituição real daquilo sobre o que versam as opiniões. A história de José Bonifácio deixa de ser a história de José Bonifácio visto por si mesmo e por seus contemporâneos para ser a história de sua participação objetiva no processo de emancipação política do país.

As novas diretrizes metodológicas propõem uma mudança na direção da pesquisa: a história não é mais escrita a partir apenas do que os homens pensam, mas do sentido que seus pensamentos e atos assumem dentro do processo, examinadas as condições de possibilidade objetiva de seus ideais e de sua atuação. A partir da nova perspectiva pode-se esperar que, despersonalizando-se o estudo do movimento da Independência, possa o historiador libertar-se do peso das versões apaixonadas e míticas que têm dificultado o conhecimento do período. O risco que a nova orientação oferece está em considerar o processo como algo mecânico, automático, que tem sua lógica própria, independente da ação humana, esquecendo que a história é sempre dos homens; não do homem abstrato, genérico, mas do homem concreto, historicamente determinado e historicamente determinante.

A alternativa diante da qual se vê o historiador – tomar o subjetivo pelo objetivo, ou sobrepor um "objetivo *a priori*" ao subjetivo – é superada na análise que visa identificar as estruturas através da documentação e criticar os testemunhos, remetendo-os à estrutura.

A imagem do Patriarca da Independência, forjada no calor das lutas políticas, por ocasião da Independência, perpetuou-se na história. O caráter contraditório de seu programa, politicamente conservador, mas avançado no nível econômico e social, possibilitou a sobrevivência da imagem de José Bonifácio, herói nacional, na medida em que na sociedade brasileira sobreviveram o liberalismo antidemocrático, a desconfiança em relação às soluções revolucionárias, a preferência pelas fórmulas reformistas e gradualistas, o receio à "suja e caótica democracia",[135] o ideal de integração nacional, e, ao mesmo tempo que o processo de modernização do país, os avanços do capitalismo vieram dar razão ao seu programa em favor do trabalho livre, da mecanização da lavoura, suas críticas ao latifúndio improdutivo, suas ideias em favor de uma Confederação Americana.[136]

À margem dos esforços da historiografia, a lenda andradina persiste no que tem de mais irredutível: o mito da nacionalidade. José Bonifácio representando os anseios de emancipação do

---

135 Palavras de José Bonifácio já citadas anteriormente, apud Venâncio Neiva, op. cit., p.249.

136 Gondim da Fonseca, *A vida de José Bonifácio*. Nacionalista, republicano, homem de esquerda. São Paulo: Fulgor, 1963.

jugo colonial continua a ser reverenciado pela sociedade como símbolo dos esforços pela consecução desse ideal; como tal, sua imagem permanece intacta enquanto perdurem as ideias de nacionalismo, autonomia e integração nacional.

CAPÍTULO 3

LIBERALISMO: TEORIA E PRÁTICA[1]

A primeira tarefa dos homens que assumiram o poder depois da Independência foi substituir as instituições coloniais por outras mais adequadas a uma nação independente. Não se tratava de homens inexperientes que enfrentavam pela primeira vez problemas relacionados com política e administração. Eram, na sua maioria, homens de mais de cinquenta anos, com carreiras notáveis de servidores públicos, que haviam desempenhado vários cargos a serviço da Coroa portuguesa durante o período colonial e, por isso, estavam bem preparados para levar a cabo a sua missão.

Entre os que se reuniram na Assembleia Constituinte se encontravam vários sacerdotes, fato nada surpreendente num país em que a Igreja havia tido o monopólio da cultura e o clero sempre desempenhara papel importante na administração. Os outros eram funcionários públicos ou profissionais liberais: advogados, médicos, professores diplomados na Universidade de Coimbra ou em alguma outra instituição europeia, uma vez que não existiam universidades no Brasil. Havia também comerciantes e fazendeiros. Mas, qualquer que fosse sua condição social ou

---

1 Tradução revisada de *The Brazilian Empire, Myths and Histories*. Chicago: University of Chicago Press, 1985.

profissional, os deputados à Assembleia Constituinte estavam unidos por laços de família, amizade ou patronagem a grupos ligados à agricultura e ao comércio de importação e exportação, ao tráfico de escravos e ao comércio interno. Não é, pois, de espantar que tenham organizado a nação de acordo com os interesses desses grupos.

Atribuindo a instabilidade dos demais países latino-americanos à forma republicana de governo, as classes dominantes brasileiras adotaram, em 1822, uma monarquia constitucional com a qual esperavam conseguir unidade e estabilidade política. Atemorizados pelos espectros da Revolução Francesa e da revolta de escravos no Haiti, desconfiavam tanto do absolutismo monárquico quanto dos levantes populares revolucionários e estavam decididos a restringir o poder do imperador e a manter o povo sob controle. Para levar a cabo seu projeto encontraram sua principal fonte de inspiração no liberalismo europeu.

O liberalismo brasileiro, no entanto, só pode ser entendido com referência à realidade brasileira. Os liberais brasileiros importaram princípios e fórmulas políticas, mas as ajustaram às suas próprias necessidades. Considerando que as mesmas palavras podem ter significados diferentes em contextos distintos, devemos ir além de uma análise formal do discurso liberal e relacionar a retórica com a prática liberal, de modo que possamos definir a especificidade do liberalismo brasileiro.[2] Em outras palavras, é preciso desconstruir o discurso liberal.

Na Europa, o liberalismo foi originalmente uma ideologia burguesa, vinculada ao desenvolvimento do capitalismo e à crise do mundo senhorial. As noções liberais surgiram das lutas da

---

2 Nelson Saldanha, *História das ideias políticas no Brasil.* Rio de Janeiro, 1968; Maria Stella Bresciani, *Liberalismo, ideologia e controle social.* São Paulo, 1976. Tese (Doutoramento) – Faculdade de Filosofia, Letras e Ciências Humanas, Universidade de São Paulo; José Onório Rodrigues, *Conciliação e reforma no Brasil.* Rio de Janeiro, 1965; Paulo Mercadante, *Consciência conservadora no Brasil.* Rio de Janeiro, 1965. Para uma análise das relações entre patronagem e liberalismo, consultar Roberto Schwarz, As ideias fora do lugar. *Novos Estudos Cebrap (São Paulo)*, v.3, p.151-61, 1973; Maria Sylvia Carvalho Franco, As ideias estão no lugar. *Debates (São Paulo)*, p.61-4, 1976; Carlos Nelson Coutinho, Cultura brasileira: um intimismo delocado à sombra do poder. *Debates (São Paulo)*, p.65-7, 1976.

DA MONARQUIA À REPÚBLICA   135

burguesia contra os abusos da autoridade real, os privilégios do clero e da nobreza, os monopólios que inibiam a produção, a circulação, o comércio e o trabalho livre. Na luta contra o absolutismo, os liberais defenderam a teoria do contrato social, afirmaram a soberania do povo e a supremacia da lei, e lutaram pela divisão de poderes e pelas formas representativas de governo. Para destruir os privilégios corporativos, converteram em direitos universais a liberdade, a igualdade perante a lei e o direito de propriedade. Aos regulamentos que inibiam o comércio e a produção opuseram a liberdade de comércio e de trabalho.

Embora fosse radicada numa economia capitalista em expansão e na experiência burguesa, a mensagem liberal possuía um apelo suficientemente amplo para atrair outros grupos sociais que, por uma razão ou outra, se sentiam oprimidos pelas instituições do Antigo Regime. Por isso o liberalismo serviu à burguesia inglesa para reforçar sua posição no governo, à nobreza russa para lutar contra o czar, e ao povo francês para mandar Luís XVI, Maria Antonieta e alguns nobres para a guilhotina.

As ideias liberais foram utilizadas por grupos com propósitos diversos e em momentos distintos no decorrer do século XIX. Mas por toda parte onde os liberais tomaram o poder, seu principal desafio foi transformar a teoria em prática. Durante esse processo, o liberalismo perdeu seu conteúdo revolucionário inicial. Os direitos retoricamente definidos como universais converteram-se, na prática, em privilégios de uma minoria detentora de propriedades e de poder. Por toda parte as estruturas econômicas e sociais impuseram limites ao liberalismo e definiram as condições da sua crítica.

É impossível analisar aqui as contradições envolvidas nesse processo. Para o nosso propósito, é suficiente lembrar que a crítica do liberalismo apareceu na Europa já na primeira metade do século XIX, quando ficou claro que uma oligarquia do capital estava substituindo a oligarquia de linhagem. Os primeiros ataques ao liberalismo originaram-se entre grupos aristocráticos tradicionalmente privilegiados, os demais basearam-se na experiência das classes trabalhadoras.

No Brasil, os principais adeptos do liberalismo foram homens cujos interesses se relacionavam com a economia de exportação e importação. Muitos eram proprietários de grandes extensões de terra e elevado número de escravos e ansiavam por manter as estruturas tradicionais de produção ao mesmo tempo que se libertavam do jugo de Portugal e das restrições que este impunha ao livre comércio. As estruturas sociais e econômicas que as elites brasileiras desejavam conservar significavam a sobrevivência de um sistema de clientela e patronagem e de valores que representavam a verdadeira essência do que os liberais europeus pretendiam destruir. Encontrar uma maneira de lidar com essa contradição (entre liberalismo, de um lado, e escravidão e patronagem, do outro) foi o maior desafio que os liberais brasileiros tiveram de enfrentar. No decorrer do século XIX, o discurso e a prática liberais revelaram constantemente essa tensão.

A condição colonial da economia brasileira, sua posição periférica no mercado internacional, o sistema de clientela e patronagem, a utilização da mão de obra escrava e o atraso da revolução industrial – que no Brasil só ocorreu no século XX –, todas essas circunstâncias combinadas conferiram ao liberalismo brasileiro sua especificidade, definiram seu objeto e suas contradições e estabeleceram os limites de sua crítica. Em outras palavras, a teoria e a prática liberais no Brasil, do século XIX, podem explicar-se a partir das peculiaridades da burguesia local e da ausência das duas classes que na Europa constituíram o seu ponto de referência obrigatório: a aristocracia e o proletariado.

Contrariamente ao que se tem sugerido às vezes,[3] o compromisso das elites brasileiras com as ideias liberais não foi um simples gesto de imitação cultural, expressão de uma cultura colonial e periférica subordinada às ideias e aos mercados europeus. O liberalismo não foi um simples capricho das elites brasileiras, e os *slogans* liberais não foram usados meramente como símbolos do *status* "civilizado" dos que os invocavam, se bem que para alguns tenham sido apenas isso. Para a maioria, no entanto, as ideias liberais eram armas ideológicas com que pretendiam alcançar metas políticas e econômicas específicas.

Inicialmente, as ideias liberais foram uma arma na luta das elites coloniais contra Portugal. Nessa primeira etapa, os liberais eram revolucionários em termos de política e conservadores

---

3 Roberto Schwarz, *Ao vencedor as batatas*. Formas literárias e processo social nos inícios do romance brasileiro. São Paulo, 1977.

DA MONARQUIA À REPÚBLICA 137

em relação às questões sociais. A luta que na Europa era contra o absolutismo real era, no Brasil, luta contra o sistema colonial. Liberdade, igualdade, soberania do povo, autonomia, livre comércio, todas essas palavras grandiloquentes, tão caras aos liberais europeus, possuíam conotações específicas no Brasil. Lutar pela liberdade e igualdade significava combater os monopólios e privilégios que os portugueses detinham e as restrições impostas por Portugal à produção e circulação de mercadorias, principalmente as restrições comerciais que obrigavam os brasileiros a comprar e vender através de Portugal, na dependência de mercadores portugueses; significava também lutar contra as exações do fisco, os entraves da justiça distante e arbitrária, o monopólio dos cargos e distinções pelos naturais de Portugal; lutar, enfim, contra as instituições prejudiciais aos proprietários de terras ou a seus prepostos ligados à economia de exportação, que, ao lado dos mercadores, constituíam o grupo mais poderoso da sociedade colonial. Lutar pela liberdade de expressão significava lutar pelo direito de criticar o pacto colonial. Lutar pela soberania do povo era lutar por um governo livre de ingerências estranhas, independente de favores e imposições arbitrárias da Coroa portuguesa.[4] Os liberais brasileiros opunham-se à Coroa portuguesa na medida em que esta se identificava com os interesses da metrópole. A luta contra o absolutismo era, aqui, em primeiro lugar, luta contra o sistema colonial.

Essas reivindicações ganharam força à medida que o desenvolvimento da colônia, de um lado, e, de outro, a revolução industrial e o desenvolvimento do capitalismo industrial na Europa tornaram cada vez mais inadequado o sistema colonial tradicional, baseado no principio do monopólio. Os "portugueses do Brasil", que até então viam na Coroa portuguesa a mediadora dos conflitos entre os vários grupos – mercadores e fazendeiros, colonos e jesuítas, burocratas e fazendeiros –, perceberam com clareza crescente os antagonismos que os separavam de Portugal. A Coroa portuguesa deixou de representar, a seus olhos, os

---

4 Hipólito da Costa, *Antologia do* Correio Braziliense. Ed. Barbosa Lima Sobrinho. Rio de Janeiro, 1977; Antônio Joaquim de Mello (Ed.) *Typhis Pernambucano*: obras políticas e literárias de Frei Joaquim do Amor Divino Caneca. Recife, 1878.

interesses de todos para representar apenas os interesses dos "portugueses de Portugal".

A tomada de consciência necessária à ação dos colonos em favor do rompimento dos laços coloniais dar-se-ia mediante um lento processo em que nem sempre os significados eram claramente percebidos pelos colonos que se insurgiam contra o poder da Coroa, manifestando sua repulsa às restrições à importação de escravos, aos excessos do fisco ou a impedimentos postos pela Coroa ao livre comércio. Os conflitos de interesses, as sublevações e as repressões violentas revelaram, progressivamente, a alguns setores da sociedade, o antagonismo latente. Quando os proprietários de terras, o clero, os comerciantes e os funcionários até então comprometidos com o sistema colonial se antagonizaram com o sistema, os princípios liberais apareceram como justificativa teórica dos movimentos revolucionários em prol da emancipação política do país.

O liberalismo "heroico"

Nos movimentos revolucionários dessa primeira fase, a retórica liberal atrai não apenas setores das elites, mas também outros grupos sociais: escravos que almejam a liberdade, a população livre e miserável que vive nos núcleos urbanos dedicando-se ao artesanato, que ambiciona livre acesso, sem nenhuma forma de discriminação, a todas as profissões, e a extinção dos privilégios que a riqueza instituiu e a situação colonial referendou. Aspirações democráticas e liberais confundem-se frequentemente nas reivindicações generosas e abstratas dos primeiros movimentos revolucionários

Assim sendo, os conflitos de interesse que opunham uma classe a outra podiam ocultar-se temporariamente atrás do que parecia ser uma utopia universal, e os objetivos das elites podiam apresentar-se como objetivos de todos. Essa ilusão momentânea, no entanto, logo se dissiparia. Que as elites e o povo tinham propósitos diversos ficou claro já nas primeiras conspirações em prol da independência, quando as aspirações dos pretos e mulatos livres e escravos à liberdade e à igualdade se chocaram com a indiferença, senão a hostilidade, por parte das elites.

O exemplo mais patético das confusões e enganos engendrados pela retórica liberal deu-se em 1821, quando um grande número de escravos, ouvindo dizer que se estava a ponto de promulgar a Constituição, reuniu-se em Ouro Preto e áreas vizinhas para celebrar a liberdade tão longamente esperada. Não tardou, porém, que se dessem conta de que a comemoração era prematura.[5] Com exceção de uns poucos indivíduos excêntricos, a elite brasileira não estava preparada para abolir a escravidão e tampouco percebia contradição alguma entre liberalismo e escravidão. Alguns chegaram até a sugerir que a Constituição incluísse um parágrafo declarando que o "contrato" entre senhores e escravos seria respeitado! Os que participaram da elaboração da Constituição preferiram, no entanto, uma outra ficção: silenciar sobre a escravidão. A Carta constitucional outorgada pelo imperador em 1824 não mencionava sequer a existência de escravos no país. Não obstante o artigo 179 definir a liberdade e a igualdade como direitos inalienáveis dos homens, centenas de negros e mulatos permaneceram escravos.

As expectativas das elites brasileiras e os limites do seu liberalismo são evidenciados no manifesto que o regente dirigiu ao povo brasileiro em 1º de agosto de 1822. O manifesto, ao que parece, fora escrito por Gonçalves Ledo, figura proeminente no movimento de Independência, político considerado por seus contemporâneos um liberal autêntico. O texto começava acusando as Cortes portuguesas de intentar restabelecer o monopólio português sobre o Brasil ao decretar o fechamento dos portos brasileiros aos estrangeiros. A seguir, acusava os portugueses de pretenderem libertar os escravos e armá-los contra os senhores – insinuação de grande efeito entre proprietários de terras e escravos. Atribuía, ainda, às Cortes a intenção de destruir a agricultura e as indústrias brasileiras e de reduzir os habitantes do Brasil ao estado de "pupilos e colonos". Depois de ataques virulentos às Cortes, o manifesto estabelecia um programa liberal que prometia uma legislação adequada às circunstâncias locais; juízes honestos que acabassem com as maquinações das Cortes de justiça portuguesas; um código penal ditado pela "razão e humani-

---

5 Notícia de uma revolução entre os pretos no ano de 1821 em Minas Gerais. *Revista do Arquivo Público Mineiro*, v.5, p.158, 1900.

dade" que substituísse as "atuais leis sanguinosas (sic) e absur-
das"; e um sistema fiscal que respeitasse "os suores da agricultura", "os trabalhos da indústria", os "perigos da navegação e a
liberdade de comércio" e facilitasse "o emprego e a circulação
de cabedais". Para os que cultivavam as ciências e as letras, "abor-
recidos ou desprezados pelo despotismo", instigador da hipocrisia e falsidade, prometia honras e glórias, e uma "educação liberal"
para os cidadãos de todas as classes sociais.[6]

A prática liberal

A proclamação de Independência um mês mais tarde trouxe o fim da fase heroica do liberalismo. Daí em diante, as elites
enfrentaram a difícil tarefa de converter os ideais em realidade.
Haviam conquistado seu objetivo principal: libertar a colônia
da metrópole. O segundo objetivo era assegurar que o controle
da nação permanecesse em suas mãos. Por isso, os debates mais
sérios e o conflito mais grave ocorreram nas discussões sobre a
delimitação dos poderes. Esse conflito foi renovado sempre que
ficou evidente a intenção do imperador de invadir setores não
especificados pela Constituinte como de atribuição do poder real.
Mas na luta por afirmar a sua hegemonia, as elites tiveram de
enfrentar não apenas a oposição do imperador, mas também as reivindicações populares.

O conflito entre as elites e o imperador emergiu já na primeira reunião da Assembleia Constituinte e as divergências tornaram-se mais profundas com o passar do tempo. Os liberais
desejavam ampliar a esfera do poder legislativo em detrimento
do poder real. A questão colocada já por ocasião da abertura da
Constituinte, quando se discutiram os termos da Fala do Trono,
seria retomada em outras ocasiões, por exemplo, quando da discussão sobre o modo de nomeação dos governos provinciais. A
Assembleia tentaria também instituir o princípio da responsabilidade ministerial que lhe possibilitaria o controle do executivo,
convocando ministros para prestar esclarecimentos, convite a

---

6 *Coleção das Leis do Brasil*, 1822, p.125.

que estes frequentemente se furtaram. Os liberais pretendiam ainda limitar o direito de veto do imperador recusando-lhe a iniciativa na elaboração e execução de leis e a direção das forças armadas, que queriam subordinar diretamente à Assembleia.[7] A oposição liberal mostrava-se implacável nos ataques contra o imperador. Criticava o seu favoritismo em relação aos portugueses, condenava a inexistência de liberdade de imprensa e protestava contra a prisão de políticos dissidentes. Os que tentaram falar em favor do imperador, na Constituinte, foram veementemente repelidos pelos seus pares.

A tentativa de restringir seus direitos e limitar seus poderes evidentemente não agradou ao imperador. A última gota num copo já cheio ocorreu quando a Assembleia discutiu o direito de veto do imperador – um direito que a maioria dos liberais queria reduzir ao mínimo e alguns chegavam até mesmo a negar-lhe. O conflito entre o imperador e setores da elite interrompeu-se momentaneamente com a vitória do primeiro em 1823, quando enviou tropas para dissolver a Assembleia Constituinte e prender vários representantes do povo, alguns dos quais foram exilados.

No ano seguinte, em contraste com esse comportamento típico de um rei absolutista, o imperador aprovou uma Carta Constitucional. Com esse gesto, esperava aplacar as elites e, ao mesmo tempo, afirmar o seu poder. A Carta acompanhava de perto os anteprojetos apresentados pela Assembleia Constituinte e pelo Conselho de Estado, mas, como era de esperar, fortalecia o poder do Executivo. Segundo a Carta, o rei era responsável pela execução das leis aprovadas pelo Parlamento e pela nomeação e promoção de altos funcionários da burocracia civil, militar e eclesiástica. Além do que, teria a última palavra quanto a distribuição de recursos entre os diversos ramos da administração. Ficava reservado a ele, também, outorgar títulos de nobreza e conferir outros benefícios pessoais como recompensa por serviços prestados à Coroa. Conforme a tradição colonial do patronato real, cabia ainda ao imperador o direito de conceder ou negar permissão para a execução de bulas papais no país. Além dessas

---

7 Para uma análise dos conflitos entre a Assembleia Constituinte e o imperador, ver os *Anais do Parlamento Brasileiro, Assembleia Constituinte*, 1823. Rio de Janeiro, 1874, 2v.

prerrogativas do executivo, o imperador gozava de outras que advinham do Poder Moderador, mediante o qual podia escolher seus ministros sem consultar o Parlamento, assim como suspender, adiar ou dissolver a Câmara e convocar novas eleições. Também tinha direito de nomear os membros do Conselho de Estado e escolher os senadores dentre uma lista de três candidatos que recebessem o maior número de votos numa eleição senatorial. Se bem que a Carta Constitucional de 1824 concedesse poder considerável ao imperador, também criava condições para a formação de uma poderosa oligarquia. O cargo de senador era vitalício e, como a idade mínima requerida era de quarenta anos, os senadores podiam manter-se no cargo por muito tempo. De fato, ao fim do Império, cinco senadores poderiam vangloriar-se de ter permanecido no Senado por mais de quarenta anos. Os membros do Conselho de Estado, ministros e chefes dos partidos políticos eram escolhidos entre os senadores. Durante o Primeiro e o Segundo Impérios, 40% dos senadores receberam títulos de nobreza. Juntamente com os conselheiros de Estado, também vitalícios, os senadores constituíam um grupo influente, invejado e respeitado. O apoio desses homens era decisivo para obter-se um empréstimo bancário, um posto na burocracia, uma pensão do governo, a aprovação de uma empresa ou companhia por ações, ou para o êxito numa carreira política. Dessa forma, senadores e conselheiros criaram uma grande clientela.[8]

Os membros da Câmara dos Deputados ocupavam um segundo lugar na hierarquia, se bem que, às vezes, fossem tão poderosos quanto os primeiros. Apesar de eleitos por um período de quatro anos, frequentemente conseguiam ser reeleitos para várias legislaturas ou detinham importantes cargos administrativos. Muitos encontraram na Câmara um caminho fácil para o Senado e o Conselho de Estado. Assim como os conselheiros de Estado e os senadores, os deputados pertenciam a uma rede polí-

---

8 Beatriz Westin Cerqueira Leite, *O Senado nos anos finais do Império 1870-1889*. Brasília, 1978; Fernando Machado, *O Conselho de Estado e sua história no Brasil*. São Paulo, 1972; João Camillo de Oliveira Torres, *O Conselho de Estado*. Rio de Janeiro, 1965; A. E. Taunay, *A Câmara dos Deputados*. São Paulo, 1950; Waldemar de Almeida Barbosa, *A Câmara dos Deputados e o Sistema Parlamentar do Governo no Brasil*. Brasília, 1977.

DA MONARQUIA À REPÚBLICA

tica de clientela e patronagem, que utilizavam tanto em seu próprio benefício quanto no de seus amigos e protegidos.

O que dava poderes excepcionais a esses políticos, particularmente aos membros do Conselho de Estado, era a centralização excessiva do sistema político brasileiro, que subordinava as províncias ao governo central, os governos municipais às províncias e colocava o poder judiciário, a Igreja, o Exército e até os empresários à mercê dos políticos. O governo central controlava as taxas de importação e exportação, a distribuição de terras desocupadas, os bancos, as estradas de ferro, as sociedades anônimas, assim como determinava a política de mão de obra e os empréstimos. Até 1881, nenhuma sociedade anônima podia funcionar sem a autorização do Conselho de Estado. O governo central não só regulamentava, como também amparava empresas locais e estrangeiras, autorizando ou proibindo seu funcionamento, proporcionando subsídios, garantindo juros, estabelecendo prioridades, outorgando isenções fiscais. Não obstante sua inspiração e fraseologia liberais, a Carta Constitucional consolidava um sistema de clientela e patronagem originado no período colonial.[9] Concedia também ao catolicismo o *status* de religião de Estado, proibindo o culto público de outras religiões e concedendo à Igreja católica o direito de controlar os registros de nascimento, casamento e morte, bem como os cemitérios.

Outra peculiaridade da Carta de 1824 foi incluir um artigo reproduzindo quase palavra por palavra a Declaração dos Direitos do Homem emitida na França em 1789. Comparado ao original havia, no entanto, algumas omissões bastante significativas e curiosas. Não foi incluído na Carta outorgada o artigo que na versão original francesa dizia "O princípio de toda soberania reside essencialmente na nação. Nenhum corpo nem indivíduo podem exercer autoridade que não emane expressamente dela".

---

9 Raymundo Faoro, *Os donos do poder*: formação do patronato político brasileiro, 2.ed., São Paulo, 1975, 2.v.; Maria Isaura Pereira de Queiroz, *O mandonismo local na vida política brasileira*. São Paulo, 1969; Afonso de E. Taunay, *Memórias*. Rio de Janeiro, 1960; João Camillo de Oliveira Torres, *Os construtores do Império*: ideias e lutas do partido conservador brasileiro. São Paulo, 1968.

Também faltava o artigo VI: "A lei é expressão da vontade geral". Finalmente, o artigo II: "O objetivo de toda associação política é a preservação dos direitos naturais e inalienáveis do homem. Estes direitos são a liberdade, a propriedade, a segurança e a resistência perante a opressão" foi reproduzido omitindo-se as seis últimas palavras. As omissões podem ser explicadas pelo fato de a Carta ter sido promulgada pelo imperador e não ser uma Constituição redigida pelos "representantes da nação". No entanto, elas expressavam bem as tendências antidemocráticas e oligárquicas das elites brasileiras.

O caráter antidemocrático das elites ficou claro tanto nos debates da Assembleia Constituinte quanto nos da Câmara dos Deputados que a sucedeu. A maioria dos deputados teria feito suas as palavras do ex-revolucionário de 1817, Henriques de Rezende, que, apesar de sua trajetória revolucionária e republicana, declarou na Assembleia Constituinte ser "um inimigo da democracia".[10] Nessas condições, não é de espantar que homens que tão enfaticamente expressavam sua hostilidade à democracia escolhessem um sistema eleitoral baseado no voto indireto e num certo nível de renda, negando assim o direito ao voto à maioria da população brasileira.

Ficaram excluídos do conceito de cidadão escravos, índios e mulheres. Adotou-se a eleição indireta. Na eleição primária, os votantes escolhiam os eleitores; na secundária, os eleitores escolhiam os deputados e senadores. Ficaram impedidos de votar nas eleições primárias para escolha dos eleitores os menores de 25 anos, com exceção dos casados e oficiais militares maiores de 21; os bacharéis formados e clérigos de ordem sacra. Foram excluídos também os filhos-família, quando vivessem em companhia de seus pais, salvo no caso de exercerem ofícios públicos; os criados de servir, ressalvando-se os guarda-livros e primeiros-caixeiros das casas de comércio, os criados da Casa Imperial que não fossem de galão branco e os administradores das fazendas rurais e fábricas. Estavam também excluídos os religiosos que vivessem em comunidade claustral; os libertos e os criminosos pronunciados em querela ou devassa, assim como todos que não

---

10 *Anais do Parlamento Brasileiro, Assembleia Constituinte*, 1823, v.I, p.94.

DA MONARQUIA À REPÚBLICA   145

tivessem renda líquida anual de 100$000 por bens de raiz, indústria, comércio ou empregos. Para a seleção de eleitores a exigência ainda era maior do que para a de votantes. Não podiam ser eleitores e votar nas eleições secundárias, para escolher deputados, senadores e membros dos Conselhos de Província, os que não tivessem no mínimo 400$000 de renda líquida, fossem brasileiros e professassem a religião católica. Nessas condições, o corpo eleitoral ficou muito reduzido, havendo casos de deputados eleitos com um pouco mais de uma centena de votos.

Durante o Primeiro e o Segundo Impérios, não obstante várias reformas eleitorais (1846, 1855, 1862, 1876 e 1881), o sistema eleitoral foi controlado por uma minoria. Os eleitores, até a queda do Império, representavam entre 1,5% e 2% da população total. Um grupo tão pequeno podia ser facilmente manipulado. A política era mais um produto de alianças ou rivalidades familiares do que de ideologia. As eleições eram controladas pelos chefes locais que, mediante o sistema de clientela e patronagem, podiam carrear votos para seus candidatos favoritos. O apoio obrigava a reciprocidade. Desse modo, por trás da fachada liberal, as influências pessoais, as lealdades individuais e os favores recíprocos eram os ingredientes reais do poder. A retórica política estava subordinada à opinião de uns poucos que controlavam o eleitorado. De tempos em tempos, algum aspirante a político, fugindo à regra, tentava fazer carreira mediante a discussão de temas que talvez fossem demasiado radicais para o gosto das classes governantes. Mas logo que, por algum motivo, conseguia um lugar na Câmara dos Deputados, seu radicalismo convertia-se em moderação.[11] Aqueles que persistiam em suas posições radicais eram condenados ao ostracismo político. Essa situação mudou apenas nas últimas décadas do Segundo Império, quando o desenvolvimento econômico e o aparecimento de novos grupos de interesse criaram um novo público favorável a reformas. Mas mesmo então, em razão das restrições da lei eleitoral, a grande maioria da população brasileira seguia

11 Raymundo de Magalhães Jr., *Três panfletários do Segundo Reinado*. São Paulo, 1956.

sem ter direito ao voto, e os políticos continuavam a depender do apoio das elites.

Se bem que as estruturas políticas, sociais e econômicas favorecessem a criação de uma oligarquia política, sua consolidação não se fez sem lutas. Insufladas pelas facções que disputavam o poder, as massas vencidas em 1822 seriam fator de agitação durante todo o Primeiro Reinado e Regência e veriam, por fim, suas aspirações frustradas. Durante esse período, três facções lutaram pelo poder: a primeira, de tendências conservadoras, favorecia a centralização e apoiava, em princípio, o imperador; a segunda, mais liberal, pretendia dar maior poder ao Parlamento; e a terceira, mais democrática, favorecia a descentralização, o sufrágio universal e a nacionalização do comércio.

O primeiro episódio de uma longa série de confrontos entre esses grupos e entre as elites e o imperador desencadeou-se por ocasião da dissolução da Assembleia Constituinte em 1823 e a promulgação da Carta Constitucional de 1824. Ocorreram então vários levantes no Nordeste (Confederação do Equador). Temendo perder sua autonomia política e ressentindo-se da sua subordinação ao governo central do Rio de Janeiro, as elites regionais rebelaram-se. A sublevação dessas elites permitiu que outros grupos sociais expressassem seu descontentamento. Os rebeldes levantaram o baluarte do federalismo e criticaram o poder excessivo que a Carta Constitucional havia outorgado ao imperador.[12]

Um dos seus mais eloquentes porta-vozes foi Frei Caneca. Em seu periódico, o *Typhis Pernambucano*,[13] Caneca argumentava que as condições do Brasil, sua extensão geográfica, a variedade de recursos e população eram mais compatíveis com uma federação do que com um governo centralizado. Condenava tam-

---

12 Sérgio Buarque de Holanda (Ed.) *História geral da civilização brasileira: Brasil Monárquico*. São Paulo, 1969-1975, v.1; Felisbelo Freire, *História de Sergipe*. 2.ed. Rio de Janeiro, 1977; Odilon Nunes, *Pesquisas para a História do Piauí*: Confederação do Equador. Petrópolis, 1977; Gilberto Villar de Carvalho, *A liderança do clero nas revoluções republicanas 1817-1824*. Petrópolis, 1980; Horácio de Almeida, *A História da Paraíba*. João Pessoa, 1978, 2v.; João Alfredo de Souza Montenegro, *O liberalismo radical de Frei Caneca*. Rio de Janeiro, 1978.

13 Antonio Joaquim de Mello, *Typhis Pernambucano*.

bém a vitaliciedade do Senado e a nobreza. O poder moderador parecia-lhe uma "invenção maquiavélica" (p.270), a "chave-mestra da opressão da nação brasileira". Os conselhos provinciais criados pela Constituição para governar as províncias eram, a seu ver, "meros fantasmas para iludir os povos" (p.271). Caneca questionava, principalmente, o direito de o imperador promulgar uma Carta Constitucional, usurpando os direitos do povo de expressar sua vontade soberana através dos seus representantes na Assembleia Constituinte. A crítica de Frei Caneca é um exemplo da retórica liberal nesse período. O povo levantou-se no Ceará, em Pernambuco, na Paraíba, no Rio Grande do Norte e em Alagoas em nome desses princípios. A Confederação do Equador foi dissolvida pelo Exército e os líderes da revolta, incluindo Frei Caneca, foram condenados à morte.

Os conflitos entre o imperador e as elites, o governo central e as províncias, as elites nacionais e locais não foram resolvidos. Nem a repressão nem o castigo fizeram desaparecer os problemas apontados pelos revolucionários de 1824. Quando a Câmara dos Deputados reuniu-se novamente em 1826, os conflitos voltaram à tona, agravados agora por divergências entre as próprias elites. A organização do sistema educacional, a legislação agrária, a abolição do tráfico de escravos, a liberdade de imprensa, a naturalização de estrangeiros, o recrutamento militar, a liberdade de culto, a organização de conselhos provinciais e municipais, a composição do poder judicial: estes eram alguns dos pontos que dividiam os representantes em dois grupos opostos, um liberal e outro conservador.

Os liberais defendiam um sistema de educação livre do controle religioso, uma legislação favorável à quebra do monopólio da terra por uns poucos. Opunham-se ao recrutamento militar, apoiavam a liberdade de cultos, favoreciam a descentralização e autonomia das províncias e municípios. Os conservadores situavam-se no outro lado do espectro. Apesar de ser possível identificar essas duas posições com referência aos modelos ideais do que significava ser um conservador ou um liberal, na realidade é impossível encontrar uma coerência total em indivíduos ou grupos. Havia homens como José Bonifácio, liberais em sua visão dos problemas sociais e econômicos, mas conservadores quanto à organização política; havia outros que eram conservadores em assuntos de economia e liberais em questões políticas. Muitos, como Bernardo de Vasconcelos e o próprio José Bonifácio, mudariam de ponto de vista no decorrer de suas vidas políticas, tornando-se ou mais conservadores, como sucedeu ao primeiro, ou mais liberais, como sucedeu ao segundo. Isso não nos impede, entretanto, de registrar as tendências que prevaleciam na Câmara expressando linhas de opinião.

Liberais ou conservadoras, as elites políticas brasileiras acabaram, na sua maioria, por se incompatibilizar com o imperador, o qual se viu forçado a abdicar, em 1831, em favor de seu filho de cinco anos. A regência conduziu ao poder homens como Bernardo de Vasconcelos e Evaristo da Veiga, que durante o Primeiro Império haviam ganho reputação de autênticos liberais, principalmente por seus ataques ao imperador e seus esforços em prol da substituição das instituições coloniais tradicionais por outras mais compatíveis com a nação independente. Em relação à democracia, no entanto, sua posição não divergia muito da de José Bonifácio, a quem sempre haviam considerado um legítimo conservador. Assim como José Bonifácio, eles desprezavam o povo e tinham a intenção de negar-lhe participação política.

O jornal *A Aurora Fluminense* de Evaristo da Veiga é uma das melhores fontes para o estudo do pensamento desses liberais conservadores. "Nada de excessos, a linha está traçada, é a da Constituição. Tornar prática a Constituição que existe sobre o papel deve ser o esforço dos liberais", esse era o lema do jornal. Seu ideal era uma monarquia constitucional com participação popular limitada.[14] Antes da abdicação do imperador, Evaristo da Veiga se aliara à oposição liberal e se dedicara a atacar republicanos e absolutistas nas páginas de seu jornal, mas depois da abdicação, diante das crescentes demandas populares, tornou-se cada vez mais conservador. No seu jornal, acusou os liberais radicais de instigar a "luta de classes", provocar o "ódio de raças" e de tentarem desacreditar a aqueles que, como ele, estavam comprometidos com a ordem e "não desejavam promover um choque violento entre os proprietários e os que nada possuíam".[15]

---

14 Otávio Tarquínio de Souza, *Evaristo da Veiga*, Rio de Janeiro, 1957; Idem, *Bernardo Pereira de Vasconcelos*. Rio de Janeiro, 1957.

15 Otávio Tarquínio de Souza, *Evaristo da Veiga*, p.122.

DA MONARQUIA À REPÚBLICA   149

Evaristo da Veiga, como muitos outros que passaram da oposição à situação, encontrou-se na defensiva. Homem do centro, ele sentia-se ameaçado por aqueles que conspiravam para fazer voltar o imperador, mas temia mais ainda os que queriam colocar as ideias liberais a serviço do povo. "Não temo que o Brasil se despotize, temo que se anarquize", confessou certa ocasião, "temo mais hoje os cortesãos da gentalha que aqueles que cheiram as capas ao monarca".[16]

A mudança de Evaristo da Veiga do centro para uma posição conservadora ocorreu também com Bernardo Pereira de Vasconcelos, outro famoso político liberal da época.[17] Como muitos outros liberais, começou acusando o imperador de favorecer pessoas de origem aristocrática e de não acatar a Constituição que postulava a igualdade de todos e proibia qualquer distinção ou recompensa que não fosse baseada nos méritos e talentos da cada um.[18] Em nome de princípios liberais, condenava a interferência do Estado na economia e insistia que a iniciativa privada era sempre mais inteligente que o governo.[19] Na Câmara dos Deputados, opôs-se às políticas protecionistas que favoreciam as indústrias locais e falou da necessidade de manter-se o "mais religioso respeito à propriedade e à liberdade do cidadão brasileiro".[20] À semelhança de Evaristo da Veiga, procurou modernizar a justiça, propondo durante o Primeiro Reinado a extinção das antigas instituições coloniais (Tribunal do Desembargo do Paço, Mesa de Consciência e Ordens). Tomou ainda a iniciativa da extinção do Tribunal do Conselho da Fazenda, aparelho obsoleto cuja inutilidade tentou demonstrar num discurso na Câmara, visando abolir o caráter quase medieval da justiça, o privilégio de foro aos cavaleiros. Suas lutas visando abolir as instituições coloniais, sua denúncia do despotismo do imperador e dos privilégios e poder da aristocracia, sua oposição

---

16 Ibidem, p.161.
17 Robert Walsh, *Notices of Brazil in 1822 and 1829*. London, 1830, 2v., v.2, p.445-6.
18 *APBCD* (1828), v.4, p.131-2.
19 Bernardo Pereira de Vasconcelos, *Carta aos Senhores Eleitores da Província de Minas Gerais*. 2.ed. Rio de Janeiro, s. d.
20 Otávio Tarquínio de Souza, *Bernardo Pereira de Vasconcelos*, p.79.

à intervenção estatal na economia, seu respeito religioso pela liberdade e pela propriedade definiram a natureza do liberalismo das elites durante esse período. Um liberalismo que depois da Abdicação foi posto à prova nos movimentos revolucionários de 1831, revelando, então, sua faceta antidemocrática e conservadora.

Durante a Regência, Bernardo Pereira de Vasconcelos, à semelhança de outros liberais, tornou-se cada vez mais conservador. Sua conversão custou-lhe caro. Às vésperas da abdicação do imperador, Vasconcelos era um líder popular, um porta-voz do povo, aclamado por este. Dez anos mais tarde, em 1840, a multidão apedrejou sua casa. O herói de outrora tornara-se, aos olhos do povo, um inimigo execrado.

Respondendo àqueles que o acusavam de ter traído os princípios liberais, Vasconcelos justificou-se perante a Câmara dos Deputados em 1838:

> Fui liberal, então a liberdade era nova no país, estava nas aspirações de todos, mas não nas leis, não nas ideias práticas; o poder era tudo; fui liberal. Hoje, porém, é diverso o aspecto da sociedade: os princípios democráticos tudo ganharam e muito comprometeram; a sociedade que até então corria risco pelo poder, corre agora risco pela desorganização e pela anarquia. Como então quis, quero hoje servi-la, quero salvá-la e por isso sou regressista. Não sou trânsfuga, não abandono a causa que defendi no dia do seu perigo, de sua fraqueza, deixo-a no dia que tão seguro é o seu triunfo que até o excesso a compromete.[21]

Suas palavras receberam aplausos de alguns de seus antigos adversários políticos, Antônio Carlos e José Clemente Pereira, a quem outrora combatera e com quem agora se aliava na defesa de um liberalismo conservador, temendo os excessos dos grupos radicais. Desculpando-se por ter mudado de opinião, Antônio Carlos diria: "Peço a todos que metamos a mão na nossa consciência. Não teremos variado de opinião?". Razões teria para se pronunciar dessa forma o ex-revolucionário de 1817, republicano convertido em monarquista em 1822, fazendo oposição ao monarca em 1823

---

21 Ibidem, p.202.

DA MONARQUIA À REPÚBLICA

e acusado, em 1831, de conspirar pela sua volta. Antônio Carlos não fora o único a mudar de ideias diante das demandas democratizantes dos liberais radicais. A vitória dos moderados desse tipo depois da Abdicação significaria a derrota dos liberais de tendências radicais que tinham expressado suas aspirações nas agitações populares que abalaram a Regência desde seus primeiros dias.

O liberalismo radical dos primeiros anos da Regência

Durante o período inicial da Regência, os liberais radicais mantiveram alguns jornais que nos permitem reconstituir suas tendências e reivindicações. Representam eles um projeto de nação de cunho liberal-democrático que não chegou a se concretizar. Entre eles se destaca a *Nova Luz Brasileira*, periódico contundente aparecido em 9 de dezembro de 1829, de propriedade de Ezequiel Correia dos Santos e João Batista de Queiroz, farmacêutico, colaborador da Sociedade Federal. Silenciado pouco tempo depois, em 13 de novembro de 1831, e reaparecendo anos mais tarde, o jornal *Nova Luz Brasileira* expressava as aspirações de artesãos, comerciantes, farmacêuticos, soldados, ourives, representantes da pequena burguesia e das camadas populares urbanas, indignadas com o crescente monopólio do comércio pelos ingleses, hostis aos tratados de comércio que haviam beneficiado os comerciantes e industriais estrangeiros em detrimento do artesanato e do pequeno comércio nacionais, chegando até a sugerir a sua anulação numa linguagem violentamente nacionalista e demonstrando seu descontentamento em ruidosas manifestações populares.[22] No seu radicalismo, fazem-nos lembrar os *sans-culottes* da Revolução Francesa. Sua apaixonada retórica frequentemente expressa o desejo de reabilitar velhas instituições e resistir a mudanças. Com esse intuito atacam impiedosamente as elites brasileiras e as instituições que elas haviam criado.[23]

---

22 *Nova Luz Brasileira*, 27 de setembro de 1831.

23 Para uma listagem de outros jornais radicais do período, ver Nelson Werneck Sondré, *A história da imprensa no Brasil*. São Paulo, 1956. Sobre a *Nova Luz Brasileira*, Otávio Tarquínio de Souza, *Fatos e Personagens em torno de um Regime*, Rio de Janeiro, 1957, p.243.

A *Nova Luz* combatia os privilégios dos "aristocratas" – a quem responsabilizava pela nova política econômica e aos quais acusava de apoiarem o *regímen* absolutista. Reivindicava a divisão de terras, uma espécie de reforma agrária: o "Grande Fanteusim Nacional". Recomendava ao governo que fizesse um cadastro de terras e um inventário de bens para acabar com o "disfarçado feudalismo brasileiro" para extinguir os "sesmeiros aristocratas" e impedir que o povo continuasse escravizado. Condenava a escravidão e a discriminação racial, chegando a propor a emancipação dos escravos com a sua adstrição à terra pelo prazo de trinta anos. Sugeria também a abolição do cativeiro dos filhos de escravas. Pleiteava ainda a elegibilidade para todos os cargos e condenava o absolutismo e os privilégios da realeza. Sonhava com uma federação democrática nos moldes norte--americanos, embora, em nenhum momento, fizesse profissão de fé republicana, mantendo-se fiel ao ideal de uma monarquia constitucional representativa. Defendia, no entanto, um conceito *sui generis* de monarquia eletiva que o editor da *Nova Luz Brasileira* dizia inspirado em Silvestre Pinheiro Ferreira, um dos autores mais citados no jornal ao lado de teóricos ingleses, principalmente Bentham.

Considerando a anarquia "um mal de sua natureza efêmero e que ordinariamente conduz a um bem maior", a *Nova Luz* fazia a apologia da revolução. Tratava-se de uma revolução que visava sobretudo destruir "o poder aristocrático". Num dos artigos, dizia que a *Nova Luz Brasileira* acreditava que se devia excluir da eleição "a gente hipócrita e ambiciosa, aristocrata, gente que só acha razão nos ricos capitalistas e poderosos, por mais malvados e ladrões que sejam". Para combater a "aristocracia", chegava a sugerir, em 27 de novembro de 1831, o sequestro dos bens do barão do Rio da Prata, Vilela Barbosa, Baependi e dos conselheiros de Estado.[24]

Outro tema constante dos radicais nessa fase era a aliança entre a "aristocracia" brasileira e a Santa Aliança. Os "aristocratas" eram apontados como defensores do absolutismo. Num de seus números, o *Jurujuba dos Farroupilhas*, outro jornal radical da

---

24 *Nova Luz Brasileira*, p.207, 246, 428, 651, 697, 807, 911, 957. *O Jurujuba do Farroupilha*, agosto de 1831, principalmente p.12, 26 ss.

DA MONARQUIA À REPÚBLICA   153

época, criticava os "desprezíveis aristocratas que vendem o Brasil e sua liberdade à má política e à má influência europeia",[25] acentuando que o povo composto de "farroupilhas não se vende como os capitalistas de chinelo à Santa Aliança". Para os radicais desse período, a história era a história da luta entre os grandes e poderosos e o povo oprimido. Essa ideia aparece expressa várias vezes nos textos da época. A *Nova Luz Brasileira* atribuía os males do país à "gente de tom que enganou o povo, que traiu a pátria", criticando tanto a Feijó quanto a Evaristo da Veiga, pela orientação moderada e conservadora que assumiram.

As reivindicações democráticas e as críticas às elites feitas pelos radicais eram, por vezes, formuladas em termos de uma retórica cristã. O *Jurujuba* lembra em um de seus números que "farroupilha honrado e gente do agrado de Deus, por quanto nosso Redentor quando veio moralizar o mundo e dar-lhe liberdade escolheu os apóstolos e discípulos entre os farroupilhas de barco e rede como os da Jurujuba, desprezando a cáfila dos capitalistas malvados, de quem disse o divino Mestre: é mais fácil passar um camelo pelo fundo de uma agulha do que entrar um rico no reino do céu" (sic).

Os artigos da *Nova Luz* e do *Jurujuba* correspondiam às agitações ocorridas no Rio de Janeiro desde os primeiros meses da Regência, quando os liberais radicais do estilo de João Batista de Queiroz incitavam o povo a se levantar contra aqueles que os enganavam e traíam a pátria, ao mesmo tempo que lembravam aos soldados que eram cidadãos como os demais e que, como estes, deveriam se insurgir contra a postergação de seus direitos e reclamar o governo do povo pelo povo.[26] Esse apelo aos soldados não era mero artifício retórico. De fato, na época, muitos soldados mercenários regressavam da guerra na Cisplatina e estavam concentrando-se na cidade do Rio de Janeiro onde se uniam ao povo para protestar contra os aumentos dos preços de alimentos e a circulação de grande quantidade de moeda falsa. Em julho de 1831 houve motins no Rio e a tropa insurreta exigiu a dissolução da Câmara, a destituição do governo e a convo-

---

25 Ibidem, 30.9.1831.
26 *Nova Luz Brasileira*, janeiro, 1831.

cação de uma nova Constituinte. Houve quem chegasse a falar em República. Era, segundo Otávio Tarquínio de Souza, um movimento de soldados, não contando com o apoio de oficiais. Estes acabaram formando um batalhão dos Oficiais Voluntários da Pátria, os Bravos da Pátria, como os qualificou a *Aurora Fluminense*, batalhão que se destacou em várias repressões contra o que era chamado na época a "feroz oklocracia" (domínio da multidão). Em outras partes do país, tropas do governo também derrotaram os grupos radicais que tinham se levantado. Prenderam-se os líderes revolucionários, desmobilizaram-se muitos soldados e reduziu-se o exército permanente. A lei de 6 de junho de 1831 previa a criação de um sistema repressivo centralizado no Ministério da Justiça. O artigo 11º autorizava o governo a constituir milícias civis e a alistar, armar e empregar cidadãos com a condição de que fossem eleitores, o que denota o caráter classista da medida. A mesma lei atribuía ao governo a faculdade de suspender os juízes de paz "negligentes ou prevaricadores", dando assim margem a que o governo interferisse diretamente na vida política local através desse dispositivo. Diogo Feijó, então ministro da Justiça, ordenou ao chefe de polícia do Rio de Janeiro que distribuísse armas aos comerciantes interessados em manter a ordem, bem como a três mil cidadãos que preenchessem os requisitos de eleitores; em outras palavras, que dispusessem de renda anual de 200$000 ou mais. Essa foi a origem da Guarda Nacional, que viria a se tornar nas mãos do governo uma arma política a ser usada contra a oposição.[27]

O *Matraca dos Farroupilhas*, outro jornal radical, comentando na linguagem pitoresca do tempo as medidas tomadas pela regência, denunciava que o "farroupilhíssimo padre Feijó *d'in illo tempore*" convertera-se no "herói dos Capitalistas de Rocha e Quartilho".[28] À semelhança de Bernardo de Vasconcelos, Evaristo

---

27 Otávio Tarquínio de Souza, *Diogo Antônio Feijó*. Rio de Janeiro, 1957, p.166; Paulo Pereira de Castro, A experiência republicana, 1831-1840. In: Sérgio Buarque de Holanda (Ed.) *História geral da civilização brasileira*: Brasil monárquico, v.2, p.16; Alcir Lenharo, *As tropas da moderação*. São Paulo, 1919.

28 Idem, op. cit., p.20.

DA MONARQUIA À REPÚBLICA

da Veiga, Andrada e Silva e muitos outros, o ultraliberal Feijó assumiu uma posição cada vez mais conservadora diante da agitação popular.

Reprimidos os levantes, Feijó afirmou que "o brasileiro não foi feito para a desordem, que o seu natural é o da tranquilidade e que ele não aspira outra coisa além da constituição jurada, do gozo de seus direitos e de sua liberdade" – afirmação que, se bem que desmentida muitas vezes pelos fatos, tornou-se uma das crenças que, juntamente com o mito da democracia racial e da benevolência das elites brasileiras, vieram a constituir o núcleo da mitologia social que perdurou até o século XX.

Apesar das medidas repressivas de Feijó e de seus comentários otimistas, a luta entre liberais radicais e moderados em vias de se converterem em conservadores não havia terminado. Se bem que severamente reprimidos, os radicais não estavam totalmente derrotados. Suas exigências de descentralização encontraram eco na Câmara dos Deputados e foram dados alguns passos nessa direção, com a aprovação do Código de Processos e do Ato Adicional.

O Código de Processos, aprovado em 29 de novembro de 1832, configurava-se como um dos principais instrumentos da descentralização. Tornava a autoridade judiciária independente do poder administrativo, submetendo-a à eleição. Estendia a jurisdição criminal à competência dos juízes de paz, também eleitos. O promotor, o juiz municipal e o juiz de órfãos – que até então tinham sido nomeados pelo governo central – passaram a ser escolhidos a partir de uma lista tríplice proposta pela Câmara Municipal. O Código também conferiu amplos poderes ao júri. Nesse sentido, o Código de Processos foi uma conquista dos liberais radicais. Mas, nem bem aprovado o Código, já se cogitava na Assembleia de anular a autonomia local recém-concedida e de restringir o seu caráter democrático. A concessão liberal e democratizante provocara uma reação conservadora, que acabou por prevalecer alguns anos mais tarde com a aprovação da lei de 1841 que reviu o Código de Processos, restringindo o poder dos juízes eletivos e ampliando a área de influência dos representantes do governo no poder judiciário e policial – revisão perfeitamente coerente com o espírito do liberalismo regressista que imperava nessa fase.

Da mesma forma, os projetos liberais dos primeiros dias da Regência – autonomia municipal, extinção do Poder Moderador e do Conselho de Estado, veto imperial sujeito a contraste do legislativo, supressão do conselho de Estado, Senado renovável na terça parte a cada legislatura, transformação dos Conselhos Provinciais em Assembleias Legislativas Provinciais, autonomia financeira das províncias, discriminação de rendas públicas nacionais e provinciais – não se realizariam plenamente. Muitas dessas reivindicações provenientes da Câmara dos Deputados, onde os liberais radicais tinham maior representação, cairiam por terra no Senado, reduto dos elementos mais conservadores.

Da luta entre liberais radicais, de um lado, e moderados e conservadores, de outro, resultaria o Ato Adicional de 1834, forma conciliatória encontrada temporariamente pelos vários grupos em jogo. Concordou-se com a supressão do Conselho de Estado, mas mantinham-se a vitaliciedade do Senado e o Poder Moderador. Os Conselhos Provinciais foram transformados em Assembleias Legislativas, aprovaram-se a discriminação de rendas e a divisão dos poderes tributários, mas rejeitou-se a autonomia municipal, mantendo-se os municípios subordinados ao governo provincial. Por sua vez, o presidente da província seria nomeado pelo governo central. Se bem que fosse produto de uma conciliação entre conservadores e liberais, ou talvez por isso mesmo, assim que o Ato Adicional foi aprovado, já se cogitava de revê-lo.

Até certo ponto, o Código de Processos e o Ato Adicional representavam uma vitória dos setores mais liberais. Mas nem bem aprovados, foram criticados por aqueles que temiam que a autonomia local viesse a reduzir seu poder e que estavam ansiosos por eliminar as concessões que haviam feito sob pressão. O clima de desordem persistente em diversas partes do país reforçava seus propósitos. As eleições de 1836 – nas quais votaram menos de seis mil pessoas num total de três milhões – deram a vitória aos conservadores e marcaram o começo do que se chamou o regresso.

A essa altura, o desenvolvimento das plantações de café nos arredores do Rio de Janeiro havia fortalecido a base parlamentar dos conservadores. Os produtores de café haviam estabelecido uma aliança com os proprietários de engenho de açúcar no Nor-

DA MONARQUIA À REPÚBLICA

deste e junto com os grupos exportadores e importadores tinham conseguido assumir o controle do governo central. O crescimento das importações minava ainda mais a posição dos pequenos comerciantes e artesãos que haviam constituído as bases dos movimentos radicais no Rio e em outras cidades portuárias.

Vitória do liberalismo regressista

Em 1840, com a esperança de que a coroação do segundo imperador traria paz à nação, o Parlamento decidiu outorgar maioridade ao príncipe, que tinha na ocasião apenas quatorze anos de idade. Ao mesmo tempo, aprovaram-se várias leis conservadoras que fortaleceram o poder do governo central. Os juízes de paz continuaram sendo eleitos, mas perderam várias de suas atribuições, que passaram para a polícia e para os juízes nomeados pelo governo central. Diminuiu-se também a jurisdição dos jurados, ao mesmo tempo que se ampliou a dos juízes. O mesmo sentimento conservador inspirou mudanças na organização da Guarda Nacional. Os oficiais eleitos foram substituídos por militares nomeados pelo governo. A Guarda Nacional, em vez de servir principalmente os interesses das elites locais, converteu-se em instrumento do governo central. Finalmente, foram restabelecidos o Conselho de Estado e o Poder Moderador, que haviam sido suspensos durante a menoridade do imperador Pedro II. Essas medidas representaram um retrocesso em relação ao Código de Processos e ao Ato Adicional e conferiram ao governo central e às elites nacionais um poder que jamais haviam tido.[29]

Contrariamente às expectativas das elites, entretanto, a ascensão de Pedro II ao trono em 1840 não pacificou o país. Por mais de dez anos, a nação foi abalada por levantes em diferentes

---

29 Ver *Coleção das Leis do Brasil*, anos 1840 e 1841. Um relato interessante dos acontecimentos que precederam o golpe de 1840 pode ser encontrado em Tristão de Alencar Araripe, Aurelino Leal, *O golpe parlamentar da maioridade*. Brasília, 1978. Para o significado da reforma jurídica, ver Thomas Flory, *Judge and Jury in Imperial Brazil*: The Social and Political Dimensions of Judicial Reforms, 1822-1848. Ph. D. University of Texas, Austin, 1975; Jeanne Berrence de Castro, *A milícia cidadã*: a Guarda Nacional, de 1831 a 1850. São Paulo, 1977.

EMÍLIA VIOTTI DA COSTA

regiões. Uma onda revolucionária varreu o Norte e o Nordeste entre 1837 e 1848 (Sabinada, Balaiada, Cabanagem, Praieira), e entre 1835 e 1845 a província do Rio Grande do Sul enfrentou uma devastadora guerra civil (Farrapos). Em 1842, irromperam revoluções em Minas Gerais e em São Paulo. Todos esses movimentos revolucionários eram indicadores das resistências que o governo imperial tinha de superar para estabelecer a sua hegemonia.[30]

De 1831 a 1848, a retórica liberal radical continuou a ser usada pelos líderes revolucionários para justificar a rebelião. Em Pernambuco, o vocabulário político dos revolucionários revelava matizes socialistas, que lembravam Fourier, Lacordaire e Louis Blanc, mas o tom predominante era liberal. Federalismo, sufrágio universal, liberdade de expressão, garantia de direitos individuais, abolição do Poder Moderador, separação dos poderes, extinção do recrutamento militar, nacionalização do comércio e reforma agrária eram temas que apareciam constantemente na imprensa radical. O discurso liberal continuava a expressar aspirações diversas e por vezes contraditórias. No entanto, a maioria das pessoas que aderiram aos movimentos revolucionários não agiu movida por razões ideológicas. Os motivos eram bastante pragmáticos e concretos. As elites locais protestavam contra a perda de poder e as intrusões do governo central em suas comunidades; irritavam-se com a substituição de autoridades escolhidas pelo voto por outras designadas pelo governo; reclamavam da arrecadação de novos impostos; opunham-se à intervenção do governo central nas eleições locais e o seu controle sobre a iniciativa privada. Os artesãos e comerciantes nativos protestavam contra o crescente monopólio do comércio por estrangeiros favorecidos por tratados comerciais. Os homens do campo e as populações urbanas mais pobres rebelavam-se contra o recru-

---

30 *Autos dos Inquéritos da Revolução de 1842 em Minas Gerais*. Brasília, 1979; Odilon Nunes, *Pesquisas para a História do Piauí*. Rio de Janeiro, 1975, 8v., v.3; Manuel Correia de Andrade, *Movimentos nativistas em Pernambuco*: Setembrada e Novembrada. Recife, 1971; Felisbelo Freire, *História de Sergipe*. 2.ed. Petrópolis, 1977; F. A. Pereira da Costa, *Cronologia histórica do Estado do Piauí*. 2.ed. Rio de Janeiro, 1974; Moacyr Flores, *Modelo político dos Farrapos*: as ideias políticas da Revolução Farroupilha. Porto Alegre, 1978; Izabel Andrade Marson, *Movimento Praieira, imprensa, ideologia e poder político*. São Paulo, 1980.

DA MONARQUIA À REPÚBLICA 159

tamento militar forçado e o aumento do preço de alimentos. Os soldados amotinavam-se porque não se lhes pagava o soldo. Conflitos raciais e de classe, tensões entre ricos e pobres, estrangeiros e naturais da terra, brancos e pretos; recusa por parte das elites regionais em se submeter ao governo do Rio de Janeiro, a luta pelo poder entre vários segmentos das elites no nível regional, todas essas razões motivaram os levantes que mantiveram o governo central em estado de permanente alerta por um período de cerca de vinte anos a partir da abdicação de Pedro I. Frequentemente, as linhas de conflito eram difíceis de ser traçadas em razão do sistema de clientela e patronagem que tornava aliados os mais improváveis companheiros.

Durante esses anos de luta foram tomando forma dois partidos políticos: o liberal e o conservador. Em teoria, cada um tinha um programa diferente. Durante os primeiros anos da Regência, liberais e conservadores usaram discursos diversos e pareciam estar batalhando por causas distintas. Os liberais eram federalistas, favoreciam a autonomia local, exigiam a abolição do Poder Moderador e do Conselho de Estado, opunham-se à vitaliciedade do Senado e à intromissão do governo na economia, eram favoráveis ao comércio livre, à liberdade de expressão e de culto. Defendiam o princípio de que o rei reina, mas não governa. Os conservadores defendiam a posição oposta: a centralização, o Poder Moderador, o Conselho de Estado, a vitaliciedade do Senado, a religião católica como religião de Estado e o princípio de que o rei reina e governa.[31]

A Conciliação

Na prática, no entanto, as divergências políticas não eram tão profundas quanto pareciam. Durante a Regência, o temor aos radicais havia aproximado liberais e conservadores, tornando suas diferenças cada vez menos relevantes. Quando os mo-

---

31 Américo Braziliense d'Almeida e Mello, *Os programas dos partidos e o Segundo Império*. São Paulo, 1978; José Murilo de Carvalho, *Elite and State Building in Imperial Brazil*. Ph. D. University of Stanford, 1974 (publicado em português com o título *A construção da ordem*: a política Imperial. Rio de Janeiro, 1980).

vimentos revolucionários foram finalmente subjugados e o aparelho do Estado reforçado, liberais e conservadores serviram juntos nos mesmos ministérios. Essa cooperação entre partidos, conhecida como a Conciliação, começou em 1852 e durou cerca de dez anos. Durante esse período, as palavras liberal e conservador converteram-se em meras etiquetas. Era voz corrente que nada parecia mais com um liberal do que um conservador. Uma vez no poder, os liberais se esqueciam das demandas que haviam feito quando na oposição. De outro modo, os conservadores no poder realizavam as reformas pelas quais os liberais tinham lutado. As etiquetas partidárias e as plataformas não tinham muito significado para a maioria dos políticos. No partido liberal havia indivíduos de tendências conservadoras, e entre os membros do partido conservador contavam-se alguns políticos cujas opiniões eram mais liberais do que as dos seus adversários. Ferreira Vianna, por exemplo, era uma importante figura do partido conservador. Ocupou cargo de deputado em várias legislaturas entre 1869 e 1889 e apresentava-se como um homem conservador, um homem – segundo ele – que em sua casa gostava de ter a jarra sempre no mesmo lugar para poder encontrá-la à noite. Mas apesar do seu alardeado conservadorismo, Ferreira Vianna era um grande crítico do poder do imperador, opunha-se à intervenção do Estado na economia e apoiava a autonomia local e das províncias.[32] Todos esses itens pertenciam à plataforma do partido liberal. Zacarias de Góes, uma das principais figuras do partido liberal e autor do famoso livro *Da natureza e limites do Poder Moderador*, no qual ele defendia a tese de que o rei reina, mas não governa, era um dos mais eloquentes defensores da Igreja no famoso conflito entre os bispos e o governo em 1874. Juntamente com seu adversário político, o conservador Ferreira Vianna, o liberal Zacarias de Góes serviu de advogado dos bispos no processo aberto contra eles pelo gabinete conservador comandado pelo barão do Rio Branco, principal inimigo dos bispos.[33]

---

32 Raymundo de Magalhães Jr., *Três panfletários*, p.218-75.

33 Sobre o conflito entre Igreja e Estado, ver George Boehrer, The Church in the Second Reign, 1840-1889. In: Henry Keith, S. F. Edwards (Ed.) *Conflict and Continuity in Brazilian Society*. Columbia, S. C., 1969, p.113-40; Mary Thorton, *The Church and Freemasonry in Brazil, 1872-1875*. Washington, 1948; Antonio Carlos Villaça, *A história da Questão Religiosa no Brasil*. Rio de Janeiro, 1974; Nilo Pereira, *Conflito entre Igreja e Estado*. Recife, 1976.

DA MONARQUIA À REPÚBLICA

Era comum encontrar liberais apoiando causas conservadoras e vice-versa, principalmente quando os assuntos em discussão eram altamente controversos, como a Questão Religiosa ou a Abolição da escravidão. Quando um projeto-lei propondo a emancipação das crianças nascidas de mãe escrava foi discutido no Parlamento, houve liberais e conservadores de ambos os lados, tanto a favor quanto contra. O mesmo sucedeu mais tarde quando se votou um projeto-lei que libertava os escravos que tivessem atingido a idade de sessenta anos.[34] Quando se discutiram no Parlamento as medidas contra os bispos que haviam desobedecido à Constituição que lhes proibia pôr em prática bulas papais sem a aprovação do governo, alguns liberais, como Nabuco, apoiaram o gabinete conservador, outros liberais – como Zacarias de Góes – apoiaram os bispos. Em nenhuma dessas ocasiões a disciplina partidária foi respeitada.

A divisão interna dos partidos e a falta de comprometimento ideológico ajudam a explicar a grande instabilidade dos gabinetes. Durante os 49 anos do reinado de Pedro II houve 39 gabinetes. Os dissidentes de um partido no poder frequentemente apoiavam a oposição e acabavam por contribuir para a derrubada de seu próprio partido do governo. De outro modo, quando as elites estavam de acordo a respeito de alguma questão política importante, o revezamento dos partidos políticos não fazia diferença fundamental.

Nas últimas décadas do Império, no entanto, com o aumento das diferenças sociais e econômicas e as crescentes divergências entre os vários segmentos das elites, o revezamento dos partidos tornou-se mais significativo. Mas, mesmo então, era possível a um liberal, como Martinho de Campos, líder de um gabinete que durou apenas seis meses em 1882, afirmar no seu discurso inaugural: "Hoje é que se pode dizer como o finado Visconde de Albuquerque – são duas coisas muito parecidas – um liberal e um conservador – e podia mesmo acrescentar-se um republicano, porque têm todos os mesmos ares de família. Vivemos às mil maravilhas na mesma canoa e não temos dificuldades

---

34 Sobre as votações, ver Robert Conrad, *The Destruction of Brazilian Slavery, 1850-1888*. Berkeley, 1972, p.301.

quanto às opiniões...".[35] Alguns meses mais tarde, Ferreira Vianna, comentando a semelhança entre os dois partidos, notava, no seu estilo irônico habitual, que fazia rir ao Parlamento: "a oposição de hoje diz o que dizia a oposição de ontem, atualmente no poder, para glorificar atos que condenara".[36] Machado de Assis, o grande romancista do século XIX, descreveu bem essa realidade quando fez que a esposa de um de seus personagens, cujo partido havia sido derrotado, aconselhasse o marido a mudar de partido e apoiar seus adversários políticos: "Você estava com ele como a gente está num baile, onde não é preciso ter as mesmas ideias para dançar a mesma quadrilha".[37] "Farsa", "comédia", "teatro" e "baile" foram termos usados com frequência pelos políticos para definir a política. "Estou cansado de representar nesta comédia política", exclamava Ferreira Vianna.[38] Suas palavras lembravam as de Sales Torres Homem, que, em uma carta ao futuro visconde de Ourem, confessava: "Perdi a saúde e também todas ilusões. Entretanto, acho-me pela segunda vez no Ministério, representando um papel no teatro das quimeras".[39]

A semelhança entre os dois partidos, o ar de família de que falava Martinho de Campos eram produtos da semelhança de suas bases sociais. No passado, alguns historiadores identificaram o partido liberal com grupos urbanos e o partido conservador com fazendeiros. Outros fizeram exatamente o oposto, notando laços entre os homens de negócios e os burocratas e o partido conservador e identificando o partido liberal com os interesses agrários. Ambas avaliações eram meras conjecturas baseadas em impressões pessoais e por isso provavelmente equivocadas, pois, dependendo da época, ser conservador ou liberal não significava necessariamente algo diverso. Mais recentemente, Murilo de Carvalho chegou à conclusão mais fundamentada de que os interesses agrários estavam igualmente representados nos dois partidos. Também notou que comerciantes

---

35 Barão de Javari, *Organizações e programas ministeriais*. 2.ed. Rio de Janeiro, 1962, p.196.

36 Raymundo de Magalhães Jr., *Três panfletários*, p.247.

37 Machado de Assis, *Esaú e Jacó*, p.181.

38 Raymundo de Magalhães Jr., *Três panfletários*, p.252.

39 Ibidem, p.42.

e burocratas encontravam-se em maior número no partido conservador e os profissionais liberais no partido liberal.[40] Essa categorização se esclarece quando nos lembramos de que o partido conservador esteve mais tempo no poder (26 anos, contra 13 dos liberais) e, portanto, teve mais oportunidade de exercer patronagem, o que explica a maior incidência de burocratas no partido conservador.

Considerando que tanto liberais como conservadores eram porta-vozes dos grupos sociais bastante semelhantes, não é de surpreender que a filiação partidária fosse geralmente mais uma questão de família e parentesco do que de ideologia. Até as últimas décadas do Império, a luta política era pouco mais que uma luta pelo poder entre facções lideradas pelas famílias mais prestigiosas. Isso não diminuía em nada a intensidade da competição política nem a paixão da disputa eleitoral. De fato, ambos os partidos recorriam a todo tipo de manobras políticas para manter-se no poder, e a fraude eleitoral era prática muito difundida. Na época de eleições, os gabinetes demitiam os funcionários e presidentes de província leais à oposição, criavam distritos eleitorais (paróquias) onde tinham amigos e aboliam os controlados pelos seus adversários. Perseguiam os que votavam na oposição, ameaçando-os com o recrutamento, enquanto recompensavam os aliados com empregos, promoções e sinecuras. O gabinete mobilizava a Guarda Nacional para intimidar a oposição, forçando os votantes a permanecerem em casa no dia da eleição. Quando tudo isso falhava, recorriam à violência. Os eleitores da oposição eram frequentemente expulsos das igrejas onde deveriam votar. As urnas eram roubadas e reapareciam recheadas com um número muito maior de votos do que se podia esperar dos eleitores registrados. Às vezes, até mesmo urnas eram trocadas.[41] Toda essa luta pelo poder, no entanto, tinha mais a ver com a competição entre facções do que com conflitos ideológicos fundamentais.

---

40 José Murilo de Carvalho, A composição social dos partidos políticos imperiais. *Cadernos do Departamento de Ciências Políticas da Universidade de Minas Gerais*, v.2, p.1-34, dez. 1974.

41 Barão de Javari, *Organizações e programas ministeriais*, p.84.

Ordem e Progresso: o fim da Conciliação e a volta do reformismo

Nas últimas décadas do Império a competição política adquiriu novo significado. O desenvolvimento econômico e as mudanças sociais que ocorreram no país a partir dos anos 50 trouxeram para a arena política novos grupos de interesse, tornando impossível manter a aliança entre os dois partidos. A Conciliação rompeu-se. Enquanto na primeira metade do século XIX os liberais tinham se tornado cada vez mais conservadores, na segunda metade, o movimento foi em direção oposta. Nos anos 60, um número crescente de políticos abandonou o partido conservador para aderir ao partido liberal. Esse foi o caso de Araújo Lima, marquês de Olinda, Nabuco de Araújo, Zacarias de Góes e Vasconcelos, marquês de Paranaguá, Sinimbu, e Saraiva. Justificando sua conversão, Nabuco de Araújo, que no passado fora um dos que apoiaram a Conciliação, disse que se convencera de que, em vez de lutar contra a crescente corrente democrática, o homem de Estado devia tentar guiá-la para que não fosse fatal à nação. Foi com esse espírito que Nabuco de Araújo e outros políticos conservadores que se haviam unido ao partido liberal fundaram a Liga Progressista em 1864, comprometendo-se com um programa de reformas.[42] A partir de então, a voz dos liberais se faria ouvir novamente e a sua retórica ganhou novo prestígio. Os liberais desencavaram velhos temas que haviam permanecido enterrados desde a revolução de 1848 em Pernambuco e voltaram a falar em nome do "povo". Nos seus discursos, a palavra povo aparecia frequentemente ao lado de outras expressões favoritas, tais como "progresso", "razão" e "ciência".

A declaração de guerra contra o Paraguai em 1864 forçou os liberais a adiar seu projeto. Mas, em 1868, a queda do ministério liberal e sua substituição por um ministério conservador desencadeou uma crise política de amplas proporções, culmi-

---

42 Para maiores detalhes, ver Joaquim Nabuco, *Um estadista do Império. Nabuco de Araujo, sua vida, suas opiniões, sua época*. São Paulo, 1936, 3v.; João Camillo de Oliveira Torres, *A democracia coroada*. Rio de Janeiro, 1957; Raymundo Faoro, *Os donos do poder*.

DA MONARQUIA À REPÚBLICA

nando num manifesto do partido liberal em favor da descentralização, da transformação do Conselho de Estado em órgão exclusivamente administrativo, da abolição da vitaliciedade do Senado, das eleições diretas, da extensão do direito de voto aos não católicos, da autonomia do judiciário, da criação de um sistema de educação independente do Estado, da secularização dos cemitérios, da liberdade religiosa e da emancipação gradual dos escravos. Apesar do tom reformista, o manifesto não satisfez os grupos mais radicais do partido e estes lançaram outro manifesto exigindo a abolição do Poder Moderador, da Guarda Nacional, do Conselho de Estado e da escravidão. Também exigiram eleições diretas, sufrágio universal, eleições para governadores provinciais e chefes de polícia.

Alguns meses mais tarde, um grupo de políticos, entre os quais alguns dissidentes do partido liberal, fundou um partido republicano. Seu manifesto pouco acrescentava aos dois anteriores. Limitava-se a denunciar que no Brasil a liberdade de consciência era anulada por uma Igreja privilegiada; a liberdade econômica era suprimida por uma legislação restritiva; a liberdade de imprensa ficava subordinada à discrição de funcionários do governo; a liberdade de associação dependia da aprovação governamental; a liberdade de educação era limitada pela inspeção arbitrária do governo; a liberdade individual era ameaçada pela prisão, pelo recrutamento, pela Guarda Nacional, e o indivíduo era privado até mesmo da garantia do *habeas corpus*.[43] Após repetir demandas incluídas nos manifestos liberais, os republicanos sugeriam a criação de uma Assembleia Constituinte com poderes para mudar o sistema de governo.

Uma análise desses três documentos revela que, excetuando-se as diferenças óbvias entre republicanos e monarquistas, todos tinham os mesmos objetivos: minar as estruturas de poder que sustentavam as oligarquias tradicionais, limitar a influência

---

43 Reynaldo Carneiro Pessoa, *A ideia republicana no Brasil através dos documentos*. São Paulo, 1973, p.37-62. Para um estudo do partido republicano, ver George Boehrer, *Da Monarquia à República*. História do Partido Republicano no Brasil, 1870-1889. Rio de Janeiro, 1954; José Maria dos Santos, *Bernardino de Campos e o Partido Republicano Paulista*: subsídios para a História da República. Rio de Janeiro, 1960; Murilo de Carvalho, *A construção da ordem*.

do governo no setor privado e incrementar a autonomia provincial. Apenas a facção radical do partido liberal propunha a imediata abolição da escravidão.

O programa de reformas respondia ao sentimento crescente de insatisfação entre vários setores da sociedade. Ele dirigia-se às classes médias, principalmente ao setor profissional e burocrata, cansado das incertezas da patronagem política, e aos empresários e negociantes oprimidos pelos regulamentos do governo. Falava também aos militares que durante a Guerra do Paraguai (1864-1870) tinham ficado mais coesos e mais conscientes das deficiências do Exército brasileiro e mais hostis à interferência dos civis. Falava ainda a nova geração de políticos que via no programa de reformas um veículo para a sua ascensão ao poder. Intelectuais encontraram na campanha reformista novas fontes de inspiração e um público cativo. O programa reformista também atraía a algumas elites regionais, particularmente em São Paulo, Pará, Pernambuco e Rio Grande do Sul. O desenvolvimento econômico desigual, a crescente competição por subsídios governamentais, os conflitos de interesse em relação a políticas imigratórias, a abolição da escravatura e tarifas e empréstimos tinham tornado alguns setores das elites conscientes das desvantagens da centralização.

Tão universalmente reconhecida era a necessidade de reformar o Estado que até mesmo os conservadores se sentiram obrigados a apoiar algumas reformas, principalmente depois que o imperador se manifestou publicamente em favor delas.[44] O ministério conservador do barão do Rio Branco (1871-1875) assumiu a responsabilidade de promovê-las. Considerando o seu desempenho histórico, não é de espantar que um gabinete conservador realizasse reformas propostas por liberais, se bem que moderasse o seu escopo de forma a torná-las aceitáveis às suas bases. Mais surpreendente é o partido liberal ter tomado o poder em 1878, depois de dez anos de ostracismo político, e não ter empreendido as reformas que havia proposto quando estava na oposição.

---

44 D. Pedro II, *Conselhos à Regente*. Introdução de J. C. de Oliveira Torres. Rio de Janeiro, 1958; *Falas do Trono desde o ano de 1823 até o ano de 1889*. São Paulo, 1977.

Em 1889, quando o líder do ministério liberal, o visconde de Ouro Preto, apresentou seu programa ao Parlamento,[45] as reformas que ele propôs soaram muito familiares aos ouvidos dos que o escutaram. O ministro propôs a abolição da vitaliciedade do Senado, a redução do Conselho de Estado a um órgão exclusivamente administrativo, a eleição das autoridades municipais, a escolha dos presidentes e vice-presidentes de província entre os mais votados nas eleições, sufrágio universal, liberdade de culto, reforma do sistema de educação a fim de estimular a iniciativa privada – todas essas sugestões que haviam figurado no programa do partido liberal por mais de vinte anos nunca tinham sido postas em prática porque os políticos pertencentes ao partido liberal tinham hesitado, tanto quanto seus opositores do partido conservador, em promover reformas que poderiam vir a enfraquecer seu poder. Para muitos, a proposta de reformas não passava de puro artifício retórico.

A relutância das elites que estavam no poder em promover as reformas propostas pelo visconde de Ouro Preto resultou no golpe militar de 1889 que derrubou a Monarquia. Os liberais revelaram-se incapazes de realizar o programa de reformas que haviam proposto. Ironicamente, com exceção da Abolição, que foi aprovada em 1888, as reformas só foram implementadas depois que os republicanos se aliaram aos militares e derrubaram o regime monárquico.

A incapacidade dos liberais brasileiros de realizar os ideais do liberalismo transcende a política. Ela atinge o âmago da cultura e da sociedade. Ideologicamente, os liberais estavam comprometidos com um programa que, se implementado plenamente, reduziria o papel da patronagem. Mas os políticos eram criaturas da patronagem e seus manipuladores. A sociedade brasileira estava permeada de alto a baixo pela prática e pela ética da patronagem. Durante todo o Império, os liberais, como os demais membros das elites brasileiras, tinham sido basicamente conservadores e antidemocráticos. Seu alvo fora sempre conciliar a ordem com o progresso, o *status quo* com a modernização. Com exceção da Abolição, a maioria das reformas propostas pelos

---

45 Barão de Javari, *Organizações e programas ministeriais*; ver também *APBCD*, 11 de junho de 1889.

liberais tinha sido exclusivamente política e não alterava as estruturas econômicas e sociais mais profundas, nem incrementava a participação popular na vida política da nação. A reforma eleitoral de 1881, considerada por muitos uma conquista democrática, não acarretou a expansão do eleitorado. De fato, o número total de eleitores diminuiu. O único efeito que a reforma eleitoral teve foi dar mais peso ao voto urbano, pois, de acordo com a lei, os eleitores tinham de ser alfabetizados – condição mais fácil de ser satisfeita nas cidades. Nenhuma reforma que os liberais realizaram eliminou o conflito profundo entre a retórica liberal e o sistema de patronagem que marcava suas vidas e suas carreiras.

Os valores associados ao liberalismo: valorização do trabalho, poupança, apego às formas representativas de governo, supremacia da lei e respeito pelas Cortes de justiça, valorização do indivíduo e da sua autonomia, a crença na universalidade dos direitos do homem e do cidadão, todos esses dogmas típicos do credo liberal tinham dificuldade em se afirmar numa sociedade escravista que desprezava o trabalho manual, cultivava o ócio e a ostentação, favorecia os laços de família, afirmava a dependência, promovia o indivíduo em razão de seus laços de parentesco e amizade em vez de seus méritos e talentos como rezava a Constituição, instituía o arbítrio, fazia da exceção a regra e negava os direitos do homem e do cidadão à maioria da população. As elites brasileiras não podiam ignorar que o liberalismo nada tinha a ver com a realidade vivida por milhões de brasileiros. Mas atribuíam essa deficiência ao atraso. Imaginavam que nos países "civilizados" as práticas liberais seguiam de perto a teoria. Enquanto na França e na Inglaterra os liberais que se sentiram ameaçados pelas reivindicações populares começavam a criticar o liberalismo, e alguns até mesmo chegaram a pôr em dúvida a sua eficácia, no Brasil, o liberalismo continuava a funcionar como utopia, uma promessa a ser cumprida. Apontava-se para a distância entre o país real e a teoria liberal, criticava-se a sua prática, mas não suas premissas.

Foi a esperança de que a promessa poderia ser cumprida que nos anos 70 inspirou a crítica às instituições, crítica essa que expressava uma crença ingênua na capacidade redentora do progresso, da ciência e das reformas institucionais. Desiludidos com

DA MONARQUIA À REPÚBLICA

a prática do liberalismo no Brasil (mas não com a teoria), muitos reformistas do fim do Império encontraram no positivismo a sua fonte de inspiração.[46] Em Comte eles buscaram as justificativas ideológicas para pôr em prática um programa que visava reduzir o Estado a mero guardião da ordem social e, ao mesmo tempo, conciliar a ordem com o progresso. O respeito de Comte pelas liberdades civis, sua defesa da liberdade de culto, de associação, de opinião, seu apoio à livre iniciativa, seu respeito pela hierarquia social exerciam uma grande atração entre aqueles que endossaram o programa liberal, em 1868, e o republicano, em 1870. As ideias de Comte relativas à família – que ele considerava a unidade básica da sociedade –, suas noções sobre o papel da mulher agradavam a homens que viviam numa sociedade em que a ideologia patriarcal predominava entre as elites. A crítica de Comte às elites tradicionais tornava suas ideias ainda mais atraentes aos olhos das novas gerações.

Enquanto o liberalismo continuava a ser uma utopia para as elites, para a grande maioria da população brasileira enredada num sistema de patronagem e clientelismo, o liberalismo não era senão retórica vazia. Por isso o liberalismo no Brasil não chegou a ter o efeito mascarador que chegou a ter em outros países. Não se tornou hegemônico. Essa função foi desempenhada pela ética da patronagem. Estabelecendo relações verticais definidas em termos de favores recíprocos entre indivíduos das classes dominantes e os das classes subalternas, a patronagem ocultou tensões entre raças e entre classes (com exceção, evidentemente, das relações entre senhores e escravos). Através da patronagem, indivíduos de talento, pertencentes às classes subalternas, eram cooptados pelas elites. Atrás de cada *self-made man* havia sempre um padrinho para lembrá-lo de que não teria sido bem-sucedido por sua própria conta. Essa experiência era resumida num ditado popular: "Quem não tem padrinho, morre pagão". No sistema de clientela e patronagem os políticos não eram vis-

---

46 João Camillo de Oliveira Torres, *O positivismo no Brasil*. Petrópolis, 1964; João Cruz Costa, *O positivismo na República*. Notas sobre a História do Positivismo no Brasil. São Paulo, 1956; Robert Nachman, Positivism, Modernization and the Brazilian Middle Classes, *HAHR*, v.57, p.1-23, fev. 1977; Ivan Lins, *História do positivismo no Brasil*. São Paulo, 1964.

tos como representantes do povo, mas como padrinhos. O Estado aparecia como distribuidor de benesses e os direitos do cidadão, como concessões ou privilégios. O sistema de patronagem baseada em lealdades pessoais e troca de favores implicava a subserviência do eleitorado ao chefão local, a conivência das Cortes de justiça com as classes dominantes, o sistemático desrespeito pela lei e a legitimação do privilégio.

A coexistência da ética da patronagem com a ética liberal reproduzia, no nível ideológico, a experiência de pessoas vivendo numa sociedade em que o capitalismo se desenvolveu dentro de uma rede de patronagem. Traduzia também as contradições dessa forma híbrida de burguês-aristocrata (*bourgeois gentilhomme*), característico das elites imperiais brasileiras – um indivíduo que vivia no Brasil com os olhos na Europa, "que tinha um olho no lucro e outro na etiqueta"; que se utilizava de escravos para produzir para o mercado internacional; e que dependia da reprodução de estruturas arcaicas para incrementar o processo de acumulação de capitais.

As contradições entre a ética do liberalismo e a ética da patronagem tornaram possível aos brasileiros avaliar o liberalismo da perspectiva da patronagem e a patronagem da perspectiva do liberalismo, o que conferiu às ideologias uma relativa transparência. Nada melhor para definir a especificidade do liberalismo no Brasil do século XIX do que uma frase de Machado de Assis: "No Brasil a ciência política acha um limite na testa do capanga".[47]

---

47 Machado de Assis, Crônicas (1878-1888). In: *Obras completas*, v.4, p.10.

CAPÍTULO 4

POLÍTICA DE TERRAS NO BRASIL E NOS ESTADOS UNIDOS[1]

A política de terras e a de mão de obra estão sempre relacionadas e ambas dependem, por sua vez, das fases do desenvolvimento econômico. No século XIX, a expansão dos mercados e o desenvolvimento do capitalismo causaram uma reavaliação das políticas de terras e do trabalho em países direta ou indiretamente atingidos por esse processo. O crescimento da população, as migrações internas e/ou internacionais, os melhoramentos nos meios de transporte, a concentração populacional nos centros urbanos, o desenvolvimento da indústria e a acumulação de capital estimularam a incorporação da terra e do trabalho à economia comercial e industrial. Consequentemente, houve uma expansão das áreas cultivadas para fins comerciais e uma redução da agricultura de subsistência. Nos lugares onde a terra tinha sido explorada apenas parcialmente, a expansão do mercado provocou a intensificação do uso da terra e do trabalho, resultando frequentemente na expulsão de arrendatários e meeiros

---

1 Trabalho apresentado com o título "The Brazilian Land Law of 1850 and the Homestead Act of 1862", na reunião anual da LASA, Wisconsin, 1972. Traduzido do inglês por Marco Aurélio Nogueira e Regina Maura N. B. Bruno.

ou na expropriação das pequenas propriedades e das terras comunitárias. Parte da população que antigamente se dedicava à economia tradicional foi absorvida como trabalhador assalariado nas fazendas comerciais. Outra parte migrou para as cidades. Onde a terra virgem era disponível, houve uma expansão das fronteiras e novas áreas passaram a ser utilizadas, aumentando a demanda de trabalho agrícola. Essa necessidade foi sentida mais intensamente em áreas onde a oferta de trabalho era inelástica. Como resultado desse processo, os significados atribuídos à propriedade da terra mudaram.

A fim de regularizar a propriedade da terra de acordo com as novas necessidades econômicas e os novos conceitos de terra e de trabalho, diversas leis importantes foram decretadas em diferentes países durante o século XIX. O ritmo da mudança, entretanto, variou de um país para outro e, dentro dos limites de um mesmo país, de uma região para outra, de acordo com o grau e a intensidade com que o desenvolvimento da economia industrial e comercial afetou essas áreas. Um estudo comparativo do *Homestead Act* de 1862, que regulamentou a política de terras nos Estados Unidos,[2] e a Lei de Terras de 1850 no Brasil[3] dá margem a que se analise a relação entre a política de mão de obra e a política de terras em duas áreas em que o desenvolvi-

---

2 Eric Foner, *Free soil, free labor, free men*: the ideology of the Republican Party before the Civil War. New York: Oxford Univ. Press, 1970; Malcolm J. Rohrbough, *The land office business*: the settlement and administration of american public lands, 1789-1837. New York: Oxford Univ. Press, 1968; Howard W. Ottoson (Ed.) *Land use policy and problems in the United States.* Lincoln, Neb.: Univ. of Nebraska Press, 1963; Roy M. Robbins, *Our landed heritage*: the public domain, 1776-1936. Lincoln, Neb.: Univ. of Nebraska Press, 1962; Harry N. Schreiber, *United States Economic History.* Selected readings. New York: Alfred A. Knopf, 1964; Henry Nash Smith, *Virgin land*: the American West as symbol and myth. New York: Harvard Univ. Press, 1950.

3 Warren Dean, Latifúndio and land policy in nineteenth-century Brazil, *Hispanic American Historical Review*, v.51, n.4, p.606-26, set. 1971; Ruy Cirne Lima, *Pequena história territorial do Brasil.* Sesmarias e terras devolutas. 2.ed. Porto Alegre, 1954; Brasil Bandecchi, *Origens do latifúndio no Brasil.* São Paulo, 1963; Alberto Passos Guimarães, *Quatro séculos de latifúndio.* São Paulo, 1964 (nova edição, Rio de Janeiro, 1976); José Marcelino Pereira de Vasconcelos, *Livro de Terras.* Rio de Janeiro, 1860.

DA MONARQUIA À REPÚBLICA

mento do capitalismo assumiu formas diferentes e conduziu a políticas opostas.

A Lei de Terras decretada no Brasil em 1850 proibia a aquisição de terras públicas através de qualquer outro meio que não fosse a compra, colocando um fim às formas tradicionais de adquirir terras mediante posses e mediante doações da Coroa. Tanto os que obtiveram propriedades ilegalmente, por meio da ocupação, nos anos precedentes à lei, como os que receberam doações, mas nunca preencheram as exigências para a legitimização de suas propriedades puderam registrá-las e validar seus títulos após demarcar seus limites e pagar as taxas – isso *se* tivessem realmente ocupado e explorado a terra. O tamanho das "posses" (terra adquirida por meio da ocupação) foi limitado pela lei: elas não podiam ser maiores do que a maior doação feita no distrito em que se localizavam. Os produtos da venda das terras públicas e das taxas de registro das propriedades seriam empregados exclusivamente para a demarcação das terras públicas e para a "importação de colonos livres". Criou-se um serviço burocrático encarregado de controlar a terra pública e de promover a colonização: a Repartição Geral das Terras Públicas.[4]

Uma leitura dos debates parlamentares revela um conflito entre duas diferentes concepções de propriedade da terra e de política de terras e de trabalho – concepções estas que representavam uma maneira moderna e outra tradicional de encarar o problema. O conflito entre esses dois diferentes pontos de vista reflete a transição, iniciada no século XVI, mas concluída apenas no século XX, de um período no qual a terra era concebida como domínio da Coroa, para um período no qual a terra tornou-se de domínio público; de um período no qual a terra era doada principalmente como recompensa por serviços prestados à Coroa, para um período no qual a terra é acessível apenas àqueles que podem

---

4 *Anais do Parlamento Brasileiro.* Câmara dos Srs. Deputados. Ano de 1853, tomo 11, p.348 ss.

explorá-la lucrativamente; de um período no qual a terra era vista como uma doação em si mesma, para um período no qual ela representa uma mercadoria; de um período no qual a propriedade da terra significava essencialmente prestígio social, para um período no qual ela representa essencialmente poder econômico. A mudança de atitudes em relação à terra correspondeu à mudança de atitudes em relação ao trabalho: escravidão e certas formas de servidão foram substituídas pelo trabalho livre.

No começo da colonização, a terra era vista como parte do patrimônio pessoal do rei. A fim de adquirir um lote de terra, tinha-se que solicitar uma doação pessoal. A decisão do rei para a concessão do privilégio era baseada na avaliação do pretendente, o que implicava considerar seu *status* social, suas qualidades pessoais e seus serviços prestados à Coroa. Desta forma, a aquisição de terras, apesar de regulamentada pela lei, derivava do *arbitrium* real e não de um direito inerente ao pretendente. Por volta do século XIX, o conceito foi modificado. A terra tornou-se domínio público, patrimônio da nação. De acordo com a Lei de Terras de 1850, a única maneira de se adquirir terra era comprando-a do governo, o qual atuaria como mediador entre o domínio público e o provável proprietário. A relação pessoal que anteriormente existia entre o rei e o pretendente transformou-se numa relação impessoal entre o Estado e o pretendente. Em vez de ser uma dádiva pessoal concedida pelo rei segundo as qualidades pessoais do indivíduo, a terra podia ser obtida por qualquer pessoa com capital suficiente. Quando a terra era uma doação real, o rei tinha o direito de impor certas condições, regulamentando seu uso e sua ocupação e limitando o tamanho do lote e o número de doações recebidas por pessoa. Quando a terra tornou-se uma mercadoria adquirida por indivíduos, as decisões concernentes à sua utilização passaram a ser tomadas por esses mesmos indivíduos.

Na primeira fase, a propriedade da terra conferia prestígio social, pois implicava o reconhecimento pela Coroa dos méritos do beneficiário. Na segunda fase, a propriedade da terra representa prestígio social porque implica poder econômico. No primeiro caso, o poder econômico derivava do prestígio social; no segundo, o prestígio social deriva do poder econômico.

DA MONARQUIA À REPÚBLICA

O processo de transição de uma concepção tradicional da terra para uma concepção moderna teve início no século XVI, sob o impacto da revolução comercial, e continuou por todo o século XIX. Após a Independência, esse processo se acelerou, principalmente em virtude das modificações que ocorreram nas estruturas econômicas e sociais em resposta à expansão do mercado internacional. A extensão e a velocidade dessa transição dependeram do grau em que a sociedade foi permeada pelos valores capitalistas.

Durante esse processo de mudança, as oposições teóricas aqui mencionadas foram frequentemente obscurecidas pela realidade concreta; coexistiram atitudes contraditórias ante a terra e o trabalho. A terra, por exemplo, era concedida àqueles que serviam à Coroa, mas ao mesmo tempo a Coroa exigia que ela fosse doada somente àqueles que tinham capital para explorá-la. Durante o período colonial, a propriedade rural significava prestígio social, mas também poder econômico; mais tarde, no século XIX, a terra passou a significar, essencialmente, poder econômico: poder econômico este que, no entanto, poderia eventualmente trazer prestígio social. A ambiguidade frequentemente encontrada na realidade concreta não nega, entretanto, a validade da estrutura teórica geral, como tentaremos demonstrar.

O Brasil colonial foi organizado como uma empresa comercial resultante de uma aliança entre a burguesia mercantil, a Coroa e a nobreza. Essa aliança refletiu-se numa política de terras que incorporou concepções rurais tanto feudais como mercantis. A legislação relativa à propriedade da terra estava baseada na política rural de Portugal, que era ainda essencialmente medieval. Os agentes da Coroa na colônia foram autorizados a doar terras a todos os que desejassem nelas se estabelecer, segundo seus méritos. Essas doações eram consideradas favores pessoais e não podiam ser herdadas. Aqueles para os quais a terra era doada tinham apenas o usufruto: a propriedade era reservada à Coroa.[5]

---

5 Manuel Diegues Júnior, *População e propriedade de terra no Brasil*. Washington, D. C.: União Pan-Americana, 1959, p.14.

Muito breve, entretanto, a política de terras sofreu algumas modificações. As restrições à herança foram abolidas quando se tornou óbvio que a Coroa tinha de aumentar seus favores a fim de atrair povoadores para a colônia. Em meados do século XVI, a política de terras foi redefinida, refletindo os crescentes interesses comerciais da Coroa. O ponto culminante foi o Regimento de Tomé de Souza, de 1548, na ocasião de sua nomeação como primeiro governador geral do Brasil. As instruções por ele recebidas da Coroa declaravam que a terra para a construção de engenhos de açúcar podia ser doada a qualquer pessoa que pudesse provar ter recursos para explorá-la e construir fortificações. Foi também declarado que a terra não poderia mais ser doada indiscriminadamente, para qualquer pessoa que pudesse utilizá-la. Além disso, o número de doações foi limitado a um lote por pessoa. Era evidente nessas proibições a intenção da Coroa de evitar concentrar a terra nas mãos de poucos, para impedir a criação na colônia de uma nova ordem feudal. As expectativas da Coroa, entretanto, foram frustradas. Os proprietários de engenho tenderam a acumular terra não somente para assegurar o fornecimento de cana para seus engenhos, mas também porque a propriedade da terra concedia prestígio social. A fim de aumentar suas propriedades, recorreram a vários expedientes, adquirindo doações em nome de membros de suas famílias ou de amigos. Desta forma, foram bem-sucedidos em acumular terras além de satisfazer suas necessidades imediatas de produção, uma vez que naquela época o mercado internacional tinha uma capacidade limitada de absorver seus produtos.

Em virtude de não ser toda a terra utilizada para fins comerciais, o proprietário podia manter um certo número de arrendatários e meeiros, que moravam nas áreas menos férteis de sua propriedade, dedicando-se à economia de subsistência, caçando, pescando e eventualmente trabalhando na *plantation*. O costume de permitir que arrendatários e meeiros morassem nas fazendas criou uma rede de relações pessoais nas quais o proprietário funcionava como mediador entre os arrendatários, os meeiros e a Coroa, com a propriedade da terra sendo a base de seu poder. Uma vez que os homens livres não eram suficientemente numerosos para suprir a força de trabalho requerida pela plantação, e uma vez que os nativos se mostraram "incompetentes" para o trabalho na fazenda, os proprietários recorreram aos escravos africanos. O poder que o proprietário tinha sobre seus escravos e sobre os homens livres que viviam na periferia da grande fazenda era o que conferia prestígio social. Assim, apesar de ser o lucro o motivo principal da economia, o controle sobre os homens e sobre a terra era mais importante para definir o *status* social do proprietário do que a acumulação de capital.

Entretanto, como a terra virgem era disponível em grande quantidade, todas as pessoas que penetravam nas regiões do interior – áreas sem nenhum valor comercial – podiam controlar um pedaço de terra, desde que fossem capazes de enfrentar os índios e de sobreviver na selva. Assim, durante o período colonial, a terra podia ser adquirida tanto por meio da ocupação como por doação real. Mas, desde que a terra pertencia ao patrimônio real, a ocupação significava violação da propriedade real e não podia ser legitimada – exceto por concessão. Os proprietários de engenho, os fazendeiros e todos os outros envolvidos na economia comercial estavam interessados em adquirir direitos sobre a terra e geralmente recorriam às doações. A ocupação era mais típica do colono que não tinha capital para comprar escravos, construir engenhos e participar da economia comercial: em outras palavras, do colono que estava limitado à economia de subsistência. A terra podia também ser adquirida por compra ou herança.

Assim, durante todo o período colonial, a disponibilidade de grandes extensões de terra tornou-a acessível àqueles que não tinham condições de participar da economia comercial, permitindo-lhes sobreviver no âmbito da economia de subsistência. A organização da colônia como uma base comercial do século XVI não implicou a supressão da economia de subsistência, que sobreviveu não apenas nas áreas das *plantations*, como também era típica no restante do país.

O sistema de relações sociais que emergiu do poder dos grandes proprietários rurais sobre os homens livres e os escravos e a importância da economia de subsistência explicam a sobrevivência das concepções tradicionais da terra.

O desenvolvimento de outros setores da economia durante o período colonial não implicou, de outro modo, uma modificação fundamental na política da terra e do trabalho, que era típica das áreas de cana-de-açúcar. Os pressupostos gerais que guiavam essa política no século XVI sobreviveram até o século XIX.

Na época da Independência, a doação de lotes, característica da política de terras coloniais, foi abolida, e até 1850, quando a Lei de Terras foi decretada, a ocupação tornou-se a *única* forma de obter terra (exceção feita da compra ou herança). Tal fato criou uma situação anárquica no sistema da propriedade rural, uma vez que os direitos dos ocupantes não foram reconhecidos pela lei. As "posses" resultantes da ocupação aumentaram de forma incontrolável e os posseiros acumularam grandes extensões de terra cujos limites eram vagamente definidos por acidentes geográficos naturais: um rio, uma queda d'água, uma encosta. Apesar de essas propriedades não possuírem estatuto legal, elas eram compradas, vendidas e avaliadas à vontade. A situação agravou-se com a expansão das *plantations* em razão da crescente demanda de produtos tropicais no mercado internacional. No século XIX, o café, que não tinha sido importante no período colonial, tornou-se o mais importante produto da economia brasileira, suplantando o açúcar. A cada ano, novas áreas foram ocupadas pelos fazendeiros de café, que sentiam agudamente a necessidade de legalizar a propriedade da terra e de obter trabalho, particularmente naquela época, quando a forma tradicional de obter trabalho – a escravidão – estava sendo ameaçada por forte oposição conduzida pela Inglaterra.

A caótica situação da propriedade rural e os problemas da força de trabalho impeliram os setores dinâmicos da elite brasileira a reavaliar as políticas de terras e do trabalho. A Lei de Terras de 1850 expressou os interesses desses grupos e representou uma tentativa de regularizar a propriedade rural e o fornecimento de trabalho, de acordo com as novas necessidades e possibilidades da época.

O assunto foi discutido pela primeira vez no Conselho de Estado em 1842 e um projeto de lei formulado pelo Conselho foi apresentado à Câmara dos Deputados no ano seguinte. O projeto baseava-se nas teorias de Wakefield e inspirava-se na suposição de que, numa região onde o acesso à terra era fácil, seria impossível obter pessoas para trabalhar nas fazendas, a não ser que elas fossem compelidas pela escravidão. A única maneira de obter trabalho livre, nessas circunstâncias, seria criar obs-

DA MONARQUIA À REPÚBLICA   179

táculos à propriedade rural, de modo que o trabalhador livre, incapaz de adquirir terras, fosse forçado a trabalhar nas fazendas. Portanto, os tradicionais meios de acesso à terra – ocupação, formas de arrendamento, meação – seriam proscritos. Toda terra que não estivesse apropriadamente utilizada ou ocupada deveria voltar ao Estado como terras públicas. Essas terras seriam vendidas por um preço suficientemente alto para dificultar a compra de terras pelos recém-chegados. Com o dinheiro acumulado pela venda das terras, o governo poderia subsidiar a imigração, trazendo europeus para o Brasil para substituir os escravos nas fazendas. Assim, o problema da força de trabalho seria resolvido. O projeto foi elaborado tanto para regularizar a situação daquelas propriedades que tinham sido ilegalmente adquiridas, como também, ao mesmo tempo, para estender o controle governamental sobre as terras em geral. Um Imposto Territorial, baseado no tamanho da propriedade, foi também proposto, para forçar o uso produtivo da terra e fornecer rendimentos para subsidiar a imigração.[6]

A análise dos argumentos contrários e favoráveis ao projeto de lei revela com grande clareza as diferentes concepções de terra e de trabalho que existiam na época. Aqueles que defendiam o projeto salientavam que ele eliminaria a disparidade existente entre o excesso de terra e a escassez de trabalho, que tinha contribuído, segundo eles, para a redução do preço da terra.[7] A venda das terras públicas por um preço relativamente alto e a criação de um Imposto Territorial teriam várias consequências positivas: primeiro, forçando os novos colonizadores a trabalharem por algum tempo nas fazendas, daria a eles a oportunidade de se ajustarem ao novo ambiente antes de começarem seus próprios empreendimentos. Os proponentes do projeto argumentavam que a experiência tinha mostrado que os imigrantes, cujas passagens haviam sido pagas pelos fazendeiros, frequentemente deixavam a fazenda, seduzidos pela perspectiva da propriedade. Eles

---

6 *Anais do Parlamento Brasileiro.* Câmara dos Srs. Deputados, Rio de Janeiro, 1843. Daqui por diante citado como APBCD. Vários debates encontram-se nas páginas 349, 380, 389, 401, 664, 669, 709, 716, 742, 745, 756, 767, 801, 829, 840, 853, 862, 871.
7 APBCD, 1843, pt. 2, II, p.390, 401.

necessitavam de capital, eram incapazes de obter trabalho e, o pior de tudo, muitos careciam da experiência necessária para viver no novo ambiente. Nada sabendo a respeito do solo, do clima e da produção para a subsistência, eles estavam morrendo "de pobreza num país de abundância",[8] nas palavras de um dos deputados. Assim, o sistema tradicional, que permitia que os imigrantes comprassem terras a preços baixos, ou a obtivessem por meio de doações, era mau não só para o proprietário rural, mas também para os colonos.

Os homens que falavam a favor do projeto insistiam, em segundo lugar, que a venda a alto preço das terras públicas forneceria fundos para o governo fomentar a colonização. O aumento dos preços da terra tornaria mais desejável o uso produtivo do solo. A necessidade de financiar despesas mais altas com a terra estimularia um uso mais intenso e efetivo do solo. Assim, desta forma, colocar-se-ia um fim no latifúndio improdutivo, que eles consideravam um dos males do país.

Um deputado enfatizou que, como resultado do tradicional sistema de doar terras (*sesmarias*), a maior parte das terras assim distribuídas não tinha sido demarcada ou explorada, pois, como ele acentuou, aqueles que obtiveram doações somente desejavam ostentar a terra que possuíam e não estavam interessados em cultivá-la. Em virtude da natureza gratuita das doações e da facilidade com que os títulos de propriedade eram conseguidos, a terra não representava riqueza.[9] Aqueles que a exploravam não estavam interessados em usá-la racionalmente. Não tinham o espírito da inovação. Não tentavam diversificar a produção, mas cultivavam um produto até a exaustão do solo, mudando-se, então, para outras áreas em busca de terra virgem. Os legisladores esperavam que, com o aumento dos preços da terra, o sistema de produção melhoraria, tornando-se mais eficiente, auxiliando a eliminar a monocultura e forçando os proprietários a desistirem de seus hábitos rotineiros e a procurarem melhores métodos.[10]

---

8 APBCD, 1843, 2, II, p.390.
9 Ibidem, p.389, 390.
10 Ibidem.

DA MONARQUIA À REPÚBLICA

A lei também colocaria um fim em outro "vício" que corrompia a economia e a sociedade: qual seja, o grande número de arrendatários que moravam na periferia das grandes fazendas à custa do proprietário, trabalhando somente dois ou três dias por semana e passando o resto do tempo vadiando, caçando, pescando e, às vezes, até mesmo conspirando contra os proprietários.[11] Exigindo a demarcação de todas as propriedades e sujeitando todos os títulos ao registro, a lei também legitimaria a propriedade, terminando com as disputas de terra que contaminavam a sociedade e facilitando a compra e a venda de terras.[12]

Finalmente, a concentração da propriedade territorial resultante das vendas das terras públicas tornaria mais fácil criar um sistema de estradas e ferrovias, facilitando para mais pessoas o acesso ao mercado.[13]

Todos os defensores do projeto insistiam que, subjacente a esses argumentos particulares, estava o fato de que a lei criaria condições para que o fazendeiro obtivesse trabalho livre para substituir os escravos, cujo fornecimento estava ameaçado pela iminente interrupção do tráfico negreiro. É óbvio que, para eles, a nova política de terras tinha como um de seus objetivos resolver o torturante problema da força de trabalho.

A oposição ao projeto veio essencialmente dos homens que representavam os arcaicos setores da economia. Era claro para eles que o projeto servia unicamente aos interesses dos fazendeiros do Rio, de São Paulo e de Minas (a terra do café). A maioria deles ainda acreditava que a escravidão era a melhor forma de trabalho numa sociedade de *plantations* e era pessimista quanto à possibilidade de substituir escravos por imigrantes livres. Eles estavam também desconcertados pela crescente interferência do governo central na vida do país e queriam garantir a independência das autoridades locais. Os oponentes consideravam absurdo dificultar o acesso à terra num país onde a maioria da terra ainda devia ser ocupada. Alguns deles, realmente, recomendaram a adoção de uma política oposta: doação de terra para imigrantes como um meio de atraí-los.[14] A política de proibir aos

---

11 Ibidem, p.380.
12 Ibidem, p.349, 742, 746.
13 Ibidem.
14 Ibidem, p.390.

estrangeiros adquirir terras era apropriada – argumentavam – para um país como a Inglaterra, onde a terra disponível era insuficiente para as necessidades da população, mas não para um país no qual a terra era abundante. Suas perspectivas em relação ao problema da imigração diferiam das perspectivas dos defensores do projeto. Para os oponentes, a questão não era suprir os fazendeiros de trabalho, mas colonizar o país. Eles viam os imigrantes como agentes da civilização. O projeto, conforme era compreendido, parecia obstruir o processo de civilização.

Outras objeções foram levantadas contra o projeto, de ambos os lados. Uma questão que uniu muitos dos que apoiavam o projeto e todos os que a ele se opunham foi a criação do Imposto Territorial. Tão forte foi a oposição à taxa que ela foi eliminada do projeto final. Deputados de ambos os lados também criticavam o plano de limitar o tamanho das propriedades, mas não foram bem-sucedidos em eliminá-lo completamente da lei. Muitos resistiram até mesmo à exigência de fazer uma avaliação da terra, argumentando que o país não dispunha de especialistas para executar essa incumbência e que medir e demarcar a propriedade seria muito dispendioso, reduzindo a lucratividade da propriedade rural.[15] Mas esse aspecto também foi conservado na lei.

Se olharmos mais de perto o projeto de lei e os argumentos daqueles que o defenderam na Câmara dos Deputados, torna-se óbvio que os legisladores queriam fomentar o desenvolvimento do sistema de *plantation*, que constituía a base da economia brasileira. Eles estavam dispostos a dar ao governo o poder para controlar a terra e o trabalho, apenas para assegurar o sucesso da economia do tipo *plantation*. Em relação à terra, o governo não era visto como um proprietário, mas como um representante do povo, de quem derivava seu poder para controlar a terra e o trabalho. De acordo com as modernas ideias de lucro e produtividade, os legisladores procuraram forçar o proprietário rural a usar a terra de uma maneira mais racional. Conscientes da necessidade de um novo tipo de trabalho para substituir o escravo, eles recorreram à imigração como fonte de trabalho. Finalmente, su-

---

15 APBCD, 2, II. Ver em particular os debates durante a sessão de 28 de junho de 1843. E também p.857, 863, 868.

DA MONARQUIA À REPÚBLICA

pondo que num país onde a terra era disponível em grandes quantidades o imigrante poderia se tornar proprietário rural em vez de trabalhar numa fazenda, eles tentaram tornar mais difícil o acesso à terra, a fim de forçar os imigrantes a trabalharem nas fazendas.

Tanto nos Estados Unidos como no Brasil, a política rural estava ligada a uma certa concepção de trabalho. Mas, enquanto a Lei brasileira de 1850 dificultava a obtenção de terra pelo trabalhador livre, o *Homestead Act* de 1862, nos Estados Unidos, doava terra a todos os que desejassem nela se instalar. Usando velhos argumentos em favor da pequena propriedade – argumentos estes que estavam enraizados na experiência histórica dos primeiros colonizadores – e recorrendo a novos argumentos derivados das condições criadas pelo desenvolvimento no século XIX, o *Homestead Act* refletia, em 1862, o impacto da imigração, da urbanização e da industrialização sobre a sociedade americana.

O projeto foi inicialmente (1842) defendido por deputados sulistas interessados na expansão para o Oeste. Estes retiraram seu apoio quando se tornou claro que a expansão em direção ao Oeste implicaria trabalho livre. Para os representantes do Norte e do Oeste, que defendiam o projeto, terra livre e trabalho livre eram conceitos inseparáveis.[16]

O conflito entre os que defendiam e os que se opunham ao *Homestead Act* pode ser visto como um conflito entre diferentes concepções de terra e de trabalho, mas também como um conflito entre o Norte e o Sul, entre o empresário e o grande proprietário rural, entre o capitalismo industrial e o capitalismo comercial.

Os que apoiavam o *Homestead Act* recorreram a vários argumentos. Disseram que o Ato aumentaria o número de agricultores independentes, pondo um fim à concentração da terra nas mãos de poucos. "Não é na face de um vasto domínio territorial, mas no seio da indústria que o Pai da Humanidade despeja os

---

16 Foner, op. cit.

mais preciosos frutos da terra", disse um deputado,[17] expressando os sentimentos dos que achavam que a grande propriedade era essencialmente um deficiente sistema de explorar a terra. Em resposta aos que se opunham ao projeto referindo-se ao exemplo da Inglaterra, um deputado salientou, em 1852, que a situação nos Estados Unidos e na Inglaterra era completamente diferente. A política inglesa concentrava a propriedade nas mãos de umas poucas famílias abastadas, enquanto nos Estados Unidos o ideal era distribuí-la entre aqueles que iriam cultivá-la. Disse ele, referindo-se às terras,

> Nós desejamos vê-las possuídas e ocupadas pelos senhores do solo, o soberano povo deste país. A teoria britânica defende que cada acre de terra naquele país tem seu proprietário; e que existe uma hierarquia regida do mais humilde colonizador que cultiva o solo até ao rei. O título descende da Coroa. Sua política é preservar uma deleitada aristocracia da terra, cuja política é manter-se em estado de guerra contra os melhores interesses deste país.[18]

Dez anos depois, outro congressista disse, em linguagem quase idêntica: "Ao invés de possessões baroniais, deixem-nos facilitar a proliferação das propriedades independentes. Deixem-nos manter a enxada nas mãos do proprietário". Acrescentando: "Na minha opinião, a política de distribuir as terras públicas de maneira a aumentar o número de agricultores independentes, de propriedades seguras e independentes, descentralizando e difundindo a riqueza da nação, é, realmente, de importância primordial, vital para a estabilidade básica da República".[19]

Para aqueles que pensavam em tais termos, a pequena propriedade era a fonte do desenvolvimento econômico e da estabilidade política, e a concentração da terra, a origem da inquietação social.

---

17 O *Congressional Globe* contém os debates e as Atas da Segunda Sessão do Trigésimo Sétimo Congresso, Washington, 1862, p.1031. Daqui por diante citado como CG, 37, II, 1862.

18 O *Congressional Globe* contém os debates e as Atas da Primeira Sessão do Trigésimo Segundo Congresso, v.XXIV, pt.II, Washington, 1862, p.1183. Daqui por diante citado como CG, 32, II, 1852.

19 CG, 37, II, 1862, 1031.

DA MONARQUIA À REPÚBLICA   185

Eles também esperavam que o *Homestead Act* pusesse um fim à especulação da terra, que acreditavam ser a responsável pela manutenção de grandes áreas inexploradas. Segundo eles, o sistema de leilões, preempções (precedência na compra de terrenos públicos) e doações sempre tinha favorecido a acumulação da terra nas mãos de especuladores, à custa daqueles que realmente queriam cultivá-la. A especulação de terras e o monopólio de grandes extensões de terras incultas eram contrários aos interesses do governo. De acordo com um deputado, a prática de vender grandes lotes de terra para não residentes e especuladores tinha retardado o crescimento e o melhoramento do Oeste mais do que qualquer outra coisa. O *Homestead Act* traria a maior quantidade possível de terra pública para o cultivo real.[20]

A concessão de terras atrairia milhares de imigrantes da Europa. Entre o povo oprimido na Europa havia milhões "com braços fortes e almas corajosas",[21] que alegremente desempenhariam a tarefa de cultivar a terra, mas que não tinham o dinheiro necessário para comprá-la. Para os que viviam nas povoadas favelas urbanas, o Ato criaria uma oportunidade de migrar para o Oeste "antes que eles se tornassem viciados", e lhes tornaria possível ganhar a vida em honestos empreendimentos.[22]

Aos que argumentavam contra o projeto por considerarem a terra adquirida pelo governo uma fonte de crédito público, os defensores do projeto respondiam que eram as terras cultivadas por particulares, e não as terras virgens controladas pelo governo que forneciam a melhor forma de crédito público.[23] Um acre de terra cultivada tinha o valor de dois acres de terra não cultivada,[24] argumentou um deputado. Outro insistiu que "não existe verdadeira riqueza exceto o trabalho dos homens".[25] Por que querem jurisdição sobre terras improdutivas, perguntou um dos defensores do projeto aos membros da oposição, "se é apenas o

---

20 CG, 37, II, 1862, 1033.
21 CG, 37, II, 1862,1034; CG, 32, II, 1852, 1277.
22 CG, 32, II, 1852, 1022.
23 CG, 37, II, 1862, 1034.
24 CG, 37, II, 1862, 1034.
25 CG, 32, II, 1852, 1280, 1858.

homem quem constitui a força, o poder e a glória de um Estado?".[26] Os que assim pensavam asseguravam que o crédito público baseava-se na riqueza e na prosperidade em geral, as quais dependiam essencialmente da disponibilidade de trabalho. A ocupação e a exploração das concessões de terra aumentariam a produção e o consumo; consequentemente, os rendimentos governamentais.

Em resumo, os agricultores que ocupassem as terras em consequência do *Homestead Act* aumentariam as importações e exportações; novos empregos seriam criados em decorrência da expansão da economia e o Estado se beneficiaria com isso; os efeitos do trabalho do agricultor seriam sentidos em toda a sociedade.

Os argumentos da oposição eram fracos. Eles temiam que, em vez de cultivar a terra de seus proprietários, os arrendatários então trabalhando nos Estados do Atlântico migrariam em direção às novas áreas, prejudicando assim a economia existente. Por temerem que as portas dos asilos da Europa seriam abertas, espalhando sobre os Estados Unidos milhares de imigrantes indesejáveis, alguns sugeriram que o Ato se aplicasse apenas aos nativos americanos.[27] Também argumentaram que uma política de terras livres reduziria o valor da terra. Citando economistas ingleses, tentaram provar que uma política de terra barata prejudicaria a economia.[28]

O mais forte argumento contra o projeto apoiava-se no pretexto da inconstitucionalidade. Os oponentes argumentavam que o governo federal não tinha o direito de distribuir terra. Os Estados é que deviam decidir o destino da terra pública. "Vocês induzirão, à custa dos direitos de soberania e dignidade do governo do Estado, o povo dos Estados Unidos a considerar o Governo Federal como o único e exclusivo distribuidor de doações e prêmios?", perguntou um dos opositores do projeto.[29]

Os oponentes insistiram que as terras públicas constituíam a base do crédito governamental e que as vendas de terras eram

---

26 CG, 32, 11, 1852, 1313.
27 Robbins, op. cit., p.176.
28 CG, 32, II, 1852, 1173-1177.
29 CG, 32, II, 1852, 1277.

DA MONARQUIA À REPÚBLICA   187

a fonte de renda. Se essa fonte desaparecesse, novas taxas teriam de ser criadas ou as taxas existentes aumentadas. Reclamaram contra a crescente interferência do governo federal na economia em geral, condenando o Ato por estar ele apoiado na suposição de que era dever do governo controlar o trabalho e o capital. Baseando seus argumentos em dogmas liberais clássicos, insistiram que "os indivíduos administram seus próprios negócios melhor do que o governo" e que "a lei da oferta e procura rege o trabalho e as profissões da comunidade".[30]

Quando o projeto foi aprovado na Câmara em 1862, dezesseis deputados votaram contra e 117, a favor. Depois de muitos anos de debates, o projeto foi aprovado sem grande oposição. O país achava-se em guerra, e alguns dos que tinham se oposto ao projeto haviam deixado a Câmara. O *Homestead Act* tinha sido um dos princípios da plataforma republicana e enfrentara a oposição de diversos democratas; a divisão da Câmara durante os debates sobre o projeto, porém, parecia representar menos um conflito entre republicanos e democratas do que uma oposição entre dois grupos com diferentes concepções de terra e de trabalho. Um grupo representava o ponto de vista de um grande número de sulistas interessados em preservar o sistema de *plantation* e a escravidão. O outro grupo representava aqueles que estavam interessados em colonizar e explorar os recursos do Oeste com a ajuda dos pequenos proprietários livres.

Alguns dos argumentos usados pelos que defenderam o Ato estavam profundamente enraizadas na experiência colonial. O rompimento das estruturas social e econômica tradicionais pelo desenvolvimento comercial e industrial levou muitas pessoas a ver o presente como corrompido e a idealizar o passado, que viam como a idade do ouro da pequena propriedade. O "mito da pequena propriedade" (*myth of the garden*) tornou-se um poderoso suporte ideológico do *Homestead Act*.[31] Uma vez que a maioria dos valores associados a este mito era consoante com as necessidades da sociedade emergente, o mito tornou-se instrumental para aqueles interessados em promover o desenvolvimento.

---

30 Ibidem.
31 Smith, op. cit., p.227 ss.

A ideia da superioridade da pequena propriedade como forma de exploração da terra estava associada à ideia da dignidade do trabalho e à noção de que o trabalho é uma fonte de riqueza e confere direito à propriedade. A propriedade da terra era vista como uma fonte fundamental de todas as virtudes. O *yeoman* (camponês médio) era invocado como um símbolo de frugalidade, moralidade, diligência e independência. Assim, a pequena propriedade era considerada uma garantia da moralidade pública, da riqueza, da igualdade e da estabilidade política. Alguns desses conceitos estavam enraizados na ética puritana e na sociedade colonial e agrária da Nova Inglaterra. Mas ganharam novo significado na sociedade competitiva emergente.

Essa ideologia foi instrumental nos meados do século XIX. Ela sugeria a possibilidade de combinar o melhor de dois mundos: as vantagens da pequena propriedade e os benefícios da sociedade industrial.[32] Além disso, oferecia argumentos àqueles interessados em ocupar e explorar o Oeste e àqueles que tinham de enfrentar os especuladores que concentravam em suas mãos grandes quantidades de terras inexploradas.

A necessidade de expansão para o Oeste resultou de um complexo conjunto de forças: urbanização, industrialização, imigração, acumulação de capital e ampliação do mercado interno e do mercado internacional. Aos olhos dos novos grupos empresariais, o Oeste era um campo para investimento de capital, um mercado potencial para seus produtos manufaturados e um celeiro para os crescentes centros urbanos do Leste e para o mercado internacional. À medida que os investimentos eram canalizados em direção ao Oeste, para aquisição de terra, para construção de estradas, ferrovias e canais, e novas áreas eram povoadas, os investidores e os novos colonizadores interessados no desenvolvimento do Oeste uniram-se àqueles que defendiam o *Homestead Act*.

As terras virgens eram também vistas como uma válvula de escape para a tensão e a inquietação crescentes nos centros urbanos –, tensão e inquietação estas que ameaçavam a nova sociedade industrial, periodicamente sacudida por depressões econô-

---

32 Foner, op. cit., p.37.

micas. Nessa sociedade crescentemente competitiva, a solução para os problemas da pobreza urbana e do desemprego não parecia ser nem a caridade, nem as greves, mas sim a migração para o Oeste.[33] As nascentes organizações trabalhistas e os partidos de trabalhadores fizeram da terra livre um assunto político. O trabalho livre e a terra livre pareciam uma panaceia para os males da sociedade do Leste.

De outro modo, a ocupação do Oeste por pequenos proprietários livres afetaria a balança do poder em favor dos Estados antiescravagistas. Desta forma, o *Homestead Act* encontrou também apoio entre aqueles que se opunham à escravidão, especialmente nos últimos anos da década de 1850 e nos primeiros da década de 1860, quando as hostilidades entre os proprietários de escravos e o resto do país chegaram ao clímax. Aos olhos da burguesia do Leste, os seus mais acalentados valores (mobilidade social, desenvolvimento econômico e democracia política) pareciam ser violados nas áreas das *plantations*. A rotina e a rígida hierarquia social caracterizavam uma sociedade dominada por uma aristocracia de proprietários de escravos. O trabalho estava desmoralizado pela escravidão. O ócio, a preguiça, a ostentação imperavam no lugar do trabalho austero e da frugalidade. O *Homestead Act* criaria uma sociedade na qual os valores burgueses poderiam florescer.

Apesar de a ideologia que sustentava o *Homestead Act* enfatizar a superioridade do pequeno agricultor independente e o próprio Ato tencionar combater a monopolização da terra por especuladores, a economia encaminhava-se na direção oposta. A mecanização da agricultura, aumentando a dependência ante o crédito e o transporte, e a vulnerabilidade às oscilações do mercado – características da nova agricultura comercial – tornaram difícil a sobrevivência do pequeno proprietário livre e independente. Sem capital para obter equipamentos para suas fazendas e vivendo em terras relativamente inférteis e distantes

---

33 Ibidem, p.27.

dos meios de transporte, muitos agricultores foram forçados a se tornar arrendatários nas terras dos especuladores, que continuavam a monopolizar a melhor terra. A especulação da terra não cessou após o *Homestead Act*. Na realidade, o tradicional sistema de leilões, de vendas à vista e preempção, sobreviveu lado a lado com a nova política. A legislação referente às terras do deserto (*Desert Land Act*), às reservas florestais (*Timber Culture Act*), à madeira e aos minérios (*Timber and Stone Act*), as doações de terra para ferrovias e para os Estados, a política das terras indígenas, os atos que garantiam indenizações a ex-soldados ou a seus herdeiros, e o Ato da Escola Agrícola (*Agricultural College Act*) (que garantia milhões de acres para os Estados) facilitaram a monopolização da terra pelos especuladores, solapando o princípio da "terra para os sem-terras" que havia inspirado o *Homestead Act*.[34]

As expectativas de que o *Homestead Act* beneficiaria os pobres urbanos não foram satisfeitas. A maioria dos que receberam doações era composta ou de proprietários do Leste que decidiram mover-se para o Oeste, ou de imigrantes.

De certa forma, o *Homestead Act* – que resultou essencialmente da situação criada pela revolução industrial – era incongruente com as novas tendências da sociedade industrial.[35] As expectativas que fizeram emergir o "mito da pequena propriedade" correspondiam a um outro estágio do capitalismo e foram frustradas pelas novas tendências econômicas. Como disse um historiador, "o *Homestead Act* não foi a pedra inaugural de uma nova era democrática, mas o túmulo de uma era desaparecida".[36]

A adoção de uma nova política de terras tanto no Brasil como nos Estados Unidos resultou da expansão econômica. As estratégias contraditórias adotadas refletiram diferenças nas tendências sociais e econômicas.

---

34 Smith, op. cit., p.221 ss.
35 Paul Wallace Gates, The Homestead Act in an incongruous land system. In: Harry N. Schreiber, (Ed.) *United States Economic History*: selected readings. New York: Alfred Knopf, 1964, p.242.
36 Robbins, op. cit., p.209.

DA MONARQUIA À REPÚBLICA   191

No Brasil, por ser a exportação de produtos tropicais para o mercado internacional mais lucrativa na época da Independência, o sistema colonial de produção foi mantido. Nos Estados Unidos, mesmo antes da Independência, a *plantation* não era o único setor importante da economia. Após a Independência, os grandes proprietários rurais tiveram que dividir o poder com outros grupos, que se tornaram crescentemente poderosos graças ao desenvolvimento de novas formas de empreendimento no século XIX. A existência e a expansão de um mercado interno e a disponibilidade de capital favoreceram o desenvolvimento da indústria. Em 1848, havia nos Estados Unidos 123.025 manufaturas; vinte anos depois, o número tinha aumentado para 353.863. No Brasil, na década de 1870, o número de manufaturas ainda estava por volta apenas de duzentos. Nos Estados Unidos, em 1851, havia 8.886 milhas de ferrovias e, em 1861, 31.286 milhas. No Brasil, por volta desse período, a primeira ferrovia estava sendo construída. O número de bancos nos Estados Unidos aumentou de 85, em 1811, para 1.931, em 1860. No Brasil, havia apenas um punhado deles. De outro modo, a população dos Estados Unidos cresceu de 5.486.000, em 1800, para 33.188.000, na época do *Homestead Act*, enquanto no Brasil a população passou de 2.419.406, em 1808, para 7.677.800, em 1854. Mais significativa era a diferença no número de imigrantes que entraram em cada país: de 1820 a 1861, mais de cinco milhões de pessoas, provenientes principalmente da Europa, dirigiram-se para os Estados Unidos; até 1850, menos de cinquenta mil imigrantes entraram no Brasil.

A diversificação econômica e o crescimento populacional afetaram principalmente a região Nordeste dos Estados Unidos e provocaram dramáticas mudanças na estrutura social. O número de trabalhadores industriais aumentou de 957.059, em 1849, para 2.053.996, em 1869.[37] (Foi somente por volta de 1960 que o número de trabalhadores atingiu esse nível no Brasil.) Os setores de classe média (pequena burguesia) também se expan-

---

37 United States Department of Commerce, Bureau of the Census Historical. Statistics of the U. S. Colonial Times to 1957. Washington, 1960. Para o Brasil, T. Lynn Smith, *Brazil people and institutions*. Baton Rouge: Louisiana State Univ. Press, 1964 (ed. revista).

diram rapidamente. Os grupos empresariais tornaram-se mais poderosos, passando a investir capital em diferentes atividades: bancos, manufaturas, ferrovias, canais, melhorias urbanas, seguros etc. Numa sociedade com tantas oportunidades, o credo burguês parecia justificar-se. No Sul, entretanto, a manutenção da estrutura econômica tradicional conduziu, assim como no Brasil, à sobrevivência de uma mentalidade senhorial.

Enquanto a região Nordeste dos Estados Unidos modificava-se rapidamente, a estrutura social colonial sobrevivia no Brasil: trabalho escravo, sistema patriarcal e uma opressiva preponderância da população rural, com pequenos núcleos populacionais urbanos concentrados nos portos importantes. Foi somente entre os grupos urbanos que a crítica do latifúndio e do trabalho escravo se desenvolveu. Os levantes revolucionários importantes do período encontraram apoio entre os membros da pequena burguesia urbana – lojistas, artesãos, soldados, profissionais liberais. Estes foram a contrapartida brasileira dos *sans-culottes*. Opuseram-se à aristocracia da terra, foram a favor da abolição do tráfico de escravos e da reforma agrária. Foram também favoráveis à nacionalização do comércio.[38] Aliados a eles nessas questões estavam alguns poucos intelectuais e burocratas influenciados pelo Iluminismo e que não se identificam com a aristocracia da terra.

Os movimentos radicais foram reprimidos e os intelectuais e burocratas continuaram a publicar seus livros sem afetar a opinião pública. A nação estava firmemente controlada pelos grupos ligados à economia de exportação-importação: os grandes proprietários rurais, os comerciantes e os traficantes de escravos. Nessa sociedade, havia pouco lugar para o desenvolvimento da

---

38 Vários jornais da Regência expressam o ponto de vista desses grupos. Ver, por exemplo, *Nova Luz Brasileira*, Rio de Janeiro, 1831. Para o estudo dos intelectuais brasileiros que escreveram contra o latifúndio e a favor da abolição da escravidão na primeira metade do século XIX, ver, em particular, José Bonifácio de Andrada e Silva (Edgard Cerqueira Falcão (Ed.) *Obras científicas, políticas e sociais de José Bonifácio de Andrada e Silva*. São Paulo, 1965, 3v.); Frederico Leopoldo Cesar Burlamaque, *Memória analítica acerca do comércio de escravos...* (1973); João Severiano Maciel da Costa, *Memória sobre a necessidade de abolir a introdução dos escravos africanos no Brasil...* (Coimbra, 1821).

ideologia burguesa. O conceito de dignidade do trabalho, a crença no trabalho como fonte de riqueza e a fé na mobilidade social pareciam incongruentes, numa sociedade rigidamente hierárquica, onde o trabalho era identificado com a escravidão e a mobilidade social era limitada.

Os membros da elite brasileira assemelhavam-se, em alguns aspectos, aos fazendeiros sulistas do Velho Sul norte-americano, com a diferença essencial de que controlavam a nação. Retardaram tanto quanto puderam a abolição do comércio de escravos. A lei proibindo o tráfico, decretada em 1831 sob pressão inglesa, não foi obedecida até 1850, quando uma nova lei foi aprovada, novamente sob pressão da diplomacia britânica. Isso coincidiu com um período de grande expansão das plantações de café. Nessas circunstâncias, os latifundiários, cujos interesses estavam ligados às áreas em desenvolvimento, tiveram de recorrer ao tráfico interno de escravos. Diante da perspectiva de extinção da mão de obra escrava (que a lei de 1850 colocara), alguns fazendeiros começaram a se interessar pela imigração como alternativa para o problema de mão de obra. Não foi por acaso que a Lei de Terras de 1850 foi decretada no mesmo ano da lei que aboliu o comércio de escravos.

Enquanto os brasileiros tentavam criar dificuldades para o acesso à terra, a maioria dos novos grupos emergentes na região Nordeste dos Estados Unidos, com o apoio dos homens do Oeste, defendia o *Homestead Act*.[39] Faziam isso por diversas razões. Os grupos financeiros pensavam que a colonização e o desenvolvimento do Oeste criariam novas possibilidades para investir capital. Os industriais vislumbravam novos mercados. Os comerciantes esperavam um aumento na exportação e na importação. A classe média urbana, ou por ressentir-se das tendências vigentes ou por lamentar o "paraíso perdido", via no *Homestead Act* a promessa de uma vida melhor. Os trabalhadores esperavam que o Ato estimulasse um movimento populacional em direção ao Oeste, reduzindo o excesso de oferta de trabalho nas

---

39 O professor Morse sugeriu com muita inteligência e perspicácia que os brasileiros procuraram usar a política de terras como um "cinto de segurança", enquanto a América usou-a como uma "válvula de escape".

cidades. A partir do momento em que o problema da escravidão tinha dividido claramente a nação, muitos abolicionistas associaram a abolição à terra livre e também apoiaram o *Homestead Act*. Todos esses grupos contribuíram, de diferentes maneiras, para uma importante mudança de opinião a favor da lei. A oposição veio essencialmente dos especuladores da terra e dos sulistas ligados às formas tradicionais de economia e de propriedade da terra.

A modernização da política de terras tinha começado nos Estados Unidos na época da Independência, quando a venda das terras públicas foi adotada como maneira de obter rendimentos públicos. O sistema favorecia a concentração de grandes lotes da melhor terra nas mãos de especuladores. Muitos outros que não tinham capital suficiente para comprar terra ocuparam os terrenos públicos apesar das proibições legais. Muito frequentemente, aqueles que compravam terra não a ocupavam, e aqueles que a ocupavam não tinham condições de comprá-la. As leis de preempção tentaram legalizar a situação dos posseiros, dando-lhes permissão para comprar a terra que ocupavam e exploravam. Muitas doações foram feitas para aqueles que desejavam construir estradas, minerar ou dedicar-se a empreendimentos similares. Mas as melhores terras permaneceram nas mãos dos especuladores.

Tanto nos Estados Unidos como no Brasil, as divergências entre os que apoiavam a reforma da legislação da terra e os que eram contra ela parecem ter coincidido com as linhas programáticas dos partidos políticos. No Brasil, os conservadores tenderam a apoiar a Lei de Terras de 1850, enquanto os liberais a ela se opuseram.[40] Nos Estados Unidos, os republicanos incluíram a política de democratização da propriedade rural em sua plataforma, enquanto os democratas a ela se opuseram. Mas, em ambos os países, os motivos políticos pareciam menos relevantes do que os motivos econômicos e sociais. As diferentes posições sobre a questão da terra foram o resultado de conflitos entre os representantes dos setores mais dinâmi-

---

40 O professor Warren Dean considera que a Lei de Terras de 1850 foi essencialmente uma questão política que dividiu liberais e conservadores (Dean, op. cit., p.606, 625).

cos e progressistas da economia e os representantes dos setores mais arcaicos.[41]

O estudo dos debates que precederam a decretação da legislação rural em cada país mostra as ambiguidades e contradições que dividiram os grupos dominantes afetados diferentemente pelo avanço do processo de acumulação de capital. Esse estudo também revela que os participantes frequentemente enxergaram as novas realidades a partir de ângulos tradicionais. No rastro da modernização, o conservadorismo e a idealização do passado parecem ter tido papel tão importante quanto a utopia futurista. As tendências reais então presentes nem sempre foram claramente compreendidas e os propósitos e expectativas dos que contribuíram para a decretação das leis não foram completamente realizados. Ambas as leis, que foram o resultado da confrontação de várias tendências opostas e representaram as conflitantes visões do mundo de diversos grupos, estiveram aquém da concreta realidade da época.

---

41 Da mesma forma que o *Homestead Act*, a Lei de Terras de 1850, no Brasil, foi, em algumas circunstâncias, simplesmente desconsiderada. Os fazendeiros de café logo compreenderam que mesmo após a interrupção do tráfico de escravos poderiam obter força de trabalho mediante a compra de escravos das áreas economicamente decadentes do país. O tráfico interno substituiu o tráfico externo de escravos. Foi somente na década de 1880 que imigrantes foram introduzidos em grande número nas fazendas, essencialmente por meio da iniciativa privada (ver a análise da transição da escravidão para o trabalho livre em Emília Viotti da Costa, *Da senzala à colônia*. São Paulo: Ciências Humanas, 1982. Nova edição: São Paulo: Editora UNESP, 1998). De outro modo, a terra continuou a ser adquirida por ocupação sob a proteção de documentos forjados. Apenas após a Proclamação da República é que a política de terras foi revista.

CAPÍTULO 5

COLÔNIAS DE PARCERIA NA LAVOURA DE CAFÉ: PRIMEIRAS EXPERIÊNCIAS[1]

Com o objetivo de promover pouco a pouco a substituição do braço escravo na lavoura de café, recorreu-se, nos meados do século XIX, à colonização estrangeira, sob sistema de parceria. Pretendia-se, dessa maneira, conciliar fórmulas usadas nos núcleos coloniais de povoamento com as necessidades do latifúndio cafeeiro. Contava-se com a experiência dos núcleos coloniais de povoamento cuja criação desde a vinda da Corte de D. João VI para o Brasil tinha sido estimulada. A partir de então, havia-se rompido definitivamente com as tradicionais restrições à fixação de estrangeiros na colônia. Estimulava-se a vinda de imigrantes. Os objetivos dessa política eram sobretudo demográficos. Reconhecia-se a necessidade de povoar o país e para isso se recorria à colonização. No Espírito Santo, no Rio de Janeiro, em São Paulo, em Santa Catarina e no Rio Grande do Sul, formaram-se os primeiros núcleos.

Essas tentativas partidas da Administração nem sempre chegavam a ser bem-sucedidas. Veja-se o exemplo paulista: em 1827,

---

1 Trabalho apresentado ao II Simpósio dos Professores Universitários de História, Curitiba, 1962. Publicado originalmente nos *Anais do Simpósio*. Para maiores detalhes e uma análise mais desenvolvida desse tema, ver Emília Viotti da Costa, *Da senzala à colônia*, 4.ed. São Paulo: Editora UNESP, 1998.

o ministério do Império, prosseguindo numa política imigratória já esboçada anteriormente com a formação de vários núcleos (Santo Agostinho, no Espírito Santo, 1812; Leopoldina, na Bahia; Nova Friburgo, 1819, no Rio de Janeiro; São Leopoldo, 1825; Três Forquilhas e São Pedro de Alcântara de Torres, 1826, no Rio Grande do Sul etc.), resolveu encaminhar para São Paulo alguns imigrantes. Depois de muita discussão sobre a região em que deveriam ser localizados, acabou-se por enviá-los para a região de Itapecerica, Embu, Santo Amaro, numa zona de difícil acesso, de relevo movimentado, solos relativamente pobres e longe do mercado consumidor . Esses colonos acabaram por debandar, abandonando, na sua maioria, seus lotes, depois de enfrentar muitas dificuldades, ou se deixaram ficar, num ritmo de vida comparável ao das populações nativas. Em carta datada de dezembro de 1857, o subdelegado de Santo Amaro escreve ao Delegado de Polícia do termo da capital dando notícias desse núcleo. Refere-se à dispersão de quarenta famílias localizadas em Santo Amaro.[2]

Em São Paulo, entre 1827 e 1837, cerca de mil e duzentos colonos foram localizados em diferentes pontos da província. Também no Rio de Janeiro, nessa época, tentara-se incentivar a colonização dirigida. Os resultados eram duvidosos e não chegavam a entusiasmar. Não nos cabe, aqui, analisar os inúmeros obstáculos que entravavam esse tipo de colonização, mas não se pode deixar de mencionar as resistências encontradas nos países europeus, sobretudo nórdicos, à ideia de imigração para o Brasil. A população dessas regiões onde a pressão para imigração atuava mais fortemente era canalizada para os Estados Unidos. A organização democrática das colônias americanas do Norte, o progresso econômico dessa região, a rede de transporte que aí se instalara precocemente, o clima de liberdade religiosa, a relativa semelhança da paisagem americana com a europeia, ambas dentro da mesma área de clima temperado, a maior proximidade da Europa, o que significava passagens mais baratas, tudo contribuía para dar aos Estados Unidos uma primazia absoluta entre os países americanos.[3] Para lá se dirigia espontaneamente a cor-

---

2 Mss. Arquivo do Estado de S. Paulo (AESP), T. I, Colônias, Cx.1.

3 José Vergueiro, em carta ao presidente da província, referia que havia no exterior agentes interessados em desmoralizar a emigração para o Brasil e canalizá-la para os Estados Unidos (Mss. AESP, Colônias, Cx.1).

DA MONARQUIA À REPÚBLICA   199

rente imigratória. Nada que se lhe comparasse oferecia o Brasil.
Terra ignota, sobre a qual corriam lendas as mais extraordinárias;
terra distante, agreste, coberta de matas tropicais indevassáveis,
onde, sob um clima que se dizia causticante e incompatível com o
homem branco, grassavam as epidemias, o Brasil não oferecia condições atraentes aos emigrantes. País escravocrata, onde a religião
católica pela Constituição era declarada religião de Estado,[4] com
uma economia subdesenvolvida, tipicamente rural, apoiada na
agricultura de tipo tropical, em que prevalecia a propriedade latifundiária, falta de vias de comunicação e meios de transporte, o
Império brasileiro revelava-se ao emigrante um país de escassas
possibilidades. Daí todas as dificuldades encontradas quando se
pretendeu promover uma colonização sob proteção estatal.

Em 1858, Fernandes Torres, em seu Relatório feito à Assembleia Legislativa Provincial,[5] chamava atenção para o fato
de que os resultados da colonização não pareciam corresponder aos sacrifícios feitos pelo governo imperial ou provincial e
comentava que, infelizmente, a emigração era muito incerta e
escassa para o Brasil enquanto concorria em larga escala para
outros países da América. No ano de 1858, segundo informações prestadas pelo Consulado Geral de Hamburgo, haviam partido de vários portos da Europa do Norte, França e Inglaterra
(Hamburgo, Bremen, Antuérpia, Havre e Liverpool) cerca de
135.865 indivíduos, dos quais haviam sido encaminhados para
os Estados Unidos cerca de 96.670 enquanto para o Brasil apenas tinham vindo 6.059. E concluía dizendo que não teríamos
imigração sem subvenção, pois nada se podia esperar da imigração espontânea.[6]

---

4 Carta de Nicolau Campos Vergueiro ao presidente da província, 16 de
   janeiro de 1854: refere-se ao fato de os casamentos dos colonos evangéli-
   cos se processarem apenas por escritura pública, o que criava uma situação complexa, uma vez que as leis só reconheciam o casamento celebra-
   do na igreja (Mss. AESP, T. I, Colônias, Cx.1).

5 F. Torres, Relatório, Mss. ALPSP, 1858, p.476.

6 Carta de Nicolau Campos Vergueiro ao presidente da província, datada
   de 16 de janeiro de 1854, acentua que a emigração continuava com grande
   força para os Estados Unidos, porque "a corrente está formada e os transportes são muito mais baratos", o que impedia que se desviasse para o
   Brasil (Mss. AESP, T. I, Colônias, Cx.1).

Em São Paulo e no Rio de Janeiro as condições eram ainda mais precárias do que em outras regiões como Santa Catarina ou Rio Grande do Sul. Os pequenos núcleos coloniais, localizados naquela região onde o café se desenvolvia de maneira promissora, feneciam por falta de mercados. Tornava-se-lhes impossível desenvolver um regime de pequena propriedade, numa área em que a grande propriedade avassaladora funcionava de maneira autossuficiente. Em razão principalmente das dificuldades de meios de transportes nessa primeira metade do século XIX, as grandes fazendas haviam se tornado autossuficientes.[7] Senhores se orgulhavam de comprar fora da fazenda apenas o sal, o ferro, o chumbo e a pólvora que utilizavam. Por toda parte havia (até 1850 e mesmo nos anos imediatamente posteriores) escravos em abundância. A estes eram entregues o trabalho do campo e os misteres da cidade. Os núcleos urbanos apresentavam ainda população pouco significativa. Dentro desse quadro as possibilidades do trabalho livre eram reduzidas. Faltava ao imigrante dos primeiros tempos um mercado que consumisse seus produtos ou absorvesse diretamente seu trabalho. Preferia-se o trabalho escravo.[8] De outro modo, a política governamental de estímulo à colonização nem sempre era vista com bons olhos. O próprio senador Vergueiro, que se destacaria mais tarde como pioneiro na criação das colônias de parceria, assim como pelo dinamismo desenvolvido a fim de promover a vinda de colonos sob esse tipo de contrato para as fazendas de café, manifestou-se mais de uma vez contrário a esse tipo de iniciativa, desaprovando as medidas tomadas pelo Estado a fim de promover a formação de núcleos coloniais autônomos. Já em 1827, quando o ministério do Império, prosseguindo nessa intenção, resolveu encaminhar para São Paulo alguns imigrantes alemães, tendo sido consultado pela Administração, o senador Vergueiro manifestou seu ponto de vista contrário a esse empreendimento e no seu parecer usou de argumentos que certamente expressavam a opinião de muitos fazendeiros de seu tempo a propósito dessa questão. Entre outras coisas, falava da incompatibilidade de interesses

---

7 Sérgio Buarque de Holanda, Prefácio. In: Thomas Davatz, *Memórias de um colono no Brasil*. São Paulo.
8 A consulta aos jornais da época permite comprovar essa preferência.

do colono e do proprietário e da dificuldade de conciliá-los.

Discutindo sobre as vantagens da localização do núcleo colonial na região de Juquiá – uma das apontadas como ideais –, dizia:

> Nenhum lugar poderia ser melhor escolhido que o Juquiá se se tratasse de povoar um ponto interessante da província. Mas convém ao colono? Digo que não: embora sejam eles corajosos para os trabalhos a que estão habituados, são fraquíssimos e inábeis para arrostar as asperezas e provações que têm a superar no rompimento de um sertão. Pela mesma razão não lhes pode convir o Quilombo ainda quando as terras fossem boas, nem outro lugar do sertão onde unicamente há terras despovoadas e sem dono: convêm sim as terras de Itapecerica ou outras que igualmente estejam desbravadas, mas isto não nos convém a nós, nem a promessa de terras (se alguma lhes foi feita) poderá entender-se destas, mas das que estão ainda por ocupar.[9]

Este era outro problema a entravar o desenvolvimento dos núcleos coloniais: a política de terras. De fato, o interesse desses proprietários era conseguir para si a atribuição de terras ou pela obtenção de sesmarias ou mediante outras formas de apropriação. Fora assim que, em 1807, Vergueiro obtivera sesmarias em Piracicaba e, mais tarde, novamente nos distritos de Limeira e Rio Claro e, assim, ao que parece, formaram-se muitas fazendas. Não tinham eles nenhum interesse em que essas terras ambicionadas fossem concedidas a colonos estrangeiros, que além de tudo eram onerosos para a Administração. Com a expansão das plantações de café o problema deve ter-se agravado, uma vez que a procura de terras férteis, a marcha das fazendas, tornou a disputa de terras devolutas mais acirrada – pelo menos até 1850, por ocasião da Lei de Terras.[10]

Aos fazendeiros, o que interessava era conceder aos colonos terras de sertão, longe das estradas, de exploração impraticável, que não tivessem despertado até então a cobiça, e por isso tivessem ficado preservadas das ocupações de posseiros e da gula dos

---

9 Djalma Forjaz, *O Senador Vergueiro* – Sua vida, sua época, 1778-1859. São Paulo, 1924, p.34, transcreve o parecer de Vergueiro.

10 Lei de Terras, datada de 1850 e regulamentada em 1854.

solicitadores de sesmarias. Essas, evidentemente, não ofereciam condições de sobrevivência aos colonos. De outro modo, a concessão a estes de terras mais bem localizadas, já ocupadas por posseiros ou pertencentes a sesmeiros, implicaria despesas que viriam sobrecarregar a Administração, que era obrigada a construir casas, caminhos e a sustentar os colonos até que eles pudessem produzir o suficiente para prover-se. Dizia Vergueiro no referido parecer: "Não estamos em estado de tomar tanto peso sem utilidade correspondente", "chamar colonos para fazê-los proprietários à custa de grandes despesas é uma prodigalidade ostentosa que não se compadece com o apuro de nossas finanças".[11] Esse ponto de vista será retomado nas suas linhas gerais quase trinta anos mais tarde, em 1856, numa resposta que Vergueiro dará a uma consulta sobre o mesmo assunto feita pelo presidente da província.[12] Suas ideias pareciam encontrar confirmação no fracasso dos primeiros núcleos: os imigrantes localizados em Santo Amaro acabaram por debandar na sua maior parte, abandonando seus lotes depois de muitas dificuldades, ou se deixando vegetar e absorver pela população nativa.[13]

A ameaça que pairava sobre o tráfico desde 1831 e que se agravava com o decorrer dos anos obrigava a pensar numa solução para o problema da mão de obra: era necessário pensar em substituir o braço escravo pelo trabalho livre. Procurando resol-

---

11 Djalma Forjaz, *O Senador Vergueiro* – Sua vida, sua época, 1778-1859. São Paulo, 1924, transcreve este Parecer de Vergueiro, p.34; Ch. Expilly, *La traite, l'immigration et la colonisation au Brésil*. Paris, 1865, p.45, diz que os fazendeiros detinham as melhores terras.

12 Como ministro do Império (*Anais do Senado* – 1845), afirmava em seu Relatório: "A colonização estrangeira por conta do governo não só é pouco propícia para o roteamento de nossas matas, que pedem outros hábitos, como excessivamente dispendiosa".

13 Carta ao presidente da província por Luiz José Monteiro, maior graduado do Corpo de Engenheiros, refere-se à visita feita ao núcleo de Santo Amaro, o qual encontrava em péssima situação – as casas dos colonos eram inferiores às da população nativa, cobertas de mata. Os colonos, não podendo acomodar-se aos trabalhos penosos da derrubada da espessa mata que havia nas vizinhanças, acabaram por abandonar as atividades, dirigindo-se para junto das povoações (Cf. Mss. AESP; T. I, Colônias, Cx.1). Veja-se a esse respeito nota 2.

DA MONARQUIA À REPÚBLICA   203

ver essa situação, que se tornava mais urgente diante da expansão cafeeira, alguns políticos insistiam na tese da colonização.

Em 1844, Torres Homem argumentava que capitais imensos empregados em negros eram "sepultados debaixo da terra ou anulados pelas enfermidades e pela velhice". Entretanto, a "facilidade de achar à mão essas máquinas já feitas" impedia que se enxergassem os "melhoramentos introduzidos pela atividade do gênio europeu nos processos da indústria". Era preciso procurar "uma população melhor, convidando de outras nações colonos" que viessem cultivar o nosso solo.

Um pouco mais tarde, Souza Franco observava:[14]

> É fora de dúvida e a Câmara toda está convencida comigo, que a colonização é uma das principais necessidades do país, que na colonização está principalmente o futuro do Império. Se lançarmos os olhos para o estado do Brasil, nós vemos que ele definha, as forças lhe faltam e a agricultura, que é o principal ramo de riqueza que temos, esmorece, e corre risco de perecer totalmente por falta de braços. A questão é, portanto, como chamar ao país braços que venham empregar-se na agricultura e rotear com proveito as terras.

E continuava: "E principalmente a grande questão é esta outra: como supriremos a falta de braços africanos e terão os nossos agricultores quem continue os trabalhos em que se empregam e sustente os atuais estabelecimentos" (sic).

É ainda dentro do mesmo espírito inclinado à promoção e à criação de núcleos coloniais que Rafael Tobias de Aguiar, em sessão de 14 de março de 1846 da Assembleia Provincial de São Paulo, na qualidade de seu presidente, congratulava-se com o governo da província pelo apoio dado à Casa Delrue e Cia., de Dunkerke, que se propunha introduzir agricultores alemães, belgas ou de outras nacionalidades em São Paulo. Nessa ocasião, dizia:

> Considerando que a falta de braços vai pesar de mais a mais sobre a nossa lavoura, única fonte de nossa riqueza e que enquanto não substituirmos por braços livres essa fonte só não obterá o

---

14 Atas da Câmara Federal, junho de 1845, p.374.

crescimento e o desenvolvimento que o abençoado solo da nossa Província permite, mas até se estagnará, organizastes a lei para importação de colonos, em limitada escala, na verdade, mas nisso mesmo mostrastes a vossa prudência, porque as nossas rendas não permitem grandes especulações essa introdução começando devagar será mais profícua, visto que o hábitos arraigados não se mudam de um dia para outro (sic).

Essa tese da colonização encontrava sérios opositores tanto na escala provincial como na do governo Imperial. Se alguns como Vergueiro invocavam argumentos práticos para criticá-la, outros recorriam a argumentos de ordem mais geral. Havia ainda os interesses político-partidários que dividiam os grupos em duas facções: a dos que eram a favor e a dos que eram contra a colonização.[15]

Em 1848, Morais Sarmento,[16] discutindo a política do governo, interessada em promover a introdução de colonos, manifestava-se contra essa orientação. Invocando Malthus e Mac-Culloch, afirmava que o aumento da população, sendo maior que o dos meios de subsistência, traria a miséria, e dizia que a população brasileira era, na realidade, excessiva, pois lhe faltavam esses recursos, embora quantitativamente, em relação à área, fosse ela escassa. Manifestava-se contra a intervenção artificial do governo na imigração e afirmava que esta deveria ser espontânea. Comparando a situação do Brasil com a dos Estados Unidos, procurava demonstrar que, neste caso, ela era espontânea. Apontando as condições que impediam esse processo no Brasil, enumerava a pequena extensão de terras devolutas férteis, ausência de transportes e comunicações, falta de segurança de propriedade, questões de incompatibilidade climática, aviltamento do salário, dificuldades antepostas às naturalizações.

Apesar dos insucessos e das opiniões contrárias, não se abandonou de todo a política dos núcleos coloniais. Seus resultados,

---

15 O governo Imperial, por aviso de 29 de dezembro de 1831, concitava os presidentes de província a apoiar as iniciativas de colonização. (Apud discurso com que dr. J. Thomaz Nabuco de Araújo, presidente da Província de São Paulo, abriu a A. L. Provincial de 1º de maio de 1852, p.29, Atas da ALPSP, 1852).

16 *Anais da Câmara Federal*, 1848, p.330.

DA MONARQUIA À REPÚBLICA

entretanto, revelavam-se, frequentemente, mesquinhos, dentro do quadro da economia cafeeira. Ainda em 1886, a Comissão de Colonização, ao apresentar seu relatório sobre o núcleo de Canoas, considerava-o uma "obra condenada", as casas abandonadas, os colonos sem recursos nem trabalho, sem conselhos práticos ou direção, ocupando lotes isolados, a grandes distâncias, entregues a indescritível desânimo. Os colonos não se encontravam sequer na posse dos títulos provisórios, privados alguns do auxílio prometido pela província, com que contavam para vencer as suas primeiras necessidades. Lamentavam eles ainda a perda de passaportes e outros documentos. Ao todo, havia 180 pessoas nesse núcleo. As condições do núcleo Cascalho, localizado a oito quilômetros de Lorena, não eram, ao que parece, muito melhores.[17]

A fórmula usada desde os tempos de D. João VI, cuja finalidade fora especificamente servir a uma política demográfica, não era a solução ideal para atender às necessidades da lavoura, que exigia braços para a cultura de café e não núcleos coloniais de povoamento. Ideou-se, então, o sistema de parcerias. A par dos núcleos coloniais oficiais ou particulares, organizados segundo o sistema tradicional de distribuição de terras agrupadas em núcleos autônomos, surgiu um novo tipo de colonização que visava a fixação dos colonos nas fazendas.

Entre os pioneiros desse sistema destaca-se a muito conhecida figura do senador Vergueiro. Desde 1840, antes portanto da cessação do tráfico, tentara ele atrair imigrantes portugueses para sua fazenda de café, na região de Limeira (Fazenda Ibicaba). Convencido das vantagens do sistema de parceria, passadas as agitações políticas nas quais se viu envolvido em 1842, prosseguiu com suas gestões com o intuito de possibilitar a introdução de colonos segundo aquele sistema. Em 1845,[18] Vergueiro apre-

---

17 Mss. AESP, T. I, Imigração, Cx.1 – 1856-1886 – relatório de 13 de julho de 1886. Em seu relatório, Nabuco de Araújo dizia, em 1852, que a Colônia Tereza, situada nas margens do Ivaí, Comarca de Curitiba, fundada em 1846 sob direção do dr. Faivre, não prosperava e que a população, inicialmente composta de franceses, acabara por se dispersar retirando-se para as cidades vizinhas, ficando na colônia uma população na sua maioria de brasileiros.

18 Relatório de Joaquim Marcelino de Brito, 1846.

sentou ao Senado uma emenda ao Orçamento pela qual ficava autorizado o governo a despender até duzentos contos com a importação de colonos.[19] O governo provincial designou Vergueiro[20] para recebê-los e assumir a responsabilidade das despesas de transporte dos colonos. A primeira tentativa de introduzir colonos portugueses[21] frustrara-se por ocasião das agitações políticas que haviam assolado a província, tendo os colonos abandonado a fazenda e se dispersado. Vergueiro volta-se para a Suíça e a Alemanha. Em 1846, cerca de 364 famílias, na sua maioria prussianos, bávaros e camponeses do Holstein, foram contratadas para a sua Fazenda Ibicaba, aí chegando em 1847. Associava-se assim o trabalho livre ao escravo, pois persistiam na Fazenda Ibicaba 215 escravos. Vergueiro constituíra uma sociedade da qual faziam parte membros de sua família – passava a ser Vergueiro e Cia. Em 1852, novo contrato, agora com o governo provincial, tendo Vergueiro se comprometido a fornecer no espaço de três anos 1.500 colonos. Em 31 de julho de 1854, comunicava ele ter cumprido integralmente seu contrato, ultrapassando mesmo o número a que se comprometera.[22]

Em 1855,[23] solicitava ao governo Imperial um empréstimo de duzentos contos de réis pelo prazo de oito anos, livres de juros, oferecendo em garantia de pagamento terras em valor maior. Solicitava ainda, como corolário, que fosse permitida às embarcações empregadas na condução de colonos voltar com "suas

---

19 Lei de 18 de setembro de 1845.

20 Ofício de 25 de fevereiro de 1846.

21 Von Tschudi, J. J., *Viagem às províncias do Rio de Janeiro e São Paulo*. São Paulo: Biblioteca Histórica Brasileira.

22 Mss. AESP, T. I, Colônias, Cx.1, março de 1854 – Carta ao presidente da província datada de 31 de julho de 1854, assinada por Vergueiro. Mss. AESP, T. I, Colônias, Cx.1, M 57 – Portaria de 9.3.1853, declarando que Vergueiro e Cia. importaram no ano de 1852, 594 colonos, e no de 1853, 445. Ver ainda, Carta de Vergueiro na qual refere-se a ofício de 31 de julho de 1854 e diz ter introduzido em virtude de contrato com o governo provincial um total de 1.672 colonos entre 1854, 1855 e 1856. Datada de Santos, 28.2.1857 (Mss. AESP, T. I, Colônias, Cx.1).

23 Carta de José Vergueiro datada de Santos, 22 de janeiro de 1855, a Saraiva, então ocupando a presidência da província, dando contas de sua missão junto a Nabuco, visando fazer um contrato com o governo a fim de introduzir mais imigrantes (Mss. AESP, T. I, Imigração, Cx.1, 1854).

aguadas livres de dificuldades", assim como pleiteava que os agentes consulares deixassem de cobrar emolumentos pelos passaportes. Contra essas vantagens obrigava-se a introduzir dez mil colonos durante esse prazo numa média de 1.250 por ano, comprometendo-se a colocá-los em mãos de particulares. A importância correspondente às passagens seria recebida no prazo de um, dois ou três anos. Ressalvava-se o direito de ter por sua conta todos os colonos que introduzisse acima daquele número. Obrigava-se, ao mesmo tempo, a manter uma ou duas linhas de barcos a vela, cada uma com mais de três barcos, ou vapores (neste caso em número menor) para o transporte dos colonos, até que o número de dez mil fosse atingido. No caso de não conseguir preencher as condições do compromisso no prazo de dois anos, o contrato seria considerado nulo, sendo o governo reembolsado de tudo, deduzidas as despesas correspondentes ao número de colonos introduzidos. Nesse caso, obrigava-se o contratante a pagar um prêmio sobre a quantia adiantada, pelo tempo decorrido. Comprometia-se também "a procurar realizar os contratos que lhe fossem apresentados sob os diversos sistemas, *não tomando único o de Parceria*"; para este efeito, os contratos deveriam ser-lhe dirigidos com ao menos seis meses de antecipação. Ficava-lhe reservado o direito de cobrar uma comissão de 10$000 por colono maior (de idade) e cinco mil-réis por menor; tanto a comissão como as despesas que fosse obrigado a fazer para o embarque e desembarque lhe seriam pagas à vista. Na impossibilidade de obter esse contrato, Vergueiro encontrou na Administração Provincial o apoio necessário. Saraiva, presidente da província, celebrava com a Casa Vergueiro um contrato para importação de mil colonos anualmente. Para isso lhe era oferecido um empréstimo de vinte contos anuais, sem juros, reversível aos Cofres Provinciais em três anos, e subvenção anual de 1.500$000 por mil colonos.[24]

O sistema adotado por Vergueiro pareceu, a alguns fazendeiros, capaz de ajudar a resolver o problema do braço para a lavoura, problema que se tornava mais grave à medida que se expandiam as plantações de café: abriam-se novas fazendas ou

---

24 Discurso do Dr. José Antonio Saraiva, presidente da província de São Paulo, fevereiro de 1855. São Paulo, 1855, p.19, 24.

transformavam-se antigas fazendas de cana em fazendas de café, nas quais a necessidade de mão de obra era maior.[25] O interesse pelo trabalho do colono cresceu principalmente depois da cessação do tráfico em 1850. Estancada a fonte principal de abastecimento de braços, os proprietários das lavouras novas, que muitas vezes não dispunham de mão de obra, interessaram-se por essa solução. Os resultados vantajosos obtidos nos primeiros tempos, na Fazenda de Ibicaba,[26] encorajaram alguns fazendeiros a seguir o exemplo, contratando também colonos de parceria. A própria Administração Provincial procurou amparar essa iniciativa e foram tomadas medidas tendentes a estimular a instalação do regime de parceria nas fazendas de café, tendo o Estado financiado algumas dessas iniciativas.[27]

Os colonos eram contratados na Europa e trazidos para as fazendas de café. Tinham sua viagem paga, assim como o transporte até as fazendas. Essas despesas, entretanto, entravam como adiantamento feito ao colono pelo proprietário, assim como, igualmente, lhe era adiantado o necessário à sua manutenção, até que ele pudesse se sustentar pelo próprio trabalho. A cada família deveria ser atribuída uma porção de cafeeiros, na proporção da sua capacidade de cultivar, colher e beneficiar. Aos colonos também era facultado o plantio, em certos locais prede-

---

25 Von Tschudi, op. cit., p.134.

26 Um relatório de Vergueiro, datado de dezembro de 1857, dá um total de 803 pessoas na colônia, entre alemães, suíços, belgas e portugueses (Mss. AESP, T. I, Colônias, Cx.1).

27 Em sessão da Assembleia Legislativa Provincial de março de 1854 foi lida carta do senador Vergueiro, na qual, entre outras observações, diz ele: "É sabido que todos os lavradores tinham por impraticável o emprego de colonos, quando nós estabelecemos a nossa colônia que fez prosélitos nesta Província e na do Rio de Janeiro" (Atas ALPSP, 1854). Em 15 de março a Assembleia aprovava o projeto n.22 concedendo auxílio de setenta contos a diversos fazendeiros para a introdução de imigrantes. Ao mesmo tempo, elaborava-se um decreto pelo qual o presidente da província ficava autorizado a despender, no ano financeiro de 1º de julho de 1854 a 30 de junho de 1855, a quantia de 25 contos de réis com a importação de colonos. Em 1855 (2.3) a Assembleia Provincial tomava conhecimento de um requerimento de vários fazendeiros de Taubaté solicitando auxílio de vinte contos por empréstimo sem juros para importarem quatrocentos colonos (Mss. ALPSP, 1855).

terminados pelo fazendeiro, dos mantimentos necessários ao seu sustento. Em caso de alienação desses víveres, a Casa Vergueiro reservava-se a metade. Vendido o café, o fazendeiro se obrigava a entregar ao colono a metade do lucro líquido. Sobre as despesas feitas pelo fazendeiro em adiantamento aos colonos, eram cobrados 6% de juros, a contar da data do adiantamento, ficando os colonos solidariamente responsáveis pela dívida e aplicando-se na sua amortização, pelo menos, metade dos seus lucros anuais. O colono, além de se obrigar a cultivar e manter o café, e "a concorrer em comum com o serviço correspondente à quantidade do café entregue para o trabalho que o mesmo exige até entrar no mercado", devia conduzir-se disciplinadamente. Não podia abandonar a fazenda sem ter previamente comunicado por escrito sua intenção de retirar-se, e só o poderia fazer após saldar todos os seus compromissos. Em caso de dúvidas entre os contratantes era indicada a autoridade judicial local para decidir o dissídio.[28]

Essas normas constantes, nas suas linhas gerais, dos primeiros contratos feitos pela firma Vergueiro e Cia. foram mais ou menos seguidas pelos demais fazendeiros, principalmente pelo fato de muitos deles terem recebido seus colonos por intermédio da Casa Vergueiro. Aliás, os contratos feitos entre esta e os colonos já rezavam no artigo 10°: "Vergueiro e Cia. poderão *transferir o presente contrato* com todas as cláusulas nele contidas para qualquer outro fazendeiro, desde que o dito colono não tenha motivo justo, ou fundado, para recusar essa transferência", o que, evidentemente, só em *circunstâncias* excepcionais poderia ocorrer, uma vez que um colono recém-chegado não encontraria razões para se opor a um tal projeto.

Os fazendeiros que contratavam diretamente os colonos seguiam as disposições gerais constantes no contrato de Vergueiro. Pequenas modificações eram introduzidas, sugeridas pela pró-

---

28 Thomas Davatz, *Memórias de um colono no Brasil*. Pref. de Sérgio Buarque de Holanda – contém em anexo às p.233, 237, transcrição de contrato feito por Vergueiro. Anexamos, ao final do capítulo, uma cópia do contrato feito por Francisco Antonio de Souza Queiroz e seus colonos que apresenta pequenas alterações em relação ao de Vergueiro, coincidindo nas suas linhas gerais (Mss. AESP, T. I, Colônias, Cx.1).

pria prática do sistema. Assim é que Souza Queiroz, num contrato feito em Hamburgo em 1852,[29] especificava, no artigo referente às obrigações dos colonos, que estes deviam: "cultivar e colher, como convém, os cafezais recebidos e os que mais quiserem plantar, depositando o café colhido em tempo próprio no lugar que lhe for marcado, onde entregará por medida ao Recebedor da Fazenda, *depois de seco*, recebendo uma nota de tudo que forem entregando". O contrato original de Vergueiro não continha essa explicação. Na cláusula referente à obrigação dos colonos de reembolsar ao proprietário os juros de 6% a contar da data em que tivesse sido feita a despesa, como rezava o contrato Vergueiro, Souza Queiroz estipulava que os juros só venceriam a partir de quatro anos. Acrescentava também entre as obrigações dos colonos a de "*concorrer em comum para a limpa e reparo dos regos que conduzirem água para o engenho de café*". A experiência tinha-lhe, provavelmente, ensinado que os colonos resistiam em geral a certas atividades não remuneradoras que os distraíam dos cafezais.

Assim, sugeridas pela experiência, ou ideadas pelos fazendeiros, pequenas modificações iam sendo introduzidas nos contratos. Joaquim Bonifácio do Amaral, ao providenciar a transferência de alguns colonos que tinham vindo pelo contrato de Souza Queiroz, para a sua fazenda, julgou necessário introduzir uma cláusula pela qual os colonos se obrigavam a conservar os cafezais sempre limpos, "*carpindo-os pelo menos cinco vezes se mais não fosse preciso, durante os dois primeiros anos*".[30]

Para indenizar os colonos dos "inconvenientes de terem a seu cargo cafezais novos" que iam começar a dar sua primeira colheita, desobrigou os colonos do compromisso de dividir com o proprietário o lucro dos gêneros alimentícios que alienassem

---

29 Cópia do Contrato in Mss. AESP, Colônias, Cx.1 (Anexo).
30 Mss. AESP, T. I, Colônias, Cx.1, M. 1954 – Cópia do contrato dos colonos de Joaquim Bonifácio do Amaral transferidos do C. Francisco Antonio de Souza Queiroz, com o qual tinham contrato em Hamburgo, 29 fev. 1852, datado de Campinas, 25 de maio de 1852. A própria casa Vergueiro alterou, ao que parece, seus contratos em pequenos detalhes (Thomas Davatz, op. cit., p.234), determinando, por exemplo, que o colono fosse obrigado a replantar faltas que ocorressem no cafezal.

DA MONARQUIA À REPÚBLICA   211

por exceder ao consumo e ao mesmo tempo facultou-lhes plantar ditos gêneros o "quanto quisessem e pudessem, não só nos cafezais como em outros locais da fazenda".[31]

Essas modificações no texto do contrato não alteravam fundamentalmente o sistema, que continuava a ser o de parceria, nos moldes do inaugurado por Vergueiro em Ibicaba. Por esse sistema de parceria foram introduzidos numerosos imigrantes que se localizaram principalmente nas fazendas de café do então Oeste Paulista. Com exceção de algumas fazendas situadas na zona de Taubaté e Lorena,[32] a maior parte dos fazendeiros do Vale do Paraíba, onde as plantações de café haviam se desenvolvido, até então, graças ao braço escravo, continuará indiferente a essas experiências, que se realizavam em outras áreas, sob outras pressões e necessidades. No Rio de Janeiro, em 1860, havia apenas três colônias desse tipo, perfazendo um total de 89 famílias.[33]

As colônias de parceria concentravam-se nas regiões de Limeira, Campinas, Jundiaí, Taubaté, Ubatuba, Rio Claro, Piracicaba, Amparo, Pirassununga, Capivari, Mogi-Mirim e Constituição.

Em vários anos entre 1853 e 1857, a Administração Provincial promoveu um inquérito junto aos fazendeiros e delegados de polícia indagando sobre a situação da colônia de parceria, número de colonos, sistemas usados e seus resultados. Uma parte da correspondência trocada nessa época encontra-se no Arquivo do Estado de São Paulo, constituindo um acervo documental de fundamental importância para o estudo das colônias de parceria. Pudemos verificar através desses documentos que não havia colônias de *parceria* em São José do Paraíba, Casa Branca, Pirapora, Itapeva, Iguape, Itapetininga, Sorocaba, Ilha Bela, Batatais, São Roque, Araraquara, Tatuí, Jacareí, Porto

---

31 Mss. AESP, T. I, Colônias, Cx.1, M. 1954 – Carta de Joaquim Bonifácio do Amaral ao presidente da província de São Paulo, datada de Campinas, 15 de janeiro de 1854.

32 Zaluar, *Peregrinação pela Província de São Paulo*, p.75; confirmados por nós através da leitura dos *Anais da Câmara Provincial* e dos documentos existentes no Arquivo.

33 Von Tschudi, op. cit., p.143.

Feliz e Bananal, e em Atibaia apontava-se apenas uma fazenda onde o sistema de parceria fora experimentado com colonos portugueses.[34] Nos primeiros anos as esperanças foram muitas e o sistema parecia prosperar. A maior parte das colônias fundou-se entre 1852-1854. A importação de colonos pela firma Vergueiro e Cia. efetuava-se em escala crescente. Chegaram 594 colonos em 1852; 445 em 1853, e 1.672 entre 1854 e 1856.[35] Só em Ibicaba, em 1857, havia mais de oitocentos colonos estrangeiros, na sua maioria alemães e suíços (216 de origem portuguesa).[36]

---

34 Mss. AESP, T. I, Colônias, Cx.1. M. 57. Cartas enviadas ao presidente da província ou ao vice-presidente, datadas de outubro e novembro de 1857. Graças à documentação existente aí, pudemos fazer um levantamento apropriado da situação em 1857, que é confirmada pelos documentos constantes do Relatório de J. J. Fernandes Torres (a quem, aliás, havia sido dirigida boa parte daquela correspondência), feito à ALP em 2 de fevereiro de 1858, assim como as informações dadas por Von Tschudi. Pelo relatório de F. Torres havia 2.915 estrangeiros, na sua maioria alemães ou suíços alemães, alguns suíços franceses e belgas, além de mais seiscentos portugueses. Havia também sob o mesmo regime alguns brasileiros, num total de 511. A despeito de sua aparente exatidão, esses valores só podem ser considerados aproximativos.

35 Mss. AESP, T. I, Colônias, Cx.1. M. 57. Portaria de 9.3.1853. Mss. AESP, T. I, Colônias, Cx.1. M. 57. Carta de Vergueiro datada de Santos, 28.2.1857.

36 Por um relatório de Vergueiro constante do Mss. AESP T. I, Colônias, Cx.1. M. 57, verifica-se um total de 803 pessoas entre alemães, suíços, belgas e portugueses. Na fazenda de João Elias Pacheco Chaves Jordão em Rio Claro, havia 108 colonos estrangeiros; em 1857 (carta de J. Elias Pacheco Chaves ao presidente da província, datada de Rio Claro, 27.12.1854), 126, sendo 93 alemães e os demais brasileiros. Na fazenda de Luiz Antonio de Souza Barros em 1857 viviam 329 colonos, sendo 183 suíços e 146 alemães (carta ao presidente da província, datada de 24 de dezembro de 1857. AESP, T. I); na Colônia Boa Vista, de Benedito Antonio de Camargo, mais de oitenta colonos estrangeiros (Mapa Geral das Colônias Existentes no Termo de Vila do Rio Claro, in Mss. AESP, T. I, Colônias, Cx.1); e na Colônia de Floriano Camargo Penteado viviam, em 1857, cerca de 104 colonos, entre os quais 74 alemães, dezoito portugueses e doze brasileiros, em Campinas. Em Lorena, na fazenda de José Novais da Cunha, havia um total de 64 colonos alemães pelo sistema de parceria (carta do delegado de Lorena ao presidente da província datada de Lorena, 2 de dezembro de 1857) (Mss. AESP, T. I, Colônias, Cx.1).

Nessa época, entretanto, já se poderia considerar que a experiência fracassara. O sistema de parceria não provara sua eficácia na solução do problema do trabalho na lavoura do café. A maior parte dos fazendeiros tivera sérias dificuldades com os seus colonos, e estava descontente, muitas vezes ansiosa, para se livrar destes.

Souza Barros, inicialmente um entusiasta do sistema de parceria,[37] em cuja fazenda havia em 1857 mais de trezentos colonos, entrados na maioria entre 1853 e 1855, manifestava sua decepção em carta ao presidente da província na qual dizia que não se animava a mandar vir mais colonos pela agitação em que viviam, pois na sua opinião a maior parte dos colonos suíços viera iludida, na esperança de poder ganhar terras do governo.[38] Nessa mesma ocasião, J. João E. de Oliveira Guimarães dizia ter despedido seus colonos por não convir continuar com eles.[39] Em Lorena, também os desencantos pareciam ter-se acumulado. Embora não tivesse havido agitação por parte dos colonos, o regime de parceria provocava descontentamentos da parte do proprietário e do colono.[40] Também Vieira de Macedo, dando notícias de suas fazendas, Boa Vista e Getuba, ao vice-presidente da província, declarava que, não tendo obtido vantagens com os colonos suíços e alemães, estava em vias de experimentar os colonos portugueses, com os quais esperava ser mais bem-sucedido.[41]

Quando Von Tschudi, na qualidade de ministro plenipotenciário no Brasil, nomeado pela Confederação Helvética, com

---

37 Em 3 de abril de 1854 escrevia ele carta ao presidente da província, na qual afirmava que a parceria tanto interessava aos colonos como ao proprietário, dando a este um interesse senão igual ao obtido por braços escravos, ao menos mais moral (Mss. AESP, T. I, Colônias, Cx.1).

38 Carta de Luiz Antonio de Souza Barros ao presidente da província datada de 24 de dezembro de 1857 (AESP, T. I, Colônias, Cx.1).

39 Carta de João Eufrásio de Oliveira Guimarães ao presidente da província de São Paulo, 19 de maio de 1857 (Mss. AESP, T. I, Colônias, Cx.1).

40 Carta do delegado de Lorena ao presidente de São Paulo, datada de 2 de dezembro de 1857, contendo mapa da fazenda de José Novais da Cunha em Lorena, composta de 64 colonos estrangeiros (Mss. AESP, T. I, Colônias, Cx.1).

41 Carta de Vieira de Macedo ao vice-presidente da província, 13 de abril de 1857 (Mss. AESP, T. I, Colônias, Cx.1).

a função precípua de estudar os problemas da imigração suíça no Império, visitou a zona cafeeira do Rio de Janeiro e de São Paulo, em 1860, registrou várias queixas de proprietários. Em Campinas, Floriano de Camargo Penteado estava descontente com seus colonos, queixando-se "particularmente dos modos brutais que usavam ao fazerem suas exigências". Confessa a Von Tschudi que seu maior desejo era "ver-se livre desses colonos, uma vez liquidados seus débitos", e acrescentava "que a experiência o desencorajara de tal modo, tantos desgostos e transtornos lhe causara, que nunca mais pretendia receber colonos em sua fazenda".[42] Também não deveria ser melhor a disposição do proprietário da Fazenda Laranjal (Luciano Teixeira Nogueira), que se vira às voltas com a indisciplina e os maus costumes de alguns colonos, três dos quais acabaram por ser presos, e que tivera a sua colônia assolada por uma epidemia de tifo durante a qual faleceram 36 colonos, sete escravos, além de membros de sua família. Em Amparo, Cunha Moraes, proprietário da Fazenda Boa Vista, não tivera melhor sorte com seus colonos. Aí viviam nessa época quatorze famílias, perfazendo um total de 79 pessoas. Estas ocupavam-se de 24 mil cafeeiros, disputavam entre si, eram pouco ciosos de seu trabalho. Na colheita de 1858, por exemplo, os colonos haviam apanhado bagas verdes e maduras, e quando foram observados pelo proprietário abandonaram a colheita, deixando que a safra se perdesse. As relações entre proprietários e colonos tinham se tornado de tal forma tensas, com as represálias recíprocas, que foi necessária a intervenção de um comissário do governo Imperial – Machado Nunes – para que a situação se normalizasse. Por tudo isso o proprietário já não mais pretendia aceitar novos colonos em sua fazenda.[43]

Em Campinas, na Fazenda Sete Quedas, de propriedade de Joaquim Bonifácio do Amaral, onde também se fizera experiência com o sistema de parceria, e cuja colônia foi considerada pelo plenipotenciário suíço como modelar, o proprietário também "não se animava a prolongar a experiência, pois estava farto e se recusava a receber novos colonos". Os colonos mostravam-se recalcitrantes, recusando-se frequentemente a executar cer-

---

42 Von Tschudi, op. cit., p.157, 161, 163.
43 Ibidem, p.163-5.

DA MONARQUIA À REPÚBLICA   215

tas tarefas, chegando mesmo a se negar a construir cercados para as próprias pastagens, só o fazendo mediante indenização".[44] Segundo a queixa dos proprietários, muitos colonos eram preguiçosos e dados ao vício da bebida, o que os tornava desordeiros e violentos. Sua produtividade era baixa. Na Fazenda São Lourenço, em Rio Claro, pertencente a Souza Barros, uma família tinha tomado a si apenas 420 pés de café, o que não dava nem para cobrir os juros de 6%, que lhes eram cobrados, sobre o adiantamento feito.[45] Não apreciavam os trabalhos árduos que a cultura do café exigia mesmo fora da época da colheita. Quando esta chegava, demandavam maior número de pés de café, mas passada a colheita não queriam ocupar-se das atividades necessárias a seu trato.[46] Negavam-se a realizar outras atividades necessárias à vida da fazenda, recusavam-se a receber cafezais com fraca produção, fossem novos e ainda improdutivos, ou velhos e já em declínio de produção. Queixavam-se dos solos pedregosos. Viviam mal satisfeitos. Facilmente se indispunham com os patrões e abandonavam os cafezais que lhes haviam sido entregues, pondo em risco a colheita. As queixas dos proprietários se multiplicavam.

Na fazenda de Elias Silveira Leite, situada a algumas léguas da Vila de Constituição, tinha havido vários conflitos entre os colonos e o proprietário. Quando aqueles chegaram à fazenda, a maior parte do cafezal era nova, e sua produção escassa. Apenas um reduzido número de cafeeiros com produção satisfatória lhes fora entregue. Apesar de o proprietário ter-se comprometido a pagar dez mil-réis anuais, por milhar de plantas novas, cuidadas pelos colonos, a solução não os satisfizera. Correu o boato de que seriam dadas terras do governo aos colonos e que suas dívidas seriam saldadas. Atraídos por essa miragem, abandonaram o trabalho, ausentando-se da fazenda, o que ocasionou a ruína de um

---

44 Ibidem, p.168.
45 Ibidem, p.46, 50. Menciona que, enquanto o escravo cuidava em média de três mil pés de café, chegando às vezes a até 3.500, o colono livre, "ainda pouco acostumado a essa cultura, e que forçosamente tinha que plantar também os produtos de que precisava para sua manutenção" dificilmente conseguia cultivar mais do que mil pés.
46 Ibidem, p.183.

cafezal recém-formado, num total aproximado de trinta mil pés de café.[47]

A situação não fora muito melhor nas fazendas de José Elias Pacheco Jordão, em Rio Claro, que chegara a concentrar grande número de colonos, e onde também fora tentado o sistema de parceria.[48] Também aí os cafezais eram novos, e os atritos entre as partes multiplicaram-se tendo os colonos abandonado o trabalho.[49]

Benedito Antônio de Camargo, proprietário da Fazenda Boa Vista, também estivera às voltas com seus colonos e só conseguira restabelecer a ordem em sua propriedade graças à intervenção do governo Imperial, cujo representante em 1859, de comum acordo com o proprietário e os colonos, converteu o sistema de parceria em contrato de arrendamento.

Se os proprietários estavam decepcionados com a experiência feita, não menos estavam os colonos.[50] Queixavam-se da sua sorte, manifestando sua desilusão. Os descontentamentos acumulados pelos colonos haviam mesmo explodido numa agitação que inquietara os fazendeiros, e que assumira aspectos mais graves na Fazenda Ibicaba, em fevereiro de 1857.[51] Reclamavam

---

47 Ibidem, p.189.

48 Mss. AESP, T. I, Colônias, Cx.1, Carta de J. E. Pacheco Chaves Jordão ao presidente da província – 27. M. 54, fala em 108 colonos estrangeiros, isso em 1854.

49 Von Tschudi, op. cit., p.185.

50 No livro de Von Tschudi, no Relatório de Heusser, assim como na obra de Thomas Davatz, estão resumidas as queixas mais frequentes, e relatados com minúcias os incidentes havidos em Ibicaba. Também a correspondência trocada entre Vergueiro e o presidente da província, nesse caso, evidentemente interpretada do ponto de vista do proprietário. É interessante comparar as opiniões de Vergueiro sobre aquele incidente e os depoimentos de Heusser e Perret Gentil, que lhe são inteiramente favoráveis como as emitidas por Davatz, um dos líderes da Revolta em Ibicaba que consignou seu depoimento em sua obra *Memórias de um colono no Brasil*, e com as observações mais ou menos conciliadoras de Von Tschudi.

51 A Revolta de Ibicaba assumira tais proporções que o governo provincial e o do Império determinaram uma série de estudos e de inquéritos sobre a situação vigente nas colônias de parceria. As acusações feitas pelos colonos à Vergueiro e Cia. fizeram que muitas vezes se identificasse o julgamento em questão da parceria com juízo a respeito da referida Cia. Não se julgava apenas o mérito do sistema, mas a empresa Vergueiro.

DA MONARQUIA À REPÚBLICA   217

os colonos que as mercadorias de que necessitavam lhes eram vendidas mais caras do que valiam. Alegavam que se lhes destinavam poucos cafeeiros frutíferos, atribuindo-lhes cafeeiros novos, e nesse caso a safra era pequena,[52] ou cafeeiros velhos ou mirrados, reservando-se o fazendeiro os melhores pés que entregava ao trabalho dos escravos,[53] o que, aliás, era perfeitamente explicável tendo em vista a coexistência dos dois tipos de trabalho. Poucos devem ter sido os fazendeiros que, como Antônio Queiroz Telles, de Jundiaí, entregavam aos colonos os cafeeiros em pleno vigor da produção, e aos escravos os cafeeiros mais velhos,[54] ou que, como Joaquim Bonifácio do Amaral, para indenizar os colonos do "inconveniente de terem a seu cargo cafezais novos" que iam começar a produzir, desobrigava-os da cláusula contratual que estipulava a obrigatoriedade de o colono dividir com o proprietário os gêneros alimentícios que excedessem o seu

---

Quando se criticava, as críticas feitas aos contratos de parceria se convertiam em críticas a Vergueiro, e a defesa do sistema numa defesa de Vergueiro. Assim é que Heusser, em carta dirigida a Vergueiro em 4 de março de 1857 (Mss. AESP, T. I, Colônias, Cx.1), afirmando o que em linhas gerais consta do relatório, dizia: "Estou de fato convencido de que a Casa Vergueiro não rebaixa a obra da colonização a uma especulação de dinheiro" etc., e ao referir-se às acusações feitas pelos colonos de Ibicaba contra a Casa Vergueiro afirma que "nunca poderiam ser justificadas". (Em sua carta acusa os colonos e defende a Casa Vergueiro.) A questão do fracasso do sistema de parceria ficava assim confundida numa luta entre as boas intenções de um proprietário e as más intenções dos colonos ou vice-versa. Com essa tomada de posição subjetiva, perdia-se a possibilidade de avaliar concretamente a realidade, em termos do funcionamento do sistema. A primeira revolta de maiores proporções ocorreu em Ubatuba, na Fazenda Nova Olinda (apud Von Tschudi, op. cit., p.141).

52   Poucos foram os fazendeiros que, como J. B. Amaral, procuraram compensar o fato de os colonos terem de tratar de cafezais novos (veja-se nota correspondente) (AESP, T. I, Colônias, Cx.1). Em carta ao presidente da província (27.12.1854), Carlos Pacheco Jordão envia o mapa da sua colônia e refere que esta fora fundada sem que os cafezais estivessem formados e em termo de dar interesse, "tanto que no primeiro ano os colonos quase que nenhuma vantagem tiveram" (Mss. AESP, T. I, Colônias, Cx.1. M. 54).

53   Avé Lallemant, *Viagem pelo Sul do Brasil, no ano de 1859*, v.II, p.8 e 345, Von Tschudi e Davatz confirmam isso.

54   Von Tschudi, op. cit., p.152.

consumo e que viessem a alienar. Ao mesmo tempo facultou-lhes plantarem ditos gêneros quanto quisessem e pudessem não só nos cafezais, como em outros locais da fazenda. Nesse caso, a circunstância de estar essa fazenda localizada próximo a Campinas favorecia a venda dos produtos, e ao que parece os colonos conseguiam auferir lucros.[55]

Reclamava-se contra os pesos e medidas usados pelos fazendeiros e seus representantes, que, segundo diziam, avaliavam a mercadoria sempre em prejuízo do colono.[56] Consideravam injusta a entrega da metade do excedente da produção dos gêneros alimentícios. Apontavam-se como desonestos a contagem dos juros e os cálculos da conversão da moeda. Suspeitava-se da ação da justiça, ligada aos interesses senhoriais e, portanto, pouco inclinada a dar razão ao colono em caso de dissídio. Queixavam-se ainda os colonos do peso excessivo das dívidas que recaíam sobre eles, já ao chegar à fazenda, em virtude dos preços da viagem e transporte até a sede, muitas vezes distante do porto de Santos, onde eram desembarcados. Sobre aqueles preços ainda eram computados juros. Apontavam-se dificuldades de ordem religiosa.[57] Chegava-se mesmo a dizer que os colonos sujeitos a esse sistema de parceria não passavam de "pobres coitados, miseravelmente espoliados, de perfeitos escravos, nem mais nem menos,[58] e que encontravam, às vezes, maior dificuldade em se

---

55 Carta de J. B. Amaral ao presidente da província de São Paulo, Campinas, 15 de janeiro de 1854 (AESP, T. I, Colônias, Cx.1).

56 Lallemant, Von Tschudi e Davatz coincidem aproximadamente no seu depoimento. Reclamando contra os preços dos víveres, Davatz dizia (op. cit., p.89) que na Fazenda Ibicaba o sal era vendido a 7$000 o saco, enquanto na cidade de Limeira o preço era de 4$200, a libra de toucinho a $240 réis, quando na cidade eram cobrados $120 réis. Enquanto pela carne de porco cobravam-se $240 a libra, em Ibicaba, a libra chegava a ser vendida em Limeira até a sessenta réis! A propósito dessa reclamação, foram dadas várias explicações por Vergueiro e por Heusser e Perret Gentil, que pretenderam invalidá-la. Mesmo que houvesse algum exagero de parte a parte, esses depoimentos são eloquentes em revelar as tensões existentes.

57 De fato, o não reconhecimento dos casamentos por escritura, o único possível para os colonos que não professavam a religião católica, constituía motivo de apreensão para os colonos e proprietários. Mesma complicação para a situação dos recém-nascidos, compelidos ao batismo.

58 Davatz, op. cit., p.124.

libertar do que os próprios pretos.[59] Falava-se da arbitrariedade dos senhores que tolhiam os movimentos dos colonos. Criticava-se o desconforto das casas de pau a pique, sem forro, em chão batido, a lembrar as senzalas. E denunciava-se que o caráter mesquinho das somas em dinheiro, recebidas pelos colonos, por mês (dois, cinco e, excepcionalmente, dez mil-réis), tornava obrigatório efetuar compras na fazenda, dada a impossibilidade de realizá-las fora. Ficava assim o colono amarrado aos preços do proprietário e enredado num sistema de dívidas cada vez mais difíceis de serem saldadas.

Solicitados a opinar sobre as soluções que poderiam resolver os desajustes existentes no sistema de parceria os proprietários alvitraram sobretudo meios de obrigar os colonos a cumprir seus contratos, e fórmulas de repressão às manifestações de indisciplina. O mal básico, o vício da organização do sistema lhes escapava na maioria das vezes. Falavam que era necessária uma assistência religiosa aos colonos. Impunha-se uma solução

---

59 Ibidem, p.115; Davatz fala que um colono obrigado a saldar uma dívida de 1.000$000 ou dois contos de réis encontrava-se em situação comparável à do escravo que, para conquistar sua alforria, era obrigado a cobrir tal despesa. Entre as arbitrariedades dos senhores citavam os colonos a proibição de se ausentar da fazenda sem autorização por escrito do proprietário ou diretor da colônia (Davatz, p.81), assim como as exigências de construir cercas da fazenda, fazer estradas etc. (ibidem). Os próprios fazendeiros reconheciam que as dívidas que pesavam sobre os colonos eram excessivas, mas, em geral, esse reconhecimento era pretexto para insinuar a necessidade de uma subvenção estatal. Davatz e Von Tschudi fornecem-nos dados que demonstram que, de fato, as dívidas dos colonos eram excessivas. Num relato assinado pelo diretor da Colônia Vergueiro, datado de 31.12.1853 (AESP, T. I, Colônias), informava-se que 53 famílias tendo a receber o que lhes tocasse por 18.186 alqueires e 3/4 de café que entregaram, tinham uma dívida de 16.765.145, e 53 famílias que não haviam tido colheita própria e só colheram por conta da fazenda deviam 15.220.446. Em carta datada de São Sebastião, 22 de dezembro de 1857, Vieira de Macedo fala que o total da dívida de uma família de colonos era de 1.876.000 (AESP, T. I, Colônias, Cx.1). Sobre as arbitrariedades dos senhores e sua inabilidade em lidar com os colonos, relata-nos Van Delden Lener que um fazendeiro mandara construir as casas de colono obedecendo a regra de construção das senzalas: próximo à casa-grande para maior fiscalização.

para o problema dos casamentos desses colonos, uma vez que as leis só reconheciam os casamentos realizados na Igreja católica.[60] Solicitavam uma fiscalização maior dos contratos, por parte do governo, assim como uma legislação que garantisse os respectivos direitos dos proprietários e dos colonos, "leis porém, de fácil e pronta execução". Sugeria-se a criação de um juízo especial, e um inspetor geral que visitasse com frequência as colônias com o intuito de fiscalizar o seu funcionamento e, finalmente, falava-se na necessidade de "um regulamento policial para melhor ordem dos estabelecimentos", sugerindo-se que a esse respeito se ouvissem "os proprietários das colônias – aos quais a experiência tinha mostrado os abusos que era necessário reprimir". Mais raramente se alvitrava como solução que o governo pagasse a passagem, pelo menos, dos filhos menores dos colonos, o que diminuiria a dívida com que chegavam às fazendas.[61]

Financiamento do governo e fiscalização e repressão policial – eis no que se resumiam as soluções alvitradas pelos proprietários. As dívidas que oneravam o colono já à sua chegada, em virtude do preço das passagens que eram obrigados a desembolsar, eram, no entender dos proprietários, um dos fatores responsáveis pelos descontentamentos do colono, sua irritação e indisciplina.[62] A falta de um mecanismo disciplinar adequado facilitava a desordem e o desrespeito aos contratos. Aparente-

---

60 Carta de Nicolau Campos Vergueiro datada de Ibicaba, 16 de janeiro de 1854, ao presidente da província de São Paulo (AESP, T. I, Colônias, Cx.1). Carta de Souza Queiroz ao presidente da província, 12 de janeiro de 1854, refere-se já à questão dos sacerdotes.

61 Mss. AESP, T. I, Colônias, Cx.1, 17 de novembro de 1857, carta ao presidente da província, Limeira. Vergueiro, em sua carta de 16 de janeiro de1854, acima referida, falava da necessidade de um regulamento policial "com uma autoridade e proposta pelo proprietário para executá-lo". E dizia que, na falta deste, procurava remediar a situação recorrendo a multas, árbitros, "e em última instância despedindo o colono", o que não constituía uma verdadeira solução, pois que este, se estivesse em débito, sua despedida acarretaria um prejuízo ao proprietário.

62 Mss. Floriano de Camargo Penteado, Campinas, 13 de dezembro de 1857, em carta ao presidente da província J. J. Fernandes Torres, Mss. AESP, T. I, Colônias, Cx.1.

DA MONARQUIA À REPÚBLICA   221

mente essas eram as principais razões do fracasso do sistema, já por todos conhecido.[63]

A partir da insurreição dos colonos em Ibicaba, o sistema de parceria perdeu rapidamente prestígio, minado pelas suas próprias contradições. Os colonos sentiam-se reduzidos à situação de escravos e os fazendeiros, por seu lado, consideravam-se burlados nos seus interesses. O sistema pecava pela base. Pretendia-se criar um regime de trabalho que pudesse substituir vantajosamente a mão de obra escrava na cultura cafeeira. Procurara-se uma solução num regime misto que conciliasse fórmulas usuais em colônias de povoamento com o interesse do fazendeiro, habituado à rotina do braço escravo. O conflito revelou-se inevitável.

Os colonos alemães e suíços, na maior parte, parecem só se ter adequado ao tipo de colonização que se estabeleceu, por exemplo, no Rio Grande do Sul ou Santa Catarina. As condições oferecidas nos sistemas de parceria não lhes satisfaziam.

As exigências do trato, o tipo de produção e rendimento da cultura do café resultavam pouco propícios aos colonos dentro daquele sistema. Recusavam-se eles a formar um cafezal, pois a derrubada da mata e os trabalhos necessários ao preparo da terra, assim como o tempo de espera, que antecedia o período de produtividade da planta, eram por demais cansativos e muito pouco rendosos para um colono recém-chegado, sobre o qual pesavam encargos financeiros numerosos. A solução de intercalar culturas várias de cereais entre as linhas de pés de café não chegava a oferecer lucro compensador para o colono, sobre o qual recaía a dívida da viagem marítima e do transporte até a

---

63 Só excepcionalmente algum fazendeiro, como Souza Barros, tinha consciência de que naquele processo havia outros condicionamentos. Assim é que, em carta enviada ao presidente da província em 3.4.1854, dizia que o sistema de parceria poderia convir enquanto se conservasse alto o preço do café. Entretanto, ao comentar as dificuldades com que se enfrentavam os proprietários, diante dos colonos, dava várias explicações: a má qualidade daquele que tinha emigrado, a falta de conhecimento por parte do proprietário da maneira pela qual deveria tratar os colonos. Concluía como a maioria dos fazendeiros pela necessidade de estabelecer um regulamento provincial que obrigasse o colono a cumprir o contrato (Mss. AESP, T. I, Colônias, Cx.1).

fazenda, e respectivos juros, bem como a resultante da sua manutenção. O que acontecia é que o fazendeiro adiantava ao colono o que lhe era necessário e cobrava sobre o adiantamento feito juros correspondentes a 6%. Quando a família era composta de marido e mulher e vários filhos pequenos a situação se agravava. As dívidas acumulavam-se e passavam anos sem que o colono conseguisse libertar-se delas. A situação piorava quando a administração da fazenda, desejosa de auferir o máximo do colono, cobrava preços demasiadamente altos pelos gêneros de que este necessitava, oprimindo-o economicamente, reduzindo-o a um estado de semiescravidão. Com o objetivo primordial de fixar o homem à terra, esse sistema de endividamento do homem do campo, pelo empresário, continuou, aliás, sendo regra geral em vários tipos de explorações econômicas no Brasil imperial e republicano. Com isso conseguia o empresário, fazendeiro de café, de mate ou seringueiro, manter o trabalhador num estado de servidão.

Ao colono, como vimos, não interessava, em geral, a formação de um cafezal, a não ser que se lhe fosse atribuída uma outra área em franca produção. Cafezais praguejados ou de baixa produção também davam motivo a queixas. Via de regra, o interesse do fazendeiro estava exatamente em atribuir ao colono – com quem devia dividir a produção – cafezais de baixa produção, reservando para os escravos a melhor parte dos seus cafezais. O choque de interesses provocava mal-estar e revolta entre os imigrantes. A maior parte das vezes via-se este, também, cerceado na sua iniciativa de cultivar gêneros de primeira necessidade,[64] pois julgava-se que não só isso resultaria num desvio de mão de obra destinada aos cafezais para outras atividades, como poderia possibilitar ao colono uma rápida emancipação, contrária, muitas vezes, aos interesses do fazendeiro: pagas suas dívidas, o colono abandonava as fazendas.[65] Outras vezes a distância em que as fazendas se encontravam dos sítios urbanos prejudicava a venda

---

64 Von Tschudi, op. cit., p.143.

65 Ibidem, no que é confirmado pela documentação que consultamos, onde há alguma referência a esse fenômeno. O abandono das fazendas não acontecia frequentemente dada a dificuldade que tinha o colono em saldar sua dívida.

DA MONARQUIA À REPÚBLICA 223

dos víveres, quando não era o fazendeiro que isso impedia, temeroso de ver os colonos abandonarem os cafezais dedicando-se apenas ao plantio de legumes ou cereais.

Outro motivo de descontentamento por parte dos colonos era o sistema de contas feito para deduzir sua parcela de lucro sobre a produção de café obtida. Rezavam os contratos que, vendido o café, caberia ao colono a metade do seu lucro líquido. Ora, o cálculo das despesas de beneficiamento, transporte e impostos variava. Na maior parte das vezes os colonos sentiam-se, com ou sem razão, roubados. Foram tais as queixas que acabou--se, em geral, por estabelecer o pagamento ao colono de um preço fixo por alqueire. Transitava-se assim insensivelmente para outras soluções, que posteriormente se firmarão como mais adequadas ao tipo de economia cafeeira, e que substituirão definitivamente esse sistema de parceria por outros arranjos. Para esse descontentamento e suspeitas também contribuía a instabilidade da safra cafeeira que sofria grandes oscilações de ano para ano.[66]

Muitos outros obstáculos somaram-se a estes, convertendo o regime de parceria numa grande desilusão para o imigrante que, desde que podia, abandonava o campo pela cidade. A desadaptação ao meio rural tropical, ao clima e aos hábitos locais, a cláusula contratual da responsabilidade coletiva pela qual toda a família era considerada responsável solidariamente pelas dívidas de um de seus membros, a constituição artificial das famílias, formadas pelas municipalidades alemãs ou suíças que haviam anexado elementos desordeiros e marginais a cada família que pretendia emigrar, a distância entre a grande esperança característica daquele que emigra e a realidade com que se defronta.

Aliás, o mau recrutamento dos colonos pelos agentes brasileiros e pelas municipalidades europeias tornou-se proverbial. Os primeiros visavam apenas ao maior número e as administrações locais procuravam livrar-se, muitas vezes, de munícipes indesejáveis. Para induzir os indivíduos a emigrarem, os agenciadores faziam-lhes promessas ilusórias, acenando com visões paradisíacas, prometendo todos os sucessos e facilidades aos emigrantes.

---

66 Von Tschudi relata que numa mesma plantação um cafezal de treze anos produzira 4,5 libras por pé em um ano e no ano seguinte a colheita fora de apenas meia libra por pé.

Sérgio Buarque de Holanda, em seu prefácio à obra de Thomas Davatz, relaciona entre as razões do fracasso do sistema de parceria o desajustamento do imigrante, vítima de desilusão. Refere-se, ainda, ao problema religioso, à repugnância pelo sistema de alimentação do país, "a certa forma de vida, hábitos e costumes", trazendo uma série de doenças e achaques como resultado, mas acentua entre as razões do malogro dessa tentativa de parceria "as condições de trabalho a que ficavam sujeitos" os colonos, a dificuldades de aceitação por parte dos proprietários ao trabalho livre, acostumados que estavam com o escravo. Para Von Tschudi (op. cit., p.149), a culpa do fracasso cabia, em primeiro lugar, "ao procedimento da firma Vergueiro e Cia. pela ambiguidade dos contratos, a cobrança de taxa por cabeça e a recusa a restituir às comunas o dinheiro por elas adiantado". Grande parte da culpa cabia aos fazendeiros, administradores, feitores e aos próprios colonos, bem como à legislação deficiente que não garantia os colonos. Parte da culpa cabia ainda, no seu entender, ao governo brasileiro, que, por "falta de prestígio, ou boa vontade", não soube pôr termo aos abusos e injustiças e fazer respeitar as leis em vigor, "nem apresentar às Câmaras Legislativas novos projetos adaptados à situação". Escapavam-lhe as contradições inerentes ao sistema de parceria, inadaptado às lavouras de café tal como se praticavam então.[67]

As dificuldades que tinham os fazendeiros em compreender a "verdadeira estrutura" e as "finalidades do trabalho livre" e sua pouca disponibilidade para a aceitação de padrões de comportamento que o regime de trabalho livre pressupunha, o que se explica pela longa tradição escravocrata que elaborara outros padrões de ajustamentos, inadequados agora às novas condições,[68] tudo isso contribuíra para o descontentamento das partes e para

---

67 Doc. datado de Campinas, 15 de janeiro de 1854, AESP, Colônias, Cx.1. Carta de Joaquim Bonifácio do Amaral ao presidente da província, refere-se a membros estranhos à família que eram engajados a estas compulsoriamente. Este fato é confirmado pelos depoimentos de Von Tschudi, Davatz etc.

68 S. B. Holanda, no prefácio à obra de Thomas Davatz citada, p.26 e 27. Souza Barros em carta de 3.4.1854, citada na nota 63, fala da falta de conhecimento, por parte do fazendeiro, da maneira pela qual devia tratar o colono.

o fracasso do regime de parceria, levando o descrédito à organização do trabalho livre, nesses moldes.

As vicissitudes e o fracasso do sistema de parceria contribuíram também para desmoralizar a política emigratória para o Brasil, chegando mesmo a resultar em restrições sérias e até mesmo na interdição total por parte de alguns Estados europeus. A partir de então, tornou-se mais difícil recrutar, nessas áreas da Europa, elementos que quisessem vir para as zonas do café. As queixas dos colonos que chegavam à Europa desestimulavam novos sonhos de emigração. As sindicâncias realizadas repercutiam mal junto aos governos estrangeiros. Enquanto isso, os fazendeiros viam expirar seus contratos sem tomar nenhuma medida no intuito de renová-los.

O regime de parceria, que, em princípio, tudo levara a crer, seria a solução ideal para o problema da mão de obra nas regiões de economia cafeeira, fracassava na sua realização prática. A ambiguidade dos contratos, as injustiças e os abusos cometidos de parte a parte minavam o sistema cujas bases já eram por si frágeis. O sistema de parceria acabou por ser considerado por muitos "uma página negra na história do desenvolvimento do Brasil".[69] Um dos viajantes que aqui estiveram por volta de 1870, Constatt, afirmou que esse fracasso contribuíra para desmoralizar a imigração,[70] e Avé Laillemant, não sem certo exagero e dramaticidade de expressão, dizia que o sistema de parceria e as consequências dele decorrentes eram "um carbúnculo na sadia florescência da agricultura livre ... muito piores do que jamais foi o tráfico de escravos", levando homens livres a uma forma modificada de servidão. Também ele observará que, com as queixas, denúncias e sindicâncias, tornara-se suspeito na Alemanha e na Suíça não o regime de parceria, mas toda a emigração e colonização para o Brasil.

A inadequação do regime de parceria ao latifúndio cafeiro, organizado tradicionalmente nos moldes escravocratas, foi pressentida por ele. Havia a questão da mentalidade. Um velho proprietário, diz ele, cuja divisa de nobreza desde a juventude foi

---

69 Robert Avé Lallemant – *Viagem pelo Sul do Brasil*. Rio de Janeiro (trad. IML), 2.v., v.II, p.349.

70 Constatt, p.173.

"sova e tronco" não pode tolerar o trabalho livre, pode no máximo inventar "um estropiado sistema de parceria".[71] Mais do que isso, o que havia era uma incompatibilidade essencial de objetivos. Aos colonos alemão e suíço interessava principalmente o tipo de colonização em núcleos coloniais, nos quais prevalecia a pequena propriedade e nos quais ele mesmo se tornava proprietário (nos moldes adotados em outras regiões como Santa Catarina e Rio Grande do Sul). Poucos seriam os colonos suíços ou alemães capazes de aceitar as condições em que viviam os colonos ilhéus, os quais, embora em regime de parceria, viviam como escravos, trabalhando lado a lado com estes, sob a ordem de feitores.[72] Não é por acaso que muitos dos fazendeiros preferiam esses colonos portugueses aos demais.

A preferência dos fazendeiros voltava-se, a partir de então, para outras fórmulas, em geral baseadas num sistema de salários fixos e outras compensações. A maior parte dos fazendeiros que continuaram a manter colonos em suas fazendas abandonou as primeiras fórmulas de contrato de trabalho, substituindo-as pelo sistema de locação de serviços. Esse sistema parece ter-se revelado mais adequado, naquela época, do que o sistema de parceria.

Várias fórmulas foram usadas. Pagava-se, por exemplo, um preço fixo por alqueire de café colhido ou se estabelecia um pagamento mensal ao colono, o que resultava num salário fixado previamente. Nesse caso era fornecida ao colono a terra para o plantio do necessário ao seu sustento. Às vezes, em vez da terra, forneciam-se aos colonos os víveres necessários. Ficava o colono obrigado a fazer todos os serviços da fazenda. Das soluções, a primeira parece ter sido preferida nessa fase. Os fazendeiros pagavam, segundo depoimentos de Von Tschudi, quatrocentos réis por alqueire colhido. Sérgio Buarque de Holanda (in Davatz, p.32) fala em quinhentos e até seiscentos réis por alqueire. Essa diferença deve-se, provavelmente, à data a que se referem esses dados.

A cultura do café era altamente exigente em mão de obra numerosa nessas primeiras fazendas. Extremamente trabalhosa, desde os primeiros tempos, tinha seu rendimento ótimo, tardio e de curta duração. Quando começava a fase produtiva, o lucro

---

71 Avé Lallemant, op. cit., p.351.
72 Von Tschudi, op. cit., p.131.

DA MONARQUIA À REPÚBLICA

inicial gravado por taxas e impostos numerosos resultava ao cabo desse processo num lucro líquido reduzido.[73]

---

73 Em carta datada de Bragança, 30 de dezembro de 1859, assinada pelo delegado de polícia Fonseca Morato, sobre as colônias do Termo de Bragança cita ele a fazenda de João Leite de Moraes Cunha que, com 31.800 pés de café, cultura exclusiva, exportava anualmente 1.988 arrobas, num valor total de 5.100.000 réis. Na fazenda de Joaquim Mariano Galvão de Moura Lacerda, situada entre Campinas e Amparo, onde havia trinta mil pés de café produtivos, a exportação anual era de 2.500 arrobas, num valor de 7.500.000 réis. Expilly, em sua obra *La traite, l'immigration et la colonisation au Brésil* (Paris, 1865), calculando o rendimento do café, fornece os seguintes dados:

despesas de transporte – uma arroba – 1$040 réis
despesas de beneficiamento – $400 réis
imposto – $30 réis comissão de 3% – $132 réis
Total – 1$602 réis

Valor da arroba de café 4$400 réis, reduzidas as despesas 2$802 réis líquidos por arroba. Segundo o sistema de parceria, deveriam caber ao colono 1$400 réis. Esses dados são confirmados por Perret Gentil, no documento anteriormente citado (existente no AESP), o qual, corrigindo o erro de subtração, dá exatamente 2$798 réis de lucro líquido por arroba. Convertendo-se uma arroba em três alqueires, conforme contrato, diz Perret Gentil que tocava 939 réis por alqueire, sendo 466 réis por alqueire ao colono. Sampaio Peixoto em carta (AESP, T. I, Colônias) datada de Campinas, 30 de maio de 1858, ao presidente da província, a propósito de um processo havido contra colonos, Gilberto Collet e Carlos Zabet, da colônia de Luciano Teixeira Nogueira, diz que 1.500 pés podiam dar no ano de muita abundância 150 arrobas, o que na sua opinião era excepcional. Sobravam para o colono 75 arrobas, as quais, segundo os seus cálculos, acabavam por dar ao colono 195$000. Comparando-se os dados pode-se verificar que eles se confirmam quanto ao valor da arroba de café. Quanto à sua afirmação de que 1.500 pés podiam dar no ano de muita abundância 150 arrobas, vários outros documentos que possuímos o confirmam, e o que se verifica é que, na maioria das vezes, o rendimento é inferior. Na relação das colônias de Souza Queiroz, por exemplo (cf. AESP, cit.), encontramos uma família com a responsabilidade de dois mil pés, e que produz cinquenta alqueires de café, o que corresponde aproximadamente a 166 arrobas. Outra família, responsável por 2.500 pés, produzia 450 alqueires – cerca de 150 arrobas –, outra ainda, com 1.800 pés de café, produzia 415 alqueires e assim por diante, sempre mais ou menos dentro dessa média. Também na Fazenda das Araras de José da Silveira Franco o rendimento não era maior. Encontramos uma família, por exemplo, com 2.500 pés de café e rendimento de quinhentos alqueires. A partir daí, pode-se avaliar a precária situação da maioria dos colonos sobre os quais pesava a enorme dívida da viagem e transporte até a fazenda; quando se tratava de famílias numerosas, a dívida era maior, e nem sempre o número de membros da família significava maior potencialidade de trabalho, dado o grande número de crianças – média de três a quatro abaixo de dez anos. Von Tschudi fala (p.139) que as despesas, a contar do dia do embarque até a chegada à fazenda, atingia quinhentos francos por pessoa adulta (200$000). Com isso, já à chegada a maioria das famílias devia mais de um conto de réis. Segundo Davatz, a dívida média das famílias em Ibicaba no ano de 1856 era de 830$000 (p.98). E a documentação que consultamos confirma a enormidade das dívidas assumidas pela maioria dos colonos. Ora, o rendimento da parceria não era, à vista de tudo isso, vantajoso. Pela documentação consultada pode-se observar que, em geral, uma família cuidava de mil a três mil pés no máximo. A única exceção que encontramos e que destoa flagrantemente dessa média é a da colônia de Hércules Florence, considerada, aliás, modelo, onde dezenove indivíduos componentes de duas famílias tinham a seu cargo 14.000 pés de café, o que correspondia a cerca de sete mil pés para cada um. Uma das famílias colhera 1.850 alqueires de café, o que lhe produzira, à razão de três alqueires por arroba e pelo sistema de parceria, um lucro líquido de 308 arrobas e um terço, num valor de 725$959, segundo informa Hércules Florence, em carta datada de Campinas em 9 de outubro de 1859. Outro colono conseguira 289 arrobas e meia, num valor de 706$960. A média, entretanto, como vimos, era muito inferior a esta, daí a péssima situação da maioria dos colonos e a sua revolta. O processo de Gilberto Collet e Carlos Zabet, da colônia de Luciano Teixeira Nogueira, é muito expressivo. Escrevendo ao presidente da província, o juiz municipal, depois de calcular como vimos o lucro líquido do colono, diz que o colono Collet tem a cargo 1.500 pés de café, tem na família sete pessoas a alimentar e deve cerca de dois contos de réis, sujeitos ao prêmio de 12% ao ano sobre a quantia de 1:454$683 e o restante a juros da lei, de 6%, segundo o que fora estipulado pelo contrato. A primeira quantia sobre a qual recaíam os juros mais altos correspondia às despesas que haviam sido feitas até entrar na fazenda e o restante, às despesas feitas no decorrer de um ano (quinhentos e tantos mil-réis!). Comentando esse fato, diz o missivista que o rendimento do ano anterior talvez não chegasse a 120$000 e que o do ano corrente não seria muito favorável tampouco, pois não se esperava uma colheita abundante. Na melhor das hipóteses, teria o colono cerca de 200$000, mas somente o prêmio da dívida andava em muito mais. Como há de o colono sustentar, vestir, curar a família e ainda amortizar a dívida, indagava o juiz municipal. Outro colono entrara devendo uma quantia menor, cerca de seiscentos mil-réis e já devia mais de mil, estando na colônia há um ano. Que esperanças teria de subsistir e pagar as dívidas, seus prêmios e juros? E conclui que a situação de muitos outros colonos era mais ou menos essa, afirmando que, nos seus cálculos, exagerara em favor do colono e que, a contar-se uns anos pelos outros, o colono, na realidade, não produziria "nem a metade" do que tinha calculado... Tendo em vista o pequeno rendimento e a enormidade da dívida, Expilly, em sua obra citada, calculava serem necessários nove anos para que o colono pudesse se libertar das dívidas e Von Tschudi o confirma (p.143) tacitamente quando cita o sucedido em certas fazendas do Rio de Janeiro.

Na lavoura do café os trabalhos eram árduos, desde o início. Depois de penosas atividades ligadas ao preparo do terreno, e uma vez obtidas as mudas, era preciso impedir que, com as chuvas abundantes, o mato cobrasse vigor e sufocasse as mudas. Atingida uma certa altura, estas eram decotadas e transplantadas. Durante o período seguinte, a carpa assídua do terreno mantinha o cafezal livre das ervas daninhas. Às vezes, já no quarto ano, o cafezal frutificava. A época de maior rendimento, entretanto, ocorria do sexto ano em diante. Passados de quinze a vinte anos os cafezais começavam a apresentar, na maioria dos casos, um declínio da produção. O tempo de duração da sua vitalidade ficava na dependência da fertilidade do solo.

Quando os cafezais começavam a produzir, os trabalhos aumentavam. A colheita anual exigia grande cuidado, principalmente nas regiões em que o café amadurecia irregularmente, havendo no mesmo pé grãos verdes e maduros, o que pedia um zelo maior na apanha e a renovação da colheita. Colhido o café, o número de tarefas ainda era grande. O transporte até o local de beneficiamento e as fases seguintes, a seca, o despolpamento, a classificação etc., requeriam um trabalho e uma mão de obra abundantes, o que era agravado pelo fato de ser tudo quase exclusivamente manual. Raros eram os casos, nesses primeiros tempos, em que se empregava algum maquinário. Concluídas as várias etapas de beneficiamento do café, este era ensacado e, finalmente, transportado até o mercado exportador, tudo a exigir, até 1850 pelo menos, um grande número de trabalhadores. Faltam as máquinas que pudessem poupar mão de obra, faltam meios de transporte mais racionais. Todo ele, até então, é feito em lombo de muar ou carro de boi. O cuidado necessário com a tropa mobiliza permanentemente um certo número de trabalhadores. Com tudo isso, o trabalho numa fazenda de café até meados do século é um trabalho incessante. Dura o ano todo e mantém ocupado um grande número de trabalhadores, exigindo mão de obra abundante e não especializada que possa dedicar-se a várias atividades diferentes. A cultura extensiva, pouco mecanizada, o sistema de produção e trabalho não racionalizados resultam numa imposição: o custo da mão de obra deve ser comprimido além dos limites que os colonos serão capazes de suportar.

Ao fazendeiro dessa fase da economia cafeeira interessava o trabalho livre, na medida em que pudesse comprimir o seu custo no nível do custo do trabalho escravo. O sistema de parceria não se ajustava, pois, ao tipo de economia latifundiária, tradicionalmente ligada à escravidão, baseada num único produto de exportação e que utilizava ainda métodos pouco adiantados. Dentro da realidade da economia cafeeira dos meados do século, não havia, pois, condições para o sucesso da colonização estrangeira nos moldes de um sistema unicamente de parceria.

Contrato

Cópia n.1

Em virtude de procuração do Ilmo. e Exmo. Sr. Francisco Antonio Souza Queiroz Senador do Império etc., etc., foi concluída a seguinte Convenção entre Marcos Antonio de Araujo, Cavalleiro da Ordem de N. Era da Conceição de Villa Viçosa, Comendador da Ordem de Cristo, Guarda roupa Honorário de S. M. o Imperador do Brasil e seu Encarregado de negócios e Conso. Geral nas Cidades Anseáticas e os Colonos igualmente abaixo assignados.

Art. 1

NN (nome do colono), sua mulher e seus filhos, naturais de ... no Holstein, obrigão-se a partir deste porto de Hamburgo para o de Santos na província de São Paulo, no Império do Brasil a bordo do navio ..., Capitão ...

Art. 2

Os colonos mencionados no §1º, logo que chegarem no referido porto de Santos, pôr-se-ão à disposição do Ilmo. e Exmo. Se. de Souza Queiroz, que os receberá, alimentará e fará conduzir aos destinos.

Art. 3

O Sr. M. Valentin, desta Cidade, Diretor da Sociedade de Navegação da America do Norte e do Sul, encarrega-se do transporte dos referidos Colonos pelos fretes seguintes inclusive os mantimentos:

a) Por cada pessoa adulta de um, e outro sexo, maior de 8 anos 40 pesos hespanhoes.

b) Por cada dita de um, e outro sexo, menor de oito anos, 30 pesos hespanhoes.

c) Os menores de um ano nada pagarão.

Art. 4

O Ilmo. e Exmo. Sr. de Souza Queiroz obriga-se para com NN sua mulher N e seus filhos ... ao seguinte:

1º A entregar-lhe tantos mil pés de café, quantos elle e sua familia possão cultivar, colher e beneficiar na sua fazenda na Prov. de São Paulo.

2º Facultar-lhe o plantar na sua fazenda no lugar que lhe for designado o necessario para o seu sustento e de sua familia.

3º Adiantar-lhe o importe das despesas que fizerem no seu transporte e o que necessitarem para sua subsistência durante o primeiro ano ou em quanto puderem obter pelo seu trabalho de sua propria lavoura.

4º A aforar ou arrendar no fim do tempo do contrato o terreno necessario para se estabelecer nas terras da mesma fazenda ou em outra que possua, pelo foro ou arrendamento que concencionarem por cada praça quadrada.

Art. 5

O sobredito Colono se obriga ao seguinte:

1º A conduzir-se pacificamente sem perturbar ou prejudicar os seus vizinhos, nem a fazenda.

2º A cultivar, e colher, como convem, os cafezais recebidos, e os que mais quizerem plantar, depositando o café colhido em tempo próprio no lugar que lhe for marcado onde entregará por medida ao Recebedor da Fazenda depois de seco, recebendo uma nota de tudo que forem entregando.

3º A concorrerem em comum com o serviço corresponden-te à quantidade de café entregue para o trabalho que o mesmo exige até estar pronto para entrar no mercado.

4º A concorrerem em comum para a limpa e reparo dos regos que conduzirem agoa para o engenho de café.

5º A replantar as falhas que ocorrerem na planta do cafezal a seu cargo.

6º A pagar ao Ilmo. e Exmo. Senhor de Souza Queiroz as quantias que adiantar assim em dinheiro, como em generos, den-tro do prazo de quatro anos e depois desse tempo vencerá os juros da Lei, aplicando para esse pagamento pelo menos metade dos seus lucros liquidos.

Art. 6

Vendido o café pelo Ilmo. e Exmo. Sr. de Souza Queiroz, pertencerá a este a metade do seu produto liquido e a outra me-tade a ele colono.

Art. 7

Nos generos alimentares produzidos pelo trabalho do colo-no sendo por ele e sua familia consumidos, não terá o Ilmo. e Exmo. Sr. de S. Q. parte alguma porem terá a metade das sobras alienadas.

Art. 8

Fica subtendido que a mesma disposição e condições esta-belecidas para a cultura do café terá lugar em outra qualquer cultura como chá, cana de assucar, bicho da seda, algodão, mamona, etc. etc.

Art. 9

O Ilmo. e Exmo. Sr. de Souza Queiroz não poderá desonerar--se das obrigações deste contrato em quanto os ditos Colonos cumprirem fielmente as suas.

Art. 10

Este contrato durará cinco anos e poderá ser prorrogado por acordo dos Contratantes se assim lhes convier. He porem livre retirarem-se os Colonos depois de satisfazerem ao Il. Ex. ... o que estiverem devendo, participando-lhe seis meses antes por escrito sua intenção de se retirarem, sujeitando-se a pagarem uma multa de 50$000 por cabeça no caso de retirarem antes de pagarem toda a dívida ou sem antecipar a declaração de sua intenção.

Art. 11

Todas as duvidas que ocorrerem entre os Contratantes serão decididas por arbitros perante as autoridades competentes do paiz sem mais formalidades, nem recursos de apelação.

Art. 12

Os Colonos abaixo assinados declarão aceitar as condições expostas nos §§ precedentes, ficando por ora responsáveis pela soma de ... pesos hespanhoes por ... pessoas, de que se compoem a sua familia.

Em fé do que os abaixo assignados firmarão o presente contrato em triplicata.

Hamburgo aos 29 de Fevereiro de 1852.

Assinaturas do Consul Geral e Colono.

CAPÍTULO 6

URBANIZAÇÃO NO BRASIL NO SÉCULO XIX[1]

A sobrevivência da estrutura de produção colonial no Brasil depois da Independência: o trabalho escravo ou semisservil, o latifúndio, a economia baseada na exportação de produtos tropicais, bem como a instituição de um sistema político paternalista baseado num sistema de clientela e na marginalização de extensas camadas da sociedade foram responsáveis, no século XIX, por um tipo de urbanização que não segue as formas do modelo clássico de urbanização fundado na análise do processo urbano nas áreas centrais do sistema capitalista. As transformações ocorridas na segunda metade do século XIX – desenvolvimento de ferrovias, imigração, abolição da escravatura, crescimento relativo do mercado interno e incipiente industrialização – não foram de molde a alterar profundamente os padrões tradicionais de urbanização que se definiram no período colonial quando, com exceção dos principais portos exportadores, os núcleos urbanos tiveram escassa importância vivendo na órbita dos potentados rurais. O estudo do fenômeno urbano no século XIX no Brasil fornece informações para a constituição de um modelo de urba-

---

1 Comunicação apresentada à Conferência "Comparative Issues and Problems of Urbanization in Latin America", promovida pelo Center for Latin American Studies, University of Wisconsin, Milwaukee, 1970.

nização característico de áreas de economia colonial e periférica às quais não se ajusta o modelo clássico.

O sistema colonial no Brasil contribuiu para o desenvolvimento de uma economia essencialmente agrária, na qual os núcleos urbanos tiveram escasso significado, com exceção dos portos onde se concentrou a maioria das funções urbanas.

Quando, em 1808, a Corte portuguesa transferiu-se para o Brasil, localizando no Rio de Janeiro a sede do governo, a população brasileira era ainda essencialmente rural. Os núcleos urbanos mais importantes localizavam-se, na sua maioria, ao longo da costa, coincidindo com os principais portos por onde eram exportados açúcar, fumo e algodão, principais riquezas do país. As zonas de mineração, embora decadentes, também apresentavam relativo grau de concentração urbana, mas as cidades dessa região não atingiam a importância dos principais portos. Nas demais áreas a importância dos núcleos urbanos era limitada, prevalecendo a grande propriedade.

Dados relativos aos fins do século XVIII revelam que o Rio de Janeiro, sede do vice-reinado desde 1763 e porto por onde se escoava o ouro e se importavam produtos manufaturados, possuía 50.000 habitantes, seguindo-se-lhe em importância a Bahia, com 45.500, Recife, com trinta mil, São Luís do Maranhão, com 22.000; e São Paulo, com 15.500, única aglomeração que foge à regra, situando-se no planalto, distante do mar, mas que desde cedo se beneficiara da sua situação geográfica de boca de sertão, tornando-se ponto de convergência de rotas que demandavam o oeste, o centro e o sul do país. As cinco cidades representavam 5,7% da população do país, calculada em aproximadamente 2.850.000 habitantes.[2]

A inexpressividade da rede urbana e a peculiaridade de sua distribuição derivam da política colonial e do sistema de produção que se instituiu no país durante o período colonial.

Urbanização no período colonial

Desde cedo as cidades litorâneas constituíram o posto avançado da colonização portuguesa, de onde partiram os pioneiros

---

2 Pedro Pinchas Geiger, *Evolução da rede urbana brasileira*. Rio de Janeiro: Ministério da Educação e Cultura, 1963, p.70.

para a conquista do sertão. Foram sede do poder civil e religioso, centros comerciais e culturais durante o período colonial. A maneira pela qual se processou a exploração da terra reduziria, no entanto, o seu significado, imprimindo ao povoamento caráter essencialmente rural e limitando as funções urbanas.

A fim de atender aos objetivos da política colonial, a colônia foi organizada para fornecer matérias-primas, principalmente produtos tropicais, para o mercado internacional. Um sistema rígido de monopólios e privilégios obrigava a colônia a exportar e importar os produtos através da metrópole.

Nos primeiros séculos da colonização a colônia se especializou na produção de açúcar, produto que encontrava boa colocação no mercado internacional, oferecendo alta rentabilidade. As exigências da produção do açúcar acarretaram a concentração da propriedade nas mãos de uma minoria e a formação do latifúndio. O uso da mão de obra escrava impôs-se como solução para o problema da força de trabalho, tendo sido utilizado o africano a partir da segunda metade do século XVI. Além de produzir açúcar, o latifúndio tenderia a funcionar como unidade produtora semiautônoma, produzindo quase tudo o que era necessário, limitando-se a importar artigos de luxo ou de metal e outros gêneros difíceis de serem obtidos no local.[3]

Impossibilitados de participar da economia de exportação, o pequeno proprietário e o trabalhador livre que vivia na qualidade de morador nas fazendas tenderiam também a produzir apenas o necessário a seu próprio sustento.

---

3 William Dampier, *Voyage aux terres australes a la Nouvelle Hollande etc. fait en 1699...* (Rouen, 1715), IV, p.47 ss., menciona as principais mercadorias importadas da Europa: tecidos finos e grosseiros, chapéus, meias de seda, biscoitos, vinhos, óleo de oliva, manteiga, queijo, carnes salgadas, ferro, instrumentos de metal, baixelas de estanho, pratos, talheres, espelhos e outras bagatelas. Van der Dussen, por sua vez, visitando o país em 1639, registrara entre as mercadorias compradas na Europa e vendidas no Brasil: panos, cobre, ferro, aço, breu, óleo de peixe, gêneros alimentícios, vinhos, cervejas, azeite, manteiga, queijo, farinha de trigo, bacalhau, toucinho, presunto, carnes de fumeiro, peixes da Terra Nova, sardinhas etc. (Adriaen van der Dussen, *Relatório sobre as capitanias conquistadas no Brasil pelos holandeses – 1639. Suas condições econômicas e sociais.* Trad., introd. e notas de J. A. Gonçalves de Melo Neto. Rio de Janeiro: IAA, 1947).

O uso da mão de obra escrava, a autossuficiência do latifúndio, o baixo padrão de vida do trabalhador livre restringiriam a expansão do mercado interno, inibindo o desenvolvimento do artesanato, das manufaturas[4] e do comércio interno, limitando as funções urbanas.

Caráter limitado da função comercial

O comércio colonial, embora ativo, seria essencialmente comércio de importação, em conexão com um mercado distante para onde fluía boa parte dos capitais. A economia de exportação, tal como fora estruturada, não dinamizava o mercado interno, restringindo, pelo contrário, suas possibilidades de expansão. Os grandes comerciantes tinham suas sedes na Europa, onde viviam, limitando-se, no mais das vezes, a enviar para a colônia os seus agentes.

A expansão colonial e o desenvolvimento do comércio internacional teriam, nos séculos XVI e XVII, dois efeitos simultâneos e contraditórios: estimulariam em certas regiões da Europa o desenvolvimento da produção artesanal e da manufatura, criada com o objetivo de abastecer os mercados coloniais; favoreceriam a diversificação profissional, a concentração urbana e o trabalho livre, estimulando as formas de *self government* nos núcleos urbanos, enquanto na área colonial a economia tenderia a assumir um aspecto essencialmente agrário baseado no trabalho escravo, no latifúndio.

---

4 As manufaturas eram proibidas por lei, mas pode-se supor que, se tivesse havido condições mais favoráveis no mercado interno, elas se teriam desenvolvido a despeito das restrições. Apesar do caráter limitado do mercado interno, subsistiu durante o período colonial, principalmente nos grandes centros, um pequeno artesanato livre que enfrentava a concorrência dos escravos. Van der Dussen dizia que ferreiros, carpinteiros, pedreiros, caldeireiros, alfaiates, sapateiros, marceneiros, seleiros e oficiais de outros tipos, chegando ao Brasil com seus instrumentos, tornar-se-iam ricos porque muitos desses especialistas recebiam bons salários (Van der Dussen, op. cit.).

Caráter limitado da função político-administrativa dos núcleos urbanos

Os fazendeiros estabeleceram suas moradias no campo, vivendo nos latifúndios e estendendo seu poder às zonas rurais e urbanas vizinhas.

A necessidade de manter intacto o latifúndio explica a sobrevivência do direito de primogenitura até a primeira metade do século XIX (1835), criando condições para o desenvolvimento da família de tipo patriarcal em que o chefe goza de poder absoluto sobre seus membros que dele dependem e a ele devem obediência.

Os pequenos proprietários vivendo isolados na periferia dos latifúndios, os "moradores" lavrando terras dos senhores ou os meeiros ligavam-se todos ao grande proprietário de quem recebiam proteção em troca de serviços. As cidades eram frequentemente palco de lutas de famílias. As relações pessoais de parentesco, clientela e patronagem e as formas autoritárias de poder geradas pelo regime de propriedade, com a consequente desmoralização das práticas de *self government* e a marginalização da maioria da população livre do processo político, reforçam o caráter absoluto do poder do grande proprietário rural. O critério firmado na legislação colonial para escolha dos que podiam participar dos conselhos municipais ("homens bons"), excluindo os trabalhadores manuais e os que não fizessem prova de limpeza de sangue, portanto todos os mestiços, negros e judeus, reforçaria essa tendência.[5] As áreas urbanas funcionarão assim, frequentemente, como extensão do domínio do grande proprietário rural.

---

5 A legislação a respeito foi reiterada várias vezes. Nas Leis Extravagantes, por exemplo, v.II, encontra-se à p.170 um decreto sobre a matéria da carta de 25 de julho de 1640, revelando o desrespeito ao dispositivo que impedia que os que tivessem raça entrassem em ofícios públicos. Atribuído o fato à falta de informações, determina que se averigue e registre a naturalidade de cada um, indicando se é cristão-novo, mouro ou mulato, se de boa-vida e costumes, se casado com mulher que tenha algum desses defeitos. Sobre o assunto, ver Charles Boxer, *Race relation in the Portuguese Colonial Empire 1415-1825*; idem, *The Golden Age of Brazil 1695-1750*: Growing pains of the colonial society. Berkeley, 1962.

A burocracia real concentrava suas atividades ao longo da costa, o que se explica tendo-se em conta seu caráter essencialmente fiscal e fiscalizador. Coletar impostos, garantir o respeito aos monopólios e privilégios, defender a terra contra os ataques de estrangeiros, manter a ordem interna eram suas principais funções. Sendo a economia essencialmente de exportação e importação, os portos constituíam o lugar ideal para a arrecadação de impostos e o exercício da fiscalização. Era também no litoral que se exerciam as demais funções urbanas. Na manutenção da ordem interna a burocracia real contava com a ajuda do grande proprietário, que mantinha suas milícias particulares. Nas zonas do interior a função burocrática perdia parte do seu significado. Os conselhos municipais seriam dominados pelo grande proprietário rural.

Caráter limitado da função cultural

Reduzidas as funções político-administrativas da maioria dos núcleos urbanos, bem como limitadas suas funções comerciais e manufatureiras (tendendo elas a se concentrarem em alguns poucos centros portuários), restava-lhes exercer função cultural, educativa e religiosa. Dentro dos quadros de uma sociedade essencialmente agrária e escravista, onde eram escassas as possibilidades do trabalho livre, havia pouco lugar para instrução e cultura, exceção feita da obra catequética que se encerrava dentro dos seus próprios limites.

A marginalização da maioria da população livre do processo político retirava à educação básica muito de sua funcionalidade. No mesmo sentido atuava o catolicismo, religião baseada essencialmente na comunicação oral dos dogmas do cristianismo, dispensando a leitura e a crítica de textos por parte dos fiéis, fazendo da cultura um privilégio dos homens da Igreja.

Ao contrário da Coroa espanhola, a Coroa portuguesa preferiu reservar à metrópole o monopólio do ensino superior, não chegando a fundar nenhuma Universidade na colônia portuguesa durante o período colonial.

Dentro dessas circunstâncias, os colégios religiosos tiveram o monopólio da cultura, preenchendo as necessidades da colônia, fornecendo uma educação retórica e erudita, ornamental, essencialmente definidora de *status*, elitista pela sua própria natureza.

Nas mãos da Igreja ficava também a obra de transmitir à população nativa os rudimentos de cultura necessários à sua cristianização. As massas indígenas no Brasil, no entanto, nunca tiveram a importância numérica e cultural de outras populações indígenas localizadas em terras conquistadas pela Coroa espanhola. Sua limitada importância circunscreveu a esfera de influência da obra missionária.

Uma das funções urbanas mais importantes no período colonial foi a função religiosa, sendo a Igreja não somente o centro das práticas religiosas, como da sociabilidade e da vida cultural. A construção de capelas e a manutenção de capelões nas fazendas limitaria, no entanto, a função religiosa dos núcleos urbanos.

Valores "aristocráticos"

Associados ao processo de colonização anteriormente descrito, desenvolveram-se valores e formas de comportamento característicos de sociedades agrárias aristocráticas: desvalorização do trabalho manual, fenômeno típico das sociedades escravistas; culto do lazer; espírito rotineiro; pouco apreço pelo progresso tecnológico e científico; relações de dependência; família extensiva; tendência à ostentação.

Em conclusão: as condições de produção vigentes no período colonial nos primeiros séculos da colonização não foram de molde a favorecer o desenvolvimento dos núcleos urbanos, nem a gerar valores "burgueses" comumente associados ao fenômeno urbano europeu.

No século XVIII, a exploração do ouro e diamantes determinou uma reorientação da política colonial. A Coroa portuguesa viu-se obrigada a ampliar o controle e a fiscalização para evitar os descaminhos do ouro, multiplicando os quadros burocrático e policial, limitando a autonomia dos poderes locais. De outro modo, embora a mão de obra utilizada fosse ainda essencialmente escrava, o trabalho livre encontrava melhores possibilidades nas zonas mineiras do que nas áreas onde prevalecia a economia agrária. A especialização das áreas de mineração que tendiam a se dedicar quase exclusivamente à indústria extrativa motivou o desenvolvimento das regiões periféricas, que passaram a cultivar gêneros de primeira necessidade e a criar gado com o objetivo de abastecer as minas. O mercado interno cresceu, estimulando o comércio e a urbanização.

A descoberta e a exploração do ouro, embora tenham acarretado uma reorientação nos padrões tradicionais de povoamento, exerceram efeito limitado, não sendo capazes de alterar as estruturas de produção nos quadros mais gerais do país, onde continuou a prevalecer a estrutura agrária tradicional.

Núcleos urbanos na primeira metade do século XIX

No início do século XIX a transferência da sede do governo português para o Brasil, a abertura dos portos em 1808, rompendo o sistema de monopólios até então em vigor, e finalmente a Independência criariam novas condições para o processo de urbanização.

Com a Independência, as funções burocráticas e políticas ganharam novo relevo. As capitais das províncias, quase todas, aliás, situadas no litoral, tornaram-se centros político-administrativos importantes, o que daria nova vida a esses núcleos urbanos. A intenção de criar uma elite capaz de governar o país acarretou a fundação de algumas faculdades (Rio de Janeiro, Recife e São Paulo), criando estímulos novos para a vida urbana.[6] Os fazendeiros começaram a construir casas nas cidades. A Corte tornou-se o grande centro das atrações.

A integração do Brasil nas correntes internacionais de comércio, eliminada a mediação portuguesa, numa fase em que o mercado internacional se achava em plena expansão graças ao crescimento da população, à maior distribuição de riqueza e à

---

6 Morse mostrou como a fundação da Academia daria nova vida à cidade de São Paulo (Richard Morse, *From Community to metropolis*: a biography of S. Paulo, Brazil. Gainesville, Fla.: Univ. of Florida Press, 1958. Trad. para o português sob o título: *Da comunidade à metrópole*, biografia de São Paulo. São Paulo: Comissão do Quarto Centenário da Cidade de São Paulo, 1954).

DA MONARQUIA À REPÚBLICA

melhoria do sistema de transportes, daria novo incentivo às funções comerciais dos núcleos urbanos, estimulando o desenvolvimento dos portos.

Não obstante as condições serem mais favoráveis ao processo de urbanização, a partir da Independência as linhas gerais da produção brasileira não foram alteradas. A exportação de produtos agrários continuou a base da economia. Sobreviveram o latifúndio e o trabalho escravo (abolido apenas em 1888). A alta lucratividade da empresa agrária, exportadora, o caráter limitado do comércio interno, a competição estrangeira inibiram o desenvolvimento das manufaturas. As elites no poder, beneficiando-se da produção agrícola, procuraram manter intacta a estrutura tradicional de produção, revelando-se pouco simpáticas às empresas industriais. Dessa forma, as condições que haviam inibido o desenvolvimento urbano no período colonial continuaram a atuar durante a primeira metade do século XIX. Por isso os viajantes que percorreram o país nessa época continuaram a observar o profundo contraste que havia entre as cidades portuárias mais movimentadas, mais modernas, mais europeizadas e os núcleos urbanos do interior que, na sua quase totalidade, viviam à margem da civilização, meras extensões das zonas rurais.

Segundo as descrições da época, a maioria dos núcleos urbanos do interior caracterizava-se por um aspecto descuidado, sendo imprecisos os limites entre a zona rural e a urbana. Boa parte da população vivia em chácaras cujos limites chegavam à cidade. A maioria das casas era construída de taipa, segundo a tradição colonial. Muitas permaneciam fechadas durante a semana, pois os moradores só vinham à cidade aos domingos e dias de festa, quando compareciam às cerimônias religiosas e faziam suas compras nas lojas e feiras locais. Continuavam, na sua maioria, a viver no campo. Vacas, cabras e cavalos eram frequentemente vistos pastando nas ruas da cidade, onde, não raro, o capim crescia nas praças e nas ruas, por entre as pedras toscas do calçamento, em virtude do escasso trânsito urbano.[7] Escravos eram vistos

---

7 As descrições feitas pelos numerosos viajantes que percorreram o país na época servem de base para a reconstituição da vida urbana no século XIX. Usamos principalmente os livros de Maximiliano, príncipe de Wied-Neuwied, Saint-Hilaire, Hermann Burmeister, O. Constatt, Gaffre.

pelas ruas carregando toda sorte de mercadorias ao som de ritmadas canções. As ruas eram o domínio de escravos, mulatos e negros livres.

Nas cidades do interior os únicos edifícios dignos de registro eram as igrejas e os conventos, e mais raramente os edifícios da Câmara e da cadeia. O abastecimento de água era precário, ficando os moradores na dependência de poços e chafarizes. Dada a falta de esgotos, os dejetos eram despejados nos ribeirões ou no mar (quando a cidade era litorânea), escorrendo, frequentemente, pelo meio das ruas. A iluminação era precária, prevalecendo o óleo de peixe. Nas noites de luar a cidade ficava às escuras, iluminada apenas pela luz da lua. Apenas nas cidades mais importantes havia assistência hospitalar e essa era, em geral, fornecida pelas Santas Casas, instituições religiosas filantrópicas, de caráter paternalista, inspiradas na tradição de caridade cristã, típica do catolicismo. Entre seus patrocinadores figuravam representantes dos setores mais ilustres da sociedade local que a amparavam mediante doações pessoais ou subvenções estatais, obtidas graças ao seu prestígio junto ao governo. Por sua vez, os patronos da Santa Casa usavam-na para dar assistência a seus escravos e à sua numerosa clientela. Afora as Santas Casas, era precária a assistência médico-hospitalar nas cidades do interior, faltando médicos e enfermarias. Muitos estrangeiros que visitaram o Brasil na época foram tomados por médicos e assediados pelos habitantes da cidade com perguntas sobre sintomas e tratamentos.

Representando a economia de subsistência um setor importante da produção, as trocas internas continuavam limitadas. Ao longo das estradas, os pousos e vendas faziam concorrência ao comércio urbano.[8] Para os artigos mais elaborados, os fazendeiros recorriam às grandes cidades portuárias, onde os comissários incumbidos da comercialização dos produtos responsabilizavam-se pela compra do que lhes fosse necessário, remetendo as mercadorias diretamente para as fazendas. Dessa forma, o artesanato e o comércio dos núcleos urbanos locais continuavam reduzidos.

---

8 Richard Morse, Cities and societies in nineteenth-century Latin America: the illustrative case of Brazil. In: J. Hardoy, Richard Schaedel, *The urbanization process in America from its origin to the present day*, 1969, p.307.

DA MONARQUIA À REPÚBLICA   245

A população dos núcleos urbanos do interior vivia isolada, ignorante do que se passava no mundo. Apenas os fazendeiros mais importantes frequentavam periodicamente os grandes centros para tratar de negócios ou em busca de distração, ansiando por um "banho de civilização". Essa prática se tornaria mais frequente à medida que os meios de transporte ficaram mais rápidos e a influência da europeização penetrou mais profundamente na alta classe.

A maioria das populações urbanas do interior, no entanto, continuava à margem da história, desprovida de informações. Por ocasião do movimento da Independência, um viajante francês que percorria a província de São Paulo observava que as populações do interior ignoravam o que se passava a alguns quilômetros, nas cidades do Rio de Janeiro e em São Paulo.[9] A ignorância e o desinteresse resultavam não apenas da falta de comunicações fáceis e rápidas, ausência de correios e jornais que mantivessem informada pelo menos uma parcela da população. Eram fruto da falta de cultura e de ausência de tradição de participação política, consequência das práticas paternalistas herdadas do período colonial. Por isso, na sua maioria, os habitantes das cidades do interior não tinham visão política muito mais ampla dos que viviam nas áreas rurais vizinhas. Como a população rural, os habitantes dos núcleos urbanos incorporavam-se à clientela dos grandes fazendeiros locais.

Maximiliano, príncipe de Wied-Neuwied,[10] quando percorreu o interior do Brasil, foi tomado por inglês e maltratado pela população. Comentando o episódio, dizia ser bem provável que em Lajes, onde esse fato sucedera, ninguém suspeitasse que havia no mundo outros países além de Portugal e da Inglaterra.

---

9   Auguste Saint-Hilaire, *Segunda Viagem a São Paulo e Quadro Histórico da Província de São Paulo*. Trad. e intr. de A. de E. Taunay. São Paulo: Livraria Martins.

10 Maximiliano, príncipe de Wied-Neuwied, *Viagem ao Brasil*. Trad. E. Sussekind de Mendonça e Flávio P. de Figueredo. Rio de Janeiro: Companhia Editora Nacional, 1940, p.441.

Na falta de outras formas de comunicação, os mascates e os tropeiros constituíam, na época, o principal veículo de comunicação entre as cidades do interior e o mundo exterior. Qualquer adventício causava grande estranheza e era recebido com curiosidade e interesse, às vezes hostilidade. No geral, no entanto, prevalecia a hospitalidade, uma necessidade numa terra onde faltavam hospedarias e hotéis.

Nas cidades eram raras as estalagens, ficando os viajantes na dependência da boa vontade e acolhida da população local. Uma carta de recomendação resolvia, frequentemente, o problema.

As portas das casas nunca se trancavam: os crimes contra a propriedade eram pouco comuns numa sociedade ainda não totalmente permeada por valores capitalistas. Mais frequentes eram os crimes passionais, fundados em conceitos de honra pessoal ofendida e rivalidades de família.

A sociabilidade era reduzida e em geral restrita ao núcleo familiar. A rua continuava a ser domínio de escravos, vendedores ambulantes, rameiras, artífices e vagabundos. As mulheres de alta classe não eram vistas nas ruas ou em outros lugares públicos com exceção da igreja.

A igreja continuava a ser o único lugar público em que os representantes de todas as camadas sociais e cores se reuniam, eliminando-se aparentemente as distinções. De fato, no entanto, havia sempre uma separação especial entre uns e outros, respeitando-se a posição social de cada um. A igreja continuava o centro das atividades públicas. As procissões representavam grande acontecimento. Dentro da igreja enterravam-se os mortos. Na igreja se realizavam as eleições. O bimbalhar dos sinos marcava os quartos de hora. Grande era o número de feriados religiosos, dias santificados e festejos promovidos pela Igreja.

O fato de viver na cidade não alterara profundamente a segregação em que a mulher de classe alta vivera nas zonas rurais. Não foram raros os viajantes que, passados os meados do século, ainda estranhavam o costume que os brasileiros tinham de segregarem esposas e filhas. Imperava na cidade como no campo uma severa disciplina patriarcal. Nos grandes centros do litoral, principalmente na Corte ou em São Paulo, onde se fundara a Faculdade de Direito, a mulher gozaria pouco a pouco de maior liberdade. Frequentando teatros e bailes, sem escapar, todavia, completamente, da rigorosa disciplina patriarcal. Mesmo o hábito de sair às compras, de percorrer as lojas, só se desenvolveria mais tarde, sendo costume das mulheres de classe alta mandarem vir das lojas amostras das mercadorias que desejavam comprar. Exercendo funções exclusivamente domésticas, limitadas no convívio social, reduzidas à convivência com as escravas, era precária, em geral, sua educação, como bem observou Gilberto Freyre.[11] Nos grandes centros havia exceções, principalmente na Corte, onde se reunia o melhor da sociedade da época. Maria Graham[12] conheceu senhoras que poderiam frequentar qualquer salão dos mais civilizados da Europa, sem se sentirem pouco à vontade. Mas o contraste era grande entre as ilhas de civilização que eram os grandes centros e os modestos núcleos urbanos do interior das províncias. Por toda parte as mulheres das camadas inferiores gozavam de uma liberdade de circulação e independência desconhecida das que integravam a elite, aparecendo frequentemente como chefe de família, exercendo suas atividades livremente.

Mobilidade social nos núcleos urbanos

Não obstante o caráter limitado dos núcleos urbanos e o escasso desenvolvimento do artesanato e do comércio interno, estes criaram oportunidades de emancipação para o escravo urbano e relativa mobilidade das camadas inferiores da sociedade. O artesanato, o pequeno comércio, os serviços constituiriam veículos de ascensão social desses grupos. Na cidade o escravo perambulava pelas ruas unindo-se a companheiros da mesma nação, entrava em contato com negros e mulatos livres, associava-se a confrarias ou irmandades que funcionavam como socie-

---

11 Gilberto Freyre, *Sobrados e mucambos*: decadência do patriarcado rural e desenvolvimento do urbano. 2.ed. Rio de Janeiro: José Olympio, 1951, 3v.

12 Maria Graham, *Journal of a voyage to Brazil and residence there during the years 1821, 1822, 1823.* London: Longman, 1824, 324p.

dades de auxílio mútuo. Nas cidades conseguiam mais facilmente do que nas zonas rurais acumular algum pecúlio.[13]

Em algumas áreas as condições de emancipação e ascensão social foram mais favoráveis do que em outras. No "Recenseamento da Capitania de Minas Gerais, Vila Rica, 1804"[14] há um total de 8.180 pessoas recenseadas, 6.087 livres e 2.893 escravos, sendo a maioria da população composta de crioulos e pardos. O censo registra grande número de negros e pardos livres dedicando-se a várias atividades: faiscadores, quitandeiras, alfaiates, sapateiros, latoeiros, carpinteiros, seleiros, vendedores de lenha, pedreiros, músicos, marceneiros, escultores, vendeiros, soldados, carreeiros, padeiros etc. A fortuna concentra-se de preferência nas mãos de indivíduos brancos, a julgar pelo número de escravos que possuíam. Os indivíduos de maior posição social parecem ser os que ocupam cargos na burocracia civil ou militar, donos de lavras e comerciantes. Nota-se também o grande número de agregados livres que são arrolados como parte das famílias, ao lado dos escravos. Prevalece no recenseamento o critério da família extensiva, o que fez supor que a família assim estruturada continuava ainda célula importante na sociedade.

O recenseamento permite observar que, embora não exista uma discriminação racial legal que os obrigue a viver em bairros separados, há a tendência de negros e pardos livres concentrarem-se em certos bairros.

De maneira geral, as linhas de classe e de cor parecem coincidir tanto na zona urbana quanto na zona rural. Em 1853, Burmeister,[15] percorrendo o Brasil, observava que, nos lugares

---

13 Num interessante estudo monográfico sobre Guaratinguetá num período de trezentos anos, L. Hermann fornece dados estatísticos que comprovam a concentração de mulatos e negros livres nos setores artesanais. Demonstra também que a substituição da economia de subsistência pela de exportação, trazendo maior riqueza à região, estimula um desenvolvimento relativo do artesanato (Lucila Hermann, Evolução da estrutura social de Guaratinguetá num período de trezentos anos. *Revista de Administração*, v.2, n.5, 6, p.3-396, março-junho, 1948).

14 Ministério da Justiça Nacional. Arquivo Nacional, *Um recenseamento na Capitania de Minas Gerais*. Vila Rica, 1804. Rio de Janeiro, 1969.

15 H. Burmeister, *Viagem ao Brasil através do Rio de Janeiro e de Minas Gerais*. (Trad. para o português). São Paulo, 1950, p.246.

DA MONARQUIA À REPÚBLICA   249

em que havia brancos e homens de cor, os primeiros representavam sempre a elite. Raramente se viam latifúndios em mãos de gente de cor, sendo os proprietários de terras e minas, na sua quase totalidade, indivíduos de cor branca. À medida que penetrara no interior observou, no entanto, que o número de indivíduos de cor entre os que ocupavam posição superior crescia. Numa povoação bem afastada do litoral, dizia ele, já se pode encontrar um subdelegado ou um juiz de paz, um mestre-escola ou um cura mulato ou preto, fenômeno raro nas cidades do litoral. Em toda parte, no entanto, nos lugares onde havia brancos e gente de cor, os primeiros representavam sempre a elite. Impressão subjetiva que parece encontrar confirmação nos recenseamentos até hoje publicados.[16]

As relações entre brancos, negros e mestiços ressentiam-se da influência da escravidão. A ascensão social foi sempre mais fácil para o mulato do que para o negro. Quanto mais clara sua pele, quanto menos estigmatizado pelas características raciais, tanto mais fácil seria sua ascensão social. O desenvolvimento urbano, a multiplicação dos serviços burocráticos e administrativos depois da Independência, o crescimento do comércio, a progressiva eliminação do trabalho escravo nos núcleos urbanos e sua concentração nas zonas rurais, as novas oportunidades que o trabalhador livre encontra no decorrer do século XIX criaram maiores possibilidades de ascensão para o mulato. Durante a vigência da escravatura, no entanto, o liberto seria frequentemente confundido com o cativo. Às vezes, até mesmo a lei o discriminava.[17]

Ao lado do artesanato e do comércio, as letras, as artes, a burocracia e a política constituíram veículos de ascensão social.[18] Esse mecanismo se processou, no entanto, dentro dos quadros de um sistema de clientela que permitiu ao mulato inteligente,

---

16 Veja-se o *Recenseamento de Vila Rica*, op. cit., e o referido estudo de Lucila Hermann.

17 Fernando Henrique Cardoso, *Capitalismo e escravidão no Brasil meridional. O negro na sociedade escravocrata do Rio Grande do Sul*. São Paulo: Difusão Europeia do Livro, 1962, p.142-3. Conclusão análoga em Octávio Ianni, *As metamorfoses do escravo. Apogeu e crise da escravatura no Brasil meridional*. São Paulo: Difusão Europeia do Livro, 1962, p.156.

18 Essa tese de Gilberto Freyre em *Sobrados e mucambos* foi endossada por Donald Pierson, *Brancos e pretos na Bahia*. Rio de Janeiro: CEN, 1945.

em geral filho ilegítimo de algum branco bem situado, ascender na escala social, patrocinado por seu pai ou seu padrinho. Mulatos e pretos ilustres como Torres Homem, José do Patrocínio, Luís Gama, André Rebouças, Gonçalves Dias, Natividade Saldanha, Machado de Assis, Olavo Bilac, Cotegipe, Domingos Caldas Barbosa, Nilo Peçanha, Tobias Barreto, José Maurício ocuparam cargos importantes no Conselho de Estado, na Câmara dos Deputados, no Senado, no Corpo Diplomático e na República das Letras e das Artes. Segundo Costa Pinto,[19] no entanto, estes constituíram honrosas exceções, usualmente citados como exemplos da mobilidade social do negro no Brasil, mas representando, de fato, uma minoria ínfima da população negra ou mestiça.

Paternalismo e clientela

Depois da Independência, os núcleos urbanos continuaram na dependência das oligarquias rurais. O sistema eleitoral adotado, baseado no princípio da eleição indireta em que os eleitores e elegíveis eram selecionados segundo critérios censitários, excluiria da vida política amplas camadas da população, não alterando as bases de poder tradicionalmente existentes. Há quem acredite que o desaparecimento do representante da Coroa portuguesa depois da Independência e sua substituição pelo representante do governo Imperial tenha apenas reforçado o poder das oligarquias, que passaram a controlar os cargos burocráticos e ter assento no Parlamento e no Conselho de Estado. Saint-Hilaire, que visitou o Brasil na ocasião, percebeu o fato, comentando que o povo não ganhara nada com a mudança operada. Escrevia ele:

> A maioria dos franceses lucrou com a Revolução que suprimiu privilégios e direitos auferidos por uma casta favorecida. Aqui lei alguma consagrava a desigualdade [o que é evidentemente um exagero da parte de Saint-Hilaire] todos os abusos eram o resultado

---

19 L. A. da Costa Pinto, *O negro no Rio de Janeiro*: relações de raça numa sociedade em mudança. Rio de Janeiro: CEN, 1952, p.80.

DA MONARQUIA À REPÚBLICA 251

do interesse e dos caprichos dos homens poderosos e dos funcioná-rios. Mas são estes homens que no Brasil foram os cabeças da revo-lução. Não cuidavam senão em diminuir o poder do Rei aumen-tando o próprio, não pensando de modo algum nas classes inferiores.[20]

A legislação posterior à Independência não chegou nunca a conceder grande autonomia às cidades, mantendo-as na depen-dência do poder provincial e limitando seus recursos financei-ros.[21] Até mesmo a aprovação das posturas urbanas ficava subordinada à Assembleia Provincial. Essa situação reforçava a dependência dos grupos urbanos em relação às oligarquias rurais que controlavam as legislaturas, a administração e a justiça.

A estrutura patriarcal, o sistema de clientela, os *mores* dos fazendeiros que construíram casas na cidade, repetindo a estru-tura dos casarões de fazenda, não se alteraram de imediato, per-manecendo praticamente intactos nos núcleos urbanos, onde imperava, como na zona rural, o domínio das grandes famílias de fazendeiros. Estas tinham o poder político, controlavam a administração e a vida pública. Nos centros mais importantes do litoral teriam que se defrontar com outros grupos: importado-res, exportadores, comerciantes representantes das profissões li-berais com os quais, aliás, não lhes seria difícil conciliar, tendo em vista a complementaridade de seus interesses. Nas cidades do interior a oligarquia rural dominava em termos absolutos, enfrentando com sucesso, em caso de conflito, os representan-tes do poder imperial. São numerosos os casos que testemunham essa supremacia, como por exemplo o daquele funcionário que, incumbido pelo governo Imperial de averiguar um caso de con-trabando de escravos na região de São Paulo, viu-se obrigado a interromper a missão em virtude da pressão dos potentados lo-cais, envolvidos no comércio ilícito. O malsucedido funcioná-rio da Coroa não conseguiu na cidade ninguém que se dispusesse a depor contra os poderosos, se bem que todos tivessem ciência

---

20 Saint-Hilaire, op. cit., p.116-7.
21 Donald Carr Lowe, *The brazilian municipio*: the myth of local self government. Ann Arbor: Ann Arbor University Press, 1959 (Microfilm). Constitui esse estudo um dos mais completos sobre o assunto, baseando-se amplamente na legislação.

de sua culpabilidade.[22] Igualmente significativo é o caso daquele outro agente da lei que se viu impossibilitado de exercer sua função por encontrar, numa cidade do interior de São Paulo, todos os cargos públicos controlados por uma mesma família.[23]

O conflito entre as oligarquias rurais e os funcionários da Coroa eram raros. Na maioria das vezes o que havia era uma conciliação. Os senhores rurais gozavam de independência absoluta em seus domínios, estendendo, como no passado, o seu poder às aglomerações urbanas, cuja população passava a integrar sua clientela. A política na cidade não diferia da política da zona rural. Continuava até os anos 70 a ser uma luta entre famílias, lutas de patrões e suas clientelas contra outros patrões e suas clientelas. Os votantes relacionavam-se em termos pessoais com o chefe local, a quem apoiavam, recebendo em troca "auxílio e proteção".

Os negócios públicos não chegariam nunca a atingir o tom de impersonalidade necessário à eficácia da administração. Eram pouco definidos os limites entre as coisas públicas e privadas. Os melhoramentos públicos frequentemente resultavam da doação de proprietários que, por sua vez, faziam uso das verbas públicas em razão de seus interesses pessoais. O político não *representava o povo*. Aparecia como o seu *benfeitor*. Regida pelos critérios de clientela, a burocracia era instável e ineficiente, sendo sua própria instabilidade condição essencial ao sistema de clientela, reforçando a dependência dos grupos urbanos em relação aos proprietários rurais que continuavam a dominar o país dentro do novo quadro institucional. Dentro desse regime, os critérios de competência perdiam sentido. A multiplicação dos empregos públicos, muitos deles desnecessários, fez parte do mesmo quadro. Para reforçar os laços de fidelidade que ligam o eleitorado ao homem público, essenciais à manutenção do poder político e do prestígio do chefe, é preciso que este satisfaça a sua clientela, multiplicando os empregos e as pensões mesmo quando aqueles não se fazem necessários ao bom funcionamento do Estado e venham, pelo contrário, sobrecarregar as despesas e entravar a máquina administrativa.

---

22 Emília Viotti da Costa, *Da senzala à colônia*. São Paulo: Difusão Europeia do Livro, 1966, p.46. (3.ed. São Paulo: Editora UNESP, 1998).

23 Ibidem, p.47.

Encerradas dentro de um sistema que lhes retira toda e qualquer iniciativa e as coloca na dependência das oligarquias rurais, as populações urbanas das regiões do interior do Brasil caracterizam-se pela falta de iniciativa e apatia. Os instrumentos jurídicos destinados a implementar formas democráticas de poder, importados da Europa e dos Estados Unidos, onde a realidade social era outra, seriam desnaturados no Brasil, adaptando-se à realidade agrária dominante. As populações urbanas, em vez de se oporem às oligarquias, incorporam-se a elas por meio do sistema de clientela, ampliando suas bases.

Imigração, abolição, vias férreas, melhoramentos urbanos e industrialização

Na segunda metade do século XIX ocorrem alguns fenômenos importantes que irão introduzir algumas modificações na estrutura econômica e social do país, contribuindo para o desenvolvimento relativo do mercado interno e estimulando o processo de urbanização. Primeiro, a transição do trabalho escravo para o trabalho livre: a cessação do tráfico em 1850, a abolição em 1888 e a entrada de numerosos imigrantes no sul do país. Em segundo lugar, a instalação da rede ferroviária, iniciada em 1852 e que no final do século atingiria mais de nove mil quilômetros construídos e quinze mil em construção. Finalmente, as tentativas, bem-sucedidas, de industrialização e o desenvolvimento do sistema de crédito.

A partir de 1850, com a cessação do tráfico e o aumento crescente dos preços de escravos, o problema da substituição do escravo pelo trabalhador livre tornou-se mais agudo. O problema era tanto mais grave quanto a diminuição da oferta de mão de obra escrava coincidia com a expansão das lavouras cafeeiras no sul do país. As dificuldades de obtenção da mão de obra escrava estimulariam as tentativas de substituição do escravo pelo imigrante e provocariam o deslocamento de parte dos escravos das regiões decadentes do Nordeste para as prósperas regiões cafeeiras. Simultaneamente se processaria a transferência da mão de obra escrava dos centros urbanos para as zonas rurais. O crescimento do setor assalariado ampliaria o mercado interno, criando uma base para o futuro desenvolvimento industrial.

O aperfeiçoamento do sistema de transportes (substituição do transporte em lombo de burro e carro de boi pelas ferrovias, a generalização do uso do navio a vapor, na segunda metade do século XIX) coincide com a demanda crescente de café pelo mercado internacional, acarretando uma especialização crescente da produção cafeeira. Rompia-se a estreita autossuficiência do latifúndio, o que estimularia o comércio interno, permitindo uma relativa distribuição de riqueza.

Desde os meados do século, imigrantes europeus começaram a entrar em número crescente no Brasil, principalmente entre 1870 e 1900, e o período de maior imigração situa-se nos anos que se seguem à abolição. Só o Estado de São Paulo recebeu, em pouco mais de um decênio, isto é, entre 1890 e 1901, cerca de setecentos mil colonos: italianos, portugueses, espanhóis e austríacos, não contando os de outras nacionalidades.

A maioria dos imigrantes que entraram nessa área foi encaminhada para as lavouras de café, exercendo funções anteriormente desempenhadas pelos escravos. Mais para o sul do país, nos Estados do Paraná, Rio Grande do Sul e Santa Catarina, desenvolveu-se um sistema diferente de colonização. Concederam-se aos colonos lotes de terras. Embora o processo tenha sido diferente num e noutro caso, o contingente imigrante contribuiu, tanto numa região quanto em outra, para o desenvolvimento dos núcleos urbanos e para a ampliação relativa do mercado interno, estimulando as funções urbanas.

No Estado de São Paulo, os imigrantes, assim que puderam, abandonaram as lavouras de café onde viviam em precárias condições. Muitos, desiludidos, voltaram à sua pátria de origem ou migraram para outras áreas.[24] Outros localizaram-se em núcleos urbanos, onde se dedicaram ao comércio ou artesanato, às manufaturas e aos pequenos serviços. Outros, ainda que originalmente se destinassem à lavoura, preferiram, logo ao chegar, localizar-se nas cidades. Alguns já vieram com o objetivo de se

---

24 Michael Hall, *The origins of mass immigration in Brazil, 1871-1914.* Doctoral Dissertation presented in the academic year 1969-1970, Columbia University.

fixarem nos núcleos urbanos, como os artesãos e comerciantes ingleses e franceses que se estabeleceram na cidade do Rio de Janeiro durante o século XIX.[25]

No Rio de Janeiro, num total de 275 mil habitantes em 1872, 84 mil eram estrangeiros. Em 1890, a população do Distrito Federal alcançava 522 mil habitantes, aproximadamente, dos quais 124 mil eram estrangeiros, isto é, cerca de 25% da população. Os estrangeiros dedicavam-se a atividades variadas, desde o comércio de atacado e de retalho até o artesanato.[26]

Em 1872 os estrangeiros compunham 12% da população de Porto Alegre, 11% da população de Curitiba, 8% da de São Paulo. A tendência em direção ao fim do século foi ascendente. Em São Paulo, a população estrangeira passaria a 22% do total em 1890.

A corrente imigratória tende a se encaminhar para o sul do país, onde se definiu uma política favorável à obtenção de braços para as lavouras (São Paulo, Minas, Rio de Janeiro), ou interessada no desenvolvimento de núcleos coloniais (Paraná, Santa Catarina e Rio Grande do Sul).

Em 1890, encontravam-se no Brasil 351.345 estrangeiros, dos quais 35,4% no Distrito Federal. São Paulo, Minas e Distrito Federal concentravam 70% da população estrangeira radicada no Brasil; 17,5% concentravam-se no Rio Grande do Sul. Em 1900, o número de estrangeiros recenseados no Brasil atingia 1.256.806, correspondendo a 7,26% da população total. Nesse ano, o Estado de São Paulo aparece como o que possui maior população alienígena (529.187 estrangeiros), e, a seguir, o Distrito Federal com 210.515, Minas Gerais com 141.647 e Rio Grande do Sul com 140.854. A população estrangeira concentrada nesses estados abrange 80% da existente em todo o país, concentrando-se em São Paulo quase 50%.[27]

---

25 Paul Singer observa em São Paulo fenômeno análogo, em *Desenvolvimento econômico e evolução urbana.* São Paulo: Cia. Editora Nacional, 1968, p.37.

26 Pedro Pinchas Geiger, op. cit., p.152.

27 José Francisco de Camargo, *Crescimento da população no Estado de São Paulo e seus aspectos econômicos.* Ensaio sobre as relações entre a demografia e a economia. São Paulo: Universidade de São Paulo, Boletim 153 da FFCL, 1952, v.I, p.149.

Nas demais regiões do país, a imigração nunca chegou a ser significativa, limitando-se aquelas áreas a receberem um punhado de imigrantes que não chegaram a representar contingente importante no processo de urbanização.

Gilberto Freyre, em *Sobrados e mucambos*, observa que os imigrantes não tinham preconceito contra o trabalho manual, característico da sociedade brasileira tradicional, e passariam a controlar de maneira crescente o artesanato e o comércio de retalho nos centros urbanos mais importantes. Enquanto isso, os filhos da terra, mesmo os de famílias mais pobres, preferiam os empregos públicos.[28] Estudos realizados por um grupo de pesquisadores e publicados por Hutchinson[29] observaram, no entanto, que imigrantes vindos de áreas onde o preconceito contra o trabalho também existia (principalmente italiano, espanhóis e portugueses) assimilariam rapidamente os valores vigentes na sociedade brasileira. A segunda geração aspiraria a títulos de bacharel, almejando posições que a sociedade reconhecia como respeitáveis e desprezando as demais. Se bem que provavelmente verdadeiras para alguns grupos de imigrantes, essas observações não invalidam o fato apontado por Gilberto Freyre e que é comprovado, aliás, por outros tipos de documentos.[30]

Também é verdade que os imigrantes tiveram papel importante na indústria, tanto na qualidade de empresários quanto na de operários.[31]

---

28 Gilberto Freyre, op. cit., p.621.

29 Carlos Castaldi, O ajustamento do imigrante à comunidade paulistana. Estudo de um grupo de imigrantes italianos e de seus descendentes. In: Bertran Hutchinson, *Mobilidade e trabalho*. Um estudo na cidade de São Paulo. Rio de Janeiro: Ministério da Educação e Cultura, 1960, p.281, 342.

30 Os almanaques que aparecem no século XIX, onde são registrados dados os mais diversos, entre os quais os nomes dos principais comerciantes e artesãos existentes nos vários municípios e cidades, são úteis para um levantamento de dados dessa natureza. Igualmente úteis são os jornais.

31 Sobre o papel do imigrante no desenvolvimento da indústria, ver Warren Dean, *The industrialization of São Paulo, 1880-1945*. Austin: The University of Texas Press, 1969 (publicado em português com o título *A industrialização de São Paulo (1880-1945)*. Trad. Octávio Mendes Cajado, 2.ed. São Paulo: Difusão Europeia do Livro, 1975). Sobre as ambiguidades características do imigrante, ver José de Souza Martins, *Conde Matarazzo. O empresário e a empresa*. 2.ed. São Paulo: Hucitec, 1973.

Mesmo os imigrantes que permaneceram como trabalhadores nas fazendas de café contribuíram indiretamente para estimular o desenvolvimento dos núcleos urbanos, onde iam vender, às vezes, o excedente dos produtos que cultivavam, com a permissão dos fazendeiros, entre os pés de café, e comprar o que necessitavam. A proibição de usar a terra para o cultivo de gêneros, medida adotada em algumas fazendas de café, e a instituição da obrigação de os colonos fazerem suas compras nos armazéns da fazenda limitariam, no entanto, o comércio urbano. No mesmo sentido atuava a precariedade das condições de vida da maioria dos colonos, seu baixo poder aquisitivo que restringia sua participação no mercado interno.

Nas regiões do sul (Santa Catarina, Paraná), onde os colonos se tornaram proprietários, os núcleos urbanos ganharam importância assim que foi ultrapassada a fase da economia de subsistência, integrando-se a região nas correntes comerciais mais amplas. A generalização da economia monetária, estimulando as trocas, favoreceria o desenvolvimento do artesanato e das manufaturas, estimulando o desenvolvimento dos núcleos urbanos. O crescimento demográfico da cidade de Blumenau, colônia alemã fundada em 1850, às margens do Itajaí, em Santa Catarina, é significativo desse processo, mas a integração dessa região no mercado nacional só se dará no século XX.[32]

Vias férreas

A estrada de ferro por sua vez, além de contribuir, como já foi mencionado, para o desenvolvimento do mercado interno, estimulando indiretamente a urbanização, fez nascer cidades e matou outras. Alguns dos núcleos promissores da fase anterior que ficaram à margem da rede ferroviária viram decair seu movimento, enquanto outros núcleos surgiram ao longo da ferrovia junto às estações. Facilitando as comunicações, a ferrovia permitiu aos fazendeiros transferirem suas residências para os cen-

---

32 Paul Singer, op. cit., principalmente cap.3 e 4.

tros mais importantes, reduzindo a importância dos núcleos interioranos e reforçando a concentração nas grandes cidades. O crescimento da cidade de São Paulo, no fim do século, liga-se em parte ao fato de se ter tornado um centro para onde convergiam as ferrovias.

À medida que os fazendeiros se mudaram para os grandes centros, cresceu a tendência em promover melhoramentos urbanos. Aumentou o interesse pelas diversões públicas, a construção de hotéis, jardins e passeios públicos, teatros e cafés. Melhorou o sistema de calçamento, iluminação e abastecimento de água. Aperfeiçoaram-se os transportes urbanos. O comércio urbano ganhou novas dimensões, bem como o artesanato e a manufatura. O processo foi favorecido pelo interesse que o capital estrangeiro teria nesse tipo de empreendimentos urbanizadores.

O sistema de carris urbanos instalou-se em Recife em 1868. Entre 1872 e 1895, instalam-se redes de tráfego urbano em Salvador, Rio de Janeiro, São Luís, Recife, Campinas e São Paulo. Na década de 1880, criam-se serviços telefônicos em São Paulo, Salvador, Rio de Janeiro e Campinas (então importante centro da área cafeeira). Na década anterior o telégrafo ligava o Brasil com a Europa e estabelecia comunicação entre vários centros do país. O sistema de iluminação pública foi também melhorado nos centros mais importantes. Em 1872, em São Paulo, a iluminação pública passou a ser feita a gás. No Rio de Janeiro, o gás já era usado desde 1854 na iluminação pública. Em 1892, o sistema de transportes urbanos era melhorado com a instalação de bondes elétricos.[33]

Cresceu o número de escolas, aumentou o índice de alfabetização. Na cidade de São Paulo, por exemplo, o índice de alfabetização, que andava próximo aos 5%, em 1835, atingia 35%, em 1872, e 45%, em 1887, quando o Estado apresentava um índice de 29%, muito inferior ao da capital.[34]

Ampliando-se o público, multiplicaram-se os jornais e revistas em circulação. Fundaram-se associações artísticas e musicais em várias cidades.[35] Aumentou a sociabilidade. Atenuou-se

---

33 Pedro Pinchas Geiger, op. cit., p.96.
34 Richard Morse, op. cit., p.215.
35 Ver, por exemplo, o *Almanaque Administrativo Comercial e Industrial da Província de São Paulo, 1880.* São Paulo: Jorge Seckler e Cia., 1886.

DA MONARQUIA À REPÚBLICA

a disciplina rígida do patriarcalismo que segregara no lar a mulher de classe média e alta. A crescente diversificação ocupacional nos grandes centros urbanos tornou mais complexa a estrutura social. Surgem os primeiros comícios urbanos. A propaganda política deixou os teatros e salões de banquetes, onde até então se confinara, para dirigir-se às massas nas ruas e praças públicas, prenunciando novos tempos. Abolicionistas e republicanos, pela primeira vez, dirigem-se ao povo nas praças públicas. Os comícios promovidos em 1889 por Lopes Trovão no Rio de Janeiro em favor do Partido Republicano reuniram grande massa de populares que reivindicavam melhoramentos urbanos.[36]

A melhoria do sistema de comunicações fez as notícias circularem mais rápidas, rompendo o isolamento e a apatia em que viviam no princípio do século as cidades do interior. Nem todas se beneficiaram igualmente desse processo. Nas regiões mais distantes onde não chegaram o telégrafo nem as ferrovias, o ritmo de vida não se alterou. Os benefícios do progresso concentraram-se nos grandes centros que se modernizaram rapidamente, acentuando-se a diferença entre este e os núcleos do interior. Nos grandes centros, nos bairros mais ricos, os casarões de taipa foram sendo substituídos por chalés de tijolo, tipo europeu, as paredes decoradas em papel e os pesados móveis coloniais substituídos por mobílias francesas e inglesas. Nos bairros pobres multiplicaram-se os cortiços.

Industrialização

Nas últimas décadas do século XIX, novo fator viria somar--se aos demais, acentuando as diferenças entre os grandes centros e as cidades interioranas e entre as várias regiões do país: o aparecimento das indústrias. Um grande número de estabelecimentos industriais foi fundado no fim do século. Em pouco mais de dez anos o número de indústrias passou de 175, em 1874, para mais de seiscentas. Cresce o número dos que se dedicavam às atividades industriais. As indústrias tenderam a se localizar nos principais núcleos urbanos nos Estados do Rio de Janeiro, São

---

36 Ver capítulo 11, "A proclamação da República", do presente livro.

Paulo, Minas Gerais e Rio Grande do Sul, onde a concentração de mão de obra e capitais e a existência de um mercado relativamente desenvolvido, bem como de uma infraestrutura de transportes criavam possibilidade para o desenvolvimento de indústrias do tipo de substituição de importação.

O aperfeiçoamento dos métodos de transporte, com o aparecimento das vias férreas, as modificações introduzidas no processo de fabrico de açúcar e beneficiamento de café, a intensificação no ritmo das construções civis e, finalmente, os melhoramentos urbanos estimulariam por sua vez o aparecimento de indústrias subsidiárias.[37] Em 1880, havia 18.100 pessoas registradas como operários. Um recenseamento de 1907 registra 2.983 estabelecimentos industriais e uma população de 136.420 pessoas dedicadas a essas atividades. A maior concentração operária se dava no Distrito Federal, onde havia 35.104 pessoas dedicadas a funções industriais. Seguiam-se-lhe São Paulo com 22.355; Rio Grande do Sul, com 15.426; e Rio de Janeiro, com 11.900. Pelo Censo Industrial de 1907, São Paulo, Rio de Janeiro e Distrito Federal concentravam 56% da população operária. Ao lado de indústrias que contavam com trezentos operários ou mais, funcionavam as pequenas oficinas com alguns poucos operários que também eram arroladas pelo censo como indústrias,[38] o que torna difícil de avaliar a real importância do operariado industrial na época.

---

37 Sobre as transformações que favoreceram a industrialização, ver Stanley Stein, *The Brazilian Cotton Manufacture*. Textile Enterprise in an Underdeveloped Area, 1850-1950. Cambridge: Harvard University Press, 1957; Wilson Cano, *Raízes da concentração industrial em São Paulo*, São Paulo: Difel, 1977.

38 O recenseamento de 1920 contém um retrospecto dos dados relativos a recenseamentos anteriores. *Recenseamento do Brasil realizado em 1º de setembro de 1920*, v.V, Ministério da Agricultura, Indústria e Comércio, Diretoria Geral de Estatística. Rio de Janeiro, 1923. Sobre Industrialização e urbanização, ver Simon Schwartzman, Urbanización y desarrollo en Brasil. In: J. Henrique Hardoy, Carlos Tobar, *La urbanización en América Latina*. Buenos Aires, 1969, p.367. Paul Singer observa que, em 1907, São Paulo e Rio representam cerca de 50% da indústria do país em termos de valor de produção. O Rio Grande do Sul era o terceiro Estado industrial brasileiro, com cerca de 15% do valor da produção industrial do país (Paul Singer, op. cit., p.363).

Até fins do século XIX, a industrialização não chegou a afetar profundamente as estruturas socioeconômicas do país; seus efeitos mais profundos se fariam sentir no século XX. O processo de urbanização no século XIX seria ainda essencialmente fruto da expansão comercial resultante da integração do país no mercado internacional, e portanto sujeito às suas oscilações. Eis por que São Paulo e Rio de Janeiro, situados na zona cafeeira então em expansão, cresceriam mais rapidamente do que Recife, que vivia em razão da economia açucareira então em situação crítica no mercado internacional.

Calculando o valor das exportações em médias decenais, e atribuindo-se aos anos 1821-1830 o índice cem, observa-se que o índice correspondente à última década do século XIX (1890-1899) atinge 2.950.[39] Dessa forma, a urbanização no século XIX seria menos fruto da expansão do mercado interno e mais reflexo da expansão do mercado internacional e do desenvolvimento da economia de exportação de produtos tropicais destinados aos mercados europeu e americano do norte e setores subsidiários; daí o contraste entre os centros urbanos litorâneos ligados à economia de exportação e as cidades interioranas. Daí o caráter "exótico" das cidades litorâneas voltadas mais para a Europa do que para o *hinterland*, e incapazes de exercer uma influência modernizadora mais profunda nas zonas rurais. Daí também o caráter relativamente instável da rede urbana e o fenômeno característico das "cidades mortas", que entram em declínio assim que diminui sua participação na economia de exportação.[40]

"Burguesia" e "Aristocracia"

Não se reproduziria no Brasil o antagonismo que se registrou em outras áreas entre burguesia empresarial e aristocracia agrária. É bem verdade que ainda nos meados do século um empresário de visão progressista, como Maná, encontrava dificuldades

---

39 Paul Singer, op. cit., p.287.
40 Monteiro Lobato, (*Cidades mortas (Contos e impressões)*, 3.ed., São Paulo), 1921) dá uma viva descrição dessas cidades.

em vencer o espírito tradicional avesso à mentalidade empresarial, ao trabalho manual, ao risco e às formas de lucro implícitas no desenvolvimento do capitalismo industrial.[41] Sobreviviam nos meados do século as atitudes herdadas do período colonial. Na segunda metade do século, no entanto, os empreendimentos empresariais seriam mais bem vistos, à medida que os próprios fazendeiros se convertem, em certas áreas, numa espécie de empresário, introduzindo melhoramentos em suas fazendas, tentando substituir o escravo pelo trabalhador livre, aperfeiçoando os métodos de beneficiamento, associando-se a empresas industriais, investindo em ferrovias e organizações bancárias, assumindo atitudes progressistas em matéria de política, vendo com simpatia as ideias emancipadoras e aderindo às ideias republicanas.[42] O processo evidentemente não é generalizado, tendo atingido apenas aquelas áreas de maior produtividade, e onde a acumulação de capital se dava em ritmo acelerado. Os fazendeiros das regiões decadentes assumiram frequentemente atitudes mais conservadoras, apegando-se aos antigos sistemas de produção e formas de valores da sociedade tradicional.[43]

Assim como fazendeiros se convertem em empresários, empresários, cuja fortuna originalmente se formou na indústria, reinvestiriam parte dos seus lucros em terras, ou se vinculariam por laços de família e amizade aos grupos ligados à grande propriedade.

---

41 Richard Graham, *Britain and the onset of modernization in Brasil, 1850-1914*. Cambridge: University Press, 1968, p.209 ss. Publicado em português com o título *Grã-Bretanha e o início da modernização no Brasil*. Trad. Roberto Machado de Almeida. São Paulo: Brasiliense, 1973.

42 Sobre o movimento republicano, ver principalmente George Boehrer, *Da Monarquia à República*: história do Partido Republicano do Brasil (1870-1889), Ministério da Educação e Cultura, Serviço de Documentação, 1954; José Maria dos Santos, *Os republicanos paulistas e a Abolição*. São Paulo: Livraria Martins, 1943; idem, *Bernardino de Campos e o Partido Republicano Paulista* (subsídio para a história da República). Rio de Janeiro: José Olympio, 1960; e também o capítulo 11, "A proclamação da República", do presente livro.

43 Emília da Costa Nogueira, O movimento republicano em Itu. Os fazendeiros do Oeste Paulista e os pródromos do movimento republicano. *Revista de História*, 20, p.379, 405, 1954.

A oposição burguesia-aristocracia, setores urbanos-setores rurais, característica de outras sociedades, não se manifesta no Brasil com a mesma agudeza. O principal conflito é o que ocorre entre os representantes dos setores agrários decadentes, apegados às formas tradicionais de produção, ao trabalho escravo e aos valores da sociedade tradicional, e os novos grupos que dispunham de maior capital e, por isso, mais "progressistas", ligados à agricultura e às novas empresas.

"Classes médias" urbanas e operariado

Os setores médios urbanos não chegaram a assumir posição autônoma ou fundamentalmente renovadora, a despeito de nas suas vagas e contraditórias aspirações divergirem, às vezes, da visão do mundo característica das oligarquias. Seus representantes continuavam a preencher quadros burocráticos ou de serviço dentro de um regime de clientela que muito se assemelha ao descrito anteriormente. Dessa forma assimilavam os valores dos grupos dominantes mais progressistas, agindo, frequentemente, nos centros urbanos mais importantes, como suporte das reivindicações em favor da abolição e da república, reforma eleitoral, reforma do ensino, separação da Igreja do Estado, e outras medidas "progressistas".

A população operária, embora débil, faria as primeiras tentativas de desenvolver uma ação política independente e de oposição por meio de algumas greves e agitações que se esboçam no fim do século XIX, só adquirindo importância real no século XX.[44] Sua insignificância (numérica e estrutural) no quadro geral da nação e os obstáculos antepostos à sua organização, bem como a dificuldade em obter apoio de outros setores da população redu-

---

44 Everardo Dias, *História das lutas sociais no Brasil*. São Paulo: Edaglit, 1962; Leôncio Martins Rodrigues, *Conflito industrial e sindicalismo no Brasil*. São Paulo: Difel, 1966; Azis Simão, *Sindicato e Estado*: suas relações na formação do proletariado de São Paulo. São Paulo: Dominus Editora, 1966; Boris Fausto, *Trabalho urbano e conflito social*. São Paulo: Difel, 1976; Edgard Carone, *Movimento operário no Brasil, 1877-1944*. São Paulo: Difel, 1979.

ziriam a expressão dos movimentos operários de raízes essencialmente urbanas. Aos olhos da elite a questão operária era uma questão de polícia, e não de política. Só mais tarde, já na segunda década do século XX, figuras importantes do governo, como Rui Barbosa, começaram a ver no proletariado uma força política que precisava ser considerada.

O papel atribuído por Gilberto Freyre ao desenvolvimento urbano e ao "bacharel" na crise do patriarcalismo brasileiro parece-nos, assim, um pouco exagerado. O patriarcalismo brasileiro e o domínio das oligarquias sobreviveram ao século XIX, assim como sobreviveram a economia de exportação de produtos tropicais e o latifúndio como base da economia nacional e a economia de subsistência. O bacharel será, frequentemente, na cidade, o representante do fazendeiro. Liga-se a ele por laços de família ou de amizade, não sendo poucos os bacharéis que se converteram em fazendeiros, principalmente nas áreas em que a agricultura estava em expansão.[45]

O melhor testemunho da atitude dos bacharéis é dado pelo comportamento dos intelectuais. Alguns provinham, como Sílvio Romero, de famílias cujas atividades eram ou tinham sido essencialmente agrárias. Outros tinham origem estritamente urbana. Localizando suas atividades nos centros urbanos mais importantes, onde o contato mais íntimo com a cultura europeia e com a vida urbana lhes dava relativo distanciamento da realidade rural, opunham-se, às vezes, teoricamente, ao domínio das oligarquias, denunciando a opressão que estas exerciam sobre as populações rurais e urbanas. Criticavam o latifúndio, a escravidão; preconizavam métodos de ensino mais modernos. Continuavam, no entanto, na dependência das oligarquias que queriam combater, ocupando cargos públicos para os quais eram nomeados por interferência de elementos da oligarquia, escrevendo em jornais ou revistas, publicando livros que se destinavam a um público leitor cujos limites não ultrapassavam muito os da oligarquia ou dos grupos urbanos que compunham sua clientela. Alguns vivendo nas cidades que se modernizavam rapidamente tenderiam a não ver a realidade mais ampla que estava

---

45 Emilia da Costa Nogueira, O movimento republicano em Itu, op. cit., p.399.

atrás das fachadas modernas e das instituições políticas importadas, esquecendo-se de que o sertão ainda governava o país. Inebriavam-se com a literatura europeia, as modas europeias, fossem elas filosóficas ou políticas. Nesse sentido, a cidade teria para eles um efeito alienador. Mesmo quando estavam cientes da distância que havia entre a teoria e a prática, entre cidade e campo, iam buscar nos modelos interpretativos europeus a explicação para o que lhes parecia a "anomalia" da realidade brasileira, encontrando nas teses racistas de Gobineau e Lapouge ou nas doutrinas deterministas de Ratzel a explicação que não eram capazes de encontrar na análise da realidade brasileira. Assim, nem mesmo os mais identificados com ela, os que não perdiam a perspectiva do sertão, escapavam à miragem da Europa e dos Estados Unidos. Não raro suas aspirações inovadoras significavam menos uma resposta às necessidades estruturais, que eles próprios desconheciam, e mais o desejo de criar no país as condições necessárias para elevá-lo à categoria das nações mais civilizadas. A ambiguidade em que se debate esse tipo de intelectual fica evidente na atitude de um Tobias Barreto que, numa cidadezinha perdida no interior do Brasil, publicava *em alemão* um jornal que certamente não encontraria leitores, e fazia discursos, como o célebre "Discurso em mangas de camisa", atacando as oligarquias rurais numa área controlada essencialmente por elas, diante de um público provavelmente perplexo, senão atônito.[46]

Na sua maioria, apesar de sua simpatia pelos desprotegidos e espoliados, esses intelectuais sentem-se incapazes de se aproxi-

---

46 Silvio Romero critica violentamente o comportamento das oligarquias em *O castilhismo no Rio Grande do Sul*, 1912; especialmente no capítulo "Da natureza dos cargos públicos nas democracias modernas" discute a situação do funcionário público dentro do regime de clientela. Ver ainda, do mesmo autor, *O Brasil social* (Vistas sintéticas obtidas pelo Processo de Le Play). Rio de Janeiro, 1907. Sobre a influência do pensamento positivista, entre outros, João Cruz Costa, *Contribuição à história das ideias no Brasil*. Rio de Janeiro, 1956; idem, *O positivismo na República*. São Paulo: CEN, 1956; Ivan Lins, *História do positivismo no Brasil*. São Paulo: CEN, 1964; João Camilo de Oliveira Torres, *O positivismo no Brasil*. Rio de Janeiro, 1943; Gilberto Freyre, *Ordem e Progresso*. Rio de Janeiro: José Olympio, 1959.

marem das massas rurais ignorantes e atrasadas, compostas, na sua maioria, de ex-escravos ou de imigrantes recém-chegados que mal sabiam falar a língua do país. Também seria difícil para eles aliarem-se ao emergente proletariado urbano, cujas reivindicações lhes pareciam, frequentemente, utópicas e desligadas da realidade brasileira. Daí decorre a atitude deliberadamente "ilustrada" e basicamente paternalista que assumem, falando *em nome* do "povo" ou dos "pobres" (conceitos vagos e abstratos que envolvem as mais diversas categorias sociais sem realmente representar nenhuma) mas não *para o povo*. Daí sua adesão aos esquemas evolucionistas e positivistas, o apreço pelo lema "ordem e progresso" e a simpatia com que alguns encaram a intervenção do Exército na vida política da nação, considerando-o a única força capaz de fazer frente às oligarquias e levar a cabo a modernização do país.

Da posição ocupada na sociedade por esse tipo de intelectual decorre o limite de suas propostas reformistas, que raramente ultrapassam a dos setores mais progressistas da indústria, lavoura ou comércio. Daí, enfim, a ineficácia de sua atuação quando suas reivindicações ultrapassam eventualmente esses limites, quando, por exemplo, criticam o latifúndio e o capital estrangeiro ou a política de mão de obra.[47]

Por todas essas razões, as principais reformas realizadas no período, tais como a abolição e a república, resultaram de uma ação conjunta dos grupos urbanos, aliados aos grupos mais progressistas das zonas rurais.

Um compromisso tácito estabeleceu-se entre os homens que frequentavam os salões e os cafés do Rio de Janeiro, que faziam construir edifícios e jardins à moda europeia, vestiam-se à moda europeia e citavam autores estrangeiros em seus discursos, e os líderes do Brasil sertanejo que permaneciam nas fazendas, rara-

---

47 Marcos Vinicios Vilaça, num estudo sobre o coronelismo no sertão do Brasil, cita o caso de um juiz que tentou atuar de forma independente do coronel e acabou por não encontrar na cidade quem lhe lavasse a roupa ou lhe desse de comer. As crônicas do século XIX estão cheias de referências desse tipo. Além da pressão direta, havia uma pressão indireta que resultava da falta de eficácia das críticas mais radicais por falta de eco em outras camadas da sociedade (Marcos Vinicios Vilaça, Roberto Cavalcanti de Albuquerque, *Coronel, coronéis*. Tempo Brasileiro, 1965).

mente vindo às cidades. Dividiram-se as áreas de influência e de prestígio. O bacharel, ao contrário do que se diz, não se opôs ao patriarca. Frequentemente conciliou, e quando não o fez teve sua atuação limitada por lhe faltarem bases sociais às suas reivindicações mais radicais. Ele próprio não se sentiria, no Brasil do século XIX, capaz de outras alianças.

A modernização, aliada à urbanização, se fez apenas de fachada, dentro dos limites das cidades mais importantes. Frequentemente, não a muitos quilômetros de distância, o caboclo vegetava, à margem do progresso.

A população urbana crescera sensivelmente desde o início do século, mas os padrões de povoamento urbano não se alteraram fundamentalmente. Cidades novas apareceram nas regiões de colonização do sul do país ou nas áreas pioneiras em que se expandiam as plantações cafeeiras. Os principais núcleos urbanos, no entanto, continuavam a ser os principais portos exportadores. Ainda em 1912, as cinco maiores cidades – Rio de Janeiro, São Paulo, Salvador, Recife, Belém – correspondem aos cinco principais portos exportadores, com exceção de São Paulo, que não é porto, mas tem à sua disposição o de Santos, por onde se escoava a produção cafeeira.

Comparando-se o total da população vivendo nas capitais em 1872, 1890 e 1900, verifica-se que esta assim evoluiu:

	População cap.	Total da população do país
1872	1.022.655	10.112.061
1890	1.133.087	14.330.915
1900	2.032.284	17.318.556[48]

o que revela a tendência relativa à concentração da população nas cidades mais importantes. Essa tendência é mais evidente em algumas regiões do que em outras. São Paulo, por exemplo, passaria de 31.385 habitantes, em 1872, para 239.820 em 1900, enquanto a cidade do Rio de Janeiro, depois Distrito Federal,

---

48 *Recenseamento do Brasil realizado em 1º de setembro de 1920*, Ministério da Agricultura, Indústria e Comércio. Rio de Janeiro, 1927, v.I.

passaria de 274.972 para 811.443 habitantes. Belém, porto de exportação da borracha, produto que se tornara importante no fim do século, passaria no mesmo período de 61.977 a 96.560. Salvador cresceria de 129.109 para 205.813. Já a população do Recife apresentaria um ligeiro decréscimo, passando de 116.617 para 113.106.[49] O Recenseamento de 1920, reproduzindo o crescimento médio anual da população das capitais dos estados do Brasil, mostra que a cidade de Belém, por exemplo, crescera à razão de 6,79% na década 1890-1900. Nesse mesmo período, São Paulo crescera à razão de 13,96%. Nos dois casos, a situação era devida às condições excepcionalmente favoráveis da economia de exportação. No caso de São Paulo, havia ainda outros fatores, tais como imigração, industrialização e desenvolvimento de vias férreas, que estimulavam a concentração urbana. Na maioria das demais cidades, no entanto, os índices oscilam, no mesmo período, entre 1,50% e 3,0%.

Não obstante a tendência à concentração urbana em algumas regiões, o país continuou essencialmente rural. Ainda em 1940, apenas 31,3% da população vivia nas cidades, o que nos permite supor que no século XIX essa cifra era ainda bastante inferior. Em 1900, apenas quatro cidades tinham mais de cem mil habitantes, duas das quais entre duzentos e duzentos e quarenta mil e apenas uma com oitocentos mil: Rio de Janeiro, grande metrópole, centro político e administrativo da nação, capital do Império e da República, centro comercial e industrial, o mais importante do país. A existência de outros núcleos importantes no país evitaria que o Rio de Janeiro sofresse o processo de gigantismo que afetaria Buenos Aires.

Em conclusão, a natureza do processo de desenvolvimento, preservando intactas as estruturas fundamentais da economia brasileira durante o século XIX, é responsável pela preponderância da população rural sobre a urbana, pelos padrões assumidos pelos grupos urbanos e pela sobrevivência de estruturas de do-

---

49 Paul Singer, op. cit., p.302.

minação, valores e formas de comportamento compatíveis com a sociedade tradicional.

A independência não alterou a posição que o Brasil ocupava no mercado internacional, na qualidade de fornecedor de matérias-primas e comprador de produtos manufaturados. A inserção do Brasil dentro desse esquema de divisão internacional do trabalho conferiu ao país um caráter essencialmente agrário, estimulando o desenvolvimento do latifúndio e do trabalho escravo ou semisservil, e inibindo a divisão interna do trabalho e a formação do mercado interno. Em consequência, as principais funções urbanas tenderam a se concentrar nos principais centros exportadores, que se modernizaram e se europeizaram, enquanto os núcleos urbanos das zonas interioranas vegetavam na órbita da grande propriedade, mantendo as tradições.

As transformações ocorridas na segunda metade do século XIX – abolição da escravatura, desenvolvimento das redes de transportes, imigração e industrialização – não foram suficientes para alterar fundamentalmente a orientação da economia, mas contribuíram para a formação de um incipiente mercado interno, estimulando a urbanização. A tendência à concentração de capitais em certas áreas, cuja economia estava em expansão (regiões cafeeiras), irá motivar uma modernização mais rápida dessas regiões.

O processo de industrialização, esboçado nas últimas décadas do século, se fez em razão do desenvolvimento relativo do mercado interno e se orienta na direção da substituição de importações. Estruturalmente não há conflitos fundamentais entre os industrialistas e os representantes dos setores agrários. O proprietário de terras converte-se em empresário, e o empresário não raro investe em terras. O conflito fundamental se dará entre os representantes de setores arcaicos e decadentes e os representantes dos setores onde o capital se concentra (conflitos internos entre setores da oligarquia rural), faltando a oposição clássica entre "burguesia" e "aristocracia".

A revolução tecnológica e científica, que em outras regiões do mundo aparece associada ao processo de urbanização e industrialização, é frustrada pela posição dependente que o país ocupa no mercado mundial, pela importação da tecnologia necessária, pela existência de abundante mão de obra barata e pela debilidade do mercado interno.

Tendo seu destino ligado essencialmente ao mercado internacional, as grandes cidades não se transformam em focos de modernização das regiões interioranas, nem se constituem em instrumento da luta contra os privilégios dos proprietários rurais. Elas são palco da conciliação entre os interesses rurais e mercantis. Os núcleos urbanos do interior continuam a funcionar como meras extensões do domínio senhorial, inserindo-se as populações urbanas no sistema de clientela. O patriarcalismo atenua os conflitos que poderiam ocorrer entre populações urbanas e rurais, atrelando as "classes médias" urbanas ao grande proprietário rural.

Sendo o movimento industrial pouco significativo e circunscrito a certas áreas, o movimento operário, ainda inorgânico e pouco expressivo, não chega a representar uma força política de renovação, encontrando escassa repercussão nas demais camadas da população.

Os intelectuais, vivendo na órbita das oligarquias, limitam-se a interpretar o ponto de vista dos setores mais progressistas, e quando ultrapassam esses limites são incapazes de formalizar outros tipos de aliança e seu radicalismo se esgota num verbalismo pouco eficiente.

Não obstante o caráter limitado da urbanização, o desenvolvimento urbano no século XIX cria novas formas de sociabilidade, oferece maiores possibilidades de mobilidade social, contribui para aumentar o nível de alfabetização de alguns setores da população e para incorporá-lo aos benefícios da civilização. A despeito de os setores médios urbanos não chegarem a desenvolver uma política autônoma, eles constituíram frequentemente suporte de movimentos políticos "radicais", tais como as revoluções dos anos 30, que ocorreram em várias partes do país, e principalmente a revolução de 1848, em Pernambuco, quando as populações urbanas, compostas de artesãos e pequenos comerciantes que sofriam a concorrência do comércio estrangeiro, externaram seu descontentamento em explosões de xenofobia e demonstraram sua hostilidade em relação aos grupos oligárquicos dominantes. Os grupos urbanos ofereceram, mais tarde, apoio para os movimentos que conduziram à abolição e à reforma eleitoral de 1881, que instituiu a eleição direta e, finalmente, ao movimento republicano, embora nenhum desses movimentos possa ser considerado de sua exclusiva iniciativa. Isso explica a sobrevivência das estruturas tradicionais de dominação depois da proclamação da República em 1889.

O processo de urbanização, tal como se deu no século XIX, contribuiu para acentuar a distância entre o habitante do interior e o da capital, entre o citadino e o "tabaréu", justificando a imagem usada por um dos intelectuais mais representativos desse período, Silvio Romero, que condenava a orientação dos governos que centralizavam seus esforços na modernização da capital, sendo responsáveis, no seu dizer, por "um sistema de ilusionismo que nos reduz a uma pobre terra de duas vistas, um Janus Caricato de duas faces, uma de miséria real e outra de fingida e enganosa prosperidade".[50]

---

50 Silvio Romero, "Provocações e Debates", 1910, p.179.

.

CAPÍTULO 7

O ESCRAVO NA GRANDE LAVOURA[1]

Sistema colonial e escravidão

A escravização do negro foi a fórmula encontrada pelos colonizadores europeus para o aproveitamento das terras descobertas. Na faixa tropical, a grande propriedade monocultora e escravista tornou-se a base da economia que girou em torno da exportação de produtos tropicais para as metrópoles de onde provinham os produtos manufaturados necessários à vida da colônia. Nas fazendas de algodão, nos Estados Unidos, nos engenhos e canaviais das Antilhas e do Brasil, o escravo representou a principal força de trabalho. O sistema escravista esteve desde os primórdios da colonização vinculado à Grande Lavoura. Escravidão e Grande Lavoura constituíram em muitas áreas a base sobre a qual se ergueu o sistema que vigorou por mais de três séculos.

Condenação do sistema escravista

Ao inaugurar-se o século XIX o sistema colonial tradicional entrou em crise. A Revolução Industrial que se opera na Euro-

---

1 Publicado em Sérgio Buarque de Holanda (Dir.) *História geral da civilização brasileira*. 3.ed. rev. São Paulo, Rio de Janeiro: Difel/Difusão Editorial, 1976, p.135-88.

pa, o desenvolvimento das novas formas de capitalismo e o avanço das ideias liberais, bem como o processo de emancipação política das colônias da América alteraram profundamente o esquema tradicional. Novas técnicas de domínio e exploração substituíram as antigas relações entre colônias e metrópoles.

Nos países em que se processou a Revolução Industrial os novos grupos ligados ao capitalismo industrial que passaram a influenciar a política condenaram a escravidão. A existência de uma grande massa de escravos nas regiões coloniais parecia-lhes um entrave à expansão de mercados e à modernização dos métodos de produção. Os setores agrários haviam sido escravistas, os novos grupos desvinculados da Grande Lavoura apontavam todos os aspectos negativos da escravidão. A partir de então o sistema escravista estava condenado.

Havia, entretanto, por toda parte, sólidos interesses ligados à escravidão. A independência das colônias na América não significou uma brusca mudança nos quadros econômicos tradicionais. Em muitas regiões a estrutura tradicional se manteve e o escravo continuou a ser a mão de obra preferida. Em certos casos, o desaparecimento dos antigos monopólios comerciais e a incorporação dessas regiões ao mercado europeu acarretou o desenvolvimento da Grande Lavoura e o incremento do tráfico de escravos.

O processo de desagregação do sistema escravista foi longo e difícil. Em algumas regiões da América a transição para o trabalho livre se fez de maneira pacífica. Em outras, assumiu o tom dramático das lutas sangrentas. Esse processo evoluiu diferentemente em cada região, em razão das condições econômicas, sociais, políticas e ideológicas locais. A emancipação dos escravos dependerá principalmente do ritmo de transformação do sistema colonial de produção.

Primeiras manifestações de industrialização

Em 1822 o Brasil emancipava-se politicamente, mas a estrutura econômica tradicional se mantinha nas suas grandes linhas. Os tímidos esforços para criar uma indústria nacional, que se revelaram na ação consciente de alguns homens da Independência e se manifestaram nas atividades da Sociedade Auxiliadora da Indústria Nacional, frustraram-se desde logo. A indústria pereceu no nascedouro incapaz de fazer frente à invasão de produtos manufaturados europeus, principalmente os ingleses, favorecidos por tratados comerciais. Reafirmava-se a vocação colonial: o Brasil parecia fadado a fornecer à Europa matérias-primas e dela receber manufaturas. Controlavam a política os setores agrários, favoráveis à manutenção da situação existente. Seus representantes defendiam no Parlamento os princípios do liberalismo econômico e, de acordo com seus interesses, opunham-se a medidas que protegessem a indústria.

> Os governos não têm autoridade para se ingerirem ativa e diretamente em negócios de indústria e esta não precisa de outra direção que a do interesse particular.
> Não é preciso que a Lei indique qual a produção mais lucrativa. O interesse particular é muito mais ativo e inteligente que o governo.

Assim se manifestava Bernardo Pereira de Vasconcelos, um dos políticos mais eminentes do Primeiro Reinado e da Regência. Na sua "Carta aos Senhores Eleitores da Província de Minas Gerais" condenava o apoio dado pelo governo a certas indústrias e manifestava-se favorável a uma política exclusivamente agrária. O país deveria enviar aos mercados estrangeiros aquilo que era capaz de produzir melhor: açúcar, algodão, café, tabaco, cacau, recebendo em troca os produtos que não estava apto a produzir em iguais condições, o que vale dizer manufaturas. Essas ideias se converteram numa das grandes doutrinas do Império.

Pressões e obstáculos à diversificação agrícola

Pressionado pelos interesses internacionais, de um lado, controlado pelos representantes dos setores agrários, de outro, impossibilitado de desenvolver outros tipos de economias, o país continuava apegado às formas tradicionais de exploração de terra. Permaneciam as culturas do tipo extensivo, os latifúndios, o trabalho escravo, os métodos rotineiros, a ausência de mecanização, todo o quadro, enfim, da agricultura colonial. Economia de exportação, sujeita às oscilações do mercado internacional, assim fora, na época colonial, a produção do açúcar e continuará a ser, no país independente, a produção de café. Juridicamente, a nação estava livre. Novas perspectivas se abriam, mas as estruturas tradicionais persistiam inalteradas. Herdara-se uma economia: o latifúndio exportador e escravista, e uma tradição cultural: a mentalidade senhorial.

O desenvolvimento da cultura cafeeira veio reforçar esse quadro e tornar mais remotas, nessa primeira fase, as possibilidades de uma evolução para o trabalho livre. Por toda parte encontrava-se o escravo: nos canaviais, nos engenhos, nos campos de algodão, nas plantações de cacau, nas fazendas de café que se abriam no Vale do Paraíba e nas charqueadas do Sul. No campo e na cidade ele era o principal instrumento de trabalho.

Contradições entre a teoria e a realidade

O país organizava-se em nação independente. Discutiam-se nas Câmaras as fórmulas teóricas do sistema representativo. As opiniões divergiam sobre a forma de participação do povo no governo, sobre a federação ou os limites do poder real. No Parlamento recitava-se o credo liberal. Incluíam-se na Carta Constitucional de 1824 as fórmulas que a Declaração dos Direitos do Homem consagrara. Asseguravam-se as garantias individuais. Afirmava-se que a lei é a expressão da vontade do povo. Teoricamente aboliam-se os privilégios e igualava-se a todos perante a lei, mas ao resguardar-se a propriedade como um dos direitos inalienáveis e imprescritíveis do homem, mantinha-se a contradição que se tornaria geradora de numerosos conflitos: faziam-se revoluções em nome da liberdade, mas em nome do direito de propriedade a nação mantinha escravizado mais de um milhão de homens.

Essa profunda contradição não preocupava a maioria dos políticos. Não foram muitos os que nessa época denunciaram os males do sistema escravista e preconizaram sua extinção.

Os jesuítas e a escravidão

No período colonial já se ouvia recomendar, às vezes, que os senhores dessem um tratamento mais humano aos escravos. Nesse sentido, os reis de Portugal baixaram leis e alvarás. O Padre Vieira recriminava a crueldade dos senhores de escravos e afirmava que "a natureza como mãe, desde o rei até o escravo, a todos fez iguais e a todos livres". Mas essa afirmação não impedia de sugerir a introdução de cativos para resolver os problemas da mão de obra no Maranhão. Um contemporâneo de Vieira, Jorge Benci, S. J., numa pregação feita na Bahia, aconselhava aos senhores que dessem aos escravos um tratamento cristão, mas justificava o cativeiro como fruto do pecado original. Um capuchinho italiano, o padre José Bolonha, no Tribunal da Reconciliação recusava-se a absolver penitentes sem que eles lhe prometessem averiguar se seus escravos haviam sido tomados em guerra justa ou não. Estava persuadido, para espanto de uns e desagrado de todos, de que a escravidão era ilegítima e contrária à religião. Suas ideias não foram acolhidas e, ao que parece, acarretaram a sua remoção.[2] O padre Manuel Ribeiro da Rocha, em livro publicado em 1758 intitulado *O etíope resgatado*, tachava o tráfico como ilegítimo e preconizava a emancipação dos escravos mediante resgate. Essas opiniões não encontravam nenhuma receptividade.

A maioria considerava a escravidão perfeitamente legítima e justificada. Mesmo entre os Inconfidentes de 1789 e os revolucionários de 1817, que se insurgiram contra o sistema colonial, não havia identidade de pontos de vista a respeito dessa instituição. Uns eram favoráveis à Abolição, outros propugnavam medidas paliativas. Enquanto Inácio José de Alvarenga propunha que os escravos fossem emancipados, José Álvares Maciel lembrava a perturbação que essa medida traria ao serviço das Minas e falava nos riscos de uma catástrofe social. Os revolucionários de 1817, embora se manifestassem, em princípio, favoráveis à emancipação, ressalvavam o direito de propriedade.

---

2 A. E. Taunay, *Subsídios para a história do tráfico africano no Brasil*, 1941, p.14.

Polêmicas e opiniões

Proclamada a Independência, ouviram-se novas críticas ao sistema escravista. Manifestaram-se favoráveis à emancipação dos escravos alguns líderes da geração da Independência, como José Bonifácio e Maciel da Costa, homens formados em contato com a cultura europeia, no convívio das teorias da Ilustração e do liberalismo. Familiarizados com as doutrinas dos economistas clássicos, acompanhavam com interesse os debates que se travavam no Parlamento britânico a propósito da questão do tráfico e da escravidão. Em 1811, Hipólito da Costa escrevia no *Correio Brasiliense* que a escravidão era contrária às leis da natureza e às disposições morais do homem e sugeria que se substituísse o escravo pelo imigrante. Maciel da Costa, em 1821, José Bonifácio, em 1823, José Elói Pessoa da Silva em 1826, e Burlamaque, alguns anos mais tarde, denunciaram os malefícios e inconvenientes do sistema. Diziam que o trabalho escravo dava rendimentos inferiores ao livre, inibia o processo de industrialização, aviltava a própria ideia de trabalho. Proclamavam que a escravidão punha em risco a segurança nacional, dividia a sociedade em grupos antagônicos, gerava o regime da violência, degradava os costumes, corrompia a sociedade; era, enfim, responsável pela instabilidade das fortunas e abastardamento da raça portuguesa. Insistiam ainda no aspecto moral da questão, dizendo que a escravidão contrariava as leis da moral, o direito natural e os preceitos do Evangelho. Nem todo o pessimismo do quadro traçado, nem toda a eloquência com que alguns se referiam aos males da escravidão conseguiram impressionar a coletividade. As classes senhoriais permaneciam surdas àqueles arrazoados. Os planos de cessação do tráfico e de emancipação gradual não se concretizavam. Ninguém ousava propor nessa época uma solução drástica do problema, nem mesmo os mais avançados. Acreditava-se que uma medida desse gênero traria grandes males. O próprio José Bonifácio, que ousara dizer que os proprietários de escravos não estavam defendendo o direito de propriedade, mas o direito da força, temia as consequências da abolição imediata. Propunha apenas a cessação do tráfico no prazo de quatro a cinco anos e sugeria medidas de proteção ao escravo. Apesar de moderados, seus planos não conquistaram adeptos nessa época. Mais tarde, chegou-se a dizer que suas ideias sobre a escravidão foram uma das causas do seu afastamento do governo e do seu exílio. Os representantes da sociedade agrária viam com desconfiança os projetos de cessação do tráfico, única fonte de suprimento de mão de obra para as fazendas de açúcar, algodão e café.

Alguns dos escritores dessa época são plenos de lucidez e bom senso, e denotam grande objetividade na análise dos efeitos da escravidão sobre a sociedade e a economia. Houve, mesmo, quem apontasse as vinculações entre sistema colonial e escravidão. Os mais audaciosos propunham a libertação dos nascituros e um prazo para a extinção total da escravidão. Nos seus projetos não prescindiam da cláusula de indenização. Parecia-lhes que os proprietários deveriam ser reembolsados dos prejuízos que qualquer emancipador pudesse acarretar. Consideravam prematuras as medidas mais radicais que não tivessem sido previamente preparadas com a substituição da mão de obra servil pela livre.

A ideia de Abolição ganha o povo

Os publicistas dessa época antecipavam com seus argumentos os arrazoados dos teóricos e políticos que mais tarde cerrariam fileiras em prol da Abolição. Nada de novo se dirá daí por diante a propósito dos malefícios do sistema escravista ou sobre a incompatibilidade entre a moral cristã e a escravidão. Apenas com o passar dos anos foi acentuando a nota de comiseração pelo sofrimento do escravo. As medidas graduais sugeridas pelos emancipadores foram substituídas pelas soluções drásticas que preconizavam o abolicionismo radical. O que de fato mudou foi o comportamento da coletividade. Palavras que até meados do século encontravam escassa repercussão passaram a eletrizar auditórios, mobilizar a imprensa, comover multidões e a provocar acalorados debates parlamentares. A questão escravista converteu-se, a partir de 1870, numa das mais apaixonantes do Segundo Reinado. É que uma profunda mudança se processara na estrutura social e econômica do país e as palavras, que outrora tinham escasso efeito e pouca penetração, adquiriram o poder de convencer. Os que haviam escrito, na primeira metade do século, contra o sistema escravista tinham pretendido demonstrar à nação os seus inconvenientes. Como bons adeptos da Ilustração, confiavam nos efeitos das Luzes, na eficácia da Razão. Acreditavam que esclarecendo a opinião pública se poderia conseguir a abolição da escravatura. Suas esperanças foram entretanto desmentidas. A realidade econômico-social, incorporando o sistema escravista, anulava seus esforços. A escravidão foi mantida por mais cinquenta anos.

A grande lavoura e a escravidão

Pouco tempo após a Independência existiam no país 2.813.351 habitantes livres e 1.147.515 escravos. Estes últimos concentravam-se, principalmente, no Nordeste e na Bahia (zonas tradicionalmente açucareiras), nas antigas áreas de mineração e no Rio de Janeiro. As fazendas de café que se abriam no Vale do Paraíba começavam também a reunir numerosa escravaria.

O país abrangia uma imensa extensão de terras despovoadas. A população escassa e mal distribuída aglomerava-se em algumas regiões. Para mobilizar a força de trabalho necessária ao aproveitamento da terra, a solução que se apresentava era recorrer à mão de obra escrava.

O latifúndio escravista impedia o desenvolvimento da pequena propriedade. As experiências da colonização falhavam dentro dessa estrutura. Faltava ao colono mercado que consumisse seus produtos ou absorvesse seu trabalho. As melhores terras estavam monopolizadas pela aristocracia agrária, que delas se apropriara de várias maneiras: por compra, concessão ou, mais frequentemente, pela posse violenta. À medida que avançava a grande propriedade, os antigos moradores, que viviam de suas magras roças, ou eram expulsos das terras que ocupavam ou eram incorporados como agregados às fazendas. Em meados do século XIX tentou-se pôr fim à especulação agrária. Uma lei de 1850, regulamentada em 1854, proibiu a aquisição de terras devolutas por outro título que não fosse o de compra. Determinou-se que as sesmarias e as outras concessões do governo Imperial ou Provincial fossem revalidadas quando se achassem cultivadas ou ocupadas com princípio de morada habitual. As exigências para a legalização das posses eram de tal natureza que os pequenos proprietários ficaram automaticamente excluídos dos benefícios da lei. A legislação não impedia a expansão da grande propriedade. Os inquéritos que o governo Imperial mandou proceder demonstraram que nas províncias mais ricas eram escassas as terras devolutas. Elas existiam apenas nas áreas que não ofereciam condições para ser exploradas. Em 1865, constava que quatro quintos do solo estavam nas mãos dos grandes proprietários. O governo detinha apenas um quinto, e essa quinta parte era constituída de terras afastadas dos cursos d'água, das estradas, do litoral ou dos centros de população e, às vezes, expostas aos ataques de índios. Alfredo d'Escragnolle Taunay, empenhado em estimular a colonização, criticava, em 1887, essa situação e afirmava que o latifúndio era incompatível com a pequena propriedade e com a colonização. "O monopólio da terra para deixá-la estéril e desaproveitada é odioso", dizia ele, "e causa de inúmeros e gravíssimos males sociais". Prosseguia afirmando que era de todo iníquo que, sem darem contas à sociedade, nem pagarem nenhum imposto pela sua vaidade, os proprietários mantivessem "enormes fecundíssimas regiões no estado de natureza bruta", quando o cultivo delas traria o desenvolvimento da riqueza pública e daria alívio à miséria de centenas de milhares de homens que "só pediam uma nesga de terra a fim de se libertarem da pobreza e concorrerem com seu trabalho honesto para a prosperidade nacional".

Quando o governo precisava de terras não era sem grande dificuldades que as conseguia. Os proprietários defendiam acirradamente sua posse e, escudando-se no direito de propriedade, opunham-se a quaisquer medidas que pusessem em risco seu monopólio.

A grande propriedade escravista e até certo ponto autossuficiente afastava as correntes de imigração. Os imigrantes eram canalizados para outras regiões do globo, onde existiam perspectivas econômicas mais promissoras. No país escassamente povoado, com uma rede de transportes insuficiente e precária, os núcleos povoados estavam condenados ao semi-isolamento. Não havia ainda condição para o desenvolvimento de uma economia de mercado. A estrutura econômica colonial mantinha-se. O Brasil parecia obrigado a permanecer submetido ao sistema colonial, vivendo da exportação de produtos tropicais cultivados em grandes plantações e dependendo do trabalho escravo. As ideologias e os valores refletiam essa realidade. Ser dono de terras e escravos eram os ideais do tempo. Possuir escravos era sinal de abastança, conferia prestígio social. Até meados do século não era raro ouvir gabar o "trabalho servil", considerá-lo superior ao livre e o único compatível com a grande lavoura.

Formas de trabalho livre na grande propriedade

O trabalho livre não chegara, entretanto, a desaparecer. Estivera, desde a época colonial, associado, embora de forma pouco significativa, à grande lavoura. Representava mão de obra suplementar. Nas fazendas de café, eram entregues aos agregados as tarefas mais perigosas, nas quais o senhor temia arriscar seus escravos ou aquelas em que o cativo se revelava pouco eficiente: as derrubadas de mata, o serviço de tropas, a fiscalização dos escravos. Os trabalhadores livres constituíam a clientela do senhor. Eram capangas, cabos eleitorais e, quando se fazia necessário, eleitores. Secundavam o senhor nas suas lutas políticas. Formavam sua milícia particular. Nas fazendas de açúcar essa função era desempenhada pelos lavradores e moradores, que constituíam a base do poder político do senhor de engenho. O lavrador cultivava a terra sem garantias de arredamento. Podia ser despedido a qualquer hora. Não era dono da terra, embora tivesse alguns escravos – uma média de seis a dez – e algum gado. Levava as canas que plantava a moer no engenho do senhor, recebendo parte do açúcar que produzia. O proprietário ficava com o resto e mais o melaço e fornecia-lhe as caixas em que o açúcar era acondicionado. A falta de garantias do usufruto da terra explica a precariedade de suas instalações. Construía choças miseráveis, cercas provisórias. Estava sempre na expectativa de vir a perder as benfeitorias que fizesse. Em condições mais miseráveis ainda vivia o "morador". Não era dono das terras, ocupava-as somente por concessão do proprietário. Vivia na dependência de sua benevolência e sob a sua proteção exigente e paternal. Limitava-se a produzir para sobreviver. Vegetava à margem da economia de exportação, ignorante, mal nutrido, alimentando-se de farinha e feijão. Desenvolvia hábitos de violência e agressividade. Fugia ao convívio das outras camadas da população. Prezava, acima de tudo, a sua independência e se recusava a servir como assalariado nas fazendas.

Não era melhor a situação do trabalhador livre nas fazendas de café: vivia sob o arbítrio do senhor, suas condições de vida não diferiam muito das dos escravos. Como força de trabalho, seu papel era secundário. Na grande lavoura o escravo continuava a ser, até meados do século, "as mãos e os pés do senhor". Nas cidades, os negros de ganho e os alugados ombreavam com os artesãos livres. Havia-os de todos os ofícios: sapateiros, carpinteiros, funileiros, alfaiates, carregadores, vendedores ambulantes. Alguns senhores viviam do aluguel de seus escravos. Outros mantinham no ganho grande número de cativos. Os negros saíam pela manhã para os seus afazeres, voltavam à noitinha para entregar ao senhor o que tinham ganho. Se não traziam uma quantia considerada razoável eram castigados.

Até meados do século, o trabalho escravo preponderava no campo e na cidade. O desenvolvimento das plantações de café reforçou a dependência de certos setores da sociedade brasileira em relação ao sistema escravista. As fazendas povoaram-se de cativos. O tráfico prosseguiu a despeito de toda a pressão internacional, visando interrompê-lo.

Contradições entre a política britânica e os interesses da grande lavoura

Enquanto isso se passava no Brasil, a Revolução Industrial condenava, na escala Internacional, o sistema escravista. Na Inglaterra, onde essa revolução se processou mais precocemente que em outros países, o movimento antiescravista ganhou importância. Ao lado dos *quakers* que combatiam o tráfico desde o século XVIII, alinharam-se os representantes dos novos grupos capitalistas e industriais, não vinculados ao sistema escravista e interessados na sua supressão.[3]

---

3   As contradições entre os interesses desses grupos e outros setores agrários coloniais foram muito bem analisadas por Eric Willians in *Capitalism and Slavery*.

O tráfico para as colônias foi abolido em 1807. Por ocasião da vinda da Corte portuguesa para o Brasil, D. João VI comprometeu-se com o governo britânico a cooperar na campanha contra o comércio de escravos e a restringir a ação de seus súditos aos territórios africanos sob seu domínio. No Congresso de Viena decidiu-se a cessação do tráfico ao norte do Equador. Ficavam os negreiros, portanto, privados de algumas fontes tradicionais de abastecimento, tais como a Costa da Mina. Em 1817, a Inglaterra obteve o direito de visita em alto-mar a navios negreiros. Tal medida deveria ser posta em prática a partir do momento em que cessasse o tráfico. O governo português, entretanto, a despeito de se ter comprometido a fazer cessar o tráfico no país, no mais breve tempo possível, nada fez nesse sentido. Proclamada a Independência, o governo brasileiro, necessitando o reconhecimento do governo britânico, endossou os acordos anteriormente firmados entre Inglaterra e Portugal e se comprometeu a proibir definitivamente o tráfico no prazo de três anos. Em virtude desses acordos a Regência decretou, em 1831, uma lei declarando livres todos os escravos vindos de fora do Império e impondo severas penas aos traficantes de escravos.

Impunidade dos contrabandistas de escravos

A lei, porém, revelou-se ineficaz. Os fazendeiros e mercadores de escravos tinham todo interesse no prosseguimento do tráfico. O governo, no qual as forças agrárias e os negreiros tinham sólida representação, não desejava contrariá-los. A repressão ao contrabando era difícil, ia além das possibilidades da marinha brasileira a fiscalização do litoral em toda a sua vasta extensão. As autoridades do Império nada podiam contra as oligarquias que detinham o poder político e administrativo nas localidades. Frequentemente uma única família dominava toda uma região. Essas famílias, já por si numerosas, dispunham de vasta clientela. Quando algum potentado local era indiciado em processo de contrabando de escravo – o que era raro –, não se encontrava quem depusesse contra ele. Apesar de todas as evidências, era absolvido pelo júri. O zelo de uns poucos funcionários esbarrava na oposição das oligarquias. A justiça manejada por elas não chegava nem a ameaçar seus interesses. Na maioria das vezes, os membros da justiça estavam ligados por laços de família, amizade ou conveniência aos grupos locais dominantes. Mesmo quando isso não acontecia, não dispunham eles de independência para julgar. Sua segurança e estabilidade ficariam ameaçadas caso pretendessem inculpar fazendeiros, figuras representativas da sociedade local ou pessoas de projeção social e política. Os emissários do governo do Império, enviados para esclarecer denúncias de tráfico ilícito, viam suas atividades cerceadas pelas autoridades locais. O contrabando acobertava-se com a conivência das populações.

O desenvolvimento da cultura cafeeira fez crescer a demanda de mão de obra e o contrabando prosseguiu em toda a costa. Os desembarques clandestinos ao longo do litoral contavam com a cumplicidade tácita das populações e as autoridades que intentavam pôr um paradeiro ao contrabando sentiam-se impotentes. No Parlamento choviam representações solicitando a revogação da lei. Ela foi mantida, embora sem nenhuma eficácia. Nem os cruzeiros ingleses, nem as autoridades nacionais conseguiam frustrar a ação dos contrabandistas. Os negros, apesar de juridicamente livres, eram vendidos como escravos. Os interesses ligados à grande lavoura desafiavam a lei. Resistiam à pressão britânica e desrespeitavam as autoridades. Por essas razões o tráfico prosseguiu depois de 1831 com a mesma intensidade e com todo o quadro de horrores que sempre o caracterizava. Calcula-se que entre os anos de 1840 e 1850 entraram no país, em média, de trinta a quarenta mil negros por ano.

O contrabando, altamente lucrativo, compensava os riscos. Em 1843, um capitão de barco negreiro pagava na África, em espécie, o correspondente a 30$000 ou 40$000 por negro e recebia dos armadores 140$000. Estes revendiam os escravos por 500$000, 600$000 e até 700$000 cada um. Assim os lucros dos traficantes eram vultosos e numerosas fortunas fizeram nesse comércio.

Xenofobia. Bill Aberdeen

A atitude da Inglaterra em relação ao tráfico desgostava os brasileiros. A repressão ao contrabando levada a efeito pelos oficiais britânicos desagradava a todos, tanto mais que súditos ingleses radicados no Brasil não se pejavam de possuir escravos. Esse fato fazia duvidar da filantropia britânica. A animosidade contra a Inglaterra vinha, aliás, de há muito. Desde 1810 ela fora favorecida em tratado com cláusulas excepcionais reiteradas em 1826. Seus produtos e mercadores invadiram o mercado brasileiro. Esses fatos deram origem a um sentimento de xenofobia que se manifestou nas revoltas que agitaram a vida do país nesse período. Os antagonistas foram habilmente explorados pelos interessados na manutenção do tráfico. Prosseguir no tráfico era desafiar os ingleses. Ceder à pressão britânica seria curvar-se à sua prepotência. A questão convertia-se assim num caso de honra nacional. A tensão aumentou depois que o governo inglês votou o Bill Aberdeen. Por esse ato, aprovado pelo Parlamento inglês em 8 de agosto de 1845, declarava-se lícito o apresamento de qualquer embarcação empregada no tráfico. Os infratores ficavam incursos em crime de pirataria e eram julgados pelos tribunais do Almirantado.

A partir de então, os cruzeiros britânicos desrespeitaram várias vezes as águas brasileiras, em busca de barcos suspeitos. Tais incursões, consideradas atentadoras à soberania nacional, provocaram tumultos na Câmara e agitaram o país de norte a sul. O tráfico prosseguiu entretanto mais intenso do que nunca. A partir de 1845, entraram no país mais de cinquenta mil escravos por ano. Foi dentro desse clima de tensão internacional e de comoção interna que se tornaram a examinar os projetos anteriormente apresentados ao Senado, visando à repressão do tráfico.

Cessação do tráfico

No Brasil a opinião pública começava a dividir-se: fazendeiros abarrotados de escravos ou endividados com a compra deles passavam a encarar com maior complacência a perspectiva da interdição do tráfico. Viram talvez nesse ato a valorização de sua propriedade. Os mais interessados em prosseguir eram os traficantes e os lavradores das zonas novas que ainda não contavam com braços suficientes para cultivar suas terras. A questão passou para o domínio do jogo político partidário. Os políticos sentiram o alcance político da questão que apaixonava a opinião pública. Por outro lado, a marinha inglesa, equipada com navios mais aperfeiçoados e com ordem de entrar nos portos e apresar os navios suspeitos de tráfico, fez recrudescer a vigilância. Esses fatos criaram condições favoráveis para a solução da questão. Medidas severas foram tomadas contra os contrabandistas pela lei de 4 de setembro de 1850. Traficantes estrangeiros foram expulsos do país e as autoridades reforçaram a fiscalização. O contrabando, porém, prosseguiu, em pequena escala, por mais alguns anos, mas acabou por cessar definitivamente. Os últimos desembarques de que se tem notícia datam de 1856.

A cessação do tráfico lançou sobre a escravidão uma sentença definitiva. Mais cedo ou mais tarde estaria extinta, tanto mais quanto os índices de natalidade entre os escravos eram extremamente baixos e os de mortalidade, elevados. Era necessário melhorar as condições de vida da escravaria existente e, ao mesmo tempo, pensar numa outra solução para o problema da mão de obra.

Condições de vida dos escravos

Até então, a situação dos escravos nas zonas rurais, tinha sido extremamente precária. Habitavam choças de pau a pique, cobertas de folha de palmeira ou de sapé, em geral sem janelas ou então com grades, a lembrar prisões. Dormiam em esteiras, sobre tarimbas feitas de madeira, com dois e meio a três pés de largura. Recebiam duas a três mudas de roupas por ano. Os homens usavam calça e camisa de algodão grosseiro e, como agasalho, o "surtum" – espécie de jaqueta sem mangas, feita de pano grosso forrado de baeta. Na maioria das fazendas essas roupas eram renovadas apenas uma vez por ano. Andavam os escravos em andrajos. As posturas municipais tentavam impedir que perambulassem sujos ou seminus pelas ruas da cidade. Multavam-se os senhores responsáveis. Mas a lei não atingia as fazendas onde era toda soberana a vontade do senhor.

Alimentação dos escravos

A alimentação não variava: feijão, angu, farinha, às vezes um pedaço de charque ou toucinho, mais raramente inhame, mandioca, abóbora ou batata-doce. Nas regiões açucareiras, o melado, a cachaça, nas zonas cafeeiras o café, complementavam a refeição. Nas fazendas mais pobres reduzia-se a feijão e um pouco de farinha de mandioca. A insistência com que os publicistas desse período recomendavam aos senhores que alimentassem melhor os escravos e lhes dessem melhor assistência é testemunho da insuficiência desse tratamento na maioria das fazendas. Mal nutridos, mal vestidos, minados pelas verminoses e pelas febres, pela tuberculose e a sífilis, epidemias de varíola, cólera e febre amarela, que assolavam o país de tempos em tempos, submetidos a um intenso horário de trabalho que atingia dezesseis a dezoito horas diárias (incluindo o serão da noite), os escravos morriam em grande número.

Precariedade assistencial

A assistência médica nas fazendas era precária. Os fazendeiros orientavam-se pelos Guias Médicos, Vade-Mécum e o Chernovitz. Recorriam também aos curandeiros e feiticeiros. Estes usavam de magias e sortilégios e medicamentos feitos a base de ervas, cinza, pedras, excrementos. Com eles pretendiam curar desde mal-de-amor até picada de cobra e bicheira de animal. Negros e brancos acreditavam que certos santos protegiam contra determinadas moléstias. Invocavam Santa Luzia, protetora dos olhos, Santa Ágata para doenças de peito. Santa Apolônia para dor de dente, São Lázaro para lepra, São Tomé para verminoses. Usavam orações e palavras mágicas. Em 1855, vendia-se em São Paulo uma oração para benzer casas, para protegê-las da epidemia do cólera-morbo. A própria ciência médica não estava, nas zonas rurais, muito longe desse primitivismo dos feiticeiros. Era o tempo das maravilhas curativas, do purgante de Leroy aplicado contra pneumonia, disenteria, hidropisia e envenenamento. Era a época do *purgare et sangrare*, das mezinhas, do chá de melissa, ou da erva-cidreira, do chá de losna, da flor de laranjeira ou de sabugueiro, da folha de goiaba ou de quebra-pedra, da qual não saíram ainda muitas regiões do país. As Santas Casas prestavam grande serviço aos fazendeiros, recolhendo seus escravos e inválidos. Negros velhos e doentes, abandonados pelos senhores, eram vistos muitas vezes a

DA MONARQUIA À REPÚBLICA

perambular pelas estradas e a mendigar a caridade pública nas cidades. Tentou-se, várias vezes, sem resultado, aliás, cercear esses abusos. Em 1854, Cotegipe apresentava à Câmara dos Deputados um projeto que pretendia obrigar os senhores a sustentar e manter os escravos alforriados por doença. Em 1865, em São Paulo, uma lei provincial determinava:

> Todo senhor que, dispondo de meios suficientes, abandonar seus escravos morféticos, leprosos, doidos, aleijados ou afetados de qualquer moléstia incurável e que consentir em que eles mendiguem, sofrerá 30$000 de multa e será obrigado a recebê-los com a necessária cautela, sustentá-los e vesti-los.

Baldados eram os esforços dos legisladores. As Câmaras reclamavam, a imprensa protestava, mas os negros alforriados continuavam aos bandos, famintos, percorrendo os caminhos, importunando os viandantes e a população das cidades. Nada mais representavam como força de trabalho. Sua manutenção constituía um encargo oneroso que bem poucos estavam dispostos a enfrentar.

Os precários conhecimentos médicos e o primitivismo da terapêutica improvisada, as más condições higiênicas das senzalas, a deficiência de alimentação e do vestuário, as penosas condições de trabalho, sob o sol e a chuva no campo, a poeira do café nas casas de beneficiar ou o calor das fornalhas no engenho de cana, os vermes, as picadas de animais venenosos, tudo contribuía para o alto índice de mortalidade da população escrava.

Mortalidade infantil entre os escravos

Na década de 1860 dizia-se que um fazendeiro que comprasse um lote de escravos, em boas condições de saúde, possuiria, após três anos, na melhor das hipóteses, um quarto dos escravos aptos ao trabalho. A duração média da força de trabalho era de quinze anos. Nas fazendas havia sempre alguns cativos momentaneamente incapacitados: cerca de 10% a 25%. A mortalidade infantil atingia 88%. Dizia-se que era mais fácil criar três ou quatro filhos de brancos do que uma criança preta. Atribuía-se esse fato à maior fragilidade da raça negra. Mesmo nas fazendas onde o tratamento dos escravos era considerado bom a mortalidade infantil era de 75%. A proprietária de um dos maiores engenhos de açúcar da Baixada Fluminense, uma das primeiras a introduzir máquinas a vapor – o que revela seu espírito progressista – contava a Maria Graham que nem a metade dos negros nascidos na fazenda vivia até alcançar dez anos. O barão de Piabanha, fazendeiro de Paraíba do Sul, na província do Rio de Janeiro, confessava anos mais tarde que, apesar do bom tratamento e cuidados, o número de cativos reduzia-se em 5% ao ano.

Família e licenciosidade

Nas senzalas havia sempre um número menor de mulheres em relação ao de homens, em certas regiões a proporção era de uma para cinco. A escassez de escravas estimulava a promiscuidade. Os senhores fechavam os olhos para essa licenciosidade. Preferiam os escravos solteiros, seu cristianismo não ia a ponto de casá-los.

A antiga estrutura familiar africana não podia sobreviver dentro das condições criadas pela escravidão. De outro modo, a família monogâmica recomendada pelo cristianismo não chegava a estabelecer-se. A licença sexual imperava na senzala, dela participavam muitas vezes os brancos. Das numerosas ligações resultava uma população escrava mestiça, às vezes quase branca. Não eram raros os casos de filhos mantidos no cativeiro pelos próprios pais. Alguns eram alforriados incorporando-se à clientela de agregados que vivia sob a tutela senhorial. Desde a Independência tentara-se, sem sucesso, aliás, incluir na legislação um dispositivo que obrigasse o senhor a alforriar a escrava que desse à luz um filho seu. Tal medida, entretanto, obrigaria a confissão pública da imoralidade oculta nas senzalas: preferiu-se a situação ambígua em que viveram muitos senhores que mantinham no cativeiro filhos ou irmãos. Uma decisão judicial, posterior à lei do Ventre Livre, determinou que seria considerado motivo de preferência para emancipação pelo Fundo, então criado, o fato de uma escrava pertencer a seu próprio filho. Nessa época, um acórdão proibia ao senhor a venda de seus filhos naturais, obrigando-o a continuar com a mãe e os filhos como escravos (!).

Relações de afetividade

A legislação destinada à defesa do cativo era de efeito duvidosa. No campo imperava livremente a autoridade senhorial. O senhor representava a Igreja, a Justiça, a força policial e militar. Seu domínio era sem peias. Seu arbítrio só encontrava limites na sua própria benevolência. Entretanto, casos de brandura e paternalismo, relações de amizade entre senhores e escravos, exemplos de fidelidade existiram sempre e em toda parte, tanto no Norte como no Sul. Muita sinhá conservou toda a vida e transmitiu a seus filhos e netos a afeição pela ama que a criara e que mais tarde viu crescer seus filhos. Muito filho de senhor de engenho manteve pela vida afora, na saudade da infância, recordação carinhosa do preto velho que o iniciou na arte de montar e pescar, nos mistérios da natureza, nas histórias africanas. Não foram poucos os jovens estudantes que, no dia da formatura, deram carta de alforria ao escravo companheiro de folguedos, o moleque que os acompanhara como pajem durante os anos de Academia e a que estavam ligados desde a infância por uma cálida amizade. Esses fatos contribuíram para que se forjasse uma imagem idealizada da escravidão. As imagens da Mãe Negra, do Pai João, do moleque de engenho, do companheiro de brinquedos na infância, da Mucama Fiel fixaram-se na literatura. Mas essa mesma literatura não pôde deixar de registrar o escravo vingativo que atentava contra a vida do senhor, incendiava os campos, matava o feitor, e a escrava que destruía lares e insuflava o ódio e a rebelião nas senzalas.

As afirmações sobre a suavidade do sistema escravista no Brasil ou sobre a atitude paternalista dos fazendeiros, os retratos do escravo fiel e do senhor benevolente, que acabaram fixando-se na literatura e na história, não passam de mitos forjados pela sociedade escravista para defesa de um sistema que julgava imprescindível. Essas idealizações persistiram mesmo depois do desaparecimento da instituição. As gerações posteriores à Abolição herdaram do passado a visão que a sociedade senhorial criou.

A escravidão como instituição possibilitava, exigia até, o domínio, a exploração do homem pelo homem, a violência e o arbítrio. O direito do senhor fundamentado na violência estava fatalmente condenado à violência para se poder manter, já o notara Victor Schoelcher, líder abolicionista, a propósito da escravidão nas Antilhas.

Dos escravos esperava-se humildade, obediência e fidelidade. Do senhor autoridade benevolente. Nem sempre as expectativas eram satisfeitas: o escravo roubava, era infiel, fugia, praticava desatinos. O senhor excedia-se nos castigos, era violento e cruel.

Preconceito contra o negro

A intimidade entre senhor e escravo era maior nas áreas em que prevalecia o modo tradicional de produção, onde se concentrava grande número de escravos. Nas áreas de transição para o sistema assalariado, principalmente nas regiões em que se acentuara o caráter capitalista das relações de produção, aumentou a distância entre a Casa Grande e a Senzala. O fato ocorreu, particularmente, nas zonas cafeeiras mais novas, onde o convívio entre senhores e escravos foi diminuindo até cessar quase completamente. Entretanto, mesmo na fase de maior intimidade o preconceito racial separou sempre as duas categorias tão íntimas e tão distantes. O preconceito de cor, cuja existência foi tantas vezes negada pela ideologia senhorial, evidenciava-se a cada passo. A começar pela caracterização do negro como uma raça inferior. Os próprios viajantes estrangeiros, que afirmavam em seus livros não existir preconceito racial no Brasil, eram muitas vezes os primeiros a divulgar ideias preconceituosas. Um deles, Hermann Burmeister, que percorreu as províncias do Rio e Minas, afirmava, em meados do século passado, que sempre tivera grande simpatia pelo preto, sempre o contemplara com interesse, "como produto exótico da natureza". Não escondia, entretanto, que os amava "teoricamente", a distância, e que eles lhe causavam repugnância. Dizia-se convencido "por observação própria" da inferioridade física e mental do preto em relação ao branco e concluía que o negro jamais passaria da condição servil.[4] Não faltou quem afirmasse que o negro constituía uma espécie de sub-raça, muito mais próxima do macaco que do homem branco. Dizia-se que seu sangue, seu cérebro eram diferentes.

---

4 Hermann Burmeister, *Viagem pelo Brasil através do Rio de Janeiro e de Minas Gerais*, p.54.

DA MONARQUIA À REPÚBLICA

Ainda em 1880, num artigo publicado em 11 de agosto no *Federalista*, jornal republicano e positivista, sobre os efeitos da escravidão na mentalidade do povo brasileiro, Alberto Sales, que considerava a escravidão moderna uma aberração econômica e política em completo antagonismo com os costumes e necessidades do estado social da época, não hesitava em manifestar sua crença na inferioridade moral e na inaptidão política e social da raça africana. Essa era também a opinião de Pereira Barreto, outro positivista de renome.

As formas de compadrio e as relações de caráter paternalista, forjadas pela sociedade senhorial como mecanismo de acomodação, não foram suficientes para eliminar as barreiras que separavam os dois mundos antagônicos e irredutíveis um ao outro: o do escravo e o do senhor. A discriminação racial tinha como função manter intransponíveis as distâncias sociais que separavam um mundo de privilégios e direitos de um mundo de obrigações e deveres.

A Igreja e a discriminação racial

Para manter o ritmo de trabalho, impedir fugas ou revoltas, para conservar os escravos obedientes e submissos, recorriam os senhores aos mais variados castigos. O castigo físico era universalmente aceito e considerado a única medida coercitiva eficaz. A sociedade desaprovava tanto o senhor que se excedia nos castigos quanto o que era excessivamente benevolente. A frouxidão e a crueldade eram igualmente condenadas. A Igreja viu-se comprometida na tentativa de conciliar os interesses financeiros com os ditames da religião e da filantropia. "A disciplina nas fazendas", dizia um viajante que percorria o Brasil em meados do século XIX, "compreende duas fases: a do azorrague e a do dogma, a do padre e a do feitor".[5] Paciência, resignação e obediência eram o catecismo que os padres ensinavam ao escravo. Alguns chegavam mesmo a dizer que os negros eram filhos "do maldito" e constituíam uma raça de condenados cuja salvação estava em servir ao branco, com paciência e devoção. Outros

---

5 Charles Ribeyrolles, *Brasil Pitoresco*, v.II, t.III, p.34-5.

representavam o papel de mediadores entre a Casa Grande e a Senzala. Pregavam obediência a uns e moderação e benevolência a outros. Dizia-se nessa época que a confissão era o melhor antídoto das insurreições.

Prepotência e castigos

Quando as recomendações e os conselhos não surtiam o resultado almejado, recorria-se aos castigos. Os mais usados eram a palmatória, o tronco, os vários tipos de chicotes e açoites. Empregaram-se mais raramente a argolinha, as algemas, os anjinhos, a máscara de latão e o cárcere. O açoite e a palmatória constituíam pena disciplinar comum, reconhecida e autorizada pela própria legislação. Açoitados eram os soldados e os marinheiros quando incorriam em certas faltas. Nas escolas as crianças recebiam a palmatória. O homem livre que incorria no desagrado do senhor ou o desacatava sofria, às vezes, os efeitos do rebenque. A sociedade estava organizada em razão do domínio e da prepotência. A prepotência do pai sobre o filho, do marido sobre a mulher, do senhor sobre o escravo, das autoridades sobre o povo. A agressão física fazia parte integrante desse quadro que, em certos aspectos, persiste ainda em algumas regiões do país.

Os castigos mais severos eram aplicados aos assassinos e aos chefes de quilombos. Aqueles eram condenados à morte se atentassem contra a vida do senhor e seus familiares, às galés e à prisão em outros casos de morte. Os quilombolas recebiam trezentas chibatadas, distribuídas em vários dias. Durante muito tempo foi costume marcar o escravo com ferro em brasa como se faz hoje com o gado. Ainda às vésperas da Abolição se publicavam nos jornais anúncios de escravos fugidos, indicando essas marcas entre os sinais de identificação. Tão frequente quanto o açoite ou a palmatória era o tronco que imobilizava o escravo. Argolas presas ao pescoço: gargalheiras ou argolinhas, ou aos pés e mãos: peias e algemas e anjinhos (como se chamavam as argolas de ferro que comprimiam os dedos num arrocho progressivo) foram empregados com frequência até meados do século. Seu uso decresceu a partir dessa época. Até então eram também comuns máscaras de latão ou folha de flandres que os escravos dados ao vício de bebida ou hábito de comer terra (consequência de verminose) eram obrigados a usar. Na história das senzalas há muitos casos de mortes e deformações por excesso de castigos e espancamentos.

A legislação e a prática da justiça

Vários viajantes que percorreram o país nesse tempo louvaram a excelência da legislação que pretendia proteger o escravo. Esqueciam-se, entretanto, de que a eficácia da legislação depende de quem a cumpre e faz cumprir. O corpo de jurados era recrutado principalmente entre fazendeiros e proprietários de escravos, pessoas de maior representação social. O interesse de grupo raramente permitia que os ideais humanitários, consagrados na lei, prevalecessem. Impediam às vezes a própria ação da justiça. A representação do crime e da culpabilidade era inconscientemente deformada pelos estereótipos vigentes. Via-se o escravo como culposo permanente. O senhor, aos olhos do júri, parecia sempre ter razão. Se a legislação era pouco eficaz na defesa do escravo, revelava-se atuante na defesa dos interesses senhoriais.

O temor de insurreições apavorou a sociedade durante todo o período da escravidão. Ao menor boato medidas severas eram postas em prática com o objetivo de impedir a sublevação. As notícias corriam céleres. Tropas eram mobilizadas, os senhores avisados, os suspeitos presos e interrogados, os culpados severamente punidos. A legislação procurava reforçar as medidas de segurança. As posturas municipais e provinciais reiteravam os dispositivos que impediam a circulação de cativos. Nas cidades, todo escravo que depois do toque de recolher fosse encontrado a vagar pelas ruas, sem autorização do senhor, era preso. Proibia-se também o ajuntamento em portas de vendas e proximidades de chafarizes. Interditava-se sua entrada em casas de tavolagem ou tavernas. Punia-se, com penas severas, a venda de armas e drogas venenosas a escravos, bem como o aluguel de quartos ou casas. Era também proibido comprar qualquer mercadoria a escravos, sem que exibissem autorização do senhor para vendê-las. Pretendia-se com isso cercear os roubos. Toda a vigilância e as medidas repressivas tomadas pela administração não conseguiam, entretanto, impedi-los. Por toda parte, queixavam-se os senhores de que as vendas de beira de estrada atuavam como receptadoras de furtos cometidos por cativos.

Boatos, insurreições e repressão

Apesar de frequentes boatos de insurreição que alarmavam periodicamente a camada senhorial, eram raras nessa época as revoltas de grandes proporções. Algumas, entretanto, deixaram crônica sangrenta.

Os mais famosos levantes de escravos desse período tiveram cunho religioso e foram, em geral, provocados por negros muçulmanos. Eclodiram nas cidades, onde era mais fácil a comunicação entre os revoltosos e maior concentração de escravos da mesma nação. Ocorreram principalmente no Nordeste, onde era maior o número de negros islamizados. As revoltas dos Maltês em Alagoas e na Bahia, em 1815 e 1835, foram desse tipo. Em Minas, ficou famoso o levante havido pouco antes da Independência. Reuniram-se em Ouro Preto cerca de quinze mil escravos, e em São João do Morro mais de seis mil. Por toda parte os negros falavam em constituição e liberdade. Diziam que em Portugal fora jurada a constituição e que os negros tinham sido equiparados aos brancos. Revoltas de tal extensão foram raras nas regiões cafeeiras. Aqui elas tiveram, na maioria dos casos, caráter local e só excepcionalmente apresentaram o aspecto assustador da que eclodiu em Vassouras em 1838, quando cerca de trezentos cativos, na maioria haussás, se insurgiram tendo sido necessário mandar vir forças do Rio de Janeiro para reprimi-los.

Os mecanismos repressivos elaborados pela sociedade escravista revelavam-se em geral bastante eficazes. Quando alguma revolta surgia, era rapidamente reprimida pela intervenção policial. As forças governamentais encontravam apoio junto à população livre, atemorizada com o risco de uma insurreição geral. Toda vigilância não conseguia impedir que os escravos fugissem e se refugiassem nas matas assediando as fazendas, assaltando os povoados. Não era a primeira vez que isso sucedia, nem a última.

Por toda parte havia quilombos e alguns ficaram famosos, como o de Jabaquara, em São Paulo, ou o da Gávea, no Rio de Janeiro. Ganharam importância, nos últimos anos do cativeiro, com as mudanças ocorridas na economia e na sociedade, quando os escravos passaram a contar com o apoio dos abolicionistas e a complacência da população urbana.

Insurreições, crimes, fugas, trabalhos mal executados, ordens não cumpridas, pachorra e negligência eram a maneira de o escravo protestar. Essas formas de comportamento compunham o quadro usual da escravidão.

Capitães do mato

Os jornais da época encontram-se cheios de anúncios, alguns extremamente pitorescos sobre os escravos fugidos. Recompensava-se largamente quem os apanhasse. Em 1855 ofereciam-se até trinta mil-réis. Vinte anos mais tarde, quando os preços de escravos subiram a dois contos e mais, havia quem pagasse até quatrocentos mil-réis pela captura de um negro fugido.

A profissão de capitão do mato existiu desde a época colonial. Foi até legalizada por um regimento em 1724. No século XIX, os capitães do mato não hesitavam em publicar nos jornais anúncios oferecendo seus serviços. Perderam prestígio à medida que progrediram as ideias abolicionistas. Passaram a ser alvo da sátira popular e alguns foram até agredidos. O capitão do mato, caçador de negro fugido, tornou-se uma figura impopular à medida que o sistema escravista se desagregou.

Estimulados e protegidos pelos abolicionistas, contando com o apoio dos libertos e a proteção dos colonos, os cativos passaram a abandonar em massa as fazendas de café e os engenhos de açúcar. Esse fato foi decisivo para a desorganização do trabalho servil e para o aceleramento do processo abolicionista.

A senzala esteve, enquanto existiu, dividida por rivalidades e antipatias. Nas zonas rurais o negro da Casa Grande tinha melhor sorte que seu parceiro do campo. Mucamas, babás, cozinheiros, amas, costureiras, cocheiros, pajens, lavadeiras, mobilizados no serviço direto ao senhor, eram mais bem tratados e encontravam maiores oportunidades para obter alforria do que os negros do eito. Viviam mais ou menos segregados dos seus parceiros que labutavam no campo de sol a sol. "Negro do eito, vira copeiro, não oia mais pro seu parceiro", dizia-se nessa época. Constituíam um mundo à parte, distante dos negros da roça.

Eram invejados e, às vezes, odiados. Sua aparente superioridade segregava-os de seu grupo natural e lhes impunha todo um cortejo de interdições. Não pertenciam à senzala. Não chegavam a ser aceitos no mundo dos senhores. Alguns se ligavam por laços afetivos aos patrões, outros os odiavam de tal forma que não hesitavam em eliminá-los. As notícias de crimes cometidos por escravos mantiveram apreensiva e cautelosa a classe senhorial, enquanto perdurou a escravidão.

Rivalidades entre nações

Outras formas de rivalidade dividiam os escravos. Nas cidades os negros isolavam-se por nações: os minas, os cassangues, os moçambiques ou os congos. Mantinham-se, às vezes, antigas hierarquias. Conta-se que alguns príncipes africanos conservavam no cativeiro o respeito de seus súditos. Às posições hierárquicas tradicionais somavam-se novas distinções estabelecidas com base na superioridade de ofício e de posição dentro do regime escravista. "Uma escrava de categoria – bem vestida e bem apresentada – não experimenta compaixão nem simpatia pelo parceiro maltrapilho e sujo", notava um viajante que visitou o Brasil nos meados do século. A posição do senhor refletia-se na do escravo e o negro que pertencia a um fazendeiro sentia-se superior ao que trabalhava para um modesto oficial, embora fosse talvez mais infeliz e mais do que o outro sujeito à rigorosa disciplina. A consciência de solidariedade formou-se tardiamente entre os escravos. A ação abolicionista foi fator importante para isso, instigou-os a unirem-se para a conquista da liberdade e lhes forneceu os meios.

Mescla de tradições

A conservação das tradições culturais africanas foi mais fácil nas cidades do que no campo. Nos núcleos urbanos a possibilidade de encontrar companheiros favorecia os agrupamentos de negros da mesma proveniência. Nas fazendas onde se tinha por norma evitar a formação de grupos homogêneos, essa aproximação tornava-se mais difícil. A escravidão constituía um empecilho à conservação das tradições africanas. Rompiam-se as antigas estruturas sociais e impedia-se a perpetuação dos cultos. Misturavam-se povos de origens diversas e tradições culturais diferentes. O núcleo familiar que nas províncias africanas constituía, em geral, a base de estrutura cultural se desarticulava. O meio, a paisagem, as condições de trabalho eram diversas. Os cultos transportados da África, as antigas tradições sofriam um processo de reinterpretação baseado em novos quadros. Imprimia-se nova orientação às representações coletivas tradicionais e a seus significados mais profundos. Algumas das tradições persistiram, embora profundamente modificadas. Entre elas, a música que acompanhou o escravo em todas as suas atividades. Cantavam os barqueiros nos rios e no mar, os carregadores nos cais e nas ruas da cidade, os negros no eito. Nas toadas misturavam palavras portuguesas e africanas. A música possuía, muitas vezes, um caráter mágico. Os jongos que os negros costumavam entoar no eito, (improvisos sobre cenas quotidianas) tinham, ao que parece, caráter propiciatório. Dizia-se que quando o jongo não era bom, o trabalho não rendia. Música, religião e magia estavam intimamente ligadas e atuavam imensamente na vida do escravo.

Festas e práticas religiosas

Alguns senhores permitiam que os negros dançassem e cantassem aos sábados, domingos ou dias de festas. Já nas cidades, os batuques e cangerês eram proibidos. Temia-se que os agrupamentos de escravos degenerassem em movimentos subversivos. As únicas festas autorizadas eram as de cunho cristão: a de Nossa Senhora do Rosário, padroeira dos pretos, as congadas e outras do mesmo gênero.

O cristianismo, entretanto, não passava de uma capa exterior a recobrir tradições e práticas africanas. Foram poucos os senhores que se empenharam em cristianizar seus escravos. Embora existissem capelas na maioria das fazendas, as missas eram raras. Faltavam sacerdotes e os padres que apareciam de tempos em tempos não tinham ocasião de iniciar os escravos nas verdadeiras práticas do cristianismo. Nas zonas rurais prevaleciam o culto doméstico, as práticas familiares. O senhor puxava a reza ajudado pelos escravos. O negro aprendia as preces cujo sentido lhe escapava, repetindo-as mecanicamente. Submetia-se aparentemente passivo. A aceitação do cristianismo era, em geral, puramente exterior. O escravo assistia à missa e adorava ao mesmo tempo a Xangô e Ogum. Confundiam-se na prática as tradições africanas e cristãs. No cativeiro, certas divindades africanas adquiriram um caráter sinistro. As divindades guerreiras passaram a ser as preferidas. O feiticeiro, temido por todos, gozava de grande prestígio e respeito. A intromissão de elementos culturais africanos no catolicismo possibilitou a sua preservação sob uma aparência cristã. Só raramente conseguiram os negros manter mais ou menos intactas suas tradições. Isso foi possível nos núcleos urbanos, onde eles se agrupavam em confrarias. Os maometanos foram os que mais resistiram à penetração do cristianismo. Concentraram-se, na sua grande maioria, no Nordeste, onde chegaram a manter alguns templos. Mas as condições que a escravidão criava impossibilitavam obediência às prescrições do culto e mesmo os cultos mais autênticos sofreram um processo de sincretismo acentuado.

A vida dos escravos nas cidades era mais amena do que no campo. Nos núcleos urbanos, eles encontravam maiores possibilidades de emancipação e convívio. No campo, o arbítrio do senhor era lei, e as condições de trabalho mais penosas.

A sorte do cativo dependeu sempre da riqueza e prosperidade do senhor, da sua maior ou menor benevolência e humanidade. Variava de região para região e de fazenda para fazenda. Dizia-se que era melhor no Rio de Janeiro do que no Maranhão e que em Campinas encontravam-se os piores senhores. No Oeste Paulista, dizia o senhor ao negro rebelde ou mandrião: "Vendo-o para Campinas". Na Bahia, ameaçava-se o negro indisciplinado de mandá-lo para o sul. Em Pernambuco, falava-se em vendê-lo para o Maranhão. Havia nessas insinuações muita mistificação, mas é de supor que o tratamento dado ao escravo tenha variado de acordo com a produtividade das várias regiões. Nas áreas cansadas e em vias de esgotamento do Vale do Paraíba, a partir de 1870 o fazendeiro era obrigado a exigir do escravo um maior número de horas de trabalho e confiar-lhe um número maior de pés de café, para compensar o declínio da produção dos cafezais.

As condições de vida eram, portanto, mais penosas. Nas regiões já em franca decadência, onde a economia exportadora entrava em marasmo e regredia ao nível de existência a miséria aproximava senhor e escravo. Suas relações humanizavam-se. Lutavam pela sobrevivência. Foi o que aconteceu nas zonas dos banguês na Bahia ou no Nordeste ou, ainda, em certas áreas cafeeiras decadentes. Provavelmente, nas áreas mais prósperas, onde a produção remunerava largamente o trabalho, as condições de vida do escravo eram melhores.

Com a cessação do tráfico e à medida que se tornou mais difícil adquiri-los, os senhores passaram a dedicar-lhes maior atenção e cuidados.

O tráfico interno e o deslocamento de escravos do norte para o sul do país

As regiões cafeeiras, em plena expansão, voltaram-se para outras fontes de mão de obra. O Nordeste passou a ser o grande fornecedor de escravos. Um tráfico intenso se estabeleceu entre o norte e o sul do país, o preço de escravos, que vinha aliás em alta lenta desde o início do século, sofria um aumento considerável. Em vinte anos, de 1855 a 1875, ele quase triplicou, passou de um conto a 2,5 e até três. A compra de escravos tornou-se cada vez mais onerosa e, consequentemente, cada vez menos rendoso o seu emprego. Experimentou-se a colonização com estrangeiros sob sistema de parceria, pensou-se em aproveitar a população livre: os trabalhadores nacionais que viviam à margem da grande lavoura. Houve mesmo quem alvitrasse a utilização de "coolies".

Nos primeiros anos houve um deslocamento de escravos das regiões de economia menos produtiva para as mais promissoras. Os traficantes percorreram o Nordeste oferecendo altos preços pelos escravos. Vendiam-nos no Sul aos fazendeiros de café. Preocupados com a evasão de mão de obra, os governos das províncias do Nordeste tentaram cercear-lhes a saída. Impuseram-se severas taxas. O relatório do presidente da província do Maranhão registrava, em 1853, que o imposto sobre a exportação de escravos produzira naquele ano mais do que nos anteriores em virtude dos altos preços que se pagavam por eles no mercado do Rio de

Janeiro. Sugeria que o produto desse imposto revertesse em benefício da caixa da colonização que acabava de ser criada. Em Pernambuco, o imposto sobre a saída de escravos, que em 1842 era de 5$000, chegou, em 1859, a 200$000.[6] Em 1866, o presidente João Lustosa da Cunha Paranaguá, baseado em estimativas oficiais, informava à Assembleia Legislativa de Pernambuco que no período de 1855 a 1864 tinham sido exportados, para outras províncias, 4.023 escravos, sem falar nos que escapavam ao controle. Na Bahia, arrecadavam-se, em 1860, mais de duzentos contos de taxas sobre a saída de escravos. A mesma coisa em Alagoas. A maior renda em 1862 provinha do imposto sobre exportação de escravos.

Wanderley inutilmente tentara, representando a lavoura baiana, fazer passar, em 1854, na Câmara de Deputados, um projeto de lei proibindo o tráfico interprovincial. Eram mais fortes os interesses das lavouras do sul. As províncias do Nordeste, afetadas por uma crise crônica, despovoavam-se de escravos.

É impossível calcular o número exato dos que se deslocaram de outras províncias para as regiões cafeeiras. Ferreira Soares fornece dados que permitem avaliar em pouco mais de cinco mil os escravos exportados anualmente do Nordeste para o Rio. Tavares Bastos fala em cerca de 37 mil cativos entrados no Rio entre 1850 e 1862.

Concentração de escravos na lavoura cafeeira

Os negros concentravam-se nas províncias cafeeiras. Em 1823, Minas, Rio e São Paulo contavam 386 mil escravos, aproximadamente, enquanto Bahia, Pernambuco e Maranhão detinham, nessa mesma época, cerca de 484 mil. Cinquenta anos mais tarde a situação se invertera. Estas contavam 346.237 escravos, enquanto as províncias cafeeiras reuniam quase oitocentos mil. O desequilíbrio crescente entre a população escrava do norte e o sul do país acabaria por alarmar os políticos do sul que

---

6 *Coleções de Leis e Decretos e Resoluções da Província de Pernambuco*, tomo XI, 1847, título III, p.12. Receita Provincial, art.1º, § 12.

viram nesse desequilíbrio uma ameaça à manutenção do sistema escravista.

Em 1874, o presidente da província de São Paulo, João Teodoro Xavier, ao solicitar um novo tributo sobre os escravos que entrassem na província, salientava os riscos que adviriam do deslocamento dos escravos do norte para o sul do país. Lembrava o que sucedera nos Estados Unidos. Alguns anos mais tarde, um deputado paulista, Moreira Barros, apresentava à Câmara dos Deputados um projeto proibindo a venda e o transporte de cativos de uma para outra província. Dizia que essa medida teria a "vantagem política de sustar o antagonismo que se desenvolvia entre as duas partes do Império", a propósito da questão escravista, e colocaria todas as províncias no mesmo nível de interesses para resolverem, quando fosse oportuno, a questão do "elemento servil". Temiam esses homens, não sem razão, que o norte, exportando seus escravos para o sul, viesse a encarar com maior complacência os planos abolicionistas. Enquanto os escravos concentravam-se nas áreas cafeeiras nas cidades, progredia o trabalho livre. Homens livres ou libertos substituíam os "negros de ganhos". Em 1860, Ferreira Soares observava que no Rio de Janeiro diminuíra o número de escravos nas ruas e que os transportes e outros misteres eram feitos por homens livres. O número de estrangeiros dedicados a esses ofícios aumentava.

Enquanto isso, nas fazendas procurava-se utilizar a força de trabalho escravo exclusivamente nas tarefas ligadas à economia de exportação: os elevados preços obtidos pelo café seduziam os fazendeiros, que abandonavam o cultivo de gêneros de primeira necessidade e ampliavam os cafezais.

Concentrava-se nas áreas cafeeiras numerosa escravaria. Em 1850, Cantagalo, que será um dos distritos cafeeiros mais importantes do Rio de Janeiro, possuía 9.850 escravos. Menos de sete anos depois, as estatísticas registravam um total de 19.537 escravos e, em 1873, de 35 mil; e Valença, importante centro produtor de café, que tinha 23.468 em 1857, vinte anos mais tarde reunia trinta mil; São Fidélis passara de 5.781, em 1850, para 19.349, em 1877. O mesmo fenômeno observava-se nos municípios cafeicultores de Minas. Em certas regiões a população escrava representava 75% da população. Havia fazendas com quatrocentos, quinhentos negros e até mais.

As lavouras estendiam-se em direção ao Oeste Paulista em demanda da terra virgem. Abriam-se novas fazendas. Por toda parte os proprietários queixavam-se da falta de braços. A demanda de mão de obra impelia à busca de novas soluções. Foi só então que se pensou seriamente em colonização.

Experiência com a colonização estrangeira

Insucesso das primeiras experiências com a colonização estrangeira

O sistema de núcleos coloniais adotado por D. João VI não dera resultados muito animadores. Os núcleos coloniais fundados sob o patrocínio do governo, em várias regiões do país, instalados nas matas, longe de mercados, pareciam fadados ao insucesso. Os colonos dispersavam-se. Uns iam para as zonas urbanas onde encontravam melhores condições de trabalho, outros permaneciam nas zonas rurais vivendo mediocremente, em nível comparável ao do caboclo. A história dessas experiências colonizadoras é de uma espantosa monotonia, repetem-se quase idênticas. Com exceção de alguns núcleos criados em Santa Catarina e no Rio Grande do Sul, onde depois de sacrifícios incalculáveis a colonização chegou a ter sucesso, nos demais fracassou invariavelmente a despeito do empenho da administração do Império em estimular o seu desenvolvimento.

Os representantes da grande lavoura, desejosos de obterem braços que viessem substituir os negros, não aprovavam a política colonizadora levada a efeito pelo governo Imperial. A oposição entre a orientação do poder central, que via o problema da colonização dentro do âmbito nacional, e os interesses dos fazendeiros de café manifestou-se várias vezes. O governo visava intensificar a imigração de povoamento, possibilitando ao colono o acesso à terra. Ponderava que só assim se conseguiria um tipo de imigração de efeitos realmente civilizadores. Esse sistema era o único capaz de atrair imigrantes. Os cafeicultores, de outro modo, queriam braços para as suas lavouras. Com esse fim agiram todas as vezes que conseguiram fazer prevalecer seus interesses. Assim foi, em 1842, quando Vergueiro, que ocupava a pasta da Justiça e interinamente a do Império, obteve uma subvenção do governo para se lançar na experiência da parceria. O fato repetiu-se mais tarde, quando Antônio Prado e, depois, Rodrigo Silva ocuparam sucessivamente a pasta da Agricultura.

O sistema de parceria adotado pelo senador Vergueiro, em 1847, em sua Fazenda Ibicaba, floresceu nos primeiros anos após a cessação do tráfico. A empresa Vergueiro & Cia. conseguiu introduzir grande número de colonos alemães e suíços nas fazendas do Oeste Paulista, onde era maior a necessidade de mão de obra. A administração provincial concedeu auxílios à Casa Vergueiro para que levasse avante a sua empresa.

Os colonos tinham a viagem e o transporte pagos até a fazenda. Essas despesas eram feitas como adiantamento, assim como os gastos com manutenção até que começassem a produzir para o seu sustento. Era atribuído a cada família um certo número de pés de café que deveria cultivar, colher e beneficiar. Nos primeiros anos os colonos podiam plantar mantimentos entre as filas de café, mas deveriam dividir com o fazendeiro os lucros obtidos na venda destes produtos. O colono receberia metade do lucro líquido apurado na venda do café colhido por ele.

Acreditaram alguns ter encontrado enfim a fórmula para a substituição dos escravos. Suas esperanças foram logo desfeitas.

Logo nos primeiros anos multiplicaram-se os conflitos entre colonos e proprietários. Estes acusavam os colonos de serem desordeiros, pouco amigos do trabalho. Os colonos, por sua vez, sentiam-se explorados, assumiam atitudes reivindicadoras e, não raro, abandonavam as fazendas, desrespeitando os contratos e acarretando numerosos prejuízos para os proprietários. Acostumados a dominar o escravo, os fazendeiros não sabiam como resolver os problemas que surgiam com o trabalho livre. Para eles, a solução se resumia em policiamento e repressão.

Atritos e revoltas

Dez anos depois de iniciada a experiência, a maioria dos fazendeiros estava disposta a abandoná-la. Em 1857, estourou em Ibicaba uma revolta de proporções mais sérias que as anteriores. As autoridades movimentaram-se. Representantes dos países estrangeiros e do governo Imperial percorreram a região colhendo informes sobre a situação dos colonos. Procederam-se a inquéritos junto aos fazendeiros. As conclusões foram contraditórias. Os colonos acusavam os fazendeiros de explorá-los, e os fazendeiros viam nos colonos indivíduos de maus bofes. Escapava a uns e a outros as contradições do próprio sistema. Os colonos, endividados pelos adiantamentos sucessivos (sobre os quais corriam juros de 6% a 12%), não conseguiam cobrir suas despesas com os poucos lucros obtidos tão arduamente nos cafezais. Viam-se reduzidos ao nível dos escravos. De outro modo, não interessava aos senhores dividir os lucros com os colonos. Era-lhes mais conveniente o sistema assalariado ou de empreitada, e foi o que a maioria dos fazendeiros que continuou com os colonos acabou por adotar.

Nessa época, os métodos precários usados na produção cafeeira, a deficiência das vias de comunicação e dos meios de transporte – todo ele feito em lombo de burro ou em carros de boi – resultavam em baixa produtividade e oneravam a produção.

A situação do colono era agravada pela coexistência do trabalho escravo ao lado do livre. A maioria dos fazendeiros entregava aos colonos – com quem tinham que dividir os lucros – os cafezais menos produtivos e reservava os melhores para os escravos.

As condições pouco racionais da produção e os preços vigentes contribuíram para o insucesso da experiência. As atividades nas fazendas eram incessantes e penosas. Começava-se pelos trabalhos da derrubada e, em seguida, de plantio. Durante os anos de espera até que a planta começasse a produzir, o que levava de três a quatro anos, eram necessários cuidados constantes. Quando os cafezais começavam a produzir, a maior parte dos serviços fazia-se manualmente. Nas regiões em que a maturação não era simultânea, procedia-se a várias apanhas. A impossibilidade de mecanização da lavoura e os deficientes processos de beneficiamento então utilizados prejudicavam a produtividade. Esta, aliás, decaía rapidamente. Os cafezais de quinze anos produziam em São Paulo cem arrobas ou mais por mil pés. Os de vinte ou trinta davam, em média, cinquenta arrobas e os de trinta e cinco anos não produziam mais do que trinta arrobas por mil pés. De outro modo, os preços impostos pelo mercado internacional sofriam grandes variações de uma safra para outra. As colheitas sujeitas ao ritmo climático não eram regulares. Um cafezal que produzira 4,5 libras por pé em um ano, no ano seguinte não dava mais de meia libra. Tudo isso contribuiu para o insucesso da parceria. A essas dificuldades somaram-se outros problemas: o ajustamento dos colonos ao meio tropical, o fato de muitos provirem de zonas urbanas e não se adaptarem facilmente às lides agrícolas, as decepções inevitáveis daqueles que tinham vindo em busca de riquezas miraculosas que o café prometia e encontravam apenas miséria e servidão.

Mais eloquentes do que depoimentos deformados pela subjetividade de fazendeiros e colonos em conflito são os dados fornecidos pelos relatórios que informam sobre a situação de cada um dos colonos. Através deles verifica-se que a maioria das famílias tinha grande número de filhos menores e dispunha de poucos indivíduos capazes de produzir. Esses colonos não conseguiam tratar, em média, de mais que dois a três mil pés de café. No fim da safra recebiam, no máximo, duzentos a trezentos mil-réis. Nessa ocasião já estavam, em geral, sobrecarregados de dívidas que chegavam, frequentemente, a um e dois contos. Permaneciam presos aos contratos, incapazes de saldarem suas dívidas, reduzidos à condição de servos. A situação do colono era melhor em algumas fazendas, excepcionalmente bem localizadas, onde a produtividade alcançava níveis mais altos.

Os colonos, assim que podiam, abandonavam as fazendas, fixavam-se nos núcleos urbanos, dedicando-se ao comércio, à pequena indústria e ao artesanato. Os que dispunham de algum pecúlio migravam, muitas vezes, para áreas mais novas, onde compravam terras e plantavam café. A ascensão social de alguns deles contribuiu para que se fixasse o mito do enriquecimento rápido e das boas condições de vida dos colonos nas regiões cafeeiras. (O que será verdadeiro em casos isolados e em épocas posteriores, quando as condições econômicas se modificarem.)

Abandono do sistema de parceria

Minado pelas suas próprias contradições e pelos conflitos que estas geraram, o sistema de parceria perdeu prestígio rapidamente. Era impossível conciliar os interesses do fazendeiro, habituado à rotina do braço escravo, com os do colono, ansioso por adquirir propriedade, ascender na escala social. As queixas dos colonos e os conflitos surgidos desencorajaram novos sonhos de imigração e levaram os governos dos países europeus a proibirem ou desaconselharem a imigração para o Brasil. Por sua vez, a maioria dos fazendeiros, escarmentados pelas infelizes experiências, desesperou de substituir os negros pelos colonos e passou a repetir o que diziam os mais céticos, que o trabalho escravo era o único compatível com a grande lavoura. Poucos foram os que insistiram em continuar com a colonização. Abandonaram o sistema de parceria preferindo remunerar o colono a um preço fixo por alqueire colhido ou a um tanto por mês. Para o colono esse sistema oferecia maior segurança. Ficava independente das oscilações do preço do café e não era obrigado a esperar que a safra fosse negociada para receber sua paga. Os salários, entretanto, mantinham-se extremamente baixos, mesmo nas zonas cafeeiras mais promissoras.

Nas demais províncias cafeeiras as experiências com a parceria foram muito menos importantes do que em São Paulo. O problema da mão de obra não se apresentava tão urgente nessas regiões. A maioria dos fazendeiros do Rio de Janeiro se abastecera de escravos anteriormente à cessação do tráfico. Em Minas, a migração de escravos das zonas de mineração em decadência para as áreas novas veio suprir em parte a necessidade de mão de obra. Foram raros os fazendeiros que imitaram o exemplo paulista. O interesse pela colonização era muito menor nessas paragens. Os conflitos surgidos em São Paulo e as dificuldades enfrentadas por aqueles que tentaram a parceria acabaram por desmoralizar a iniciativa, desestimularam, de vez, novas experiências, confirmaram os receios daqueles que olhavam com desconfiança essas inovações e deram argumentos para os que afirmavam a superioridade do escravo sobre o trabalhador livre.

Apesar da insistência dos governos em estimular a colonização, as províncias de Minas e Rio de Janeiro chegaram às vésperas da Abolição sem que nada de importante tivesse sido feito nesse sentido. Generalizara-se a opinião de que era preferível comprar escravos a três contos de réis, ou deixar de ser fazendeiro, a se sujeitar ao serviço de colonos.

Nas demais regiões do país, onde prevalecia a grande lavoura, as tentativas de colonização pelo sistema de parceria foram raras e, em geral, frustraram-se pelos mesmos motivos. Também fracassou a maioria dos núcleos coloniais.

DA MONARQUIA À REPÚBLICA   309

Em 1857, o presidente da província de Pernambuco, Sérgio de Macedo, observava que, a despeito da falta de braços, os fazendeiros não confiavam nos contratos de parceria feitos com colonos estrangeiros, pois acreditavam que o europeu não se adaptava à lavoura do açúcar. Quinze anos mais tarde, Machado Portela confirmava esse depoimento. A imigração não passara de tímidas experiências, na província de Pernambuco.

No Maranhão, em 1854, o presidente da província engajava na Europa alguns colonos para servirem em obras públicas. Pensava, ainda, estimular a imigração de trabalhadores para desempenharem certos ofícios no campo e na cidade.[7] Em 1862, informava o Relatório da Diretoria dos Índios que, de fevereiro de 1853 a dezembro de 1856, tinham sido importados 887 colonos, sendo 847 portugueses e 40 chineses. Referia-se, ainda, ao estado desanimador em que se encontravam as colônias estrangeiras. A única que apresentava um quadro razoável era a de Santa Isabel, com 59 portugueses e 33 brasileiros. Por essa época, a má vontade em relação à colonização atingira os próprios setores administrativos e o presidente da província do Maranhão, num relatório de 1861, manifestava-se contra a imigração, dizendo que os imigrantes provenientes dos centros urbanos europeus não tardavam em concentrar-se nas cidades.

Alguns anos depois, em 1865, das setes colônias de estrangeiros existentes na província, restava apenas uma, a de Santa Isabel. Compunha-se de 77 pessoas – 41 portugueses e os demais brasileiros. Dedicava-se à lavoura de cana. Parte dos colonos portugueses trabalhando em regime de parceria estava descontente. Queixavam-se ao cônsul de que a quantidade de cana por eles entregue ao engenho não produzia a mesma quantidade de açúcar equivalente ao rendimento normal em outros engenhos.[8]

A despeito dos sucessivos insucessos, fundava-se na década de 1870 a Sociedade Maranhense da Colonização, com o fito de desenvolver a imigração estrangeira. A lei provincial de 20 de junho de 1871 concedia um empréstimo até a quantia de seis contos de réis ao juro de 8% para o adiantamento dos lavradores

---

7 *Coleções de Leis e Decretos e Resoluções da Província do Maranhão*, 1854, p.9, e *Relatório do Presidente da Província do Maranhão*, 1855, p.52.
8 *Relatório do Presidente da Província do Maranhão*, 1855, p.34.

que mandassem vir colonos e contratassem um mínimo de 25 trabalhadores. O empréstimo seria amortizado no espaço de onze anos.[9] Faltavam, entretanto, nessas regiões, as condições para o desenvolvimento de um movimento migratório ponderável. A despeito de todos os esforços, nada se conseguia.

Irlandeses e suíços na Bahia

Na Bahia, sucedia o mesmo. Alguns proprietários mais afoitos, tentados pela proposta do governo do Império, propuseram-se a introduzir colonos, mas, como em outros lugares, as experiências não foram muito longe. Em 1822, vieram para Ilhéus alguns colonos alemães. Em 1829, tentou-se estabelecer uma colônia no termo de Nova Boipela. O governo fez algumas despesas com a instalação de irlandeses, mas estes ou dispersaram ou acabaram na miséria. Até meados do século, a única colônia que parece ter prosperado foi a colônia Leopoldina, estabelecida em 1818 no termo de Caravelas. Era composta de suíços e alemães. Em 1848, exportava setenta mil arrobas de café. Contavam-se no núcleo 130 pessoas livres, entre estrangeiros e nacionais, alguns índios e mais de mil escravos. Alguns anos mais tarde, em 1861, informava o Relatório Presidencial que a colônia não mais existia, pois todos se tinham tornado proprietários de fazendas. A administração procurava por meio de subsídios e outras concessões e privilégios estimular a colonização.

Em 1857, o governo da província da Bahia celebrava com Higino P. Gomes um contrato para a introdução de mil colonos europeus no prazo de três anos. Deveriam eles estabelecer-se como proprietários ou foreiros. Para que o projeto fosse levado a efeito, concedia o governo provincial ao empresário o empréstimo de trinta contos de réis, sem juros, para serem resgatados em seis, oito e dez anos, e mais auxílio de quatro contos para a construção de uma casa de oração para os que professassem credo não católico. Comprometia-se, ainda, a auxiliar o empresário na construção de uma estrada e oferecia-lhe um prêmio de doze

---

9 Ibidem, 1871, p.39 ss.

DA MONARQUIA À REPÚBLICA   311

contos pela introdução de quinhentos colonos.[10] Aproximadamente nessa mesma época, o proprietário do Engenho Novo, na Bahia, recebia um empréstimo de vinte contos para importar setenta colonos, que seriam contratados pelo sistema de parceria para trabalhar em sua fazenda, na região de Paraguaçu. O contrato determinava que os colonos se limitariam à plantação e benefício da cana, assim como ao corte e transporte de açúcar para o embarque. Era-lhes vedado estabelecer fábricas para moer cana, devendo esta ser moída no engenho do empresário. O produto seria dividido em partes iguais entre colono e proprietário. O mesmo ocorria com os excedentes das plantações de mantimentos. No mais, o contrato assemelhava-se aos adotados pelos fazendeiros de café em São Paulo. O fazendeiro comprometia-se a adiantar no primeiro ano os gêneros alimentícios e a fornecer bois, canas e instrumentos agrários necessários ao plantio. Daria, também, morada provisória até que pudessem construir as suas habitações. Essa iniciativa, que se inaugurou tão auspiciosamente, acabou, como as outras, por fracassar, não obstante todo o auxílio governamental.

O governo do Império e as administrações provinciais procuraram de todas as maneiras estimular a colonização. Os presidentes das províncias insistiam em seus discursos na necessidade de promover a substituição do escravo pelo trabalhador livre. As Assembleias legislavam com o fito de estimular e subsidiar a criação e o desenvolvimento de núcleos coloniais. Todas as medidas revelavam-se insuficientes.

A partir de 1885, quando se estabelece um fluxo imigratório importante, foi para as regiões do Sul do país, em plena expansão, que os colonos foram encaminhados. O Nordeste, às voltas com uma crise permanente, não conseguiu atrair a imigração espontânea, nem tinha condições para promovê-la em larga escala.

Dificuldades no aproveitamento do trabalhador livre nacional

O insucesso das parcerias e da maioria dos núcleos coloniais, a precariedade das condições oferecidas pelos novos con-

---

10 *Relatório do Presidente da Província da Bahia*, 1857-1858.

tratos de locação de serviço desacreditaram momentaneamente as tentativas de colonização. Pensou-se em utilizar o trabalhador livre nacional. Cogitou-se mesmo de um meio de obrigar a trabalhar a população que vivia ociosa nas zonas rurais. Afirmava-se que o elemento nacional era preguiçoso e inativo. Atribuía-se esse fato ao atraso e ignorância em que vivia, e à facilidade de sobreviver com pouco esforço, num país em que a natureza era generosa. Argumentava-se como se a preguiça fosse uma disposição natural do povo brasileiro, uma espécie de vocação nacional. Um ou outro observador dava explicações mais objetivas. Em 1862, o presidente Sousa Carvalho, das Alagoas, observava em seu relatório à Assembleia Provincial o estado de pobreza em que vivia a população rural da província. Anos mais tarde, Millet, senhor de engenho de Pernambuco, dizia:

> quem percorre o interior, observa parte da extraordinária riqueza da vegetação inculta, as miseráveis choupanas que essa classe habita, a parcimônia, a nudez, a míngua em que vivem ... Alguns atribuem em parte a ociosidade em que vivem, à circunstância de morarem em terras alheias, cujos donos recusam vendê-las ainda que não possam cultivá-las e têm o arbítrio de obrigá-los a mudar-se inopinadamente.

Referindo-se à alegada indolência do trabalhador livre, explicava: "Não se pode exigir que o homem adquira hábitos de trabalho, lá onde o trabalho não dá lucro algum". Não era muito diversa a opinião de André Rebouças. Numa obra publicada em 1883 sobre a agricultura nacional, refutava a pecha de preguiça que recaía sobre a população rural e afirmava que o Império necessitava de profundas reformas sociais, econômicas e financeiras que permitissem o aproveitamento de milhares e milhares de indivíduos que vegetavam nos sertões. Algum tempo depois, Taunay, empenhado em promover a colonização, apontava os prejuízos causados pelo latifúndio à sociedade e à economia do país e dizia que a impossibilidade de "imprimir cunho de domínio próprio a um cantinho da terra dava bons argumentos à preguiça e impedia que os agregados, livres embora, se distanciassem do estado de baixeza e submissão peculiares à condição de escravos".

A maioria, entretanto, continuava a repetir que os brasileiros eram pouco dados ao trabalho. Escapavam-lhes as razões mais profundas dessa inatividade: a existência da escravidão, a impossibilidade de acesso à propriedade, a situação das populações rurais à margem das correntes produtivas do país, seu baixo nível de vida, e todos os valores gerados por essas experiências que explicavam sua resistência em trabalhar na grande lavoura na qualidade de assalariado. Como pretender que homens que plantavam o suficiente para sobreviver, que viviam ao "Deus dará", se submetessem, em troca de parcos salários, ao penoso trabalho exigido nas fazendas. Trabalhar como assalariado na grande lavoura significava, para eles, equiparar-se à condição de escravos. Preferiam viver ao léu, sem eira nem beira. Nas regiões, entretanto, em que a mão de obra escrava recuava, a incorporação do trabalhador livre à grande lavoura fazia-se progressivamente.

Tentativas frustradas de imigração chinesa

Diante da necessidade crescente de mão de obra alguns setores mais atingidos pela carestia de escravos cogitaram de promover a vinda de *coolies*. Os que advogavam essa solução apontavam a seu favor o exemplo de outras regiões em que os *chins* constituíam – diziam eles – a base da riqueza e da prosperidade, como em certas colônias da Inglaterra e da França, algumas regiões dos Estados Unidos e da América Latina, como Cuba, Peru e Guiana Inglesa. Durante o ministério Sinimbu essas ideias tomaram vulto. A imigração chinesa era apontada como a solução ideal para a lavoura. Num congresso agrícola que reuniu no Rio de Janeiro representantes das áreas cafeeiras mais importantes, recomendou-se a importação de *coolies*.

A maioria dos lavradores parecia convencida de que os milhares de contos despendidos com a imigração europeia não haviam trazido benefício algum à grande lavoura. Desejosos de braços baratos, sóbrios e submissos, manifestavam-se partidários da imigração chinesa. Os *coolies* pareciam ser os únicos colonos capazes de se adaptarem aos baixos níveis de vida e às condições de trabalho oferecidas pela lavoura. Uma série de panfletos e artigos a favor e contra a imigração chinesa apareceu na imprensa. Houve muitas resistências no país e no exterior perante a ideia de perpetuar o "sistema servil" sob um novo aspecto. No parlamento as opiniões divergiam. Uma forte oposição se levantou contra aquelas pretensões. Falou-se no perigo de mongolizar o país. Pintaram-se retratos assustadores: os *chins* eram viciados, corruptos por natureza, fracos e indolentes. A Sociedade Brasileira de Imigração e a Sociedade Central de Imigração, ambas empenhadas em estimular a imigração europeia, movimentaram-se contra o projeto. No Parlamento, Martinho Prado, representante dos setores cafeeiros mais dinâmicos, atacou os adeptos dos *coolies*.

A companhia que se fundou com o objetivo de promover a vinda de chineses teve dificuldades de levar a bom termo sua missão. Os governos inglês e português proibiam o engajamento e o embarque em Hong Kong e Macau. Impossibilitada de levar a cabo seus compromissos, a Companhia Comércio e Imigração Chinesa dissolveu-se em 14 de novembro de 1883, dias após a partida precipitada do enviado chinês Ti-Kung-Sing, mediador das negociações.

Desvaneciam-se as esperanças daqueles que tinham julgado poder substituir o negro pelo *coolie*, o escravo pelo servo.

Persistência do trabalho escravo na grande lavoura

A lavoura mais antiga e as zonas mais rotineiras, os setores menos produtivos continuavam apegados ao trabalho escravo. Sabiam que a abolição os levaria à ruína. Confundiam seus interesses pessoais com os interesses da nação e vaticinavam que a miséria desabaria sobre o país, caso se levassem a efeito medidas favoráveis à extinção da escravatura.

Enquanto isso, alguns setores mais dinâmicos da lavoura em São Paulo insistiam em promover a imigração. Também no Nordeste, os fazendeiros que conseguiram modernizar suas instituições, comprando máquinas, aperfeiçoando os processos de fabrico de açúcar, começaram a encarar mais favoravelmente o trabalho livre. Essa tendência acentuou-se à medida que as transformações das forças produtivas, a melhoria do sistema de transporte, o equipamento dos portos, o aperfeiçoamento dos processos de beneficiamento de café e do fabrico de açúcar, o crescimento da população modificaram os métodos de produção e exigiam novo tipo de trabalho.

Melhoria dos transportes

A má conservação dos caminhos, a precariedade dos meios de transporte foram sempre um entrave ao desenvolvimento econômico do país. No período das chuvas, o trânsito ficava interrompido pelos desmoronamentos. Grossas enxurradas escavavam buracos profundos. As pontes, em geral de madeira, eram carregadas pelas enchentes. Em muitos trechos os tropeiros viam-se obrigados a vadear os rios por falta de pontes. Mesmo estradas vitais para a economia, como a que ligava São Paulo a Santos, estavam em situação precária. Até meados do século eram excepcionais as vias carroçáveis. Os carros de boi, então em uso, cavavam sulcos profundos nos caminhos, transformados pelo contínuo pisotear das tropas em lamaçais intransponíveis.

As condições de uma estrada vital como a que ligava São Paulo a Santos eram, na década de 1860, tão más que os carros não conduziam peso superior a quarenta ou 45 arrobas. Uma viagem de ida e volta levava no mínimo dez a doze dias. As dificuldades de transportes eram tantas que muitas vezes a mercadoria se deteriorava nas tulhas antes que o cargueiro viesse buscá-la. Mesmo quando exportada em tempo, as avarias a que estava sujeita durante o transporte prejudicavam a qualidade. A deficiência das vias de comunicação retardava a circulação, encarecia o frete e desviava boa parte da mão de obra para o setor dos transportes, e numa escala mais ampla impedia o desenvolvimento de uma economia de mercado.

Não eram melhores as condições do Nordeste. Grande número de engenhos servia-se da navegação fluvial. As barcaças transportavam boa parte do açúcar destinado à exportação. O trânsito pelas estradas era penoso. Os animais atolavam, a carga perdia-se, a viagem eternizava-se em pousos e paradas obrigatórias, ficando, às vezes, interrompida durante dias e dias à espera de que a chuva passasse, uma ponte fosse reparada ou uma estrada posta em condições de dar passagem.

Nas zonas cafeeiras essa situação tornou-se insustentável com o aumento da produção. Conscientes dos prejuízos dessa situação os fazendeiros empenharam-se junto ao governo para que fossem melhoradas as vias de comunicação. Punham suas esperanças na construção de estradas de ferro que viriam dar escoamento fácil, rápido e mais barato às mercadorias.

A construção de vias férreas modificou profundamente a economia e as ferrovias beneficiaram certas regiões e aniquilaram outras. Nas zonas canavieiras, os engenhos distantes das vias férreas não puderam concorrer com os que eram servidos por estrada de ferro. Continuaram a exportar seus produtos pelos sistemas tradicionais – a barcaça ou a tropa – e a sofrer o ônus desse tipo de transporte. A exportação de açúcar por esse meio se revelaria cada vez mais antieconômica.

A construção de ferrovias foi lenta e difícil. Num relatório apresentado à Assembleia Legislativa de Pernambuco em 1850, Honório Hermeto Carneiro Leão assinalava que o meio de transporte usado na província sobrecarregava os gêneros de exportação com despesas avultadas. Para pequenas distâncias, era necessário o emprego de grande número de animais e de homens. Concluía dizendo que era de todo evidente a conveniência de se prolongarem as estradas começadas, ao menos até a zona dos engenhos.

Anos mais tarde, em 1874, na abertura da Assembleia Legislativa de Pernambuco o presidente da província, Henrique de Lucena, apontava entre as causas do atraso a falta quase total de meios fáceis e baratos de transporte.

Com o desenvolvimento das ferrovias a situação iria mudar completamente. Em 1881, dizia Millet que somente pelos vagões da estrada de ferro de Palmares transitavam quase a metade do açúcar exportado pelo porto de Recife e dois terços da produção de toda a província. Alguns anos mais tarde, em 1888, 12.421.172 quilos de açúcar e 318.295 de algodão eram carregados nas estradas de ferro de Pernambuco.[11]

Nas áreas cafeeiras do Sul a rede ferroviária desenvolveu-se, a partir dos anos 60. A Santos–Jundiaí inaugurou-se em 1867 e

---

11 Relatório dirigido à A. L. P. Pelo Desembargador José Joaquim de Oliveira.

prolongou seus trilhos, em 1872, até Campinas. A estrada que ligava São Paulo ao Rio foi concluída. Os ramais penetraram no interior da província. Em Minas o progresso foi mais lento. O relevo montanhoso dificultava e encarecia a construção. Em 1882, a província contava 441 quilômetros construídos, enquanto São Paulo e Rio possuíam 1.400 e 1.634 quilômetros. As estradas das três províncias juntas perfaziam cerca de 3.500 quilômetros, enquanto todas as demais existentes no país somavam 1.421.

A construção de vias férreas provocou profundas modificações na estrutura econômica do país: capitais aplicados na aquisição e conservação de tropas foram em parte liberados, braços até então desviados da lavoura para as fainas que o transporte exigia foram aproveitados na lavoura. Ampliou-se enormemente a capacidade de transporte e a rapidez de circulação. Os fretes reduziram-se. O produto transportado pelas estradas de ferro apresentava melhor conservação, qualidade superior e, portanto, conseguia cotação mais alta no mercado internacional. Aumentavam as possibilidades de lucro. De outro modo, as ferrovias favoreceram o processo de urbanização e facilitaram a circulação de senhores e escravos. Ofereciam, enfim, novas perspectivas para o trabalho livre, e novos campos de investimento e novas possibilidades para criação de uma economia de mercado.

Aperfeiçoamento no processo do fabrico do açúcar e beneficiamento do café

Igualmente importantes na transição do trabalho servil para o livre foram os progressivos aperfeiçoamentos introduzidos no processo de beneficiamento do café e fabrico de açúcar. Acarretaram o aumento da produtividade e criaram novas condições de trabalho. Os progressos foram mínimos na lavoura – isto é, no cultivo, propriamente dito, que continuou a ser feito segundo a rotina da queimada e da enxada. No setor da industrialização do produto houve, entretanto, muitas transformações. Nas áreas cafeeiras passou-se dos terreiros de terra para os de tijolo ou de macadame, dos pilões e monjolos para as máquinas de beneficiar café, amplamente usadas no Oeste Paulista já na segunda metade do século. O significado dessas transformações pode ser mais bem compreendido quando pensamos que, nas máquinas de pilões, cada mão de obra realizava em uma hora tanto quanto um monjolo em cada dia. Burlamaque calculava serem necessários noventa homens para realizar o trabalho que ela era capaz de executar em oito horas. O progresso realizado com a introdução das máquinas de beneficiamento de café foram ainda muito maiores.

Emprego de maquinaria

As fazendas do Oeste Paulista foram mais receptivas às inovações do que as do Vale do Paraíba. Experimentaram também o trabalho livre e a imigração. Os altos rendimentos das terras novas, os elevados preços atingidos pelo café propiciaram, a partir de 1870, a aquisição de máquinas de beneficiar. A dificuldade crescente de mão de obra incentivava essa transformação. Racionalizar a produção era reduzir a força de trabalho necessária e multiplicar o rendimento. A aquisição de maquinaria exigia, entretanto, grandes investimentos que estavam acima da capacidade econômica das áreas decadentes. Por isso, as fazendas do Vale do Paraíba ficaram, em geral, alheias à maioria dos aperfeiçoamentos dos métodos de produção. Organizadas com base no braço do escravo, numa época em que fora relativamente fácil sua aquisição, conservavam os métodos rotineiros de trabalho. O emprego de máquinas era, aliás, pouco compatível com o trabalho escravo. A alienação em que vivia forçado pela condição de escravo impedia-lhe qualquer participação mais eficiente no trabalho. Faltava-lhe o interesse, faltava-lhe a liberdade de ação, faltava-lhe também a responsabilidade: qualidades necessárias para se lidar com máquinas dispendiosas e delicadas.

Na época em que o maquinismo se tornou mais acessível e aperfeiçoado e quando o problema da mão de obra se agravou, os fazendeiros das regiões menos produtivas estavam impossibilitados de recorrer às inovações. Daí o contraste entre as áreas mais antigas e as mais novas. Nestas, o alto rendimento dos cafezais, as facilidades para o emprego do trabalho livre favoreceram a mecanização. Aquelas pareciam condenadas à rotina do braço escravo. Em 1883, notava um viajante que percorreu as áreas cafeeiras que em muitas fazendas do Centro e Oeste Paulista o café era transportado para a casa de máquinas pilado, decorticado, escolhido, brunido, ensacado e pesado mecanicamente. Algo semelhante sucedeu no Nordeste, com uma diferença. Enquanto a economia cafeeira estava em plena expansão, as zonas açucareiras viviam constantemente em crise, interrompida por breves momentos de euforia provocados, em geral, por fenômenos ocasionais, como por exemplo as melhorias de preço do açúcar nas épocas de depressão cambial. A situação crítica em que vivia a economia do açúcar dificultava a introdução de máquinas e a modernização dos métodos de produção.

A concorrência do açúcar de beterraba e a proteção dada pelos países europeus às suas colônias prejudicavam a produção açucareira no Brasil. A conjuntura internacional fora propícia ao Brasil durante as Guerras Napoleônicas e a agitação social nas Antilhas. Passado esse período a situação tornou-se desfavorável. Esse fato foi agravado pela introdução nas Antilhas de processos mecânicos que melhoraram extraordinariamente os métodos de fabrico do açúcar e aumentaram a produtividade.

A ausência de mercado interno reforçava a dependência do Brasil em relação ao mercado internacional. Em consequência das condições desfavoráveis da conjuntura internacional, o produtor recebia cada vez menos pelo que produzia. Diante dessa situação a maioria dos fazendeiros viu-se impossibilitada de introduzir métodos mais aperfeiçoados no fabrico do açúcar.

Incentivo à aplicação de novas técnicas na lavoura

Não faltaram aqueles que tentaram divulgar entre nós o que de mais recente havia no setor. Publicaram-se livros e panfletos sobre o assunto. A Sociedade Auxiliadora da Indústria Nacional promoveu exposições com o objetivo de informar os fazendeiros sobre processos adotados em outros países. Também a Administração se preocupou em estimular a melhoria dos métodos de produção. Mandou adquirir mudas no estrangeiro, divulgou informações, subvencionou a compra de máquinas, isentou de impostos fazendeiros que introduzissem novas técnicas, premiou as invenções nesse campo, nomeou comissões para estudar, em outros centros produtores, os melhoramentos da cultura da cana e fabrico do açúcar.

Insistiu em desenvolver o ensino técnico. Foram mesmo criados, em algumas províncias, centros de ensino destinados a difundir uma técnica mais avançada. Nada disso frutificou. Não bastava a noção de que era necessário abandonar os processos rotineiros. Era preciso que houvesse condições para isso, e elas faltavam. As grandes mudanças econômicas não nascem apenas dos conhecimentos técnicos, mas das possibilidades de se aplicarem estes conhecimentos. Uma economia em crise não oferece essas possibilidades.

Apenas alguns engenhos em condições particularmente favoráveis, situados em terras de boa qualidade, bem servidos por vias de comunicação e próximos aos portos de exportação, puderam inovar os métodos de produção. Nos princípios do século XIX apareceram os primeiros engenhos a vapor: um na Bahia, em 1815, e, dois anos depois, em Pernambuco. Sua divulgação foi lenta. Em 1857, em Pernambuco, num total de 1.106 engenhos, havia apenas dezoito a vapor, 346 movidos por água, os demais eram todos movimentados por animais.[12] Importava-se a maioria dos maquinismos da Inglaterra. Em 1829, instalou-se em Recife um estabelecimento que fabricava peças e chegou a montar, em 1836, um engenho a vapor inteiramente fabricado no Brasil. Mas a concorrência inglesa matou a iniciativa. As máquinas continuaram a ser importadas.

Em 1834, começaram a aparecer fornalhas com crivo. Em meados do século recomendava-se o uso das moendas horizontais e das caldeiras de fundo plano reputadas superiores às circulares. Outro aperfeiçoamento introduzido nessa época foi o aproveitamento do bagaço de cana para aquecimento das caldeiras.[13] Técnicos franceses foram contratados pela administração para melhorarem os métodos de fabrico do açúcar. Introduziu-se o sistema de vácuo conhecido por sistema Derosne, com o qual se conseguiu fazer o caldo render mais 40% e de qualidade superior ao que antes se fabricava.

Alguns fazendeiros mais lúcidos e obstinados lutavam contra a rotina que entravava a produção. Tinham consciência da

---

12 *Relatório do Presidente da Província de Pernambuco*, 1857.

13 Ibidem, do Presidente da Província da Bahia, 1857-1858, e Re. Pernambucano de Sérgio Teixeira Pascoal.

DA MONARQUIA À REPÚBLICA

necessidade de introduzir processos que aumentassem a produtividade da cana, que pelos métodos tradicionais era extremamente baixa – fala-se em 4,5% e 6% de açúcar em relação ao peso da cana.[14]

Uma comissão enviada, em 1853, pelo governo da Bahia para estudar as técnicas de produção usadas na Europa, Estados Unidos e Cuba chegou à conclusão de que os terrenos de massapé, salmorão forte, tratados a arado e instrumentos agrários, segundo o sistema usado na Luisiânia, deveriam produzir safras muito melhores. Utilizando aquele sistema e métodos mais aperfeiçoados no fabrico do açúcar, poderiam os pretos de enxada produzir dez caixas de açúcar superior, por braço, ao passo que pelos métodos usuais conseguiam apenas duas e meia a três caixas de mau açúcar. O maquinismo necessário a essa melhoria custaria 1$000 a 1$500 por arroba durante um ano: cerca de cinquenta contos para uma fabricação de cinquenta mil arrobas.[15]

A despeito de todo o empenho em sacudir a rotina, os progressos foram lentos. Uma relação sobre o estado da Indústria Agrícola Fabril e Mineração nas diversas comarcas de Pernambuco informava, em 1859, que em certas regiões os processos de plantação de cana e fabrico de açúcar eram os mesmos que se empregavam havia trinta ou quarenta anos. O método usual de espremer a cana demandava excessiva força motriz, o assentamento dos tachos para cozer e purificar o caldo era deficiente; assim sendo, consumia-se grande quantidade de combustível e trabalho. O sistema de purgar era falho. Limitava-se a deitar no açúcar um pouco de barro em que se lançava alguma água. Com isso obtinha-se açúcar escuro e ruim.[16]

Quase vinte anos mais tarde verificava-se, num congresso realizado sob os auspícios da Sociedade Auxiliadora da Agricultura, que os processos de fabrico de açúcar eram ainda rudimentares na maioria dos engenhos. Usava-se, em muitos deles, o método do Rev. Padre Labat, com a defecação, evaporação e cozimento a fogo nu. Como consequência, o custo da produção era elevado. Alguns poucos engenhos tinham introduzido máquinas mais aperfeiçoadas. Utilizavam o vapor, coziam no vácuo

---

14 *Relatório da Província de Pernambuco*, 1884.
15 *Relatório do Presidente da Província da Bahia e do Ministro do Império*, 1853.
16 *Relatório do Ministro da Província de Pernambuco*, 1859.

e turbinavam a massa cozida. Com isso obtinham grande vantagem, lucrando 30% ou 40% a mais em cada safra. Tais melhoramentos, entretanto, demandavam despesas que variavam entre cinquenta e setenta contos, e só se podiam beneficiar deles os fazendeiros que produzissem safras avultadas. Nove décimos dos estabelecimentos eram constituídos por pequenos engenhos. Estes encontravam-se em situação crítica. Muitas vezes, os senhores, não podendo pagar os comissários, eram obrigados a entregar-lhes os escravos. Faltos de mão de obra e suprimentos, paralisavam os engenhos. Em certas épocas o preço que recebiam pelo açúcar não cobria sequer as despesas com a produção, impostos e transportes. Apenas nos engenhos bem equipados, onde graças aos métodos mais racionais de trabalho era maior a produtividade, mantinha-se compensadora a produção de açúcar.

A fome crônica de capitais – pagavam-se juros de 12% a 74% ao ano –,[17] a situação deficitária da maioria dos pequenos engenhos tornava impossível a modernização dos métodos de produção. A maioria dos estabelecimentos produzia menos de mil pães, muitos não iam além de seiscentos. A produção em pequena quantidade tinha como resultado o custo elevado do produto. Nos engenhos maiores, mesmo quando se conservavam os métodos rotineiros, o custo de produção era mais baixo. Os pequenos engenhos estavam em estado de liquidação forçada. Multiplicavam-se os de "fogo morto".

Engenhos centrais

Os engenhos centrais que começaram a se difundir na década de 1870, vieram operar uma verdadeira revolução no processo do fabrico do açúcar. A Lei 2.689 de 6.1.1875 procurou fomentar os engenhos centrais a exemplo do que era feito no Egito, em Java, na Martinica, em Cuba, por meio de garantias de juros e outros favores. O governo Imperial estimulou a criação dessas empresas, garantindo os juros até 6,5% e 7%. Encarava-se a construção de engenhos centrais como a única maneira de enfrentar a concorrência internacional.

---

17 *Relatório do Ministério da Agricultura*, 1880.

DA MONARQUIA À REPÚBLICA   323

Os novos métodos de fabrico de açúcar, introduzidos com os engenhos centrais, impunham maior racionalização do trabalho e favoreciam a transição do trabalho servil para o livre. O sistema escravista não era compatível com as novas condições de produção. Esse fato não escapou, aliás, a alguns contemporâneos. A multiplicação dos engenhos centrais e, principalmente, das usinas na década de 1880 modificou profundamente as estruturas econômicas e sociais do Nordeste.

Até 1880 não pareciam muito animadores os resultados dos engenhos centrais. A inidoneidade de alguns concessionários, a dificuldade de levar a bom termo as obrigações, a inobservância de algumas cláusulas essenciais faziam caducar os contratos. A resistência à fundação dos engenhos centrais foi muito forte.

O Relatório do Ministério da Agricultura fornecia, em 1880, uma relação das concessões feitas pelo governo até aquela data. Dez para Minas, São Paulo e Rio de Janeiro; treze para o Maranhão, Rio Grande do Norte, Pernambuco, Sergipe e Bahia. Dois no Pará. Os capitais incorporados variavam entre trezentos e mil contos e a quantidade de cana a ser moída, diariamente, era avaliada entre 150 e 250 mil quilos.

Invasões de capital estrangeiro

O governo facilitava a concessão de garantias de juros. Houve muita especulação: alguns concessionários venderam na praça de Londres os privilégios obtidos, por alguns poucos contos de réis. A debilidade do capitalismo nacional fez que houvesse nesse setor uma verdadeira invasão de capitais estrangeiros, principalmente ingleses. Algumas companhias mais poderosas monopolizaram a construção de engenhos no Nordeste. The Central Sugar Factories of Brazil, Limited, na Bahia. The North Brazilian Sugar Factories. General Sugar Factories Limited, a Fives, Lille. A primeira organizou-se em Londres em dezembro de 1881, em virtude das concessões feitas pelo governo Imperial e da garantia de juros de 8,5% ao ano sobre 4.200:000$000, e comprometia-se a construir engenhos nos municípios do Cabo, Escada, Ribeirão, Água Preta, Jaboatão e Goiana. Em 1884 já colocava em funcionamento quatro engenhos. Na safra de 1885-1886, quatro engenhos moeram 46.510.33 kg de cana, produzindo 2.975.370 kg de açúcar e 573.250 litros de aguardente.[18] Até 1887 haviam sido feitas treze concessões para a construção de engenhos centrais em Pernambuco: seis beneficiavam a The Central Sugar e sete, a The North Brazilian Sugar Factories. Na Bahia, a febre de construção de engenhos era a mesma. Em 1880, instalava-se a Fábrica Central de Bom Jardim, aparelhada com os mais recentes melhoramentos e capacitada a moagem diária de duzentos mil quilos de cana. Nessa mesma época, iniciava-se em Juazeiro a montagem de uma fábrica com capacidade para moer diariamente 250 toneladas de cana. Nos anos seguintes, novas empresas foram iniciadas. Por toda parte assistia-se ao mesmo fenômeno. No Maranhão, abandonava-se o cultivo do algodão pelo da cana. Construíam-se novos engenhos, dotados de aparelhagem aperfeiçoada. Falhara o princípio dos engenhos centrais patrocinados pelo Estado, mas por toda parte surgiam usinas equipadas com máquinas modernas.[19]

Duas técnicas em conflito

A revolução no sistema de produção se processou de maneira lenta, mas irreversível e arrastou com ela o sistema escravista,

---

18 *Relatório do Presidente da Província de Pernambuco*, 1882. Fala com que à Assembleia Legislativa da Província de Pernambuco, no dia de sua instalação em 2 de maio de 1887, se dirigiu o Exmo. Sr. Presidente da Província Dr. Pedro Vicente de Azevedo; Louis Coulty, *Pequena propriedade e imigração europeia* (1883-1884), obra póstuma anotada e precedida de uma introdução biográfica por Alfredo d'Escragnolle Taunay. Rio de Janeiro: Imprensa Nacional, p.71 ss. Fala com que o Sr. Conselheiro Francisco Maria Sodré Pereira abriu, no dia 1º de março de 1883, a A. L. P., 1883. Relatório com que o Exmo. Sr. Dr. Sancho de Barros Pimentel entregou ao Exmo. Terceiro Vice-Presidente, Dr. Augusto de Sousa Leão, a administração da Província de Pernambuco, no dia 26 de janeiro de 1885.

19 O processo de transição dos antigos engenhos para as usinas foi lento. Ainda em 1907, em Pernambuco, 46 usinas produziam 64% do açúcar. É importante lembrar que, em 1920, havia 233 usinas. Essas usinas, entretanto, produziam apenas 34,5% do açúcar fabricado no Brasil. O restante era produzido em 58.536 estabelecimentos rurais, o que equivale a dizer que o trabalho de uma usina correspondia ao de cem engenhos comuns. Segundo o recenseamento de 1920, havia 18.161 trabalhadores empregados nessas usinas, ou seja, aproximadamente, 78 homens por usina.

apesar dos entraves iniciais ao funcionamento das usinas: dificuldades de articulação entre a lavoura da cana e a nova forma de industrialização, os choques inevitáveis entre os interesses dos antigos senhores de engenho e dos novos industriais, entre duas técnicas, dois sistemas de produção, dois tipos de sociedade, a patriarcal e a empresarial e, finalmente, duas mentalidades: uma apegada à escravidão, outra favorável ao trabalho livre. Parte dos fazendeiros do Nordeste desinteressou-se da manutenção da escravidão. Permaneceram apegados ao sistema escravista os setores rotineiros, incapazes de se adaptarem às novas formas de produção.

As condições arcaicas de produção explicam o apego de certos setores açucareiros à escravidão e a impossibilidade em que se encontravam de adotar o trabalho livre. Mesmo quando secas sucessivas assolaram o sertão e fizeram afluir para a zona da mata numerosos refugiados, aumentando a oferta de mão de obra, muitos senhores de engenho continuaram pessimistas quanto às possibilidades de substituir o escravo pelo assalariado.

A Millet, senhor de engenho de Pernambuco, parecia, em 1876, que, mesmo os engenhos capacitados a safrejar de mil a mil e quinhentos pães para cima, só continuariam trabalhando enquanto houvesse escravatura, pois não contariam com braços livres nacionais, nem tampouco com a colonização europeia. Só os grandes engenhos, de modernas instalações, poderiam, a seu ver, prescindir do escravo.

"A realidade é que em tempos normais o salariato rural é insuficiente para fornecer à Agricultura, como se acha hoje organizada, o suprimento de braços de que precisa e por conseguinte seria loucura contar com ele para suprir a falta dos trinta ou quarenta mil braços escravos que ainda estão empregados nos nossos engenhos", escrevia ele, nessa época. Invocando sua experiência como senhor de engenho, afirmava categoricamente que não era possível contar com o trabalhador assalariado para o suprimento regular de serviço braçal, a tempo e a hora, como exigiam os trabalhos do campo e do fabrico do açúcar. A hipótese de um engenho trabalhar com homens livres parecia-lhe uma utopia.

Nas fazendas cafeeiras repetia-se o que sucedia no Nordeste: os setores escravistas eram aqueles nos quais se concentrava maior número de escravos e nos quais se conservavam métodos tradicionais e rotineiros de trabalho. Os setores mais dinâmicos que modernizaram os métodos de produção evoluíram para o trabalho livre. Em São Paulo, os fazendeiros do Centro e Oeste Paulista introduziram em suas fazendas máquinas de beneficiar café e faziam experiências com o trabalho livre, empenhavam-se em estimular a imigração. Martinho Prado, representando a opinião dos grupos mais avançados, afirmava na Câmara que um colono valia três escravos. Enquanto isso, a maioria dos proprietários do Vale do Paraíba, atingidos pela decadência de seus cafezais, permanecia apegada a métodos rotineiros de produção e conservava-se alheia àquelas iniciativas. Para eles, o escravo continuava a ser a mão de obra preferida, a única apta para os trabalhos da grande lavoura. Em 1884, observava Couty que, à exceção de São Paulo, onde o número de imigrantes era suficiente para suprir em parte a lacuna deixada pelos negros mortos ou libertos, os proprietários nada haviam feito para substituir os escravos. No Vale do Paraíba, acreditava-se ainda que não era possível produzir café sem o escravo e continuava-se teimosamente a afirmar que o colono não servia para a grande lavoura.

Os fazendeiros do Vale do Paraíba, cujas plantações tinham entrado em declínio, produzindo vinte a trinta arrobas por mil pés, quando no Oeste obtinham-se oitenta a cem, não podiam substituir os escravos que morriam, nem melhorar os engenhos ou despender as somas necessárias à instalação de colonos. Não estavam aptos a concorrer no mercado de trabalho com as zonas onde o nível de salário era mais alto. Mantinham-se apegados ao escravo que, na década de 1880, representava a maior parte do seu patrimônio. Tratavam de compensar a baixa produtividade dos seus cafezais, ampliando o horário de trabalho dos escravos, confiando-lhes um número cada vez maior de pés de café. Indignava-lhes o procedimento dos fazendeiros do Oeste Paulista, que pareciam desinteressar-se do sistema escravista e que assistiam quase indiferentes ao avanço do abolicionismo.

Numa carta dirigida a Francisco de Paula Rodrigues Alves, um ano antes da Abolição, Rodrigues de Azevedo, fazendeiro em Lorena, manifestava amargurado sua opinião sobre a situação da lavoura. Suas palavras interpretam vivamente o ponto de vista dos fazendeiros do Vale do Paraíba (do Norte, como se

DA MONARQUIA À REPÚBLICA

dizia, então), que se sentiam ameaçados pela perspectiva da Abolição e revelam a funda divergência que os separava dos fazendeiros do Oeste Paulista.

Infelizmente o Norte não é igual ao Oeste, onde a uberdade da terra e a grande produção convidam ao trabalho livre e dão-lhe compensação. Aqui não temos e nem poderemos ter colonização tão cedo, enquanto não houver transformação na cultura, não se pode dispensar o braço escravo ou nacional. Qual seria o colono que quererá tratar mil pés de café para colher vinte arrobas? Mas por essa mesma razão, não podemos ser desprezados ou sacrificados aos nossos irmãos que são ricos: ao contrário, seria de bom governo sacrificar aqueles e estes... Não vejo razão para se querer impor-nos uma opinião que não temos e um procedimento igual ao daqueles que sendo ricos podem dispensar certos serviços que nós não estamos em condição de fazê-lo. Se acham que presentemente o trabalho escravo já não remunera o produtor e é um ônus para os que dele se utilizam, que libertem os seus os que assim pensam, independente da Lei, mas não venham obrigar aos que de modo contrário e por necessidade divergem de semelhante inteligência a terem igual procedimento.

O Norte de São Paulo e a Província do Rio, desgraçadamente, se veem em idênticas circunstâncias: para nós a imigração é um sonho difícil de realizar-se e as medidas que o Poder tomar com relação a ela nos servirá igualmente.[20]

De fato, os imigrantes que vieram, em 1885, destinados à lavoura do Vale do Paraíba recusaram-se a contratar com lavradores dessa região e foram recolhidos à Hospedaria de Imigrantes, de onde seguiram para o Oeste da província.[21] Referindo-se à situação dos fazendeiros do Vale do Paraíba e à preferência que os imigrantes demonstravam pelo Oeste, comentava, em 1888, Rodrigues Alves:

---

20 Aroldo de Azevedo, Última etapa da vida do barão de Santa Eulália. O Ocaso do Segundo Império Através de Documentos Inéditos. In: *Revista de História*, n.10, p.417, 431 e 427, abril-junho, 1952.

21 Relatório com que o Dr. Francisco Antônio Sousa Queirós Filho, Vice--Presidente da Província de São Paulo, passou a administração ao Vice-Presidente Dr. Elias Antônio Pacheco Chaves, São Paulo, 1885.

Em verdade não podem estes proprietários dar ao imigrante, em toda a extensão de seus prédios, as vantagens que encontram nas zonas mais férteis e de trabalho mais cômodo e remunerador. Estabelecido em terreno depauperado, é certo ainda, o imigrante não se conservará nele se tiver notícia de mais vantajosa colocação ...[22]

Enquanto os proprietários de escravos do Vale do Paraíba se debatiam inutilmente, os fazendeiros do Oeste Paulista encontravam na imigração italiana a solução definitiva para a questão do braço.

Novas perspectivas para a imigração e o trabalho livre

As condições gerais tinham-se tornado mais favoráveis à imigração. Os preços do café mantinham-se elevados e as lavouras cafeeiras estavam em contínua expansão. A mão de obra escrava tornava-se cada vez mais cara e difícil de ser adquirida. Os preços de escravos estavam sempre aumentando. Entre 1876 e 1880, atingiram os mais altos níveis, passando de um conto e quinhentos a dois e quinhentos e até três. O sistema escravista desaparecia em outras áreas do mundo e era universalmente condenado. A pressão abolicionista fazia-se sentir no Brasil. A escravidão não mais existia nos Estados Unidos. Nas Antilhas Francesas não havia mais escravos desde meados do século. Em 1873, abolia-se a escravidão em Porto Rico e, em 1880, em Cuba. A pressão abolicionista crescia no Brasil.

A melhoria dos sistemas de transportes e das vias de comunicação, o aperfeiçoamento dos processos de beneficiamento de café e do fabrico de açúcar, o crescimento da população livre, o esboço de uma economia de mercado modificavam as condições da economia e criavam maiores possibilidades para o trabalho livre.

---

22 Relatório com que o Dr. Francisco de Paula Rodrigues Alves passou a administração da Província de São Paulo ao Dr. Francisco Antônio Dutra Rodrigues, Vice-Presidente, em 27 de abril de 1888.

Custo da manutenção dos escravos

O trabalho escravo, comparado ao livre, tornava-se cada vez mais improdutivo. Esse fato se evidenciava nas regiões em que, graças àquelas transformações, foi possível maior racionalização dos métodos de trabalho. Dentro das novas condições de produção já não era necessário manter mobilizada todo o tempo a força de trabalho. Convinha mesmo dispensá-la uma parte do ano, pois a manutenção do escravo era onerosa, chegava em certas regiões a dezoito e até vinte mil-réis mensais. Havia ainda a considerar o capital empatado e imobilizado que ele representava e que tendia a desaparecer com a morte do escravo. Os salários variavam entre 25$000 e 30$000, com comida. Os fazendeiros das áreas mais prósperas começavam a encarar o trabalho livre como mais vantajoso que o escravo e se empenhavam em promover a imigração.

No exterior as condições tornavam-se mais propícias à imigração para o Brasil. Os Estados Unidos, que durante o século XIX tinham absorvido quase toda corrente imigratória, começavam a dificultar a entrada de novos imigrantes. De outro modo, as transformações políticas ocorridas na Itália com a Unificação provocaram uma emigração em massa das populações rurais. Entre 1873 e 1887, mais de sessenta mil pequenas propriedades foram tomadas pelo fisco por falta de pagamentos de impostos, e, entre 1881 e 1901, o número de propriedades perdidas pelos "contadini" elevava-se a mais de duzentos mil. O pauperismo atingia as zonas rurais que se tornavam focos de imigração. O imigrante italiano adaptou-se melhor à lavoura do que os suíços e alemães.

Fase da imigração subvencionada

A administração da província de São Paulo, identificando-se como os interesses dos fazendeiros, procurou por todos os meios estimular a vinda dos imigrantes. Já em 1871, baixava uma lei autorizando o governo a emitir apólices até seiscentos contos para auxiliar o pagamento das passagens de imigrantes. Seria atribuída a cada pessoa a quantia de vinte mil-réis. Por contrato com o governo Imperial essa verba foi elevada a cem mil-réis.

Inaugurava-se, assim, a fase da imigração subvencionada. Em 8 de agosto de 1871, constituía-se a Associação Auxiliadora da Colonização, congregando importantes fazendeiros e capitalistas de São Paulo. Em 1874, ela recebia cem contos como auxílio para o financiamento das passagens dos imigrantes.

Na década de 1880, numerosos créditos foram concedidos pelo governo provincial para auxiliar a imigração. Com igual objetivo tomaram-se várias outras medidas. Entre 1881 e 1891, as despesas feitas pelo Tesouro do Estado com colonização e imigração montaram a 9.244:226$550. Os fazendeiros interessados na imigração encontravam meios de conduzir o Estado na direção de seus objetivos. Pressionavam a Assembleia Legislativa e o governo provincial. Inutilmente tentaram os setores mais rotineiros do Vale do Paraíba opor-se àquelas medidas que empenhavam toda província numa iniciativa que beneficiava particularmente a um grupo. Os fazendeiros do Oeste Paulista conseguiram impor sua vontade.

Multiplicaram-se os organismos interessados na imigração. A ascensão à presidência da província de São Paulo do barão de Parnaíba, Antônio de Queirós Teles, um dos pioneiros da introdução de colonos nas fazendas, muito favoreceu o movimento. Em poucos anos entraram mais imigrantes na província de São Paulo do que nos últimos 25 anos. Entre 1871 e 1886, chegaram pouco mais de quarenta mil. Nos dois anos seguintes, entraram 122 mil. Foi, portanto, a partir de 1885-1886 que se incrementou a imigração.

Até então o trabalho na maioria das fazendas de café continuava a ser em grande parte executado pelo escravo. Calculava-se nessa época que havia em todo o país cerca de quatrocentos mil escravos dedicados à lavoura de café e oitocentos mil empregados em outras culturas e na criação. A participação do trabalhador livre era ainda pequena. Apenas uma ou outra fazenda composta exclusivamente de colonos.

A escravidão começou a ser vista como um dos entraves à promoção da desejada corrente imigratória. Em 1875, escrevia João Elisário de Carvalho Montenegro, proprietário das colônias Nova Louzã e Nova Colômbia – consideradas, na época, modelares – que enquanto existisse no Brasil "essa mancha negra chamada escravidão" não poderia haver imigração. Comentava que

DA MONARQUIA À REPÚBLICA   331

os estrangeiros tinham certa repugnância e prevenção em trabalhar lado a lado com escravos e afirmava que a permanência do sistema escravista dava azo para que na Europa se espalhasse uma série de ideias desmoralizadoras sobre o Brasil. Concluía afirmando que a falta de braços para a grande lavoura decorria em parte da permanência da escravidão.[23] Muitos fazendeiros pensavam como ele e não só se desinteressaram da manutenção do sistema escravista, como se propuseram a eliminá-lo.

Posição dos fazendeiros diante do movimento abolicionista

Os agentes do abolicionismo

Em virtude das transformações no sistema de produção forma-se nas zonas rurais – tanto no Nordeste como no Sul – um grupo de fazendeiros desvinculado do sistema escravista, acessível ao abolicionismo e, em certos casos, diretamente interessado na extinção da escravatura. A adesão desse grupo às ideias de trabalho livre possibilitou a vitória final do abolicionismo no Parlamento e explica em grande parte o caráter relativamente pacífico do movimento. De maneira geral, entretanto, a Grande Lavoura tradicional – isto é, rotineira – resistiu ao abolicionismo, às vezes até mesmo de armas na mão. Alguns setores permaneciam até o fim contrários à Abolição, que implicava não só a modificação do sistema de trabalho como o abandono da visão senhorial do mundo e a renúncia a uma série de valores com ela relacionados. Para muitos a abolição representaria a perda do *status* social.

As ideias abolicionistas encontraram maior adesão nos núcleos urbanos, entre os grupos sociais menos vinculados à escravidão.

Não havia no país, nessa época, uma linha divisória nítida entre burguesia e aristocracia rural. Muitos dos advogados, mé-

---

23 *Colônia Nova Louzã e Nova Colômbia*, relatório apresentado ao Presidente da Província de São Paulo, em 6 de fevereiro de 1875, por João Elisário de Carvalho Montenegro, São Paulo, 1875.

dicos, engenheiros, professores, funcionários burocráticos provinham diretamente das camadas senhoriais. Quando não estavam ligados a ela por laços de família, seus interesses econômicos e financeiros giravam na sua órbita. Estavam, às vezes, comprometidos com a visão senhorial do mundo. Não dependiam, entretanto, diretamente do trabalho escravo e, por isso, sentiam-se mais à vontade diante da propaganda abolicionista.

Foram, em geral, favoráveis à abolição os representantes das classes urbanas, que começavam a ganhar importância em virtude das transformações econômicas que se processavam no país: o desenvolvimento das vias férreas, o aparecimento das primeiras empresas industriais, companhias de seguro, organismos de crédito, incremento do comércio varejista. Igualmente favoráveis à libertação dos escravos foram os grupos artesanais: trabalhadores livres, nacionais ou estrangeiros, que encontravam novas oportunidades de emprego. Sua colaboração foi decisiva na ação revolucionária desencadeada na década de 1880. Os "caifazes" de Antônio Bento, que atuavam em São Paulo provocando a fuga de escravos das fazendas, preocupando proprietários, ameaçando feitores, surrando capitães do mato, recrutaram-se principalmente nessas categorias: advogados, jornalistas, tipógrafos, cocheiros, ferroviários, médicos e negociantes.

Caráter urbano do movimento abolicionista

O movimento abolicionista foi essencialmente urbano, mesmo quando se estendeu às senzalas, levando a insurreição às massas escravas com o intuito de acelerar as reformas necessárias. A população rural permaneceu, em geral, indiferente à sorte dos escravos. Nabuco verberava, em 1884, a atitude dessas classes que desconheciam seus próprios interesses:

> Não é conosco, os que levantarmos o grito de abolição que se unem as vítimas impassíveis do monopólio territorial, é com os outros que levantam o grito da escravidão, da escravidão que as esmaga, sem que elas o saibam, porque as comprime desde o berço.[24]

---

24 Joaquim Nabuco, *Campanha Abolicionista de Recife*. Rio de Janeiro, 1885.

DA MONARQUIA À REPÚBLICA

Posição dos estrangeiros perante a Abolição

O comportamento dos imigrantes foi mais consciente. Muitos deles foram apanhados doutrinando escravos, concitando-os à insurreição, discursando sobre as injustiças do cativeiro. Com exceção de alguns mercadores portugueses, e um pequeno número de norte-americanos, moradores em São Paulo, a maior parte dos estrangeiros estabelecidos no país foi favorável à Abolição.[25]

Os negros e libertos tiveram papel importante no movimento abolicionista. Apesar da indiferença de muitos ex-escravos pela sorte de seus semelhantes, foram numerosos aqueles que se aliciaram no movimento. A rebelião das senzalas nos últimos anos da escravidão foi decisiva para a desagregação final do sistema escravista.

A propaganda abolicionista e as perspectivas de libertação tornaram o cativeiro mais difícil de suportar. A coexistência do trabalho livre e escravo fazia saltar aos olhos a injustiça da instituição. Viajando pelas províncias de São Paulo e Rio de Janeiro, em 1883, tinha-se a impressão de que era iminente uma revolução social. Por toda parte havia sinais de inquietação: fugas, revoltas, crimes cometidos por escravos aumentavam a tensão. Os negros recusavam-se a obedecer e encontravam, muitas vezes, apoio e simpatia entre a população livre.

Argumentos escravistas e antiescravistas

À medida que enfraqueciam as bases econômicas do sistema escravista, os argumentos antiescravistas ganhavam peso. Ninguém mais ousava fazer a defesa doutrinária da escravidão. Todos se diziam emancipadores, entretanto insistiam em frisar que a situação que vivia o escravo era superior à do jornaleiro europeu. Faziam questão de acentuar que, no Brasil, a escravidão era mais branda do que em outros países, que aqui os senhores eram benevolentes e que as relações entre senhores e escravos caracterizavam-se por um tom paternal. Chegavam a afirmar que os escravos tinham vivido felizes até o momento em que as ideias

---

25 Santana Nery, *La Brésil en 1889*. Paris, 1889, p.490.

subversivas divulgadas pelos abolicionistas criaram o descontentamento. Acusavam os abolicionistas de pintarem um quadro demasiado sombrio da escravidão. Em tese eram favoráveis à emancipação gradual, desde que fossem salvos os direitos de propriedade, isto é, indenizados os proprietários. Mas quando qualquer medida emancipadora era proposta faziam-lhe tremenda oposição. Invocavam o direito de propriedade, acusavam os abolicionistas de "comunistas", de agitadores, que não tinham nada a perder e estavam pondo em risco a segurança pública e a riqueza nacional. Diziam que o movimento abolicionista não tinha raízes na opinião pública, era um movimento artificial promovido por um grupo de anarquizadores da ordem pública que pregavam doutrinas subversivas e ilegais ameaçando os mais graves interesses da nação, mantidos e criados à sombra protetora das leis do país. Julgavam sempre prematura qualquer medida emancipadora que não fosse preparada por estudos prévios, estatísticas e reformas profundas, tais como a colonização, a construção de vias férreas e de canais.

Retórica escravista e veemência abolicionista

Em 1871, considerava-se um atentado, um roubo, um esbulho, uma inspiração comunista o projeto que pretendia libertar os nascituros. Um deputado afirmou, num tom a gosto da retórica do tempo, que o projeto "desfraldava as velas por um oceano onde navegava também o navio pirata denominado Internacional". Acusou-se o governo de estar comprometendo seriamente o futuro da nação, permitindo que a questão fosse discutida no Parlamento. Falou-se nos perigos de agitação social e na miséria que adviria se fosse abolida a escravidão no país.

Não menos veementes eram os abolicionistas. Diziam que a escravidão constituía um entrave ao desenvolvimento econômico do país, impedia a imigração, inibia a mecanização da lavoura, criava uma riqueza falsa que o brocardo "Pai rico, filho nobre, neto pobre" bem retratava. Repetiam argumentos já tantas vezes enumerados desde os tempos da Independência; a escravidão corrompia a sociedade, a família, estimulava o ócio e a imprevidência, deturpava senhores, aviltava escravos, corrompia a língua, a religião e os costumes, contrariava o direito natural. Aos tradicionais argumentos fornecidos pelo pensamento ilustrado, pelas doutrinas da economia clássica e pelo romantismo somavam-se agora argumentos oriundos do positivismo. A escravidão, diziam os positivistas, era um estado anacrônico e transitório que acabaria por ser eliminado.

As ideologias curvavam-se, entretanto, aos interesses econômicos. O grupo positivista dividiu-se. Havia os que, como Miguel Lemos, eram favoráveis à Abolição sem indenização e os que, como Pereira Barreto ou Ribeiro de Mendonça, preconizavam a emancipação gradual. Uns e outros invocavam os mestres do positivismo para justificar suas posições.

Progressos do abolicionismo. A imprensa e a literatura

Até os anos 60 as ideias antiescravistas encontraram escassa repercussão junto à opinião pública. Os projetos apresentados no parlamento visando melhorar as condições de vida dos escravos despertaram forte resistência.

A literatura, que durante muito tempo fornecera uma imagem convencional do negro, tornara-se aos poucos mais consciente dos problemas criados pela escravidão. Dos poetas, foi Castro Alves o que melhor encarnou essa tendência. Na prosa, foi Macedo, em *Vítimas e algozes*, quem personificou melhor, nessa época, a literatura militante.

A partir da Guerra do Paraguai cresceu o número de obras desse gênero: contos, novelas, peças de teatro, romances, folhetins e panfletos, escritos com o fito de lutar contra a escravidão. Multiplicavam-se os jornais abolicionistas. A imprensa preparava a opinião pública para aceitar as ideias emancipadoras.

As alforrias multiplicavam-se. Libertavam-se escravos por ocasião das festas de batizado, casamento, formaturas e outras comemorações. Organizavam-se centros abolicionistas com o objetivo de auxiliar a emancipação dos escravos e esclarecer a opinião pública. Os abolicionistas procuravam demonstrar a ilegalidade da propriedade escrava. Para isso evocavam a lei de 1831 que proibira a entrada de negros no Brasil e considerara livres todos os que fossem introduzidos a partir de então. Baseando-se nessa lei, moveram intensa campanha em prol da emancipação de escravos. Em São Paulo ficou famosa a atuação de Luiz Gama, ex-escravo, advogado que muito batalhou pela Abolição, defendendo na justiça a causa dos africanos ilegalmente escravizados.

Desenterrar a lei, cujos efeitos tinham sido anulados pelo costume, era ameaçar a propriedade escrava, pois a maioria dos escravos era constituída de negros entrados posteriormente a 1831 ou seus descendentes. Sua escravidão era, portanto, ilegal. A consagração de lei pelos tribunais que deram ganho às causas impetradas em seu nome levou o pânico aos proprietários. O espectro da lei de 1831 assustou os defensores da ordem estabelecida. Temiam que, confirmado esse princípio pelos tribunais, fosse liberta do cativeiro a maioria dos escravos.

Resistência da grande lavoura e emancipação

A lei do Ventre Livre foi votada dentro desse clima de apreensão das camadas senhoriais. Apesar da resistência dos meios políticos em discutir a questão servil. No Parlamento tinha-se tornado do domínio público. A vista disso os políticos converteram a ideia de emancipação num instrumento de ação pública. A inquietação vinha das ruas para o Parlamento e para lá voltava reforçada pelo calor das discussões. A lei foi aprovada depois de intensa campanha que agitou profundamente a opinião pública e contribuiu para que as posições se radicalizassem.

Conservadores e liberais, esquecidos das suas rivalidades partidárias, associaram-se para fazer oposição ao projeto. O mesmo sucedeu mais tarde, em 1884, quando se discutiu e votou o projeto que emancipou os sexagenários. A questão servil colocava-se acima dos interesses partidários. No Parlamento a oposição ao projeto foi feita principalmente pelos representantes das zonas cafeicultoras, onde prevaleciam ainda os interesses escravistas.

Apesar do tom veemente com que os opositores do projeto se manifestaram na Câmara, ele, na verdade, representava apenas uma medida protelatória, uma concessão às exigências dos radicais. Estabelecia que os filhos de mulher escrava, que nascessem no Império, a partir da lei, seriam considerados livres. Estipulava que o proprietário deveria criar os menores até a idade de oito anos, quando poderia optar por entregá-los ao governo e receber a indenização de 600$000 ou mantê-lo consigo até a idade de 21 anos, utilizando-se dos seus serviços como retribuição ao ônus de seu sustento. Consagrava-se, assim, o princípio da indenização e perpetuava-se o sistema escravista.

O fundo de emancipação

A maioria dos senhores optou pela cláusula de prestação de serviços e a situação dos ingênuos – isto é, daqueles que segundo a lei nasciam livres – continuou a mesma. A lei mudava a condição jurídica do filho da escrava, mas o mantinha de fato na mesma situação até os 21 anos. Criava-se ainda um Fundo de Emancipação destinado a libertar anualmente certo número de cativos em cada província. Até 1885, entretanto, pouco mais de dez mil haviam sido libertos em todo Império pelo Fundo de Emancipação, enquanto as alforrias concedidas espontaneamente por particulares subiam a sessenta mil. Essas cifras eram insignificantes, tendo em vista o total da população escrava.

Os setores apegados ao sistema escravista esperavam encerrar, com a lei do Ventre Livre, a campanha parlamentar pela libertação dos escravos. Afirmavam que, com o passar dos anos, estaria a escravidão extinta no país. Bastava aguardar seus efeitos.

A partir do momento em que a lei do Ventre Livre foi votada, os mais ferrenhos opositores converteram-se em seus defensores e opuseram-se a novas medidas. Os antiescravistas, entretanto, não se deram por satisfeitos. Rui Barbosa calculava que, se fossem esperados os efeitos da lei, a escravidão só estaria extinta nos meados do século XX.

O movimento abolicionista recrudesceu a partir de 1880. Dessa época em diante manifestou-se uma oposição na Câmara entre a maioria dos representantes das províncias do Nordeste, favoráveis à discussão da questão escravista no Parlamento e à ampliação das medidas emancipadoras, e os representantes das províncias cafeicultoras, favoráveis, na sua maioria, à manutenção do *status quo*.

Os abolicionistas desencadearam intensa campanha promovendo conferências, quermesses, festas beneficentes, comícios em praça pública. Mais violentas e eficazes eram as atividades de certos grupos que promoviam a fuga de escravos. Desorganizava-se o trabalho nas fazendas. Para reter os escravos os senhores viam-se obrigados a libertá-los com cláusulas de prestação de serviços. Nas províncias menos vinculadas ao sistema escravista a emancipação avançava rapidamente. Em 1884, a escravidão estava extinta no Amazonas e no Ceará. No Parlamento voltava-se a discutir a questão. As opiniões divergiam. Entre os abolicionistas havia os que acreditavam ser mais conveniente a emancipação gradual, por métodos prudentes, e os que almejavam a abolição total e definitiva e apelavam para a revolta da senzala, como meio mais eficaz para consegui-la. Para uns, como Nabuco, a causa devia ser ganha no Parlamento; para outros, como Patrocínio ou Lopes Trovão, nas ruas e nas senzalas. A ação dos agitadores preparava e reforçava a atuação dos parlamentares moderados.

Nos centros de maior concentração de escravos, como nas zonas açucareiras de Campos, ou nas áreas cafeeiras do Rio de Janeiro e de São Paulo, a tensão entre senhores de escravos e abolicionistas aumentava. Em algumas regiões os fazendeiros, de armas na mão, procuravam defender sua propriedade e investiam contra os abolicionistas. Fundavam clubes secretos e organizavam milícias. Os juízes e funcionários que favoreciam os escravos eram ameaçados, os abolicionistas perseguidos e, às vezes, expulsos das zonas rurais. No Parlamento choviam representações contra o movimento abolicionista. Dizia uma das representações:

> Este grupo de demolidores que ora se congregam no país promovendo propaganda com o fim de abolir os escravos são os mesmos que na Rússia formaram o partido niilista, na Alemanha o socialista, assim como na Europa o comunista. Estejamos pois, precavidos contra estes desordeiros que preferem a luta renhida e o sangue a correr em rios, a ver a questão regularmente marchando e pacificamente terminada.

Dentro desse ambiente de agitação, Dantas foi chamado a formar ministério. Apresentou-se à Câmara com o firme propósito de levantar de novo a questão escravista. Seu programa era moderado e poderia resumir-se numa frase, que ele próprio usou no Parlamento: "Nem recuar, nem parar, nem precipitar". Provocou, entretanto, enorme reação na Câmara e fora dela. Nas ruas, na imprensa, no campo, por toda parte repercutiu o clima de tensão criado na Corte. O projeto apresentado à Câmara propunha apenas a emancipação dos sexagenários. O único aspecto que poderia ser considerado revolucionário era o fato de conceder liberdade sem nenhuma indenização ao escravo de sessenta anos. No mais, o projeto não tinha nada de radical. Obrigava o liberto que preferisse permanecer na fazenda a prestar serviços compatíveis com suas forças. Estabelecia um imposto progressivo para transmissão de escravos. Ampliava o fundo de emancipação. Determinava nova matrícula de escravos e obrigava o liberto a continuar residindo por mais cinco anos, a contar da alforria, no município onde vivera até então.

Rui Barbosa fez a defesa do projeto e alertou os que se opunham a ele, dizendo profeticamente:

As vossas vitórias aparentes reverter-se-ão contra vós. De cada uma delas, o espírito libertador reverter-se-á mais poderoso, mais exigente, mais afoito, reencarnado em um plano mais amplo. As concessões moderadas, que hoje recusardes, amanhã não satisfarão ninguém.

De nada adiantaram suas advertências. Votada a confiança ao ministério, mais uma vez comprovou-se que a questão estava acima dos partidos. As bancadas das províncias de São Paulo, Rio de Janeiro e Minas manifestaram-se quase maciçamente contra o ministério. Os liberais votaram contra seu próprio partido. Entre os representantes dessas três províncias, apenas sete votaram a favor.

No Parlamento multiplicavam-se as representações contrárias ao projeto. O Centro do Café, os Clubes da Lavoura e a Associação Comercial solidarizaram-se na oposição. Considerou-se a política do ministério antinacional.[26] Diz-se que o pro-

---

26 *Anais*, 1884, v.III, p.8.

jeto viria criar "um novo mal" desconhecido até então: o ódio entre as raças, ódio do senhor contra o escravo, do escravo contra o senhor.[27] De lado a lado, empregaram-se todos os recursos de retórica então em moda. Declamaram-se discursos exaltados e vazios.

A imprensa subvencionada pelos proprietários investia contra o projeto e contra os abolicionistas. O pensamento da lavoura tradicionalista era manter-se dentro da lei do Ventre Livre e aguardar que a escravidão se extinguisse naturalmente. Seu lema era: nenhuma concessão, sem indenização. A oposição foi tal, que derrotou o ministério Dantas. O projeto depois de refundido pelo ministério Saraiva que o sucedeu acabou convertido em lei alguns meses após, no ministério Cotegipe. Algumas modificações importantes tinham sido introduzidas. Prolongara-se o prazo para a libertação do escravo e respeitara-se o princípio de indenização. Foram impostas severas penalidades aos que ocultassem escravos fugidos, ampliara-se o fundo de emancipação, estabelecendo-se para isso várias taxas. Firmava-se o princípio de que toda nação deveria arcar com o ônus da emancipação, mas isentava-se o setor exportador, aliviando-se assim as classes rurais.

As camadas senhoriais temerosas da agitação pretendiam com essa lei fazer uma concessão que, sem ir muito longe, pudesse deter a marcha subversiva.

Cisão no grupo cafeeiro

Por ocasião da discussão do projeto evidenciara-se a cisão do grupo cafeeiro. Os representantes do Oeste Paulista votaram favoravelmente ao projeto. Essa atitude provocou descontentamento entre os demais que continuavam apegados à escravidão e confiavam que o governo só libertaria os escravos mediante indenização.

A escravidão estava, entretanto, condenada. Daí por diante, a desagregação do sistema escravista nas zonas rurais acentuou-se rapidamente. Para isso, muito contribuíram as fugas dos

---

27 Ibidem, p.118.

escravos que abandonaram em massa as fazendas, sob o olhar indiferente das tropas chamadas para recambiá-las. Multiplicavam-se os choques entre o povo e as autoridades que tentavam garantir a ordem e reprimir as fugas. Os fazendeiros, incapazes de impedir a fuga dos escravos, preferiam libertá-los com cláusulas de prestação de serviços. Esperavam poder contar com mão de obra por mais alguns anos. Muitos não conseguiram nem mesmo assim conservar os seus trabalhadores. Os escravos continuavam, instigados e dirigidos pelos abolicionistas, abandonando o trabalho e se encaminhando para outras fazendas onde eram contratados como assalariados. Os fazendeiros, mesmo os mais recalcitrantes, viam-se forçados a aceitar essa situação imposta pela agitação que se generalizara nas zonas rurais. Em São Paulo, o Partido Republicano paulista, composto na sua grande maioria por fazendeiros de café do Oeste Paulista, que tergiversara longamente diante da questão escravista, acabou por aprovar, em 1887, um parecer decidindo que os republicanos libertariam seus escravos até 14 de julho de 1889.

O processo abolicionista acelerou-se. A agitação crescia. Em 1887, Nabuco, no Parlamento, apelava para o Exército: que se rebelasse contra o papel do capitão do mato, caçador de negro fugido que lhe estava sendo reservado. Pouco depois decidiram os militares enviar à princesa uma representação solicitando que fossem desobrigados de tão desonrosa tarefa.

A escravidão perdia suas últimas bases. A tal ponto havia chegado a situação que, em São Paulo, a Assembleia Provincial solicitou ao Parlamento que fosse feita a emancipação. A desordem, a agitação tinham criado para a vida social e econômica da província uma situação perigosa e insustentável.

Reabrindo-se a Câmara em 1888, estava-se diante de uma situação de fato: João Alfredo, que a chamado da regente organizara um novo ministério, anunciava a apresentação da proposta do poder executivo para que se convertesse em lei a extinção imediata e incondicional da escravidão.

Apenas nove deputados votaram contra a aprovação do projeto, oito dos quais representavam a província do Rio de Janeiro. Expressavam, assim, o último protesto da lavoura fluminense, a mais atingida pela Abolição.

O legado da escravidão

A lei de 13 de maio veio dar o golpe de morte numa economia em crise e significou, para a maioria dos fazendeiros de café das zonas mais atingidas e para um grande número de senhores de engenho do Nordeste, a perda do *status*. As áreas onde se conservavam as estruturas arcaicas e os métodos rotineiros de produção foram as mais afetadas pela extinção da escravatura. Com a Abolição houve um deslocamento do poder político. Acelerou-se a decadência da oligarquia tradicional que detivera o poder durante o Império e se identificara com a Monarquia. Abalaram-se os fundamentos sociais do sistema monárquico no Brasil. No ano seguinte, era proclamada a República. O poder econômico concentrou-se nas áreas mais dinâmicas. No Oeste Paulista o café cultivado nas terras roxas produzia safras nunca vistas. Tinham-se aperfeiçoado os métodos de beneficiamento de café, construído ferrovias que revolucionaram o sistema de transportes e experimentara-se o trabalho livre. Formara-se um novo grupo social, uma nova oligarquia que irá controlar o poder político durante a Primeira República.

Depois da Abolição não se realizaram os vaticínios sombrios daqueles que auguravam uma catástrofe nacional. Apesar da momentânea desorganização do trabalho e da decadência rápida de certas áreas, o ritmo de desenvolvimento econômico do país acelerou-se. Removidos os entraves à entrada de imigrantes, eles afluíram em grande número para as zonas mais novas. Atendiam-se assim às necessidades da lavoura em expansão e possibilitava-se a organização das fazendas em moldes mais modernos e racionais. Mas as condições de vida do trabalhador rural não mudaram muito. As fazendas de café organizaram-se em grandes unidades exportadoras cujos rendimentos continuaram a depender, em grande parte, das oscilações de preço do mercado internacional. Muitos dos preconceitos elaborados durante a época da escravidão permaneceram inalterados.

Abriam-se, entretanto, novas possibilidades de ascensão social. O incipiente processo de urbanização e as tentativas de desenvolver a indústria, a construção de ferrovias, a organização de instituições de crédito, o incremento do comércio criavam novas perspectivas. Ao mesmo tempo, a expansão cafeeira e o deslocamento da fronteira econômica para oeste favoreciam a mobilidade social.

As novas oportunidades foram aproveitadas pelos imigrantes. Os ex-escravos, marcados pelo legado da escravidão, não conseguiram, salvo raras exceções, competir com o estrangeiro no mercado de trabalho, e a maioria continuou como trabalhador de enxada, num estilo de vida semelhante ao de outrora. Alguns, atraídos pela miragem da cidade, aglomeraram-se nos núcleos urbanos, onde passaram a viver de expedientes, incumbindo-se das tarefas mais subalternas. Outros abandonaram as fazendas e dedicaram-se à cultura de subsistência. A liberdade significava para eles a possibilidade de escolher com quem, quando e como trabalhar, e, principalmente, o direito de não fazer nada. O esquema de vida a que estavam habituados dificultava-lhes a adaptação ao trabalho livre. O negro será um marginal e desenvolverá formas de comportamento típicas do marginalismo.

Como a Abolição resultara mais do desejo de livrar o país dos inconvenientes da escravidão do que de emancipar o escravo, as camadas sociais dominantes não se ocuparam do negro e da sua integração na sociedade de classes. O ex-escravo foi abandonado à sua própria sorte. Suas dificuldades de ajustamento às novas condições foram encaradas como prova de incapacidade do negro e da sua inferioridade racial. Chegou-se a dizer que era mais feliz na situação de escravo do que na de homem livre, pois não estava apto a conduzir a própria vida.

Os contemporâneos da Abolição divergiam no interpretá-la. Uns, identificados com o movimento abolicionista, consideravam-na o resultado de ação de um punhado de idealistas. Outros, mais identificados com as classes rurais, viram na Abolição a vontade do monarca e da princesa Isabel. Diziam uns que a lei Áurea fora sábia e oportuna; diziam outros que ela lançara na miséria as classes rurais. As avaliações subjetivas prejudicaram a análise do processo. Os historiadores estudaram a Abolição como um fenômeno exclusivamente político, assinalado por etapas jurídicas. Basearam-se nos depoimentos dos contemporâneos e utilizaram-se principalmente da documentação parlamentar. Durante algum tempo passaram despercebidas as vinculações entre a desagregação do sistema escravista e as mudanças econômicas e sociais que se operaram no Brasil na segunda metade do século, como também não se acentuou devidamente a conexão entre o desenvolvimento do capitalismo industrial e o fim da escravidão como sistema de trabalho.

A partir de pontos de vista menos comprometidos com a visão senhorial do mundo, iniciou-se mais recentemente a revisão dos mitos que a sociedade senhorial elaborou para justificar o sistema escravista. Só então foi possível encarar a escravidão e o movimento abolicionista sob novos aspectos.

A Abolição representou uma etapa do processo de liquidação da economia colonial no país, envolvendo uma ampla revisão dos estilos de vida e de valores da nossa sociedade. Não significou, entretanto, uma ruptura definitiva com o passado. O desenvolvimento da economia cafeeira manteve o país submetido a um novo tipo de dominação colonial, vinculado às correntes industriais e capitalistas internacionais. A racionalização dos métodos de produção, a transição da sociedade senhorial para a empresarial, a melhoria das condições de vida do trabalhador rural, a emancipação real do país fazem parte de um processo ainda em curso.

CAPÍTULO 8

DA ESCRAVIDÃO AO TRABALHO LIVRE[1]

Nos últimos quinze anos, um curioso paradoxo desenvolveu-se na interpretação da escravidão nos Estados Unidos e no Brasil. Quando Stanley Elkins publicou seu estimulante ensaio, *Slavery: A problem in American Institutional and Intellectual Life* (1959)[2] pôde contrastar aquilo que ele via como o cruel e explorador sistema de escravidão nos Estados Unidos com o benigno e paternalista sistema na América Latina. Durante a década seguinte, no entanto, estudiosos da realidade brasileira começaram a encarar o paternalismo como um mito criado pela classe dos fazendeiros e a enfatizar a severidade da escravidão no Brasil.[3] Examinando o mais recente livro de Eugene Genovese,

---

1 Texto apresentado à Oxford Press com o título *Violence and Guilt: Slavery in Brazil from the Sixteenth to the Nineteenth Century*. Traduzido do inglês por Marco Aurélio Nogueira.

2 Stanley Elkins, *Slavery: A problem in American Institutional and Intellectual life*. New York: The Universal Library, 1959.

3 Florestan Fernandes, Roger Bastide, *Brancos e negros em São Paulo*. São Paulo, 1955; Florestan Fernandes, *A integração do negro na sociedade de classe*. São Paulo, 1964, 2v.; Idem, *O negro no mundo dos brancos*. São Paulo, 1972; Octávio Ianni, *Raças e classes sociais no Brasil*. Rio de Janeiro, 1966; Idem, *As metamorfoses do escravo*. São Paulo, 1962; Guerreiro Ramos, *Introdução crítica à sociologia brasileira*. Rio de Janeiro, 1957; Fernando Henrique Cardoso, *Capitalismo e escravidão*: o negro na sociedade escravocrata do Rio Grande

Roll, Jordan, Roll (1974),[4] que realça o paternalismo do sistema escravagista norte-americano, o leitor familiarizado com a historiografia sobre escravidão nos dois países fica com a impressão de que o quadro descrito por Elkins foi invertido.

Identificar os ângulos a partir dos quais os diferentes autores examinaram o passado poderá ajudar-nos a perceber mais claramente o campo da controvérsia, definir uma posição e escolher uma estratégia. Escritores como Frank Tannembaum (*Slave and Citizen*, 1947)[5] e Stanley Elkins, impressionados com a agudeza do conflito racial nos Estados Unidos e com a aparente ausência de tensão na América Latina, acreditaram que esses diferentes padrões raciais poderiam ser explicados pelo diferente funcionamento do sistema escravagista nas duas áreas. Não tiveram dificuldade em encontrar evidências nas fontes brasileiras para sustentar seus argumentos: durante todo o século XIX, os proprietários de escravos no Brasil – como todos os proprietários de escravos em outros países do mundo – insistiram na relativa doçura de seu sistema; e viajantes americanos e ingleses, recém-saídos da pródiga hospitalidade dos fazendeiros brasileiros, enalteceram as virtudes da escravidão no Brasil. Na década de 1930, Gilberto Freyre e outros escritores, oscilando entre o progresso e a tradição, idealizaram a vida rural e pintaram um retrato da escravidão que refletia a imagem que os proprietários de escravos faziam do sistema.[6] Contemplando os Estados Unidos com uma mistura de fascínio e censura, e não sem um certo orgulho patriótico, esses escritores contentaram-se em opor um róseo quadro da "democracia racial" brasileira ao cenário sombrio do conflito racial americano.

A partir desses temas e percepções, Elkins elaborou sua descrição dos dois sistemas escravagistas radicalmente opostos: um,

---

do Sul. São Paulo, 1962; Fernando H. Cardoso e Octávio Ianni, *Cor e mobilidade em Florianópolis*. São Paulo, 1960; Emília Viotti da Costa, *Da senzala à colônia*. 3.ed. São Paulo: Editora UNESP, 1998.

4 Eugene Genovese, *Roll, Jordan, Roll*. New York: Pantheon, 1974.

5 Frank Tannenbaum, *Slave and Citizen:* The Negro in the Americas. New York, 1947.

6 Gilberto Freyre, *Casa grande e senzala*. Rio de Janeiro, 1936; Idem, *Região e tradição*. Rio de Janeiro, 1941. José Aderaldo Castelo, *José Lins do Rego*: modernismo e regionalismo. São Paulo, 1961.

no qual o escravo era definido como propriedade, não tinha garantias legais e era totalmente dependente dos caprichos de seu senhor; e outro, no qual o escravo era reconhecido como ser humano, usufruía certos direitos e privilégios e beneficiava-se da proteção da Igreja e do Estado. Segundo ele, nos Estados Unidos, a miscigenação e a alforria eram condenadas, a concepção que o homem branco tinha dos escravos e dos homens livres era distorcida pelo racismo e a discriminação era institucionalizada; no Brasil, o preconceito jamais criava antagonismo entre brancos e negros e as poucas práticas discriminatórias estabelecidas pelos códigos tradicionais acabaram por ser abandonadas, permitindo que negros livres ascendessem na escala social, até mesmo às posições superiores. Graças a essas distintas realidades – de acordo com Elkins –, a escravidão nos Estados Unidos somente foi abolida após uma guerra de exterminação, enquanto o sistema brasileiro pôde ser destruído sem comoção social.

Elkins buscou a explicação para esses contrastes nos diferentes padrões culturais: os Estados Unidos eram protestantes, seculares e capitalistas; a América Latina era católica, quase medieval e paternalista. Como na Inglaterra as normas sociais haviam mudado no século XVII para acomodar os modelos da burguesia, as instituições tradicionais perderam sua força. Consequentemente, nas colônias inglesas do Novo Mundo em que a burguesia prosperou, as tendências exploradoras da empresa capitalista desenvolveram-se de forma "desenfreada". Na Península Ibérica e em suas colônias, de outro modo, a sobrevivência das instituições "tradicionais" auxiliou em parte "a preservação dos direitos humanos". A Coroa e a Igreja atuaram como mediadoras entre senhor e escravo, impedindo a classe latifundiária de levar a escravidão até seus limites lógicos de desumanização. Os direitos pessoais dos escravos, enraizados nas tradições medievais da Península Ibérica – tradições que os britânicos não conheceram – e nas concepções da Igreja sobre a natureza da alma humana, foram assim preservados na América Latina. Na América do Norte, porém, o escravo foi forçado a viver num sistema fechado, submetido à absoluta autoridade de seu senhor, e sofreu degradação e infantilização. Foi exatamente na transformação da personalidade do escravo – a criação do tipo "Sambo" –

348 EMÍLIA VIOTTI DA COSTA

que Elkins localizou as origens do racismo: "o capitalismo, livre do peso das instituições tradicionais, imprimiu o *status* de escravo no negro".

O livro de Elkins tornou-se o centro de uma importante controvérsia, ainda viva hoje em dia.[7] Cada aspecto do livro foi incessantemente examinado, debatido, confirmado e refutado. Como era de esperar, as ideias de Elkins sobre a América Latina encontraram pouca oposição entre os *scholars* norte-americanos. Mas nem todos os historiadores aceitaram o rígido contraste que Elkins estabeleceu entre os dois sistemas: Arnold Sio (1954)[8] e David Brion Davis (1966),[9] por exemplo, ficaram mais impressionados com as semelhanças do que com as diferenças nos dois países. Mais recentemente, Carl Degler, em *Neither Black nor White* (1971),[10] comparou as relações raciais nos Estados Unidos e no Brasil e não concordou com muitas das conclusões de Elkins. Degler levava, é verdade, uma aparente vantagem sobre Elkins: intelectualmente, o trabalho de Elkins é um produto dos anos 50 e, desde então, uma nova geração de pesquisadores brasileiros veio produzindo uma substancial literatura revisionista sobre a escravidão, no Brasil. Estes estudiosos, diferentemente de Gilberto Freyre e de seus adeptos, estavam comprometidos com uma luta política contra as estruturas de classes, e lançaram uma campanha mais ou menos sistemática para destruir as tradicionais mitologias sociais. Em particular, atacaram os dois referidos "mitos" sobre escravidão e raça no Brasil: os "mitos" da "democracia racial" e do "senhor benevolente".

---

7 Ann Lane, *The Debate over Slavery, Stanley Elkins and his Critics*. Urbana: University of Illinois Press, 1971.

8 Arnold de Sio, Interpretations of Slavery: The Slave Status in the Americas. In: Laura Foner, Eugene D. Genovese, (Ed.) *Slavery in the New World:* a Reader in Comparative History. New Jersey: Prentice Hall, 1969, p.96, 112.

9 David Brion Davis, *The Problem of Slavery in Western Culture.* New York: Cornell University Press, 1966.

10 Carl Degler, *Neither Black nor White*: Slavery and Race Relations in Brazil and the U. S. New York: McMillan, 1971 (publicado em português com o título *Nem preto nem branco.* Escravidão e relações raciais no Brasil o nos EUA. Tradução de Fanny Wroebel. São Paulo: Editorial Labor do Brasil, 1976).

Baseando-se nessa literatura revisionista, Degler mostrou que os dois sistemas escravagistas diferiam menos do que supôs Elkins. Ambas as sociedades viam o escravo como um ser humano e como uma propriedade. Ambos relegavam-no a uma mesma posição legal. Em ambos os países, uma grande lacuna existia entre a legislação e a práxis social. Tanto no Brasil como nos Estados Unidos, apesar de a propriedade do escravo não ser reconhecida por lei, muitos proprietários de escravos permitiam que seus escravos conservassem tudo o que pudessem obter do trabalho em seu tempo livre. O casamento religioso tinha tanto valor sacramental na Bahia como na Virgínia, mas não garantia a estabilidade da família escrava. Se no Brasil os escravos e negros livres desempenhavam, por vezes, funções militares – algo quase desconhecido nos Estados Unidos – era porque a pequena comunidade de brancos estava constantemente sob ameaça de invasões estrangeiras. Se os escravos, aparentemente, rebelaram-se mais frequentemente no Brasil do que nos Estados Unidos, era porque o comércio negreiro durou muito tempo, mantendo vivo um senso de identidade africana que podia incendiar a revolta. Além disso, o clima brasileiro era ameno e as instituições repressivas eram ineficientes, tornando mais fáceis as fugas e o protesto do escravo.

Em oposição a Elkins, Degler argumentou que nem a Igreja nem o Estado no Brasil exibiram interesse real na humanidade do escravo ou usaram sua autoridade para melhorar as relações senhor-escravo. Apesar disso, Degler concordou com Elkins que, enquanto a discriminação legal cedeu lugar à integração racial no Brasil colonial, nos Estados Unidos a discriminação foi gradualmente reforçada pela lei. A alforria era legalmente proibida nos Estados Unidos; no Brasil, era socialmente aprovada e encorajada pela Igreja e pelo Estado.

Após comparar a escravidão nos Estados Unidos e no Brasil, Degler concluiu que dever-se-ia olhar além das práticas da escravidão para uma explicação dos padrões raciais contemporâneos. Para Degler, que não parece ciente da tautologia, as diferenças nas relações raciais são realmente manifestações da "singular diferença subjacente à definição social do mulato". A percepção do mulato brasileiro como uma categoria especial, distinta dos negros, tornou mais difícil a adoção, por parte dos brancos, de práticas discriminatórias. Os brasileiros podiam perceber o mulato como um caso especial, explicou Degler, graças à maneira como a miscigenação ocorreu. Inicialmente, nos antigos tempos coloniais, o desequilíbrio numérico entre homens e mulheres brancos tinha estimulado os contatos inter-raciais. Mais tarde, quando um equilíbrio foi alcançado, a mulher branca brasileira – que tinha um papel mais subordinado do que o de sua congênere norte-americana – tendeu a "aceitar" as transações de seu marido com as escravas e a "reconhecer" as crianças nascidas de tais relações. No Brasil não era extraordinário que pais brancos reconhecessem sua prole mulata.

Reconhecendo que o fato de ter o mulato sido a "válvula de escape" não é, apesar de tudo, suficiente para explicar as distintas relações raciais no Brasil e nos Estados Unidos, Degler finalmente adota um modelo quase inteiramente idêntico ao de Elkins, opondo uma sociedade móvel, capitalista e protestante, a uma outra, estável, tradicionalmente hierarquizada e católica. Degler, porém, usa o modelo de uma maneira ligeiramente diferente. No Brasil, argumenta ele, não havia necessidade de criarem-se estereótipos negativos ou de se discriminarem os negros, pois a sociedade era rígida, a mobilidade social era limitada e controlada pelas classes superiores, e o sistema de valores desencorajava a competição. Nos Estados Unidos, a mobilidade social e a competição exacerbavam o ódio racial, que podia expressar-se abertamente num sistema político democrático, refletindo "os desejos e os preconceitos dos homens comuns". A classe inferior branca no Brasil era uma minoria impotente. A adesão a uma ideologia baseada na liberdade e na igualdade levou os americanos a considerar como não humano todos os que não podiam ou não deviam desfrutar os "direitos humanos". Como a ideologia política brasileira foi imune à preocupação inglesa, protestante, com os direitos individuais, a escravidão brasileira não sofreu as mesmas contradições ideológicas.

No estudo de Elkins, o sistema escravagista brasileiro compara-se favoravelmente com o dos Estados Unidos; Degler fornece uma descrição mais equilibrada dos dois sistemas. As conclusões de Robert Fogel e Stanley Engerman em *Time on the Cross* (1974)[11] e de Eugene Genovese em *Roll, Jordan, Roll* fazem

---

11 Robert Fogel, Stanley Engermann, *Time on the Cross*: The Economics of American Slavery. Boston: Little, Brown and Co., 1974, 2v.

DA MONARQUIA À REPÚBLICA 351

pender a douta balança em favor dos Estados Unidos – especialmente quando comparadas com as conclusões da nova geração de cientistas sociais brasileiros. Preocupados em destruir tanto o estereótipo "Sambo" como o conceito de escravidão como um sistema fechado, Fogel, Engerman e Genovese esforçaram-se de diferentes maneiras para demonstrar que os escravos norte-americanos desfrutavam condições melhores do que as que Elkins acreditava. Era, insistem eles, bastante possível para os negros desenvolver suas personalidades e afirmar sua humanidade nos limites da escravidão. O inadvertido, e certamente indesejado, resultado dos livros de Fogel, Engerman e Genovese foi uma aparente reabilitação da visão senhorial da escravidão. Curiosamente, enquanto Genovese redescobria o paternalismo como uma realidade do sistema escravagista nos Estados Unidos, cientistas sociais brasileiros denunciaram-no como um disfarce com o qual a classe superior ocultou a natureza exploradora da escravidão no Brasil. Para eles, o paternalismo foi um mito, e tinha apenas a realidade que os mitos têm como parte do mundo real.

A aparente inversão do quadro de Elkins delimita a controvérsia sobre a escravidão no Brasil e levanta várias questões. O sistema escravagista brasileiro foi realmente menos paternalista do que o dos Estados Unidos? Essa parece ser a conclusão quando comparamos os livros publicados no Brasil na última década com a descrição que Genovese faz da escravidão nos Estados Unidos. Ou será verdade que, como sugerem Gilberto Freyre e Stanley Elkins, a escravidão brasileira foi relativamente mais benigna? Se Elkins estiver correto sobre o Brasil e Genovese sobre os Estados Unidos, deveremos concluir que o paternalismo foi uma característica objetiva de todos os sistemas escravagistas no Novo Mundo? Ou foi o paternalismo, em ambas as sociedades, um poderoso mito, mais poderoso nos Estados Unidos do que no Brasil – um mito que se infiltrou no mundo construído pelos senhores de escravos? Como devemos explicar as diferenças no funcionamento dos dois sistemas escravagistas? A longa "tradição" de escravidão na Península Ibérica teve algum efeito nas atitudes brasileiras com relação aos escravos e negros, ou com relação a suas condições de vida? A Igreja católica e a Coroa portuguesa realmente "mediaram" as relações entre senhor e escravo e protegeram os homens livres? Havia algo inerente ao catolicismo ou ao protestantismo que pudesse fazer que os portugueses se comportassem diferentemente dos anglo-americanos diante dos escravos e dos negros? Como podemos explicar as diferentes atitudes ante a alforria e a miscigenação nas duas sociedades? Que papel teve a miscigenação na formação dos padrões raciais brasileiros? Por que os brasileiros veem os mulatos como uma categoria especial? Por que os negros foram discriminados nos Estados Unidos, enquanto no Brasil a discriminação legal foi logo abandonada? Como as diferentes ideologias raciais afetaram as posições e as autoimagens de negros e mulatos? Os escravos brasileiros foram mais propensos à rebelião do que os escravos dos Estados Unidos? Foi mais fácil para os escravos brasileiros preservarem as tradições africanas? Como pôde a elite brasileira abolir a escravidão sem guerra civil? Devemos concluir com Degler e com Van den Berghe (*Race and Racism, A Comparative Perspective*, 1967)[12] que numa sociedade "democrática" é mais provável a discriminação contra os negros do que numa sociedade "aristocrática"? A discriminação contra os negros foi um dos preços que os americanos tiveram que pagar, como sugeriu Edmund Morgan, para construir seu sistema "democrático"?[13] Estas são algumas das questões que pretendo examinar em *Violence and Guilt: Slavery in Brazil from the Sixteenth to the Nineteenth Century*.

Não desejo, entretanto, seguir a perigosa rota da história comparativa. Desde que a historiografia sobre a escravidão evidencia que os estudiosos não conseguem decidir sobre a produtividade do sistema, sobre a natureza das relações senhor-escravo ou sobre a qualidade das condições de vida do escravo em seus próprios países, um estudo explicitamente comparativo poderia somente ser arbitrário. Muito pouco seria obtido com a articulação da controvérsia nesses termos. Parece mais proveitoso, no presente, estudar a escravidão no Brasil do período colonial até o período moderno. A comparação entre a escravidão brasileira e a norte-americana permanecerá implícita, servindo como ins-

---

12 Pierre van den Berghe, *Race and Racism: A Comparative Perspective*. New York: John Wiley and Sons, Inc., 1967.

13 Edmund Morgan, *American Slavery, American Freedom*: The Ordeal of Colonial Virginia. New York: Norton, 1975.

DA MONARQUIA À REPÚBLICA

trumento heurístico, ajudando-nos a pensar sobre os problemas da escravidão no Brasil.

Apesar do grande interesse na escravidão, muito pouco tem sido escrito nos Estados Unidos a respeito da escravidão brasileira, especialmente durante o período colonial. Com exceção dos livros já mencionados, do clássico estudo de Gilberto Freyre (*Masters and Slaves*, 1946)[14] e de alguns capítulos da cuidadosa monografia de Stanley Stein sobre uma comarca cafeeira no Brasil (*Vassouras, A Brazilian Coffee County 1850-1900*, 1957),[15] somente dois livros importantes foram publicados em inglês: *The Abolition of Slavery in Brazil* (1972), de Robert Toplin[16] e *The Destruction of Brazilian Slavery 1850-1888* (1972), de Robert Conrad.[17] Como os próprios títulos sugerem, estes livros discutem a abolição e oferecem pouca informação sobre outros aspectos da escravidão no Brasil. O mesmo se pode dizer do estudo de Richard Graham, *Britain and the Onset of Modernization in Brazil* (1966).[18]

Um estudo da escravidão brasileira do século XVI até o século XIX tornará possível a análise, primeiro, de como funcionou o sistema numa tradicional sociedade "aristocrática" e, mais tarde, num moderno mundo "burguês"; segundo, de como tal sistema foi justificado num mundo religioso governado pela Providência e, mais tarde, num mundo secular governado pelos homens; terceiro, de como a escravidão se tornou uma parte vi-

---

14 Trata-se da tradução norte-americana de *Casa grande e senzala.* Rio de Janeiro, 1936. (N. T.)

15 Stanley Stein, *Vassouras: A Brazilian Coffee County, 1850-1900.* The Roles of Planter and Slave in a Changing Plantation Society. New York: Atheneum, 1970 (publicado em português com o título *Grandeza e decadência do café no Vale do Paraíba.* Trad. Edgar Magalhães. São Paulo: Brasiliense, 1961).

16 Robert B. Toplin, *The Abolition of Slavery in Brazil.* New York: Atheneum, 1970.

17 Robert Conrad, *The Destruction of Brazilian Slavery.* Berkeley: University of California Press, 1972 (publicado em português com o título *Os últimos anos da escravatura no Brasil: 1850-1888.* Trad. Fernando de Castro Ferro. Rio de Janeiro: Civilização Brasileira; Brasília: INL, 1975).

18 Richard Graham, *Britain and the Onset of Modernization in Brazil, 1850-1914.* London: Cambridge University Press (publicado em português com o título *Grã-Bretanha e o início da modernização no Brasil.* Trad. Roberto Machado de Almeida. São Paulo: Brasiliense, 1973).

tal do sistema colonial num mundo mercantil, pré-capitalista, pré-tecnológico, e como ela foi destruída num mundo em que o capitalismo industrial e a revolução tecnológica gradualmente solaparam as relações tradicionais. Em suma, um estudo da escravidão do período colonial até o período moderno permitir-nos-á perceber as conexões essenciais entre capitalismo e escravidão.

O que segue abaixo é um breve resumo das ideias que explorarei em *Violence and Guilt*.

Os africanos foram trazidos ao Brasil exatamente pelas mesmas razões que os introduziram em outras áreas do Novo Mundo. Onde quer que a economia estivesse organizada para suprir o mercado internacional com matérias-primas e sempre que houvesse dificuldade para recrutar trabalho nativo, os africanos forneceram o trabalho necessário. Existiu uma precisa correlação entre a acumulação de capital e o uso de escravos africanos. Onde o capital não se acumulou, os colonos recorreram ao trabalho indígena.[19] A escravidão brasileira, como a escravidão em outras partes do Novo Mundo, foi um sistema de exploração do trabalho baseado na posse sobre o trabalhador. Os escravos foram vistos, ao mesmo tempo, como propriedade e como seres humanos – uma contradição que gerava tensões permanentes.

---

19 A escravidão indígena é ainda um tema mal conhecido. Poucos foram os estudiosos que dedicaram atenção ao assunto. Entre estes destacam-se Perdigão Malheiros, *A escravidão no Brasil*. Rio de Janeiro, 1866, 3v. (v.I); Alexander Marchant, *From Barter to Slavery. The Economic Relations of Portuguese and Indians in the Settlement of Brazil, 1500-1580*. Baltimore, 1942; Mathias Kieman, *The Indian Policy of Portugal in the Amazon Region, 1614-1693*. Washington, 1954; Georg Thomas, *Die Portugiesische Indianerpolitik in Brasilien, 1500-1640*. Berlin, 1968; Serafim Leite, *História da Companhia de Jesus no Brasil*. Lisboa, 1938-1950, 10v.; Dauril Alden, Black Robbers versus White Settlers: The Struggle for Freedom of the Indians in Colonial Brazil. In: Howard Peckham, Charles Gibson, (Ed.) *Attitudes of Colonial Powers Toward the American Indian*. Salt Lake City, 1969; Colin M. MacLahlan, The Indian Labor Structure in the Portuguese Amazon, 1700-1800. In: Dauril Alden, (Ed.) *Colonial Roots of Modern Brazil*. Berkeley, 1973, p.199-231; Luiz Felipe Baeta Neves Flores, *O combate dos soldados de Cristo na terra dos papagaios*. Rio de Janeiro, 1974. Dissertação (Mestrado) – Universidade Federal do Rio de Janeiro.

DA MONARQUIA À REPÚBLICA

Eles representavam tanto capital *como* trabalho, e sua posse conferia *status* ao senhor. Em razão da natureza exploradora do sistema e da ausência de vínculo salarial, o senhor era obrigado a forjar formas de compulsão: punição física e pequenas, mas sedutoras recompensas. Uma outra característica da escravidão no Novo Mundo foram as diferenças "raciais" entre senhores e escravos: como os escravos constituíam um grupo racial distinto, os estereótipos negativos podiam ser associados à sua aparência física.

Estas são características da escravidão no Novo Mundo. Mas cada sistema escravagista tinha suas próprias peculiaridades. Quando consultamos as crônicas portuguesas a respeito dos primeiros contatos com os africanos, podemos ver que as suas reações foram bastante semelhantes às dos anglo-saxões: para eles, os africanos eram um povo de hábitos estranhos, supersticioso, imoral, bárbaro e pagão.[20] Mais tarde, no Novo Mundo, portugueses e anglo-saxões desenvolveram diferentes conceitos a respeito do negro.[21] Historiadores têm argumentado que a percepção que os brasileiros tinham dos negros foi fundamentalmente um legado da Península Ibérica. No entanto, não se deve esquecer que a escravidão nas fazendas brasileiras diferia da escravidão na Península Ibérica, onde os escravos eram empregados principalmente como servos domésticos ou relegados à economia de subsistência. Se a tradição ibérica teve algum impacto no Novo Mundo, ele foi bastante diferente daquele que Elkins, Jordan e outros descreveram. No Brasil, desde o começo não houve dúvidas sobre o *status* do africano: ele havia sido importado para ser escravo. Também não havia discussão sobre o *status* de seus descendentes, que nasciam para ser escravos como seus pais. Nin-

---

20 Charles Boxer, *Race Relations in the Portuguese Colonial Empire 1415-1825*. Oxford: Clarendon Press, 1963; *Gomes Eannes Azurara*, The Chronicle of the Discovery and Conquest of Guinea. Charles Raymond Beazley, Edgard Prestage (Ed.) The Hakluyt Soc., First Series n.XCV-MDCCCXCVI. *The Voyages of Cadamosto and other Documents on Western Africa.* The Hakluyt Society, 1937 (Second Series, n.LXXX); padre Antonio Brasio, *Monumenta missionaria africana (Africa Ocidental)*, v.1, 1570-1599, Agência Geral de Ultramar, Lisboa, MCMLII.

21 Winthrop Jordan, *White over Black*: American Attitudes toward the Negro, 1550-1812. Baltimore, 1968.

guém debatia a posição dos negros livres na sociedade. Da Península Ibérica vieram a tradição e a legislação que asseguravam que os negros não podiam ocupar posições burocráticas ou usufruir outros privilégios reservados aos brancos. Era claro desde o começo que a conversão ao cristianismo não conferia nenhum privilégio aos escravos, a não ser a graça de Deus. De outro modo, se algumas comunidades norte-americanas discutiam sobre o *status* apropriado ao africano, ou debatiam os direitos dos negros livres ou temiam que a cristianização de negros pudesse subverter a ordem existente, era porque supunham que os negros tinham de algum modo direito de pertencer à comunidade. Questões como essas, que incomodaram alguns colonos americanos, jamais surgiram nas colônias portuguesas, onde os colonos brancos já conheciam as respostas a elas e podiam com toda a segurança descansar sobre sua tradição.

A Coroa portuguesa apenas raramente interferiu em favor dos escravos. Na verdade, a maior parte dos regulamentos reais criou formas de controle social que beneficiavam os senhores, não os escravos. No Brasil, tanto como nos Estados Unidos, os escravos estavam à mercê dos senhores, talvez ainda mais no Brasil, pois a ineficiente burocracia portuguesa concentrava suas atividades nas cidades portuárias e deixava o controle do interior ao proprietário de escravos.

A Igreja bem cedo estabeleceu um compromisso entre escravidão e cristianismo, encontrando na tradição ocidental os argumentos para justificar a escravidão de negros.[22] Durante o período colonial, a teoria da "guerra justa" forneceu a base lógica para a escravidão: aqueles que se opunham ao cristianismo mereciam ser escravizados. Num mundo governado pela Providência Divina, a escravidão era uma punição para o pecado: os negros deviam pagar por transgressões presentes ou passadas. A Igreja limitava-se a recomendar benevolência ao senhor e resignação ao escravo; o pecado do senhor era a crueldade, o pecado do escravo

---

22 O único estudo sobre as relações entre a Igreja e a instituição da escravidão é o de Luis Anselmo da Fonseca, *A escravidão, o clero e o abolicionismo*. Bahia, 1887. Há várias referências sobre o assunto na obra de Serafim Leite. Ver ainda Renê Ribeiro, Relations of the negro with christianity in portuguese America. *The Americas*, v.14, p.432-6, abril 1958.

DA MONARQUIA À REPÚBLICA

era a revolta – uma teologia com óbvias implicações conservadoras.[23] Como a Igreja católica era uma instituição universal, não havia grupos religiosos que questionassem a legitimidade da escravidão, como os quakers, por exemplo, faziam nos Estados Unidos. Com bastante frequência os historiadores têm considerado o catolicismo uma abstração, quando se deve, realmente, considerá-lo uma forma histórica concreta. Eles parecem se esquecer de que os católicos portugueses do século XVI respeitavam facetas da doutrina católica que teriam pequeno significado para os brasileiros do século XIX. A Igreja católica no Brasil colonial tinha uma visão de mundo tradicional e um conceito hierárquico e estático de organização de classe, que enfatizavam as obrigações recíprocas bem mais do que os direitos individuais e a liberdade pessoal, além de sacramentarem as desigualdades sociais. Segundo essa visão providencial do mundo, os senhores nasciam para ser senhores e os escravos para ser escravos.

A ética protestante que enfatizava a vontade individual, a responsabilidade, a disciplina, o ascetismo e a liberdade individual – típica da classe média americana – não tinha a mesma atração para os latifundiários brasileiros. Ela fazia sentido para indivíduos que não encontravam lugar na ordem estamental tradicional e que lutavam para definir uma nova posição social. Fazia menos sentido para aqueles que viviam numa sociedade onde uma minoria controlava os meios de produção e onde o poder político e o *status* social estavam institucionalizados.

---

23 Sobre a atitude do padre Antonio Vieira, ver A. J. Saraiva, Le Père Antonio Vieira, S. J. et l'esclavage des noirs au XVIIème siècle. *Annales Economie Societés, Civilization*, 22 année, n.6, nov.-dec. 1967, p.1289-309. Entre as fontes para o estudo da teologia da escravidão, destacam-se Manuel Ribeiro Rocha, *Ethiope resgatado, empenhado, sustentado, corregido, instruído e libertado...* (Discurso Teológico Jurídico). Lisboa, 1758; Jorge Benci, *Economia cristã dos senhores no governo dos escravos.* São Paulo: Grijalbo, 1977; Nuno Marques Pereira, *Compêndio narrativo do peregrino da América.* 6.ed. Rio de Janeiro, 1939; padre Antonio Vieira, *Obras escolhidas.* Lisboa: Livraria Sá da Costa, 1954, v.II; J. J. da Cunha de Azeredo Coutinho. *Análise sobre a justiça do comércio do resgate dos escravos da Costa da África...* Lisboa, 1808; Sonia Aparecida Siqueira, A escravidão negra no pensamento do bispo Azeredo Coutinho, *Revista de História*, v.27, out.-dez. 1963. Fernando Oliveira, *Arte da guerra do mar.* Edição do Arquivo Histórico da Marinha, 1937 (1.ed. 1555).

O *bourgeois gentil-homme* típico da elite brasileira, "empreendedor" em suas ações e "aristocrático" em suas convicções, com um olho no lucro e outro na etiqueta, encontrava maior significado na ordem providencial católica e na teoria social da sociedade orgânica do que na ética protestante. Ele assemelhava-se ao fazendeiro do sul dos Estados Unidos, mas não tinha como este que conviver com a ideologia da revolução de Cromwell ou com as concepções protestantes de pecado e disciplina.

Se ele era um homem moderno quando investia capital em trabalho e terra, supervisionava sua fazenda e preocupava-se com seus lucros, era, de outro modo, um homem tradicional em questão de sexo e vida familiar e em suas atitudes ante o trabalho e o lazer, a frugalidade e o luxo, o poder e a riqueza. Insensível à ética puritana que restringia a liberdade sexual, o grande proprietário brasileiro podia orgulhar-se de suas proezas sexuais, de suas relações extramaritais e de seus filhos ilegítimos. Os padres – eles mesmos frequentes transgressores do celibato – podiam apenas ser complacentes conselheiros.[24] A teologia católica, com sua ênfase nas ações e na absolvição, isentava o pecador do peso do pecado.

A elite brasileira tinha uma atitude tolerante perante a miscigenação, e o proprietário de escravos brasileiro raramente se envergonhava de reconhecer seus descendentes mulatos e de garantir-lhes a alforria. Seguro de sua posição, controlando a mobilidade social por meio do sistema de clientela e patronagem, e imbuído de uma ideologia conservadora, ele não temia a população de negros livres. Os negros eram naturalmente segregados num sistema social que lhes oferecia poucas oportunidades econômicas, excluía-os da participação política e onde a ascensão na escala social só era possível quando autorizada pela elite branca. Desta forma, os proprietários de escravos brasileiros – que compartilhavam com os escravocratas de outras partes do mundo os mesmos estereótipos a respeito dos negros – nunca chegaram até o "racismo" ou a discriminação legal. Eles sentiam-se à vontade para transgredir as regras discriminatórias encarnadas na tradição legal; podiam aceitar, de tempos em tempos, em seus grupos, um mulato de pele clara, que automaticamente ad-

---

24 Gilberto Freyre, *Masters and slaves*. Trad. Samuel Putnam. New York: Knopf, 1956, p. 169-70.

DA MONARQUIA À REPÚBLICA

quiria o *status* de branco.[25] A expressão de Degler, "a 'válvula de escape' do mulato", pode ser explicada como um produto do sistema de clientela e patronagem numa sociedade onde a elite branca era uma minoria que monopolizava os meios de produção e a maioria era composta de mulatos e negros.[26]

Em fins do século XVIII e começos do século XIX, mudanças fundamentais ocorreram na Europa. Para derrotar uma ordem baseada em privilégios corporativos tradicionais, os iconoclastas do Antigo Regime recorreram à filosofia dos direitos naturais. Investindo contra o que eles viam como instituições corruptas, e considerando sua sociedade como a fonte de todos os males, eles foram levados a idealizar os povos e as sociedades primitivas. A nova filosofia e a nova crítica social lançaram as sementes do abolicionismo.[27] Os negros não eram, no fim das contas, selvagens e primitivos? Não haviam sido corrompidos pela civilização? Os escravos não eram uma anomalia numa sociedade que respeitava as formas representativas de governo? A escravidão não era uma aberração no mundo do liberalismo?

Paradoxalmente, apesar de o abolicionismo ter ganho importância na Europa, a escravidão expandiu-se no Novo Mundo, assumindo inesperadas proporções, graças à crescente demanda de produtos tropicais no mercado internacional. Essa

---

25 Carl Degler, *Neither Black nor White*: Slave and Race Relations in Brazil and the United States, 1970; A. J. R. Russel Wood, Colonial Brazil. In: David Cohen, Jack P. Greene, *Neither Slave nor Free*: The Freedmen of African Descent in the Slave Societies of the New World. Baltimore, 1972, p.84-133; Herbert S. Klein, *Nineteenth-century Brazil* (ibidem), p.309-35; Edson Carneiro, *Ladinos e crioulos*. Estudos sobre o negro no Brasil. Rio de Janeiro, 1964; Charles Boxer, *Race Relations in the Portuguese Colonial Empire 1415-1825*, Oxford, 1963. Para uma crítica de Degler, ver Eduardo de Oliveira e Oliveira, O mulato, um obstáculo epistemológico, *Argumento*, julho 1974; Herbert Klein, The colored freedman in brazilian slave society. *Journal of Social History*, v.III, n.1, p.30-52, outono 1968; Stuart Schwarz, The manumission of slaves in colonial Brazil, Bahia, 1684-1745, *Hispanic American Historical Review*, v.LIV, n.4, p.603, 635, nov. 1974.

26 Sobre o sistema de clientela e patronagem e a maneira pela qual afeta as relações raciais, ver o capítulo 9 deste livro, "O mito da democracia racial", e também o capítulo 6, "Urbanização no Brasil no século XIX".

27 David B. Davis, *The Problem of Slavery in the Age of Revolution, 1770-1823*. New York, 1975.

360 EMÍLIA VIOTTI DA COSTA

expansão se dava exatamente quando nos países europeus o trabalho livre e o comércio livre tornavam-se os dogmas das novas gerações que criticavam o sistema colonial tradicional e condenavam a escravidão, considerando-a uma instituição imoral e antieconômica.

Quando a nova ideologia revolucionária e seu corolário, o abolicionismo, alcançaram os povos do Novo Mundo, foram automaticamente traduzidos a partir das próprias experiências desses povos. Os escravocratas, despojados de seus tradicionais argumentos teológicos num mundo crescentemente secular, encontraram novos meios de justificar a escravidão. Nos Estados Unidos, o racismo tornou-se o fundamento lógico.[28] Mas os proprietários de escravos brasileiros, apesar de seus preconceitos contra os negros, não se tornaram racistas. O sistema de clientela e patronagem havia sobrevivido após a Independência, as estruturas econômica e social não tinham sofrido alterações fundamentais e as limitadas oportunidades sociais ainda permaneciam sob o controle da elite. Além disso, os fazendeiros brasileiros não tinham que ficar na defensiva como seus congêneres nos Estados Unidos, onde a ideologia da Revolução Americana havia produzido dúvidas sobre a legitimidade do sistema escravagista.

A elite brasileira, composta predominantemente por grandes proprietários e por comerciantes envolvidos na economia de exportação-importação, estava interessada em manter as estruturas tradicionais.[29] Escolheram cuidadosamente os aspectos da ideologia liberal que se adequassem à sua realidade e atendessem a seus interesses. Purgando o liberalismo de seus aspectos radicais adotaram um liberalismo conservador que admitia a escravidão e conciliaram liberalismo e escravidão da mesma forma que seus avós haviam conciliado a escravidão com o cristianismo.[30]

O liberalismo radical encontrou apoio apenas entre artesãos e lojistas – os *sans-culottes* brasileiros –, provavelmente o único grupo que se opôs à escravidão no tempo da Independência. Es-

---

28 Além do livro de Jordan, ver George Fredrickson, *The Black Image in the White Mind*. New York: Harper and Row, 1971.
29 Sobre o volume do tráfico de escravos, ver Philip Curtin, *The Atlantic Slave Trade*: A Census. Madison: The University of Wisconsin Press, 1969.
30 Ver o capítulo 3 deste livro, sobre liberalismo.

DA MONARQUIA À REPÚBLICA   361

tes foram, entretanto, rapidamente destruídos pela inundação dos mercados brasileiros pelas manufaturas importadas. Com a exceção desses liberais radicais, poucos criticaram a escravidão – indivíduos cujos fundamentos intelectuais e carreiras os tornavam independentes do setor agromercantil e simpáticos à visão de mundo oitocentista. Repetindo os argumentos europeus do século XVIII, estes indicaram o caráter corruptor da escravidão e a baixa produtividade do trabalho escravo, bradando pelo fim do tráfico de escravos e pela abolição gradual da escravidão.[31]

A elite foi insensível a esses argumentos, pois estava convencida da necessidade de manter a escravidão e o tráfico de escravos. Quando forçada pela diplomacia britânica, em 1831, a aprovar uma lei abolindo o tráfico, passou a contrabandear escravos durante os vinte anos seguintes em proporções sem precedentes, para satisfazer a demanda de trabalho criada pela expansão das plantações de café no sul do país.[32] Visto que as pressões abolicionistas eram escassas e fracas, a elite defendeu a escravidão em termos moderados: a escravidão não podia ser abolida porque a economia brasileira dependia do trabalho escravo.[33]

---

31 Entre os que fizeram a crítica da escravidão na primeira metade do século XIX, destacam-se José Bonifácio de Andrada e Silva, *Representação a Assembleia Geral Constituinte Legislativa do Império do Brasil sobre a escravatura*. Paris, 1825; João Severiano Maciel da Costa, *Memória sobre a necessidade de abolir a introdução de escravos africanos no Brasil, sobre o modo e condição com que esta abolição se deve fazer e sobre os meios de remediar a falta de braços que ela pode ocasionar*. Coimbra, 1821; José Eloy Pessoa da Silva, *Memória sobre a escravatura e projeto de colonização dos europeus e pretos da África no Império do Brasil*. Rio de Janeiro, 1826; F. Leopoldo Cesar Burlamaque, *Memória analítica acerca do comércio de escravos e acerca dos meios da escravidão doméstica*. Rio de Janeiro, 1837; Henrique Velloso da Oliveira, *A substituição do trabalho dos escravos pelo trabalho livre no Brasil por um meio suave e sem dificuldades*. Rio de Janeiro, 1845.

32 W. D. Christie, *Notes on Brazilian Questions*. London, Cambridge, 1865.

33 Thomas Skidmore, *Black into White, Race and Nationality in Brazilian Thought*. New York: Oxford University Press, 1974, lida com o problema da atitude das elites em relação ao problema racial. Robert Conrad, *The Destruction of Brazilian Slavery*, op. cit., estuda a atitude em relação à escravidão. Ver ainda Emília Viotti da Costa, *Da senzala à colônia*, op. cit. (o livro de Skidmore foi publicado em português com o título: *Preto no branco*: raça e nacionalidade no pensamento brasileiro. Trad. Raul de Sá Barbosa. Rio de Janeiro: Paz e Terra, 1976).

Nos Estados Unidos, o capitalismo industrial promoveu novos grupos e criou novas necessidades, gerando deslocações, conflitos sociais e ansiedades que se traduziram em abolicionismo e antiabolicionismo. Mas, no Brasil, que estava à margem da revolução industrial, a elite conservou seu poder e apoiou unanimemente a escravidão pelo menos até 1870.[34] Alguns membros da elite perderam poder, outros ganharam. Alguns vieram de áreas economicamente decadentes do país, outros das novas regiões dinâmicas. Alguns foram mais progressistas do que outros. Podiam discutir a respeito do traçado das estradas de ferro ou a respeito dos subsídios governamentais; podiam ser monarquistas ou republicanos, liberais ou conservadores. Mas todos estavam envolvidos em atividades análogas: comércio e agricultura orientados para o mercado *internacional*. Seu estilo de vida e seus valores eram essencialmente similares, e tendiam a concordar sobre tarifas, políticas de crédito e sistema de trabalho. A única divisão importante era entre os setores modernos e os setores tradicionais, ou melhor, entre setores de maior ou menor acumulação de capital.

Como havia poucas indústrias, os industrialistas não constituíam um grupo capaz de alterar a situação. A classe operária era alheia à experiência brasileira. A classe média era crescente, mas ainda numericamente reduzida, dependente do paternalismo da elite, que fixava os limites de sua crítica social. Apesar de seu pouco poder, os industrialistas e a nova classe média podiam aliar-se com representantes dos setores agrários mais progressistas para apoiar ideias reformistas moderadas.

---

34 Além das obras anteriormente citadas, ver Robert Toplin, *The Abolition of Slavery in Brazil*, op. cit.; Richard Graham, *Britain and the Onset of Modernization*, op. cit.; Evaristo de Moraes, *A campanha abolicionista (1879-1888)*. Rio de Janeiro, 1924; Richard Graham, Causes for the abolition of negro slavery in Brazil: An interpretative essay, *Hispanic American Historical Review*, v.XLVI, p.123-37, 1966; Thomas Skidmore, The Death of Brazilian Slavery, 1866-1888. In: Frederick B. Pike (Ed.) *Latin American History*: Select Problems. New York, 1969; Leslie Bethell, *The Abolition of the Brazilian Slave Trade*: Cambridge, England, 1970 (este último publicado em português com o título: *A abolição do tráfico de escravos no Brasil*. Trad. Vera Nunes N. Pedroso. Rio de Janeiro: Expressão e Cultura, São Paulo: Edusp, 1976).

DA MONARQUIA À REPÚBLICA   363

Em suma, o processo de acumulação capitalista foi lento e circunscrito, não tendo criado as violentas tensões que, nos Estados Unidos (onde esse processo foi muito mais intenso), foram traduzidas em acirrados conflitos políticos e ideológicos (reformismo, regionalismo, abolicionismo e antiabolicionismo). O Brasil não produziu o mito do *Cavalier* e do *Yankee*.[35] Os radicais brasileiros vestiam roupas de *gentlemen* e usavam linguagem de *gentlemen*. Como a classe média foi cooptada pela elite, assim também o foram alguns poucos negros que se tornaram advogados, doutores e engenheiros mediante alguma forma de paternalismo e que, quando se tornaram abolicionistas, lutaram ao lado de brancos, adotaram a mesma retórica e falaram para o mesmo público. Os abolicionistas, brancos ou negros, foram ocasionalmente atacados por escravocratas irados. As reuniões abolicionistas foram algumas vezes interrompidas e seus líderes tiveram que escapar da vingança da oligarquia local; mas muito frequentemente podiam proferir suas emocionais alocuções sob os aplausos dos filhos, das esposas e das filhas dos fazendeiros. Nada comparável aos violentos motins antiabolicionistas descritos por Leonard Richard em *Gentlemen of Property and Standing* (1970) ocorreu no Brasil.[36]

Convencidos de que a escravidão estava destinada a desaparecer, da mesma maneira que os americanos da época estavam convencidos da inevitabilidade da democracia (uma convicção nunca compartilhada pelos brasileiros), os latifundiários brasileiros decidiram preparar-se para o inevitável. Já na década de 1850 fazendeiros das áreas cafeeiras – alguns dos mais necessitados de mão de obra – tornaram-se interessados em promover a imigração e em substituir os escravos por imigrantes.[37] As primeiras experiências falharam, e os fazendeiros de café recorre-

---

35 William Taylor, *Cavalier and Yankee*: The Old South and American National Character. New York, 1961.

36 Leonard L. Richards, Gentlemen of property and standing. In: *Antiabolition mobs in jacksonian America*. New York: Oxford University Press, 1970.

37 Ver capítulo 5, sobre colônias de parceria. Ver, ainda, prefácio de Sérgio Buarque de Holanda in Thomas Davatz, *Memórias de um colono no Brazil*. Rubens Borba de Morais e Sérgio Buarque de Holanda (Ed.) São Paulo, 1941; Emília Viotti da Costa, *Da senzala à colônia*, op. cit., p.63, 153.

ram ao tráfico de escravos interno. Mais tarde, quando as pressões abolicionistas aumentaram e leis contra o tráfico entre províncias foram promulgadas, os fazendeiros das áreas pioneiras buscaram na Itália os trabalhadores de que necessitavam.[38]

Por volta da década de 1880, era óbvio que a abolição estava iminente. O Parlamento, reagindo ao abolicionismo de dentro e de fora do país, vinha aprovando uma legislação gradualista. As crianças nascidas de mães escravas foram declaradas livres em 1871, e em 1885 a liberdade foi garantida para os escravos com idade superior a 65 anos. O movimento abolicionista tornou-se irresistível nas áreas cafeeiras, onde quase dois terços da população escrava estava concentrada. Com uma nova consciência de si mesmos e encontrando apoio em segmentos da população que simpatizavam com a causa abolicionista, grandes números de escravos fugiram das fazendas. A escravidão tornou-se uma instituição desmoralizada. Quase ninguém opunha-se à ideia de abolição, embora alguns reivindicassem que os fazendeiros deviam ser indenizados pela perda de seus escravos. O único grupo que, no Parlamento, resistiu até o último minuto foi o dos representantes dos fazendeiros das antigas áreas cafeeiras, para quem os escravos representavam um terço do valor de suas hipotecas. Em maio de 1888, eles votaram contra a lei que aboliu a escravidão no Brasil.

Era a escravidão ainda um empreendimento lucrativo? Era um bom investimento? O trabalho escravo era mais produtivo do que o trabalho livre? Seria possível responder a essas questões de forma quantitativa, como Fogel & Engerman fizeram para os Estados Unidos.[39] No entanto, a história não se desenrola no

---

38 Michael Hall, *The Origins of Mass Immigration in Brazil, 1871-1914*. Columbia, 1970. (Dissertation – Columbia University); Lucy Maffei Hutter, *Imigração italiana em São Paulo, 1880-1889*. São Paulo, 1971. (Dissertação – Universidade de São Paulo).

39 Entre os contemporâneos que discutiram o problema em termos econômicos, destacam-se Louis Couty, *L'esclavage au Brésil*. Paris, 1881; idem, *Pequena propriedade e imigração europeia*. Obra póstuma anotada e precedida de uma introdução de Alfredo d'Escragnole Taunay. Rio de Janeiro, 1887; idem, *Le Brésil en 1884*. Rio de Janeiro, 1884; C. F. van Delden Laerne, *Le Brésil et Java, repport sur la culture du café en Amérique, Asie et Afrique avec chartes, planches et diagrammes*. Haia, 1885. Modernamente,

nível de abstração em que os economistas operam. Mesmo que alguém pudesse provar matematicamente que o trabalho escravo era objetivamente mais rentável ou mais produtivo do que o trabalho livre, isso apenas nos deixaria com outras questões. Era produtivo para quem? Em que circunstâncias? E, mais ainda, como os próprios fazendeiros percebiam a realidade que confrontavam? Vários fatores inquantificáveis teriam de ser considerados: quão sensível tinha-se tornado a classe dos fazendeiros aos argumentos ideológicos contra a escravidão? Quão desorganizadoras tinham eles achado as fugas de escravos nas duas décadas que precederam a abolição? Quão forte era sua convicção de que a escravidão seria, mais cedo ou mais tarde, abolida? Quão impressionados ficaram quando o Exército recusou-se a apoiar sua causa? Quão certos estavam eles de que as formas alternativas de trabalho eram vantajosas? Tinham chegado à conclusão de que, naquelas condições, o trabalho livre poderia ser mais produtivo do que o trabalho escravo?

Os fazendeiros reagiram diferentemente nas distintas áreas, mas, por volta de 1880, a maioria deles estava convencida de que a escravidão era uma causa perdida. Além disso, outros tipos de investimento tinham se aberto a eles: estradas de ferro, bancos e indústrias. Diante dessas novas possibilidades, a imobilização do capital, característica do sistema escravagista, não era mais racional. Parecia haver maior oportunidade para diversificar o investimento de capital. O sistema de crédito havia se expandido, criando novas possibilidades de financiamento de trabalhador livre; a revolução tecnológica nos transportes e as crescentes demandas do mercado internacional haviam criado

---

o problema foi discutido por Peter Eisemberg, *The Sugar Industry in Pernambuco: modernization without change, 1810-1910.* University of California Press, 1974; Robert Wayne Slenes, adotando as sugestões de Fogel & Engermann, discutiu o problema em *The Demography and Economics of Brazilian Slavery, 1850-1888.* Stanford, 1975. Dissertation – Stanford University. Também usando métodos quantitativos, Jaime Reis, Abolition and the economics of slaveholding in North East Brazil, *Occasional Papers* n.11, Institute of Latin American Studies, Glasgow, Escócia. Para uma discussão mais teórica da renda da escravidão, ver Antônio Castro, *Organização social e econômica da escravidão,* texto apresentado à Conferência sobre História e Ciências Sociais, Campinas, 26-30 de maio de 1975.

novas possibilidades para a expansão da produção e para a especialização. Os métodos de processamento do café e do açúcar também tinham melhorado, permitindo uma melhor divisão do trabalho. Após a interrupção do tráfico, o preço dos escravos aumentou vertiginosamente. O custo de manutenção dos escravos parecia, em algumas áreas, igualizar-se ou mesmo exceder o nível salarial local. O rápido crescimento das plantações de café fez do trabalho o problema mais urgente. Como podiam os fazendeiros satisfazer suas necessidades de trabalho após a interrupção do tráfico de escravos? O tráfico interno ofereceu uma solução temporária, mas a autorreprodução dos escravos não podia satisfazer a demanda imediata. Os fazendeiros das áreas em expansão haviam encontrado a resposta na imigração. Provavelmente, não teriam procurado alternativas para o trabalho escravo se não estivessem ante múltiplas pressões. Além disso, se tivessem mais confiança nas possibilidades de sobrevivência da escravidão ou não tivessem encontrado alternativas, teriam lutado para manter a instituição. Teriam tentado usar os mecanismos de repressão disponíveis para interromper os abolicionistas e as fugas de escravos. Como eles não se organizaram para defender a instituição, a escravidão foi abolida por um ato do Parlamento sob os aplausos das galerias. Promovida principalmente por brancos, ou por negros cooptados pela elite branca, a abolição libertou os brancos do fardo da escravidão e abandonou os negros à sua própria sorte.[40]

---

40 Florestan Fernandes, *A integração do negro na sociedade de classes*. São Paulo, 1964; Idem, *O negro no mundo dos brancos*. São Paulo, 1972.

CAPÍTULO 9

O MITO DA DEMOCRACIA RACIAL NO BRASIL[1]

Numa série de palestras proferidas há mais de cinquenta anos nos Estados Unidos e depois publicadas sob o título de *Interpretação do Brasil*,[2] o sociólogo brasileiro Gilberto Freyre descreveu o idílico cenário da democracia racial brasileira. Embora reconhecesse que os brasileiros não foram inteiramente isentos de preconceito racial,[3] Freyre argumentava que a distância social, no Brasil, fora o resultado de diferenças de classe, bem mais do que de preconceitos de cor ou raça.[4] Como os negros brasileiros desfrutavam mobilidade social e oportunidades de expressão cultural, não desenvolveram uma consciência de serem negros da mesma forma que seus congêneres norte-americanos.[5] Freyre também apontou o fato de que, no Brasil, qualquer pessoa que não fosse obviamente negra era considerada branca. Expressou a convicção de que os negros estavam rapidamente desapare-

---

1 Palestra proferida na reunião anual da Southern Historical Association, Washington, D. C., em 14 de novembro de 1975. Traduzido do inglês por Marco Aurélio Nogueira.

2 Gilberto Freyre, *Brazil: an Interpretation*. New York, 1945. Trad. bras.: *Interpretação do Brasil*. Rio de Janeiro, 1947.

3 Ibidem, p.126.

4 Ibidem, p.97.

5 Ibidem, p.154.

cendo no Brasil e incorporando-se ao grupo branco.[6] E foi além disso. Censurou os que se inquietavam com os possíveis efeitos negativos do amálgama étnico e reafirmou a confiança na capacidade social e intelectual do mulato. Foi no processo de miscigenação que Freyre julgou terem os brasileiros descoberto o caminho para escapar dos problemas raciais que atormentavam os norte-americanos.

Cerca de vinte anos depois, uma nova geração de cientistas sociais, estudando as relações raciais no Brasil, chegou a conclusões bastante diferentes. Estes cientistas acumularam uma nova quantidade de evidências de que os brancos no Brasil foram preconceituosos e de que os negros, apesar de não terem sido legalmente discriminados, foram "natural" e informalmente segregados. A maioria da população negra permaneceu numa posição subalterna sem nenhuma chance de ascender na escala social. As possibilidades de mobilidade social foram severamente limitadas aos negros e sempre que eles competiram com os brancos foram discriminados. A caracterização ortodoxa predominante de que o Brasil é uma democracia racial passou a ser um mero mito para os revisionistas, que começaram a falar na "intolerável contradição entre o mito da democracia racial e a real discriminação contra negros e mulatos",[7] e a acusar os brasileiros

---

6 Ibidem, p.96.
7 Octávio Ianni, Research on race relations in Brazil, *Race and class in Latin America*. New York: Magnus Morner (Ed.), 1970, p.256, 278. Os revisionistas mais importantes são: L. A. Costa Pinto, *O negro no Rio de Janeiro*. São Paulo, 1952; Florestan Fernandes, Roger Bastide, *Brancos e negros em São Paulo*. São Paulo, 1955; Thales de Azevedo, *As elites de cor. Um estudo da ascensão social*. São Paulo, 1955; Guerreiro Ramos, *Introdução crítica à sociologia brasileira*. Rio de Janeiro, 1957; Fernando Henrique Cardoso, Octávio Ianni, *Cor e mobilidade em Florianópolis*. São Paulo, 1960; Fernando Henrique Cardoso, *Capitalismo e escravidão no Brasil meridional. O negro na sociedade escravocrata do Rio Grande do Sul*. São Paulo, 1962; Octávio Ianni, *As metamorfoses do escravo. Apogeu e crise da escravatura no Brasil meridional*. São Paulo, 1962; Florestan Fernandes, *A integração do negro na sociedade de classes*. São Paulo, 1964, 2v., traduzido para o inglês: *The Negro in Brazilian Society*. New York, 1969; Thales de Azevedo, *Cultura e situação racial no Brasil*. Rio de Janeiro, 1966; Octávio Ianni, *Raças e classes sociais no Brasil*. Rio de Janeiro, 1966; Florestan Fernandes, *O negro no mundo dos brancos*. São Paulo, 1972.

de terem o fundamental preconceito de não serem preconceituosos.

O quadro que Gilberto Freyre forneceu das relações raciais no Brasil expressava, entretanto, uma opinião difundida não apenas entre a maioria da elite branca, como também, surpreendentemente, entre muitos negros. Ambos estes grupos receberam o trabalho fornecido pelos revisionistas da mesma forma como haviam recebido as tentativas de organizar um movimento negro no Brasil: com suspeita – se não com ressentimento – e, algumas vezes, com indignação. Os revisionistas foram acusados de inventar um problema racial que não existia no Brasil.

O estudo das ideologias raciais no Brasil nos fornece uma excelente oportunidade para analisar a dinâmica da mitologia social. Os mitos sociais, como sabemos, são constantemente criados e destruídos. São uma parte integrante da realidade social e não devem ser vistos meramente como um epifenômeno. Na vida diária, mito e realidade estão inextrincavelmente inter-relacionados. Os cientistas sociais e os historiadores operam no nível da mitologia social e eles mesmos, quer queiram quer não, ajudam a destruir e a criar mitos. No processo, a "verdade" de uma geração muito frequentemente torna-se o mito da geração seguinte. Os estudiosos norte-americanos, por exemplo, podem hoje falar a respeito do mito do *self-made man*.[8] Entretanto, para muitos daqueles que viveram nos Estados Unidos no século XIX

Entre os autores americanos: *Race and class in rural Brazil*. Charles Wagley (Ed.) Paris, 1952; Richard Morse, The negro in São Paulo – Brazil, *Journal of Negro History*, v.38, p.290-306, jul. 1953; Marvin Harris, *Town and County in Brazil*. New York, 1956; Bertram Hutchinson, *Village and Plantation Life in Northeastern Brazil*. Seattle, Washington, 1957; Charles Wagley, *An introduction to Brazil*. New York, 1963, nova ed., 1971; Carl Degler, *Neither Black nor White*: Slavery and Race Relations in Brazil and the United States. New York, 1971. (Trad. bras.: *Nem preto nem branco*. Escravidão e relações raciais no Brasil e nos EUA. São Paulo, 1976). Como representantes da escola tradicional nos Estados Unidos: Frank Tannembaum, *Slave and Citizen, The Negro in the Americas*. New York, 1946; Donald Pierson, *Negroes in Brazil*. Washington, 1959, nova ed. Chicago, 1967; Stanley Elkins, *Slavery, a Problem in American Institutional and Intellectual Life*, Chicago, 1959.

8 Irwin G. Willies, *The Self-made Man in America*: The Myth of Rags to Riches.

(e talvez para muitos ainda hoje) ele correspondia à sua experiência de vida e não era simplesmente um sonho que ajudava o homem comum a enfrentar suas frustrações diárias. O mito ajudou a reduzir o conflito social, é claro. Mas também impeliu os homens a grandes empreendimentos, alguns bem-sucedidos e outros fracassados. Era uma parte da realidade americana, tão real na experiência popular como o dinheiro, o trabalho e a fome.

O mito do *self-made man*, que foi tão importante na sociedade norte-americana, não teve a mesma atração no Brasil. Teve significado talvez para alguns grupos *petit-bourgeois*, principalmente imigrantes que estavam engajados numa febril luta pela ascensão social. Mas permaneceu alheio à experiência da maioria dos brasileiros das classes superior e inferior, que em lugar do mito do *self-made man* criaram o mito da democracia racial. Nos Estados Unidos, o mito do *self-made man* ajudou a cegar os americanos para as diferenças de classe. No Brasil, o mito da democracia racial obscureceu as diferenças raciais. Em ambos os casos, a "verdade" das gerações passadas tornou-se o mito da geração atual.

Nos Estados Unidos, assim como no Brasil, os intelectuais engajaram-se tanto na construção como na destruição desses mitos. Podemos esperar que uma maior familiaridade com a dinâmica da mitologia social não somente aumentará nosso conhecimento sobre a sociedade e a história, como também contribuirá para uma melhor compreensão das dificuldades do trabalho do historiador.

Em esboço, os fatos são suficientemente claros: um poderoso mito, a ideia da democracia racial – que regulou as percepções e até certo ponto as próprias vidas dos brasileiros da geração de Freyre – tornou-se para a nova geração de cientistas sociais um arruinado e desacreditado mito. Várias questões óbvias são sugeridas por esses fatos. Como puderam os brasileiros da geração de Freyre desconhecer seus próprios preconceitos? Como puderam os negros brasileiros daquele período permanecer cegos à discriminação que era uma experiência comum no seu cotidiano? Como puderam os brasileiros cultos, fossem eles brancos ou negros, ignorar a discriminação racial quando esta estava claramente demonstrada pelas estatísticas oficiais amplamente divulgadas? Qualquer um que soubesse ler e realizar simples ope-

DA MONARQUIA À REPÚBLICA

rações aritméticas poderia ter verificado os dados do censo oficial de 1950, que revelavam de maneira irretorquível a precária situação dos negros no Brasil. Estas estatísticas, por exemplo, classificavam cerca de 60% da população total como tecnicamente branca, cerca de 25% como mulata e 11% como negra. Mas as estatísticas referentes ao atendimento escolar de nível primário revelavam uma distribuição dramaticamente diversa. Apenas 10% dos alunos eram mulatos e somente 4%, negros. E nos estabelecimentos de nível secundário e superior o número de mulatos e negros era ainda menor. Somente 4% dos estudantes das escolas secundárias eram mulatos e menos de 1% eram negros. Nas universidades, apenas 2% eram mulatos, e somente cerca de um quarto de 1% eram negros. As estatísticas não eram secretas e nem difíceis de ser interpretadas. Mas foram ignoradas. E existiam muitos outros dados como esses para demonstrar o predomínio branco e a discriminação contra os negros, dados esses nos quais ninguém prestava atenção.[9]

É importante explicar não apenas como os brasileiros puderam ser cegos a tais realidades sociais, mas também por que eles intencionalmente definiram o Brasil como uma democracia racial. O que os levou a negar que seriam preconceituosos? Que funções tinha esse mito? Como era usado? A quem beneficiava? Por fim, por que a nova geração de cientistas sociais foi mais sensível às manifestações do preconceito, manifestações estas que tinham sido ignoradas pela geração anterior? Por que eles não ficaram impressionados com a *aparente* ausência de conflito racial, com a ausência de discriminação legal, ou com a presença de numerosos negros entre a elite – fatos que no passado tinham servido para demonstrar que o Brasil era uma democracia racial? Por que eles sentiram a necessidade de revelar a existência de sutis formas de discriminação desconhecidas antes? Por que foram impelidos a "desmascarar" a realidade por detrás do mito?

Para os que pensam que as ideologias meramente refletem o mundo "real", uma saída fácil seria dizer que as mudanças obje-

---

9 O professor Richard Morse já tinha registrado a discriminação racial. Ver seu The negro in São Paulo–Brazil, *Journal of Negro History*, v.38, p.290-306, jul. 1953.

tivas ocorridas na sociedade brasileira – industrialização, urbanização, desenvolvimento capitalista – agravaram os conflitos sociais e aumentaram a competição, tornando os brasileiros racistas. Por isso, não seria surpreendente que cientistas sociais, apenas registrando as mudanças nas atitudes raciais, se tornassem, após os anos 50, mais cientes do preconceito e da discriminação. Isto seria dizer que tanto Gilberto Freyre como Florestan Fernandes (o líder da escola revisionista no Brasil) estariam corretos.[10] Um expressava a realidade social do Brasil tradicional; o outro representava as modernas tendências da sociedade brasileira. Uma segunda saída fácil seria argumentar que as ideologias são realmente apenas imagens invertidas do mundo real e artifícios que os grupos dominantes produzem para disfarçar as formas de opressão ou para manter a hegemonia política. Com tal premissa, poder-se-ia dizer que o preconceito e a discriminação sempre existiram na sociedade brasileira, e que o mito da democracia racial foi uma distorção – deliberada ou involuntária – do real padrão das relações raciais no Brasil. Levando esse argumento à sua conclusão lógica, alguém que estivesse sempre disposto a crer nas capacidades conspirativas e no comportamento maquiavélico das classes dominantes veria o mito da democracia racial como um expediente usado pelas classes superiores brancas (das quais Gilberto Freyre e outros intelectuais de sua geração foram os porta-vozes) para mascarar a opressiva realidade das relações raciais. Somente a nova geração de analistas sociais, não identificada com a elite tradicional, poderia finalmente revelar a "real" natureza das relações raciais no Brasil.

Há uma terceira maneira de resolver o problema. Poderíamos atribuir a circunstâncias externas a criação e a destruição do mito, localizando as origens da ideologia racial brasileira em eventos ocorridos na Europa ou nos Estados Unidos. O mito da democracia racial apareceria então como uma tentativa de acomodar as ideias racistas europeias – que se tornaram preponderantes na Europa da segunda metade do século XIX – à realidade

---

10 Pierre van der Berghe, *Race and Racism*. New York, 1967. Thomas Skidmore, *Black into White*. Race and Nationality Brazilian Thought. New York, 1974. (Trad. bras.: *Preto no branco. Raça e nacionalidade no pensamento brasileiro*. Rio de Janeiro, 1976).

DA MONARQUIA À REPÚBLICA   373

brasileira. Confrontando as teorias que realçaram a superioridade da população branca e a inferioridade dos mestiços e negros, a elite brasileira – uma minoria de brancos, alguns dos quais não estavam seguros da "pureza" de seu sangue, cercados por uma maioria de mestiços – não descobriu melhor solução do que colocar suas esperanças no processo de "branqueamento". O Brasil superaria seus problemas raciais, sua inferioridade, através da miscigenação. A população *tornar-se-ia* crescentemente branca. A uma ideologia segregacionista característica dos Estados Unidos, onde qualquer descendente de uma união entre um negro e um branco era considerado negro, a elite brasileira opôs uma ideologia baseada na integração e na assimilação, que implicava a repressão de atitudes preconceituosas contra os negros e supunha que os mulatos estavam no meio do caminho entre os negros e os brancos. Em vez de um preconceito de origem (qualquer quantidade de sangue negro fazia um homem negro), os brasileiros tinham um preconceito de cor (uma pessoa é branca ou negra dependendo de sua aparência).[11]

Após a Segunda Guerra Mundial, "os pontos de referência precedentes mudaram dramaticamente". Com a vitória aliada sobre os nazistas, o racismo foi "derrotado" nos campos de batalha. De outro modo, como, em poucos anos, os Estados Unidos moveram-se em direção à integração, os brasileiros não puderam mais se referir à odiosa instituição da segregação, ou aos horrores dos linchamentos nos Estados Unidos.[12] Nem podiam opor as tristes cenas das relações raciais americanas ao seu paraíso racial – um dos seus exercícios intelectuais favoritos. Essas mudanças provocaram um crescente interesse pelo estudo das relações raciais. Na suposição de que a experiência dos brasileiros poderia oferecer ao resto do mundo uma lição ímpar de "harmonia" nas relações entre as raças, a Unesco fomentou uma série de projetos de pesquisas sobre as relações raciais no Brasil.[13]

---

11 Oracy Nogueira, Skin color and social class. In: Vera Rubin (Ed.) *Plantation Systems in the New World*. Washington, 1959, p.164-79.

12 Thomas Skidmore, *Black into white*, p.210-1.

13 Os resultados desta pesquisa foram publicados em *Race and Class in Rural Brazil*. Ed. Charles Wagley. Paris, 1952; e em Roger Bastide, Florestan Fernandes, *Relações raciais entre negros e brancos em São Paulo*. São Paulo, 1955.

Contrariando os resultados esperados, essas pesquisas revelaram a existência do preconceito e da discriminação. A nova geração de cientistas sociais lançava um ataque à tradicional mitologia racial.

Alguém poderia argumentar que estou apresentando uma caricatura grotesca dos três tipos de interpretação, que estou construindo espantalhos exatamente para destruí-los. Devo admitir que exagerei deliberadamente algumas tendências comuns na história da mitologia social para provar algumas teses. Mas também é verdadeiro que uma cuidadosa análise dos trabalhos publicados sobre relações raciais no Brasil mostrará que muitos autores têm aceito uma ou mais dessas três interpretações. O uso de uma ou mais delas tem levado a distorções das quais devemos estar cientes para evitar suas ciladas. Elas são reducionistas, estabelecem falsas correlações e omitem importantes mediações. Além disso, apesar de serem fundamentalmente diferentes, essas três interpretações têm algo em comum: a suposição de que aqueles que escreveram e falaram sobre raça e preconceito estavam interessados apenas ou principalmente em raça e preconceito. Nós sabemos, entretanto, que muito frequentemente aquilo que parece ser o principal tema de uma geração nada mais é do que uma metáfora para expressar outros interesses ou realidades. É isso o que nos mostrou George Fredrickson em *The Black Image in the White Mind*[14] e Leonard Richards em *Gentleman of Property and Standing*.[15] Mudanças nos padrões familiares, no sistema político, nas formas de estratificação social e de autoridade geraram ansiedades e levaram os americanos a tornarem-se abolicionistas ou antiabolicionistas. A lição é clara: para explicar as percepções dos padrões raciais tem-se que olhar além dos estreitos quadros de referência das relações raciais.

Apesar de serem limitadas e insuficientes, as três interpretações mencionadas têm algo de verdadeiro. Não há dúvida, por exemplo, de que os intelectuais brasileiros do século XIX e dos

---

14 George Fredrickson, *The Black Image in the White Mind*: The Debate on Afro-american Character and Destiny. 1817-1914. New York, 1971.
15 Leonard L. Richads, *Gentleman of Property and Standing*. Anti-abolition Mobs in Jacksonian America. New York, 1970.

começos do século XX estavam bastante influenciados por Lapouge, Gobineau e outros escritores europeus que falavam na inferioridade dos povos mestiços e na superioridade da raça branca.[16] Mas isso não explica o mito da democracia racial – nem mesmo um pequeno e secundário aspecto dele, como a ideia do "branqueamento". De fato, os intelectuais brasileiros não estavam apenas respondendo a ideias de fora. Eles escolheram aquelas que lhes permitiriam sintonizar-se melhor com a realidade brasileira contemporânea. Sem essa suposição, como podemos explicar sua indiferença a outras ideias, como o marxismo e o anarquismo, por exemplo, durante o mesmo período? É óbvio que os intelectuais brasileiros aceitaram certas ideologias europeias e deixaram outras de lado. A questão é saber por que eles selecionaram ideias racistas, que enfatizavam a superioridade branca, quando no Brasil apenas 40% da população, por volta de 1870, podia ser oficialmente considerada branca e quando alguns membros da elite não podiam estar seguros de sua "pureza" racial.

Quando olhamos mais de perto o que esses intelectuais faziam com as ideias raciais europeias, torna-se claro que eles não eram passivos receptores de ideias produzidas no exterior, meras vítimas de uma mentalidade colonial que procuravam ver sua realidade através de ideias vindas do estrangeiro. Seria talvez mais correto dizer que eles viam aquelas ideias através de *sua realidade*. A elite branca brasileira já tinha em sua própria sociedade os elementos necessários para forjar sua ideologia racial. Tinha aprendido desde o período colonial a ver os negros como inferiores. Tinha também aprendido a abrir exceções para alguns *indivíduos* negros ou mulatos. Qualquer europeu ou americano que postulasse a superioridade branca seria necessariamente bem recebido. Ele traria a autoridade e o prestígio de uma cultura superior para ideias já existentes no Brasil. Os brasileiros teriam apenas de fazer alguns ajustes. E os fizeram. Para formular o "problema negro" em seus *próprios* termos, eles "descartaram duas das principais suposições das teorias racistas europeias: a natureza inata das diferenças raciais e a degeneração dos sangues mestiços".[17]

---

16 Thomas Skidmore, *Black into White*, p.48, 53.
17 Ibidem, p.77.

Assim, embora afirmando a superioridade dos brancos sobre os negros, eles tinham meios para aceitar negros em seus grupos. E tinham a esperança de eliminar o "estigma" negro no futuro, através da miscigenação.

Pode-se ver que a influência das ideias estrangeiras deve ser levada em consideração na análise da ideologia racial brasileira. Essa influência, entretanto, não pode explicar a ideologia racial e é ainda mais inadequada para explicar a origem e a destruição do *mito* da democracia racial. Igualmente insuficiente é a interpretação "realista". Seria correto dizer que a industrialização, a urbanização e o desenvolvimento das relações capitalistas de produção criaram profundas deslocações na sociedade brasileira, como aconteceu em todas as partes. E seria possível argumentar, seguindo a análise de Van den Berghe em *Race and Racism*, que os padrões raciais no Brasil passaram de um modelo paternalista para um modelo competitivo – da acomodação racial para o conflito racial, de um sistema de relações raciais no qual o preconceito, embora presente, não era "necessário", para um sistema no qual o preconceito "é necessário".[18] Mas até mesmo admitindo que houve uma mudança objetiva nos padrões raciais, ainda temos que explicar como o mito foi criado e destruído. Ainda devemos perguntar por que a geração de Gilberto Freyre precisava crer na existência de uma democracia racial e por que tornou-se importante para a geração seguinte combater esse mito. As mudanças nos padrões das relações raciais e na estrutura econômico-social apenas podem ser compreendidas como *precondições* para o desenvolvimento de uma distinta percepção do preconceito e do conflito racial.

Igualmente insuficientes são aquelas interpretações que postulam o caráter manipulativo dos mitos sociais e que caracterizariam o mito da democracia racial como uma criação das classes superiores brancas para disfarçar o preconceito e a discriminação. Não há dúvida de que o mito mascararia a real natureza das relações raciais no Brasil e esconderia o preconceito e a discriminação. Ele tornaria o desenvolvimento da consciência negra

---

18 Pierre van den Berghe, *Race and Racism*, p.32.

DA MONARQUIA À REPÚBLICA   377

mais difícil e o confronto racial menos provável.[19] E também escusaria as classes superiores brancas de tomar providências para evitar a marginalização da maioria negra.[20] Mas isso não significa dizer que ele tenha sido criado expressamente pela elite branca para cumprir essas funções. Não podemos inferir intenções e finalidades de efeitos ou funções. Em outras palavras, devemos distinguir as funções do mito de seus usos (manipulação expressa). Qualquer tentativa de negar o preconceito racial somente pode suscitar a suspeita de ser um ato de má-fé depois que o mito tiver sido identificado e desvendado.

É óbvio que os brancos beneficiaram-se com o mito. Mas também é verdade que os negros beneficiaram-se igualmente, embora de uma maneira mais limitada e contraditória. A negação do preconceito, a crença no "processo de branqueamento", a identificação do mulato como uma categoria especial, a aceitação de indivíduos negros entre as camadas da elite branca tornaram mais difícil para os negros desenvolver um senso de identidade como grupo. De outro modo, criaram oportunidades para alguns *indivíduos* negros ou mulatos ascenderem na escala social. Embora socialmente móveis, os negros tinham, entretanto, de pagar um preço por sua mobilidade: tinham de adotar a percepção que os brancos possuíam do problema racial e dos próprios negros. Tinham de fingir que eram brancos. Eram negros "especiais", "negros de alma branca" – expressão comum empregada pelos brasileiros da classe superior branca sempre que se referiam aos seus amigos negros. Se alguns deles estavam conscientes das sutis formas de preconceito e discriminação, fizeram questão de não mencioná-las. Esses indivíduos compartilharam com os brancos o mito da democracia racial. Para a sociedade em geral, eles serviram como um claro testemunho da realidade do mito, como uma evidência tanto da ausência de preconceito como das possibilidades de mobilidade social desfrutadas pelos negros no Brasil.

Uma anedota sobre Machado de Assis ilustra bem o dilema do mulato da classe superior no Brasil durante o século XIX e, espero, nos colocará no caminho para explicar a vida e a "mor-

---

19   Thomas Skidmore, *Black into White*, p.218; Florestan Fernandes, *The Negro in Brazilian Society*, p.136.
20   Florestan Fernandes, op. cit., p.134, 138.

te" do mito da democracia racial no Brasil. Quando Machado de Assis morreu, um de seus amigos, José Veríssimo, escreveu um artigo em sua homenagem. Numa explosão de admiração pelo homem de origens modestas e ancestrais negros que se tornara um dos maiores romancistas do século, Veríssimo violou uma convenção social e referiu-se a Machado como o *mulato* Machado de Assis. Joaquim Nabuco, que leu o artigo, rapidamente percebeu o *faux-pas* e recomendou a supressão da palavra, insistindo que Machado não teria gostado dela. "Seu artigo no jornal está belíssimo" – escreveu a Veríssimo – "mas esta frase causou-me arrepio: 'Mulato, foi de fato grego da melhor época'. Eu não teria chamado o Machado de mulato e penso que nada lhe doeria mais do que essa síntese. Rogo-lhe que tire isso quando reduzir os artigos a páginas permanentes. A palavra não é literária e é pejorativa, basta ver-lhe a etimologia. O Machado para mim era um branco e creio que por tal se tomava...".[21]

Essa história é reveladora das tensões sociais e raciais e das formas de acomodação características da sociedade brasileira nos séculos XIX e XX. Nabuco era branco, de uma família de importantes políticos, e ele mesmo foi uma destacada figura no Parlamento. Foi também o líder do movimento abolicionista na Câmara dos Deputados e o autor do mais famoso libelo contra a escravidão no Brasil.[22] Como muitos outros membros da elite brasileira, tinha negros e mulatos – como Machado – entre seus amigos. Sabia o que se esperava dele, como uma pessoa branca, sempre que se dirigisse a um negro ou a um mulato. Consideraria seus amigos negros como iguais, exprimindo de maneiras sutis que ele não tinha preconceito contra os negros – uma forte convicção que ele tinha não apenas a respeito dele próprio, como a respeito dos brasileiros brancos em geral.[23] Evitaria cuidadosamente qualquer situação que pudesse fazer que negros se sentissem embara-

---

21 *Revista do Livro*, v.V, ano 11, p.164, março de 1957, cit. por Eduardo de Oliveira e Oliveira, O mulato, um obstáculo epistemológico, *Argumento*, jul. 1974, p.70.

22 Joaquim Nabuco, *O abolicionismo*. Londres, 1883. Sobre Nabuco, ver Carolina Nabuco, *The life of Joaquim Nabuco*. Stanford, 1950, (ed. bras.: *A vida de Joaquim Nabuco*. São Paulo, 1929); Luís Viana Filho, *A vida de Joaquim Nabuco*. São Paulo, 1952.

23 Thomas Skidmore, *Black into White*, p.23.

DA MONARQUIA À REPÚBLICA   379

çados ou envergonhados, por serem negros. Ele os trataria como se fossem brancos. Todos sabiam que Machado era um mulato, mas reconhecer isso publicamente seria uma *gaffe*, uma ofensa a Machado. Essa seria também a opinião de Machado. Nabuco estava certo. Toda sua vida, Machado tinha sido perseguido por três pesadelos: seus ataques epiléticos, suas origens modestas e sua cor – três fontes de medo, ansiedade e vergonha. Ele pareceu ter-se resignado mais à sua epilepsia do que às suas origens e à sua cor. Visitava sua família em horas em que não poderia ser visto. Desposou uma mulher branca. Manteve uma atitude discreta e reservada diante da abolição. Em seus romances, trabalhava com tragédias pessoais de indivíduos brancos e raras vezes, e apenas marginalmente, referiu-se a escravos ou a negros.[24] Jamais enfrentou o problema da "negritude". Ao contrário, fez o que muitos outros negros de sua geração que ascenderam a posições importantes fizeram. Viveu a ambiguidade de sua situação e cumpriu conscientemente o papel que lhe era atribuído na comunidade dos brancos, da qual ele tinha se tornado um membro. E não teria gostado de ser chamado de mulato – uma expressão que revelaria a ficção de sua pessoa pública.

A atitude de Nabuco correspondia ao ideal cavalheiresco cultivado pela elite branca. Ele conhecia e respeitava o protocolo, tal como o imperador que, ao ser avisado num baile da Corte de que o engenheiro negro André Rebouças ainda não havia dançado, solicitou à sua própria filha (a princesa Isabel) que dançasse com ele.[25] Mas todo o paternalismo do imperador, todo o respeito de Nabuco pela etiqueta social, todo o prestígio social de homens como Machado e Rebouças, todas as manifestações de igualdade dos membros da elite brasileira em suas relações com os negros – todos esses cuidados e discrições – não podiam apagar definitivamente a existência do preconceito racial e da discriminação racial na sociedade brasileira. Machado, cuja qua-

---

24 O mais recente livro sobre Machado de Assis é o de Raymundo Faoro, *Machado de Assis, a pirâmide e o trapézio*. São Paulo, 1974. Ver também Miécio Tati, *O mundo de Machado de Assis*. Rio de Janeiro, 1961; e Roberto Schwarz, *Ao vencedor as batatas*. São Paulo: Duas Cidades, 1977.

25 Sobre o imperador, ver Heitor Lyra, *História de D. Pedro II*. São Paulo, 1938-1940, 3v.; Mary Wilhelmine Williams, *D. Pedro the Magnanimous*. Chapel Hill, 1937.

lidade mais notável como escritor foi seu senso de ironia e que passou boa parte de sua vida como romancista revelando as contradições entre a imagem das pessoas e a oculta realidade de suas vidas, provavelmente teria sentido isso melhor do que seu amigo branco. Nabuco, de sua posição de branco da classe superior, talvez estivesse mais esquecido de seus próprios preconceitos. No fim das contas, ele não tinha entre seus amigos muitos mulatos ilustres? Como muitos outros brasileiros, entretanto, ele esperava que a imigração europeia trouxesse para os trópicos o "fluxo do vivo, vigoroso e sadio sangue caucasiano".[26] A mesma forma de ilusão e a mesma ambiguidade nas relações raciais tornariam possível ao mulato Nina Rodrigues, o famoso antropólogo brasileiro da década de 1930, propagar ideias a respeito da inferioridade dos negros.

Naturalmente, homens como Machado ou Nina Rodrigues foram e poderiam continuar a ser usados como evidências da mobilidade social dos negros, da ausência de preconceito e de discriminação racial, uma série de crenças que constituíam o âmago daquilo que a geração dos anos 60 chamou o mito da democracia racial. O mito nada mais foi do que a formalização num nível teórico de experiências vividas por brancos como Nabuco e por negros como Machado. A chave para a compreensão do padrão racial, do processo de formalização do mito e de sua crítica pode ser encontrada no sistema de clientela e patronagem e no seu desmoronamento.

Desde o período colonial, o monopólio dos meios de produção pela minoria branca (fazendeiros, comerciantes, burocratas) e as limitadas oportunidades de participação econômica, política e social das massas criaram as bases de um sistema de clientela e patronagem.[27] No interior desse sistema, brancos pobres,

---

26 Thomas Skidmore, *Black into White*, p.24.
27 Sobre o sistema de clientela e patronagem: Victor Nunes Leal, *Coronelismo enxada e voto*. Rio de Janeiro 1948 (nova ed.: São Paulo, 1975); Raymundo Faoro, *Os donos do poder*. Porto Alegre, 1959 (2.ed., São Paulo, 1975, 2v.); Maria Isaura Pereira de Queiroz, *O mandonismo local na vida política brasileira*. São Paulo, 1969; idem, O coronelismo numa interpretação sociológica. In: *História Geral da Civilização Brasileira*, tomo 8, III, O Brasil Republicano, v.1, p.175, 190. São Paulo, 1975; Marcos Vilaça, Roberto Cavalcanti e Albuquerque, *Coronel coronéis*. Rio de Janeiro, 1965.

negros livres e mulatos (a maioria da população) funcionavam como a clientela da elite branca. A mobilidade social não era obtida por meio da competição direta no mercado, mas por meio de um sistema de patronagem no qual a palavra decisiva pertencia à elite branca. Segura de suas posições, controlando a mobilidade social, imbuída de um conceito hierárquico de organização social[28] que santificava as desigualdades sociais e enfatizava as obrigações recíprocas, bem mais do que a liberdade pessoal e os direitos individuais –, a elite brasileira não temia a população de negros livres como faziam os norte-americanos. Os negros podiam ascender na escala social apenas quando autorizados pela elite branca. Dessa forma, o escravocrata brasileiro, que compartilhava com os escravocratas de todas as partes os estereótipos negativos a respeito dos negros, nunca traduziu esses estereótipos em "racismo" ou discriminação legal. Os escravocratas podiam mesmo violar as regras discriminatórias contra os negros encarnadas na tradição legal.[29] Podiam aceitar, de tempos em tempos, em suas camadas, um mulato de pele clara que, como Machado, automaticamente adquiria o *status* de branco.[30] Os negros que ocupavam uma posição de classe superior identificavam a si mesmos como membros da comunidade branca. Eles representavam

---

28 Richard Morse, The heritage of Latin America. In: *Políticas and social change in Latin America*: the distinct tradition. Howard J. Wiarda (Ed.) Amheherst, Massachusetts, 1974, p.25, 70.

29 Charles Boxer, *The Golden Age of Brazil*. 1695-1750, Berkeley, 1969, p.166 (trad. bras.: *A Idade de Ouro no Brasil*. São Paulo, 1959). Idem, *Race Relations in the Portuguese Colonial Empire*. 1416-1825. Oxford, 1963, p.117.

30 Sobre o mulato na sociedade brasileira, ver Carl Degler, *Neither Black nor White*: slave and race relations in Brasil and the United States. New York, 1970 (trad. bras.: *Nem preto nem branco*. Escravidão e relações raciais no Brasil e nos EUA. São Paulo, 1976). Para um ponto de vista diferente, ver o comentário ao livro de Degler feito por Eduardo de Oliveira e Oliveira, O mulato, um obstáculo epistemológico, *Argumento*, junho, 1974. Para uma análise das maneiras através das quais o mulato aceita a ideologia dos brancos, ver A. Preto-Rodas, *Negritude as A Theme in the Poetry of the Portuguese Speaking World*. University of Florida Humanities Monograph, n.31, Gainesville, Flórida, 1970; Roger Bastide, *A poesia afro-brasileira*. São Paulo, 1943; idem, A imprensa negra no Estado de São Paulo. In: *Estudos Afro-brasileiros*. São Paulo, 1973, p.129, 150.

um modelo para a maioria dos negros que permaneciam nos porões da sociedade. O fato de que alguns negros tinham aparentemente se livrado de seu "estigma" e ingressado na comunidade branca induzia os negros e brancos a verem a privação em que vivia a maioria dos negros como uma consequência mais de diferenças de classes do que de diferenças raciais, ou mais da inferioridade dos negros do que da discriminação por parte dos brancos. De outro modo, os negros e os brancos das classes mais inferiores, igualmente dependentes do paternalismo da elite branca, podiam viver na ilusão de solidariedade criada pela pobreza compartilhada, pelo desamparo comum e pela dependência em relação à elite branca.

Após a Independência, com a criação das formas representativas de governo, a necessidade de a elite controlar o eleitorado deu nova força ao sistema de clientela e patronagem. A relativa expansão do mercado internacional e a abertura de novas carreiras na burocracia, no direito, no jornalismo e na engenharia tiveram o mesmo efeito. A expansão, entretanto, foi limitada e continuou sendo possível à elite manter as tradicionais formas de controle sobre o processo de mobilidade social. No século XX, entretanto, com o incremento da urbanização, o crescimento da população (a população brasileira aumentou de 14 milhões para mais de uma centena de milhões desde 1890) e a relativa distribuição da riqueza, tornou-se difícil para a elite tradicional conservar sua posição. Houve divisões no interior da elite. Setores "progressistas" opuseram-se a grupos tradicionais. As emergentes classes médias urbanas tiveram uma chance de escolher entre permanecer como clientela das oligarquias tradicionais ou seguir os novos grupos. Puderam até mesmo sonhar com o desenvolvimento de uma visão do mundo autônoma e de uma ação política independente.[31] Nos anos 20, pela primeira vez a palavra *oligarquia* foi usada criticamente em análises da sociedade brasileira.[32] Foi tam-

---

31 Edgard Carone, *A República velha*. Evolução política. São Paulo, 1971; idem, *A República Velha*. Instituições e classes sociais. São Paulo, 1970; Décio Azevedo Marques de Saes, O civilismo e as camadas médias urbanas na Primeira República Brasileira. 1889-1930, *Cadernos da Universidade Estadual de Campinas*, IFCH, n.1, s. d.

32 Emília Viotti da Costa, Sobre as origens da República. *Anais do Museu Paulista*, v.18, São Paulo, 1964, p.76-7. Ver capítulo 9 deste livro.

bém durante esse período que uma série de levantes e conspirações envolvendo militares, setores da classe média e trabalhadores ameaçou a ordem política, culminando numa revolução em 1930, que colocou um fim à hegemonia política das oligarquias tradicionais.[33] A geração de Gilberto Freyre foi surpreendida por esse processo de rápidas mudanças. Seus representantes viram o crescimento das novas usinas que substituíam os tradicionais engenhos de açúcar. Observaram um grande número de outras indústrias sendo construídas no sul. Descobriram um novo problema social: a classe operária.[34] Viram os filhos de imigrantes tornarem-se empresários e os membros da "aristocracia" tradicional ocuparem posições insignificantes.[35] Confrontaram um novo estilo de vida e de política e não ficaram muito satisfeitos com o que viram. O cenário alterou-se mais rapidamente no Sul do que no Nordeste, mas a mudança podia ser sentida por toda parte. Na década de 1920, quando os intelectuais paulistas organizaram a "Semana de Arte Moderna" e assinaram um *Manifesto Modernista*,[36] Gilberto Freyre e seus amigos responderam com o *Manifesto Regionalista*,[37] que enfatizava a tradição. Os paulistas (a versão brasileira do *Yankee*) aparentavam estar comprometidos com o progresso; aparentavam ter zombado de suas tradições, rompido com o passado. Gilberto Freyre escreveria a epopeia de *Casa grande e senzala*. Revelaria a tradição senhorial de uma maneira simpática. Engajar-se-ia numa "proustiana" busca do tempo perdido.[38] Mostraria ao *Yankee* brasileiro e ao *Yankee* real os as-

---

33 Boris Fausto, Pequenos ensaios de História da República. 1889-1945, *Cadernos CEBRAP*, n.10, s. d.

34 Rui Barbosa, *A questão social e política no Brasil*. Rio de Janeiro, 1958.

35 Bastante expressivos dessas inquietações são os romances de José Lins do Rego pertencentes ao "ciclo da cana-de-açúcar".

36 Sobre o modernismo, Wilson Martins, *The modernist idea*. New York, 1970; John Nist, *The modernist movement in Brazil*. Austin, 1967; Mário da Silva Brito, *História do modernismo brasileiro*, v.I: Antecedentes da Semana de Arte Moderna. 28.ed. Rio de Janeiro, 1964; Afrânio Coutinho, *An introduction to literature in Brazil*. New York, 1969.

37 José Aderaldo Castello, *José Lins do Rego*: modernismo e regionalismo. São Paulo, 1961; Gilberto Freyre, *Região e tradição*. Rio de Janeiro, 1941.

38 Gilberto Freyre, *The Masters and the Slaves*: a Study in the Development of Brazilian Civilization. New York, 1946, ed. abreviada, 1964, p.11 (ed. bras.: *Casa grande e senzala*. Rio de Janeiro, 1933).

pectos positivos de sua tradição. Nada parecia mais oportuno do que falar a respeito da democracia racial brasileira, especialmente num momento em que negros organizavam uma Frente Negra para lutar pela melhoria de suas condições de vida.[39]

O problema era que, com a gradual derrocada do sistema de clientela e patronagem e com o desenvolvimento de um sistema competitivo, tornava-se mais difícil para negros e brancos evitar situações em que o preconceito e a discriminação tornar-se-iam visíveis. Se a manifestação de preconceito era basicamente incompatível com o velho sistema de clientela e patronagem, numa sociedade competitiva ela transformava-se num instrumento natural usado pelos brancos contra os negros. Os brancos tornaram-se mais conscientes de suas atitudes preconceituosas, uma vez que tinham de confrontar os negros em lugares que eles raramente frequentavam antes (clubes, teatros, universidades e hotéis da classe superior) ou em momentos em que tinham que tratar, face a face, com um negro "agressivo", "arrogante", que não cumpria seu papel de acordo com as expectativas tradicionais de humildade e subserviência. Os próprios negros constataram, quando tiveram que competir por empregos e posições no mercado de trabalho, sem o amparo de um patrão branco, que estavam submetidos à discriminação.

Os cientistas sociais dos anos 60, entretanto, não estavam respondendo apenas a essas novas realidades. Havia mais oportunidades para a percepção do preconceito e da discriminação do que antes; mas não foi porque ele se tornou mais óbvio que os cientistas sociais alvejaram o mito da democracia racial com a mira da crítica. O ataque ao mito, de fato, proveio da luta política contra as oligarquias tradicionais, luta essa que atingiu seu clímax nos anos 60. A denúncia das "mitologias" tradicionais só pode ser compreendida nesse contexto.

Os intelectuais, é claro, tinham sua maneira de explicar o que estavam tentando fazer. Octávio Ianni, uma das importantes figuras entre os revisionistas, explicou que o que os motivava era a crença em que, de algum modo, o "avanço da civilização brasileira depende do estudo científico da natureza e da direção

---

39 Florestan Fernandes, *The Negro in Brazilian Society*, p.189, 233.

DA MONARQUIA À REPÚBLICA

das relações raciais".[40] Argumentou que era importante destruir as falsas imagens sociais, pois "os mitos dominantes numa sociedade eram sempre aqueles que ajudariam a manter a predominante estrutura de interesses econômico-comerciais e de convenções sociais". E finalmente expressou sua convicção de que os novos estudos sobre raça, adotando uma nova perspectiva, constituíam "uma importante contribuição para o desenvolvimento da democracia no Brasil".[41] Ianni deu ênfase à sua confiança nos métodos científicos como técnicas para desenvolver um conhecimento racional da realidade social. E prognosticou que eles teriam um importante papel a cumprir na criação das condições para o progresso social e, consequentemente, na destruição dos mitos que, em suas palavras, "eram valiosos apenas para os grupos dominantes numa sociedade agrário-exportadora",[42] uma opinião que ele compartilhava com Florestan Fernandes, o principal estudioso das relações raciais no Brasil.

Os revisionistas eram produtos da Universidade de São Paulo e de outras instituições análogas, que tinham sido criadas nos anos 30 com a finalidade de formar a nova elite de profissionais e burocratas relativamente independentes das oligarquias tradicionais. Muitos dos cientistas sociais treinados nessas novas instituições tinham saído da classe média e alguns poucos de famílias da classe inferior. Alguns eram mulatos, mas não sentiam o mesmo embaraço de Machado quando falavam a respeito de suas origens modestas. Não dependiam do tradicional sistema de clientela e patronato. Adquiriram seu *status* mediante sua afiliação com as novas instituições. Seu público também era diferente. Como parte do processo de criação de uma nova elite cultural, o ensino universitário tinha sido democratizado. Cursos noturnos iniciaram-se em 1946, imediatamente após a queda de Vargas. Os novos estudantes, como seus professores, representavam um novo estrato social e também estavam prontos para participar da crítica aos mitos tradicionais.[43]

---

40 Octávio Ianni, Research on race relations in Brazil. In: Magnus Morger (Ed.) *Race and class in Latin America*. p.257.
41 Ibidem, p.258.
42 Ibidem, p.22.
43 Ver Octávio Ianni, *Sociologia e sociedade no Brasil*. São Paulo, 1975, p.22.

Combater mitos que ainda estão vivos na sociedade é sempre uma tarefa difícil e perigosa. No Brasil, o mito da democracia racial não está completamente morto. Embora profundamente enfraquecido nos centros urbanos, o sistema de clientela e patronagem ainda sobrevive no Brasil – quase intacto, como em algumas regiões do interior, ou remodelado para ajustar-se à sociedade moderna. Isso explica por que ainda hoje é difícil, no Brasil, organizar um bem-sucedido movimento negro. Também explica, pelo menos em parte, por que os professores Ianni e Fernandes, como muitos outros que consideravam como sua a tarefa de destruir os mitos tradicionais que inibiam o processo de democratização da sociedade brasileira, foram forçados a se retirar da Universidade de São Paulo em 1969.

CAPÍTULO 10

SOBRE AS ORIGENS DA REPÚBLICA[1]

A versão dos contemporâneos

Uma das tarefas mais difíceis do ofício de historiador é a crítica dos testemunhos. Ao descrever o momento que estão vivendo, os homens traçam frequentemente uma imagem superficial e deformada dos fatos. O grau de comprometimento do observador, a qualidade e a quantidade das informações de que dispõe sua maior ou menor capacidade de análise, a maneira pela qual se deixa empolgar por paixões e sentimentos refletem-se no seu depoimento. É regra elementar da pesquisa histórica submeter a documentação a uma crítica rigorosa e, no entanto, essa regra tão elementar é extremamente difícil de ser posta em prática e, principalmente, de ser bem-sucedida quando se trata de criticar o depoimento testemunhal. A dificuldade é maior quando se estudam as reformas políticas, econômicas ou sociais e os processos revolucionários. Os temas que provocam controvérsias, que envolvem posições opostas, as situações históricas que produzem vencedores e vencidos dão origem a uma documentação testemunhal contraditória. Cada grupo explica a rea-

---

1 Originalmente publicado nos *Anais do Museu Paulista*, São Paulo, XVIII, 1964.

lidade à sua maneira, de forma diversa, quando não oposta aos demais, o que complica o trabalho do historiador e dificulta a crítica histórica. Um mero confronto das opiniões entre si não basta para esclarecer o que se passou. Não se trata de optar por esta versão e não por aquela, porque esta nos parece mais lógica. É preciso utilizar outros tipos de documentos mais objetivos para poder julgar o grau de veracidade da informação testemunhal. Para que se possa entender um golpe de Estado ou uma revolução é preciso ter informações sobre o que se processa no quadro econômico, social e institucional. É preciso familiarizar-se com as ideias em voga. Não basta conhecer os homens e os episódios, nem mesmo é suficiente saber quais suas opiniões e ideias, qual a sua forma de participação. Não basta conhecer as razões que os contemporâneos invocam, uns para justificar o movimento, outros para criticá-lo ou detê-lo. Ao estudar um golpe de Estado ou uma revolução é necessário que o historiador procure além dos atos aparentes as razões de ordem estrutural que o motivaram, e que frequentemente escapam à consciência dos contemporâneos. É preciso indagar quais os grupos sociais que se associam para dar o golpe ou fazer uma revolução, contra quem e contra o que se dirige o movimento e em favor de quem e de que, e ainda quais as forças que se aglutinam na resistência. É preciso avaliar a extensão do movimento e acompanhar os sucessos posteriores, para verificar se constitui uma revolução que subverte um regime renovando os grupos dirigentes, alterando a ordem social e econômica, ou se não passa de mero golpe de Estado motivado por interesses de minorias que procuram assumir a liderança deslocando outras minorias do poder. É necessário ainda verificar se o movimento atende a aspirações de extensas camadas da sociedade ou se satisfaz apenas à ambição de alguns indivíduos. O conhecimento dos acontecimentos posteriores e das mudanças que se operam na sociedade, na administração, na política, na economia permite, em parte, responder a essas questões, mas é preciso indagar até que ponto as mudanças correspondem ao programa oficial, aos anseios do grupo revolucionário e até que ponto a revolução se distancia dos objetivos iniciais e toma novos rumos, às vezes mais avançados, às vezes mais retrógrados do que pretendia, negando-se a si mesma, apegando-se a fórmulas passadas. Estas e muitas outras questões se impõem na análise de um movimento revolucionário.

A República vista pelos republicanos

Duas linhas de interpretação surgiram já nos primeiros anos: a dos vencedores e a dos vencidos, a dos republicanos e a dos monarquistas, aos quais vieram juntar-se com o tempo alguns republicanos que, desiludidos com a experiência, aumentaram o rol dos descontentes, exaltando as glórias do Império e ressaltando os vícios do regime republicano.

Os primeiros, lembrando as revoluções e pronunciamentos que, desde a Inconfidência, tiveram por alvo instalar um regime republicano no Brasil, afirmam que a República sempre foi uma aspiração nacional. Esposando uma ideia já enunciada no Manifesto Republicano de 1870, consideram a Monarquia uma anomalia na América, onde só existem repúblicas. Repetindo as críticas feitas durante o Império ao Poder Moderador, afirmam que as liberdades foram cerceadas com grande prejuízo para a nação. Apontam as deficiências de D. Pedro como estadista. Criticam a centralização excessiva do governo monárquico, a vitaliciedade do Senado, a fraude eleitoral que possibilita ao governo vencer sempre as eleições, e consideram a República a solução natural para os problemas. A proclamação da República na opinião desses testemunhos foi a concretização de uma aspiração popular levada a efeito por um grupo de homens idealistas e corajosos que conseguiram integrar o país nas tendências do século.

"A monarquia condenada pela sua própria índole", tal é, em síntese, a observação resultante dos escritos de Suetônio numa obra sobre o Império editada em 1896, e que reúne artigos publicados no periódico *O Paiz*.[2] O autor procura mostrar que os males do Império advinham menos do imperador do que da instituição de que ele foi ao mesmo tempo "o representante

---

2 Suetônio, *O Antigo Regimem*. Homens e cousas da Capital Federal. Prefácio de Quintino Bocaiúva. Rio de Janeiro, 1896, 256p. e apêndice, p.103.

conspícuo e a vítima ilustre". Pinta, não obstante, um retrato pouco favorável do imperador: "O poder pessoal do imperador é incontestável, a ele cabe e somente a ele todos os males do seu longo reinado, os homens públicos eram instrumentos de fácil manejo de que se servia", escreve Suetônio afirmando que o imperador fez os governos que quis e os manteve o tempo que bem entendeu.

Não é muito diferente desta a ideia de Oscar Araújo ao publicar em 1893 um livrinho em francês sob o título *L'idée républicaine au Brésil*.[3] Enfatiza também as arbitrariedades e os abusos do Poder Moderador, considerando que a manutenção da escravidão por tantos anos, a má gestão financeira, as guerras contra nações estrangeiras são devidas mais à incapacidade do soberano, do que à incompetência de seus ministros. Ao analisar a origem da ideia republicana, afirma que a monarquia brasileira estava isolada na América e não tinha bases no Brasil. Atribui aos republicanos o papel principal na proclamação da República e aos militares um papel não só secundário, como acidental.[4] A síntese mais completa, nesse período, é apresentada na obra de Felício Buarque: *Origens republicanas – Estudos de gênese* política,[5] publicada em 1894 com a intenção de refutar as afirmações feitas por Afonso Celso em *O imperador no exílio*.[6] Começa afirmando que a democracia no Brasil tem origens étnicas no povoamento e que o regime republicano sempre constituiu aspiração nacional. Os tronos estavam por toda parte abalados pelas transformações econômicas e sociais que, uma vez desencadeadas, determinariam necessariamente o desaparecimento do regime monárquico. Como o problema originava-se de causas econômicas e sociais, sua resolução poderia ser retardada, mas nunca impedida. Partindo de uma concepção mecanicista

---

3 Oscar Araújo, *L'idée républicaine au Brésil*. Paris, 1893.

4 Sobre o papel dos militares, diz: "*Le rôle accidental des militaires dans l'établissement de la république et leur intervention necessaire assurent à la transformation du régime politique, avait fait croire à quelques uns d'entre eux parmi les moins éclairés qu'ils étaient les maîtres des destinées du Brésil*".

5 Felício Buarque, *Origens republicanas – Estudos de gênese política*. São Paulo: Edaglit, 1962.

6 Afonso Celso pretendera defender o imperador e o regime monárquico das acusações feitas pelos republicanos.

da história, afirma que a substituição das monarquias pela forma republicana de governo "é sobretudo uma fatalidade mecânica".[7] Aponta, entre os fatores da proclamação da República, a constituição etnográfica, a transição para um regime de trabalho agrícola e industrial de tipo europeu, as relações entre as nações americanas, a propaganda em prol da República promovida por meio de livros e jornais, a corrupção política e a deficiente administração do Império, a perniciosa influência do poder pessoal, a atuação do "numeroso partido republicano" existente em São Paulo, Minas, Rio de Janeiro e Rio Grande do Sul, a repercussão da Lei Áurea, a atitude da Armada e do Exército, a má disposição em relação a um terceiro reinado e, finalmente, o fator desencadeante do movimento: a política levada a efeito pelo ministério de 7 de junho contra os republicanos e as classes armadas.

Atribui grande importância à atuação do partido republicano e seus órgãos de propaganda, salientando o papel de alguns elementos, entre os quais Silva Jardim. Diz que o Ministério Ouro Preto apresentara-se com tendências exclusivamente políticas, relegando a segundo plano os problemas econômicos e industriais, despertando desde o início forte oposição. Na ocasião da apresentação do seu programa à Câmara, dois deputados fizeram profissão de fé republicana. O padre João Manuel dera vivas à República e Cesário Alvim gritara "Abaixo a Monarquia".

Com a intenção de demonstrar a falta de prestígio da Monarquia, relata, entre outros fatos, alguns episódios ocorridos durante uma viagem que o conde D'Eu fez ao norte do país. Silva Jardim, um jovem e ardente republicano, embarcou no mesmo navio, com o intuito de promover a propaganda republicana, recebendo por toda parte os aplausos que o povo negava ao príncipe. Nos últimos meses de 1889 a ideia republicana recebia numerosas adesões e os conflitos entre os elementos da Guarda Negra (defensores da monarquia) e os republicanos multiplicavam-se. Analisando, finalmente, a questão militar, procura demonstrar que, ao assumir a liderança do movimento, o Exército foi o veículo das aspirações populares: "o povo

---

7 Ibidem, p.37.

selecionado no Exército foi o grande operário do movimento". "O povo e o Exército têm sido os maiores contribuintes da realização das aspirações nacionais." "Provindo dos elementos mais democráticos têm conjuntamente vibrado os mesmos sentimentos e concorrido para o mesmo fim, nas grandes emergências da pátria."[8] Acusa o imperador de ter governado só para dominar e de dividir para governar, abusando dos golpes de Estado e fazendo os conservadores realizarem as reformas propostas pelos liberais com o intuito evidente de anular os partidos. Repetindo uma opinião tantas vezes emitida, escreve: "A política do Império de feição inteiramente pessoal só visou desprestigiar os caracteres insubmissos ao servilismo e elevar os que se curvavam aos acenos do poder supremo. Abusando das atribuições do Poder Moderador D. Pedro aniquilou a independência dos outros poderes políticos com a onipotência do seu indômito querer".[9] Para comprovar essa afirmação, transcreve críticas feitas por monarquistas e pela imprensa conservadora e liberal ao regime monárquico e ao imperador. Algumas críticas já tinham sido divulgadas em 1870 pelo Manifesto Republicano com o objetivo de desmoralizar o regime. A seleção das citações é arbitrária: Felício Buarque reúne frases pronunciadas pelos políticos do Império em momentos de mau humor: durante as crises ministeriais, quando partidos e políticos eram atingidos pela ação do Poder Moderador. A maioria das acusações tinha sido pronunciada durante acalorados debates parlamentares, quando os ânimos se exaltam e as palavras ultrapassam os limites das intenções.[10] O fato de elas provirem das hostes monarquistas dava-lhes, entretanto, aparência de autenticidade. Pois se os próprios monarquistas criticavam o regime, como duvidar que a monarquia fosse o governo pessoal, o império do arbítrio e do servilismo? E, no

---

8 Felício Buarque, *Origens republicanas...*, op. cit., p.620.

9 Ibidem, p.261.

10 Anos mais tarde, Oliveira Vianna, em *O ocaso do Império*, procurando reabilitar a monarquia, retomou as mesmas citações, dando-lhes, entretanto, uma outra interpretação. Elas testemunhavam, a seu ver, o desapego dos monarquistas à Monarquia. Entre as frases tantas vezes repetidas destaca-se a famosa apóstrofe transcrita em 1867 no *Diário de São Paulo*, órgão de monarquistas ilustres como João Mendes de Almeida e Antônio Prada: "Haverá quem

entanto, essas afirmações que, daí por diante, foram tantas vezes repetidas pelos historiadores expressavam apenas o desagrado dos políticos, não correspondendo a uma análise objetiva dos fatos. Testemunham mais o ressentimento de políticos feridos na sua susceptilidade e cerceados na sua ambição do que retratam o regime monárquico. Revelam menos os desmandos da Monarquia e do imperador do que a sua vulnerabilidade derivada da instituição do Poder Moderador, em virtude do qual o imperador

---

ainda espera alguma cousa do sr. Pedro II? Para o Monarca Brasileiro só há uma virtude, o servilismo. Para os homens independentes e sinceros – o ostracismo. Para os lacaios e instrumentos de sua grande política – os títulos e condecorações". Outro dito que ficou famoso foi o de Ferreira Viana, que começava dizendo: "Quarenta anos de reinado, quarenta anos de mentiras, de perfídias, de prepotência, de usurpação...", e que concluía referindo-se ao imperador como "Príncipe conspirador, César Caricato", palavras pronunciadas no auge da campanha abolicionista, quando tramitava pela câmara um projeto de lei para emancipação dos sexagenários que provocava grande celeuma nos meios políticos. Como sempre, atribuía-se ao imperador a iniciativa da medida, e os descontentamentos recaíam sobre ele. Os estudos mais recentes têm demonstrado que a questão da Abolição transcende de muito as intenções do imperador e é uma questão econômica e social que dividiu a sociedade em abolicionistas e antiabolicionistas. Ver, a esse respeito, Paula Beiguelmann, *Teoria e ação no pensamento abolicionista*. São Paulo: Difusão Europeia do Livro, 1962; Octávio Ianni, *As metamorfoses do escravo*. São Paulo: Difusão Europeia do Livro, 1962; Fernando Henrique Cardoso, *Capitalismo e escravidão*. São Paulo: Difusão Europeia do Livro, 1962; Emília Viotti da Costa, *Da senzala à colônia*, op. cit.; Pedro Carvalho de Mello, Aspectos econômicos da organização do trabalho na economia cafeeira do Rio de Janeiro. 1850-1888, *Revista Brasileira de Economia*, v.32, p.19-67, jan.-mar. 1978; Jacob Gorender, *O escravismo colonial*; Robert B. Toplin, *The Abolition of Slavery in Brazil*. New York, 1972; Robert Conrad, *The Destruction of Brazilian Slavery, 1850-1888*. Berkeley, 1972; Robert Slenes, *The Demography and Economics of Brazilian Slavery*, 1850-1888. (Ph.D., Stanford, 1976); Carvalho de Mello, *The Economics of Slavery on Brazilian Coffee Plantations, 1850-1888*. Chicago, 1977. Tese (Doutoramento), Department of Economics University of Chicago; Thomas Holloway, Immigration and Abolition. The transition from slave to free labor in São Paulo coffee zone. In: *Essays Concerning the Socio-Economic History of Brazil and Portuguese India*. Ed. por Dauril Alden e Warren Dean. Gainesville, 1977, p.150-77; Suely Robles Reis de Queirós, *Escravidão negra em São Paulo*. Um estudo das tensões provocadas pelo escravismo no século XIX. Rio de Janeiro, 1977; Emília Viotti da Costa, *A Abolição*. São Paulo, 1982.

fora colocado no centro das disputas pessoais e partidárias, comuns ao sistema parlamentar. Os republicanos da primeira hora consideravam, entretanto, aquelas críticas justas e verdadeiras. Aos seus olhos a Monarquia era o regime de corrupção e de arbítrio, de violência e de injustiças e sobretudo do governo do Poder Pessoal, discricionário e alheio aos interesses do povo. Essa visão personalista e emocional dos fatos foi aceita sem restrições por alguns historiadores. Ao tentar a reconstituição da história do período exageram o papel da Coroa, atribuindo-lhe uma atuação muito maior do que ela poderia de fato ter, responsabilizando-a por todos os males, como se a vontade de um só homem pudesse explicar o processo histórico. Não é difícil verificar através de um estudo atento da bibliografia referente ao Império e à República a persistência dessa versão. Em algumas obras ela manteve-se quase intacta, embora apareça disfarçada com as roupagens da erudição.

Encontra-se no estudo de Felício Buarque a maioria das explicações que os historiadores deram, a partir de então, para o movimento republicano e para a proclamação da República. A sua versão dos fatos era a versão de um republicano, com a qual evidentemente não concordavam os monarquistas. Os protestos de Eduardo Prado e de Afonso Celso,[11] o retrato que da República traçaram os autores de *A década republicana*,[12] a imagem do Império e da República pintada pelo visconde de Taunay[13] demonstraram que havia uma interpretação diferente dos fatos.

A versão dos monarquistas

Logo após a proclamação da República a voz dos monarquistas foi abafada pela euforia dos republicanos, reforçados com o coro

---

11 Eduardo Prado, *Fastos da ditadura militar no Brasil*. São Paulo: Escola Tipográfica Salesiana, 1902; Afonso Celso, *O imperador no exílio*. Rio de Janeiro, Francisco Alves, s. d.; Visconde de Ouro Preto, *Advento da ditadura militar no Brasil*. Paris, 1891.

12 *A década republicana*. Rio de Janeiro: Cia. Tipográfica do Brasil, 1908.

13 Visconde de Taunay, *Império e República*. São Paulo, 1933.

DA MONARQUIA À REPÚBLICA

dos adesistas, pressurosos em demonstrar fidelidade ao novo regime. Mas a versão dos monarquistas não desapareceu. Os adeptos do regime deposto continuaram a dar a sua interpretação dos fatos e a ela aderiram em breve os desiludidos da República. Os livros, panfletos, manifestos e protestos divulgados pela imprensa "sebastianista" registraram a versão monarquista, segundo a qual a proclamação da República não passava de um levante militar, alheio à vontade do povo. Fora fruto da indisciplina das classes armadas que contavam com o apoio de alguns fazendeiros descontentes com a manumissão dos escravos. Tinha sido grande equívoco. O regime monárquico dera ao país setenta anos de paz interna e externa garantindo a unidade nacional, o progresso, a liberdade e o prestígio internacional. Uma simples parada militar substituíra esse regime por um outro instável, incapaz de garantir a segurança e a ordem ou de promover o equilíbrio econômico e financeiro e, que além de tudo, restringia a liberdade individual.

Não tinham ainda decorridos dois anos da proclamação da República e já o visconde de Ouro Preto, último ministro da Monarquia, refutava a versão dos republicanos criticando especialmente o depoimento de Cristiano Benedito Ottoni.[14] O retrato que faz do Império é completamente diverso daquele pintado pelos republicanos. O Império não foi a ruína, foi a conservação e o progresso. Durante meio século manteve-se íntegro, tranquilo e unido o território colonial. Uma nação atrasada e pouco populosa converteu-se em grande e forte nacionalidade, primeira potência sul-americana, considerada e respeitada em todo o mundo. Aos esforços do Império, três povos vizinhos deviam o desaparecimento do despotismo mais cruel e aviltante. O Império foi generoso com seus adversários. Proscreveu e aboliu de fato a pena de morte, extinguiu a escravidão, deu ao Brasil "glórias imorredouras", paz interna, ordem, segurança, liberdade individual como jamais houve em país algum.

O hino louvaminhas ao Império e à Monarquia representa os extremos da tendência monarquista. A maioria dos historia-

---

14 Cristiano Benedito Ottoni, *O advento da República no Brasil*. Rio de Janeiro: Tip. Perseverança, 1890, p.136.

dores, entretanto, que se filiaram a essa tendência não se distanciou muito dessa perspectiva. Alguns foram conscientemente monarquistas, outros não, mas ao utilizar os documentos testemunhais, sem submetê-los à devida crítica, aderiram sem percebê-lo à versão dos monarquistas. Em vez de considerá-la apenas uma das faces da realidade e procurar conhecer as outras, confundiram a parte com o todo, a visão aparente com a realidade, a opinião com os fatos.[15]

O visconde de Taunay, político conservador e monarquista e um dos intérpretes desse pensamento, caracteriza a Monarquia como um regime dotado de qualidades verdadeiramente republicanas e ao mesmo tempo define a República como uma "paródia ridícula e sanguinária do regime democrático", "imposição e partilha de um grupo mínimo com exclusão absoluta da vontade e do voto do povo". Considera o Quinze de Novembro fruto do desgosto da classe militar, do descontentamento dos fazendeiros em virtude da Abolição e da habilidade de uns poucos republicanos históricos em explorar a situação. Na sua opinião, a República no Brasil é como os demais governos da América Latina: "o governo pessoal", a república militar cafesista do Rio de Janeiro.

Essa foi, em linhas gerais, a opinião dos monarquistas e dos desiludidos da República que, na ocasião, já eram muito numerosos. Idealizavam o passado e com olhos pessimistas observavam o presente que lhes afigurava uma época de desmandos e confusão. Enquanto os republicanos consideravam a República a concretização dos ideais republicanos, obra de um punhado de idealistas auxiliados pelas valorosas classes militares,

---

15 Ver como representantes dessa tendência, entre outros, as obras de: Rocha Pombo, *História do Brasil*. Rio de Janeiro, 1906, v.10; Joaquim Aurélio Barreto Nabuco, *Um estadista do Império*, 3.ed. São Paulo: Cia. Ed. Nacional, 1936; Oliveira Lima, *O Império brasileiro*. São Paulo: Melhoramentos, s. d. Essas obras se enquadram naquilo que Stanley Stein, arguto intérprete da história do Brasil, chamou de historiadores da escola conservadora ou pró-Império. Em nossos dias essa versão foi habilmente retomada por João Camilo de Oliveira Torres, *A democracia coroada*. Teoria política do Império do Brasil. Rio de Janeiro, 1957; Stanley J. Stein, A historiografia do Brasil 1808-1889, *Revista de História (São Paulo)*, v.XXIX, n.50, p.81-133, jul-set. 1964.

os monarquistas diziam que as classes militares, impregnadas de orgulho vão e minadas pela indisciplina, haviam sido instrumentos de grupos civis desejosos do poder, desenganados da Monarquia ou ressentidos.

Um testemunho menos comprometido

Ao lado dessas interpretações eivadas de subjetividade, apareciam outras mais serenas, porque menos comprometidas. Max Leclerc, viajante francês que percorria o Brasil por ocasião da proclamação da República, deixou suas impressões num livro que se chamou *Cartas do Brasil*.[16] "A revolução está terminada e ninguém parece discuti-la, mas aconteceu que os que fizeram a revolução não tinham de modo algum a intenção de fazê-la e há atualmente na América um presidente da República à força. Deodoro desejava apenas derrubar um ministério hostil. Era contra Ouro Preto e não contra a Monarquia. A Monarquia caíra. Colheram-na sem esforço como um fruto maduro."[17] Falara-se em cumplicidade dos fazendeiros, mas a seu ver a verdadeira cumplicidade era a do silêncio e da força de inércia.[18] "O edifício imperial, mal construído, edificado para outros tempos e outros destinos, já não bastava às necessidades dos novos tempos. Incapaz de resistir à pressão das ideias, das coisas e dos homens novos já se tornara caduco e tinha seus alicerces abalados."[19] Que forças eram essas, quais os grupos novos que exigiam uma mudança de regime, Max Leclerc não diz, limitando-se a invocar as razões conhecidas para explicar o movimento de 15 de novembro. Atribui a queda da Monarquia ao fato de o poder estar concentrado nas mãos do imperador que envelhecera perdendo o controle da situação, alude à má disposição existente em relação às perspectivas de um terceiro reinado, refere-se, enfim, a causas meramente circunstanciais.

---

16 Max Leclerc, *Cartas do Brasil*. Trad., prefácio e notas de Sérgio Milliet. São Paulo: Cia. Ed. Nacional, 1942.

17 Ibidem, p.17.

18 Ibidem, p.21.

19 Ibidem, p.131.

Ficam assim configuradas algumas das versões sobre a proclamação da República que acabaram por se fixar na historiografia. Durante algum tempo, os historiadores optaram por uma ou outra versão, ora dando crédito à versão monarquista, ora à republicana. Alguns procuraram acomodar as duas versões em uma interpretação eclética, tentando conciliar as contradições. Não foram *em geral muito além do que já havia sido dito pelos contemporâneos*. Os estudos parecem decalcar-se uns nos outros. Repetem as mesmas ideias, citam os mesmos fatos, transcrevem as mesmas palavras.

Os conflitos dos primeiros anos da República e uma nova perspectiva historiográfica

Com o passar do tempo, novos elementos explicativos seriam acrescentados e se daria aos fatos já conhecidos um novo valor.

As contradições presentes no movimento de 1889 vieram à tona já nos primeiros meses da República quando se tentava organizar o novo regime. As forças que momentaneamente se tinham unido em torno das ideias republicanas entraram em choque. Os representantes do setor progressista da lavoura, fazendeiros de café das áreas mais dinâmicas e produtivas, elementos ligados à incipiente indústria, representantes das profissões liberais e militares, nem sempre tinham as mesmas aspirações e interesses. As divergências que os dividiam repercutiam em conflitos no Parlamento e eclodiam em movimentos sediciosos que polarizavam momentaneamente todos os descontentamentos, reunindo desde monarquistas até republicanos insatisfeitos. Rompia-se a frente revolucionária. Representantes da oligarquia rural disputavam o poder a elementos do Exército e da burguesia, embora houvesse burgueses e militares dos dois lados, em virtude dos seus interesses e ideais.

Com o passar do tempo, os descontentamentos multiplicaram-se. Era impossível manter a estabilidade e a paz quando havia tantos grupos disputando a liderança. A aparente fraqueza do regime recém-criado dava esperanças aos monarquistas, que sonhavam com a Restauração. Os militares eram, como sempre, solicitados a intervir nas questões políticas que dividiam a nação. Depois de um curto domínio da espada, as oligarquias cafeicultoras afirmaram-se no poder garantidas por uma base econômica aparentemente sólida oferecida pela crescente produção cafeeira. O agitado período governamental do paulista Prudente de Morais foi sucedido pelo governo do também paulista Campos Salles, que conseguiu impor uma relativa calma ao cenário político, ideando a "política dos governadores". Entregou os estados ao domínio das oligarquias locais, concedendo-lhes plena autonomia na direção dos assuntos regionais, e recebendo delas, em troca, o apoio de que necessitava na esfera federal. A fraude eleitoral campeava por toda parte, favorecida pelo voto a descoberto e pela falta de independência do eleitorado. Nos pleitos, a oposição era sistematicamente sacrificada.

A verdade eleitoral consistia, no mais das vezes, na vontade que emanava dos palácios dos governadores.[20] As oligarquias imperavam por toda parte, mas o seu domínio não se exercia sem a resistência dos grupos minoritários. De outro modo, as oligarquias que dominavam nos vários estados lutavam entre si no plano federal, onde frequentemente se opunham à oligarquia paulista.

Em São Paulo os republicanos dividiram-se desde os anos iniciais da República. Nos primeiros meses do governo Campos Salles, a cisão manifestava-se nitidamente. Adolfo Gordo, Antônio Cajado, Edmundo Fonseca, Álvaro de Camargo, Alfredo Pujol opunham-se à "política dos governadores" ideada por Campos Salles. Os dissidentes paulistas aliaram-se à oposição. A sucessão de Rodrigues Alves abriu séria crise nesse estado.

Entretanto, se a política financeira realizada por Campos Salles, sob pressão dos credores britânicos, obtinha o apoio de certos setores, despertava em outros uma séria oposição.

A política exterior do governo republicano despertara também desde 1889 numerosas críticas. Nem todos aprovaram a deliberação tomada pelo governo de estreitar relações com os Estados Unidos. A assinatura do tratado de reciprocidade co-

---

20 Sertório de Castro, *A República que a Revolução destruiu*. Rio de Janeiro: Oficinas Gráficas Mundo Médico, 1932.

mercial entre o Brasil e aquele país, publicado no Brasil em 1891, suscitou comentários pouco favoráveis. Em 1894, Eduardo Prado fazia publicar *A ilusão americana*, uma espécie de contestação aos argumentos dos que pleiteavam uma aproximação maior com os Estados Unidos. Nessa obra comentava as repercussões daquele tratado no Brasil. Muitas firmas tinham sido prejudicadas com a medida. Um grande número de negociantes e industriais externou seu descontentamento por meio da imprensa. O *Jornal do Comércio* transcreveu críticas ao que era considerado um desastroso tratado. O governo americano isentava o café e certos tipos de açúcar de direitos de importação, mas recebia em troca isenção de direitos sobre as farinhas de trigo e vários outros artigos americanos, obtendo ainda para os demais produtos uma redução de 25% nas tarifas da alfândega. As cláusulas prioritárias amplamente benéficas aos Estados Unidos prejudicavam empresas nacionais chegando a arruinar algumas.[21]

A política de aproximação entre Brasil e Estados Unidos, que convinha aos cafeicultores que para lá enviavam boa parte do café, desagradava a outros setores da opinião. O inverso se poderia dizer em relação à política industrialista pleiteada pelos industriais, que, satisfazendo a estes, desagradava à lavoura e ao comércio importador. Profundas divergências separavam os cafeicultores dos industriais quando se tratava de discutir a política de proteção à indústria. O governo, pressionado por uns e outros, desenvolvia uma política hesitante e instável, descontentando finalmente a todos.[22] Protecionistas e antiprotecionistas divergiam na Câmara a propósito da política econômica. Industrialistas fervorosos como "Serzedello Correa, Barata Ribeiro, Lauro Muller, Osório de Almeida e outros do Grupo do Clube de Engenharia, estadistas e políticos principalmente do Estado do Rio e de Minas Gerais, como Nilo Peçanha, João

---

21 Eduardo Prado, *A ilusão americana*. 3.ed. São Paulo: Brasiliense, 1958 (a 1ª edição do livro foi confiscada e suprimida pelo governo brasileiro. A 2ª edição apareceu em 1894, no estrangeiro).

22 Nícia Vilela Luz, *Aspectos do nacionalismo econômico brasileiro. Os esforços em prol da industrialização*. São Paulo, 1959 (Coleção da *Revista de História*, XVI) publicada pela Difusão Europeia do Livro sob o título *A luta pela industrialização do Brasil* (nova ed., São Paulo: Alfa-Ômega, 1975).

Pinheiro, Francisco Sales, João Luiz Alves", refletindo além dos interesses industriais os interesses agropecuários desses dois estados,[23] opunham-se às diretrizes políticas traçadas pela lavoura cafeeira. A ideologia dos industrialistas, caracterizada por um tom nacionalista e protecionista, opunha-se à ideologia antiprotecionista das classes rurais que eram apoiadas pelos grupos importadores.

Os setores mais rotineiros da agricultura, apegados ainda a métodos tradicionais de produção e que viviam em estado de crise permanente desde o fim do Império, julgavam-se, por sua vez, preteridos e prejudicados pela política econômica do governo, que seguia as diretrizes traçadas pelos representantes das zonas progressistas, em franca expansão.

As queixas e os descontentamentos indispunham uma parte da nação contra o governo. A animosidade era dirigida particularmente contra a oligarquia paulista que detinha o poder. A conjuntura favorecia o aparecimento de novas interpretações do movimento republicano.

Ao iniciar-se o século XX já se delineiam claramente quais os beneficiados pelo movimento republicano e quais os sacrificados. As tendências incialmente obscuras e confusas se tinham revelado nítidas aos olhos dos observadores. Configuraram-se o domínio das oligarquias e a preponderância paulista. A vivência do processo sugeria novas explicações, estimulando a revisão da história do Império e da República.

Em 1906, Coelho Rodrigues publicava um livro intitulado *A República na América do Sul*, um pequeno e precioso livro cheio de ideias sugestivas e que é bem reflexo de seu tempo. A partir da perspectiva que a experiência republicana lhe havia dado, sugeria uma nova interpretação do movimento republicano.

"Não foi o povo, nem os chefes militares que fizeram a República", escreve ele,

e sim os chefes doutrinários daqui e de São Paulo *cujos políticos fazendeiros esperavam dela os proveitos que têm monopolizado e os meios de conseguirem a separação dos quatro Estados do Sul,* consigna-

---

23 Ibidem, p.96.

dos a um Ministro Paulista do Governo Provisório e até hoje, confederados em transparente segredo para tirarem da União o máximo em troca do mínimo possível.[24]

Um novo dado aparecia na explicação do movimento republicano – a atuação dos fazendeiros do sul do país que teriam visto na República o meio de controlar o poder. Essa explicação, embora extremamente sugestiva, permaneceu mais ou menos ignorada dos historiadores, e foi preciso que as oligarquias cafeicultoras entrassem em crise para que ela fosse novamente lembrada.[25]

Teorias civilistas e teorias militaristas

As imagens e interpretações da história do Império e da República até então traçadas foram, daí por diante, repetidas por um grande número de historiadores. Os cronistas e historiadores de tendências republicanas foram unânimes em apontar as deficiências do regime extinto como a causa primordial da proclamação da República. Divergiam apenas ao caracterizar as forças que participaram do movimento.

Desde logo, delinearam-se duas linhas de interpretação: a versão que se poderia chamar militarista e a versão civilista da proclamação da República. Uma reivindicava para os militares, outra para os civis, a glória do movimento. Uma condenava a atuação dos militares na política, considerando-a nociva. Outra acentuava os benefícios que tinham decorrido daquela intervenção. Naturalmente, ao escrever a história do movimento republicano, cada historiador acentuava alguns fatos que lhe pareciam importantes, deixando outros na sombra, dava ênfase a certos aspectos, minimizando outros, chamava atenção para certos episódios, ignorando outros, tudo isso em razão da sua posição inicial: republicana ou monarquista, civilista ou militarista. Mesmo os historiadores que, como Oliveira Vianna, se pretendiam obje-

---

24 A. Coelho Rodrigues, *A República na América do Sul*. Eisideln, 1906. Nessa obra criticava também a política americanófila do governo da República.
25 Ver mais adiante as interpretações de Normano e Nelson Werneck Sodré.

tivos[26] não escapavam às influências do seu tempo. A posição que assumiam em face do presente refletia-se na interpretação dos fatos passados. Isso se tornava mais evidente na obra dos cronistas improvisados que constituíam a grande maioria dos que escreviam história na época. A tensão entre elementos civis e militares existia desde o tempo do Império. Para proclamar a República uniram-se momentaneamente políticos civis e representantes das classes armadas. Passando o Quinze de Novembro, as hostilidades recomeçaram. Desde os primeiros tempos alguns políticos sentiram-se desnorteados diante da ação dos militares. Tinham esperado talvez que depois de proclamada a República as classes armadas voltariam aos quartéis e o poder seria entregue aos civis. Fora esse, aliás, o ponto de vista de Benjamin Constant, um dos principais líderes do movimento republicano no Exército. Numa reunião realizada em fevereiro de 1887 pelos militares, Benjamin Constant, ao que parece, externou seu ponto de vista afirmando que, se no regime democrático é condenável a preponderância de qualquer classe, muito maior condenação deve haver para o predomínio da espada que tem sempre mais fáceis e melhores meios de executar os abusos e as prepotências.[27] Mas essa não era a opinião de outros chefes militares. Floriano Peixoto manifestava-se favorável à ditadura da espada. Numa carta, enviada ao general Neiva, em 10 de junho de 1887, que se tornou famosa e tantas vezes foi citada pelos historiadores, escrevia a propósito da questão militar:

> Vi a solução da questão de classe, excedeu sem dúvida a expectativa de todos. Fato único que prova exuberantemente a podridão que vai por este pobre país e, portanto, a necessidade da

---

26 Referindo-se à sua interpretação das questões militares, diz Oliveira Vianna no prefácio de sua obra *O ocaso do Império*: "Estas constituíram para mim um ponto extremamente delicado de análise, mas dada a autenticidade dos fatos estudados não creio que se possa acusar de excessiva a severidade com que julguei o papel do elemento militar nas nossas agitações políticas. *Neste ponto como em todos os outros que são debatidos neste volume, penso ter feito obra de absoluta imparcialidade julgadora*" (Oliveira Vianna, *O ocaso do Império*. 2.ed. São Paulo: Melhoramentos, p.7, o grifo é nosso).

27 Ibidem, p.187.

ditadura militar para expurgá-la. Como liberal que sou não posso querer para meu país o governo da espada, mas não há quem desconheça, aí estão os exemplos, de que é ele que sabe purificar o sangue do corpo social que, como o nosso, está corrompido.[28]

Proclamada a República, alguns civis, talvez temerosos de uma contrarrevolução, apoiaram a candidatura do marechal Deodoro à presidência da República, preferindo o militar ao candidato civil.

O governo de Deodoro caracterizou-se por uma grande instabilidade política, culminando com a sua renúncia à presidência. Ao assumir o governo na qualidade de vice-presidente, Floriano Peixoto teve ocasião de pôr em prática suas ideias sobre a necessidade de um governo forte. As agitações não cessaram. Os numerosos atritos ocorridos no período contribuíram para acirrar os ânimos e criar antagonismos irreconciliáveis. Terminado o período governamental, Floriano entregou o governo ao primeiro presidente civil.

Os primeiros anos da República foram anos de agitação. Revoltas, conflitos, conspirações eclodiam por toda parte. Em meio a toda efervescência sobressaía a ação das classes armadas.

Nos primeiros anos dos século XX a conjuntura internacional iria favorecer o desenvolvimento do militarismo. A mística militarista ganharia um notável reforço. No Brasil, militaristas e civilistas degladiavam-se em torno da sucessão presidencial. Em 1910 a nação teve de escolher entre um líder militar e um civil.

A campanha eleitoral acirrou os ânimos da oposição, e Rui Barbosa apresentou-se como candidato civilista combatendo em discursos candentes a candidatura do marechal Hermes e o militarismo. A opinião pública foi solicitada a manifestar-se pelo militarismo ou pelo civilismo. A vitória final do marechal Hermes, em vez de eliminar as tensões, agravou-as. A política de "salvação nacional" levada a efeito por ele, o expurgo de governadores, a intervenção das forças armadas no cenário político e na administração fizeram recrudescer os antagonismos entre civis e mili-

---

28 A. Ximeno de Villeroy, *Benjamin Constant e a política republicana*. Rio de Janeiro, 1928.

DA MONARQUIA À REPÚBLICA

tares. A questão empolgava a nação.[29] Sob a impressão desses antagonismos seria reexaminada a história do movimento de 1889. A versão antimilitarista não era nova. Já em 1889, Eduardo Prado, como bom monarquista, condenava nos *Fastos da ditadura militar no Brasil* o caráter de pronunciamento militar que tivera a proclamação da República. A versão ganharia um novo significado em virtude do clima criado pela campanha eleitoral. Tobias Monteiro fazia publicar, em 1913, ainda no período Hermes, uma obra intitulada *Pesquisas e depoimentos para a história*.[30] Ao analisar o papel dos militares na proclamação da República, apresenta-os como se não passassem de instrumentos nas mãos dos políticos.[31] "A maior praga destes países [escreve referindo-se aos países sul-americanos] tem consistido na exploração do elemento militar pela velhacaria política." Neles tudo favorece esse desvio da função nacional da força pública. O fim principal dos seus homens de Estado, dos seus patriotas, deveria ser a implantação definitiva da autoridade civil e a subordinação das classes ao seu papel único e meritório de garantia da ordem interna e da paz com o estrangeiro. Em vez disso, sempre que se oferece uma situação delicada, em que um "elemento estranho" possa "desviar o eixo da política", não falta quem esteja disposto a acordar nos quartéis os soldados de prontidão e os venha trazer pelo braço, como salvadores do momento que transformam a espada em talismã.

Homens feitos para o mister de comandar rarissimamente se poderão adaptar ao governo da sociedade civil, cuja tendência, cuja ambição é a conquista cada vez maior da liberdade, a independência cada vez mais acentuada da pressão do Estado. É, pois, natural que eles estranhem as transações e transigências da polí-

---

29 Lima Barreto deixara em "Numa e a Ninfa" e as "Aventuras do dr. Borgoloff" uma admirável crônica desse período. "Numa e Ninfa" foi publicada sob a forma de conto pela primeira vez na *Gazeta da Tarde*, em 1911, desenvolvida em novelas. As "Aventuras do dr. Borgoloff" datam de 1912 (Lima Barreto, *Numa e a Ninfa*. Rio de Janeiro: Gráfica Editores Brasil Ltda., 1950).

30 Tobias Monteiro, *Pesquisas e depoimentos para a História*. Rio de Janeiro: Francisco Alves, 1913.

31 Ibidem, p.112.

tica, as suas acomodações, os seus manejos, a subordinação absoluta da autoridade à lei e à justiça, a sua dependência, embora indireta, dos outros poderes, cuja colaboração é indispensável à harmonia das cousas públicas.[32]

Depois de uma série de considerações neste estilo sobre os inconvenientes da intervenção militar no governo civil, e que evidentemente tinham endereço certo, Tobias Monteiro passa a analisar a situação do Exército desde a Guerra do Paraguai, afirmando que a partir de então se desenvolveram no país o militarismo e o caudilhismo, inspirados no exemplo das nações vizinhas. "Se não houvesse no âmago do exército esse gérmen de insubordinação, entretido sobretudo pela oficialidade letrada, não seria possível em 1887 avolumar um incidente sem maior importância até as proporções de uma ameaça de rebelião."

Analisando cuidadosamente a Questão Militar, procura mostrar que, favorecida pelas agitações abolicionistas, crescera a indisciplina nos meios militares e multiplicaram-se os choques com o poder civil; tudo isso levara à conspiração e à República.

Na década de 1920, a animosidade entre civilistas e militaristas recrudesceu principalmente em virtude dos levantes militares. Em 1925, José de Souza publicava *O militarismo na República*, obra escrita sob a impressão da revolução de 1924. O livro é violentamente antimilitarista e faz um retrospecto da participação das forças armadas na história da República, desde a proclamação.[33]

Os militares, entretanto, tinham outra visão dos fatos. Entre os numerosos depoimentos sobre a proclamação da República existem alguns que exaltam a participação dos militares. Um dos intérpretes desse pensamento foi um ilustre militar positivista, Ximeno de Villeroy, autor de uma obra sobre Benjamin Constant publicada em 1928.[34] Nessa obra, depois de assinalar a mediocridade do imperador como homem de Estado e criticar a desmoralização do meio em que atuou, analisa

---

32 Ibidem, p.113.
33 José de Souza Soares, *O militarismo na República*. São Paulo: Ed. Monteiro Lobato, 1925.
34 A. Ximeno de Villeroy, op. cit., p.349.

detalhadamente a Questão Militar. Definindo o pensamento de Benjamin Constant, diz que a este sempre repugnara a interferência da espada no governo. Comentando esse fato, diz que os discípulos de Benjamin Constant também lamentavam que as classes armadas tão frequentemente tivessem sido levadas a abandonar os deveres profissionais para intervir na política mais ou menos revolucionariamente, mas lamentavam também a desmoralização dos poderes públicos.

"É um mal, um grande mal, mas de quem a culpa?", indagava.

> Duas causas principais concorrem para esta aflitiva situação cujo termo parece-nos afastado, uma de ordem geral e outra especial. Esta última consiste essencialmente no imoral predomínio dessa casta de politiqueiros profissionais que fez da política a arte de bater moeda; e aquela, na desordem permanente, na indisciplina geral em que vive o povo brasileiro ...[35]

Depois de analisar a participação dos militares no Quinze de Novembro atribuindo-lhes um importante papel, acentua que, ao contrário do que diziam os sebastianistas, o Exército nunca pretendera implantar no Brasil a ditadura da espada.

As divergências que lançaram civilistas e militaristas uns contra outros repercutiam na interpretação do movimento republicano. Fosse para louvá-lo, fosse para criticá-lo, acentuava-se o caráter militar do movimento e atribuía-se à Questão Militar um papel primordial na gênese da República.

Novas perspectivas

Na década de 1920 apareciam numerosas publicações sobre o assunto. Vários anos haviam decorrido desde a proclamação e as decepções se tinham acumulado. A República revelara as próprias fraquezas. Profundas modificações anunciavam-se na economia e na sociedade. Os grupos sociais que em 1889 apenas se esboçavam, os industriais, a pequena e média burguesia e o proletariado urbano ganhavam importância e passavam a ter

---

35 Ibidem, p.105.

maior participação política. As exigências e pretensões dos novos grupos aliadas às reivindações dos setores que se viam prejudicados pelo predomínio da oligarquia paulista e mineira na política criavam um ambiente favorável à revisão da história do Império. No mesmo sentido atuava a crise que atingia a economia cafeeira.

A guerra de 1914-1918 acentuou as contradições. As revoluções de 1922 e 1924 polarizaram os descontentamentos e as aspirações represadas, expressando um anseio de mudança. Vivia-se um período revolucionário. Generalizara-se a ideia de que era preciso realizar profundas transformações no país. A inquietação social e política fazia ver aumentados os vícios da República e acarretava, em contraposição, a idealização da Monarquia. Uns, diante das dificuldades do presente, eram impelidos a idealizar o passado; outros procuravam nesse mesmo passado a origem dos males presentes. Apesar de contraditórias na sua motivação inicial, essas atitudes ante o passado beneficiaram os estudos históricos, na medida em que obrigaram a um reexame da história, determinando um interesse maior pelas questões mais profundas. Em vez de se apegarem aos fatos aparentes, os historiadores interessaram-se mais pelo mecanismo do governo imperial.

A monarquia parlamentar parecia a alguns mais perfeita do que o presidencialismo, fórmula que a República adotara no Brasil. O Império significava para estes uma época de progressos e de reformas tranquilas presididas por um rei sábio e justiceiro; a República se lhes afigurava um período de desordem sob o domínio das oligarquias. A velha tradição monarquista era revigorada.[36]

---

36 "O Brasil, às vésperas da República, era realmente em todos os seus aspectos políticos uma grande monarquia liberal representativa de forma parlamentar, organizada no gênero dos estados modernos que o historiador inglês H. G. Wells chamou de 'repúblicas coroadas'", escrevia José Maria dos Santos em *Política geral do Brasil* (São Paulo: J. Magalhães, 1930). "Havíamos firmado definitivamente nossa paz interna, estabelecido vitoriosamente pela diplomacia ou pelas armas a nossa situação internacional, formado o nosso direito privado sobre bases de uma tão grande elevação moral que já servia de modelo à organização civil de outros Estados, e colocando as finanças públicas em um tal pé de solidez e seriedade que o nosso país com

DA MONARQUIA À REPÚBLICA

A geração que nascera com a República estava sob certo aspecto mais apta do que a anterior para avaliar os acontecimentos que tinham culminado com a proclamação da República. Era fácil para os homens dessa geração, mesmo para os monarquistas, atribuir aos políticos do Império as deficiências do regime. É exatamente essa a posição que Oliveira Vianna assume em *O ocaso do Império*.[37]

O fato de alguns historiadores tentarem, nessa época, reabilitar a Monarquia abriria novas perspectivas para o estudo do Império, possibilitando uma análise mais objetiva de alguns problemas que até então não tinham sido suficientemente estudados pelos homens da geração precedente, diretamente comprometidos com o processo e, portanto, mais apaixonados e facciosos, e que ou se limitavam a criticar o Poder Pessoal e o imperador ou atribuíam a fatores meramente acidentais a proclamação da República.

Segundo a nova versão monarquista, não fora o Poder Pessoal quem controlara o Império, e sim o Parlamento, e sob esse regime o Brasil chegara a ser *líder* incontestável dos povos sul-americanos e a mais séria e considerada nação do Novo Mundo.

A partir das novas perspectivas tornou-se possível verificar que até então se exagerara o papel de D. Pedro na história do Império, quer para louvá-lo quer para denegri-lo.

A obra de Oliveira Vianna, *O ocaso do Império*, é sem dúvida uma das mais importantes publicadas nesse período. Continua, sob certo aspecto, a tradição monárquica dos "sebastianistas", acentuando uma vez mais o caráter eminentemente militar do

---

os seus doze milhões de habitantes e nos limites dos seus recursos econômicos da época gozava de crédito que honraria qualquer dos maiores povos da terra" (Oliveira Vianna, *O ocaso do Império*, op. cit.).

37 Oliveira Vianna, *O ocaso do Império*, op. cit. Na conclusão dessa obra, diz que, "nascida dentro da República, sem compromissos com as gerações da propaganda, a sua geração não partilhava das ideias nem dos ódios da geração anterior e se começava a fazer justiça ao Imperador". "No meio da presente ferocidade dos partidos que se degladiam pela conquista do poder avermelhando do sangue mais generoso os quatro cantos da nossa terra é que podemos apreender como era benéfica a sua ação moderadora, a ação do seu espírito cheio de tolerância e equanimidade" (ibidem, p.207).

Quinze de Novembro, minimizando a importância do partido republicano e dos positivistas. Ao escrevê-la, pretendia fazer uma história das ideias, "definir de uma maneira precisa o papel exercido na queda da Monarquia pela ideia liberal, pela ideia abolicionista, pela ideia federativa, pela ideia republicana..." e pelas fermentações morais que determinaram as chamadas "questões militares", que constituem, na sua opinião, o fator primordial da proclamação da República. Naquela ocasião sua obra poderia ser considerada audaciosa, assim o julgava pelo menos Oliveira Vianna. Dizia no prefácio que iria "depor dos altares santificadores os falsos ídolos e pôr neles os benfeitores dos povos, os criadores reais da sua história", em suma "os verdadeiros heróis espoliados por aqueles intrusos na legitimidade do seu direito à glória".[38]

Não hesita em afirmar que foram os próprios monarquistas que solaparam as bases do regime. Analisando o mecanismo político partidário do Império, diz que a característica essencial do parlamentar é ser governo de opinião, o que pressupõe uma opinião pública organizada. A seu ver, opinião pública organizada capaz de governar nunca existira no Brasil, onde ela fora quase sempre reflexo das agitações europeias, exprimindo apenas o pensamento de uma pequena parcela das classes cultas do país, impregnadas de animosidade partidária.

Os partidos políticos no Brasil não tinham opinião e eram simples agregados de classe organizados para a exploração em comum das vantagens do Poder. Não tinham programas,[39] e seu objetivo era a conquista do Poder e sua conservação,[40] por isso o imperador se convencera de que não podia encontrar na opinião dos partidos nenhum índice seguro das correntes inferiores que

---

38 Ibidem, p.7.
39 Ibidem, p.26-9.
40 À p.41, escreve: "Em nosso país, com efeito, os partidos não disputam o poder para realizar ideias, o poder é disputado pelos proventos que concede aos políticos e aos seus clans. Há os proventos morais que sempre dá a posse da autoridade, mas há também os proventos materiais que essa posse também dá. Entre nós, a política é antes de tudo um meio de vida: vive-se do Estado, como se vive da Lavoura, do Comércio e da Indústria. Os objetivos são personalistas e os políticos julgavam-se esbulhados quando o imperador os fazia apearem-se do poder. Irritavam-se com o monarca".

DA MONARQUIA À REPÚBLICA 411

porventura animavam a consciência do país. O processo eleitoral não fora no Brasil guia seguro da opinião. Faltavam o espírito público, a organização de classes, a liberdade civil, tudo o que na sua opinião era necessário para um eficaz pronunciamento eleitoral. O grosso do povo era levado às urnas pela pressão dos caudilhos territoriais; faltava no Brasil o espírito público. A estrutura social era simples e a vida política concentrava-se quase toda numa classe única – a grande aristocracia territorial[41] que era acompanhada pelas massas rurais. Nos centros urbanos a estrutura social era igualmente rudimentar e os "conflitos de classes", próprios das sociedades de alta organização industrial, não tinham ainda razão de ser. Sequer havia antagonismo entre a população dos campos e a das cidades. A corrupção do sistema eleitoral adulterava o resultado das eleições e falseava a consulta à nação. Tudo isso dera ao regime representativo no Brasil um caráter artificial. D. Pedro agia como moderador. Procedia imparcialmente ao revezamento dos partidos, provocando descontentamento nos meios políticos. Os políticos irritavam-se com o imperador e contra ele desferiam suas críticas. O movimento em favor da descentralização e da federação que se acentuava a partir de 1868 fora decorrente da indignação dos políticos contra a interferência do poder central. A partir do momento em que o ideal federativo começou a figurar entre as aspirações das nossas elites políticas, a Monarquia estava condenada a ver desenvolver a seu lado o mais prestigioso elemento do sistema de forças que haveria de destruí-la.[42]

Monarquia e federação eram, no seu entender, incompatíveis, já não o eram Monarquia e descentralização, como quisera o visconde de Ouro Preto. A ideia de federação era, em grande parte, exógena. República e federalismo constituíam reivindicações corriqueiras na Europa e na América.

Ao analisar os atos do imperador, Oliveira Vianna considera injustas as acusações que lhe haviam sido feitas tantas vezes. Tenta reabilitá-lo apresentando-o cheio de boas intenções e cônscio de suas responsabilidades de chefe do governo, procurando

---

41 Ibidem, p.31.
42 Ibidem, p.47.

corrigir os vícios do sistema. Conclui que tão só os ministros foram culpados de todas as deturpações do regime.

Nos últimos anos do Império notava-se um desamor progressivo dos partidos não só pela pessoa real, mas pelas próprias instituições. O fracasso da eleição direta acentuou a descrença nas instituições monárquicas e a abolição do regime servil agravou o sentimento de irritação contra elas.

A Abolição fora talvez o fato mais eficiente na generalização da ideia republicana. O movimento abolicionista tivera origem exógena. A Abolição resultara do poder coercitivo da ideia abolicionista.

Oliveira Vianna não percebe que o processo de desagregação do sistema escravista no Brasil estava diretamente relacionado com as mudanças ocorridas na estrutura social e econômica do país durante a segunda metade do século XIX. Diz que o imperador foi o grande centro irradiador das forças na aceleração da marcha abolicionista e que contra ele tinham convergido, por isso mesmo, as investidas mais ardentes dos escravocratas. A cumplicidade da dinastia com os abolicionistas (o que sabemos hoje ser duvidosa)[43] compromete-a de maneira irremediável aos olhos da grande classe agrícola. "Ferida nos seus interesses mais essenciais e inteiramente abalada nos seus fundamentos econômicos", a classe fazendeira desamparou a Monarquia. Uma parte bandeou-se para o novo credo, julgando encontrar nele a reparação da sua desdita.[44]

Analisando a atuação do Partido Republicano, conclui que até 15 de novembro de 1889 os centros de propaganda republicana não tinham conseguido dar a seu ideal uma irradiação capaz de precipitar do trono o velho monarca. Foi preciso uma outra força para se chegar à República, e essa força foi o Exército.

Na sua opinião, o grosso das forças era conservador e sempre teve em suspeição a forma republicana de governo, embora também fosse cético em relação à Monarquia. Apenas os estu-

---

43 A esse respeito, ver os mais recentes trabalhos publicados sobre a escravidão, citados na nota 10 deste capítulo.

44 Essa tese era antiga. João Alfredo dizia que a República era um desabafo dos desgostosos (Oliveira Vianna, *O ocaso do Império*, p.87).

DA MONARQUIA À REPÚBLICA   413

dantes, os bacharéis novatos ou cadetes filósofos da Escola Militar eram republicanos. O partido recrutava seus adeptos sobretudo na classe dos letrados.[45] Os republicanos eram principalmente gente das cidades e vilas, e não gente do campo. Dentro do grupo de ideólogos da República e de amadores *ronflants*, destacava-se apenas um pequeno contingente, solidamente alicerçado numa base filosófica: os positivistas. Estes tinham, entretanto, um campo limitado de atuação;[46] sua influência era escassa, uma influência de crentes e não de credo: apenas alguns dos elementos prestigiosos na organização da República eram positivistas. Observa que os clubes republicanos concentravam-se em maior número no sul do país, onde também se editava o maior número de jornais republicanos, mas não explica por que isso acontece. Afirma apenas que os republicanos eram poucos e mal articulados.[47] À vista disso, conclui: "É impossível, portanto, fugir à conclusão de que pela ação exclusiva desse congérie de idealistas desorganizados seriam inexplicáveis os acontecimentos decisivos de 15 de novembro". O partido republicano não tinha, por esse tempo, poder para operar tamanha transformação política. O ideal que ele

---

45 Ibidem, p.116.

46 Também a tese de Oliveira Vianna deve ser revista hoje diante dos estudos de: Ivan Lins, *História do positivismo no Brasil*. São Paulo: Cia. Editora Nacional, 1964; João Cruz Costa, *Contribuição à história das ideias no Brasil*. Rio de Janeiro: José Olympio,1956; João Camilo de Oliveira Torres, *O positivismo no Brasil*. Rio de Janeiro, 1943; João Cruz Costa, *O positivismo na República*. Notas sobre a história do positivismo no Brasil. São Paulo: Cia. Editora Nacional, 1956 (Col. Brasileira, 29). Esses estudos demonstraram que, se foi pequena a penetração do "Apostolado", o mesmo não se pode dizer de algumas ideias positivistas que atuaram de uma forma mais ou menos difusa e assistemática sobre o pensamento brasileiro até 1930, pelo menos.

47 Num estudo minucioso e bem documentado sobre o partido republicano no Brasil, George C. A. Boehrer estuda melhor essa questão. Conclui que a doutrinação do povo pelo partido republicano constituiu a sua maior contribuição para a revolução, enquanto o contínuo e rápido aumento do número de seus adeptos deu à ideia o necessário prestígio. A prova mais significativa do valor da propaganda republicana parece-lhe residir na passividade absoluta com que a maioria dos brasileiros presenciou o desaparecimento do regime (George C. A. Boehrer, *Da Monarquia à República*. História do Partido Republicano do Brasil (1870-1889). Trad. Berenice Xavier. s. l.: Ministério da Educação e Cultura, s. d.).

propugnava não havia ainda conquistado as maiorias populares, ao seu lado não estavam as grandes classes conservadoras e as figuras representativas do país. Os elementos que por ele batalhavam eram representados principalmente pela rapaziada inexperiente e sonhadora das escolas e careciam de prestígio político bastante para sacudir e abalar dos seus fundamentos o velho edifício da Monarquia. Não tinham força sequer para pôr abaixo uma oligarquia provincial como o demonstrava o fato de não conseguirem vencer as eleições. Nos bastidores, entretanto, confabulavam os republicanos, os políticos de casaca e os militares, e "os truques de uma cabala feliz, tramada nos bastidores dos quartéis pelos políticos de casaca" haviam posto ao lado da ideologia republicana a arrogância e a indisciplina dos políticos de farda.

Ao estudar a Questão Militar, procura acentuar que houve exploração dos militares pelos civis, condenando, ao mesmo tempo, a participação das classes armadas na vida política do país. Nega, entretanto, que nas classes armadas houvesse o que se chamava militarismo, afirmando que, se o Exército tivera papel relevante na política nacional, fora em virtude da exploração dos militares pelos políticos de casaca. Os civis colocavam-se à sombra tutelar da espada, explorando nas classes armadas o pundonor profissional e o espírito de corpo. No Exército desenvolvera-se desde longa data uma mentalidade de "salvação nacional". Os militares consideravam-se puros e patriotas, contrapondo-se aos civis, aos quais consideravam corruptos e sem nenhum patriotismo. A mentalidade de salvação nacional predispunha-os à exploração política. Criticando a participação do militar na política, afirma que este só deveria entrar na arena política sem a farda, isto porque "a paixão partidária acabaria levando-o a transformar a nobre armadura de defensor da pátria em cangaço de salteador do poder". Recomenda que os militares vivam como cenobitas devotados à grandeza de sua Ordem e ausentes das lides políticas. O cidadão de farda, para ele, é, sem dúvida, uma pessoa ambígua e monstruosa.

Vê-se bem que sofria influências do clima civilista que inspirara obras como as de Tobias Monteiro e Souza Soares. A linguagem é a mesma, e também as ideias.

DA MONARQUIA À REPÚBLICA

Descrevendo os últimos meses do Império, diz que a Questão Militar recrudescera durante o Ministério Ouro Preto em virtude da política que visava reforçar o prestígio do poder civil. O plano do governo parece um acinte e uma provocação às classes armadas.

O movimento de 15 de novembro não tinha inicialmente nenhum intuito republicano, apenas visava à derrubada do ministério. Fora essa a intenção tanto de Pelotas quanto de Deodoro. Não estava nos planos destronar o imperador, a quem todos veneravam. A corrente republicana nunca passara de uma minoria no Exército. Constituía-se de uma pequena fração erudita, composta de jovens que "gastavam o seu ardor belicoso ganhando batalhas napoleônicas dentro das salas de aula de estratégia e movendo sobre a cartografia da mapoteca da Escola os seus exércitos vigorosos". Os jovens militares eram positivistas e republicanos e sobre eles atuava o fascínio de Benjamin Constant.

Desencadeada a crise, os republicanos aproveitaram-se do ambiente de hostilidade existente no Exército em relação ao governo e assediaram Deodoro, concitando-o a proclamar a República. Em 10 ou 11 de novembro, Benjamin Constant, Quintino Bocaiúva, Aristides Lobo, Glicério e outros líderes do movimento republicano reuniram-se em sua casa com o objetivo de forçá-lo a proclamar a República. Deodoro hesitou até o último instante e foi a pressão dos elementos republicanos que decidiu, à última hora, o movimento.

O ambiente era propício ao golpe. D. Pedro, minado por insidiosa moléstia, estava velho e alquebrado. Temia-se no país um Terceiro Reinado. O conde D'Eu, príncipe consorte, não era popular. Sua surdez, a habitual incorreção de seus trajes, seu comportamento modesto tinham-no tornado pouco simpático aos olhos do povo.

O golpe de 15 de novembro foi aceito sem nenhuma resistência. Estava proclamada a República.

Na opinião de Oliveira Vianna, o fator desencadeante da República fora a Questão Militar e a ideia de resolvê-la pela mudança das instituições políticas só ocorrera à última hora.

Influenciado pelas agitações militares de sua própria época, Oliveira Vianna tendia a exagerar a importância da Questão

Militar na proclamação da República. Menos do que obra de idealismo ou convicções políticas, a atitude dos militares parecia-lhe fruto da indisciplina que grassava no Exército. Igual opinião manifestava, alguns anos depois, José Maria dos Santos. Numa obra publicada em 1930,[48] ele, à semelhança de Oliveira Vianna, considerava a Questão Militar um ato de indisciplina, e a proclamação da República um incidente lamentável. Condenando a atitude dos militares, dizia que, em 1883, eles pretendiam apenas defender a economia pessoal; em 1886, visavam sobrepor o direito de manifestação do pensamento às obrigações que a disciplina militar lhes impunha; e, finalmente, em 1889, não tinham nenhum objetivo exato nem declarado. O que motivara os militares era o desejo de ostentar força, um irresistível ímpeto de prepotência, sem consciência certa de causa nem cuidado de consequências e que se exercia para sua própria satisfação. O chefe do movimento hesitara até o último instante sem saber que atitude tomar e, ao se defrontar com o visconde de Ouro Preto na sala do quartel-general, limitara-se a dizer que os ministros estavam demitidos não só por terem perseguido oficiais, como por manifestarem o firme propósito de dissolver o Exército.[49] Considerada nos seus fatores imediatos e decisivos, concluía José Maria dos Santos, "a proclamação da República naquele instante fora um acontecimento a todos os respeitos lamentável".

Tanto Oliveira Vianna quanto José Maria dos Santos não escondiam a admiração que tinham pelo regime monárquico e as restrições que faziam à República e às classes armadas. A interpretação que davam aos acontecimentos que culminaram com a proclamação da República estava visivelmente marcada por essa oposição.

O livro de Oliveira Vianna teve na época uma grande repercussão. Era considerado um dos expoentes da literatura e seus estudos sobre a história do Brasil alcançavam rápido sucesso, conferindo-lhe grande prestígio. Suas obras vinham satisfazer o desejo de introspecção e autoanálise que a sociedade brasileira revelava em grau sempre crescente. Situando os problemas dentro de uma perspectiva idealizadora, retratava as classes dominantes

---

48 José Maria dos Santos, *Política geral do Brasil*. São Paulo: J. Magalhães, 1930.
49 Ibidem.

tal como gostariam de se ver.[50] Em *Populações meridionais* e *Evolução do povo brasileiro*, imprimiria uma direção nova aos estudos históricos, conferindo-lhes um cunho sociologizante.

A interpretação que Oliveira Vianna deu aos fatos que culminaram com a proclamação da República foi aceita pela maioria dos historiadores e passou a ser repetida em manuais e obras de divulgação.

Pandiá Calógeras, ao publicar seu estudo *Formação histórica do Brasil*,[51] explicaria a República da mesma maneira, com a diferença de que incluía entre os fatores que acarretaram a queda da Monarquia o conflito entre a Igreja e o Estado, provocado pela questão dos bispos. Na opinião de Calógeras, a Questão Religiosa, a Abolição, a Questão Militar, a luta entre os partidos visando à conquista do poder, a incapacidade dos políticos, a subserviência da maioria ao imperador e, finalmente, a propaganda republicana tinham sido os principais fatores da queda da Monarquia.

Fixava-se assim um esquema que foi repetido daí por diante na maioria dos manuais do ensino secundário.[52] A República era fruto de ressentimentos acumulados: do clero contra a Monarquia, dos fazendeiros contra a Coroa, dos militares contra o governo, dos políticos contra o imperador. Somava-se a esse descontentamento a incompetência dos políticos do Império, incapazes de defender o próprio regime que representavam.

Se analisarmos melhor o esquema, veremos que sob as roupagens da erudição e da crítica disfarçava-se a versão que os monarquistas tinham dado em 1889 aos acontecimentos. O único

---

50 Wilson Martins, *A literatura brasileira*. São Paulo: Cultrix, 1965 (Roteiro das Grandes Literaturas, v.VI).

51 Pandiá Calógeras, *Formação histórica do Brasil*. São Paulo: Cia. Ed. Nacional, s. d.

52 A única exceção realmente importante é a *História Nova do Brasil* (v.IV), publicada em 1964 pelo Ministério da Educação e Cultura. Dirigida por Nelson Werneck Sodré, historiador brasileiro empenhado em revisar a historiografia brasileira, a *História Nova* apresentou-se com o objetivo de recolocar os problemas a partir de nova perspectiva. A intenção, segundo os autores, era destruir os mitos oficializados pela historiografia tradicional. Com os sucessos de 31 de março a obra foi apreendida e a maioria dos autores foi submetida a inquéritos militares sob alegação de subversão (Joel Rufino dos Santos, Maurício Martins de Mello, Nelson Werneck Sodré et al., *História Nova do Brasil*. São Paulo: Brasiliense, 1964, v.IV).

aspecto realmente novo era a crítica que Oliveira Vianna fazia aos políticos do Império. Era natural que estivesse mais à vontade para fazê-la do que Ouro Preto ou qualquer outro contemporâneo. No mais, a história se mantinha no nível da crônica e do testemunho.

Na década de 1920, entretanto, alguns historiadores começaram a se interessar pelos aspectos econômicos e sociais da história e formularam novas hipóteses sobre a queda da Monarquia.

Um dos primeiros a criticar as interpretações que até então se tinham dado aos acontecimentos foi Vicente Licínio Cardoso.[53] Analisando o trabalho dos historiadores, dizia que a maioria só escrevia crônica ignorando os métodos modernos da sociologia, sendo por isso capaz de fornecer apenas uma medíocre compreensão do passado.

A importância que atribuía aos estudos sociológicos explica-se em parte pela influência do pensamento positivista. Era filho de um dos mais destacados positivistas da Escola Politécnica e estava, como outros homens de seu tempo, a par das ideias de Augusto Comte. Não era um positivista ortodoxo. Aliás, estes, como se sabe, sempre foram raros no Brasil. A influência do "Apostolado" na sociedade brasileira foi muito restrita, embora as ideias positivistas tivessem uma grande divulgação. Não há dúvida de que a geração da República e a que a sucedeu foram ambas profundamente marcadas por essa doutrina, não pelo que ela tem de religião, mas pelo que se poderia chamar a concepção positivista da vida. Havia na época muitos positivistas mais ou menos heterodoxos, como Silva Jardim ou Benjamin Constant. Outros, embora não pudessem sequer ser considerados positivistas, revelavam nas suas opiniões sobre a educação, política ou história influências do pensamento de Augusto Comte.

Não se estudou até agora a influência do pensamento positivista na historiografia brasileira, mas pode-se dizer que a ve-

---

53 Ao lado de Vicente Licínio Cardoso pode-se colocar Manuel Bonfim, embora tenha este uma posição diversa do primeiro (Manuel Bonfim, *O Brasil na América*. Caracterização da formação brasileira. Rio de Janeiro: Francisco Alves, 1929, 464p.; e *Brasil nação*. Realidade e soberania brasileira. Rio de Janeiro: Francisco Alves, 1931). Suas obras revelam o desejo de encarar a história do Brasil através de novos prismas e a preocupação em estudar os aspectos econômicos e sociais.

DA MONARQUIA À REPÚBLICA   419

neração pela ação dos grandes homens e o culto dos heróis que os positivistas cultivaram contribuíram para acentuar o gosto pelos estudos biográficos. Os adeptos do positivismo foram os principais responsáveis pela criação do culto de Benjamin Constant, atribuindo-lhe uma atuação excessivamente importante na proclamação da República. Já em 1892, Teixeira Mendes, um dos chefes do "Apostolado", publicava uma biografia de Benjamin Constant[54] ressaltando a influência que exercera sobre a oficialidade brasileira como professor na Escola Militar.

De outro modo, o fato de positivistas como Demétrio Ribeiro, Anibal Falcão, Barbosa Lima, Borges Medeiros, Júlio de Castilho, Lauro Sodré, Rangel Pestana e Rodolfo de Miranda terem um papel de destaque na cena política levou os positivistas a exagerarem a influência do positivismo na República, tese que Oliveira Vianna procurou desmentir chamando a atenção para o pequeno número de pessoas inscritas no "Apostolado" em 1889.[55]

Vários historiadores sofreram influências positivistas, entre os quais Euclides da Cunha, João Ribeiro e, principalmente, Vicente Licínio Cardoso.[56]

---

54 Raimundo Teixeira Mendes, *Benjamin Constant*. Esboço de uma apreciação sintética da vida e da obra do fundador da República brasileira. 3.ed. São Paulo, 1937.

55 Esquecia-se Oliveira Vianna de frisar que, se era pequeno o número de inscritos no "Apostolado", era grande o número de pessoas influenciadas pelas ideias positivistas, nos meios intelectuais e atuantes.

56 Euclides da Cunha diz que, com o Ministério Rio Branco, "o império constitucional atingira, de fato, o termo de suas transformações; e, de acordo com a própria lei evolutiva que o constituíra, iria desintegrar-se submetendo-se por sua vez ao meio, que até então dominara, e aos excessos de movimentos que este adquiria". Diz que a influência das ideias novas do comtismo ortodoxo ao positivismo desafogado de Littré, das conclusões restritas de Darwin às generalizações ousadas de Spencer, trouxeram as conquistas liberais do século e estas removeram no espaço de uma manhã um Trono que se encontrava sem tradição e há muito abalado. Para Euclides da Cunha, o que se viu em 15 de novembro foi "uma parada repentina e uma sublevação, um movimento refreado do golpe transformando-se, por um princípio universal de força, e o desfecho feliz de uma revolta. Porque a Revolução já estava feita" (Euclides da Cunha, *À margem da história*. 4.ed., Porto: Liv. Lello Irmãos Editora, 1946; 1.ed., 1896).

Em 1922, publicava Licínio Cardoso, numa obra coletiva[57] sobre a República, dois estudos: um, a propósito de Benjamin Constant e, outro, sobre as relações entre a Abolição e a República. Tentando estudar a história de maneira mais científica do que se fizera até então, procurou relacionar os acontecimentos políticos com as mudanças ocorridas na economia e na sociedade.

"Em todas as revoluções", escrevia, "há fundamentalmente um mal-estar social inicial, consequência da insuficiência de soluções dos problemas econômicos básicos que presidem às condições de vitalidade do organismo social em jogo." Partindo dessa ideia, procurava demonstrar que a proclamação da República tornara-se inevitável a partir do momento em que faltou à Monarquia uma base social. No fim do Império os fazendeiros não eram monarquistas e a mocidade era republicana. As razões que levaram ao Quinze de Novembro vinham de longe. Eram principalmente razões econômicas e sociais. A proclamação da República não fora, como diziam os cronistas, um acidente, nem os militares tinham desempenhado o papel preponderante que se lhes atribuía na mudança do regime. O Quinze de Novembro fora a conclusão necessária de "premissas há muito estabelecidas". Todos os partidos políticos tinham concorrido para a proclamação da República, assim como todos os homens públicos, desde o imperador até o último deputado ou jornalista, *uns pela ação outros pela inação*, uns pelo que praticaram, outros pelo que deixaram de praticar. A Monarquia já estava condenada nos anos que antecederam a proclamação da República. Na época era preciso mais coragem em se dizer monarquista do que em se declarar republicano. Finalmente, a Lei Áurea decretara a extinção da realeza, pois abalara os alicerces profundos que a sustentavam. A esse respeito, escrevia: "tem passado desapercebido, a dependência em que estava o trono em relação ao escravo por intermédio do elemento nobre", elemento que é ao mesmo tempo senhor de terra e político militante... "A subserviência do nobre ao rei é o

---

57 A. Carneiro Leão, *À margem da história da República.* Ideais, crenças e afirmações. Inquérito por escritores da geração nascida com a República, 1924.

reflexo da escravização do homem da gleba ao senhor da terra." Abolida a escravidão, estava extinta a Monarquia. A outorga de liberdade aos escravos fora, entretanto, um recurso desesperado utilizado pela Coroa na tentativa de deter o processo. Era o "último cartucho queimado pelo Império em defesa do trono". A partida estava, no entanto, irremediavelmente perdida e essa medida surtiu o efeito contrário ao que a Coroa esperava. Em vez de salvar o trono, o condenara.

Licínio Cardoso foi o primeiro a chamar a atenção para as conexões que existiam entre a Monarquia e a aristocracia rural escravista, e a colocar o problema das relações entre a Abolição e a República em bases novas. Até então, a maioria dos historiadores dizia que a Abolição, provocando o descontentamento dos fazendeiros, levara-os a aderir à causa republicana. Afirmava ele que a Abolição, atingindo a aristocracia rural, suporte da Monarquia, destruíra-lhe as bases.

Ao analisar a participação dos militares na proclamação da República, aventava também uma ideia relativamente nova, ou pelo menos pouco lembrada: o Exército representava um novo grupo social que se opunha aos interesses das elites agrárias. No ensaio sobre Benjamin Constant, referindo-se aos oficiais, escrevia que "aqueles moços pobres que vestiam a farda de cadetes e outros já oficiais que repetiam as lições do mestre não descendiam como os filhos da nobreza dos senhores de escravos" e por isso aceitariam com alvoroço a ideia de um governo sem rei.

As explicações de Vicente Licínio Cardoso, embora brilhantes e audaciosas, eram sumárias. Falava em profundas mudanças econômicas e sociais, mas a única que realmente citava era a transição do trabalho servil para o trabalho livre e o consequente empobrecimento das classes rurais atingidas pela Abolição. Não obstante, sua contribuição foi valiosa na medida em que procurou estabelecer conexões entre as instituições políticas e a estrutura social, observando correlações que haviam em geral passado despercebidas. A menção às condições econômicas e sociais se tornaria a partir de então mais frequente. Os historiadores deixaram de se preocupar exclusivamente com os aspectos cronológicos e episódicos. Rejeitaram as explicações que apresentavam a história como se fosse resultante direta da vontade arbitrária e independente dos indivíduos, desconconfiaram das razões alegadas pelos testemunhos e procuraram motivos mais profundos para explicar a queda da Monarquia. Tentaram relacionar os acontecimentos políticos com as mudanças ocorridas na sociedade brasileira nos fins do Império.

Surgiram assim novas versões sobre o ocaso do Império.[58]

Não estava alheia à mudança de perspectivas a influência da historiografia estrangeira, particularmente da tendência que foi chamada nos Estados Unidos de "New History" e que se caracterizou por dar grande ênfase aos aspectos econômicos e sociais da história, tendência esboçada nos fins do século XIX naquele país e que chegou ao Brasil com certo atraso.[59]

Uma nova história e uma nova historiografia

A principal razão da nova orientação dos estudos históricos reside nas próprias transformações que se operaram na sociedade brasileira, contribuindo para a formação de um grupo particularmente interessado em analisar a realidade por novos prismas. O país atravessou um período de crise e de transformações. A nova geração critica o idealismo dos homens do passado e condena a sua alienação, pleiteando uma visão mais concreta do Brasil.

O movimento modernista inaugurado com a Semana de Arte Moderna em 1922 representou, de certa forma, no campo das letras e das artes, uma afirmação de brasilidade. O movimento não foi uma cópia do modernismo de Marinetti, nem mera imitação. Foi a manifestação do desejo de fazer da literatura e das artes plásticas uma expressão da nacionalidade.

A tendência já se esboçara há algum tempo. Lima Barreto, que, aliás, ficou à margem do modernismo, parecendo mesmo não o ter compreendido, revelava idêntica preocupação. O nacio-

---

58 Evidentemente, ao lado dessas novas tendências caminharam as tendências do passado. Ainda em nossos dias se publicam histórias da República dentro das perspectivas tradicionais.

59 Stanley Stein, A historiografia..., op. cit.

nalismo de Policarpo Quaresma, um de seus personagens mais famosos, as contradições e perplexidades que o atormentam, bem como o seu triste destino simbolizam o nacionalismo incerto e contraditório da nascente burguesia que se contrapõe ao "esnobismo" e às ânsias de europeização das elites tradicionais. À semelhança de Lima Barreto, Monteiro Lobato também traça em suas obras um novo retrato do Brasil. Em *Urupês*, retrata a realidade cabocla. A figura do caboclo que ele pintava era, menos do que um retrato, uma denúncia, um protesto, um apelo à ação. Era preciso abandonar a imagem idealizada do Brasil, era preciso revelar a verdade sobre o país, era preciso traçar uma imagem objetiva da realidade, assim pensavam os homens dessa geração. Desde *Urupês* até *O escândalo do petróleo e do ferro*, Monteiro Lobato esteve empenhado em defender a causa da nacionalidade.

O mesmo apego ao Brasil revelam os fundadores da *Revista do Brasil*, que apareceu pela primeira vez em 1916, sob a direção de L. P. Barreto, Júlio Mesquita e Alfredo Pujol.

Olavo Bilac, que permaneceu à margem do modernismo, sendo alvo de inúmeros ataques e críticas, iniciou com o mesmo intuito nacionalista que norteou mais tarde os modernistas a campanha que resultou na criação da Liga Nacionalista e Liga de Defesa Nacional. Os homens da nova geração estavam empenhados em conhecer e analisar o Brasil, em perscrutar a realidade presente e passada.

A fase futurista e cosmopolita que o movimento modernista assumiu nas primeiras manifestações foi ultrapassada em 1924 quando se acentuou o tom nacionalista do movimento. Era um nacionalismo profundamente dividido entre duas opções: as soluções de direita e as soluções de esquerda. Enquanto os movimentos Pau-Brasil e Antropofagia, de Oswald de Andrade, revelavam inclinação para a esquerda, a Anta e o Verde-Amarelo, de Plínio Salgado, conduziam para a direita. Entretanto, uns e outros eram conscientemente brasileiros. "Tupi or not Tupi, that is the question", escrevia Oswald de Andrade no manifesto antropofágico publicado na *Revista de Antropofagia* em maio de 1928, datado do ano 374 da deglutição do bispo Sardinha.

Mesmo as tendências literárias regionalistas que davam o tom à literatura nordestina, que se opunham, em princípio, às diretrizes do movimento modernista, tinham em comum com este o fato de expressarem o desejo de penetrar a realidade nacional.

A verdade é que, nessa época, fosse por motivos tradicionalistas ou revolucionários, fosse a partir de uma perspectiva de esquerda ou de direita, os escritores e artistas voltavam-se com paixão para as coisas brasileiras. Os estudos históricos muito lucrariam com esse estado de espírito.

Evidentemente, os resultados das pesquisas nem sempre corresponderam às intenções de objetividade. Havia muitas limitações que prejudicavam a análise. Basta lembrar que Oliveira Vianna – a quem hoje se condena a falta de objetividade e excesso de idealização da realidade brasileira – reprova o idealismo dos políticos brasileiros escrevendo, em 1922:

> Só com o conhecimento positivo e concreto do nosso povo poderemos iniciar aqui um conjunto de reformas políticas que apresentem um verdadeiro ideal de melhor adaptação do nosso povo ao seu meio. O que é preciso é buscar em nós e não fora de nós a inspiração, só com os nossos elementos é que poderemos construir obra fecunda e grandiosa. Vemos que a nova geração se agita no sentido de reformas sociais e reformas políticas. Mas essa geração está colocada dentro das pontas desse dilema formidável: ou a geração volta-se, abandonando os antigos fetiches, para o seu país, estudando-o carinhosamente na sua estrutura, na sua mentalidade, no seu viver, nas suas crises, nas suas endemias naturais e sociais e terá assim constituído uma base realística para sobre ela erigir o seu idealismo orgânico, ou então irá buscar fora, nos exemplos e na obra feita de outros povos, mais senhores de sua dignidade, a inspiração do seu idealismo e reincidirá no nosso velho pecado de cem anos – e neste caso deixará de si, o mesmo rastro estéril antinacional das quatro ou cinco gerações que a antecederam.[60]

As palavras de Oliveira Vianna expressam o desejo de análise e objetividade que empolga os escritores do seu tempo. Mas ao criticar o idealismo do povo brasileiro e dos políticos que julgavam o Brasil igual aos demais países, ele inconscientemente pratica um idealismo às avessas, idealizando os outros povos, ao mesmo tempo que idealizava a própria realidade brasileira que punha tanto empenho em conhecer.

---

60 Oliveira Vianna, *O idealismo na evolução política do Império e da República*. São Paulo, 1922.

Não obstante as limitações da época, os escritores e artistas estavam todos empenhados em fazer um retrato realista do Brasil.

A par do interesse pelos temas brasileiros e do desejo crescente de maior objetividade, verifica-se o engajamento consciente dos escritores e dos artistas. Repercutia no Brasil o dilema que dilacerava o mundo de entreguerras. Nos últimos anos da década de 1920 e durante toda a década seguinte, as opções de direita e esquerda pareceram imperativas à maioria dos intelectuais.[61] Não se concebia o intelectual isolado, desligado da realidade, nem se aceitava a prática da arte pela arte. Os escritores condenavam o esteticismo. A palavra de ordem era fazer uma literatura e criar uma arte social, instrumentos de ação partidária e veículo de reformas políticas que pareciam a todos urgentes e necessárias. Essa tendência se evidenciaria de forma mais nítida nos anos 30. Vivia-se num clima revolucionário que forçava as opções políticas e o engajamento do intelectual, estimulando o interesse pelos estudos de história do Brasil. Era preciso conhecer o país para poder transformá-lo. E para conhecer o país era preciso não só analisar o presente, como estudar o passado.

As revoltas de 1922 e 1924,[62] que exteriorizavam os descontentamentos represados, tinham um conteúdo mais profundo do que se poderia supor ao ler manifestos revolucionários: revelavam as mudanças que se operavam na estrutura econômica e social do país desde a proclamação da República e que a guerra de 1914 viera acelerar.

Entre 1889 e 1920, o número de estabelecimentos industriais existentes passara de pouco mais de seiscentos para cerca de treze mil. A população operária, que por ocasião da proclamação da República não ultrapassava a casa dos cinquenta mil, atingia mais de trezentos mil. O processo de urbanização e a formação de uma burguesia citadina, cada vez mais numerosa e diversificada, caminhavam par a par.

---

61 Wilson Martins, *A literatura brasileira*, op. cit., p.106.
62 Edgard Carone, *Revoluções do Brasil contemporâneo*, 1924 a 1958. São Paulo: São Paulo Editora S. A., 1965, p.73; *A Primeira República, 1889-1930*. São Paulo: Texto e Contexto, 1969.

Nos grandes centros as condições da vida política se alteram. A população urbana passa a pesar na balança política. Nem sempre a massa tinha uma participação consciente, mas sua simples presença obrigava os políticos a cortejarem-na, disputando-lhe o apoio. Com a industrialização e a urbanização surgiam novos problemas e acentuavam-se as diferenças entre as várias regiões do Brasil. O profundo contraste entre zonas rurais e urbanas, entre áreas prósperas e decadentes criava tensões que se expressam em conflitos na esfera política e eclodem em movimentos revolucionários. A luta entre as oligarquias, a posição assumida pelo Exército, que se convertia no ponto de convergência das aspirações revolucionárias, o que era facilitado pela mística de salvação nacional que se desenvolvera nas suas fileiras desde os tempos do Império, tudo isso agita a vida da nação. No mesmo sentido atua o choque entre as tendências industrialistas e agrárias, nem sempre possíveis de se conciliar. As divergências que dividiam as camadas dirigentes somam-se às inquietações da pequena e média burguesia, cada vez mais numerosa e sempre vacilante entre o radicalismo e o conservadorismo, sem forças nem coragem para optar por uma solução radical e recuando sempre quando esta se apresenta. O proletariado organiza-se nos núcleos urbanos manifestando seus descontentamentos através de greves que se tornam cada vez mais frequentes, embora fossem na maioria das vezes frustradas pela pronta intervenção dos poderes constituídos. Repercutiam no Congresso as reivindicações trabalhistas: jornada de oito horas, assistência aos acidentados em trabalho, melhoria do trabalho feminino, assistência ao menor, fixação da idade de 14 anos como idade mínima para admissão ao trabalho e outras reivindicações nesse estilo. Surgiram jornais e panfletos operários.

Durante a guerra a agitação recrudesceu. Em 20 de março de 1919, Rui Barbosa, numa conferência pronunciada no Teatro do Rio de Janeiro, falava sobre questão social e política brasileira.[63] Chamando a atenção para o fato de que as leis trabalhistas eram sempre inutilizadas pela má vontade dos grupos dominantes, afir-

---

63 Rui Barbosa, *A questão social e política no Brasil*. Rio de Janeiro: Simões Editores, 1958.

mava: nada se construiu, nada se adiantou, nada se fez neste campo. A sorte do operário continua indefesa desde que a lei, no pressuposto de uma igualdade imaginária entre ele e o patrão, e de uma liberdade não menos imaginária nas relações contratuais, não estabeleceu para este caso de minoridade social "as providências tutelares, que uma tal condição exige".

Uma parte da sociedade adquiria consciência de que existia uma questão social que era preciso resolver. A imprensa promovia inquéritos sobre as condições de vida dos trabalhadores. As ideias socialistas encontravam um número maior de adeptos. Fundavam-se núcleos militantes procurando-se articular alguns desses novos grupos com a Terceira Internacional, surgida com a Revolução Russa de 1917. As ideias marxistas começavam a ser mais bem conhecidas.

Foi nesse clima que apareceu o livro de Caio Prado Jr., *Evolução política do Brasil* (Ensaio de interpretação materialista da história brasileira),[64] livro que, publicado em 1933, lançaria as bases para uma nova interpretação do processo histórico brasileiro. O autor, abandonando deliberadamente a visão tradicional, buscava escrever, segundo ele mesmo fazia questão de assinalar no prefácio, "uma história que não fosse a glorificação das classes dirigentes". Influenciado pelas ideias marxistas, Caio Prado Jr. escreveu um ensaio rico em sugestões, uma síntese rápida cheia de ideias novas sobre a evolução política do Brasil. Era um trabalho pioneiro e pode-se dizer que, desde então, grande número de sociólogos e historiadores nada mais fez do que desenvolver e testar suas premissas. Hoje talvez ainda seja cedo para avaliar a sua importância, mas se pode dizer, sem medo de errar, que ele iniciou o revisionismo na historiografia brasileira.

O livro apareceu exatamente na ocasião em que o processo histórico brasileiro entrou numa nova fase. A revolução de 1930 marcou o declínio das oligarquias cafeicultoras, atingidas pela crise do café, e significou, ao mesmo tempo, a ascensão dos setores industriais, a projeção das camadas urbanas, no plano político nacional. Iniciava-se um novo período na história do Brasil e surgia uma nova historiografia.

---

64 Caio Prado Jr., *Evolução política do Brasil*. São Paulo: Revista dos Tribunais, 1933.

Caio Prado Jr. rejeitou as explicações tradicionais. A República não foi uma reação contra os excessos do Poder Pessoal, como se afirmou muitas vezes. A política do imperador sempre fora o reflexo das "forças que atuavam no seio da sociedade". A principal razão da queda da Monarquia foi a inadequação das instituições imperiais ao progresso do país.

Forças surdas começaram a minar as bases do trono e, embora a opinião se alastrasse lentamente, é sensível o desprestígio em que caíram pouco a pouco as instituições monarquistas. O Império se mostrou incapaz de resolver os problemas nacionais, a começar pela emancipação dos escravos, de cuja solução dependia o progresso do país. Quando Ouro Preto tentou galvanizar o Império moribundo com seu imenso programa de reformas, era tarde: o Império agonizava. O espírito conservador e retrógrado encastelou-se numa série de instituições como o Senado Vitalício e o Conselho de Estado, instituições que frearam a marcha do país. A luta contra essas instituições conduziria à República. Uma simples passeata militar foi suficiente para lhe arrancar o último suspiro. As instituições primitivas como a escravidão, herdadas da antiga colônia, foram varridas pelas novas forças produtivas que se desenvolveram no decorrer do século XIX.

Caio Prado Jr. deu à história da República uma interpretação inteiramente nova, embora trate o assunto de maneira breve, limitando-se a colocar o problema sem, entretanto, desenvolvê-lo. No estudo sobre a "Evolução política do Brasil" dedica apenas um curto trecho à análise do advento da República. Referindo-se à inadequação do quadro institucional vigente às novas forças, quase nada diz sobre quais eram essas forças e como atuavam. Menos ainda sobre quais os grupos interessados na preservação do passado e quais os interessados nas mudanças.

Trata-se apenas de uma formulação inicial, que o autor desenvolveu em parte em obras posteriores, principalmente na *História econômica do Brasil*.[65] O estudo de Caio Prado Jr. abriu perspectivas para uma nova interpretação da história do Brasil.

---

65 Caio Prado Jr., *História econômica do Brasil*. São Paulo: Brasiliense, 1949.

DA MONARQUIA À REPÚBLICA

Suas ideias foram desenvolvidas por outros historiadores que, obedecendo a orientação semelhante, procuraram estabelecer a conexão entre a proclamação da República e as transformações ocorridas na estrutura econômica e social do país no decorrer do Segundo Império. As monografias sobre aspectos da história econômica do Brasil, aparecidas a partir de então, forneceram novos elementos para a compreensão do problema.

Contribuição de um economista

Num estudo sobre a "evolução econômica do Brasil" publicado em 1935,[66] J. F. Normano, embora não estude especificamente as origens da República, fornece subsídios para a sua compreensão. Chama a atenção para um fato em geral pouco lembrado: durante o Império o Brasil foi dirigido pelo fazendeiro que administrou o país como se administrasse uma fazenda. O fazendeiro foi o autor da Independência brasileira, realizou a unificação do país e o organizou, representando desde os primórdios uma das colunas mestras do Império. O país tornou-se, com a Independência, uma propriedade da classe dos fazendeiros. Constituía uma classe consciente de seus interesses e prerrogativas que só a influência das ideias liberais amenizava. Novos grupos, entretanto, tinham aparecido e adquirido importância no decorrer do Império, entre os quais os comerciantes ligados ao comércio de importação e exportação, os industriais e, finalmente, os trabalhadores livres. A abolição da escravatura, destruindo a velha forma legal da fazenda, acelerou a mudança na estrutura econômica, acarretando o aparecimento de um novo tipo de proprietário. Ao declínio do fazendeiro corresponderia o declínio do Império.

A revolução de 1889 significou apenas o término formal do declínio da Monarquia. A República não foi consequência da abolição dos escravos, nem resultou do conflito entre o Exército e o governo. A Monarquia, planta exótica no continente ameri-

---

66 J. F. Normano, *Evolução econômica do Brasil*. São Paulo: Cia. Ed. Nacional, 1939 (Brasiliana, v.152).

cano, desmoronou porque lhe faltou a base que a sustentara durante mais de cinquenta anos. A República foi consequência de um longo processo. O declínio do fazendeiro deixou a Monarquia sem uma base econômica e nem mesmo o encanto pessoal do imperador pôde deter as aspirações da nova classe urbana.[67]

No quadro impressionista que Normano pintou do Império e da República os historiadores encontrariam numerosas sugestões e ideias novas. Fizeram-lhe muitas restrições, criticaram a insuficiência de dados, os erros de cifras, a audácia de opiniões, mas poucos deixaram de acatá-lo. A frequência com que Normano foi citado daí por diante demonstra a fecundidade de suas ideias.

O revisionismo marxista

O revisionismo da historiografia brasileira anunciado pela obra de Caio Prado Jr. foi continuado principalmente pelos autores marxistas empenhados em combater os mitos fixados na historiografia tradicional. Embora divirjam na maneira pela qual aplicam o método dialético, estão todos interessados em estudar os fatos políticos à luz das transformações ocorridas na infraestrutura. Entre eles, destacam-se Nelson Werneck Sodré[68] e Leôncio Basbaum. O primeiro, em virtude de repercussão que vêm tendo seus trabalhos obrigando os setores acadêmicos, que nem sempre estão de acordo com as suas ideias ou com os esquemas simplificadores que adota, a discutirem suas afirmações. A insistência com que divulga suas teorias e a receptividade que seus trabalhos vêm encontrando entre os representantes da nova geração faz supor que a historiografia brasileira estará em parte empenhada nos próximos anos em rever e ampliar algumas de suas afirmações. Leôncio Basbaum, por sua vez, publicou uma

---

67 Ibidem, p.99 ss.

68 Nelson Werneck Sodré trata da queda do Império e das origens da República em vários livros: *Panorama do Segundo Império*, publicado em 1939; *Formação da sociedade brasileira*, 1944; *Formação histórica do Brasil*, 1962; e *História da burguesia brasileira*, 1964.

DA MONARQUIA À REPÚBLICA

obra em três volumes sobre a República, dedicando o primeiro ao estudo das origens.[69]

Em 1939, Nelson Werneck Sodré publica *Panorama do Segundo Império*. Ao explicar a queda do Império, afirma que a Monarquia desapareceu menos pela oposição que lhe moviam do que pela sua própria fraqueza, pela sua falta de base, pela indiferença, apatia e neutralidade de muitas das forças que a haviam apoiado no passado. "Vítima de suas próprias fraquezas", o regime ruiu sem gravames. Dentro do seu próprio ventre se haviam gerado "as forças que o destruiriam, forças cujo aparecimento e cujo desenvolvimento ele ajudara ou propiciara, ou esquecera, e que iriam destruí-lo sem que encontrassem oposição ou reação". O regime estava só[70] e incapaz de resistir, era um regime sem alicerces,[71] sem uma ideologia que o amparasse.[72] Uma a uma as forças vivas do país se divorciaram do Império e se tornaram indiferentes à sorte do regime.[73] A centralização excessiva característica do Império alienara o apoio das províncias. A fragmentação da propriedade, a retirada de prerrogativas e, finalmente, a Abolição enfraqueceram a elite agrária e destruíram as oligarquias. O desenvolvimento da imigração alienou, por sua vez, o apoio da lavoura paulista. De outro modo, o desenvolvimento do arcabouço administrativo e o processo de urbanização deram origem a um novo grupo social: a elite dos letrados. Finalmente, a Questão Religiosa, consequência da centralização, alienou o apoio do clero, "força social de primeira ordem". Tais foram os fatores que minaram o edifício monárquico.[74] A ação do partido republicano foi pouco significava. O partido não passava de uma minoria, não contando com o apoio das forças vivas do país. Não chegou sequer a elaborar uma ideologia muito clara, aquele tipo de ideologia que se forja no calor dos debates e

---

69 Leôncio Basbaum, *História sincera da República*. 2.ed. São Paulo: Edições L. B., 1963, 3v. (Coleção Temas Brasileiros. 3.ed., São Paulo: Fulgor, 1968; nova ed., São Paulo: Alfa-Ômega, 1976).

70 Nelson Werneck Sodré, *Panorama do Segundo Império*, 1939, p.340.

71 Ibidem, p.351.

72 Ibidem, p.354.

73 Ibidem, p.356.

74 Ibidem, p.335.

reveses. Não influiu como partido. Venceu pela fraqueza dos outros. Apenas em São Paulo chegou a ser um partido na verdadeira acepção da palavra, vinculado a uma tradição, possuindo quadro organizado, eleitorado próprio e chefes. Nas demais províncias os republicanos não passavam de um "agrupamento sem coesão e sem disciplina, sem quadros e sem chefes prestigiosos". O partido republicano teria assim um papel apagado e secundário no processo político do Segundo Reinado.[75]

Segundo Nelson Werneck Sodré, a queda da Monarquia assemelhou-se ao desprendimento de um fruto maduro. A República não trouxe nenhuma classe nova ao poder, não emancipou os espoliados, não alterou o regime de propriedade. As reformas mais importantes – federação, temporariedade no Senado –, e outras do estilo, só teriam repercussão passados alguns anos. "De imediato não houve senão mudança de figurino, mudança de personagens principais. Não houve uma revolução com o triunfo de uma ideologia nítida."

Alguns anos depois, ao publicar *Formação da sociedade brasileira*,[76] Werneck Sodré mantém as linhas gerais do seu quadro explicativo. Dá apenas maior ênfase à participação do Exército na proclamação da República.

Considera o fim da Guerra do Paraguai um marco que assinala o ponto crítico da curva ascensional do domínio da burguesia rural, o esteio do Império. Daí por diante, essa classe recebeu golpes sucessivos e, como estava associada ao Império, ao arruinar-se, arruinou-o também. Um novo elemento apareceu em cena – o Exército. Embora seus elementos mais representativos se distribuíssem entre os partidos dominantes, o Exército falava, às vezes, como uma entidade autônoma, principalmente quando se tratava de problemas que o tocavam de perto, e que diziam respeito à sua vida, organização e prerrogativas. Os militares discutiam as questões como homens do Exército, e não como homens de partido. Constituíam assim uma força nova, sem função política definida, mas que atuava na vida política, representando de certa forma

---

75 Ibidem, p.351.
76 Nelson Werneck Sodré, *Formação da sociedade brasileira*. Rio de Janeiro: José Olympio, 1944.

os grupos sociais até então inferiorizados na escala social e que tinham pouca ocasião de se manifestar.[77] Pondo de parte essa tese, à qual dará um grande desenvolvimento em trabalhos posteriores, caracterizando o Exército como representante das classes médias, o autor não introduziu novidades em relação ao seu trabalho anterior. Explicava a República como resultado das mudanças ocorridas na estrutura social e econômica do país. A decadência das oligarquias tradicionais ligadas à terra, a Abolição, a imigração, o processo de industrialização e urbanização, o antagonismo entre as zonas produtoras e a campanha pela federação contribuíram para minar o edifício existente e para deflagrar a subversão. Esta foi favorecida pela expansão dos meios de difusão de pensamento e pela repercussão que aqui teriam os movimentos ocorridos no estrangeiro.

A transformação das instituições correspondeu à dissociação de forças dominantes e ao advento de novas forças geradas pelas novas condições econômicas, mormente na zona centro-sul, polarizadora da existência nacional. Os representantes dessas áreas em ascensão, onde se verificavam concentração demográfica e enriquecimento progressivo, opunham-se aos representantes das áreas mais antigas e em decadência.

As contradições do processo histórico brasileiro foram novamente estudadas pelo autor, em 1962, na *Formação histórica do Brasil*,[78] onde retoma ideias enunciadas anteriormente. Dá maior ênfase nessa obra à atuação das classes médias na proclamação da República, embora não deixe de reconhecer a importância da cisão que se verifica nas classes rurais, entre os representantes das áreas mais dinâmicas e progressistas e os representantes das áreas decadentes e em crise, que permaneciam ancoradas na estrutura colonial de produção. Enquanto os primeiros aceitavam inovações e abandonavam as velhas técnicas de produção, eliminando o trabalho escravo, esposando relações capitalistas de produção e ansiando por reformas na medida em que ganhavam força, os demais permaneciam apegados ao traba-

---

77 Ibidem, p.310 e 312.

78 Nelson Werneck Sodré, *Formação histórica do Brasil*. São Paulo: Brasiliense, 1962 (nova ed., Rio de Janeiro: Civilização Brasileira, 1976).

lho escravo, ao velho sistema de produção e enfraqueciam a olhos vistos. A forma monárquica de governo, que servia ainda a esses grupos que a haviam adotado para assegurar o controle do poder por ocasião da Independência, já não serviria aos grupos mais progressistas desejosos de "dominar sem partilha o aparelho do Estado, para colocá-lo inteiramente a seu serviço". Estes dariam acolhida às ideias mais avançadas: Abolição, reforma eleitoral, federação e, finalmente, à ideia republicana, e não seria por acaso que o partido republicano teria em São Paulo seu núcleo mais efetivo.

Os representantes das classes médias encontraram no núcleo progressista das classes rurais apoio para levar a efeito suas ideias. A República resultou da aliança entre grupos ativos da classe média e representantes do setor mais dinâmico da classe senhorial interessados na mudança do regime.

Compunham a classe média diversas frações representantes das profissões liberais, militares, religiosos, estudantes e intelectuais, os pequenos produtores agrícolas, particularmente os que provinham da imigração e da colonização, as pessoas dedicadas ao comércio interno e externo, e os numerosos elementos ligados ao aparelho do Estado.[79]

As alterações ocorridas no Brasil na segunda metade do século XIX, acarretando o desenvolvimento da classe média, criaram a necessidade de sua participação efetiva no campo político. Entre os elementos mais ativos dessa classe e que maior influência exerciam na sociedade destacava-se o clero,[80] que sentia de perto os problemas das camadas desfavorecidas da população.

---

79 Tentando uma conceituação da classe média, diz que "a ela pertencem todos o que não exploram o trabalho alheio em escravidão ou servidão". Embora alguns de seus elementos possam se valer subsidiariamente do trabalho alheio remunerado e até mesmo de formas de trabalho escravo doméstico. A crítica a essa tese sobre o papel das classes médias na proclamação da República foi feita por Nícia Vilela Luz, O papel das classes médias brasileiras no movimento republicano, *Revista de História*, v.XXVIII, n.57, p.13-28, jan.-mar. 1964. Sobre o conceito de classe social, consulte-se a obra de Georges Gurvitch. *El concepto de clases sociales, de Marx a nuestros días*. Buenos Aires: Galatea, Nueva Visión, 1960.

80 A apresentação do clero como um grupo à parte, desvinculado das classes senhoriais, nos parece forçada, pois sabemos que frequentemente foi o oposto que sucedeu. No campo e na cidade, por exemplo, o clero apoiava a escravidão

DA MONARQUIA À REPÚBLICA 435

"Daí suas manifestações de rebeldia, sua adesão às ideias liberais, sua capacidade de comando, sua aptidão ao sacrifício e os seus vínculos com a classe que não explorava o trabalho alheio e que lhe fornecia os quadros." A Questão Religiosa seria a manifestação exterior dessa realidade. Os militares, por sua vez, recrutados entre as camadas médias e inferiores da sociedade, constituíam outro componente importante da classe média que esposava as ideias liberais que a classe senhorial abandonava por inúteis e até prejudiciais aos seus propósitos. Padres, militares, funcionários, pequenos comerciantes constituíram, com o passar dos tempos, o núcleo onde proliferaram as ideias novas.

A classe senhorial dominava o aparelho do Estado.

A Monarquia representa os seus interesses, o Conselho de Estado e o Senado Vitalício, a sua força absoluta, os partidos, as eleições, os governos provinciais, a Câmara do Império, as Assembleias de província, o Ministério, o Gabinete, os seus instrumentos. Em virtude do sistema eleitoral vigente, baseado na renda, a política era privativa da classe dos senhores da terra e de escravos e de alguns elementos ligados à classe comercial. Ficavam sem direito de representação a classe trabalhadora e a classe média na sua maioria.

Com a intensificação das mudanças ocorridas a partir de 1870, o regime deixara de atender às necessidades de parcelas importantes da sociedade. Na última fase multiplicaram-se os pontos de atrito: a Questão Religiosa, a Questão Militar, a Abolição.

Se as classes dominantes estivessem unidas, as reivindicações da classe média não teriam encontrado ressonância. As divergências que dividiam as classes senhoriais facilitaram a concretização do movimento.

---

limitando-se a recomendar, aos escravos, obediência e resignação e, aos senhores, benevolência. A caracterização do Exército como representante das classes médias também nos parece um tanto forçada. Sabemos que a origem dos indivíduos é muito menos importante para definir sua atitude do que seu *status*. O Exército sempre esteve dividido. De certa forma, ele reproduziu em miniatura as contradições existentes na sociedade. Isso não impede, evidentemente, que ele tenha sido muitas vezes o veículo de aspirações existentes na sociedade, entre elas as aspirações da classe média.

A ideia republicana, sempre presente nos movimentos ocorridos antes e depois da Independência, mas que fora defendida
apenas pela elite dos letrados, não encontrando até então condições para se impor, dada a debilidade da classe média, pôde enfim concretizar-se.

Na opinião de Nelson Werneck Sodré, a República foi resultado da

> eclosão das alterações que se vinham processando e que alcança-
> ram em determinadas circunstâncias as condições para aflorar e
> compor-se num conjunto político capaz de realizar a liquidação do
> regime e a sua substituição por um outro mais flexível e mais apto
> a permitir a longa e difícil acomodação de uma estrutura econômica
> ainda profundamente colonial, embora os fatores de progressos es-
> tivessem evidentes, ao surto do imperialismo que, por toda parte,
> rompia as barreiras e transpunha os obstáculos que se antepunham
> ao seu pleno desenvolvimento.[81]

As alterações que se introduzem a partir de então refletem o "extraordinário esforço de adaptação das condições internas, às condições externas, de uma capitalização em início
a um processo capitalista que atinge a sua etapa imperialista.
Com a República a estrutura colonial de produção atinge o
apogeu".

Comparando-se essa versão com as primeiras versões sobre
a República verifica-se que naquelas avultam os homens que
participaram do movimento e os episódios que culminaram com
a proclamação da República, enquanto na versão de Nelson
Werneck Sodré uns e outros praticamente desapareceram. Não
é um relato, mas uma interpretação que o autor faz, rejeitando
deliberadamente a visão personalista dos fatos.

A história é uma ciência social, diz ele na introdução de
um de seus livros, "seu objeto é o conhecimento do processo de
transformação da sociedade ao longo do tempo. Da sociedade, não dos indivíduos – o fato isolado, o caso único, o episódio irrepetível não são susceptíveis de tratamento científico
– não pertencem ao domínio da história".

---

81 Nelson Werneck Sodré, *Formação histórica...*, op. cit., p.299.

Seu livro, como ele próprio afirma, não é obra de mera especulação, é obra engajada, derivada de uma posição política e sobretudo da necessidade de rever a história do país a partir de uma nova perspectiva. Não se trata de um trabalho de pesquisa, baseia-se, em geral, na bibliografia existente sobre o assunto, o que prejudica, às vezes, suas interpretações. O mesmo sucede, aliás, à maioria dos estudos revisionistas aparecidos ultimamente. Partindo de novos ângulos de abordagens e de novas formulações metodológicas, procuram interpretar fatos já conhecidos utilizando dados fornecidos por historiadores e cronistas que nem sempre procedem de maneira científica, como tivemos ocasião de verificar a propósito do movimento republicano. As novas interpretações são frequentemente prejudicadas pela falta de base documental. Isso não impede, entretanto, que contenham valiosas sugestões e hipóteses de trabalho.

A obra de Leôncio Basbaum alinha-se entre as que se têm escrito sob a influência do materialismo histórico. Inicia com uma epígrafe que deixa claro os motivos que o levaram a escrever a *História sincera da República*: "Os historiadores têm até aqui interpretado o Brasil de várias maneiras. Trata-se agora de transformá-lo".[82]

Dedica todo um volume à análise das origens da República, introduzindo algumas correções às ideias de Nelson Werneck Sodré, embora siga, em linhas gerais, a mesma orientação. Na sua opinião, a Monarquia nasceu condenada, trazendo consigo os gérmens de sua ruína: o latifúndio, as relações feudais de produção e o escravismo. Desde 1850, quando cessa o tráfico, a classe que dominava o país, a aristocracia do açúcar, está em decadência. Uma nova aristocracia surgia, entretanto: a aristocracia do café, mais rica, mais poderosa, mais agressiva; sua intervenção na vida política do país conduziria à República. A decadência da aristocracia açucareira é a causa fundamental da ruína do Império e do advento da República. Outra causa do debilitamento do regime monárquico é a ideia federalista. Para a queda da Monarquia contribuíram também as campanhas movi-

---

82 Leôncio Basbaum é autor de um estudo sobre o método histórico intitulado *O processo evolutivo da História*. São Paulo: Edaglit, 1963.

das contra a família imperial sob alegação de que a Coroa sempre hesitara em dar uma solução à questão servil e abusara do poder pessoal, e ainda o escasso prestígio do marido da princesa Isabel, provável sucessora do Trono, a quem faltava igualmente o apoio popular. Ao lado dessas causas imediatas de menor importância sobrelevam três outras de importância maior: a Abolição, a Questão Religiosa e a Questão Militar, em virtude das quais o regime perdeu os três pilares em que se apoiava: a aristocracia rural do café, a Igreja e as forças armadas.

As classes escravagistas, os fazendeiros de café e alguns senhores de engenho abandonaram o imperador e se puseram contra a Monarquia depois da Abolição. A Questão Religiosa é menos significativa. Para Basbaum, ao contrário do que afirma Nelson Werneck Sodré, os padres não constituíram uma categoria à parte e seu comportamento não se diferenciava dos demais: alguns participaram de movimentos revolucionários, e foram abolicionistas, enquanto outros, que constituíram a maioria, procuravam a vida cômoda das fazendas, casavam, constituíam família, tinham escravos e lutavam por eles. Jamais a Igreja apoiou o Trono, nem este jamais buscou seu apoio e, embora os incidentes havidos entre a Igreja e o Trono criassem entre os dois poderes um abismo intransponível, a falta de apoio da Igreja não influiu muito no ânimo do povo cujo catolicismo era débil. Os representantes do clero refletiam menos o pensamento da Igreja do que o das classes a que pertenciam. De outro modo, muitos monarquistas se haviam tornado republicanos por temerem o governo provavelmente clerical da princesa Isabel, conhecida pela sua dedicação aos assuntos da Igreja, e tida como profundamente beata. Todavia, por menor que fosse a influência da Igreja e por maior que fosse a hostilidade de certos meios anticlericais contra ela, o prestígio da Igreja era ainda bastante forte para lançar contra o Trono boa parte da população ou pelo menos para torná-la indiferente aos destinos da Monarquia.

A terceira causa imediata que provoca a queda do Império, esta a seu ver bem mais positiva, é a perda do apoio militar em virtude de uma série de incidentes sem importância, mais de caráter disciplinar do que político, e inspirados pelo espírito de classe.

Depois de uma série de observações sobre as mudanças ocorridas na estrutura econômica e social do país ao longo da segunda metade do século XIX, Leôncio Basbaum parece reabilitar a clássica análise, a Questão Religiosa, a Questão Militar e a Abolição.

Observa, entretanto, com justeza, que o Exército estava dividido. A afirmação vem sob certo aspecto contrariar a opinião de Nelson Werneck Sodré, que considera o Exército como representante entre os oficiais superiores e os menos graduados. Diz Basbaum, entretanto, que, em 1889, a massa dos soldados era recrutada entre a parte mais pobre da população e se constituía de negros, mulatos e mais raramente de brancos. Enquanto isso, os oficiais provinham da classe média, eram filhos de oficiais ou pertenciam à aristocracia rural. O desnível social impedia que o Exército formasse uma unidade, por isso é impossível falar no pensamento do Exército como se ele agisse e pensasse como um todo. De major para cima, a maioria das patentes era favorável à Monarquia, enquanto os escalões inferiores inclinavam-se para a República. Diz, entretanto, que não foi o republicanismo de alguns oficiais de patentes mais baixas que provocou a Questão Militar e se o Exército derrubou o Império não o fez por qualquer ideal político – queria apenas desafrontar supostas ofensas. A queda do Império ultrapassou seus objetivos. O Exército não era de fato republicano, nem nas suas bases nem nas altas patentes e, paradoxalmente, a República foi proclamada por um Exército não republicano. Na realidade, a Monarquia não foi derrubada: desmoronou em virtude de suas próprias fraquezas.

Refutando as teses mais recentes,[83] que consideram a propaganda promovida pelo partido republicano uma das causas primordiais da proclamação da República, diz que a ideia republicana não teve penetração nas massas, que continuaram até o fim do Império mais monarquistas do que republicanas. Afirma ainda que não se pode dizer que faltassem à Monarquia raízes na América, pois a tradição monárquica tinha pelo menos quatrocentos anos de história e não houve, na história do Brasil, movimentos

---

83 George C. A. Boehrer, *Da Monarquia à República...*, op. cit.

que fossem especificamente republicanos. A ideia republicana estivera presente em todos eles apenas como um símbolo. Antes da Independência, a República constituiu a aspiração natural dos que lutavam contra a exploração da metrópole; depois da Independência, o móvel das lutas era o Federalismo e não propriamente a República, e esta ideia só aparecia como um símbolo nos momentos de crise, não correspondendo a uma aspiração verdadeira. Eram raros os indivíduos que consideravam a República o sistema político ideal para o Brasil.

A propaganda republicana não exerceu grande influência na queda do Trono. Mesmo em São Paulo, onde havia um núcleo importante de fazendeiros republicanos, não havia propriamente simpatia pela República, mas simpatia pelo poder.

São Paulo convertia-se na província mais rica do país, o café era a maior riqueza nacional e, todavia, o Império continuava a ser dirigido e dominado pela moribunda aristocracia rural do açúcar. A oposição ao governo, e particularmente ao governo monárquico, era, pois, uma tendência natural entre os paulistas. Enquanto em São Paulo o movimento republicano ganhava importância relativa controlando um quarto do eleitorado, no Norte ele encontrava escassa ressonância, pois não só faltava, nessas regiões, a classe média, que nas cidades do Sul constituíam o grosso da massa republicana idealista, como os senhores da terra se confundiam com a própria Monarquia e não tinham, portanto, nenhum interesse em ser republicanos. De outro modo, o número de escravos era reduzido nessa região e a Abolição não trouxe perturbações econômicas ou repercussões políticas mais amplas.

Conclui que não havia no Brasil uma tradição republicana e que a afirmação em contrário é mais um dos falsos mitos da história. O fato de não haver sido a República uma aspiração popular se deve menos ao amor e respeito pela Monarquia do que ao conteúdo vago do programa do partido, que não consultava os interesses populares, não traduzia reivindicações de caráter econômico, não tocava nos problemas da terra ou do trabalho, nem atendia às reivindicações burguesas. Baseando-se no estudo de Boehrer sobre o partido republicano, acentua que os republicanos nunca se estruturaram num partido único e estiveram sempre divididos por numerosas contradições. Divergindo das conclusões de Boehrer, conclui que a influência do partido republicano é mínima na proclamação da República. A Monarquia não foi derrubada, ela desmoronou.

Na tese de Basbaum há três observações importantes que contrariam sob certa forma o que afirmam outros autores. A primeira é que a Questão Religiosa é menos importante do que se tem dito e que o clero se identificou, em geral, com as camadas dominantes. A segunda ideia igualmente importante é que o Exército, à semelhança do clero, não é unânime e que não se pode compreender o seu comportamento se pretendermos considerá-lo como um todo. A terceira observação que nos parece extremamente fecunda é que a ideia republicana, que consubstanciava o sonho político de algumas camadas intelectualizadas da pequena burguesia urbana e de alguns setores positivistas ou simplesmente descontentes do Exército, que viam na República a solução para todos os males, representou em São Paulo a aspiração dos fazendeiros de café que ambicionavam o poder. A República viria integrar no poder aquele setor das classes dominantes que sustentava economicamente o país. O instrumento desse poder seria durante 36 anos o PRP.

A nova historiografia

Ao lado das interpretações sugeridas pelos autores marxistas apareceu, nos últimos anos, uma série de monografias que forneceram dados valiosos para o estudo da história do Império e das origens da República. Com o funcionamento das Faculdades de Filosofia, Sociologia e Política e Ciências Econômicas e Administrativas, criadas a partir de 1930, os estudos históricos receberam novo impulso. Trabalhos de pesquisa realizados segundo critérios científicos ofereceram subsídios para o estudo da História.

O interesse que o Brasil tem despertado no estrangeiro, principalmente nos Estados Unidos, motivou o aparecimento de algumas obras importantes sobre o assunto.

Surgiu nos últimos anos uma série de estudos sobre aspectos econômicos, sociais e ideológicos do Império e da República,

442 EMÍLIA VIOTTI DA COSTA

possibilitando o aparecimento de uma nova versão sobre as origens da República no Brasil.[84]

---

84 Entre os estudos mais recentes, destaca-se o minucioso trabalho de G. Boehrer sobre o Partido Republicano (G. Boehrer, *Da Monarquia à República*, op. cit.). Sobre aspectos econômicos do Império: Stanley Stein, *Grandeza e decadência do café*. São Paulo: Brasiliense, 1961; Idem, *The Brazilian Cotton Manufacture*. Textile Enterprise in an Underdeveloped area. Cambridge, Mass., 1957; Pierre Monbeig, *Pionniers et planteurs de São Paulo*. Paris, 1958 (trad. bras.: *Pioneiros e fazendeiros de São Paulo*. São Paulo: Hucitec/Polis, 1984); Octávio Ianni, *As metamorfoses do escravo*, op. cit.; Fernando Henrique Cardoso, op. cit.; Emília Viotti da Costa, *Da senzala à colônia*, op. cit.; Richard Graham, op. cit.; Thomas Skidmore, op. cit.; Nícia Vilela Luz, *A luta pela Industrialização do Brasil*. São Paulo: Difusão Europeia do Livro, 1962. Sobre o mecanismo político-partidário no Império: *Teoria e ação no pensamento abolicionista*. São Paulo, 1961; José Maria dos Santos, *Os republicanos paulistas e a abolição*. São Paulo, 1942; Idem, *Bernardino de Campos e o Partido Republicano Paulista*. Subsídios para a história da República. Rio de Janeiro: José Olympio, 1960. Sobre o positivismo e sobre história das ideias: Ivan Lins, *História do positivismo no Brasil*, op. cit.; João Cruz Costa, *Contribuição à história das ideias no Brasil*. O desenvolvimento da filosofia no Brasil e a evolução histórica nacional. Rio de Janeiro, 1956; Idem, *O positivismo na República*. Notas sobre a história do positivismo no Brasil. São Paulo: Cia. Ed. Nacional, 1950; Idem, *O desenvolvimento da filosofia no Brasil no século XIX*. São Paulo, 1950; João Camilo de Oliveira Torres, *O positivismo no Brasil*. Rio de Janeiro, 1943. Entre os estudos biográficos, destacam-se o de Afonso Arinos de Melo Franco, *Um estadista da República*. Afrânio de Melo Franco e seu tempo. Rio de Janeiro, 1955, 3v.; Humberto Bastos, *Rui, o ministro da independência econômica nacional*. Salienta-se ainda, pela amplitude de informações sobre a burguesia brasileira, o livro de Gilberto Freyre, *Ordem e Progresso*. Rio de Janeiro: José Olympio, 1939. Ainda sobre o partido republicano, ver Oilliam José, *A propaganda republicana em Minas Gerais*. Belo Horizonte, 1964. Alguns estudos relativamente recentes, como o de José Maria Bello, *História da República (1889-1945)*. 3.ed. São Paulo, 1956; Heitor Lyra, *História da queda do Império*. São Paulo: Cia. Editora Nacional, 1964, 2v.; e João Camilo de Oliveira Torres, *A democracia coroada*, mantêm-se mais ou menos presos às versões tradicionais. Utilizando documentação até agora pouco explorada, Heitor Lyra escreve uma história que se mantém no nível do episódico e do circunstancial. Os aspectos estruturais, as transformações econômicas e sociais que se processam no país no decorrer da segunda metade do século XIX e suas conexões com o movimento de 1889 não são apontados ou aparecem ocasionalmente como fatores de segunda ordem. Baseando-se amplamente em documentação

DA MONARQUIA À REPÚBLICA

Mais de setenta anos decorreram desde a proclamação da República e a história das origens da República tem sua própria história. O retrato que os historiadores traçaram dos acontecimentos variou ao longo do tempo. Fatos reputados importantes pelos contemporâneos foram aos poucos esquecidos ou deixados num segundo plano e aspectos que não mereceram atenção por ocasião da proclamação da República foram considerados fundamentais pelos historiadores.

Nas primeiras crônicas, escritas sob a impressão direta dos acontecimentos, as interpretações foram deformadas pela parcialidade dos observadores. Engajados no processo que estavam descrevendo, os cronistas raramente dispunham da perspectiva necessária para interpretar os acontecimentos; isso só se tornou possível com o desenrolar do processo histórico. A maioria dos observadores não ia além das aparências. Estavam de tal forma colados à realidade presente que apenas percebiam os sucessos mais próximos. Incapazes de perceber a dinâmica do processo que estavam vivendo e não dispondo da visão panorâmica necessária à compreensão dos fatos, eram incapazes de estabelecer conexões e relações. Questões de somenos avultavam a seus olhos enquanto as tendências gerais do processo passavam frequentemente despercebidas.

Alguns cronistas participaram diretamente dos principais acontecimentos. Outros informaram-se através da imprensa, colheram dados sobre a conspiração, ouviram argumentos pró e contra a Monarquia. Uns e outros tomaram partido a favor ou contra o movimento. Não é, pois, de estranhar que os relatos sejam contraditórios e estejam pontilhados de referências aos personagens parciais e mais em evidência na cena política ou se percam em minúcias que hoje nos parecem irrelevantes.

O grau de informação dos cronistas varia de um para outro. Estavam uns mais informados do que outros sobre a conspiração. Conheciam uns mais do que outros os bastidores da Monarquia. Uns frequentavam o Paço, outros reuniam-se nas

testemunhal é levado a endossar uma das versões tradicionais. Considera a República uma decisão de última hora, acentuando que ela resultou menos da ação dos republicanos do que do antimonarquismo e da indiferença pela sorte da Monarquia.

salas dos jornais ou no Clube Militar. Uns tinham participado ativamente da derrubada do regime, outros se tinham esforçado até o último instante por preservá-lo. Havia ainda os que aderiram à última hora: os republicanos de Quinze de Novembro que precisavam justificar sua conversão à República. Cada um tinha a sua maneira de ver as coisas. Cada um tinha um motivo para escrever a crônica dos acontecimentos. Cada cronista elaborava sua própria versão dos fatos.

Os relatos que apareceram nesse período são frequentemente contraditórios, mantendo-se em geral no nível dos fatos aparentes, das opiniões confessas, dos mexericos, dos boatos, dos argumentos panfletários e polêmicos. Refletem as crenças, os ideais, os interesses dos vários grupos. Os monarquistas dão pouco relevo à ação do partido republicano, atribuindo grande importância ao levante militar, considerando a proclamação da República reflexo da indisciplina do Exército. Idealizam a Monarquia e criticam direta ou indiretamente o novo regime. Os republicanos, por sua vez, fazem crítica à Monarquia e consideram a República a concretização de uma antiga aspiração nacional, correção necessária dos males do passado, e obra de um punhado de idealistas, que contou incidentalmente com o apoio do Exército. Assim se escreveram as primeiras histórias da queda do Império, nas quais se misturam impressões pessoais, racionalizações e fatos objetivos.

Com o passar dos anos, os fatos ficaram para trás. Uma nova geração apareceu em cena. As crises políticas multiplicavam-se. Civilistas e militares disputavam o poder e os problemas sociais manifestavam-se por meio de conflitos e greves. Os historiadores reexaminaram a história da República a partir da nova realidade, menos comprometidos com o passado do que seus antecessores. Puderam assim reconhecer a parcela de responsabilidade que cabia aos políticos do Império que não tinham sabido preservar a Monarquia contribuindo, com suas críticas ao Poder Pessoal, para a desmoralização do regime. Impressionados com a presença constante dos militares na cena política de 1889, os historiadores foram impelidos a acentuar a atuação dos militares na proclamação da República, atribuindo à Questão Militar o papel fundamental na queda do Império.

DA MONARQUIA À REPÚBLICA

Durante muito tempo tinham passado mais ou menos despercebidos a atuação dos fazendeiros paulistas na proclamação da República e os motivos que os impeliram a derrubar o regime. A correlação só começou a ser estabelecida pelos historiadores a partir de 1930, quando a oligarquia paulista entrou em declínio. Até essa data a maioria dos historiadores continuava a repetir as versões que circulavam em 1889. Utilizando documentos testemunhais, limitavam-se a reproduzir o que fora dito pelos cronistas. Alguns optavam pela versão monarquista, outros pela versão republicana. Os mais moderados tentavam acomodar as versões contraditórias.

As mudanças que se vinham operando no país desde 1889 não eram ainda nem tão amplas nem tão profundas para permitir a revisão crítica das imagens tradicionais. Isso só se tornou possível a partir de 1930, quando se inaugurou um novo período na história do Brasil. De uma certa forma, o passado continuava até aquela data demasiadamente presente, e os historiadores continuavam a encarar os fatos segundo a perspectiva tradicional.

A partir de então, a urbanização com seu cortejo de influências, o processo de industrialização, a ascensão da classe média, a formação do proletariado, o desenvolvimento do capitalismo e, finalmente, a crise da lavoura cafeeira modificaram as perspectivas do historiador, que passou a enxergar no passado fatos até então ignorados. Iniciou-se o processo revisionista da historiografia brasileira.

Autores marxistas utilizaram em suas análises novos critérios procurando estabelecer conexões entre as transformações econômicas e sociais do país e a mudança do quadro institucional. Por sua vez, o desenvolvimento dos estudos de história econômica e o aparecimento de monografias sobre aspectos da história política e social do Império ofereceram novos elementos para compreensão das origens da República. Procurou-se fazer uma análise mais objetiva e racional dos acontecimentos.

A história deixou aos poucos de ser uma crônica dos episódios e das ações individuais, para se converter numa história interpretativa, deixando num segundo plano a ação dos indivíduos, ressaltando o papel dos grupos sociais; o historiador, em vez de se preocupar em expor os acontecimentos numa ordem cronológica, procurou relacionar as transformações políticas com as mudanças ocorridas na estrutura econômica e social do país. Abandonou o tom emocional das primeiras crônicas, colocando-se num plano mais racional e científico, procurando enquadrar os fatos conhecidos em esquemas novos. O método teve a vantagem de atrair a atenção para aspectos que tinham passado despercebidos, abrindo novas perspectivas para a história. Alguns dos estudos realizados a partir das novas diretrizes metodológicas ressentem-se, entretanto, da ausência de pesquisa documental, limitando-se a utilizar dados já conhecidos, nem sempre obtidos segundo critérios científicos, refletindo apenas a apreciação apaixonada e parcial dos testemunhos.

De outro modo, ao rejeitar o depoimento dos testemunhos, ao renunciar ao relato cronológico e episódico preferindo utilizar critérios mais ou menos sociológicos e empregando categorias e modelos, os historiadores são frequentemente levados a simplificar demasiadamente a realidade, despojando os fatos de sua historicidade. Fala-se em burguesia, em trabalhador livre, em oligarquia rural, mas não se verifica qual o grau de consciência das várias categorias sociais, quais seus interesses e ideais. A diversidade de modos de produção, os profundos contrastes que ainda marcam a paisagem brasileira em nossos dias não têm sido levados suficientemente em consideração.

Faltam pesquisas que permitam caracterizar nesse período o que é classe média, ou burguesia, qual sua importância relativa, qual sua participação nos movimentos políticos, qual o comportamento das camadas rurais, quais as diferenças que separam o senhor do engenho e o usineiro, o fazendeiro de café do Vale do Paraíba e o fazendeiro de café do Oeste Paulista, o trabalhador urbano e o trabalhador rural. Qual o estilo de vida, quais os interesses, qual a ideologia que professam, como se comportam perante os problemas políticos, qual a opinião que têm a propósito de questões tais como reforma eleitoral, ensino livre, influência da Igreja e do Estado, Abolição, industrialização, política financeira e tantos outros problemas propostos durante o Império. É preciso ainda conhecer os ideais dos vários grupos que se associaram ao proclamar a República, as contradições que os dividem. Essas e muitas outras questões aguardam novas pesquisas que permitam estudar em bases mais sólidas as origens da República.

O verdadeiro revisionismo da história brasileira será feito a partir do momento em que a pesquisa venha testar as novas teorias. O conhecimento da história da historiografia é essencial como etapa preparatória, para que o pesquisador possa ter consciência tanto da imprecisão dos limites que separam a lenda da história, quanto das vinculações que existem entre o historiador e sua época, para que possa dar, enfim, às investigações caráter mais científico, integrando e superando as imagens que os intérpretes da história republicana construíram sucessivamente ao longo do tempo.

CAPÍTULO 11

A PROCLAMAÇÃO DA REPÚBLICA[1]

A historiografia da República

Versões tradicionais

É opinião corrente que a proclamação da República resultou das crises que abalaram o fim do Segundo Reinado: a Questão Religiosa, a Questão Militar e a Abolição. Afirma-se que a prisão dos bispos do Pará e de Pernambuco incompatibilizou a Coroa com extensas camadas da população. A Abolição, por sua vez, indispôs os fazendeiros contra o regime, levando-os a aderir em massa às ideias republicanas. Finalmente, a Questão Militar, que se vinha agravando desde a Guerra do Paraguai em virtude do descontentamento crescente dos militares em relação ao tratamento que lhes dispensava o governo, levou-os a tramar o golpe de 15 de novembro que derrubou a Monarquia e implantou o regime republicano no país.

Alguns historiadores preocupam-se em apurar os verdadeiros intuitos do marechal Deodoro, na manhã de 15 de novembro, chegando mesmo a afirmar que ele não tinha intenção de

---

1 Originalmente publicado nos *Anais do Museu Paulista*, São Paulo, XIX, 1965.

proclamar a República, pretendendo apenas forçar a substituição do ministério. Os que pensam dessa forma consideram decisiva a atitude de Floriano Peixoto e de alguns outros membros do Exército que, auxiliados por um punhado de civis, converteram uma passeata militar num golpe contra o governo. Longe de corresponder às aspirações populares, a República não passaria de um mero golpe militar. A prova da escassa receptividade à ideia republicana pretende-se encontrá-la no insignificante número de pessoas inscritas no partido republicano e na sua escassa penetração nos meios parlamentares. A proclamação da República teria sido facilitada pelo desprestígio que recaía sobre a Monarquia, em virtude das críticas que os próprios monarquistas lhe dirigiam. Em linhas gerais, é essa a tese que Oliveira Vianna expõe em sua obra sobre o ocaso do Império.[2]

Nem todos os historiadores, entretanto, aceitam essa versão. Alguns acham que a República é a consequência natural dos vícios do antigo regime. A Monarquia fora desde o início uma planta exótica na América.

A forma republicana de governo não chegara a se implantar no Brasil, por ocasião da Independência, por circunstâncias fortuitas.

A República correspondia a uma aspiração nacional, como revelaram os movimentos revolucionários ocorridos no país antes e depois da Independência. Era, pois, natural que a ação do partido republicano, fundado em 1870, acabasse frutificando. Os excessos cometidos pela Coroa teriam contribuído, por sua vez, para o desprestígio da Monarquia e para o advento da República.

Analisando melhor as duas teses – às vezes reunidas numa única explicação – verificamos que não passam de interpretações superficiais, limitando-se a reproduzir a opinião dos contemporâneos sobre o Quinze de Novembro. Utilizando documentos testemunhais os historiadores elaboraram uma crônica pouco objetiva dos fatos que culminaram com a proclamação da República, e muitos continuam a repeti-la ainda hoje. Sabemos, no entanto, como são deformados e incompletos os depoimentos dos que vivem um momento revolucionário, seja por interesse, seja por paixão, seja por ignorância ou falta de informações exa-

---

2 Oliveira Vianna, *O ocaso do Império*. São Paulo: Melhoramentos, s. d.

tas, seja pela dificuldade de abarcar o processo como um todo, nas suas múltiplas contradições.

Logo nos primeiros dias após a proclamação da República surgiram duas versões contraditórias a propósito do movimento: a dos monarquistas e a dos republicanos. Os primeiros,[3] idealizando a Monarquia, consideravam a proclamação da República um acidente infeliz. Era-lhes impossível reconhecer deficiências profundas no regime monárquico. Recusavam-se a admitir que houvesse um motivo razoável para o movimento. Na sua opinião, tudo não passara de um golpe militar oriundo de interesses nem sempre justificáveis e até mesquinhos. Os republicanos, uma minoria pouco significativa no total do país, pleiteavam a mudança do regime, à revelia do povo e em benefício próprio. A República fora fruto do descontentamento e da indisciplina dos militares que se aliaram aos fazendeiros ressentidos com a abolição da escravatura. Essa é a versão dos monarquistas.

Os republicanos eram, sob certos aspectos, mais objetivos, embora tivessem também uma visão parcial e nem sempre exata do movimento. Para eles, a proclamação da República fora a correção necessária dos vícios do regime monárquico: os abusos do Poder Pessoal, vitaliciedade do Senado, centralização excessiva, fraude eleitoral que possibilitava ao governo vencer sempre as eleições etc. Correspondendo a uma aspiração nacional, o movimento republicano teria uma força irresistível. Ao proclamar a República, os militares seriam intérpretes do povo. Ao partido republicano e ao Exército cabiam as glórias do movimento.[4]

Alguns cronistas influenciados pelo positivismo, então em voga, consideraram a queda da Monarquia uma decorrência natural do processo histórico: estando o regime monárquico historicamente condenado, a República era o desenlace natural dos acontecimentos.

---

3 Visconde de Ouro Preto, *Advento da ditadura militar no Brasil*. Paris, 1891; Afonso Celso, *O imperador no exílio*. Rio de Janeiro: Francisco Alves, s. d.

4 Felício Buarque, *Origens republicanas – Estudos de gênese política*. São Paulo: Edaglit, 1962; Oscar d'Araújo, *L'idée républicaine au Brésil*. Paris, 1893 (Rio de Janeiro: Tip. Perseverança, 1890, p.136); Suetônio, *O Antigo Regimem*. Homens e cousas da Capital Federal. Rio de Janeiro, 1896, 256 p. e apêndice; Euclides da Cunha, *À margem da História*. 6.ed. Livreiros Lello Irmãos Editores, 1905 (1.ed., Porto: Lello, 1896).

Tanto as crônicas dos republicanos quanto as dos monarquistas atribuíam grande importância à atuação dos personagens que se movimentavam na cena política e cujo desempenho era considerado fundamental para explicar os sucessos que culminaram na queda do regime monárquico. Benjamin Constant, Quintino Bocaiúva, Silva Jardim, Deodoro, Floriano, visconde de Ouro Preto, a princesa Isabel, o conde D'Eu, o imperador são personagens importantes dessa história, comprazendo-se os cronistas em analisar as inclinações, as idiossincrasias, o prestígio, a habilidade ou inépcia de cada um.

Engajados diretamente nos acontecimentos que descreviam, os cronistas raramente dispunham da perspectiva necessária à compreensão do processo, não indo, em geral, além dos fatos mais conhecidos, não se preocupando em fazer uma análise objetiva dos acontecimentos. Os retratos que traçaram da Monarquia e do movimento republicano são diversos e contraditórios.

À medida que os anos passaram as versões primitivas continuaram a ser divulgadas pelos historiadores.[5] Na década de 1920, foi publicada uma série de trabalhos sobre o Império e a República. Mais de trinta anos tinham se passado desde a implantação do regime republicano e as crises numerosas que se manifestaram durante esse período obrigavam a revisão da história. A República revelava todas as suas contradições. Diante do quadro pouco animador oferecido pela realidade presente, uns procuraram encontrar no passado as raízes dos males presentes; outros, idealizando o passado, consideraram a República o ponto de partida de todos os males. Os historiadores dessa geração começaram a atribuir aos próprios monarquistas a responsabilidade do sucedido.[6] As versões tradicionais foram, não obstante, mantidas nas grandes linhas.

---

5 Para informações mais detalhadas sobre a historiografia da República, ver: Stanley Stein, A historiografia do Brasil, 1808-1889, *Revista de História (São Paulo)*, v.XXIX, n.50, p.81-133, jul.-set. 1964.

6 Oliveira Vianna, *O ocaso do Império*; e Pandiá Calógeras, *Formação histórica do Brasil*. São Paulo: Cia. Ed. Nacional, s. d.; José Maria dos Santos, *A política geral do Brasil*. São Paulo, 1930. Numa linha inteiramente nova para o seu tempo, Vicente Licínio Cardoso, À margem da República. In: A. Carneiro Leão, *À margem da história da República*. Ideias, crenças, afirmações. Inquérito por escritores da geração nascida com a República.

A partir de 1930, quando se inaugurou um novo período da vida política do país, a história da República passou a ser vista de forma inteiramente nova. A crise de 1929 e a consequente desorganização da economia cafeeira, suporte do Império e da Primeira República, o processo de industrialização, a urbanização com seu cortejo de influências, a ascensão lenta, mas progressiva da classe média, a formação do proletariado, os progressos do capitalismo industrial modificaram a perspectiva do historiador. Sob certo aspecto, era um novo Brasil que cada um tinha diante de si e era natural que se começasse a encarar o passado sob ângulos novos.

O revisionismo na historiografia da República

O desenvolvimento dos estudos de história econômica, o aparecimento de monografias sobre o movimento republicano ofereceram novos subsídios para a interpretação do movimento de 1889. Os historiadores tentaram fazer uma análise mais objetiva dos acontecimentos, partindo de uma nova problemática e recorrendo a novas fontes de informação. Abandonando as versões subjetivas dos testemunhos, procuraram explicar a queda da Monarquia pela inadequação das instituições vigentes ao progresso do país.

Segundo as novas interpretações, o regime monárquico, revelando-se incapaz de resolver os problemas nacionais a contento, a começar pela emancipação dos escravos, de cuja solução dependia o desenvolvimento da nação, perdera prestígio, sendo derrubado por uma passeata militar.[7] A proclamação da República é o resultado, portanto, de profundas transformações que se vinham operando no país. A decadência das oligarquias tradicionais, ligadas à terra, a Abolição, a imigração, o processo de industrialização e urbanização, o antagonismo entre zonas produtoras, a campanha pela federação contribuíram para minar o edifício monárquico e para deflagrar a subversão. Os setores mais progressistas, eliminando o trabalho escravo, esposando relações

---

7 Caio Prado Jr., *Evolução política do Brasil*. São Paulo, 1933.

capitalistas de produção, ansiando por reformas, opunham-se aos setores estacionários e retrógrados que apoiavam a Monarquia e eram apoiados por ela. Interessados em monopolizar o aparelho do Estado, os grupos progressistas deram acolhida às ideias mais avançadas: a Abolição, a reforma eleitoral, a federação e, finalmente, a República. Ao lado do núcleo progressista das classes rurais, colocaram-se as classes médias, desejosas de participação política, igualmente favoráveis a mudanças de regime. A República resultou, assim, da aliança entre grupos ativos da classe média e representantes do setor mais dinâmico da classe senhorial. O Exército, identificado com os interesses da classe média, realizou a mudança do regime que deixara de atender às necessidades de parcelas importantes da sociedade.[8]

As novas interpretações do movimento de 1889 deixam no segundo plano os personagens e os episódios que tanto pareciam impressionar os cronistas e procuram explicar o movimento como resultante da inadequação do quadro institucional existente à nova realidade social e econômica que se instalara progressivamente no país, a partir de 1870.[9]

Nem todos os historiadores, entretanto, aceitam essa interpretação e ainda recentemente Heitor Lyra, num trabalho exaustivo sobre a queda do Império,[10] manteve, em linhas gerais, a perspectiva tradicional, fazendo-lhe apenas algumas correções. Faltam estudos sistemáticos e de conjunto sobre a questão e as versões tradicionais continuam repetidas na maioria dos manuais didáticos.

Na análise dos acontecimentos históricos, entretanto, é preciso ir além dos fenômenos aparentes, que são observados e registrados pelos contemporâneos. As grandes transformações que subvertem a estrutura econômica e a ordem social são às vezes silenciosas e passam despercebidas aos olhos dos contemporâneos, ou são vistas de maneira parcial e deformada. O que parece rele-

---

8 Nelson Werneck Sodré, *Panorama do Segundo Império*. São Paulo: Cia. Ed. Nacional, 1935; *Formação da sociedade brasileira*. Rio de Janeiro: José Olympio, 1944.

9 Leôncio Basbaum, *História sincera da República*. Rio da Janeiro: Livraria S. José, 1957. (2.ed., São Paulo: Edições L. B., 1961).

10 Heitor Lyra, *História da queda do Império*. São Paulo: Cia. Ed. Nacional, 1964, 2v.

DA MONARQUIA À REPÚBLICA   455

vante para os que vivem o momento histórico é, em geral, o que pode ser facilmente observado: as ações individuais, os conchavos denunciados, os episódios mais flagrantes, as intrigas mais conhecidas.

O testemunho, mesmo quando lúcido e esclarecido, tende a personalizar o fato social parecendo ignorar que o homem é bitolado pela realidade social dentro da qual ele vive. O cronista, por sua vez, frequentemente se esquece de que para compreender a atuação do personagem é preciso conhecer as motivações, as limitações e as possibilidades que a realidade lhe oferece. Cabe ao historiador analisar os acontecimentos à luz da realidade mais ampla, tendo em mente que, se para a compreensão do comportamento individual é suficiente, às vezes, conhecer as ideias pessoais, as simpatias e idiossincrasias de cada um, isso não basta para esclarecer a história, pois, para compreendê-la, é preciso levar em consideração o processo dentro do qual se insere a ação individual.

Nenhuma revolução é feita em nome de ideias que não tenham alguma receptividade e as razões que explicam por que certas ideias surgem ou vencem em determinado momento só podem ser entendidas quando se analisa a realidade vivida pelos homens que lutam a favor ou contra elas.

É menos importante para a compreensão da instalação da República do Brasil conhecer as inclinações pessoais do marechal Deodoro e de Benjamin Constant do que analisar as contradições existentes na sociedade que propiciaram a penetração das ideias republicanas em certos meios, conduzindo a Monarquia ao colapso e permitindo a alguns homens atuar contra ela.

A maioria dos depoimentos utilizados pelos que escreveram a história da proclamação da República, nos primeiros anos que se sucederam ao acontecimento, não fornece elementos para esse tipo de análise. Para tanto é preciso mudar o enfoque e procurar uma documentação que informe sobre as tensões econômicas e sociais existentes nos fins do Segundo Reinado. É preciso conhecer as mudanças que se operam na sociedade e que propiciaram a solução revolucionária e o golpe. Só uma análise desse tipo permite compreender a situação dos indivíduos e sua atuação.

Os estudos publicados ultimamente sobre a situação econômica, social e política do Império permitem-nos fazer, desde já, uma série de reparos às versões correntes, eliminando certos mitos que se forjaram ao sabor das lutas políticas e sociais e que foram incorporados à história, sob a roupagem da erudição.

Reparos às versões tradicionais

Abolição e República

Afirma-se frequentemente que a Abolição provocou a queda da Monarquia porque os fazendeiros que até então tinham apoiado o Império aderiram, por despeito ou vingança, à República. Tal ideia começou a circular antes mesmo da assinatura da Lei Áurea. Figurava entre os vaticínios sombrios dos escravistas que auguravam catástrofes inauditas caso a Abolição chegasse a concretizar-se. Por ocasião da Abolição não faltou quem vaticinasse que, decretando a emancipação do escravo, a princesa perderia o Trono. A impressão reforçou-se com o passar do tempo, pois os fatos pareceram confirmá-la. Não faltou, entretanto, já na época, quem encarasse o problema de maneira diversa. Aristides Lobo, num artigo publicado no *Diário de S. Paulo*, em maio de 1888, considerava a Lei Áurea uma tentativa de salvar a Coroa. No seu entender, a princesa tivera a sabedoria "de acudir a um incêndio que começava a arder nas proximidades do Trono". A impressão dominante, entretanto, era de que a Abolição provocaria a queda do Trono.

Em julho de 1889, poucos meses antes da proclamação da República, Joaquim Nabuco, observando a agitação que dominava o país, dizia, na Câmara dos Deputados, que a força dos republicanos provinha do descontentamento causado pela Abolição. Outros cronistas manifestaram-se da mesma maneira. A partir da proclamação da República tornou-se comum dizer que a Abolição provocou a queda da Monarquia, pelo descontentamento que gerou entre os fazendeiros. Essa ideia, nascida da apreciação superficial e apressada dos fatos, é apenas em parte verdadeira.

Na realidade, o que se passou foi que a Abolição veio dar o golpe de morte numa estrutura colonial de produção que a custo se mantinha perante as novas condições surgidas no país, a partir de 1850.

A classe senhorial, ligada ao modo tradicional de produção, incapaz de se adaptar às exigências de modernização da economia, foi profundamente abalada. Ela representara até então o alicerce da Monarquia. Com a Lei Áurea, a Monarquia enfraqueceria suas próprias bases. "A nova oligarquia que se formava nas zonas pioneiras e dinâmicas, onde se modernizavam os métodos de produção, assumiria liderança com a proclamação da República Federativa que viria realizar os anseios de autonomia que o sistema monárquico unitário e centralizado não satisfazia".

A Abolição não é propriamente causa da República, melhor seria dizer que ambas, Abolição e República, são sintomas de uma mesma realidade; ambas são repercussões, no nível institucional, de mudanças ocorridas na estrutura econômica do país que provocaram a destruição dos esquemas tradicionais. O mais que se pode dizer é que a Abolição, abalando as classes rurais que tradicionalmente serviam de suporte ao Trono, precipitou sua queda. Se houve casos de fazendeiros que aderiram ao movimento republicano por vingança, foram casos isolados que não podem explicar o fim da Monarquia.[11]

É preciso notar ainda que a Abolição afetou apenas os setores que se mantinham apegados ao trabalho escravo e estes, na década de 1880, constituíam a parcela menos dinâmica do país, pois os setores mais progressistas já se preparavam para a utilização do trabalho livre.[12] Continuavam apegados ao trabalho servil apenas os fazendeiros das áreas decadentes, rotineiras e impossibilitadas de evoluir para as novas formas de produção.

A Questão Religiosa

Assim como se tem sobreestimado o papel da Abolição na proclamação da República, o mesmo se tem feito em relação à

---

11 Emília Viotti da Costa, *Da senzala à colônia*, op. cit.
12 Heitor Lyra, *História da queda do Império*, op. cit.

Questão Religiosa, esquecendo-se de que ela dividiu a nação em dois grupos: os que eram favoráveis aos bispos e os que se manifestavam de acordo com o governo. A própria Igreja estava dividida, havendo vários padres e irmãos maçons, e foi exatamente esse fato que desencadeou a crise. A interferência do Estado na Igreja, contudo, não constituía fato novo, tendo uma longa tradição desde o período colonial.

Os republicanos, como os demais, estiveram divididos em face da Questão Religiosa: uns eram favoráveis aos maçons, outros aos bispos e, por isso, indiretamente, os primeiros apoiavam a política do governo. Grande número de republicanos era o que se chamaria na época de livre-pensador, denotando mesmo certa hostilidade a tudo que lembrasse Igreja e clero. No programa do partido republicano constava a plena liberdade de cultos, perfeita igualdade de todos os cultos perante a lei, abolição do caráter oficial da Igreja, sua separação do Estado e emancipação do poder civil pela supressão dos privilégios e encargos temporais outorgados a seus representantes, ensino secular separado do ensino religioso, constituição do casamento civil, sem prejuízo do voluntário preenchimento das cerimônias religiosas conforme rito particular dos cônjuges, instituição do registro civil de nascimento e óbitos, secularização dos cemitérios e sua administração pelas municipalidades.

A sociedade brasileira não se destacava por um espírito particularmente clerical. Muito ao contrário, o que se verificava nos meios mais ilustrados era uma afetação de indiferença e certo anticlericalismo, vigente mesmo nos meios católicos. A tradição voltaireana parecia ter deitado sólidas raízes. Havia políticos que se compraziam em afirmar sua independência de espírito. Vendo com maus olhos as veleidades da Igreja, apoiavam o governo. De outro modo, era de todos conhecida a religiosidade da princesa Isabel. A inclinação religiosa da princesa servia, aliás, de argumento aos republicanos para combatê-la.[13]

É exagero supor que a Questão Religiosa que indispôs momentaneamente o Trono com a Igreja foi dos fatores primordiais na proclamação da República. Para que isso acontecesse era pre-

---

13 Ver, por exemplo, Silva Jardim, *A pátria em perigo* (Bragança e Orléans). Conferência realizada na cidade de Santos na noite de 24 de janeiro de 1888.

ciso que a nação fosse profundamente clerical, a Monarquia se configurasse como inimiga da Igreja e a República significasse maior força e prestígio para o clero. De duas uma, ou a nação estava a favor dos bispos e contra D. Pedro, e então a perspectiva de substituição do imperador pela princesa seria vista com bons olhos em virtude de suas conhecidas ligações com a Igreja; ou a nação era pouco simpática aos bispos, e, nesse caso, se solidarizaria com a Monarquia e a Questão Religiosa, em vez de prejudicá--la, teria reforçado o seu prestígio. De qualquer maneira, a Questão Religiosa não poderia contribuir de modo preponderante para a queda da Monarquia. Quando muito, revelando o conflito entre o Poder Civil e o Poder Religioso, contribuiria para aumentar o número dos que advogavam a necessidade de separação da Igreja do Estado e, assim, indiretamente, favoreceria o advento da República, que tinha essa norma como objetivo.

Também não parece exato dizer que o clero, identificando-se com o povo onde ele era recrutado, esteve sempre solidário com os anseios populares manifestando a sua rebeldia, aderindo às ideias liberais e colocando-se contra a Monarquia,[14] pois na realidade o clero sempre esteve dividido e, em certas questões, como no caso da Abolição, manteve-se ao lado das camadas dominantes, e não ao lado do povo. Havia no Império padres republicanos, como o padre José Manuel, e padres monarquistas, como muitos outros, e a Igreja muito pouco tem a ver com a instalação da República.

O partido republicano e a proclamação da República

Também não se pode superestimar o papel do partido republicano. Embora difundido por todo o país, ele não contava grande número de adeptos, com exceção dos núcleos de São Paulo, Minas, Rio de Janeiro e Rio Grande do Sul. A prova de sua escassa penetração está não só no pequeno número de inscritos nos quadros do partido, como também na dificuldade encontrada pelos

---

14 Nelson Werneck Sodré, *Formação histórica do Brasil*. São Paulo: Brasiliense, 1962, p.272.

republicanos em apresentar candidatos próprios e vencer eleições. É evidente que esses fatos por si só não bastam para dar uma noção da real penetração das ideias republicanas no país. Primeiramente, porque é compreensível que os republicanos encontrassem dificuldades em ganhar eleições, uma vez que o sistema eleitoral vigente, baseado num critério censitário, excluía boa parte da população do direito de voto. Às vésperas da República, o eleitorado representava uma parcela mínima da nação, pouco mais de um e meio por cento (1,5%). De outro modo, a fraude eleitoral contribuía para desnaturar os resultados das eleições. Apesar dos obstáculos, o partido republicano conseguiu controlar em São Paulo um quarto do eleitorado.

O fato de constituir uma minoria não significa, entretanto, que os republicanos não exercessem um papel significativo no movimento, pois minorias ativas e organizadas sempre foram fatores primordiais em movimentos revolucionários, desde que exista disponibilidade estrutural, isto é, um mínimo de condições favoráveis ao desencadeamento da ação revolucionária. O que é preciso é verificar o grau de organização dessas minorias e as condições existentes para a ação revolucionária.

Era de fato pequeno o número dos elementos inscritos nos quadros do partido republicano, mas existiam muitos indivíduos que, embora não dessem sua adesão formal ao partido, poderiam ser considerados "simpatizantes", encarando com bons olhos a perspectiva de se adotar no país a forma republicana de governo.

A propaganda desenvolvida pelo partido em comícios, conferências e principalmente por intermédio da imprensa contribuiu para criar em certos meios, particularmente nos meios intelectuais, uma opinião pública favorável à ideia republicana.[15]

As ideias republicanas não constituíam aspecto novo no país. No período colonial elas representavam a bandeira da emancipação. Feita a Independência, passaram a significar a negação da situação vigente.

O fato de as ideias republicanas somente se concretizarem em 1889 só pode ser explicado pelas mudanças ocorridas na es-

---

15 Essa é a tese de George C. A. Boehrer, *Da Monarquia à República*. História do Partido Republicano do Brasil (1870-1889). Ministério da Educação e Cultura, Serviço de Documentação, 1954.

trutura econômica e social do país, que levaram uma parcela da nação a se converter às ideias republicanas e outra a aceitar com indiferença a queda da Monarquia. Só uma crise das instituições monárquicas e a consequente falta de bases do regime explicariam a debilidade da reação monarquista após o Quinze de Novembro. Sem as mudanças ocorridas na estrutura, o partido republicano provavelmente não teria conseguido atingir os seus objetivos.

O papel do Exército

A proclamação da República não é um ato fortuito, nem obra do acaso, como chegaram a insinuar os monarquistas; não é tampouco o fruto inesperado de uma parada militar. Os militares não foram meros instrumentos dos civis, nem foi um ato de indisciplina que os levou a liderar o movimento da manhã de 15 de novembro, como tem sido dito às vezes. Alguns deles tinham sólidas convicções republicanas e já vinham conspirando há algum tempo, sob a liderança de Benjamin Constant, Serzedelo Correia, Solon e outros. Imbuídos de ideias republicanas, estavam convencidos de que resolveriam os problemas brasileiros liquidando a Monarquia e instalando a República.

A ideia de que aos militares cabia a salvação da pátria generalizara-se no Exército a partir da Guerra do Paraguai, à medida que o Exército se institucionalizava. É claro que os militares estiveram em todos os tempos divididos entre várias opções e seria um grande equívoco imaginá-los como um todo. A ideia republicana contava, ao que parece, maior número de adesões entre os oficiais de patentes inferiores e alunos da Escola Militar, enquanto a Monarquia tinha o apoio dos escalões superiores.

A infiltração do pensamento positivista nos meios militares explica, em parte, a sua adesão à República. É preciso lembrar, entretanto, que não se trata do positivismo ortodoxo, pois mesmo Benjamin Constant, considerado um dos principais representantes do pensamento positivista no Exército, não pode ser considerado um positivista ortodoxo. O fato de o "Apostolado" ter um pequeno número de inscritos não impediu, entretanto, que as ideias positivistas exercessem uma poderosa influência na sociedade.[16]

Sobre-estimar o papel do Exército na proclamação da República, como fez toda a tradição monarquista desde os primeiros tempos, é esquecer as contradições profundas que abalavam o regime e que possibilitaram o sucesso do golpe.

O mito do Poder Pessoal

Igual equívoco cometem os que consideram a República consequência necessária dos excessos do Poder Pessoal, e que, para demonstrar sua tese, referem-se às críticas que lhe foram feitas nos últimos anos do Império. Na realidade, as críticas à Coroa e ao imperador datavam de muito tempo e nem por isso o Trono foi derrubado antes.

A ideia de que o imperador usou e abusou do Poder Pessoal originou-se da luta que se travou em torno do Poder Moderador, concedido ao imperador pela Carta Constitucional de 1824. Segundo a Carta, as atribuições e os privilégios do Poder Moderador eram vários:[17] podia nomear senadores, convocar extraordinariamente, adiar, prorrogar e até mesmo dissolver a Assembleia Geral, convocando uma nova, sancionar decretos e resoluções da Assembleia para que tivessem força de lei, nomear e demitir livremente os ministros de Estado (o que posteriormente se modificou com a criação do presidente do Conselho), suspender os magistrados, perdoar e moderar as penas impostas aos réus condenados por sentença, conceder anistia. A esse poder somavam-se as várias atribuições do poder executivo, entre as quais: convocar a nova Assembleia Geral, nomear bispos e prover os benefícios eclesiásticos, nomear magistrados, prover empregos

---

16 João Cruz Costa, *Contribuição à história das ideias no Brasil*. Rio de Janeiro, 1956; idem, *O positivismo na República*. São Paulo: Cia. Ed. Nacional, 1956; Ivan Lins, *História do positivismo no Brasil*. São Paulo: Cia. Ed. Nacional, 1964.

17 *Índice cronológico explicativo e remissivo da Legislação Brasileira de 1822 até 1848*, pelo bacharel Antônio Manoel Fernandes. Niterói: Tipografia Nictheroyense, 1849.

civis e políticos, nomear embaixadores e agentes diplomáticos e comerciais, nomear e remover comandantes de força de terra e mar, dirigir as negociações políticas com as nações estrangeiras e fazer tratados de aliança ofensiva e defensiva de comércio, só os levando ao conhecimento da Assembleia depois de concluídos, a não ser que, sendo concluídos em tempo de paz, envolvessem cessão ou troca de território do Império ou de possessões a que o Império tinha direito (o que tornaria necessário para sua aprovação a ratificação da Assembleia Geral). Cabia ainda ao poder executivo declarar guerra e paz, participando suas decisões à Assembleia, conceder cartas de naturalização, títulos, honras, ordens militares, distinções em recompensa de serviços feitos, dependendo apenas da Assembleia as mercês pecuniárias, quando não estivessem designadas e taxadas por lei. Era ainda função do executivo expedir decretos e instruções, regulamentos adequados à boa execução das leis, decretar a aplicação dos rendimentos destinados aos vários ramos do poder público, conceder ou negar o beneplácito aos decretos dos Concílios e Letras Apostólicas ou quaisquer outras constituições eclesiásticas e, finalmente, prover tudo o que fosse concernente à segurança interna e externa do Estado.

Como se vê, o imperador gozava juridicamente de um poder quase absoluto, podendo intervir no legislativo, no judiciário, além de exercer as funções do executivo dividindo-as apenas com os ministros que eram seus executores, reservando-se, entretanto, o direito de demiti-los quando desejasse e chamando quem bem entendesse, para formação do ministério.

Na realidade, a própria Carta Constitucional limitava o poder, e pouco a pouco, ao longo do Império, as prerrogativas imperiais foram restringidas. Uma análise das prerrogativas que usufruíam os demais poderes e, principalmente, a observação do funcionamento concreto do mecanismo político do Império modifica a primeira impressão e nos convence de que o imperador raramente fez valer sua vontade nos assuntos de envergadura nacional. Quem de fato controlou a política do Império foram as oligarquias que se faziam representar no Conselho de Estado, nas Assembleias Legislativas Provinciais, nas Câmaras dos Deputados, no Senado, nos ministérios, nos quadros do funcionalismo e das forças armadas. Embora as prerrogativas concedidas pela Carta Constitucional ao imperador fossem amplas, ele, de fato, nunca as exerceu como um rei absoluto, como fazem crer as críticas que lhe foram feitas por ocasião das crises políticas, e às quais os cronistas mais tarde deram crédito. A verdade é que o mecanismo do Poder Moderador, tal como foi aplicado no Brasil, em vez de resguardar a Coroa e lhe dar mais força, colocou-a diretamente no centro da luta política.

O direito que tinha o imperador de dissolver a Câmara e chamar os ministros que lhe parecessem convenientes convocando novas eleições, ao lado da prática eleitoral que, em virtude de fraude, parecia firmar o princípio de que o governo nunca perde as eleições, provocava atritos, descontentamentos e animosidade em relação à Coroa, todas as vezes que esta exercitava suas prerrogativas. Se o imperador dissolvia a Câmara e os conservadores eram afastados do governo, moviam intensa campanha contra o Poder Pessoal. O mesmo sucedia quando os liberais eram afetados por idêntica intervenção. Se o imperador escolhia um senador conservador, os liberais protestavam contra as "exorbitâncias" do Poder Pessoal; se escolhia um liberal, repetia-se o quadro. Os erros dos ministros recaíam sobre o imperador, ao contrário do que teoricamente deveria acontecer no regime monárquico parlamentar. Os atritos deram origem à lenda do Poder Pessoal.

Não se pode atribuir ao imperador a orientação eminentemente agrária imprimida à vida econômica do país durante o seu governo, assim como não se pode também responsabilizá-lo pela inexpressividade do corpo eleitoral e a permanência de uma sociedade patriarcal e escravista. Não foi o imperador quem promoveu a Abolição, nem a reforma eleitoral ou qualquer outra transformação importante que se operou durante seu governo. A estrutura econômica e social do país conferia às oligarquias um imenso poder e o imperador, que se caracterizou por uma certa teimosia em relação a pequenas questões, procurou sempre, diante dos problemas nacionais, auscultar as oligarquias.[18]

---

18 Em 1861, Tavares Bastos criticava os que viam no Governo Pessoal o maior vício do país. "Falar do Governo pessoal numa monarquia representativa é antes de tudo uma inverossimilhança, porque nela é isto impossível. Com efeito o sistema que nos rege é o da soberania nacional, isto é, do país pelo país", escrevia Tavares Bastos, acrescentando mais

As vicissitudes do Poder Moderador não são suficientes para explicar o advento da República. Não foi preciso esperar a década de 1880 para surgirem críticas ao Poder Pessoal. Muito antes dessa época, elas já tinham assumido o tom agressivo dos ataques dirigidos à Coroa às vésperas da República. Havia trinta anos, pelo menos, desde a crise do Gabinete Zacarias, o Poder Pessoal vinha sendo alvo de reiterados ataques.[19] Por que só em 1889 proclamava-se a República? Por que só então as ideias republicanas existentes há mais de um século conseguiam se concretizar? Quais as transformações que se operam na sociedade propiciando a mudança do regime? Quais os grupos sociais que serviram de base à Monarquia? Como foram afetados pelas mudanças? Quais os grupos novos? Como atuam, quais suas aspirações e conflitos? Quais são, finalmente, os elementos que compõem os quadros do partido republicano?

Dados para uma revisão

Transformações econômicas e sociais

Durante o longo reinado de Pedro II profundas mudanças ocorreram na economia e na sociedade brasileiras.

As primeiras ferrovias vieram substituir, pouco a pouco, em certas áreas, os meios de transportes tradicionais: o lombo de burro, o carro de boi e a barcaça. Ao findar-se o Império, o Brasil possuía cerca de nove mil quilômetros de estradas de ferro. A rede ferroviária, embora reduzida, era suficiente para revolucio-

---

adiante: "Além de impossível, isso de governo pessoal é uma visão. Aponte-me os casos em que o príncipe que atualmente conduz os nossos destinos tenha excedido os limites de um imperador constitucional. Se designaes este ou aquele despacho esta ou aquela escolha de senador, eu vos recordo que tais atos hão sido lavrados por membros de gabinetes fortes, e, se algum existe decretado apezar seu, peço-vos que vos indigneis contra a subserviência dos ministros eunucos" (Tavares Bastos, *Os males do presente e a esperança do futuro*. Rio de Janeiro: Cia. Ed. Nacional, 1939; nova ed., São Paulo: Cia. Ed. Nacional/Brasília, INL, 1976).

19 Afonso d'Albuquerque Mello, *A liberdade do Brasil, seu nascimento, vida, morte e sepultura*. Recife, 1864. Ver, muito antes, o "Libelo do povo", de Timandro, em R. Magalhães Jr., *Três panfletários do Segundo Reinado*. São Paulo: Cia. Ed. Nacional, 1956, p.61 ss.

nar em certas regiões o sistema de transporte e a produção. De outro modo, igualmente importante foi a progressiva substituição dos barcos a vela, que faziam a navegação costeira até meados do século, pelos barcos a vapor.

Introduziram-se processos mais modernos no fabrico de açúcar e apareceram aqui e lá engenhos que se distinguiam dos banguês pelo aspecto moderno de suas instalações. Nas fazendas de café do Oeste Paulista, zona pioneira e dinâmica, introduziram-se processos mais aperfeiçoados no beneficiamento do café, aumentando a produtividade.

O capitalismo industrial esboçou seus primeiros passos. Em pouco mais de dez anos, o número de indústrias passou de 175, em 1874, para mais de seiscentas. Eram empresas ainda pequenas e modestas, na sua maioria, mas significavam já uma profunda transformação na economia e na sociedade.

Os organismos de crédito multiplicaram-se. O sistema escravista entrou em crise, solapado pelas novas condições econômicas, que a Revolução Industrial criara no campo internacional, e pelas mudanças ocorridas na economia brasileira. O trabalhador livre começou a substituir o escravo. Nas áreas cafeeiras mais dinâmicas encontrou-se na imigração a solução para o problema da mão de obra.

A economia brasileira tornou-se mais diversificada e complexa. A população passou de pouco mais de três milhões, em 1822, para cerca de quatorze milhões na década de 1880. Concomitantemente às transformações econômicas, assistiu-se, em certas regiões, a um fenômeno de urbanização.

Esboçava-se a formação de um mercado interno. Surgiam perspectivas de novos empreendimentos. A agricultura não era mais o único empreendimento possível. Os capitais começavam a ser aplicados em outros setores: construção de vias férreas, organização de instituições de crédito, estabelecimentos industriais, principalmente no campo da fiação e tecelagem.

Os novos grupos

As transformações econômicas afetavam profundamente a sociedade. Criavam-se novos interesses, frequentemente diversos dos tradicionais. Os grupos ligados à incipiente indústria pleiteavam a proteção do governo. Em 1882, a Associação Industrial, organizada no Rio de Janeiro, lançou um manifesto, redigido por Felicio dos Santos, afirmando que o país só se poderia libertar da instabilidade e dos riscos da economia monocultora se desenvolvesse a indústria. Só assim seria possível diminuir a importação, aliviar a balança comercial e alcançar a independência econômica. Para isso, entretanto, era preciso o apoio governamental. Fomentar a produção industrial através de todos os meios era o que pleiteavam os empresários. Tais aspirações, entretanto, nem sempre encontravam boa acolhida nos setores agrários que tinham ampla representação no Parlamento.

Ao lado das categorias ligadas aos empreendimentos industriais, surgiam outros grupos representantes do que se poderia chamar a pequena e média burguesia.[20] Tratava-se de elementos ligados às atividades mercantis, às profissões liberais, à administração pública, aos meios de transporte, aos bancos etc. cujo número crescia progressivamente dando origem a uma população urbana. A maioria gravitava na órbita dos senhores rurais, aos quais não só se ligava por interesses econômicos, como frequentemente se unia por laços familiares. Possuíam, no entanto, a propósito de algumas questões, uma perspectiva que lhes era própria, diversa da visão senhorial, que de resto procuravam imitar. Não importa que muitos proviessem de famílias tradicionais e que ou fossem os filhos pródigos que abandonavam a proteção da Casa Grande para se lançarem nas incertezas da vida

---

20 Frequentemente se incorre no erro de confundir classes médias com profissões ditas liberais: direito, medicina, magistratura, engenharia, magistério, jornalismo, esquecendo-se de que às classes médias também pertencem muitas outras categorias profissionais, tais como as ligadas às indústrias de transformação, prestação de serviços, alojamento, alimentação, conservação e reparo, diversões e outras atividades remuneradas: comércio de mercadorias, transportes e comunicações, armazenagens, atividades sociais, assistência, beneficência, administração pública, comércio de imóveis e valores imobiliários, crédito, capitalização, seguros, defesa nacional e segurança pública, e que se definem não só pelo *status* que ocupam na sociedade, como por sua situação econômica e pela consciência que têm de si mesmos, e pelo seu quadro de valor e padrões de comportamento, diferenciando-se dos demais grupos que constituem a sociedade.

urbana, ou fossem remanescentes de antigas estirpes que tinham empobrecido, trazendo consigo o saudosismo do *status* perdido. As experiências de vida nas cidades eram muito diversas das zonas rurais e a geração que se urbanizava abandonava insensivelmente muitos dos valores tradicionais.[21]

Não é fácil estabelecer os limites que separam as categorias urbanas das camadas rurais, pois, enquanto alguns elementos urbanos provinham das camadas senhoriais, outros, assim que acumulavam pecúlio, afazendavam-se, comprando terras, convertendo-se em fazendeiros e senhores de escravos. A intensa circulação social existente dificulta a caracterização dos grupos que compunham a sociedade brasileira, mas nem por isso se pode desconhecer a existência de camadas urbanas cujo comportamento se diferencia das demais e cujos valores já não são exatamente os das camadas senhoriais. O comportamento daqueles grupos diante de problemas tais como a Abolição, a eleição direta e, finalmente, a República revela o caráter novo da sua posição.[22]

---

21 Sobre o papel das classes médias no movimento republicano, ver Nícia Vilela Luz, O papel das classes médias brasileiras no movimento republicano, *Revista de História (São Paulo)*, v.XV, n.57, p.13-28, jan.-mar. 1964. Sobre conceito de classe social: Georges Gurvich, *El concepto de clases sociales de Marx a nuestros dias*. 2.ed. Buenos Aires: Galatea, 1960.

22 Analisando alguns casos individuais, pode-se ter a impressão de que não existe uma consciência burguesa no país nesse período. Assim é que Andrade Figueira, advogado, defendia a lavoura e se filiava à perspectiva senhorial, enquanto outros, como Nabuco, por exemplo, de família de fazendeiros, combateria, por vezes, aquela posição. Entretanto, tomada num sentido mais amplo, analisando-se a experiência de vida, as ligações de interesses de cada um e, principalmente, observando o comportamento da maioria, verifica-se que de fato existe, ao findar o Império, uma camada urbana que nem sempre se identifica com a camada senhorial e que age muitas vezes contra os seus interesses. O caráter ambíguo da classe média brasileira foi notado principalmente por sociólogos americanos que, habituados à ideologia de classe média americana, espantaram-se de encontrar no Brasil uma atitude negativa da classe média brasileira em relação a si mesma. Charles Wagley, por exemplo, comenta que, exceto no extremo sul do Brasil, onde existem numerosos imigrantes europeus, "não se poderá afirmar ter existido no Brasil uma classe média. Profissionais liberais, militares, funcionários públicos, homens de negócios, comerciários, proprietários rurais, cujo nível de educação e padrão de vida parecia indicar pertencerem a uma classe média e que a julgar pelas origens não se incluíam entre os elementos das famílias tradicionais

Outro fenômeno importante que ocorre na época é o desenvolvimento das camadas urbanas mais pobres. Não é por acaso que a propaganda política sai dos teatros e dos salões de banquete, onde se confinara, para as ruas. Os comícios realizados por Lopes Trovão em praça pública no Rio de Janeiro são significativos dessa transição.

Os grupos tradicionais

As transformações econômicas afetam também os grupos tradicionais. Enquanto nas zonas pioneiras os fazendeiros introduzem nas fazendas métodos mais aperfeiçoados, substituindo o escravo pelo trabalhador livre, os fazendeiros das zonas mais antigas – atingidos pela decadência e ruína dos cafezais cuja produtividade diminuía consideravelmente – apegavam-se a formas tradicionais de produção e ao trabalho escravo.[23]

Desde a década de 1870, mas principalmente na de 1880, quando aumentaram as facilidades para utilização do trabalhador livre estrangeiro, as lavouras do Vale do Paraíba estavam decadentes e enfrentavam de maneira dramática o problema da substituição da mão de obra escrava. Cafezais que outrora haviam produzido cem, duzentas e até mais arrobas de café, beneficiado, por mil pés, não rendiam mais do que cinquenta. A baixa produtividade condenava-os ao abandono e decrepitude. Em 1883, calculava-se que a dívida total da lavoura cafeeira no Império montava a trezentos mil contos, recaindo a maior parte sobre as fazendas do Vale do Paraíba, onde 50% dos proprietários encontravam-se em situação deficitária e sem perspectivas de

---

identificavam-se com os valores da 'Classe Superior tradicional'" (Charles Wagley, *A revolução brasileira*. s. l.: Livraria Progresso Editora, s. d.). É preciso, entretanto, lembrar que essa atitude que define a das classes médias brasileiras num certo período não a impediu de agir, muitas vezes, em contradição com os interesses senhoriais. O estudo do comportamento político e social das classes médias brasileiras ainda está por ser feito, e é sem dúvida uma chave importante para a compreensão do Brasil no século XX.

23 Emília Viotti da Costa, *Da senzala à colônia*, op. cit.

recuperação.[24] A situação crítica em que se encontravam impedia-os de melhorar a produtividade. Não conseguiam acompanhar o nível salarial de outras áreas mais prósperas, por isso dificilmente conseguiam imigrantes. Apegavam-se ao trabalho escravo. Não podiam melhorar o sistema de produção porque não dispunham de capitais e não dispunham de capitais porque era baixa a produtividade de seus cafezais.

Profundas divergências dividiam os dois grupos no campo da política provincial. Em São Paulo, os fazendeiros do Oeste pretendiam estimular a imigração e a construção de ferrovias em sua região; os fazendeiros do Vale faziam-lhes oposição, acusando-os de confundirem os interesses particulares com os interesses provinciais onerando os cofres públicos. As divergências evidenciadas no plano local repercutiam no plano nacional.

Idêntica oposição entre setores "progressistas" e setores "tradicionalistas" verifica-se em outras áreas do país. Nas zonas açucareiras o fenômeno se repete, embora em escala mais modesta, em virtude do estado de crise que afetou, no decorrer do século XIX, a economia açucareira, dificultando o processo de modernização da economia. Os proprietários de engenhos mais bem situados conseguem introduzir aperfeiçoamentos no sistema de fabrico do açúcar equipando melhor os engenhos e ampliando sua capacidade de produção. A sua prosperidade contrasta com a ruína e a decadência dos banguês. Também no Rio Grande do Sul observa-se o mesmo contraste entre o novo e o velho.[25]

As contradições entre os vários grupos agravam-se com o passar do tempo, à medida que se acentuam as diferenças entre os setores mais arcaicos, incapazes de modernização, e as áreas mais progressistas.

O enfraquecimento dos grupos tradicionais que tinham sido o suporte da Monarquia durante todo o Império abalou as bases

---

24 Em 1854, a zona Norte (isto é, o Vale do Paraíba) produziu 77,46% do café paulista. Em 1886, conseguiu produzir apenas 19,99% do total produzido em São Paulo. A zona Central, a Mogiana e a Paulista produziram 74,5% (Sérgio Milliet, *Roteiro do café e outros ensaios*. São Paulo: Coleção do Departamento de Cultura, v.XX, p.19-20).

25 Fernando Henrique Cardoso, *Capitalismo e escravidão*. São Paulo: Difusão Europeia do Livro, 1961.

do Trono. A Abolição representaria para esses grupos um rude golpe. Enfraqueciam-se mais ainda as bases sociais, já debilitadas, sobre as quais se apoiava a Monarquia.

As contradições do sistema e as novas aspirações

O ideal de federação

As transformações econômicas e sociais que se processam durante a segunda metade do século XIX acarretam o aparecimento de uma série de aspirações novas provocando numerosos conflitos. Os meios industriais pleiteavam uma política protecionista, nem sempre aprovada pela lavoura mais tradicional. Os fazendeiros do Oeste Paulista almejavam uma política favorável à imigração. Já os senhores de engenho ou fazendeiros das áreas mais tradicionais, que ainda dispunham de numerosos escravos, eram contrários a essa orientação, preferindo estimular a criação de núcleos coloniais. Alguns grupos urbanos não comprometidos com o sistema escravista empenhavam-se na Abolição e pleiteavam maior representação na vida política do país, exigindo a substituição do sistema de eleições indiretas que propiciava a preponderância dos grupos tradicionais pela eleição direta. Os setores interessados no desenvolvimento da imigração sentiam as dificuldades resultantes do fato de ser a religião católica declarada religião do Estado, e pleiteavam a separação entre Igreja e Estado. Havia ainda problemas decorrentes da penetração do capitalismo internacional em vários setores, tais como redes ferroviárias, gás, iluminação de rua, instalação de engenhos centrais, criação de bancos, comércio de exportação e importação e outras atividades rendosas, que eram monopolizadas por estrangeiros. O crescimento da população urbana, por sua vez, gerava reivindicações novas referentes a instalação e ampliação da rede de esgotos, água, melhor iluminação, abastecimento de gás, linhas de bonde etc.[26]

---

26 *Revista Ilustrada*, 14 (540), 16 de março de 1889. Ver, ainda, *Revista Ilustrada*, 17 de agosto de 1882.

Diante de tantas contradições a solução parecia estar no sistema federativo. A excessiva centralização que caracterizava a administração imperial desgostava uma parcela da opinião pública que considerava tal sistema um entrave ao desenvolvimento do país e à solução dos problemas mais urgentes. A ideia federativa adquiria assim maior prestígio.

Não se tratava de uma ideia nova, apenas ganhava uma nova substância. Por ocasião da Independência fora invocada em defesa da ordem tradicional e de antigos privilégios. Era expressão não só das diferenças regionais, como da longa tradição descentralizadora que caracterizava a vida na colônia, onde cada região parecia entender-se melhor com o governo da metrópole do que com o vice-rei. Vencera, entretanto, o princípio unitário, favorecido pela conjuntura interna e internacional. O exemplo dos povos sul-americanos, que se tinham demonstrado incapazes de manter unido o antigo Império espanhol e que viviam ameaçados por agitação e lutas intestinas, serviria de argumento àqueles que consideravam a monarquia unitária e centralizada a melhor solução para os problemas brasileiros.

A identificação entre poder político e econômico e a ausência de conflitos fundamentais entre os grupos dominantes favoreceram a sobrevivência desse regime durante longo período, até que as contradições e os conflitos gerados pelas transformações que se processam na estrutura do país e o desequilíbrio crescente entre poder econômico e político puseram em xeque as soluções tradicionais, dando novo vigor à ideia federativa, que de resto nunca chegou a desaparecer, figurando entre as reivindicações teóricas do partido liberal e no Manifesto Republicano de 1870, onde se lê: "O regime de federação baseado na Independência recíproca das Províncias, elevando-as à categoria de Estados próprios unicamente ligados pelo vínculo da nacionalidade e da solidariedade dos grandes interesses de representação e defesa exterior, é aquele que adotamos".

A partir de então, o ideal federativo ganhou maior número de adeptos. Em 1885, num célebre discurso proferido na Câmara dos Deputados, Nabuco assinalava a conveniência de a Monarquia levar a cabo a concretização do ideal que existia desde os tempos da Independência. Justificando a necessidade da federação, dizia que as grandes distâncias impediam uma administração eficaz. As diferenças regionais eram outro argumento a favor da ideia: tão diferentes se apresentavam os problemas do Nordeste e do Centro, os do Sul discrepavam tanto das demais regiões, que era impossível dar-lhes uma administração uniforme. Era evidente que se impunha maior autonomia local. Interesses diferentes ditados pela diversidade regional não comportavam administração homogênea, emanada de um centro distante, onde se desconheciam os problemas regionais.[27]

A absorção crescente das províncias pelo Estado constrangia a prosperidade do país e a dívida pública avultava ano para ano, onerando as províncias. No seu entender, isso levaria fatalmente às ideias separatistas: "o grande perigo", "o maior desastre" de que só a federação poderia nos afastar decisivamente. Firmada sob o Império que lhe tolheria os abusos e corrigiria os possíveis excessos, a federação levaria o país, com segurança, ao regime democrático e à República.

Apresentava nessa ocasião, com a assinatura de 38 deputados liberais, um projeto propondo que os eleitores fossem consultados e que lhes fossem concedidos poderes especiais para, na própria legislatura, reformarem os artigos da Constituição necessários à transformação do país em federação. Propunha o projeto que se convertesse em artigo constitucional a seguinte proposição:

> O Governo do Brasil é uma monarquia federativa em tudo o que não disser respeito à defesa externa e interna do Império, à sua representação no exterior, à arrecadação dos impostos gerais e às instituições necessárias para garantir e desenvolver a unidade nacional e proteger efetivamente os direitos constitucionais dos cidadãos brasileiros. Os governos provinciais serão completamente independentes do poder central.

---

27 Não era muito diferente desta a argumentação usada sessenta anos antes pelos revolucionários pernambucanos. No jornal de Frei Caneca, *Typhis*, de 8 de julho de 1824, escrevia-se: "O Brasil tinha e tem todas as proporções para formar um estado federativo. A grandeza do seu território, as diversíssimas riquezas do seu solo, os diversos caracteres dos povos que o habitam que formam outras tantas nações diferentes, quantas as suas províncias, a simplicidade dos seus costumes que os habitam para a prática das virtudes republicanas..." (*Obras políticas literárias de Frei Joaquim do Amor Divino Caneca*, colecionadas pelo comendador Antônio Joaquim de Melo, tomo I, 1.ed., Recife, 1875).

O projeto não chegou a ser transformado em lei e só com a República foi alcançado o seu desiderato.

A apreensão de Nabuco, quanto às possibilidades de se desenvolverem ideias separatistas no país, não era de todo infundada. Ao fazer essa afirmação, pensava certamente em alguns pronunciamentos feitos em São Paulo, por políticos de prestígio. O separatismo consubstanciava em São Paulo os anseios e aspirações das zonas progressistas.

Contradições entre o poder político e o poder econômico: separatismo

As ideias separatistas nasciam do profundo desequilíbrio entre o poder político e o poder econômico que se observava nos fins do Império, oriundo do empobrecimento das áreas de onde provinham tradicionalmente os elementos que manipulavam o poder e concomitantemente do desenvolvimento de outras áreas que não possuíam a devida representação no governo.

A prosperidade do Vale do Paraíba na primeira metade do século XIX devida à expansão cafeeira tinha dado origem à aristocracia dos barões do café que, ao lado dos senhores de engenho, representavam a parcela mais importante da sociedade, controlando a vida econômica, social e política da nação, direta ou indiretamente através de seus prepostos. Com o passar do tempo, entretanto, as oligarquias tiveram abaladas suas bases econômicas. A crise que atingiu a economia açucareira e o declínio de produtividade das fazendas de café do Vale do Paraíba enfraqueceram aqueles núcleos de poder. Enquanto isso, as fazendas de café do Oeste Paulista passavam a liderar a exportação. A partir de 1880, a região se converteu numa das áreas mais dinâmicas do país. Sua representação política, no entanto, era relativamente pequena.

Observando os quadros políticos do Império verifica-se que, em 1889, entre os senadores, apenas três, num total de 59, provinham de São Paulo: o barão de Souza Queiroz, nomeado em 1848; Joaquim Floriano de Godoi, nomeado em 1872; e, finalmente, Antônio da Silva Prado, que se tornou senador em 1887. O número de senadores paulistas equivalia ao do Pará, enquan-

DA MONARQUIA À REPÚBLICA

to Sergipe, Alagoas, Paraíba tinham dois; Bahia, seis; Minas contava dez; Pernambuco, seis; e Rio de Janeiro, cinco. São Paulo tinha na Câmara dos Deputados uma bancada composta de nove deputados, enquanto Ceará dava oito deputados; Pernambuco, treze; Bahia, quatorze; município da Corte e Rio de Janeiro, doze; Minas Gerais, vinte. Analisando os componentes dos ministérios verifica-se igualmente que foram raros os representantes do Oeste Paulista que figuraram como ministros. O mesmo se observa no Conselho de Estado, onde predominavam representantes de outras regiões, principalmente do Vale do Paraíba, Minas, Bahia e Rio Grande do Sul.[28] O que era mais grave é que, até mesmo na presidência da província, obedecendo aliás a uma norma seguida na época, predominavam elementos oriundos de outras regiões.

De tudo isso resultava profundo descontentamento dos paulistas, que se sentiam ao mesmo tempo orgulhosos de suas empresas, prejudicados em seus interesses e cerceados em suas iniciativas, pela excessiva centralização. A ideia de federação encontraria assim, entre eles, numerosos defensores. Os mais extremados chegariam a falar em separação. A maioria consideraria a República a solução ideal para esses problemas.

Não seriam muitos nessa época os adeptos das ideias separatistas. Certamente, bem menos numerosos do que em 1932, quando os mesmos argumentos foram invocados para justificar a luta revolucionária que isolou São Paulo do país, mas a simples presença dessas ideias demonstra quanto eram graves as tensões no período final do Império.

Em 1877, ao inaugurar-se a estrada de ferro São Paulo–Rio, Ferreira de Menezes publica na *Gazeta de Notícias* do Rio de Janeiro um artigo transcrito em *A Província de São Paulo* em 7 de julho, comentando a atitude dos paulistas:

> O paulista, pela iniciativa é poeta, poeta do progresso, poeta prático. Seus versos são estes: boas estradas, máquinas, navegação,

---

28 *Organização e programas ministeriais.* Regime parlamentar no Império. 2.ed. Rio de Janeiro: Ministério da Justiça, Negócios Interiores, Arquivo Nacional, 1962; Santanna Nery refere-se a quatro senadores por São Paulo, num total de sessenta equivalentes a: Ceará, Pará, Maranhão, 4; Rio Grande do Sul, 3; Minas, 10; Rio de Janeiro, 6: Bahia, 7; Pernambuco, 6 (Santanna Nery, *Le Brésil en 1889*. Paris, 1889, p.202).

lavoura, melhoramentos ... Ama-se (a si mesmo) e por isso é bairrista como nenhum povo. A seus olhos a primeira qualidade que pode por graça de Deus tocar a uma creatura é ser Paulista ... O amor próprio do paulista alcança já o sonho de independência. Um país independente, o querido torrão, eis a ideia que sorri-lhes, dia e noite. Todos os anos, somam os paulistas o que receberam do governo geral e comparam com o que deram ao mesmo, ora como já dão mais do que recebem, em sendo como são homens positivos, poetas práticos, já murmuram: Por que não havemos de ser Independentes?[29]

Eram as primeiras manifestações da "mística dos paulistas" e do espírito separatista que se converteram em mitos poderosos durante a Primeira República e que ainda hoje são cultuados por indivíduos que vivem presos ao passado.

Um dos principais advogados dos ideais separatistas foi Martim Francisco, que desde 1879 lamentava na Assembleia Provincial "tanta riqueza malbaratada, uma província que só por si poderia constituir um estado e que em menos de dez anos de paz e de trabalho seria a primeira potência da América do Sul", e que, no entanto, "em virtude do desgoverno podia ter por horizonte a bancarrota e o descrédito".

Dois anos depois, em circular ao eleitorado paulista, lembrava altivamente que prezava mais o título de paulista do que o nome de brasileiro. Em 1884, reclamava que a sua província não era levada em consideração pelo poder central: quando queremos progredir, dizia, "ostentam-se contra nós os anéis da engrenagem centralizadora, ocupam nossos empregos com gente estranha à nossa vida, aos nossos interesses e aos nossos meios de ação...".

Na ocasião, perguntando-lhe Lourenço de Albuquerque a que atribuía a infelicidade da província de São Paulo, respondia: ao pouco valor de sua deputação. Cada deputado paulista representava no mínimo 1.500 eleitores, enquanto cada deputado do Norte representava no máximo 800.

Anos mais tarde, num artigo intitulado "Verdades amargas", voltava ao assunto comentando que cada deputado provincial representava mais de 42 mil habitantes e que, segundo essa pro-

---

29 Apud Tácito de Almeida, *O movimento de 1887*. São Paulo, 1934.

DA MONARQUIA À REPÚBLICA   477

porção, a província do Ceará não poderia ter dez deputados provinciais.[30] A população de São Paulo era de um milhão e quinhentas mil almas. Cada um dos nove deputados gerais paulistas representava mais de 166 mil almas, isto é, quase o dobro da população do Espírito Santo, que elegia dois deputados, e quase três vezes a do Amazonas, que elegia dois deputados. De outro modo, feita por distrito a eleição senatorial, cada senador paulista representaria 375 mil almas, isto é, cinco vezes a população do Rio Grande do Norte.

Suas queixas não paravam aí. Tão grave quanto a exiguidade da representação paulista, parecia-lhe a má distribuição da renda arrecadada na província, que se evadia para os cofres do governo geral. A província de São Paulo pagava ao governo geral cerca de 20.000.000$000 por ano, dele recebendo apenas 3.000.000$000. A injustiça era tanto mais flagrante quanto a província de São Paulo contribuía com a sexta parte da renda total do Império. Só a alfândega de Santos, em três meses, compensava toda a despesa que o governo geral fazia com os paulistas durante o ano. A arrecadação das Câmaras Municipais de São Paulo era superior à média das rendas das províncias do norte do Império, excetuando-se Pernambuco, Bahia, Pará, Alagoas e Maranhão, e correspondia a quase o quádruplo da renda provincial do Espírito Santo. A renda do município de São Paulo excedia, segundo seus cálculos, ela sozinha, à renda da província do Piauí.[31]

Os motivos pareciam-lhe suficientes para justificar a linguagem separatista que passou a usar definitivamente a partir de 1887, ora sob o pseudônimo de Nemo, ora assinando ele próprio

---

30 Note-se que a província do Ceará elegeu oito deputados.

31 Comparando-se a receita da província de Minas Gerais com a de São Paulo, verifica-se que a primeira, possuindo no Senado vinte deputados e dez senadores (1883), tem uma receita de 1.932.628, enquanto São Paulo, cuja bancada era composta de nove deputados e quatro senadores, possui uma receita de 9.164.757. Esse desequilíbrio se acentua nos últimos anos do Império com o desenvolvimento crescente da economia cafeeira no Oeste Paulista. A população de São Paulo foi a que mais cresceu em todo o país entre 1872 e 1888 (35%) (cf. Santanna Nery, op. cit.).

seus artigos, fazendo cálculos, invocando estatísticas, insistindo na injustiça que vitimava São Paulo. Dizia ele, certa ocasião:

Ando desconfiado que meus comprovincianos descendem em linha reta de Jesus Cristo. Este pagou todas as culpas do gênero humano, aqueles (os paulistas) pagam todos os desfalques do norte, e todas as consequências da incapacidade dos ministros.

A ironia que extravasava em seus discursos atingiu o máximo numa divertida comédia que escreveu procurando demonstrar os males que resultavam da "ruinosa" associação: São Paulo–Brasil. Na peça, a província de São Paulo aparece simbolizada no irmão rico, explorado por todos, que, ao final, resolve se separar da família sob os protestos e desmaios gerais dos demais personagens: Amazonas e Pará: "negociantes de borracha gêmeos"; Maranhão: "professor aposentado"; Ceará: "filante de refrescos"; Piauí: "fazendeiro endividado"; Pernambuco: "Leão sem juba"; Paraíba: "ilustre desconhecida (usa vestido de cauda)"; Alagoas: "namorada do tesouro público"; Espírito Santo: "hoteleiro desempregado"; Rio de Janeiro: "velho feitor"; Município Neutro: "Bilontra e Capoeira"; Paraná: "trabalhador de braços atados"; Santa Catarina: "moça que promete"; Rio Grande do Sul: "curatelato de farda"; Goiás: "inutilidade modesta"; Minas Gerais: "mulher séria e devota"; Bahia: "mãe paralítica"; Mato Grosso: "assalariado sem serviço"; e "pai da tribo", "magnífico recebedor", facilmente identificável com o governo central. Os personagens, acostumados a viver à custa de São Paulo, não se conformam com a decisão deste, "pagador geral do Império", de abandonar a família para ir viver sozinho.[32]

O ano de 1887 inaugura-se com uma série de artigos, panfletos e livros pregando o separatismo. As divergências surgidas a propósito da abolição da escravatura, as questões referentes à imigração, o desejo de dispor livremente das verbas arrecadadas na província, a impressão de progresso, tudo isso criava no Oeste Paulista uma situação propícia ao desenvolvimento do espírito separatista e o movimento recrudescia.

---

32 Martim Francisco, *São Paulo independente*. Propaganda separatista. São Paulo, 1887.

O jornal republicano *A Província de S. Paulo* iniciava, a partir de 12 de fevereiro desse ano, uma série de artigos de cunho separatista. Data também dessa época a publicação de obras que exibiam o sugestivo título de "Pátria Paulista". Alberto Salles, irmão de Campos Salles, jornalista, republicano e positivista, estudava em seu livro *A pátria paulista* o problema da separação, à luz da biologia e da sociologia.[33] "Já não é lícito mais duvidar: a aspiração separatista é uma realidade", escrevia aludindo ao número crescente de adesões à ideia separatista.

Mais ou menos na mesma ocasião, J. F. de Barros, numa obra também intitulada *A pátria paulista*,[34] defendia ponto de vista semelhante: "Quanto à nacionalidade, é escusado dizer que sou paulista", escrevia num tom desafiante; "como político, sou republicano militante, separatista a todo transe, como cidadão tenho o gozo de todos os direitos civis e políticos, como particular vivo independente do governo ou qualquer entidade, dos rendimentos de meus estabelecimentos industriais, onde dou a ganhar a mais de cinquenta homens livres".

Sob o título de *Cartas a Feps*, pseudônimo de Pacheco e Silva, Fernando de Barros escreveu meses a fio em *A Província de S. Paulo* pregando o separatismo. Certa ocasião, comentou:

> Como não será bonito quando São Paulo puder mandar anunciar no *Times* ou no *New York Herald* e outros jornais do antigo e novo mundo o seguinte: A província de SÃO PAULO, tendo liquidado os seus negócios com a antiga firma BRASIL BRAGANTINO CORRUPÇÃO E CIA. declara que constitui-se em NAÇÃO INDEPENDENTE, com a sua firma individual. Promete em suas relações com outras nações manter a boa fé em seus negócios, retidão altivez e dignidade, em vez de duplicidade, velhacarias e covardias da antiga firma ...

A partir de fevereiro, Francisco Eugênio Pacheco e Silva, paulista de tradição, membro do partido republicano desde 1870, pregava igualmente o separatismo, comentando no *Diário Popular* o colossal progresso que adviria se a província aplicasse toda a sua

---

33 Alberto Salles, *A pátria paulista*. Campinas: Tip. da Gazeta, 1887.

34 J. F. de Barros, *A pátria paulista*. São Paulo: Tip. da Província de S. Paulo, 1887.

renda em promover os melhoramentos materiais e difundir conhecimentos úteis, elevando o nível intelectual e moral dos habitantes. Pensamento semelhante exteriorizava em Campinas Ubaldino do Amaral. No Congresso do Partido Republicano, entretanto, embora vários políticos falassem a favor do separatismo, entre os quais Horácio de Carvalho, Campos Salles, Alberto Salles e Jesuino Cardoso, a ideia não se impôs, contando com a oposição e a resistência de outros elementos igualmente importantes como Júlio de Mesquita e Glicério.[35]

Separação ou federação, entendida com completa autonomia administrativa, política e econômica, é o dilema que se coloca a partir de então e que nem mesmo a República resolveu totalmente.

Visitando o país pouco tempo após a proclamação da República, um jornalista francês, Max Leclerc, notava que os habitantes de São Paulo ainda diziam preferir a separação a uma república centralizada. Campos Salles, ministro da Justiça de Deodoro, chegou a dissolver a comissão incumbida de elaborar o projeto do Código Civil por considerar esta uma atribuição do Estado e não da União. Perduravam ainda os exacerbados sentimentos de autonomia que tinham levado alguns dos paulistas a mencionar a possibilidade de aquela província se separar do Império.

Nem todos, entretanto, se manifestavam, em 1889, de maneira tão radical e no próprio diretório do partido republicano acabou prevalecendo a ideia federativa. Às vésperas da proclamação da República, a solução republicana federativa aparecia aos olhos da maioria como a mais indicada, por recolher os conflitos sem pôr em risco a unidade nacional. A solução republicana acabou prevalecendo sobre as demais.

O movimento republicano

O ideal republicano

O ideal republicano não era novo no país. Representava uma velha aspiração. No fim do período colonial, significou a revolta

---

35 G. Boehrer, *Da Monarquia à República*, op. cit., p.275 ss.; e José Maria dos Santos, *Bernardino de Campos e o Partido Republicano Paulista – Subsídio para a história da República*. Rio de Janeiro: José Olympio, 1960.

contra a metrópole, a negação do estatuto colonial. Com a Independência, passou a significar oposição ao governo. A primeira fase poderia ser considerada a do republicanismo utópico, pois não havia propriamente uma ação organizada, um partido republicano e muito menos um planejamento revolucionário. A partir de 1870, a situação se modificará, quando as novas condições sociais e econômicas que se implantavam progressivamente no país conferiram-lhe novo prestígio. Foi assim que, em 1870, no mesmo ano em que se instalava a Terceira República na França, criou-se o partido republicano no Brasil. A crise política que se originou em 1868 com a queda do Gabinete Zacarias foi o fator desencadeante. O partido liberal, ao qual pertencia Zacarias, cindiu-se em duas alas: a dos radicais e a dos moderados. Os elementos que compunham a ala radical, que então se forma, evoluíram na sua maioria para a ideia republicana. Foi assim que surgiu o Partido Republicano do Rio de Janeiro, seguindo-se logo após a criação do núcleo de São Paulo. De 1870 até 1889, o partido republicano ampliou sua influência. Criaram-se clubes republicanos em várias regiões. Surgiram jornais republicanos por todo o país. Concentravam-se de preferência no Sul. Fazendo uma análise da distribuição dos clubes e jornais republicanos existentes no país, às vésperas de 1889, Oliveira Vianna demonstrou que 73% dos jornais e 89% dos clubes localizavam-se nas províncias do Sul do país, principalmente São Paulo, Rio de Janeiro e Rio Grande do Sul.

Na província de São Paulo o partido congregava não só representantes dos grupos urbanos, médicos, engenheiros, advogados, jornalistas, comerciantes, que constituíam em geral o núcleo mais importante do partido em outras regiões do país, como também numerosos fazendeiros do Oeste Paulista.

Na Convenção Republicana realizada em Itu em 1873 havia 133 convencionais, dos quais 76 se declaravam lavradores. O mesmo se poderia dizer dos subscritores do jornal *A Província de São Paulo*, órgão mais importante do Partido Republicano Paulista, na sua maioria fazendeiros de Campinas e de Itu.

A preponderância de fazendeiros explica a orientação assumida pelo partido paulista evitando manifestar-se a propósito da emancipação dos escravos. Desde os primórdios os dirigentes fazem questão de frisar que o partido republicano nada tem a ver com a questão abolicionista, não sendo de suas cogitações realizar a Abolição.[36] Isso apesar de haver em seus quadros líderes abolicionistas do vulto de Luís Gama.[37] Procurava-se, evitando a questão abolicionista, conservar as simpatias do meio rural que, não obstante algumas experiências com o trabalho livre, continuava, na sua maioria, dependendo do trabalho escravo.

É de notar a ausência quase completa dos fazendeiros do Vale do Paraíba nos quadros do partido republicano,[38] e a preponderância dos elementos do Oeste Paulista, o que vem confirmar que, para estes, o ideal republicano era um instrumento na realização de suas aspirações de mando. Com a República, esperavam controlar o poder de maneira mais eficaz. A adesão de representantes do meio rural ao partido republicano, contrariando a norma em geral observada de que as zonas rurais são mais rotineiras e conservadoras, enquanto as regiões urbanas são mais suscetíveis a ideias revolucionárias, encontraria aí sua explicação fundamental. Some-se ainda o fato de os fazendeiros do Oeste Paulista constituírem um grupo com características diversas da maioria dos fazendeiros de outras áreas. Representavam a zona pioneira que se convertera na região mais rica do país, cujo desenvolvimento econômico favorecia o espírito de empresa, propiciando as inovações e as experiências e facilitando a adesão às ideias novas. O fazendeiro dessa área distinguia-se pelo espírito progressista: procurava aperfeiçoar os métodos de beneficiamento do café, tentava substituir o escravo pelo imigrante, subscrevia capitais para ampliação da rede ferroviária e para a criação de organismos de crédito. Era um pioneiro, ativo e empreendedor.

A grande mobilidade social típica das regiões pioneiras torna difícil distinguir o homem da cidade do homem do campo. A oposição burguesia–aristocracia rural deixa às vezes de ter sentido nessas áreas. O que não sucede nas zonas de maior estratificação.

---

36 Américo Brasiliense, *Os programas dos partidos e o Segundo Império*, p.106.

37 José Maria dos Santos, *Os republicanos paulistas e a abolição*. São Paulo: Livraria Martins, 1943.

38 Emília Costa Nogueira, O movimento republicano em Itu. Os fazendeiros do Oeste Paulista e os pródromos do movimento republicano. Notas prévias, Separata do n.20 da *Revista de História*, 1954.

DA MONARQUIA À REPÚBLICA 483

Para o Oeste Paulista afluía uma população das mais diversas origens e profissões,[39] frequentemente sem qualquer tradição agrária. Existiam entre eles comerciantes, tropeiros, médicos, advogados, homens da cidade que se improvisaram fazendeiros levando todo o seu contexto mental para o campo. A organização mesma da propriedade cafeeira nessa região contribuía, por sua vez, para a formação de uma mentalidade mais urbana do que rural, vivendo o fazendeiro boa parte do ano na cidade. Imbuída de caráter puramente comercial e monocultor, a cultura cafeeira eliminou, no Oeste Paulista, os produtos de subsistência, tornando o campo mais dependente da cidade, que se converte num centro vital para o abastecimento. Estreitam-se as relações e os contatos entre a cidade e o campo, favorecendo a difusão de ideias e a troca de influências.

O caráter pioneiro,[40] a mobilidade social, a prosperidade crescente favoreciam a difusão das ideias novas, desde que elas significassem uma promessa de satisfação dos anseios dos novos grupos e a possibilidade de ampliar a ação e o domínio. A ideia republicana oferecia essa perspectiva aos fazendeiros do Oeste Paulista que se sentiam lesados pelo governo imperial e que desejavam não só obter maior autonomia, como imprimir à vida econômica e política da nação as suas próprias diretrizes.

Enquanto em São Paulo os fazendeiros formavam o núcleo mais importante do partido republicano, no Rio de Janeiro e nas demais províncias a grande maioria era constituída por representantes das camadas urbanas. Nos últimos anos do Impé-

---

39 Sobre o caráter da zona pioneira, ver Pierre Monbeig, *Pionniers et planteurs de São Paulo*. Paris, 1952 (trad. bras.: *Pioneiros e fazendeiros de São Paulo*. São Paulo: Hucitec, Polis, 1984).

40 Num trabalho publicado em 1954, demos ênfase especial ao caráter pioneiro dessas regiões. Acreditávamos então que aí residia a principal explicação da adesão dos fazendeiros do Oeste Paulista à República. Uma análise mais profunda, entretanto, veio nos revelar que esse aspecto é menos significativo do que o desequilíbrio existente entre poder econômico e poder político, observado nos fins do Império (Emília Costa Nogueira, op. cit.).

rio existia entre eles um grande número de simpatizantes das ideias republicanas, embora muitos não estivessem filiados ao partido.

A propaganda que se desenvolveu a partir de 1870 contribuiu para solapar as bases do sistema monárquico e preparar a nação para aceitar tranquila a forma republicana de governo.[41] A partir de 1885, o movimento republicano recrudesceu. Em 1888, vários jornais converteram-se ao republicanismo. As adesões multiplicaram-se.

Evolução ou revolução

Delineavam-se no partido duas tendências: a revolucionária e a evolucionista. Os adeptos da primeira preconizavam a revolução popular; os outros acreditavam que se chegaria à República pelo controle pacífico do poder, através da via eleitoral.

Silva Jardim e Quintino Bocaiúva representavam respectivamente as duas posições.[42]

Num congresso realizado em São Paulo, em maio de 1889, venceu oficialmente o ponto de vista representado pela ala evolucionista, indicando-se Quintino Bocaiúva para a chefia do Partido Nacional, fato que provocou crise no partido. Violenta foi a reação de Silva Jardim, que publicou um manifesto em 28 de maio de 1889 atacando duramente os elementos moderados do partido.[43]

De pouco adiantou o seu protesto. A divergência quanto aos métodos a serem empregados para a conquista do poder parecia definitivamente resolvida com a vitória da facção pacifista. Pouco tempo depois, entretanto, se daria o golpe militar que derrubou a Monarquia.

---

41 G. Boehrer, op. cit., p.291.

42 José Maria dos Santos afirma que, enquanto Bernardino de Campos se opunha à solução militarista, Quintino Bocaiúva, familiarizado com o caudilhismo dos países sul-americanos, a preconizava (José Maria dos Santos, *Bernardino de Campos e o Partido Republicano Paulista...*, op. cit., p.40 ss.).

43 G. Boehrer, op. cit.

A solução militarista

A solução militarista, que sempre se impõe nos países em que a massa não se acha suficientemente consciente da sua força revolucionária e dos objetivos a serem alcançados, surgiu em 1887, quando a chefia do partido começou a cogitar seriamente da possibilidade de recorrer ao Exército para derrubar o regime e instalar a República.

Em São Paulo, Campos Salles achava que os republicanos deviam aproveitar a Questão Militar. Sob tais circunstâncias, conforme escrevia a Saldanha Marinho, o partido não tardaria em destruir a Monarquia. Rangel Pestana alvitrava à Comissão Permanente do Partido que se entendesse com os militares a fim de realizar a revolução. Ao assistir ao Congresso Nacional do Partido realizado no Rio voltou a insistir na tese e, não obstante a desaprovação da Comissão, entrou em contato com elementos do Exército, entre os quais Sena Madureira, Serzedelo Correia, e o visconde de Pelotas. A ideia também agradava a Glicério que, em março de 1888, escreveu a Quintino Bocaiúva insistindo para que ele se colocasse à frente de uma revolução militar. Américo Werneck, um dos chefes da província do Rio de Janeiro, achava também que o triunfo da revolução só poderia ser alcançado por meio das forças armadas.[44] Na mesma época, o alto comando republicano no Rio Grande declarava-se a favor da solução militar.

A Questão Militar era habilmente explorada pelos republicanos que não se cansavam de acirrar o ânimo dos militares contra o governo, assegurando-lhes ao mesmo tempo todo o apoio.

No Rio, o periódico *O Paiz*, dirigido por Quintino Bocaiúva, fazia grande alarde em torno dos conflitos que indispunham Exército e governo.

A primeira conspiração deu-se em 1887, dois anos, portanto, antes da proclamação da República. Frustrou-se, segundo consta, em virtude da intervenção de Tomás Coelho, ministro da Guerra e amigo pessoal de Quintino. A segunda conspiração data de 1888, quando Silva Jardim entrou em contato com Sena Madureira programando uma sublevação. Sena Madureira, ao

---

44 G. Boehrer, op. cit.; José Maria dos Santos, op. cit.

que parece, não encontrou grande entusiasmo entre os principais chefes republicanos que continuavam hesitantes diante da ideia de um golpe militar.

Tudo, entretanto, levava a esse desfecho. O rumo tomado pela Questão Militar e a impaciência de alguns líderes republicanos provocaram novos encontros entre os dois setores descontentes e desse contato surgiria o golpe de 15 de novembro.

Na história da República não há apenas uma Questão Militar. Há várias questões militares que se iniciam nos fins do Império e prosseguem em nossos dias, manifestando-se, durante todo esse longo período, através de uma série de crises com profunda repercussão no plano institucional, entre as quais a proclamação da República.[45]

A primeira Questão Militar parece datar do fim da Guerra do Paraguai, agravando-se à medida que o Exército se institucionaliza. As crises mais conhecidas – o episódio ocorrido durante o Ministério Zacarias, a propósito da indicação de Caxias para a chefia do Exército brasileiro, e os conflitos que envolveram Sena Madureira e Cunha Matos – foram desencadeadas por choques entre o poder militar e o poder civil.

Imbuídos de ideias positivistas e republicanas, difundidas na Escola Militar, principalmente em virtude da ação de Benjamin Constant, alguns jovens oficiais sentiam-se encarregados de uma missão salvadora e estavam ansiosos por corrigir os vícios da organização política e social do país.

A "mística da salvação nacional" não era, aliás, privativa desse pequeno grupo de jovens. Muitos oficiais mais graduados compartilhavam das mesmas ideias.

Generalizara-se entre os militares a convicção de que só os homens de farda eram "puros" e "patriotas", ao passo que os civis, "os casacas", como diziam, eram corruptos, venais e sem nenhum sentimento patriótico.[46] Derivava dessa crença a mentalidade salvadora que transparecia claramente na célebre car-

---

45 Tobias Barreto, *Pesquisa e depoimentos para a história*. Rio de Janeiro: Francisco Alves, 1913; José de Souza Soares, *O militarismo na República*. São Paulo: Cia. Ed. Monteiro Lobato, 1925; Ximeno de Villeroy, *Benjamin Constant e a política republicana*. Rio de Janeiro, 1928.

46 Oliveira Vianna, *O ocaso do Império*, op. cit.

DA MONARQUIA À REPÚBLICA 487

ta, anteriormente citada, enviada por Floriano Peixoto ao general Neiva, em 10 de julho de 1887, a propósito da Questão Militar.

Os militares sentiam-se frustrados, mal recompensados, desprestigiados pelo governo. Tudo favorecia a atitude de indisciplina e revolta. Pelotas, um dos chefes militares mais prestigiosos, confessava, em 1886, que num efetivo de 13.500 homens tinham ocorrido 7.526 prisões por indisciplina.

Num país em que ainda eram escassas as oportunidades, o Exército representava para as classes médias um meio de ascensão. O Exército seria, sob certo aspecto, o representante das classes médias, mas envolvendo-se em questões políticas e sociais os militares não abandonavam nunca o espírito de corpo que é a base da organização militar. Por isso, conflitos que entre civis seriam de somenos pareciam, quando envolviam um civil e um militar, uma ameaça grave à segurança do país.

Os pronunciamentos militares não repercutiam como manifestos comuns. Levavam sempre a marca do Exército. A participação dos militares na vida pública multiplicava as ocasiões de conflitos. Com isso a situação se agravava.

Não se pense que o Exército agia coeso e unânime. Havia certamente entre os militares profundas divergências, mas a adesão de uma facção de oficiais, mais ou menos importantes, às ideias republicanas foi decisiva para a proclamação da República.

Quando os civis procuraram os oficiais para tramar a conspiração e preparar o golpe, encontraram da parte deles a melhor acolhida, ligados que estavam uns e outros pelo mesmo imperativo: alterar as instituições vigentes.

O Exército já manifestara apoio à causa abolicionista recusando-se a perseguir escravos fugidos. Restava proclamar a República. O clube militar foi, a partir de então, o principal núcleo da conspiração. A República nasceu assim sob o signo do Exército.

Tentativas de frear o movimento

As agitações que se sucediam no país, instigadas primeiramente pelo movimento abolicionista, depois pela propaganda republicana, provocaram nos meios monarquistas sérias apreensões quanto aos destinos da Monarquia no Brasil. Generalizava-se a impressão de que a Monarquia corria graves riscos e a República não tardaria em ser implantada. O Terceiro Reinado parecia cada vez menos viável.

Em dezembro de 1888, Silva Jardim, encontrando-se com o barão de Cotegipe no Hotel das Paineiras, procurou sondá-lo, e ouviu dele palavras proféticas: "Não se apresse a correr para ela que ela está correndo para nós. O meu ministério caiu por uma conspiração do Palácio, o meu sucessor sairá na ponta das baionetas e talvez com ele a Monarquia. Os nossos ministérios duram pouco e portanto V. não terá muito que esperar",[47] disse o velho e experiente político.

Assumindo o ministério em julho de 1889, Ouro Preto tinha plena consciência dos riscos que enfrentava. Ao ser chamado pelo imperador, disse-lhe claramente:

> Vossa Majestade terá seguramente notado que em algumas províncias agita-se uma propaganda ativa cujos intuitos são a mudança da forma de governo. Essa propaganda é precursora de grandes males, porque tenta expor o país aos graves inconvenientes de instituições para que não está preparado, que não se conformam às suas condições[48] e não podem fazer sua felicidade. No meu humilde conceito é mister não desprezar essa torrente de ideias falsas e imprudentes cumprindo enfraquecê-la, inutilizá-la, não deixando que se avolume. Os meios de consegui-lo, não são os da violência ou repressão, consistem simplesmente na demonstração prática de que o atual sistema de Governo tem elasticidade bastante para admitir a consagração dos princípios mais adiantados, satisfazer todas as exigências da razão pública esclarecida, consolidar a liberdade e

---

47 José Maria dos Santos, *Política geral do Brasil*, op. cit., p.181.

48 É curioso observar que esse tipo de argumentação é sempre usado todas as vezes que se pretende deter as mudanças ou mascarar uma realidade. Apela-se para uma tradição fictícia. Esse era um dos argumentos preferidos pelos monarquistas. Nesse sentido, há um texto muito expressivo publicado no jornal *A Província de Minas*, de 11 de outubro de 1888, onde se lê: "Olvidando as lições do passado, a experiência das gerações, a força incontestável dos instintos, gênio, e costumes e tradições do povo brasileiro a atual propaganda republicana ergue a bandeira vermelha de guerra à monarquia por entre as vozerias de todos os despeitos, de todas as paixões exaltadas e de todos os clamores dos desesperados" (apud Oilliam José, A propaganda republicana em Minas, *Revista Brasileira de Estudos Políticos*, 1960).

DA MONARQUIA À REPÚBLICA   489

realizar a prosperidade e grandeza da pátria, sem perturbação da paz interna em que temos vivido durante tantos anos.

Chegaremos a este resultado, senhor, empreendendo com ousadia e firmeza largas reformas na ordem política, social e econômica, inspiradas na escola democrática. Reformas que não devem ser adiadas para não se tornarem improfícuas. O que hoje bastará, amanhã talvez seja pouco.

Iniciava assim um programa de reformas com o fito de neutralizar as críticas, realizando aspirações insatisfeitas.

Na sessão de 11 de junho apresentou à Câmara o seu programa, na realidade uma extensão do programa liberal de 1869.[49]

Ampliação da representação, considerando-se como prova de renda legal o fato de o cidadão saber ler e escrever desde que provasse o exercício de qualquer profissão lícita e estivesse no gozo dos direitos civis e políticos.

Plena autonomia dos municípios e províncias.

Eleição dos administradores municipais e nomeação dos presidentes e vice-presidentes sob lista organizada pelo voto dos cidadãos alistados, mantendo-se o sistema de alistamento vigente.

Liberdade de culto.

Temporariedade do Senado.

Liberdade de Ensino e seu aperfeiçoamento.

Máxima redução possível dos direitos de exportação.

Lei de Terras que facilitasse sua aquisição, respeitando os direitos dos proprietários.

Redução de fretes e desenvolvimento dos meios de rápida comunicação de acordo com um plano previamente assentado.

Animar e promover estabelecimentos de crédito.

Elaborar um Código Civil.

Conversão da dívida externa, amortização do papel-moeda. Equilíbrio da receita pública com a despesa, pelo menos ordinária. Fundação de estabelecimento de emissão e crédito, especialmente dedicado ao estímulo da produção.

Propunha ainda a reforma do Conselho de Estado, retirando-lhe o aspecto político e conservando apenas o caráter administrativo.

---

49 *Organização e programas ministeriais*, op. cit., p.245.

Ao ouvir as sugestões do presidente do Conselho, Pedro Luiz Soares de Souza, deputado pelo Rio de Janeiro, não pôde refrear uma exclamação que expressa certamente o espírito da maioria dos presentes: "É o começo da República", ao que lhe respondeu Ouro Preto: "Não, é a inutilização da República".[50] Ouro Preto partia da ideia da necessidade de fazer algumas reformas esperadas ansiosamente por importantes setores da nação, pois, se não fossem feitas dentro dos quadros do regime vigente, acabariam por se efetivar por meio de um movimento republicano. A melhor maneira de anulá-lo seria satisfazer suas reivindicações. Não ousava, entretanto, propor a federação.

As medidas que a uns pareceriam insuficientes, a outros assustariam por demasiado radicais. A Câmara recuou diante das medidas sugeridas. O deputado conservador Gomes de Castro (Maranhão), logo após a apresentação do programa ministerial, apresentou uma moção de desconfiança que foi aprovada por 79 votos contra vinte, depois de acalorada discussão, durante a qual os deputados Cesário Alvim e padre João Manuel fizeram a profissão de fé republicana. O resultado da votação testemunhava a incapacidade dos grupos dominantes de aceitar a mudança e as reformas necessárias. Seria impossível realizá-las dentro dos quadros da Monarquia. Dias depois, em 17 de junho, era dissolvida a Câmara e convocada uma outra para reunir-se extraordinariamente em 20 de novembro do mesmo ano.

A oligarquia dominante dera provas de não dispor da maleabilidade suficiente para aceitar a mudança, o que, de resto, é perfeitamente compreensível, porque levadas às últimas consequências as reformas atingiriam suas próprias bases de domínio.

A mudança será imposta sob a forma de golpe militar, ficando, entretanto, contida dentro dos limites de interesses dos grupos que integram o movimento e que realizarão apenas as modificações institucionais necessárias à sua ascensão ao poder e à realização de uma política econômica e administrativa propícia aos seus interesses.

---

50 Ouro Preto era impopular, e mais ainda o ministério, cujo número de pastas extraparlamentares era superior ao daquelas concedidas a representantes da Câmara e do Senado (*Revista Ilustrada*, 15 de junho de 1889).

O golpe de 15 de novembro

A partir da dissolução da Câmara a situação agravou-se. Ouro Preto tomou algumas medidas que desagradaram aos militares e foram exploradas amplamente pelos republicanos.

Fervilhavam boatos por toda parte a propósito de medidas severas que seriam tomadas contra o Exército. Aproveitando-se do ambiente de inquietação, alguns elementos do Partido Republicano Paulista e do Rio de Janeiro voltaram a insistir com os militares para que se colocassem à frente de um movimento contra o governo estabelecido. Benjamin Constant, Frederico Solon, Bernardo Vasques, tenentes Antônio Adolfo, Mena Barreto, Carlos de Alencar, Sebastião Barreto, Joaquim Ignácio promovem intensa propaganda republicana nas fileiras do Exército. Eram também francamente republicanos o major Antônio Rocha Bezerra de Cavalcanti, Celestino Alves Bastos e Antônio Batista da Costa Junior.[51]

Em 11 de novembro, Rui Barbosa, Benjamin Constant, Aristides Lobo, Bocaiúva, Glicério e o coronel Solon reuniram-se na casa de Deodoro com o fito de convencê-lo a tomar partido. Mais uma vez, civis e militares conspiravam juntos contra o Trono. Em 15 de novembro de 1889 a Monarquia era derrubada por golpe militar e proclamava-se a República.[52]

O movimento resultou da conjugação de três forças: uma parcela do Exército, fazendeiros do Oeste Paulista e representantes das classes médias urbanas que, para a obtenção dos seus desígnios, contaram indiretamente com o desprestígio da Monarquia e o enfraquecimento das oligarquias tradicionais. Momentaneamente unidas em torno do ideal republicano, conservavam, entretanto, profundas divergências, que desde logo se evidenciaram na organização do novo regime, quando as contradições eclodiram em numerosos conflitos, abalando a estabilidade dos primeiros anos da República.

---

51 Ximeno de Villeroy, op. cit.

52 É de notar que apenas uma minoria de republicanos achava-se a par do golpe. A maioria foi tomada de surpresa pelo golpe de 15 de novembro.

A debilidade das classes médias e do proletariado urbano propiciou a preponderância das oligarquias rurais até 1930. O ano de 1889 não significou uma ruptura do processo histórico brasileiro. As condições de vida dos trabalhadores rurais continuaram as mesmas; permaneceram o sistema de produção e o caráter colonial da economia, a dependência em relação aos mercados e capitais estrangeiros.

O crescimento da população, o desenvolvimento industrial, a urbanização, a formação do proletariado e a ampliação da classe média, a crise que atingiu a economia cafeeira, a crise internacional de 1929, as contradições entre os vários setores de produção e o aparecimento de novas ideologias propiciaram a revolução de 1930, que inaugurou um novo período na história do Brasil.

CAPÍTULO 12

PATRIARCALISMO E PATRONAGEM: MITOS SOBRE A MULHER NO SÉCULO XIX

Mulher e exclusão no século XIX

A narrativa histórica tem sido um dos instrumentos de dominação e de exclusão utilizados em todos os tempos. Mas pouco temos refletido sobre como se dá esse processo. Raramente indagamos de que maneira as formas de representação contribuem para a consolidação dos modelos de poder existentes. Raramente nos perguntamos até que ponto as omissões da historiografia reproduzem as formas de exclusão e contribuem para mantê-las. É com base nessas ideias que pretendemos neste capítulo analisar especificamente as formas de representação da mulher no Brasil do século XIX e sugerir que aquelas foram fundamentais para a exclusão das mulheres e a reprodução do sistema patriarcal e da patronagem, cujo legado ainda pesa sobre a sociedade brasileira.

A imagem da mulher presente nas obras dos viajantes que visitaram o Brasil na primeira metade do século XIX era de uma mulher quase criança, vivendo seus primeiros anos sob a tutela de um pai despótico e, mais tarde, sob o controle estrito do marido, ao qual, de acordo com o costume, a lei e a religião, ela devia total obediência; uma criatura sexualmente inibida, mas que poderia de repente romper as barreiras que a cerceavam e se entregar ao desvario de uma paixão, e por isso era estreitamente vigiada; uma mulher com pouca ou nenhuma educação e iniciativa, que aspirava apenas ao casamento e à maternidade, cuja honra era definida quando jovem pela sua virgindade e, mais tarde, pela lealdade ao marido: uma mulher cujos horizontes iam pouco além das paredes de sua casa, onde vivia e morria prematuramente, matrona, rodeada por membros de sua família e por seus escravos. Os romancistas, com raras exceções, pouco fizeram para alterar essa imagem. Os historiadores dessa época por muito tempo não a consideraram digna de atenção.[1]

As referências ao isolamento em que viviam as mulheres da classe alta e média na primeira metade do século XIX, quando elas eram mantidas quase segregadas, longe dos olhos dos estranhos, sendo vistas apenas de esguelha quando iam à igreja, cederam lugar ao longo do século a imagens de maior sociabilidade. Mulheres passaram a ser vistas frequentando bailes, teatros e confeitarias, visitando amigos e até mesmo servindo-se do bonde para ir às compras ou à praia. Mas o retrato da mulher dependente, prisioneira nas teias da autoridade patriarcal persistia.[2]

A legislação vigente parecia confirmar essa imagem. As leis relativas à família datavam do período colonial e as mudanças custavam a chegar.[3] Num livro publicado em 1869, o

---

1 Fundação Carlos Chagas, *Mulher Brasileira*, São Paulo, 1979. Os mais importantes viajantes que visitaram o Rio de Janeiro no século XIX e deram informações sobre as mulheres foram indexados em Miriam Lifichitz Moreira Leite, Maria Lúcia Barros Mott e Bertha Kauffmann Apenzeller, *A Mulher no Rio de Janeiro no século XIX*: Um índice de referências e Livros de Viajantes Estrangeiros, São Paulo, 1982. Para uma antologia reproduzindo passagens dos livros citados, veja-se: Miriam Moreira Leite (ed.), *A condição feminina no Rio de Janeiro, século XX*, São Paulo, 1984. Veja-se também Tânia Quintaneiro, *Retratos de Mulher*: O Cotidiano Feminino no Brasil sob o Olhar dos Viajeiros do Século XIX, Petrópolis, 1996.

2 A esse respeito, consultar Herbert Huntington Smith, *Brazil, The Amazon and the Coast*, New York, 1879, p.460-1; Ellizabeth Cabot C. Agassiz, *A Journey in Brazil*, 2.ed., Boston, 1868.

3 Sobre a persistência da legislação colonial no Império, a respeito das mulheres e da família, consultar: Muriel Nazzari, *Disappearance of the Dowry: Women, Families, and Social Change in São Paulo, Brazil (1600-1900)*, Stanford, 1991.

político liberal Lafayette Rodrigues Pereira, ilustre jurista e membro do Parlamento, observava que o marido tinha o direito de exigir obediência de sua mulher. Esta estava obrigada a acomodar seus sentimentos aos dele em tudo o que fosse "honesto e justo". O marido tinha o direito de representar a esposa em atos judiciais e extrajudiciais; administrar as propriedades que pertenciam a ela, podendo dispor de dinheiro, ações e bônus do tesouro e até mesmo de imóveis, observadas as restrições da lei. Lafayette Rodrigues Pereira argumentava que, em caso de adultério, a punição devia ser maior para a mulher porque ela podia gerar crianças bastardas que suscitariam conflitos familiares (curiosamente, o filho bastardo gerado pelo homem fora do matrimônio não parecia preocupá-lo).[4] A mulher não tinha o direito de trabalhar fora do lar, abrir uma conta bancária ou dispor de seu dote sem a permissão do marido, e em caso de separação legal a guarda dos filhos era dada ao pai (disposição legal que perdurou até meados do século XX). Diante da lei, a mulher estava permanentemente num estado de menoridade.

As prescrições da Igreja reforçavam sua dependência e subordinação ao pai e ao marido e a confinavam aos papéis domésticos. Em 1875, um ilustre representante da Igreja, Dom Antônio Macedo Costa, aconselhava a mulher casada a "amar seu marido, respeitá-lo como cabeça do casal, obedecê-lo com afetuosa solicitude, admoestá-lo com discrição e prudência, responder-lhe com gentileza e servi-lo com devoção, calando quando ele estivesse irritado, tolerando seus defeitos com paciência, não tendo olhos nem coração para outros".[5] Esquecia-se o bom bispo de fazer idênticas recomendações aos maridos.

Dessa forma, pela obra de viajantes, romancistas, juristas, religiosos, moralistas e até médicos fixava-se uma imagem da mulher frágil e indefesa, ignorante, submetida ao poder patriarcal que as feministas, anos mais tarde, na sua luta pelos direitos da mulher, contribuíram para dar credibilidade,

---

4 Lafayette Rodrigues Pereira, *Direitos da Família*, Rio de Janeiro, 1869, p.70-1.
5 Dain Borges, *The Family in Bahia, Brazil, 1870-1945*, Stanford, 1992, p.59.

ao denunciarem as condições de opressão em que as mulheres viviam. As mulheres brasileiras, diziam as protofeministas que começaram a surgir no século XIX, eram oprimidas, vítimas passivas de seus senhores. Sem acesso à educação, não dispunham de meios para se emancipar: não tinham oportunidades de trabalho nem direitos ao sufrágio e à cidadania. Estavam presas num círculo vicioso. Como lhes faltava o poder político, não tinham acesso à educação, e sem educação jamais teriam poder político. É bem verdade que tanto as protofeministas quanto os viajantes mencionavam algumas mulheres notáveis, que conseguiam vencer os obstáculos que a sociedade lhes impunha, mas essas eram vistas como exceção que confirmava a regra.

Quão acurado era este retrato? A que grupos sociais essa representação se aplicava? Quando e de que forma ela começou a mudar? Estas são algumas das questões que este capítulo pretende abordar.[6]

Durante muito tempo, esses dois retratos – o da mulher dependente e o do poder patriarcal com seu inegável viés classista – ocultaram dos historiadores não só a complexidade e variedade da experiência feminina, como também as mudanças que estavam tendo lugar na vida das mulheres no decorrer do século XIX. Tais generalizações baseavam-se na experiência das classes média e alta. Ninguém parecia perguntar se essa forma de representação era válida para outros grupos sociais. Durante muito tempo, ninguém parecia prestar muita atenção às discrepâncias entre o comportamento real das mulheres e as prescrições das leis, da Igreja e dos moralistas. Sistematicamente ignorados ou minimizados foram os casos de separação e até mesmo divórcio autorizados pela Igreja em certas circunstâncias.[7] Também foi ignorado o nú-

---

6 Para uma bibliografia geral sobre mulheres, consultar Fundação Carlos Chagas, *Mulher brasileira, bibliografia anotada*, São Paulo, 1979-1991, 2v.

7 Eni de Mesquita Samara, Família, divórcio e partilha de bens em São Paulo do Século XIX, *Estudos Econômicos*, n.13, p.767-97, 1983. Consultar ainda, da mesma autora, *As mulheres, o poder e a família*: São Paulo, Século XIX, São Paulo, 1989.

mero crescente de mulheres que se recusavam a casar com homens escolhidos pelos pais e preferiam um casamento por amor ao por conveniência. Esquecidas foram também as que simplesmente se negaram a casar, preferindo permanecer solteiras. Ignoradas também foram aquelas que se rebelaram contra os pais, insistindo em obter uma educação superior e até mesmo uma profissão. Até a segunda metade do século XX, a história pouco valorizou as mulheres que, um século antes, criaram sociedades abolicionistas e literárias, escreveram livros e artigos criticando o sistema patriarcal, publicaram revistas em favor da emancipação da mulher, apoiaram o movimento republicano, associaram-se aos primeiros grupos socialistas e anarquistas e exigiram o direito à educação e ao voto. Na penumbra também permaneceram as mulheres que, à testa de negócios e de fazendas, conseguiram sustentar suas famílias depois da morte dos maridos, assim como as mulheres das camadas subalternas, escravas ou livres.[8]

Se bem que a imagem do patriarcalismo persistisse, ela estava se tornando cada vez menos adequada para representar a experiência das mulheres das classes média e alta, nas últimas décadas do século XIX, pelo menos em algumas regiões do país.[9] Note-se que essa imagem nunca correspondera à experiência de mulheres das classes subalternas, com exceção talvez das que viviam como membros da clientela das elites, sob sua influência e controle. Dificilmente se enquadrariam nesse retrato patriarcal as escravas, mulheres que trabalhavam como empregadas e amas de leite na casa dos ricos, as trabalhadoras da indústria,[10] as prostitutas e vendeiras nas ruas das cidades,[11] assim como as que, na zona rural, trabalhavam

---

8 Maria Lúcia Mott, *Submissão e resistência*: a mulher na luta contra a escravidão, São Paulo, 1997. Edinha Diniz, *Chiquinha Gonzaga, uma história de vida*, Rio de Janeiro, 1984.

9 Samara, *As mulheres, o poder e a família*; Borges, *The Family in Bahia*.

10 Além das fontes citadas na nota 40, ver: Maria Alice Rosa Ribeiro, *Condições de trabalho na indústria têxtil paulista 1870-1930*, São Paulo, 1988; Maria Valéria Junho Pena, *Mulheres e trabalhadoras*: presença feminina na constituição do sistema fabril, Rio de Janeiro, 1981.

11 Sandra Lauderdale Graham, *House and Street*: The Domestic World of Servants and Masters in Nineteenth Century Rio de Janeiro, Cambridge,

498 EMÍLIA VIOTTI DA COSTA

de sol a sol ao lado dos homens,[12] ou aquelas que apareciam desde o período colonial nos censos como chefes de família.[13] Aos olhos dos observadores do século XIX (viajantes, cronistas e romancistas) essas mulheres pareciam diluir-se na paisagem. Quando muito figuravam como personagens pitorescas de um ambiente exótico na obra de algum cronista, ou figuras secundárias em algum romance. Ninguém parecia particularmente interessado em examiná-las mais de perto e muito menos em incorporá-las à história nacional. Suas vidas deixaram, no entanto, traços em jornais e revistas da época, em documentos das cortes de justiça, em livros de notários, em testamentos, nos registros das igrejas, nos censos, nos arquivos das fazendas e até mesmo, indiretamente, em memórias e diários íntimos de algum senhor de engenho ou de alguma sinhazinha.

1988; Rachel Soihet, *Condição feminina e formas de violência*: mulheres pobres e ordem urbana, 1890-1920, Rio de Janeiro, 1989; Sandra Jatahy Pesavento, *Os Pobres da Cidade:* Vida e Trabalho, 1880-1920, Porto Alegre, 1994.

12 Adolfo Rossi descreveu a situação de mulheres que trabalhavam em uma fazenda de café no interior de São Paulo e notou que elas eram submetidas a assédio sexual e outros abusos. Citado em Paulo Sérgio Pinheiro e Michael Hall (ed.) *A classe operária no Brasil*: condições de vida e de trabalho, Relações com os Empresários e o Estado, São Paulo, 1981, v.2, p.136-8. Ver ainda: Esmeralda Bolsonaro Moura, *Mulheres e menores no Tribunal Industrial:* os fatores sexo e idade na dinâmica do capital, Petrópolis, 1982; Zuleika M. F. Alvim, *Brava gente*, 2.ed., São Paulo, 1986; A. de Boni, (ed.), *A presença italiana no Brasil*, Porto Alegre, 1990; Maria Luiza Renaux, *O papel da mulher no Vale do Itajaí 1850-1950*, Blumenau, 1995; Joana Maria Pedro, Mulheres do Sul, In: Mary Priore e Carla Bassanezi, (ed.), *História das mulheres no Brasil*, São Paulo, 1997, p.278-321. Para o estudo de mulheres escravas, ver nota 17. Para a situação das mulheres em pequenas propriedades rurais, consultar a bibliografia indicada por Maria Odila Leite da Silva Dias, Sociabilidade sem História: Votantes Pobres no Império 1824-1881, In: Marcos Cezar de Freitas (ed.), *Historiografia brasileira em perspectiva*, São Paulo 1998, p.57-72; Hebe Maria Matos de Castro, *Ao sul da história:* lavradores pobres na crise do trabalho escravo, São Paulo, 1987, e o clássico trabalho de Maria Silvia Carvalho Franco, *Homens livres na ordem escravocrata*, São Paulo, 1969.

13 Para mulheres chefes de família, ver Elizabeth Kuznesof, *Household Economy and Urban Development, São Paulo, 1765-1836*, Boulder, 1986; Maria Odila da Silva Dias, *Quotidiano e poder em São Paulo no século XIX*, São Paulo, 1984.

DA MONARQUIA À REPÚBLICA 499

Foi apenas no século XX – quando as lutas pela democratização da sociedade brasileira e o movimento feminista compeliram os historiadores a vasculhar essas fontes e investigar as vidas dessas mulheres esquecidas que representavam a grande maioria da população feminina do país – que a imagem fixada na história e na literatura começou a ser questionada.[14] Nas últimas décadas, os historiadores têm-se ocupado em examinar a vida dessas mulheres. A maioria, entretanto, preferiu enfocar as que desviaram da norma: feministas, escritoras, artistas, lésbicas,[15] prostitutas,[16] loucas,[17] mulheres rebeldes que desafiaram a sociedade de seu tempo. Hoje, ao enfatizar a independência e iniciativa, a resistência e o conflito, corremos o risco de ignorar os limites ideológicos e institucionais

---

14 Uma bibliografia mais atualizada encontra-se em Mary del Priore, História das Mulheres: As: Vozes do Silêncio, In: Marcos Cear de Freitas, *Historiografia brasileira em perspectiva,* op.cit., p.217-235.

15 Luís Mott, *O lesbianismo no Brasil,* Porto Alegre, 1987.

16 Luís Carlos Soares, *Rameiras, ilhoas e polacas:* a prostituição no Rio de Janeiro do século XIX, São Paulo 1992; Margareth Rago, *Do cabaré ao lar: A utopia da cidade disciplinar,* Rio de Janeiro, 1985; Idem, *Os prazeres da noite:* prostituição e códigos de sexualidade feminina, São Paulo, 1990; Marli Engel, *Meretrizes e doutores:* saber médico e prostituição no Rio de Janeiro, 1840-1890, São Paulo, 1889.

17 Um bom exemplo da historiografia revisionista a propósito das mulheres: Del Priore e Bassanezi (ed.), *História das mulheres no Brasil,* op.cit.; Margareth Rago, *Do cabaré ao Lar,* e *Os Prazeres da Noite,* Soihet, *Condição feminina...* ; Sílvia F. R. Petersen e M. Elizabeth Lucas, *Antologia do Movimento Operário Gaúcho, 1870-1937,* Porto Alegre, 1992; Pesavento, *Os pobres da cidade;* Renaux, O papel da mulher no Vale do Itajaí; Pedro, "Mulheres do Sul..."; C. Silva Bassanezi, Nascimento, vida e morte na fazenda: alguns aspectos do quotidiano do imigrante italiano e seus descendentes. In: De Boni, *A presença italiana no Brasil.* A historiografia sobre a mulher escrava ainda é limitada. Consultar: Sônia Maria Giacomini, *Uma introdução histórica ao estudo da mulher negra no Brasil,* Petrópolis, 1988; Maria Lúcia de Barros, Ser Mãe a Escrava em face do aborto e do infanticídio, *Revista de História,* n.120, 1989; Eni de Mesquita Samara, *A Família Brasileira,* São Paulo, 1983; Maria Odila Leite da Silva Dias, Nas fímbrias da Escravidão: Negras de Tabuleiro e de Ganho, *Estudos Econômicos,* n.15, p.89-109, 1985; Mary Karash, *Slave Life in Rio de Janeiro, 1808-1850,* Princeton, 1986; Maria Cristina Cortes Wissenbach, *Sonhos africanos, vivências ladinas, escravos e forros em São Paulo. 1850-1880;* São Paulo, 1998.

que constrangiam a vida da grande maioria das mulheres e cerceavam seus sonhos de emancipação. Por outro lado, os estudos mais recentes não chegam a explicar a emergência de um pensamento feminista no século XIX, suas fraquezas e seus limites, nem as peculiaridades desse processo no Brasil ou as razões da persistência no século XX de valores patriarcais.

Pelos estudos até hoje realizados não há dúvida de que as mudanças que ocorreram na vida das mulheres no século XIX estão relacionadas com o desenvolvimento do capitalismo. Este processo, que não apenas envolveu transformações materiais mas alterou as relações entre as pessoas e as maneiras de pensar, afetou a vida das mulheres brasileiras de maneira semelhante à verificada em outros países do mundo ocidental ao qual o Brasil estava diretamente ligado. Mas há também importantes diferenças na maneira pela qual esse processo ocorreu no Brasil em razão da sobrevivência da economia baseada na grande propriedade exportadora e no trabalho escravo, o pequeno desenvolvimento do mercado interno, a industrialização tardia, o profundo contraste entre as áreas mais desenvolvidas a as demais regiões do país, a vulnerabilidade do Brasil às crises econômicas que afetaram de maneira recorrente o capitalismo mundial e a extrema concentração de poder e de renda nas mãos de uns poucos. No Brasil do século XIX, as mudanças acarretadas pelo desenvolvimento capitalista foram superficiais, espacialmente mal distribuídas e repletas de contradições. Criaram novas oportunidades e eliminaram outras.[18] Destruíram algumas barreiras, mas levantaram novas. Trouxeram progresso para algumas regiões e decadência para outras. Mulheres de diferentes classes sociais foram afetadas de maneiras diversas. Enquanto umas ganharam novos espaços, outras perderam o que tinham. As mulheres de classe média e alta tiveram mais oportunidades de participar em um mundo de mercadorias, de símbolos e modelos de comportamento que correspondia até certo ponto à experiência das mulheres de países desenvolvidos. Mas

---

18 Por exemplo, o desaparecimento do dote tornou a mulher economicamente mais dependente do marido. Veja-se sobre o assunto Muriel Nazzari, op.cit.

DA MONARQUIA À REPÚBLICA

os estreitos limites da sociedade local frustravam suas aspirações à independência econômica e à cidadania que aquela convivência alimentava.

Por outro lado, a influência da Igreja Católica e a persistência de normas culturais tradicionais criavam obstáculos formidáveis à redefinição de seus papéis. As mulheres viram-se divididas entre a ênfase da economia capitalista à gratificação material, à autoafirmação, à realização individual e o ideal da mulher altruísta e desapegada dos bens materiais, entre a satisfação pessoal e a autonegação em benefício da família.[19]

Ao privatizar o espaço público e separar o lar do local de trabalho, as novas tendências trouxeram à luz as dificuldades de conciliação entre as atividades domésticas e profissionais. Um número cada vez maior de mulheres passou a criticar a sociedade que dera aos homens mais direitos do que obrigações e às mulheres mais obrigações do que direitos.

Dessa forma, assim como o capitalismo se desenvolveu no Brasil dentro de uma trama de patronagens múltiplas, a independência e a autonomia das mulheres cresceram dentro da teia patriarcal. As mulheres tiveram de lutar não apenas contra fatores externos que as constrangiam, mas contra suas próprias dúvidas e seus sentimentos contraditórios sobre os papéis que deveriam representar na família e na sociedade, num mundo que se transformava à sua volta. A crítica ao patriarcalismo correu paralela à crítica da patronagem.

Não é necessário analisar aqui todas as transformações que tiveram lugar no decorrer do século XIX: a interrupção do tráfico de escravos, a imigração,[20] a construção de novos meios de comunicação, vias férreas, telégrafo, telefone, o desenvolvimento das manufaturas, a expansão da rede escolar,[21] a multipli-

---

19 Susan K.Besse, *Restructuring Patriarchy:* The Modernization of Gender Inequality, in Brazil, 1914-1940, Chapel Hill, 1998.

20 Italianos, espanhóis, portugueses e alemães foram os principais imigrantes nesse período. O maior número entrou depois da abolição. De 1891 a 1900 entraram oficialmente l.129.315 imigrantes, dos quais 64,9% localizaram-se em São Paulo.

21 Primitivo Moacyr, *A instrução e o Império, subsídios para a história da educação no Brasil*, São Paulo, 1939-40, 3v.; J.R.P. de Almeida, *História da Instrução Pública no Brasil, 1500-1889*, São Paulo, 1989; Júlio Andrade

cação das instituições culturais, os melhoramentos urbanos, o abastecimento de água e esgoto, a introdução de gás, eletricidade, calçamento, o surgimento dos transportes coletivos, a multiplicação de jornais e revistas, a interrupção do tráfico de escravos e a imigração. Basta lembrar que essas mudanças tenderam a se concentrar nas cidades portuárias e nos centros urbanos ligados à economia de exportação e ao capital. Com elas vieram novos hábitos e costumes, a elite tornou-se mais cosmopolita e a vida das mulheres começou a mudar.[22] Os efeitos desse processo custaram a chegar em outras regiões do país, onde a população continuava a viver como no passado.[23] Nas áreas fora do circuito do capital, as mulheres continuaram submetidas à rígida autoridade masculina.[24] Portanto, não é de surpreender que na segunda metade do século, quando um nú-

---

Ferreira, *História da Igreja Presbiteriana no Brasil*, São Paulo, 1992, 2v.; Maria de Lourdes Mariotto Haidar, *O ensino superior no Império Brasileiro*, São Paulo, 1972; Maria José Werebe, *Trinta anos depois: grandezas e misérias do ensino no Brasil*, São Paulo, 1994; Henrique Dodsworth, *Cem anos de estudo secundário no Brasil, 1826-1926*. Rio de Janeiro, 1968; Leda Maria Pereira Rodrigues, *A instrução feminina em São Paulo*: subsídios para a sua história até a Proclamação da República, São Paulo, 1962.

22 Emília Viotti da Costa, Brazil: The Age of Reform, 1870-1889, in: Bethell, (ed.), *The Cambridge History of Latin America*, n.5, p.723-77. A tradução para o português é péssima e não deve ser consultada.

23 Elizabeth Agassiz, ao passar pelo Amazonas em 1865, observou que as velhas tradições portuguesas ainda vigoravam nessa região e mulheres viviam como freiras num convento. Muitas passavam mês após mês sem deixar suas casas, sem livros e sem qualquer cultura. Agassiz and Agassiz, *Viagem ao Brasil*, p.335-6, citado por June Hahner, *A Mulher no Brasil*, São Paulo, 1978, p.56.

24 Escrevendo sobre as mulheres do sertão, Miridan Knox Falci observou que com raras exceções, mesmo as mulheres que tinham recebido alguma educação viviam confinadas à esfera privada. Diferentemente de seus irmãos, não eram enviadas às escolas primárias ou secundárias em São Luiz, Recife ou Salvador. Raramente aprendiam a ler, nem mesmo a assinar seu nome. Nestes casos a família contratava um preceptor/a para ensiná-las em casa . Até mulheres das classes abastadas, como a filha do visconde de Parnaíba, Maria José Clementino de Sousa, eram analfabetas. Eram ensinadas apenas a fazer renda, costurar, bordar, tocar piano e cantar. Falci notou o aumento dos casos de moças que fugiam com seus namorados para evadir a autoridade paterna. Mulheres do Sertão Nordestino. In: Del Priore e Bassanezi (ed.) *História das Mulheres no Brasil*, p.141-77.

mero crescente de vozes, na maioria femininas, fazia-se ouvir em favor do acesso de mulheres aos cursos superiores, às profissões liberais e ao direito de voto, foram percebidas como uma minoria radical, uma vanguarda sem seguidores. A ideologia patriarcal persistia, criando uma distância cada vez maior entre os ideais sancionados pela cultura e a realidade da vida cotidiana nas áreas do país em que as mudanças estavam ocorrendo.

Desde o início do século eram encontradas umas poucas mulheres de classe alta conhecidas por sua elegância e cultura comparáveis às de suas contemporâneas na França ou na Inglaterra.[25] Algumas faziam parte da nobreza, como as condessas do Rio Seco e São Lourenço, a baronesa de Campos, e mais tarde, já na segunda metade do século, as marquesas do Paraná, Caxias Abrantes e Olinda, ou as condessas do Sapucahy e do Barral, para citar apenas algumas.[26] Seus nomes figuravam entre os membros das numerosas confrarias e instituições de caridade.[27] Elas foram conhecidas por seus salões e suas festas elegantes, frequentadas por políticos, diplomatas, burocratas, "capitalistas", artistas e intelectuais.

---

25 Na época da independência, Maria Graham, uma cidadã britânica em visita ao Brasil surpreendia-se em encontrar senhoras tão cultas em um país em que a ignorância era geral. Maria Graham, *Journal of a Voyage to Brazil and Residence there , during part of the years 1821-1822 e 1823*, traduzido para o português sob o título *Diário de uma Viagem ao Brasil e de uma Estada nesse país, durante parte dos Anos 1821-1822 e 1823*, São Paulo, 1956, p.250-2. 9, 347. Oitenta anos mais tarde, Marie Robinson Wright observava que muitas jovens de alta classe eram enviadas ao exterior para fazer seus estudos. Registrou também a presença de mulheres em várias profissões tradicionalmente reservadas aos homens como medicina, direito e arquitetura. Mencionou também várias mulheres dedicadas às letras. Marie Robinson Wright, *The New Brazil. Its Resources and Attractions, Historical, Descriptive, and Industrial*, Philadelphia, 1901.

26 Wanderley Pinho, *Salões e damas do Segundo Reinado*, São Paulo, s.d.

27 O *Almanaque Laemmert* para o ano de 1863 menciona mulheres que participavam como servas de Nossa Senhora na Ordem Terceira da Nossa Senhora do Terço, na Ordem Terceira de São Francisco da Penitência, e na Ordem Terceira de Nossa Senhora do Monte do Carmo. Mulheres da sociedade também apareciam como membros das Irmandades como a prestigiosa Irmandade do Senhor dos Passos, na Associação São Vicente de Paula, e ainda em muitas outras organizações de caridade dirigidas por freiras.

Foi entre as mulheres de elite que se encontraram as primeiras a adotar os novos costumes, mas outros grupos sociais menos favorecidos também foram afetados pela mudança. Mulheres de classe média começaram a ser notadas por sua habilidade em falar francês e, às vezes, inglês ou alemão. Foram treinadas na etiqueta e nos protocolos sociais. Sabiam tocar piano, cantar, recitar, desenhar, pintar e fazer qualquer tipo de bordado, mas eram também capazes de manter uma conversação animada sobre assuntos mais momentosos. Permaneciam nas escolas até os doze ou treze anos de idade quando saíam para se casar. Nas escolas, as meninas aprendiam rudimentos de história, geografia, aritmética, composição literária, doutrina cristã e trabalhos de agulha.

Nas últimas décadas do século XIX, as escolas de meninas começaram a introduzir lições de astronomia, botânica e história natural. A princípio, a expansão do currículo provocou resistência. Em 1869, quando uma escola de meninas no Rio de Janeiro tentou diversificar seu programa, sentiu a necessidade de anunciar que seu propósito não era promover a "emancipação das mulheres" e sim educar as futuras mães para que pudessem educar melhor seus filhos. A fim de tornar seu programa mais atraente, fazia também saber que seus objetivos eram o de introduzir no Brasil "os melhoramentos que as meninas usufruíam nos países mais desenvolvidos". Mas apesar de seus esforços em convencer o público, a escola fracassou e teve de voltar ao sistema primitivo. O mesmo sucedeu em São Paulo, alguns anos mais tarde, em 1876, quando Rangel Pestana, sua mulher e um grupo de jovens cultos e idealistas adotaram métodos usados na Suíça, na Alemanha e nos Estados Unidos e passaram a ensinar uma variedade de assuntos. A escola fechou por falta de alunos. Não obstante toda a resistência que esses pioneiros encontraram, algumas instituições de ensino, como o famoso Colégio Progresso, no Rio de Janeiro, começaram a ampliar seu currículo e conseguiram vencer os preconceitos. Nas décadas finais do século, escolas secundárias privadas destinadas a meninas foram criadas em diversas partes do país.[28] Escolas leigas e protestantes

---

28 Haidar, *O Ensino Secundário no Império Brasileiro*.

DA MONARQUIA À REPÚBLICA 505

disputavam a liderança com as escolas católicas. A American School, mais tarde chamada Mackenzie, foi fundada em São Paulo em 1870-71, o Colégio Piracicabano foi fundado por Martha Watts sob os auspícios da Igreja Metodista Americana. A Missão Presbiteriana do Brasil, estabelecida no Brasil em 1868, fundou o Colégio Internacional em Campinas, e, mais tarde, uma escola em Minas Gerais.[29]

A ausência de escolas públicas de nível secundário para meninas, no entanto, continuou a fazer da educação um privilégio das elites.[30] Em 1882, o ministro Rodolfo Dantas, referindo-se ao exemplo das "nações civilizadas", recomendava à Câmara dos Deputados a criação de um sistema de ensino secundário para moças. Mas seu projeto não foi adiante. Embora as escolas secundárias continuassem a se multiplicar pela iniciativa privada nos grandes centros urbanos, as meninas de classe média e alta que viviam na zona rural tinham limitadas oportunidades de adquirir alguma educação nos raros internatos existentes no Brasil ou na Europa.[31] A maioria continuava a receber uma educação rudimentar em casa. Em razão da precária educação, poucas mulheres estavam preparadas para prestar os exames de seleção quando as Faculdades de Direito, Medicina, Farmácia e Arquitetura abriram finalmente suas portas às mulheres em 1879. A frequência a Escolas Normais era uma alternativa aberta às mulheres em busca de uma profissão.[32] Mas poucas eram as escolas normais disponíveis na primeira metade do século. Estas começaram a aparecer em maior número a partir de 1860. O Liceu

---

29 M.L.H. Barbanti, *Escolas americanas de confissão protestante na província de São Paulo:* Um estudo de suas origens, São Paulo, 1977.

30 Segundo o *Almanaque Laemmert* de 1863, a anuidade das escolas particulares variava entre 100$000 e 500$000.

31 Moritz Lamberg que visitou o Brasil nos anos 1880 menciona que meninas das famílias ricas eram frequentemente mandadas a Paris para ser educadas no Colégio Sacré Coeur ou escolas similares. Moritz Lamberg, *O Brasil,* Rio de Janeiro, 1895, 2v., citado em Moreira Leite (ed.), *A condição feminina no Rio de Janeiro,* p.87.

32 Dain Borges nota que, em 1856, 15% dos cargos em escolas públicas eram ocupados por mulheres, em 1890 a porcentagem tinha subido para 56%, Borges, *The Family in Bahia,* p.213.

Imperial de Artes e Ofícios fundado no Rio em 1856 abriu suas portas a mulheres em 1881.[33] Com raras exceções, as escolas para meninas enfatizavam seus papéis domésticos. Em escolas católicas, dirigidas por freiras, meninas eram instruídas nos perigos dos pecados da carne e na importância da obediência, humildade e religiosidade; a sexualidade era severamente reprimida. Uma ex-aluna de uma escola dirigida por freiras francesas, o Colégio do Patrocínio, em Itu, mencionou nas suas memórias que as meninas tinham de usar camisolas quando se banhavam e mudar suas roupas no escuro para que não expusessem seus corpos sequer para si mesmas. Aos 90 anos ainda se lembrava das terríveis imagens de pecadores queimando nos fogos do inferno que ilustravam os sermões que ouvia na escola na década dos 1880.[34]

Privadas de educação ou recebendo apenas um treinamento inadequado, as jovens raramente tinham as qualificações necessárias para praticar uma profissão. Não é de estranhar, portanto, que a maioria das mulheres continuasse a desempenhar seus papéis tradicionais de mãe e esposa. Mas entre elas havia um número cada vez maior de mulheres que, tendo tido o privilégio de uma educação adequada se tornaram colaboradoras em jornais e revistas, faziam traduções de livros estrangeiros, publicavam suas poesias, romances, peças e livros sobre educação de crianças. A maioria das que se tornaram conhecidas pelos seus talentos literários pertencia a famílias de intelectuais, políticos, advogados, médicos, membros da burocracia imperial, fazendeiros ou empresários. Beneficiavam-se da fortuna, da cultura e das conexões de seus pais e irmãos. Quando se casavam, representavam um capital valioso na carreira de seus maridos. A esse grupo de mulheres, na sua maioria criaturas da patronagem, vieram no decorrer do século juntar-se outras de origem mais modesta, que, graças a expansão do sistema escolar, tinham-se tornado

---

33 Álvaro Paes de Barros, *O Liceu de Artes e Ofícios e seu fundador*, Rio de Janeiro, 1956.
34 Emília Abranches Viotti, entrevista com a autora em 1964.

DA MONARQUIA À REPÚBLICA   507

professoras e escritoras.[35] Ao findar o século já se contavam
algumas mulheres entre os advogados, dentistas e médicos.
Foi destes quadros que saíram as principais feministas.[36]
Essas mulheres constituíam, entretanto, uma minoria. A
grande maioria pertencente às camadas subalternas, escravas
e livres, trabalhava como costureiras, lavadeiras, cozinheiras,
arrumadeiras, pagens, amas de leite, pequenos comerciantes,
parteiras, cabeleireiras, vendeiras, donas de pensão e de casas
de pasto ou alojamento, trabalhadoras de fábricas e artesanato, ou do campo, e muitas outras atividades que se multiplicavam graças ao desenvolvimento econômico.[37]
   Uma boa fonte para a análise das mudanças na vida dessas
mulheres é o *Almanak Administrativo Mercantil e Individual
da Província do Rio de Janeiro*, conhecido com o *Almanak
Laemmert*, que listava profissionais, negócios e outras atividades. Se compararmos o de 1863 com o publicado vinte anos

---

35 Uma lei do governo imperial de 1823 criou escolas primárias para meninas e meninos em cidades e vilas mais densamente povoadas. Com o
   Ato Adicional de 1834, no entanto, a administração do sistema escolar
   público passou ao governo provincial. Até 1838 o sistema Lancaster foi
   o método adotado. Na primeira metade do século XIX, os progressos
   no sistema escolar foram lentos. Escolas para preparação de professores
   eram raras e não havia escolas de agricultura. O Liceu de Artes e Ofícios
   foi criado no Rio de Janeiro em 1856 para a promoção do ensino técnico e industrial, mas abriu suas portas às mulheres apenas em 1881. Em
   1864 foram identificadas apenas duas escolas de comércio em todo o
   país, uma no Rio e outra em Pernambuco.
36 A história das atividades que poderiam ser qualificadas de protofeministas
   é ainda mínima. A esse respeito ver June Hahner, The Nineteenth Century
   Feminist Press and Women's Rights in Brazil. In: Asunción Lavrin (ed.),
   Latin American Women. Historical Perspectives, Westport, Conn., 1978,
   p.254-85; Hahner, *Emancipating the Female Sex*: The Struggle for
   Women's, Rights in Brazil, Durham, North Carolina, 1990; idem,
   Feminism, Women's Rights and the Suffrage Movement in Brazil, 1850-
   1932, *Latin American Research Review*, v.15, n.1, p.65-111, 1980; Maria Thereza Caiuby Crescenti Bernardes, *Mulheres de ontem, Rio de Janeiro, Século XIX*, São Paulo, 1989; Dulcilia Helena Shroeder, *Mulher de
   papel*: a representação da mulher na imprensa feminina, São Paulo 1981.
37 Sobre a expansão da Cidade do Rio de Janeiro ver Eulália Maria
   Lahmeyer Lobo, *História do Rio de Janeiro*: do capital comercial ao
   capital industrial e financeiro, Rio de Janeiro, 1978, 2v.

mais tarde registraremos uma enorme expansão das atividades urbanas, mas também notaremos a crescente especialização do trabalho de acordo com as divisões de gênero.[38] As oportunidades de trabalho para as mulheres, no entanto, não acompanharam o ritmo da expansão econômica. Segundo as estatísticas, o número de mulheres na força de trabalho diminuiu entre 1872 e 1920 de 45% para 15%, provavelmente em consequência da abolição da escravatura.

O mercado não oferecia oportunidades iguais a mulheres de classes diversas. As de classe média que dispunham de empregadas para substituí-las nas tarefas domésticas encontraram trabalho nas escolas, jornais e revistas que se multiplicavam[39] As profissões de parteira, farmacêutica, pagens e amas, cabeleireiras, costureiras e prostitutas cresceram em grande número nos centros urbanos. E um número cada vez maior de mulheres começou a trabalhar em fábricas têxteis, onde elas constituíam cerca de 80% da força de trabalho.[40] A grande

---

38 Em 1863 havia 81 escolas primárias no Rio de Janeiro e várias mulheres ocupavam a posição de professoras e assistentes nessas escolas. Entre os delegados de instrução não se encontrava nenhuma mulher. Tampouco eram encontradas no Instituto Comercial da Corte, nos quadros da Biblioteca Nacional ou no Instituto Histórico e Geográfico Nacional. Também no Conservatório de Música que anunciava aceitar alunos de ambos os sexos, não se encontrava nenhuma mulher entre seus professores. Elas estavam ausentes de outras instituições como a Escola Propagadora das Belas Artes, O Liceu de Artes e Ofícios e a Academia Real de Música. Entre as trinta e tantas escolas de meninas destacavam-se o Colégio Botafogo, fundado em 1836 que cobrava 500$000 por ano, o Colégio da Irmandade da Conceição, criado pela Associação São Vicente de Paula, que cobrava 400$000, e várias outras escolas mais baratas que cobravam em média 100$000 anualmente. A maioria era dirigida por estrangeiros. Vinte anos mais tarde havia uma centena de escolas para meninas. Algumas dessas escolas ofereciam educação secundária.

39 João Batista Cascudo Rodrigues, *A mulher brasileira*. Direitos políticos e civis, Rio de Janeiro, 1962, inclui uma lista de jornais publicados por mulheres. Valiosos nesse sentido também são os livros de Buttoni, *Mulher de papel* e Bernardes, *Mulheres de ontem.*

40 Sobre os trabalhadores na Indústria no século XIX ver June Hahner, *Poverty and Politics*. The Urban Poor in Brazil. *1870-1930*, Albuquerque, 1996; John French e Daniel James, *The Gendered World of Latin American Women Workers from Household to the Union Hall and Ballot Box,*

maioria, entretanto, continuava a trabalhar como empregada doméstica. Enquanto isso, mulheres que no passado haviam se dedicado ao artesanato e ao pequeno comércio, viram suas oportunidades diminuírem. Foram expulsas do mercado por causa da privatização do espaço público, da hostilidade de parte dos comerciantes estabelecidos, do aumento do preço dos terrenos urbanos e dos impostos e regulamentos dificultando o comércio ambulante e outras atividades tradicionais.[41]

No passado, muitas mulheres pobres que viviam nas cidades tinham sobrevivido do artesanato e pequeno comércio. Embora na sua maioria fossem analfabetas, viviam por conta própria, como mães solteiras, e gozavam de independência. Algumas possuíam pequenos lotes de terra, outras eram meeiras ou moradoras em propriedade alheia ou, simplesmente, acampavam em terras públicas. Lavavam roupa para fora nos rios e fontes da cidade e vendiam, de porta em porta, frutas e verduras, peixe, toucinho, tabaco, queijo, farinha, ovos, galinhas, mel, pão, rum, madeira e carvão.[42] Algumas vezes montavam estandes nas ruas ou mantinham pequenas vendas à beira de estradas. Mas durante o século XIX elas foram expulsas do espaço urbano para as periferias das cidades, como notou Maria Odila da Silva Dias em relação à região de São Paulo.[43]

Respondendo ao crescimento das cidades e seduzido pela miragem do progresso alimentada pela riqueza acumulada

---

Durhan, North Carolina, 1997; Pena, *Mulheres e trabalhadoras*; Emília Viotti da Costa, Brazilian Workers Rediscovered, *International Labor and Working Class History*, v.22, p.28-38, 1982, uma revisão e tradução desse ensaio para o português foi publicado sob o título "A nova face do Movimento Operário na Primeira República", *Revista Brasileira de História*, v.2, n.4, p.217-232, 1982; Edgard Carone, *Movimento Operário no Brasil, 1877-1944*, São Paulo, 1979, v.1; Pinheiro e Hall (ed.) *A classe operária no Brasil.*

41 Esse processo foi descrito originalmente por Maria Odila Silva Dias em *Quotidiano e poder.*

42 No nordeste elas vendiam redes e rendas, cestas e tecidos. Para maiores detalhes consultar Falci, *Mulheres do Sertão Nordestino*. Vendeiras também eram vistas nos núcleos urbanos mais importantes como notaram os viajantes. Para escravas vendeiras ver Karash, *Slave Life in Rio de Janeiro.*

43 Maria Odila Silva Dias, *Quotidiano e poder em São Paulo.*

no setor importador-exportador, o Estado assumiu a responsabilidade de introduzir "melhoramentos" no espaço urbano, disciplinar a população e adotar medidas sanitárias que aliviassem as periódicas devastações causadas pelas epidemias de varíola, cólera e malária. Simultaneamente, aumentaram os impostos e o preço dos terrenos. A comunidade dos comerciantes, desejosa de afastar os competidores, pressionou o governo para tomar medidas contra os vendedores ambulantes. Depois da abolição, temendo que os escravos abandonassem as fazendas e mudassem para as cidades, os governos tomaram medidas contra o comércio informal. A preocupação com roubos, crimes, prostituição e doenças aumentou à medida que as ruas, anteriormente ocupadas por escravos e pobres, passaram a ser frequentadas pelas elites. Oprimidas por todas essas mudanças, as mulheres que se haviam dedicado à economia informal procuraram outras atividades. Mas a economia informal não desapareceu de todo, e mulheres que precisavam conciliar suas funções de mãe com o trabalho continuaram a se dedicar a essas atividades até nossos dias.

Até o final do século XIX, ainda que houvesse sinais de que a sociedade de consumo viria a privar as mulheres de classe média e alta de muitas funções que até então tinham exercido no lar, a maioria continuou a se ocupar da supervisão das empregadas e dos cuidados com o lar e as crianças, costurando roupas, fazendo bordados, rendas ou doces e assistindo aos velhos e doentes da família.[44]

Apesar da proliferação das escolas, o número de analfabetos continuava alto no país. O censo de 1872 registrava que cerca de 80% dos brasileiros eram analfabetos.[45] Vinte anos mais tarde, o analfabetismo em vez de diminuir aumentara e atingiria 85% da população, embora nos centros urbanos o número de pessoas que sabiam ler e escrever fosse maior. No entanto, o número de alfabetizados era maior entre os homens do que entre as mulheres. Em 1872, na cidade do Rio

---

44 Para uma análise desse processo no século vinte ver Susan Besse, *Restructuring Patriarchy*.

45 Werebe, *Trinta anos depois*, p.37.

de Janeiro, por exemplo, 50% dos homens e apenas 35% das mulheres sabiam ler.[46] Como era de esperar, a alfabetização das mulheres era maior nas classes altas. Muriel Nazzari observou que o número de pessoas que sabiam ler e escrever aumentara visivelmente entre os proprietários, tendendo a se concentrar entre os mais abastados. A educação das mulheres substituía gradativamente o dote.[47]

As mais beneficiadas por esse processo foram as mulheres de classe alta e média. Apesar dos limites do público leitor, algumas encontraram trabalho no número crescente de jornais e revistas devotadas às mulheres.[48] Os primeiros jornais começaram a aparecer antes mesmo da Independência e, a partir de então, proliferaram nas províncias mais ricas: Rio de Janeiro, São Paulo, Pernambuco, Bahia e Rio Grande do Sul. Mas publicações semelhantes surgiram também em algumas das mais remotas regiões do país. Houve até um jornal –*A Mulher* – editado em Nova York por duas estudantes de Medicina: Josefa Agueda Felisbela de Oliveira e Maria Augusta Generosa Estrela.

Os jornais e revistas destinados às mulheres incluíam notícias sobre moda, literatura, artes e teatro, bem como ensaios, poesias e conselhos às mulheres. Na segunda metade do século, passaram a discutir a educação feminina e o acesso das mulheres às carreiras médicas, farmacêuticas e jurídicas. Alguns chegavam a abordar assuntos mais controversos, como o preconceito dos homens contra as mulheres, os progressos do movimento feminista no mundo e no Brasil, o direito de voto, a emancipação dos escravos e até mesmo ideias republicanas e socialistas.[49] Os jornais apontavam as realizações das mulheres em várias partes do mundo e procuravam promover as escritoras brasileiras, publicando seus ensaios e poesias, e resenhando seus livros. Seus escritos revelam uma consciência

---

46 Haidar, *O ensino secundário no Império Brasileiro*, p.235.

47 Nazzari, *The Disappearance of the Dowry*, 159.

48 Para uma lista de jornais publicados por mulheres ver Rodrigues, *A mulher brasileira*. Direitos Políticos e Civis; Buttoni, *Mulher de papel*; e Hahner, "The Nineteenth Century Feminist Press".

49 Charles Pradez, *Nouvelles Études sur le Brésil*, Paris, 1872, p.194-5.

cada vez mais clara da natureza opressiva das relações entre homem e mulher e da ideologia destinada a preservá-las.[50] A mais conhecida das escritoras brasileiras da primeira metade do século foi, sem dúvida, Nísia Floresta Brasileira Augusta, pseudônimo de Dionísia Faria Rocha, que aos vinte e dois anos de idade traduziu o livro de Mary Wollstonecraft: *Vindication of the Rights of Women*.[51] Nascida no Rio Grande do Norte, numa pequena propriedade rural, casou-se aos 13 anos com um homem muito mais velho a quem abandonou um ano depois para acompanhar o pai que, perseguido por razões políticas, fugira para o Recife. Quando seu pai faleceu, alguns anos mais tarde, ela começou a lecionar. Casou-se novamente, mas enviuvou cedo. Mudou-se para o Rio de Janeiro onde fundou o Colégio Augusto, no qual o Núncio Apostólico se maravilhou de encontrar meninas que recitavam versos de autores clássicos em latim e italiano.[52] Nísia Floresta advogava a igualdade de educação para homens e mulheres. Era republicana e abolicionista. Em suas viagens pela Europa cultivou o contato com figuras como Auguste Comte, Émile Littré, Alexandre Dumas e outros escritores famosos. Morreu na França em 1885. Outra notável figura de mulher desse período foi Maria Firmino dos Reis, filha ilegítima de pai não identificado, nascida no Maranhão. Como muitas outras escritoras do seu tempo, fez carreira como professora e dedicou-se à tradução de livros franceses. Escreveu vários livros, entre os quais *A Escrava*, publicado um ano antes da emancipação.

Mas foi a geração que nasceu por volta de 1850 que se empenhou na luta pela emancipação das mulheres e aderiu aos movimentos reformistas.

---

50 Feminismo no Século XIX: Pedro Maia Soares, "Feminismo no Rio Grande do Sul. Primeiros Apontamentos, 1835-1845", in: Fundação Carlos Chagas, *Vivência, história, sexualidade e imagens femininas*, São Paulo, 1980, v.1, e os vários livros de June Hahner citados acima.

51 Constancia Lima Duarte, *Nísia Floresta, vida e obra*, Natal, 1995; Adauto da Câmara, *História de Nisia Floresta*, Rio de Janeiro, 1941; Oliveira Lima, "Nísia Floresta", *Revista do Brasil*, v.12, n.48, p.291-319, 1919.

52 Haidar, op.cit., p.232.

DA MONARQUIA À REPÚBLICA   513

A vida dessas mulheres revela traços comuns: casaram-se cedo, abandonaram os maridos numa época em que esse gesto era condenado pela sociedade e tornaram-se defensoras de ideias progressistas. Entre elas destaca-se Narcisa Amália de Campos, nascida no Rio de Janeiro em 1852. Outra escritora notável foi Maria Benedicta Câmara Bormann, nascida no Rio Grande do Sul em 1855. Mudou-se para o Rio de Janeiro, onde passou a publicar romances sob o pseudônimo de Délia. Tornou-se colaboradora de vários jornais nos quais pregou a abolição e defendeu a emancipação sexual e a educação das mulheres. Amélia de Freitas, a primeira mulher a se candidatar à Academia Brasileira de Letras, nasceu de uma família de posses do Piauí em 1861. Era filha de um importante político do Império, governador do Maranhão e do Ceará. Casou-se com o jurista Clovis Bevilacqua, autor do Código Civil Brasileiro de 1916. Foi autora de vários livros sobre a educação infantil e de alguns romances. Júlia Lopes de Almeida, a mais conhecida autora do período, nascida em 1862, escreveu para jornais e revistas em favor da educação das mulheres, do divórcio e da criação de creches e também lutou pela emancipação dos escravos e pela proclamação da República. Escreveu também peças de teatro e romances. Outra escritora igualmente combativa foi Josefina Alvares de Azevedo (meia-irmã do escritor Manuel Antônio Alvares de Azevedo). Ela fez campanha a favor do voto feminino e em 1878 provocou intenso debate a esse respeito com a apresentação de sua peça: *O voto feminino*. Juntamente com Inez Sabino publicou a revista A Família.[53] Todas essas mulheres gozaram de prestígio e de um grau de liberdade que poucas mulheres teriam experimentado antes. Mas continuavam a ver no papel de esposa e mãe a principal função da mulher. Júlia Lopes de Almeida, por exemplo, escreveu no *Livro das Noivas* que a mulher sempre tivera a mesma vocação: esforçar-se por ser agradável, útil e boa, a fim de satisfazer as necessidades morais ou intelectuais de seu esposo e da família,

---

53 Norma Telles, "Escritoras, Escritas, Escrituras", in: del Priore e Bassanezi (ed.), *História de mulheres*, p.401-43.

demonstrando o seu amor e devoção à doce e pesada carga que a sociedade lhe impunha.[54]

Evidentemente, havia uma grande distância entre as vidas dessas mulheres e a das mulheres das camadas subalternas. Elas diferiam nos privilégios e conforto material, nos seus sonhos e aspirações e até mesmo nas suas noções de certo e errado. Classe e gênero entravam em conflito. Por isso foi sempre tão difícil reuni-las em torno de uma única bandeira. É bem verdade que o cristianismo, ao enfatizar a superioridade moral da mulher e o seu papel de esposa e mãe, e o Iluminismo, com sua fé no progresso e na modernização e sua ênfase na igualdade de todos perante a lei e nos direitos do homem, criaram um terreno discursivo comum com base no qual, apesar das diferenças, elas podiam forjar uma identidade comum e definir suas lutas. Também é verdade que todas elas partilhavam de certas experiências. Com poucas exceções, todas enfrentavam múltiplas gravidezes e abortos e corriam o risco de morrer de parto. Todas eram discriminadas pela ciência e pela lei.[55] Todas eram vítimas de preconceitos masculinos e de um sistema duplo de valores que subordinava a mulher ao marido ou ao pai, um sistema que submetia a mulher aos maiores vexames em caso de estupro,[56] e silenciava nos casos de violência doméstica; um sistema que condenava a mulher e absolvia o homem em caso de adultério, que exigia da mulher a virgindade e valorizava a promiscuidade no homem. Quando as mulheres, pobres ou ricas, trabalhavam, seus salários eram sempre menores do que o dos homens. As casadas tinham pouco controle sobre seus bens, e muitas chegaram a requerer separação legal para proteger seu patrimônio, ainda que esse fosse um problema apenas

---

54 *A Mensageira, Revista Literária Dedicada à Mulher Brasileira*, São Paulo, 1887-1900 (fac-símile ed. 2 vols., São Paulo 1987, v.1, p.14).

55 Veja-se por exemplo Tito Lívio de Castro, *A Mulher e a sociogenia,* Rio de Janeiro, 1894.

56 Para o estudo da sexualidade ver Ronaldo Vainfas, *História e sexualidade no Brasil,* Rio de Janeiro, 1986; Lana Gama Lima (ed.), *Mulheres adúlteras e padres,* Rio de Janeiro, 1987; Joana Maria Pedro, *Mulheres honestas, mulheres faladas*: uma questão de classe, Florianópolis, 1994.

para as que dispunham de alguns recursos. Direitos políticos eram concedidos aos homens e negados às mulheres da mesma forma que durante muito tempo estas tiveram o seu acesso barrado nas escolas superiores.

Em tudo o mais, a experiência das mulheres das camadas subalternas e das classes média e alta diferia. Para a escrava, a principal preocupação era a liberdade,[57] para as mulheres livres e pobres, a sobrevivência era a questão fundamental, e para as mulheres de elite, o alvo a ser alcançado era a independência e a autonomia.

A patronagem pretendia estabelecer uma ponte entre ricos e pobres, negros e brancos, habitantes da cidade e do campo, homens e mulheres. Pressupunha complementaridade e obrigações recíprocas mas, na prática, mantinha o poder, o privilégio e a riqueza firmemente em mãos das elites, e dentro destas comandavam os homens. Com o crescimento da população, migrações internas e externas e sobretudo as crescentes oportunidades de trabalho num mercado em expansão, tornou-se cada vez mais difícil manter os rituais da patronagem, embora estes tenham sobrevivido nas fazendas e pequenas cidades até o presente. Com a erosão progressiva do sistema de patronagem tradicional e dos laços de parentesco, os pobres tiveram de depender cada vez mais das instituições

---

57 O caso da menina escrava estuprada pelo senhor revela a vulnerabilidade da escrava que, além de sempre correr o risco de ser vendida ou de ver seus parentes e amigos serem vendidos para outro senhor, era obrigada a ceder a variedade de abusos sexuais sem poder recorrer a lei para se defender. Henrique Ferreira Pontes foi acusado de ter deflorada a menina escrava de dez ou doze anos. Aparentemente ele era conhecido por ter deflorado outras jovens anteriormente. Ele foi levado ao tribunal e foi considerado culpado na primeira instância, mas absolvido posteriormente. A Corte decidiu que não havia provas de que a jovem era menor. Um dos juristas que não concordou com a decisão argumentou que se bem que houvesse evidência suficiente para provar que a jovem era menor, ela não podia denunciar seu senhor, porque segundo a lei, ela era sua propriedade, comparável "a objetos pessoais ou ao gado", portanto não tinha personalidade jurídica. Se escravos fossem autorizados a processar seus senhores, haveria centenas de processos e uma séria ameaça a sociedade (Robert Conrad, *Children of God's Fire. A Documentary History of Black Slavery in Brazil*, Princeton, 1983, p.271-82).

públicas e privadas.[58] As Igrejas continuaram a ser um recurso importante para aqueles que não tinham a quem recorrer. Novas instituições públicas e religiosas foram criadas para cuidar de doentes, insanos, criminosos e do número crescente de crianças abandonadas.[59] Os imigrantes e os trabalhadores da indústria criaram sociedades de auxílio mútuo que davam assistência médica, instrução e recreação a seus associados.[60] Fundaram partidos para defender seus interesses e incorporaram mulheres em suas organizações. Nos seus programas deixavam claro que a exploração do trabalho não poderia ser abordada sem que se levantasse a questão da emancipação da mulher, que para eles incluía estender a elas os direitos civis e políticos, a luta contra discriminação, abusos e exploração no lugar de trabalho. O Partido Operário do Rio Grande do Sul, por exemplo, organizado em 1888, apresentou-se como socialista e republicano. No seu programa enfatizava a importância da emancipação da mulher e afirmava, entre outras coisas, que as mulheres deveriam gozar dos mesmos direitos e ocupar todos os postos, do mais insignificante ao de chefe de Estado, uma afirmação radical muito à frente de seu tempo.[61] Discurso semelhante encontra-se em outros documentos operários do fim do século XIX que se apresentavam como anarquistas ou socialistas.[62] De fato, os socialistas foram o primeiro grupo

---

58 Laima Mesgravis, " A Assistência à Infância Desamparada e a Santa Casa de São Paulo, a Roda dos Expostos no Século XIX", *Revista de História*, v.52, n.103, p.401-23, jul-set 1975.

59 Moreira Leite, *A condição feminina no Rio de Janeiro*, p.104-6.

60 Dain Borges mostra que na Bahia sociedades de auxílio mútuo e sindicatos começaram a prover assistência social a seus associados, substituindo assim a Igreja. O mesmo sucedeu no Rio de Janeiro, em São Paulo, Porto Alegre e outros locais de concentração operária. Dain Borges, *The Family in Bahia*, p.269.

61 Carone, *Movimento Operário no Brasil,* p.296.

62 No século XX a eles se juntaram anarquistas e comunistas. Em todas as organizações a liderança estava nas mãos de homens e assuntos concernentes às mulheres eram raramente abordados, e somente o foram sob a forma de igualdade de direitos e de cidadania. Veja-se a esse respeito Antônio Arnoni Prado (ed.), *Libertários no Brasil*, São Paulo, 1986; Edgar Rodrigues, *Os Anarquistas*, São Paulo, 1984; Miriam Moreira Leite, *A outra face do*

político no Brasil que incluiu o direito das mulheres em sua plataforma. O Partido Operário Brasileiro organizou em 1892 um congresso no Rio comprometendo-se a garantir os direitos civis e políticos das mulheres. O Partido Democrático Socialista, de São Paulo, foi ainda mais longe ao pedir a dissolução dos vínculos do casamento, o sufrágio universal, a abolição de todos os privilégios e a educação pública gratuita para todos, inclusive para mulheres. Essas reivindicações constavam de quase todos programas socialistas e dos congressos operários no século XIX.[63] Foram estas as primeiras organizações a levantar sistematicamente essas questões. Mas é de se notar que não havia mulheres entre os que assinavam os programas e a lista de presença dos Congressos Operários. Elas estavam também ausentes das lideranças partidárias.

Pode-se concluir que as mulheres de classe média e alta que nessa época se diziam socialistas estavam apenas aderindo de forma retórica a esse ideal. Elas continuavam a fazer campanhas pela emancipação das mulheres nos jornais e revistas como *A Mensageira*, publicada por Presciliana Duarte de Almeida em São Paulo, entre 1897 e 1900, que reunia homens e mulheres representando uma grande variedade de opiniões liberais, conservadoras e algumas supostamente socialistas. *A Mensageira* nos permite analisar os limites do pensamento da vanguarda feminista nos últimos anos do século XIX. Ainda que seu objetivo explícito fosse literário, a revista incluía artigos em defesa da educação da mulher e de seu acesso às profissões liberais e publicava notícias sobre o movimento feminista no mundo. Os artigos escritos por algumas das protofeministas mais ardentes da época revelam seus limites.

No primeiro número d'*A Mensageira*, Júlia Lopes de Almeida escreveu a favor da educação e do trabalho das mulheres. Em seu ensaio, ela recorreu a algumas das estratégias

---

*feminismo. Maria Lacerda de Moura, São Paulo, 1984; Petersen e Lucas (ed.), *Antologia do Movimento Operário Gaúcho*; Pena, *Mulheres trabalhadoras*; Ribeiro, *Condições de trabalho na indústria têxtil*; Pinheiro e Hall, *A classe operária no Brasil*; Carone, *Movimento Operário no Brasil*.
63 Carone, op.cit., p.304.

retóricas típicas utilizadas pelas protofeministas do seu tempo. Começou argumentando que "os povos mais fortes, mais práticos, industriosos e felizes eram aqueles entre os quais as mulheres não eram apenas um objeto de ornamento, mas tinham uma profissão que as protegia num momento de luta". Em duas frases ela revelava claramente seu elitismo. "Mulheres não eram apenas um objeto de ornamento" era expressão válida apenas entre a elite, e o trabalho para a grande maioria das mulheres não as protegia apenas nos momentos de luta, mas, era essencial em todos os momentos para sua subsistência. Mais adiante, ao defender a necessidade de educar a mulher, observava que uma mulher fútil e ignorante não poderia ser uma boa mãe. "Como pode uma mulher que cresceu entre o pudim e a valsa, ou melhor, entre o pudim e a agulha, satisfazer a curiosidade de seu filho?" (note-se que ela mencionava o filho e não a filha). Finalmente acrescentava mais um argumento. Como o nosso povo é pobre, dizia ela, nossas aptidões podem ser empregadas nas mais variadas profissões para ajudar a família, sem detrimento do trabalho do homem, (que na sua cabeça continuava ainda a ser o provedor).[64] No mesmo número da revista, Gracia de Mattos acusava os homens de serem responsáveis pela ignorância das mulheres: "Os homens desprezam a ignorância da mulher, mas se esquecem que eles a educaram para ser escravas que só sabem obedecer", e concluía amargamente: "Há homens que acham mais difícil perdoar os talentos do que os vícios das mulheres".[65] V. M. de Barros denunciou o egoísmo do homem e seu desejo de dominar metade da humanidade. (Não sem antes ter ressalvado que havia homens excepcionais que eram reais companheiros e tratavam suas mulheres com gentileza.)[66]

Os ensaios revelam profundas ambiguidades. Poucos advogam a necessidade de educar as mulheres para satisfazer suas próprias necessidades. A maioria enfatizava o papel de mãe,

---

64 *A Mensageira*, v.1, p.3-5. No mesmo número, Júlia Lopes de Almeida louva o papel doméstico da mulher e seu desempenho abnegado servindo ao marido e aos filhos. *A Mensageira*, v.1, p.14.

65 Ibidem, v.1, p.14.

66 Ibidem, v.1, p.150.

DA MONARQUIA À REPÚBLICA 519

a necessidade de preparar a mulher para encontrar trabalho decente no caso de um desastre econômico, ou falava na importância da educação da mulher para a nação. Regeneração social, o progresso da nação, o aperfeiçoamento moral da sociedade, tudo dependia da educação da mulher. Quando afirmavam a necessidade de educar a mulher para que fosse boa mãe, referiam-se à educação de um filho, nunca de uma filha. Quando advogavam em favor do direito de ter uma profissão, apressavam-se em afastar qualquer suspeita de que pudessem vir a competir com os homens. Revelando seu viés elitista e esquecendo-se da sorte de milhões de mulheres obrigadas a trabalhar o dia inteiro, elas afirmavam que as mulheres poderiam ter de sustentar suas famílias caso seus maridos morressem ou ficassem impossibilitados de trabalhar, e as mulheres que não tinham pais, maridos ou irmãos que as sustentassem precisavam ter meios de fazê-lo. As mais ousadas expressavam abertamente seu receio de serem consideradas feministas. Maria Amalia Vaz de Carvalho denunciava nas páginas de *A Mensageira* o comportamento contraditório daqueles que não condenavam o emprego da mulher no trabalho pesado da lavoura e da indústria, mas se opunham ao seu envolvimento em outras atividades. "Nunca ouvimos um filantropo, em nome da raça futura, opor-se ao trabalho excessivo que cruelmente oprime o sexo feminino! Por que então invocam a fatalidade do sexo para que nenhuma mulher seja advogada, médica, escultora ou comerciante?" O comentário e a pergunta foram prefaciados por uma observação de que ela não era a favor do feminismo no que tinha de odioso e cínico, mas no que ele tinha de justo e simpático (embora não explicite o que queria dizer com isso).[67] Finalmente, quando as mulheres identificavam educação com civilização e o Brasil com países como a Turquia, estavam contribuindo para divulgar preconceitos forjados na Europa, criados por uma mentalidade colonialista, contrastando civilização (a deles) com barbárie (dos outros).[68] A maioria dos ensaios era escrita num tom quase apologético, revelando a

67 Ibidem, v.1, p.285.
68 Ibidem, v.1, p.217-8.

necessidade de assegurar ao leitor que as mulheres desejavam reforma, não revolução. Elas continuavam a definir os papéis da mulher de maneira tradicional, defendendo seu direito a trabalhar em setores que requeriam talentos reputados como naturais à mulher, tais como limpeza, ordem, instinto maternal e paciência. No entanto, apesar de seus preconceitos, inconsistências e falta de interesse pela sorte das mulheres das camadas subalternas, as autoras desses ensaios tinham-se tornado conscientes das desigualdades entre homens e mulheres e da necessidade de educá-las e de prepará-las para uma profissão.

As protofeministas do século XIX compartilhavam essas ideias com um grupo de homens como Joaquim Nabuco, José do Patrocínio, Tobias Barreto e outros conhecidos intelectuais que, nas últimas décadas do Império, deram apoio às demandas das feministas. Nesse sentido, não se fizera muito progresso desde que Tobias Barreto desafiara publicamente os que afirmavam a inferioridade e incapacidade da mulher de adquirir uma educação superior. O fato ocorreu na Assembleia Provincial de Recife, em 1879, durante um debate a propósito de uma petição de subsídios para enviar uma moça aos Estados Unidos, onde iria estudar Medicina.[69] A oposição baseou seus argumentos no tamanho menor do cérebro das mulheres, o que na sua opinião lhes conferia menor inteligência – tese muito em moda naquela época.[70] Tobias Barreto aproveitou a ocasião para refutar a teoria e defender a educação da mulher. "É possível", disse ele, "que se compararmos as qualidades do homem e da mulher, descobriremos que o homem é mais desenvolvido, mas a diferença pode ser atribuída à educação. Tomamos como um efeito da natureza o que é o resultado da

---

69 Em 1878, a Assembleia Provincial de Pernambuco recebeu uma petição de Romualdo Alves de Oliveira requerendo um subsídio de 100$000 por mês para que sua filha pudesse ir estudar nos Estados Unidos ou na Suíça, pois as Faculdades de Medicina no Brasil não aceitavam mulheres. A petição provocou intenso debate em que Tobias Barreto desempenhou um papel importante ao defender o pedido.

70 Ver Castro, *A mulher e a sociogenia*, na qual o autor estabelece uma correlação entre o tamanho do cérebro e a menor inteligência da mulher. Ele acreditava, no entanto, que a educação da mulher aumentaria sua inteligência.

DA MONARQUIA À REPÚBLICA 521

sociedade". Em apoio a seu argumento mencionou mulheres notáveis desde a Antiguidade e concluiu sua peroração sob os aplausos da assembleia, dizendo que a maior parte dos males que afetavam o país decorria da falta de cultura e desenvolvimento intelectual da mulher. Apesar de ser a favor da educação das mulheres, deixou claro que não era a favor da concessão de direitos iguais a elas, nem de sua emancipação, para a qual, no seu dizer, elas não estavam ainda preparadas. Não desejaria vê-las, disse ele, deputadas ou presidentes de província.[71]

Dois anos mais tarde, em 1881, quando o Liceu de Artes e Ofícios do Rio de Janeiro abriu suas portas às mulheres, foi publicado um livro para celebrar a ocasião – *A Polianteia* –, que reunia cerca de cem opiniões, na maioria de homens e de algumas mulheres sobre a educação feminina. A maior parte dos homens apoiava a educação que preparasse a mulher para ser melhor mãe e condenava a que a preparasse para exercer atividades fora do lar. Apenas alguns consideravam a educação como um meio para a emancipação da mulher. As quatro mulheres entrevistadas consideraram a educação como o primeiro passo para a reforma da sociedade, mas afirmaram que a mulher deveria ser educada para que pudesse educar o homem para a grandeza da nação.[72] Dessa forma, no final do século a educação das mulheres se articulava à ideia de destino nacional.

Uma consciência maior das condições opressivas em que viviam as mulheres e dos efeitos negativos de sua criação na família e na sociedade, o reconhecimento da importância da educação e do acesso às profissões liberais (Medicina, Direito, Química, Arquitetura, Farmácia) foi o único resultado concreto da luta das protofeministas no século XIX. Sua crítica à legislação relativa às relações entre homens e mulheres não chegou a alterar a lei.[73] Elas também fracassaram em suas

---

71 *A questão do poder moderador e outros ensaios brasileiros*, Petrópolis, 1977, p.311-53.
72 Bernardes, *Mulheres de ontem*.
73 Até 1916, a legislação civil brasileira era uma extensão do Código Filipino de 1603, que subordinava as mulheres aos maridos e as tratava como

tentativas de conquistar o direito de voto. Depois da queda da Monarquia, a questão foi discutida na Assembleia Constituinte. A ideia de estender o voto às mulheres pareceu a muitos congressistas imoral e anárquica. Alguns chegaram a prever que a concessão do direito de voto às mulheres levaria à dissolução da família. Mulheres não deviam ter o direito de voto porque sua missão era educar os filhos, diziam outros. Para estes, a participação da mulher na esfera pública era incompatível com suas funções domésticas. As mulheres tiveram de esperar mais quarenta anos até obter esse direito em 1932.[74]

Patriarcalismo e patronagem eram essenciais para a reprodução das elites imperiais. Ambos tinham suas bases no monopólio da terra, no controle da força de trabalho e do poder político por uns poucos homens, o que implicava na exclusão da maioria da população. Casamento, família e parentela foram os meios usados pelas elites para fazer o sistema funcionar. Seu sucesso dependia da subordinação da mulher ao homem e da exploração das camadas subalternas. As transformações econômicas e sociais do século XIX criaram, como vimos, condições para uma incipiente crítica da patronagem e do patriarcalismo, mas não chegaram a destruí-los. Assim como a patronagem permitiu a ascensão de alguns negros, também tornou possível que umas poucas mulheres usufruíssem de um relativo grau de liberdade enquanto manteve outras nas garras das instituições e normas patriarcais. Como um elemento integrante do sistema de dominação excludente, a

---

perpetuamente menores. A idade legal para o casamento foi elevada dos 12 para os 14 anos em 1890, e para 16, em 1916. Até 1962, a mulher casada era considerada relativamente incompetente, igualando-se aos índios e menores. A Lei 4.121, o Estatuto da Mulher Casada procurou corrigir alguns dos aspectos mais negativos da legislação existente e a Constituição Brasileira de 1967 finalmente estabeleceu o princípio da igualdade perante a lei entre homem e mulher. Ver João Batista Cascudo Rodrigues, *A mulher brasileira*. Direitos políticos e civis, 2.ed., Rio de Janeiro, 1982.

74 Carmen Barroso e Albertina Oliveira Costa (ed.), *Mulher, mulheres*, São Paulo, 1983, p.145. Veja-se ainda os trabalhos já citados de June Hahner, e o de Soares, *Feminismo no Rio Grande do Sul*.

DA MONARQUIA À REPÚBLICA 523

ideologia patriarcal ocultou a experiência das mulheres que negavam suas premissas e práticas. Nas últimas décadas do século XIX, protofeministas, aliadas a republicanos e abolicionistas e àqueles que lutavam pela separação entre Igreja e Estado, abriram o caminho para uma mudança no bloco de poder. A escravidão foi abolida, a monarquia derrubada, Igreja e Estado separados, o sufrágio universal instituído (mais uma vez excluindo as mulheres) – mas o patriarcalismo e a patronagem sobreviveram. Para as mulheres, assim como para muitos outros setores da sociedade, a proclamação da República representou apenas uma mudança de guardas. Elas continuaram excluídas da arena política e subordinadas legalmente ao homem. A luta por sua emancipação e integração plena na sociedade brasileira foi legada às futuras gerações.

SOBRE O LIVRO

Coleção: Biblioteca Básica
Formato: 14 x 21 cm
Mancha: 23 x 42 paicas
Tipografia: Goudy Old Style 11/13
Papel: Off-white 80 g/m^2 (miolo)
Cartão Supremo 250 g/m^2 (capa)
9^a *edição*: 2010
10^a *reimpressão*: 2023